谨此，对本书编撰出版获得
"贵州科学技术协会专项资金"资助，致以诚挚的谢意！

贵州科学家 Biography 传记

—— 第二卷 ——

《贵州科学家传记丛书》编委会/编

班程农/主编

贵州出版集团

贵州人民出版社

图书在版编目（CIP）数据

贵州科学家传记丛书. 第二卷 /《贵州科学家传记丛书》

编委会著. 一贵阳：贵州人民出版社，2019.10

ISBN 978-7-221-15703-4

Ⅰ.①贵…　Ⅱ.①贵…　Ⅲ.①科学家—传记—贵州

Ⅳ.①K826.1

中国版本图书馆CIP数据核字（2019）第242453号

GUIZHOU KEXUEJIA ZHUANJI CONGSHU · DIERJUAN

贵州科学家传记丛书 · 第二卷

《贵州科学家传记丛书》编委会　编　　班程农　主编

出 版 人　王　旭

责任编辑　郭予恒　黄彦颖　程林骁

装帧设计　黄红梅

出版发行　贵州出版集团　贵州人民出版社

地　　址　贵阳市观山湖区中天会展城会展东路SOHO公寓A座

印　　刷　贵阳德堡印务有限公司

规　　格　787毫米×1092毫米　1 / 16

字　　数　695千字

印　　张　40

版　　次　2019年12月第1版

印　　次　2019年12月第1次印刷

书　　号　ISBN 978-7-221-15703-4

定　　价　108.00元

——本书获2018年贵州省出版传媒事业发展专项资金资助——

《贵州科学家传记丛书》

编委会

序

由贵州省政协原副主席、省老科学技术工作者协会会长班程农同志牵头，贵州省科学技术协会、省老科学技术工作者协会、省人力资源开发促进会共同编撰的《贵州科学家传记丛书》（以下简称《丛书》）第二卷收录了22位在贵州工作过和贵州籍的科技界优秀人物入传，全面生动地将科学家的风貌和精神呈现出来。我很赞赏贵州的同志们收集和编撰科学家人物传记方面的杰出成果。

《丛书》展现了科学家对国家科学技术发展做出的重大贡献，以及对贵州这片热土的奉献和热爱，表现了科学家在艰苦条件下的拼搏精神，以及经济欠发达地区科技发展的艰辛。读者不仅可以读到科学家们在艰苦条件下的卓越成就和感人故事，还可以详尽了解科学家所在学科领域的发展历史和主要贡献。

2010年起，中国科协联合中组部、教育部等12部委组织实施老科学家学术成长资料采集工程。这项抢救性工程充分体现了党和国家对老科学家的关心和爱护。《丛书》是"老科学家学术成长资料采集工程"的延续。《丛书》以传记的形式将科学家的成果展现给社会公众，又立体化地刻画了人物，实现了真实性、专业性、可读性的有机统一。通过《丛书》，青少年可以更真实系统深入地了解科学家的成就、贡献、经历和品格。进而充分激发他们的创新激情和对科学的浓厚兴趣。

《丛书》具有较高的历史价值和人格引导意义。首先是记录和反映了历史，从科学家一个又一个艰苦奋斗历程和鲜活事迹切入，折射了社会、民族、国家的发展历史；其次是具有创新精神的人格引导意义。通过一些重要且有意义的"生命节点"，具体而生动地塑造科学家的人物形象，"润物细无声"地给广大读者以人格引导。

《丛书》宣传的科学家精神对于欠发达地区更具特殊意义。贵州建省600多年以来，就是一个"移民"大省。从明清时期大量"流官"入黔，到抗日战争时期，再到建国初期和"三线建设"时期，大量外籍人士进入贵州，其中不乏有学识、有能力的人才。《丛书》记载了坚持创新、勇于探索、不畏艰难、顽强不屈、奋斗到底的科学家精神，鼓励了外来先进科技和理念与本土多彩文化的有机融合，引导人们更深入地理解科研活动和科技发展的过程，增进对科技创新的了解，在潜移默化中更深刻地认识科学精神、科学方法。经济欠发达地区的后发赶超更需要学习科学家百折不挠的毅力和敢于担当的胸襟，营造科学家拼搏精神得以大力弘扬的空间和环境，加快跨越式发展的步伐。

我期待并相信，《丛书》将让广大读者更加感知到科技创新的不易和科学家的丰功伟绩，激励广大人民群众特别是青少年学习弘扬科学家精神，奋发有为、无私奉献，为实现中华民族伟大复兴的中国梦贡献力量。

是为序。

陈五宏

2019 年 10 月

目　录

地质科学的追梦人

——记中国科学院院士乐森璕

◆ 李 坤

乐森璕　（1899.9.4—1989.2.12）祖籍江西省吉安市，生于贵州省贵阳市。地质学、古生物学和地层学家，地质教育家。

1924年毕业于北京大学地质学系，1936年获德国马堡大学哲学博士学位。1955年，当选为中国科学院生物地学部学部委员（院士）。曾任贵州大学地质学系教授、重庆大学地质系教授、北京大学地质地理系教授。任中国人民政治协商会议第四、第五、第六届全国委员会委员。

自20世纪20年代起乐森璕在中国西南地区开展煤、铁、铝等矿产资源普查，为资源合理开发奠定了基础。是中国珊瑚化石研究的奠基人之一，对四射珊瑚化石完成大量属种的总结和厘定，提出分类学与系统演化方面的重要认识，发现了著名的乐氏江油鱼化石。在地质学、古生物学的教育和普及方面作出了重大贡献，50年代为北京大学恢复了地质系。代表作有《中国南部广西省中泥盆世四射珊瑚群》（德文）、《中国南部海相早泥盆世晚期及中泥盆世早期地层的划分》（德文）、《拖鞋珊瑚》和《珊瑚化石（四射珊瑚）》。

在北京市海淀区学院路十八号院的一个房间里，87岁的老人乐菊云正讲述着她父亲乐森璕的故事。

这是一个初春的早晨，窗外的白杨树在春风中不停摇曳，和煦的阳光从窗外洒进来，老人精神矍铄，她将父亲留下的相册小心翼翼地翻开，一个个真实的故事荧幕般闪现出来，讲到动情处，她满脸洋溢出幸福的笑容，眼神里透出对父亲满满的自豪。

虽然父亲已去世30年，但是提起他，老人似乎有说不完的话儿。

她回忆起自己同父母在中山大学和贵阳度过的童年时光；

回忆起地质学家李四光到贵阳时同住在他家屋檐下的点点滴滴；

回忆起父亲带着一家人迁往重庆，后来又举家到北京定居的那段岁月……

从战火连连到中华人民共和国成立，再到改革开放，她为父亲走过的艰难岁月感到由衷敬佩，也为父亲的事迹而感到格外自豪。

她在相册里翻到一张二十世纪二十年代贵阳的老照片。那是一个中式院落的一角，房前有一个花园，花园里树木葱郁，后面的亭台楼阁若隐若现。她娓娓道来，照片里的故事跌宕起伏，把回忆带到了百年前的贵阳乐家大院。

乐家才子

清光绪二十五年（1899年），一个婴儿在贵阳市普定街（今黔灵西路）的乐家大院呱呱坠地。他父亲为他取名为乐森珣，后来因为小学毕业证书被老师写成乐森璕，以后就沿用了"璕"字。

乐森璕所在的乐氏家族，是近代中国贵阳城的名门望族。老贵阳流传着这样一句话：华家的银子，乐家的才子，唐家的顶子，高家的谷子。乐家人才辈出，得益于乐森璕的祖父乐海平开创的基业。

乐海平原籍江西省抚州府金溪县。明末其祖辈迁居贵州黄平，世代务农。清咸丰年间，海平转而经商，在湖南洪江设铺，定庄号为"锦盛隆"，生意兴隆，从此发迹。后携家眷迁居贵阳，严督子女充实学问，勤奋读书。晚年乐善好施，卒于光绪三十四年（1908年）四月，葬于贵阳市郊麦西坝，而后乐家有5座坟在此，石碑高大，今名"乐家坟"便由此而来。

乐家大院始建于清同治年间，坐落在今喷水池以北（旧称北门）黔灵西路（原普定街47号院宅）和毓秀路之间。因院落较大，贵阳本地人有云："乐家大院占了两条街。"

乐森璕的长女乐曼云晚年回忆，大院前门朝普定街，从外往里，直贯穿七间房屋，后花园后门直至毓秀路。每进主屋的中间都有院子，两边设有花坛，栽满竹、桑树，特别是第二间院子，又宽又方（后为景武诊所），安静清洁。左边是很高的防火墙，旁边有两棵一人抱粗的梧桐树，秋天树叶满庭院飘落。两棵梧桐树中间有一口很大的金鱼石缸，飘落下的梧桐叶，有的边上凝着几颗梧桐籽，浮在金鱼石缸水面，微风吹动，像一支支小船飘来荡去，情趣十分。在最后一进房后是一座很大的花园，名为"息园"。园中亭台楼阁齐全，"香雪堂""碧玲珑馆"中陈列着精巧的手工工艺品、字画供客人们欣赏。花园中设有假山，有桑有柳，还有桃、李、石榴、银杏、淡竹等，各显其秀。园中长年花团锦簇，幽香四溢，雅静舒适。"静绿亭"立于花园右侧，砌有石栏走廊。在园中小憩，闲庭信步，乐在其中。

乐菊云听老一辈讲，乐家大院当时还专门雇了两名花匠，看护花草树木，可见规模之大。

乐海平育有四子：嘉藻（字采臣）、嘉荃（字良臣）、嘉芸（字书臣）、嘉芹（字丹臣）。

乐嘉藻（1868—1944年），光绪年间中恩科举人，曾参与"公车上书"，后追随孙中山投身辛亥革命。二十年代后期，于京华美专任教，讲授中国建筑史。乐嘉荃（1871—1932年），曾中秀才，受兄长嘉藻的影响，参加地方办学，为贵阳乐群学校校董之一。

乐森璕是乐嘉荃的第四个儿子，也是乐氏家族中成就最高者。1924年毕业于北京大学地质系，1936年获德国马堡大学哲学博士学位。中华人民共和国成立后任西南军政委员会委员、北京大学地质系主任、中国科学院学部委员（院士）。育有曼云、菊云、丽云三女。

纵观乐家大院百年风云，乐森璕家族为革命事业、科学事业、教育事业和文学艺术事业都有出色的贡献。

地质结缘

出身书香之家的乐森璕，自幼受到良好的家庭教育。幼时就读于贵阳乐群小学。乐群小学的前身是寻常小学，由辛亥革命志士平刚等创办。学校以提高民众科学文化为宗旨，重视工艺教育，在教学中常向学生灌输"反满清、建民国"的思想。乐森璕天资聪慧，刻苦钻研，成绩很好。

乐群小学毕业，乐森璕考入省立模范中学。后来乐森璕回忆时说："我当年在模范中学读书，是刻苦用功的，门门功课都认真学习，每年都考年级第一名。"

模范中学师资力量很强，开设有英语课程。英语老师要求很严，指定学生通背：《Fifty Famous Stories Retold》（《泰西五十轶事》）。

乐森璕很喜欢英语课，背单词、课文，练习造句，并尝试翻译，乃至上大学时能说能评，为后来从事学术研究打下了坚实的基础。

乐家大院的附近有一个名叫福音堂的教堂。一位名叫吉后安的英国牧师住在那里，受过高等教育，其妻骆氏，对音乐和舞蹈极感兴趣。吉后安夫妇在贵阳生活多年，能讲一口流利的贵阳话。乐森璕虽不信教，但闲暇之余跑到福音堂，和吉后安夫妇交上了朋友，又跟着吉后安夫妇学习英语。

吉后安夫妇有很多外国画报和邮票，乐森璕对此很感兴趣。也常用刚学的不太标准的英语和牧师交流。他们从外国画报上增长了见识，后来乐森璕对集邮终身不辍。从小到老，他珍藏的中外名贵邮票不计其数，他认为集邮可以丰富知识，培养对艺术的鉴赏能力，是高尚的文化活动。

乐森璕少年时代深受伯父乐嘉藻的影响。清朝末年，局势动荡，乐嘉藻以提倡新学为己任，创办师范学堂，对贵州教育发展有功。伯父曾告诉乐森璕："贵州虽然贫困，但矿藏丰富，是块宝地，若能设法开发地下资源，就能让贵州摆脱贫困落后的境地。"

伯父话语激发了乐森璕对地下资源的兴趣，乃至后来"一发不可收拾"。

中学毕业那年，恰逢贵州省政府招考两名报送北京大学读书的官费生。乐森璕一蹴而就，从百名考生中脱颖而出，进入北大数学系就读。两年预科学习后改入理科地质学系。

二十世纪二十年代初，北大地质系分设古生物学及经济地质学两个学门（组），1923年起又增设了矿物岩石学（组）。乐森璕主要选修古生物学及矿物岩石学门。地质学系大师云集，乐森璕师从何杰、李四光、葛利普（美国人）等知名教授。

葛利普曾任哥伦比亚大学教授，1920年应北大校长蔡元培和中国地质调查所所长丁文江之聘，来华担任北京大学地质系教授兼中国地质调查所古生物学主任研究员、古生物学研究室主任。他对于美、欧、亚三洲的地质，均有相当研究，是古生物学和地层学的一代宗师。

乐森璕师从名师，潜心学习，收获颇丰，1924年从北京大学毕业，获理科学士学位。

毕业后的乐森璕考入农商部地质调查所（后来统称中央地质调查所），当练习员。乐森璕在地质方面的造诣初露头角。1925年，他翻译了两部我国北方新石器时代考古学最早的文献，一本是瑞典地质学家安特生的《甘肃考古记》，另一本是阿尔纳的《仰韶时代的彩色陶器》，发表后广受好评。

乐森璕始终热爱出生的那片土地。大学期间，他立志要回到家乡去发现那些深藏在大地深处的矿藏。

1927年至1928年间，乐森璕等来了到贵州调查地质矿产的机会。奉中国地质调查所之命，他几乎花了一年时间踏遍贵州北部、西部和南部的山山水水，风里来雨里去，一次次和大地的"亲密接触"，让他越发对这片土地爱得深沉。

乐森璕于1927年七八月间在重庆和贵阳开展地形地质与矿产调查，在《地质汇报》发表题为《重庆、贵阳间地质要略》一文，对重庆至贵阳间的地质地貌进行了深入研究，并记述了遵义境内铁、铅、银、硝石等矿产。他还将遵义董公寺、十字铺之间明月寺附近的砂质页岩夹少量鲕状灰岩命名为"十字铺页岩"，这是贵州最早对奥陶纪地层研究的记载。

在贵州中西部，乐森璕在清镇、安顺（轿子山）、镇宁、六枝、大方等地，广泛调查了那里的煤田，并率先实地勘查了贵州重要的铁矿产地水城观音山。贵州产铅锌矿，明清时期享有盛誉，乐森璕勘查了水城铅锌矿。此外，乐森璕也记述了万佛山银矿、石棉及郎岱（今六枝）雄黄等矿产的产出分布情况。他把这些地层划归上二叠统、中二叠统和下二叠统。乐森璕的研究成果，后来被广大地质工作者研究二叠系时所惯用，为我国二叠系研究做出了重要贡献。

通过对贵州中西部的调查，乐森璕发现广布海成石灰岩及页岩，几乎随处都有发现化石之可能，乐森璕深感贵州化石蕴藏之丰富，为西南诸省所不及。他在关岭采得海百合化石，为"法郎组"地层研究奠定了化石资料基础。

1928年，乐森璕还在贵州南部的龙里、贵定，都匀、独山等地调查了煤、铁、铅、银、锑等矿的分布情况。在都匀城西蟒山详测了泥盆系剖面，经研究后指出都匀至独山间泥盆系的横向变化剧烈，他创立了"蟒石英砂岩"（"蟒山组"）地层单位。他最先现场勘查与研究了著名的独山半坡锑矿。同年，乐森璕发表《贵州南部地质调查》一文，他认为，在生物地层学中，贵州北部和西部的二叠系蕉叶贝层及其上覆层，在贵州南部已逐渐消失，代之而起的是燧石灰岩，指出了上二叠统的相变关系。在地层划分上，创立了黔南系、宣家坪煤系、泡木冲薄层灰岩等三个地层单位。

乐森璕凭着对家乡的热爱，对贵州开展大面积的地质研究，被后人称为"贵州矿产资源专门勘查与系统研究报道的第一人""开发贵州丰富地下资源的奠基人"。他对贵州地质的相关研究论述，为后人勘查贵州地矿事业提供了方便，也为他后来对贵州煤、铁、汞、铝等矿产的深入勘查和研究打下了坚实基础。

德国深造

1928—1934年，乐森璕在两广地质调查所及中山大学工作。

两广地质调查所成立于1927年，朱家骅任首任所长。调查所先后从欧美购订各种专业书籍和杂志上万余卷，分设矿物岩石研究室、古生物研究室、化验室、陈列室与储藏室、制图室、切片及摄影室、仪器室、地质图书室，为乐森璕开展地质调查创造了良好的条件。

后来，两广地质调查所划归中山大学地质系。乐森璕在此讲授《中国地质史》，从讲师到副教授，一边从事野外考察，一边热心教学。

在广东期间，乐森璕和其他地质工作者风餐露宿，足迹遍及广西、广东、浙江、江西等地，参与测制两广五十万分之一的地质总图、两省分区地质图等多幅地图，认真了解西沙群岛鸟粪沉淀的经济价值和南丹、富川、贺县、钟山锡矿的经济价值等等（参见于洸：《探宝藏足迹遍西南、育英才桃李满天下》）。每一地区每一专项都写出了调查报告或论述，如广西的"西湾组""古化石灰岩""寺门煤系"及东岗岭石灰岩等地层，都是乐森璕当时命名的。他所调查过的茂名油页岩，合山煤田、

丁道衡与乐森璕（左）在德国留学

西湾煤田、武宣锰矿、海南铁矿和西沙群岛的鸟粪沉积等等，现在更显其价值所在。

同时，乐森璕还撰写了数十篇中英文地质调查报告或论著，展示了在地质学、矿床学和古生物学等方面的才华。

1933 年，教育部长兼中英文教基金会长朱家骅、翁文灏、竺可桢等科学界人士因公先后到广州，都曾力主乐森璕投考庚子赔款的公费留学，他本人也跃跃欲试，打算前往德国深造，次年金榜题名。

1934—1936 年，乐森璕在德国留学深造。乐森璕不懂德语，初到德国柏林，乐森璕在柏林外侨德语学院学习两个月德语。房东是一位好心肠的德国太太，有很深的文化素养，乐森璕跟着她学习德语，成为乐森璕学习德语的启蒙老师。

在柏林学习了两个月，乐森璕前往哥廷根大学深造。哥廷根位于莱茵河支流莱讷河畔。吉斯湖碧波荡漾，郊区青山叠翠，风景优美，气候温润，文化底蕴厚重。

哥廷根大学是德国历史悠久的大学之一，二战前已享有盛名。在此念书或讲学的人中，先后获得诺贝尔奖的人不在少数，被称为"诺贝尔奖"的摇篮。

1923—1925 年，无产阶级革命家朱德也曾在此留学，攻读法律。国学大师季羡林 1935 年起也在此留学，在德国待了 10 年。乐森璕比季羡林早到 1 年。季羡林刚到哥廷根大学时，作为学长，乐森璕亲自到车站迎接季羡林，并且为他安排好了住房，两人私交甚好。

季羡林晚年回忆时这样描述："哥廷根是一个典型的大学城，大学已有几百年的历史，德国学术史和文学史上许多显赫的名字，都与这所大学有关。以他们的名字命名的街道，到处都是。让你一进城，就感到洋溢全城的文化气和学术气，仿佛是一个学术乐园，文化净土。"

哥廷根大学的古生物系，在国际享有盛名。乐森璕跟随著名的古生物学家赫尔曼·斯密斯（H.Schmidt）教授，学习泥盆纪腕足类化石。

接着，乐森璕又到马堡大学继续攻读博士。

马堡是西德著名的"大学城"之一。彼时，这座小城有一所藏书一百多万册的大学图书馆，另一间更大的国立图书馆则有两百余万册图书。德国人常说："其他城市有一所大学，马堡是所大学。"意思是马堡市虽小但学校大。市内多数从业人员都直接或间接为大学服务。

马堡大学创办于 1527 年，是德国宗教改革建立的第一所新教大学。德国最早发明蒸汽机的 Denis Papin、发明光谱分析方法的本生、1901 年第一个得到诺贝尔医学的 Emil Adolf Von Behring、著名的俄罗斯科学家罗蒙诺索夫和德国童话作家格林兄弟等，都是该校的学生。

乐森璕师从卫德肯教授（R. Wedekind），学习四射珊瑚与中生代有孔虫。1936 年，他用德文撰写《中国南部广西省中泥盆世四射珊瑚群》的论著，文中详细描述了泥盆纪中统上部的 10 个种和中统下部的 6 个新种。指出了各个种的地质、地理分布，并与莱茵地区的珊瑚动物群进行了对比，基本上奠定了中统下部艾菲尔阶及其上部吉维特阶的层位。并且联系腕足类化石，将广西北部泥盆纪地层，初步分为上、中、下 3 个统 7 个组。

此文于 1937 年在有着国际影响的德国古生物学术杂志上刊发，是中国留学生用德文写作、发表在德国杂志上的第一篇学术文章，反响不凡。这和后来他在国内发表的《华南海相早泥盆世晚期及中泥盆世早期地层的划分》一文，奠定了中国泥盆系中下统的生物地层层序，肯定了海相地层的存在。乐森璕的分层论述为后来的地质工作者深入研究打下了基础。

1936 年，乐森璕获得博士学位。

在德期间，同时在那里学习深造的除了季羡林，还有后来著名地质学家丁道衡、李春昱，以及著名化学家张青莲等，乐森璕与他们也都有来往。丁道衡、乐森璕同为贵州人，关系密切，同去观赏过西德的国花杜鹃花，考察化石堆。冬天和李春昱，以及从瑞士前往德国考察的地质学家黄汲清打雪仗。

1983 年 5 月 8 日，北京大学和中国古生物学会在北京大学联合举办"庆祝乐森璕教授从事地质科研和教育工作六十周年"大会，李春昱教授受邀参加，还提及他们当年在德国打雪仗的情景，并出示当时拍下的一张照片，会后将照片放大赠送给乐教授，忆及当年往事，乐森璕深受感动。

黔地探宝

学成归国，乐森璕执教于中山大学。

1937 年 7 月 7 日，日本发动"卢沟桥事变"。受战局影响，乐森璕原计划将家人送回贵阳后再到中山大学任教。岂料战火愈演愈烈，他只得留在贵阳，参加一支人数寥寥的地质队伍。

从那时起，乐森璕在贵州一待就是 12 年。

山河破碎，乐森璕深感国家太穷，要富起来，必须实现工业化，而要工业化，就非要有取之不尽、用之不竭的大量自然资源。他举重工业为例，如果不去开采煤、铁、铜、铝、石油这些矿产，根本就不会有铜铁、汽油、机器等制造，所以矿产是重工业的生命线，没有矿产就没有重工业。要开发矿产，就非先调查矿产不可，调查矿产，又非调查地质不可，两者关系之密，是一贯而不可分的。

乐森璕在德国学习三年，更加深刻地认识到地质人才之于欧美工业发展的意义。他说，欧美先进各国，埋头推进地质工作，已近百年，政府重视，大学或专门学校里，更广设地质科目，培训地质专家，时至今日，德国拥有地质专家两千余人，苏联三千余人，美国更多至四千余人，反观我国，面积较美国本土为大，但只有一家中央地质调查所，常年工作的地质专家至多时不超过 25 人。而贵州一省，等于欧洲的一个国家或几个小国家，实际做地质工作的不过三人而已；相形之下，在这样大的地面，这样重要的工作，只有这样少的地质专家在那里苦干，再加以经费不充足，设备不齐全，结果可想而知。

乐森璕呼吁当局更加重视，"多设地质机关，多造地质人才，国有中央地质调查所，省有省立地质调查所，大学专科各设地质系，分工合作，将来或至拥有地质专家四千人以上之一日，则以中国之大，地质方面必能更有惊人的无数发现。"（参见乐森璕：《地质学在矿产资源中的应用》）

乐森璕此时回到贵阳，离开上一次贵州调研已有十年有余。这一次，他一心要踏遍贵州山水，唤醒贵州沉睡的矿藏。

贵州素有中国沉积岩和古生物"王国"之美誉，蕴藏着世界级规模的沉积矿产和独特的中低温热液矿产，是滋养地质学家的沃土。特殊的大地构造背景和演化历史，形成了贵州特色鲜明、优势明显的煤及煤层气、页岩气等能源矿产，锰、钒等黑色金属矿产，铝、汞、锑、镍钼等有色金属矿产，金等贵金属矿产，磷、重晶石、优质饰面石材等非金属矿产和软玉、紫袍玉等宝玉石矿产。

但是，真正意义上用近代地质科学理论研究贵州地质的开端则始于清末。

1868年，德国人李希霍芬到贵州铜仁、万山、开阳等地进行汞矿调查，此后就有不少外国学者陆续来黔进行地质矿产调查。1914年，丁文江研究了威宁境内的石炭系，将其命名威宁系，这被认为是国人研究贵州基础地质的开始。

二十世纪二三十年代，乐森珝、丁文江等对黔北早古生代地层和贵阳附近中生代地层进行了调查，建立了一些地层名称。三十年代初期，丁文江、俞建章等对黔南地区泥盆系、石炭系进行了研究，建立了地层系统和化石带，奠定了泥盆系、石炭系的划分、对比基础。此后，王日伦、罗绳武、刘之远、尹赞勋、卢衍豪、李四光、黄汲清、许德佑、陈康、马以思等在贵州陆续开展地质研究，取得了许多重要的研究成果，为近代中国地学发展做出了重要贡献。贵州因此被称为"近代地质学的发祥地之一"。

回到贵州，乐森珝受聘为贵州省建设厅技师。乐森珝极力主张筹办一个省级地质勘查机构。

1939年6月，在乐森珝的推动下，贵州企业股份有限公司成立，旨在开发贵州资源，属官商合办企业，经营各项实业，是当年贵州资金比较雄厚、规模较大的一家公司，下属有玻璃厂、化学工业厂、贵州烟草公司、木业公司、大兴面粉厂、煤矿公司等多家公司。1940年春，贵州企业股份公司商承贵州省建设厅联合组建一个矿产探测机构，以便集中力量普查全省矿产，后经贵州省政府财务会议决议，定名为贵州矿产测勘团，于当年6月成立。

测勘团机构简单，除社设主任兼技师1人、地质技师3人、测绘员2人外，还有少数行政、勤杂人员，关于职务分配，多采兼任制。乐森珝担任主任，蒋溶、罗绳武、张祖还担任技师。测勘团地点初设办公地点于南明区清镇路，后来因日本飞机空袭频仍，迁至距城12里的洛湾村。

贵州矿产测勘团成立之初，尽管人数少，经费紧张，设备差，但乐森珝还是带来仅有的几位队员，跋山涉水，竭尽所能探寻贵州地下矿产资源。涉及金、银、铜、铁、铝、锰、铅、汞、煤、瓷土、陶土、耐火土、玻璃砂等二十多种矿产，其中尤以煤、铁、铝、汞四大矿产为最。他发表《贵州四大矿产》《贵州四大矿产及其经济价值》《贵州四大矿产述评》和《贵州主要矿产（煤、铁、铝、汞）之分布与重工业中心之建立》等论述，热切盼望能及时开采，以利国家建设之需。

煤为贵州最常见的矿产，煤田分布之广，除黔东地层古老，含量甚少外，其余西北中三部几乎处处有煤。

贵州矿产测勘团成立，乐森璕把煤列为贵州四大矿之首。他说："此吾黔之足以自豪，而应积极筹备开发者也。"

三十年代末，他对贵阳西部煤田作了1∶50000的地质测量，进一步了解了区域内煤田地质构造、煤层和煤质情况，著有《贵阳林东煤田西区地质》。同年又编成了《安顺普定平坝清镇四县间轿子山煤田地质略图》《贵州旧安顺府八县地质矿产图》《贵阳附近地质图》和《贵阳市区地质图》等多幅。后来的林东矿务局为贵州省最早建立的所属煤矿。乐森璕1942年在贵州企业公司成立三周年纪念特刊发表的《贵州煤铁在西南的地位》专著中提到，就其当时的评估，贵州全省煤田之可能储量达2199兆吨，其中无烟煤占899兆吨（未经实地调查者概不列入）。按大西南之川、滇、黔、粤、桂、鄂、西康8省，已知煤矿之储量而言，则黔之丰，当居首位。

在铁矿勘查方面，贵州发现铁矿的地区，有五十余县，就贵州矿产测勘团的调查，认为确有经济价值的为：水城的观音山区、赫章铁矿山区和清镇广山区三处。其中最为显著为水城的观音山区。

1939年，乐森璕二上水城观音山，对观音山铁矿进一步勘查和研究，编著有《水城观音山铁矿》，他认为"量亦丰实，开采极易"，将观音山铁矿视为"贵州最佳铁矿"，文章对地质状况、地理环境以及开采前景均率先述及，为后人勘查研究矿区提供了难得参考资料。

中华人民共和国成立后，为了加紧建设工作，邓小平指示，西南地质调查所应尽快组织人员前往观音山，钻探该区铁矿，以求对该矿储量取得比较可靠的数字，以供决策参考。

1950年春，西黔探矿队成立。这是中华人民共和国成立后贵州第一个地质工作队。由乐森璕兼任队长，边兆祥为副队长。对乐森璕来说，这已经是第三次和观音山打交道了。三上观音山，是个人的殊荣，是历史的使命。

中华人民共和国成立初期，土匪骚扰不断，乐森璕一边确保探矿人员的安全，一边主动协助探矿，劳碌不懈。探矿队工作条件艰苦，人员少，当时只带有两个美国制造的勇士牌手摇钻机，金刚石钻头，除地表用人工冲击外，还进行槽探、坑探、直孔钻探等。打钻和生活用水，要专门组织五十多匹马从山脚驮上山。历时两年零十个月西黔探矿队工作结束，打了 13 个孔，测制了地质地形图，估算了储量，提交了《贵州水城观音山铁矿初步调查报告》，为后继的地质找矿工作打下了基础。

观音山矿区距离六盘水市区仅 12 千米，依托丰富的铁矿资源，1966 年，水城钢铁公司（原名水城钢铁厂）成立，作为三线时期建设的工业企业，如今的首钢水城钢铁(集团)有限责任公司现已成为集采矿、冶金、煤焦化、机械加工、建筑安装、汽车运输、水泥、进出口贸易等产业为一体的大型钢铁联合企业。

除了煤和铁，乐森㻞还为贵州铝矿的发现立下汗马功劳。

1941 年秋，乐森㻞与蒋溶、罗绳武等，最先在黔中地区发现铝土矿。他们在贵筑县（今贵阳）王比、云雾山和修文县九架炉（小坝山）矿区，历时月余，测出三矿区的详细地形地质图 3 幅，剖面图十余件，采获矿样两百余斤，经过两个月的室内研究化验，认为云雾山的铝土矿，与美国堪萨斯及亚拉巴马最好的水矾士相比示毫不逊色。这是贵州铝土矿的一大优点，完全可供制炼纯铝之用。就储量言，据估算 3 个矿区总储量约 1.9 亿吨，诚可与美国的铝业相抗衡。该矿的发现，惊动全国。

1943 年，乐森㻞写了《铝之用途与贵州铝矿发现之经过》一文（见《贵州企业季刊》1943 年 10 月 1 卷 4 期），文章认为，"矿质优良，储量丰富，交通便利，水力充沛，熔剂亦可取诸邻省。此诚黔省巨大资源，设能开发而利用之，其经济价值，洵足与甘肃之油、江西之钨、湖南之锑，相提并论。"

贵阳市白云区就是一个因铝而兴的城市。1958 年，贵州铝业公司在此成立，1965 年更名为三〇二厂，1972 年更名为贵州铝厂。2001 年 12 月，中铝股份在境外成功上市，原贵州铝厂正式划分为贵州铝厂（存续）和中国铝业贵州分公司(上市)两个单位。这个曾经是贵州人引以为骄傲的贵州早期大型企业，见证了贵州铝业的发展壮大。

与铝矿不一样的是，汞矿的开采和利用在贵州却已有两千年的历史。但乐森㻞的研究却论证了贵州汞矿的产地和储量。他说，汞在我国的分布，主要产于西南的湘、黔、川、滇四省，但主要部分皆在贵州。其在贵州境内者，可分为三带。东带最重要者为玉屏之万山场、铜仁之大洞喇、岩屋坪和茉莉坪等处。西带分布于印江、思南、德江（小山）、务川（岩脚峰、木柚厂、板场）、后坪（王家沱）等地，延长 200 千米。南带分布于三都（谭家寨、交梨、王家寨）、丹寨（朱砂厂、大发洞）

二县，延长十余千米。此外，开阳县的白马硐、兴仁县的烂木厂昔负盛名。又贞丰、册亨两地亦有出产，但皆零星散漫。

乐森璕还建议，在玉屏修建一座汞工厂。他认为，玉屏为将来湘黔铁路所必经，若建一炼汞工厂，在省溪（万山）及湘黔公路之点鱼铺间筑一支线不过30千米，利用省溪、铜仁及湘西凤凰的辰砂，天柱县文溪的烟煤，当属可能。同时又可利用松桃铜仁、镇远等县的铝矿，附设小型炼铝厂，制造铝室，俾使冶炼辰砂时放出的二氧化硫气体，不致飞散空中，而使其经过铝室，以制硫酸，如此不唯可保工人的健康，且有大量硫酸之生产，一举而两得。

除了煤铁铝汞四大矿产，乐森璕对贵州的铜矿、锰矿及非金属矿产也有涉及。

1939年夏，乐森璕、罗绳武二人首次勘查了威宁县最重要的德卓、稻田坝和铜厂河3个矿区，历时两月，绘制地形地质图。又到大定（大方县）大兔场勘测铜矿，著有《威宁德卓铜矿调查报告及铜厂河铜矿调查报告》《威宁县稻田坝黑山坡铜矿调查报告》及《大定大兔场铜矿调查报告》等成果资料。

1940年秋，乐森璕和罗绳武在梵净山北麓勘查，撰有《梵净山老金厂金矿地质》；在梵净山老金厂南30里处，乐、罗二人在标水岩发现铜矿，撰有《梵净山标水岩铜矿简报》。

1945年，贵州矿产测勘团因战事被迫解散。1946年，在乐森璕、罗绳武等共同努力下，成立贵州地质调查所，恢复了地质勘查工作，乐森璕担任调查所所长。地址设在贵阳市科学路的科学馆内。1948年又迁至南郊油榨街附近。内战时期，调查所尽管困难重重，乐森璕仍带领调查所为家乡地矿事业不懈奋斗。

洛湾佳话

位于贵阳市乌当区东凤镇的洛湾村，南明河在此呈"几"字绕过，"几"字北岸，一座名叫"方经寺"的古刹矗立，又名万松阁。院内古朴清幽，建筑虽经过翻修，但一排古石碑无声地诉说着寺院悠久的历史

这座古庙与乐森璕及他的老师李四光结下了不解之缘。

万松阁曾因周围古松参天、郁郁苍苍、浓荫蔽日而得名。始建于明代，乾隆《贵州通志》载："落湾阁，前临大河，后多松竹，堪称名胜。"

万松阁于 1958 年被毁。据杜松竹、周水良著《乐森璕传略》记载："这是一座八角形的 5 层阁楼，古色古香，上下 4 个角都装有 1 个鱼形的铜铃，徐风吹来，松涛阵阵，铜铃叮当，组成一曲美妙动听的乐曲，使人飘飘然如临仙境，环阁皆殿宇，右殿毓灵，左殿文昌，三官殿居其前，中附两厢，陪衬独至。沿阁楼顺山势而下，又有一庙宇，供奉'送子娘娘'，香烟袅绕，祈求者不断。娘娘庙旁有一棵苍老古松，树身之粗壮，可容数人牵手环抱，高耸入云，英姿挺拔，煞是雄伟。万松阁前殿还有宽敞的戏台，每年节日，近村察的群众，都要聚会于此酬神演戏，香火旺盛。"2004 年，在当地政府的支持下，在原万松阁后重修了另一座大雄宝殿和藏经室，为三重屋檐钻尖顶楼阁式的水泥结构建筑。

贵州矿产测勘团成立后不久，随着战火不断南移推进，贵阳时有日机轰炸，乐森璕将测勘团迁往万松阁，将原有大殿右侧楼房间，加以修葺，作为临时办公处。继后又将后院装修，作为职员宿舍，大殿左侧作研究室，附带陈列采集的地质矿产标本。虽然地势狭窄，却也环境优美，空气清新。第二年，测勘团在万松阁旁新建了一幢二层楼的办公室，挂上"贵州矿产测勘团"牌子。阁楼西北角，新建 6 间平房固成个小院落，乐森璕和测勘团蒋溶两家家小同住于此。院内有两棵高大的银桂，秋季芳香四溢。

彼时的乐森璕，已经是造诣很高的"洋博士"，戴着一副眼镜，看着文质彬彬，村民都认为他平易近人，一点架子没有。测勘团张祖还技师后来回忆："乐老当年在洛湾受到地方人士尊重，因此，我们在生活上也得到不少的方便。"

作为测勘团主任，乐森璕事业心强，处事严明，受到工作人员的尊敬。他经常给队员讲解许多有关地质、矿产、古生物方面的知识。平时工作繁忙，多半时间在野外，和家人聚少离多。一旦遇上假日，他喜欢带着妻子和三个女儿（乐曼云、乐菊云、乐丽云）一同郊游，或听唱片，或玩玩具，或挖野菜，其乐融融。

那时，洛湾至贵阳虽然修有公路，但没有汽车通行，连马车都很少，乐森璕要到贵阳去洽办公务，往返都是步行来回 20 多千米，但他不辞劳累，习以为常。即使是在困难的情况下，仍苦心支撑，尽量节约开支，在保证职工工资的前提下，把钱投入研究与调查之中。

1943 年 9 月，黔桂铁路已经通车到独山，对煤的需求特别迫切。贵州矿产测勘团承担了黔桂铁路沿线的地质矿产调查任务，为当前施工和日后开发提供参考。

乐森璕率领罗绳武、蒋溶、张祖还分成 4 个小组，历时 4 个多月，实地勘察后编写《黔桂铁路贵定沿线地质矿产》等调查报告。

1944年3月至10月，著名地质学家李四光来到贵阳。

李四光生长在湖北黄冈，小学毕业后，考取湖北省官费留学日本，在日本参加了孙中山先生创建的同盟会。后来又到英国伯明翰大学深造，学习采矿、地质学。乐森璕在北京大学求学时，李四光在校任教，彼此是师生关系。

彼时的李四光，是中央研究院地质研究所所长。中央研究院是南京政府于1927年11月成立，由蔡元培担任院长。1928年1月，中央研究院增设地质研究所，因为战争影响，研究所由南京迁桂林办公。

1944年3月中旬，中国地质学会理事会在贵阳商讨即将召开的中国地质学会第二十届年会事宜，由资源委员会测勘处处长谢家荣和乐森璕负责筹备工作。此时，李四光从重庆赶往贵阳，出席中国地质学会理事会。

得知恩师亲临贵阳，乐森璕忙里忙外，积极筹备年会，付出了极大的精力。

4月1日至8日，中国地质学会第二十届年会在贵阳科学馆正式举行，一时学者云集。除了从四川、云南、湖南、江西等省前来参加的代表外，还有在贵阳市的几个地质机构的人员出席，共百余人，盛况空前。

会上，李四光对乐森璕领导的贵州矿产测勘团取得的成绩给予很高的评价。他还特意提到乐森璕取得的成绩与贤内助孙瑟芬女士的鼎力支持分不开。会议休会期间，李四光还代表全体与会人员，端着两盘糕点，亲自向乐夫人表示慰问和感谢。

4月中旬，李四光回到桂林。随着战火继续南移，长沙、桂林相继失守，许多机关学校都往大西南迁移。6月下旬，日寇从湘桂铁路南下，直扑桂林。形势十分危急，李四光决定率队赴贵阳避难。

6月27日，李四光率领研究所全体人员，携夫人许淑彬和女儿李林（刚于广西大学机械系毕业），带上轻便物件，仓促离开桂林，几度艰辛，历时二十余天才抵达贵阳。

在乐森璕的邀请下，李四光决定将研究所搬到万松阁办公。于是，"贵州省矿产测勘团"牌子的旁边又加挂了"中央研究院地质研究所"牌子。洛湾这个偏远的小山村，因为中国地质学界的"大咖"云集，成为一段佳话。

李四光在万松阁的点点滴滴，深深地刻在了当时只有12岁的乐菊云的脑海，让她记忆犹新。

在乐森璕的帮助下，中央研究院地质研究所的办公处被安排在阁楼下边一栋已无香火的庙堂，乐森璕对其进行了整修。而李四光本人却选择了"万松阁"的二层作为工作室。

二层阁楼的周边是一圈窄窄的回廊。中间是六边形屋子，隔窗外望即是青山绿水。李四光叫工匠做了一张大台子，因为楼梯太窄，只能从外面用绳子吊上去。台子上摆满了地质图、化石标本。李四光经常在上面伏案工作。

因蒋溶一家搬迁，李四光和夫人就同乐森璕一家同住在一栋六间屋的平房内。两家人经常同在一张桌子用餐。

此时的李夫人因奔波操劳，患了高血压，卧床不起，女儿已到外地工作。李四光除了研究工作之外，还操持家务，极为辛苦。

李四光亲自对住房进行了设计装修，将两间屋的相隔处改装成西洋壁炉式，下层为暗柜，中间平台可放摆设，上部中间为彩色玻璃。将朝南的一间屋子装上地板，为李夫人卧室；朝北的一间简单装修，窗外可见对面的桂花树，为自己使用。

中央研究院地质研究所财力较厚，购买了一辆新马车作为交通工具。

有一次李四光要去贵阳，乐菊云得知父亲在贵阳，希望太老师能带她一起去见父亲。

李四光欣然答应，乐菊云与孙殿卿、张文佑两位先生跟着李四光一起坐马车直奔贵阳。

乐菊云回忆说："一路上他们经常下车，在一些大石头旁讲个不停，是不是在讨论'第四纪冰川'我就不懂了。"

12岁的乐菊云等不及，故意将太老师放在旁边的帽子拿走，目的是引起他们的注意，希望能早一点到贵阳城。等太老师忙完再找帽子的时候，乐菊云在远处偷偷地笑。

马车到了贵阳普定街，太老师下车后亲自带乐菊云去乐家大院找父亲。由于没有找到，乐菊云说父亲可能去附近的舅舅家了。

李四光只得带着乐菊云走到不远处的一个办事处，乐菊云见到几位不认识的先生，其中有一位洋人，用生硬的中文和乐菊云交谈。李四光又担心菊云饿了肚子，问菊云："你是想吃鸡蛋炒饭还是鸡蛋糕啊？"

对于菊云来说，当时在乡下，鸡蛋糕还是难得吃到的，于是，太老师给她买了鸡蛋糕。看着乐菊云吃好了，李四光吩咐孙、张二人将菊云带到舅舅家，见到了父亲乐森璕。

1944 年 10 月，独山失守，贵阳吃紧。李四光只好同办事处一行，带着夫人再次奔波，决定搬迁至重庆。

离别时刻，两家人难舍难分。李夫人特此送给乐夫人一支象牙手镯，感谢乐夫人这段时间对她的照料。

此时，贵阳岌岌可危，贵州省政府发出紧急疏散命令，同时撤销了贵州矿产测勘团的机构，遣散了所有的人员。从此，万松阁又恢复了往昔的沉静。

1962 年，乐森璕在北京带着女儿乐菊云去看望时任地质部长和中国科学院副院长的老师。在部长家的客厅里坐下，见李部长一出来，乐菊云立即迎上前去叫"太老师"，李四光他看了看乐森璕问："这是菊云吧？"

时隔接近 20 年，这位科学巨匠还能记得当时一个小女孩的名字并一眼认出来，这让乐菊云一直感动不已，乃至现在她都能回忆起当时的情景。

黔中三杰

2009 年 10 月 10 日，由贵州省地矿局、贵州大学、省国土资源厅、九三学社贵州省委、省科协和中国地质史专业委员会联合举办的近代地学在贵州——纪念丁道衡、乐森璕、罗绳武三位贵州籍地质学家诞生 110 周年学术研讨会在贵阳举行。三位地学大师的亲属、学生和国内有关专家学者一百余人出席会议。

丁道衡、乐森璕、罗绳武三位同为我国杰出的地质学家，均是贵州人，都出生于 1899 年，都是贵州省立模范中学培养出来的优秀学子，都先后在贵州从事过地质和地质教育工作，都是贵州大学地质系的创始人，丁和乐还同在德国留学，同在重庆大学任教。三人在贵州工作期间，志同道合，筚路蓝缕、披荆斩棘，为贵州地质事业做出了卓越贡献。

乐森璕一边身负贵州地质调查所的重任，不顾个人安危，主动接过贵州大学地质系的重担，一边与同仁一道奔走营救被捕师生，乐森璕提出以全家性命参与联保，迫于舆论压力，当局同意放人。

中华人民共和国成立初期，丁、乐同为贵阳市第一届各族各界人民代表会议代表，丁道衡还是贵州省第一届各族各界人民代表会议协商委员会 15 名常委之一，是贵州省人民政府 35 名委员之一，是刘伯承、邓小平领导的西南军政委员会委员，并且两人还是西南军政委员会文化教育委员会委员（丁道衡为副主任委员）。

1952年底，全国高等学校院系调整，贵州大学地质系被撤销，丁、乐两人又同到重庆大学地质系先后任该系教授、系主任、省市人大代表、全国人大代表、全国政协委员。真可谓是亲密的同事和战友。

不幸的是，1955年2月21日，丁道衡突发脑溢血，英年早逝。乐森玮因此失去了一位亲密的战友，他非常悲痛，撰文《悼地质学家丁道衡先生》，文章写道："丁道衡先生是个地质学家、古生物学家、高等教育工作者，也是一个社会活动家。他的逝世，是我国地质学界的一个巨大损失……"

与丁、乐的工作轨迹不同的是，罗绳武没有出国，也没有在外地谋职，北大毕业后便回到贵州服务家乡，他本想大展才华，但时值军阀混战，他所学的知识没有用武之地，他只好在中学教书。幸亏地质学家丁文江来贵州考察，将罗绳武推荐为贵州省农矿厅技正，从此专事地质工作，长达四十余年。

1926年，罗绳武于北京大学地质系毕业后，先后任职于贵州省农矿厅、贵州省实业厅、贵州省建设厅、贵州省矿产测勘团、贵州省地质调查所、贵州大学、贵州省工业厅等单位。1958年，贵州工学院成立，罗绳武调任地质系主任。

抗战期间，乐森玮和罗绳武同在贵州矿产测勘团工作，他们踏遍千山万水，对贵州地质矿产做了大量的调查研究工作。

1941年，乐森玮和罗绳武、蒋溶一起率先发现和研究了著名的黔中铝土矿，使贵州建成了年产20多万吨铝锭的铝业基地。罗绳武等人发现开阳磷矿，不仅结束了我国"贫磷"的历史，同时使贵州富磷矿居全国第一。罗绳武对贵州的地质矿产了如指掌，被誉为"活矿典"。在"文化大革命"中，罗绳武受到迫害，含冤离世。

相较于丁、罗二人，乐森玮是最幸运的一个，他亲眼见证了改革开放初期中国的发展。

1950年6月28日，中央人民政府委员会第八次会议通过任命乐森玮为西南军政委员会文化教育委员会委员，并给乐森玮颁发任命书，加盖"中华人民共和国中央人民政府之印"，旁边是毛泽东的蓝色签名。同年10月14日，西南军政委员会主席刘伯承任命乐森玮为西南财政经济委员会地质调查所副所长。

1953年，乐菊云正在山东大学读书。有一天，一位同学拿着一张报纸给她看，并嚷着："快看，你爸上《人民日报》啦！"

原来，《人民日报》刊发一条"我国在四川江油发现一种鱼类化石"的消息，文章称，"此化石是重庆大学教授乐森璕发现的"。

乐菊云说，父亲在重庆大学任教期间，带领一队师生到江油做地质调查，住在一个半山上的观雾寺中，傍晚独自下山散步，在一铺路石上发现一块化石，回到住处告诉师生们："山下有好东西。"

第二天，乐森璕和师生们千辛万苦找到它的出处，后来此化石送到北京交由古生物学家研究，鉴定为我国首次发现的胴甲目节甲鱼化石，命名为"乐氏江油鱼"。江油鱼的发现和研究，成为解决四川地区泥盆纪的时代和划分中的一个表征。

凭着一腔热血，乐森璕在地质学领域不断取得新成绩。1955年，乐森璕被选聘为中国科学院生物地学部委员（院士）。

1981年夏天，贵州省人民政府拨款由省科学技术委员会、省科学技术协会联合举办了一次"贵州省自然科学学术讲座"，特邀请了华罗庚、陈景润、秦元勋、乐森璕等著名科学家来贵阳讲学。

当年，乐森璕应邀前往。在8月2日的开幕式上，贵州省秦天真副省长讲话，介绍了乐教授在中华人民共和国成立前20年中对贵州矿产的发现、勘查和研究做了大量的工作，是贵州地质事业的奠基人之一。中华人民共和国成立后虽然离开了贵州，但仍然密切关注贵州地质事业的发展。

接着，乐森璕面对三百多位科技工作者侃侃而谈，主题是"贵州煤矿资源发展远景及其综合利用"。引起听众极大兴趣。会后《贵州日报》和《贵阳晚报》都做了报道。

三位地质学家团结奋进、刻苦钻研、崇尚科学、追求真理，在贵州地质史上竖起了一座丰碑，在我国乃至国际地质界有很大建树和影响，是贵州人的骄傲。

桃李芬芳

位于北京大学东门的逸夫二楼北侧，是地球与空间科学学院所在地。

学院于2001年10月26日正式成立，由原北大地质学系、地球物理学系的固体地球物理学专业、空间物理学专业、北大遥感所以及城市与环境学系的GIS等专业组成，是我国地球科学人才培养的重要基地。

进入学院一楼大厅，映入眼帘的有两块牌子，左边是"北京大学地质博物馆"，右边是"地质学系系史长廊"。宽敞明亮的地质博物馆里，陈列着琳琅满目的矿石和各种奇形怪状的古生物化石，博物馆的中央，摆放着乐森珲的研究专柜，里面陈列着一批大大小小的来自贵州、广西和云南的矿石、古生物化石，而在系史长廊中，乐森珲的名字和照片赫然在列，与李四光、谢家荣等学部委员（院士）并列其中。

如果说乐森珲把前半生大部分时间奉献给了贵州的地质事业，那么他的后半生则是在北京大学度过的。

北京大学地质系是我国最古老的地质教育机构，堪称中国地质教育的摇篮。自1909年"京师大学堂"设立地质学门，1917年北京大学恢复设立地质系起，到中华人民共和国成立的三四十年间，北京大学地质系、为祖国培养了一批杰出的地质人才。一代宗师王烈、丁文江、李四光等都曾在此任教，此处成为名师云集、人才辈出的丰腴土壤。1952年院系调整时，北大地质系被"一锅端"合并到北京地质学院（中国地质大学前身）。

1955年，北大恢复地质专业，与原地理系合组地质地理系。乐森珲奉调入京，任北大地质地理系教授兼地质教研室主任。此时侯仁之任系主任，带领乐森珲和王嘉荫教授及二位助教一起白手起家，与大家一起制订教学计划、组织教师队伍、开展教学工作，再到选择实习基地、购置图书仪器、添置标本教具以及建设实验室，为开创地质教育新局面呕心沥血。

重组初期，乐森珲本人担任了繁重的教学任务，亲自开设多门课程，如无脊椎古生物学、地史学、珊瑚古生物专题、古生物学研究法、生物地层学、矿产地层学等，其中后三门课的讲授在国内尚属首次。他常利用晚间编写各种讲义和教材。讲课深入浅出，阐释清晰，板书工整。教学再忙，他也不放松科研工作。每月用工资的10%订阅外文书刊资料，还经常去书店购书，家里藏书放置有序。

潘云唐系北大地质系恢复后第三届（1957级，1963届）学生，他后来回忆说，深感乐森珲的治学、治事、教书、育人都一丝不苟，至为钦佩。

乐森珲积极培养中青年教师，帮助他们尽快成长，独立工作。延聘校外权威专家来兼课、讲学，充实教学内容，活跃学术气氛。乐森珲煞费苦心，四处奔走，延聘师资，黄汲清、裴文中、孙云铸、尹赞勋、卢衍豪、赵金科、王珏、穆恩之、周明镇、盛金章等著名教授鼎力相助，先后到地质地理学系给学生讲授课程。为北大地质学专业教学质量的提高，发挥了重要的作用。几年之内，地质、地球化学两个专业初具规模。

他言传身教，非常重视实地观察和鉴定，常对学生讲解观察和鉴定的重要性。此时的乐森㻆，已年近花甲，只要身体条件许可，他就带领青年教师和学生去外地实习，做地质调查。到唐山赵各庄一带建立地层及地质测量教学实习基地，收集科研教学资料。他拄着手杖上山，指导学生现场观察，有的地方岩层产状不易测量，他则严格要求学生掌握测量角度，直到测准为止。

五十年代末至六十年代初，乐森㻆教授等人曾配合河北、湖北、湖南等省的地质局，组织青年教师和学生，进行了河北张家口地区、湖北大洪山地区、湖南雪峰山地区等地 1∶200000 的地质填图和找矿。此外，还进行了湘西的锡、锑、金矿床以及内蒙古、辽宁、江西等地稀有元素矿床等的找矿和研究，广西泥盆纪和贵州西部石炭纪地层研究，燕山区侵入体岩浆岩等的研究工作。

野外带回的标本资料经过整理之后，乐森㻆就指导学生进行直观教学，指导学生如何观察、鉴定各种化石标本，确定其生存年代。特别对珊瑚化石，他耐心指导学生识别珊瑚虫的石灰质骨骼性状，鉴定四射珊瑚、六射珊瑚、床板珊瑚和拖鞋珊瑚等种类，以及各种种类的珊瑚化石的地层年代。

除了致力于师资建设和加强学生的学业，乐森㻆还积极筹建古生物研究室，选择教学实验基地。恢复招生之始，他从西德购买了一批高倍显微镜，当时在国内算是很先进的，乐森㻆对其爱护备至。同时还从西德购买了几套显微照相机，从苏联购进一批化石标本。

1956 年，系里派出教师远赴山东、江苏、浙江、广东等地采集和购买标本。1957 年暑假，乐教授又亲自带领教师到广西的黄兔、修仁一带调查和采集标本，在交通极不便的情况下，他坐在谭光弼驾驶的自行车后架上，冒着酷暑炎热，爬山越岭，不顾悬崖陡壁，羊肠险道，颠颠簸簸地连续跑了好几个县境，走累了，就在树荫下稍作休息，寻找矿泉水解渴。

1959 年，乐森㻆聘请了苏联科学院的沃罗格金院士来校讲学，作古杯化石学术报告，师生共五百余人到会倾听。沃罗格金院士做了近三小时的报告，室内鸦雀无声。报告完毕，乐教授忽然激动地举起双手，高呼"古生物万岁"，学生们始而很觉惊讶，继而掌声雷动。沃罗格金院士听不懂中国话，当他的学生袁克兴翻译告诉他后，赶忙趋前与乐森㻆紧紧相抱，伸出大拇指，感动了在场的全部人员。

1962 年，乐森㻆任北大地质地理系系主任。从 1966 年秋季起，因"文化大革命"影响，北大被迫终止招生，直至 1972 年才恢复招生，乐森㻆在教学科研方面遭受莫大摧残，还因此失去了唇齿相依50年的爱妻。

1976年，"文革"宣告结束，举国欢腾。1977年7月，中共十届三中全会决定恢复邓小平党内外一切职务。邓小平复出后，自告奋勇主管科学和教育工作。为了解决科教战线的问题，邓小平同志主持召开了科教工作座谈会，并做了系列重要谈话，预示着一个春天的到来。

1977年8月4日至8日，邓小平主持召开科教工作座谈会，他当场拍板决定当年恢复高考。8月8日上午，他在座谈会结束时发表重要讲话，对"文革"前17年的科学和教育工作的成绩做了客观估价，并对调动知识分子积极性、科研和教育的体制、教育制度和教育质量、后勤工作及学风等问题做了重要指示。

乐森璕随时关注国家大政方针的变化，把重要的时政要点记录在笔记本上，仔细学习相关精神。他详细地记录了《人民日报》刊发的全国自然科学学科规划会议在京召开的消息，会议制定出数学、物理学、化学、天文学、地理学和生物学全国6大基础学科及有关新兴学科的发展规划让他备受鼓舞。

他在笔记中这样写道："'四人帮'对教育的摧残，不仅破坏了高等学校的科学研究，而且破坏了科学的后备军，使科研队伍出现青黄不接的现象。由于'四人帮'的干扰破坏，本来应当走向经济建设前面的基础科学研究工作，现在却落到了后面。"

1977年11月10日，北京大学在首都体育馆召开北大新任领导来校工作大会。中央委任周林同志担任教育部副部长兼北大党委第一书记。周林在会上发表热情洋溢的讲话。乐森璕的笔记本中详细记录了这次会议的过程。

1978年3月18日，乐森璕听取了邓小平同志在全国科学大会开幕式上的讲话。邓小平说："世界上有的科学家把发现和培养新的人才，看作自己毕生科学工作中的最大成就。"乐森璕将这句话记录在笔记本上，作为座右铭，还在旁侧写上"科学的春天，从此永驻中华大地！"

十年浩劫，百废待兴。1978年，北大将原先的地质地理系分设两个系，乐森璕被任命为地质系系主任。此时的乐森璕，已经接近80岁高龄。他老骥伏枥，为了振兴北大地质学系，设计了宏大的发展蓝图，其中包括设立古生物地层、构造地质、地震地质等教研室，争取校外知名学者前来兼课。聘请了中国科学院地学部委员卢衍豪、郭文魁、涂光炽和张宏仁（地质矿产部副部长、总工程师）等多位专家来校兼课。在学校支持下，以王仁教授为首的一批有较高学术水平的力学、化学方面的教师，也加入了地质学系教师队伍的行列，开展了地球构造动力学，同位素地球化学等边缘学科的工作。经过拨乱反正，落实政策，全系一百六十多名教职工的积极性被调动起来了。

1981年，北大有学位授予权后，较大地增加了研究生人数，加强对硕士生和博士生的培养工作。地质学系开设了构造地质学、岩石学、矿床学、地球化学、古生物学及地层学、地球动力学等6个硕士生专业，以及古生物学及地层学、构造地质学、岩石学3个博士生专业。乐教授虽然行政工作繁忙，但仍担任二名硕士生和一名博士生的指导教师。在北大，乐森玛指导的研究生共有9名，这些研究生在地质学方面均有建树，他们的毕业论文，大都具有创新和突破，有的还在国外刊物上发表，受到同行好评。他们都在本专业岗位上担负主要工作，有的还负责重要的领导职务。

1983年5月8日至10日，北大地质系和中国古生物学会等联合召开"乐森玛教授从事地质工作60周年庆祝会及学术讨论会"，以此感谢乐森玛对我国地质事业的突出贡献。

5月8日上午，北京晴空万里，北大校园树木葱葱，绿草茵茵，全国地质学界、古生物学界的科学家，以及来自全国各地的乐森玛的几代学生济济一堂，探讨中国地质科学的前沿发展。84岁高龄的乐森玛感到无限欣慰，他身穿中山装，精神矍铄，神态端庄，手持拐杖、健步入场。

800人的座位座无虚席，北大校领导和在京的著名地质学家十余人在主席台就座，乐森玛坐在正中。北大地质学系党总支书记、系副主任于洸在会上做了题为"探宝藏足迹遍西南，育英才桃李满天下"的热情洋溢的讲话，盛赞乐森玛教授60年来把全部精力贡献于我国的地质调查科学研究和教育事业，兢兢业业，成绩卓著。特别是他在无脊椎古生物及生物地层学方面做的大量工作；在腔肠动物、腕足动物、晚古生代地层等方面也有许多论著；在珊瑚化石及我国泥盆纪地层的研究也有很高的造诣，是我国较早研究珊瑚化石的著名学者之一。

著名地层古生物学家、中国科学院学部委员尹赞勋朗读了他即兴所做的贺词：

"北大老学长，从业六十年；忆昔同学日，科学不相连。老兄习地质，一路走在前；小弟改科系，后进追前贤。并非不努力，远远落后边。漫长岁月里，幸得常会谈；每每承教益，赐书赠良言。今朝来祝贺，良师益友兼。"

潘云唐作为乐森玛的弟子参加会议并宣读了一篇论文，即兴赋"七绝"二首：

锥指生涯六十秋,丰功伟业誉神州。等身著述书千卷,道德文章第一流。

书斋山野授真知,传道解疑总不辞。饮水思源多感喟,千恩万谢颂吾师。

    庆祝会还收到来自美、英、法、日本、加拿大、澳大利亚和全国各地发来的贺电、贺信和礼品近一百余件。

    晚年的乐森璕始终关心北大地质学系教学实验大楼的建设。他多次通过政协会议提案,利用各种机会向国家有关部门提出建议,亲自搜集国内外实验楼的图纸和资料,供基建设计之用。他经常说:"我最大的心愿就是把北大地质学系重建好。"

    1988年,北大新地学大楼动工,已在病床上的乐森璕听到这个消息异常高兴。1992年大楼竣工交付使用。遗憾的是乐森璕没有等到这一天。

    而今,北京大学地球与空间科学学院设有5个本科生专业(地质、地球化学、固体地球物理学、空间科学与技术、地理信息系统)、3个一级学科博士、硕士授权点,并设有地质学、地球物理学、地理学、测绘学四个博士后流动站;共有中科院院士6名,教授51名,成为北京大学创建世界一流大学的一支重要力量。

    1989年2月12日,这位曾经为国家、人民做出杰出贡献的当代古生物学家、地质学家、地质教育家因病医治无效在北京友谊医院与世长辞。

    噩耗传来,部分党和国家领导人、各部委领导以及乐森璕生前的好友、师生纷纷前往八宝山吊唁。乐森璕的研究生之一,中国科学院南京地质古生物研究所所长吴望始,专程吊唁,并将他带来在该所工作的、北京大学地质系六十年代毕业同学,共同为恩师敬送的一副挽联挂在大厅,这幅挽联概括了乐森璕为国为民的光辉一生。悼词如下:

> 清廷已是苟残年,
> 乐师降生花溪边,
> 少年早立救国志,
> 光复求学入沙滩。
> 六年苦读,十年实践,
> 壮岁学游莱茵河畔,
> 珊瑚、腕足、泥盆,斯为终生所专,
> 时刻不忘为国勘察矿产资源。
> 先生与世纪同龄,

回运多灾人多难，

始执教中大、贵大，

再从重大返燕园；

一代宗师，孜孜治学，

喜看桃李争妍。

重建中兴旧系，仍是最大心愿，

九十仙逝憾未待建系八十庆典！

北大地质系全体师生敬献悼词：

辛勤耕耘六十年，

科研育才重在肩，

复学辛劳功卓著，

提携学生硕果传。

一生勤奋治学严，

华夏桃李芳满天，

暮年壮志犹未已，

继承遗愿应志坚。

仰以观于天文、俯以察于地理。这位走过 90 个春秋的地质老人，用赤子之心追梦地质科学，锲而不舍，在中国地学史上留下了闪光的足迹，激励着一批又一批的地质工作者继往开来！

倾尽一生的植物"苦恋"

——记中国科学院院士殷宏章

◆ 沈赤兵

殷宏章 （1908.10.1—1992.11.30）原籍贵州贵阳，生于山东兖州。植物生理学家。

1929年毕业于南开大学。1938年获美国加州理工学院博士学位。1948年选聘为中央研究院院士。曾任中国科学院上海植物生理研究所研究员、名誉所长。1955年选聘为中国科学院学部委员（院士）。

殷宏章发现了对植物突然改变光强、光质时，光合作用也发生瞬间变化的现象，进一步验证光合作用有两个光化学反应系统。参加领导了我国抗菌素的生产和研究。1959年创建了我国第一个光合作用实验室，在光合作用磷酸化的机理，尤其是其中高能中间态的存在和性质方面，取得了重要进展。他利用自己发明的组织化学方法，弄清了磷酸化酶在植物器官和组织中的分布，又证明植物体内存在磷酸化酶，而光照下由糖变淀粉的过程是与磷酸化有关的。

引　子

　　殷宏章20世纪60年代初便一直在中科院上海植物生理研究院工作，再没有换过地方，奋斗一生，于1992年11月30日在上海逝世，享年85岁。他是中国杰出的植物生理学家，对于他的许多事迹，也许同行业知道得较多，但对于多数贵州人来说，并不十分知晓。殷宏章是科学家，他的一生，最主要是研究植物生理的光合作用，专业深奥、枯燥而又陌生。在贵州省农科院的大力支持下，笔者与中科院上海植物生理研究院联系上了。中科院上海植物生理研究院位于上海市徐汇区枫林路300号，旁边便是殷宏章的住所，几十年来从未搬迁过。几天的采访，笔者分别找到殷宏章当年的学生沈允钢院士，如今已90高龄。还有殷宏章院士的三女儿殷蔚芷，是上海位育中学退休的高级教师。通过他们的详细回忆，或断断续续，或零零星星，娓娓道来，把笔者带进了一个伟大植物生理学家辉煌的人生历程中。

　　殷宏章一生热爱国家，热爱自己的专业，与绿色植物对话，他的人生是倾尽一生的植物"苦恋"。

贵阳迁出的"学三代"

　　走进中科院上海植物生理研究所大厅，便看见有两个表情凝神专注的半身铜像摆放于此，一个是20世纪50年代时的首任所长罗宗洛院士；另一个便是第二任所长殷宏章院士。

　　殷宏章出生于一个从贵阳迁出的书香世家。祖父殷谦是贵州省贵阳人。青年时在贵阳中举人，随后只身离家，长途跋涉进京赶考。由于缺乏路费，他沿途设馆教书，以维持生活及筹集旅费。这样边走边教，花3年时间才到了北京。同治七年（1868年）考取进士。现在北京孔庙的进士题名碑上还刻有他的名字。据考证，整个清代，贵阳市考上进士的仅有192人。中进士后，开始做官，并将贵阳家中的妻子及一个弟弟接到北京。从此，贵阳殷家的这一支就落户了北京。殷谦曾做过几任知县、知府之类的官。

殷宏章的父亲殷有济也是前清举人，曾在山东任过几处知县，擅长书法，精通医道。他十分重视孩子的教育，称培养后代"教育是第一大事"，"书中自有颜如玉，书中自有黄金屋"。所有有关不读书的观点在他看来都是歪理邪说。

殷宏章生于清光绪三十四年九月一日（1908年10月1日）。当时他父亲正在山东兖州府滋阳县知县任上。由于在三房兄弟中这是头一个男孩子，因此大加庆贺，唱戏三天。其热闹程度可想而知。这一年光绪皇帝去世，由三岁的溥仪登基，翌年改称宣统元年。他父亲也因任期已满退职，暂时客居天津，等候分配新的工作，他们家就在天津住了下来。殷家生有子女9人，殷宏章是长子。读书是殷家的传统，殷宏章作为"学三代"，从小就受熏陶，于1915年进入天津直指庵小学就读。

一次，他问父亲："我出生在山东，为什么籍贯要填贵州省贵阳市？"父亲意味深长地回答说："我就是要让殷家后人知道，我们从哪里来。我们的老家在哪里。"从此，贵州省贵阳市这个地名跟随了殷宏章一生。无论是在远渡重洋的美国，还是繁华无比的大上海，殷宏章身边的人们都知道他是贵州人。

1922年夏，他小学毕业后（当时学制7年），即考入南开中学就读，因学校离家甚远，只读了一年就退了学，虽然时间不长，却让殷宏章一生受益。几十年后，在一次回母校的报告会上，他回忆起南开中学的情景无比感慨。"提到老南开，人们自然会想到敬爱的周总理。我上中学时，他已毕业去日本，我上大学时，他已离校去法国，所以没有在学校见过他。但我早知其名，并且参加过他所领导的学生运动。那时我还在小学，就记得一次在天津学生大会，听到他的讲演，他当时穿的是长袍马褂。后来游行示威，被警察冲散，听说他被捕，大家非常气愤，议论纷纷。以后就几十年没看到他了。他有几位堂弟在天津，与我们住得很近，小时常在一起玩，我们曾是同学，以后也未有音信了。还看到过邓颖超大姐，那时她在天津女子师范。"

殷宏章上南开中学，正值学制改革。原是小学七年，中学四年。改为小学六年，中学初高中各三年。他是七年小学毕业的，所以考进南开就编入初中二年级学习，殷宏章在第七组上了一年。

殷宏章的国文教师是舒庆春，即作家老舍。殷宏章对他的印象极深，文中写道："一口地道的北京话，讲课又有趣。当时我正爱看小说，整日沉湎在新文艺书刊中。有一次，我借了一本新出版的翻译外国小说，上课时放在书桌下膝盖上偷看，被老舍察觉。他一边讲着，一边走到我面前，叫我把书拿给他。他一看笑了，说这本书很好，他也爱看，没有责罚我，只是说收起来，不要上课时看。这件事印象很深，一直没有忘记。"

另外一位与南开中学经常联系在一起的是南开中学的创始人及几十年的校长张伯苓先生。中华人民共和国成立后，殷宏章全家从国外回来，终于见到了敬爱的周总理，周总理兴奋地回忆起当时的求学情景，还提到老校长张伯苓。

殷宏章在南开中学这一年，除了学习国文、英文、数学，还有物理、化学、中国历史、地理等等，他是一个求知欲很强的学生，课余时间，特别热爱绿色植物，常常问老师，"植物是不是也像人一样有生命？""植物会呼吸会吃东西吗？"只要一有空，他便独自跑道操场上，在阳光下欣赏片片青草、簇簇鲜花。殷宏章上南开中学时，家住在河北。每天上学先要跑过海河金钢桥到天津的东北角，再坐电车去西南角，还要走一段路才到校，交通很不方便。上了一年，大人担心就不让去了。那时时兴请教师在家里补习，有好些亲友家这样做。于是，殷宏章父亲就请了两位教师每天来两三个小时，在家教国文、外文、数学等。过了一年，南开大学招考新生，聪慧过人的殷宏章报了名，居然考上了预科。1924 年秋进入南开大学八里台新校址。一年后（1925 年）由预科转入理学院正科。他用不到 3 年的时间学完了 6 年的中学课程。中学没有学过史地、理化和生物学课程的他能跟得上大学学习，体现了他很强的自学能力。

世界那么大，应该去看看

19 世纪二三十年代，植物学在中国还是一门新兴学科。激发殷宏章放眼世界获取知识的动力，源于他导师的影响。在南开大学，他开始学了一些数学、化学课之后，发现自己还是对植物学最感兴趣。当时，正值李继侗教授到南开大学任教，开设植物生理课。当时在国内属于新兴学科，许多学校没有这门课程，大部分学生不感兴趣，殷宏章是他唯一的学生。上课时与老师在办公桌前对座听讲，下午接着做实验。他心里想："这是多好的机会呀，别人挤破门听导师课，我则一对一授课，必须百倍努力才行，打牢基础，扩大知识面。"后来殷宏章对植物生理学越来越有兴趣，从而决定以此为终生奋斗的专业。

李继侗教授是我国植物生理学的开拓者，植物生态学与地植物学的奠基人之一，在中国生物学界享有盛誉。

从一开始，殷宏章就一心一意跟随名师的指点，一头扎进植物生理学的学习、研究中。做起实验来，不分白天黑夜，加班加点。实验结果常获得李继侗老师的赞许。李继侗教授学生的风格与其他老师不甚相同。上课时，李继侗总是启发学生提出问题，思考问题。也不多解说，只是指引一下，或者介绍某些书中的一部分作为提示。也许是因为学生只有殷宏章一人，上课并不总是李继侗讲，殷宏章听，有时甚至像讨论会似的。这也许是培养科学研究的好方法，至少殷宏章是觉得很好。实验方面李继侗也很有耐心，指导殷宏章找材料、找方法、安装置等等。殷宏章就与李继侗先生一起，用气泡计数法发现了植物光合作用瞬间效应，经过反复实验，写成了《光照改变对光合作用速率的瞬间效应》一文，于 1929 年在英国植物学期刊 *Annals of Botany* 43 卷上发表。直到 30 年后，随着西方学者对瞬间效应（1957 年）和双光增益效应（1958 年）的发现，人们才重新注意到光合作用瞬间效应发现的重要意义，美国科学家 Freeh 在他写的《光合瞬变效应》的文章中指出：殷宏章和李继侗是光化学反应学说的先驱。

1929 年，殷宏章从南开大学生物系毕业，获学士学位，留校任教 5 年。其间到清华大学研究院进修 1 年，之后到清华大学研究生院任教。30 年代初，殷宏章开展的生长素的研究。当时植物生长素刚刚被发现不久，他是国内最早从事此类研究的专家之一。

植物生理学是研究植物生命活动规律及其与环境相互关系、揭示植物生命现象本质的科学，起源一般都追溯到 16 世纪荷兰人范埃尔蒙的实验。植物生理学其目的在于认识植物的物质代谢、能量转化和生长发育等的规律与机理、调节与控制以及植物体内外环境条件对其生命活动的影响。包括光合作用、植物代谢、植物呼吸、植物水分生理、植物矿质营养、植物体内运输、生长与发育、抗逆性和植物运动等研究内容。中国人对植物的认识是很早的，远在 3000 多年前（公元前 14 世纪—公元前 11 世纪），中国的甲骨文中就有涉及植物生理活动的关于农业耕耘施肥的记述。其后在《汜胜之书》（约公元前 100 年），《齐民要术》（533 年—544 年），《天工开物》（1637 年）等专著中更有许多阐述。明末《天工开物》的著者宋应星在《论气》一书中曾说："气从地下催腾一粒，种性小者为蓬，大者为蔽牛干霄之木，此一粒原本几何？其余皆气所化也。"

但中国比较系统的实验性植物生理学是从国外引进的。李继侗便是先驱学者。作为中国植物学名师，李继侗留学美国，受其影响，为了开阔眼界，面向世界掌握植物生理学领域最先进的知识，殷宏章暗暗发誓："一定找机会出去学习。"

1935 年他考取清华大学公费留美，赴美国加州大学理工学院学习 3 年，先随植物生长素的发现者温特教授选题学习研究，后又在生物物理研究室和生物遗传学研究室做光合作用和遗传学方面的研究。两年后，获得博士学位。此时在加州理工留学的期限尚有一年多时间。为了掌握更多的知识，他利用这段时间买了一张环美旅行的火车票，于 1937 年冬从洛杉矶出发，北上旧金山、波特兰，继而向东到明尼苏达、芝加哥、纽约等处参观访问。再南下至巴尔的摩、华盛顿，然后南下到弗吉尼亚、北卡罗来纳，再向西行，过佐治亚、亚拉巴马、密西西比等州，到新奥尔良。之后途经路易斯安那、德克萨斯、新墨西哥、亚利桑那，最后又回到洛杉矶。历时两个多月，先后参观了几十个城市，走访了十几座大学及研究所，见到许多知名教授，博采众长，获益匪浅。

1938 年春，殷宏章回到帕萨迪纳后，接到北京大学的聘请及家中来信，决定暑假按期回国。当时日军已入侵北京，并占领了南京、上海。他的导师劝他留在美国工作，但挂念危难中祖国的命运，他早将个人利益抛在了九霄云外。毅然搭乘了一条小货轮（仅能载客数人），经南太平洋到达香港。在船上航行数周，一路波折，历经艰辛，才与家人在香港相会。随后全家人便搭乘海轮到越南，转乘法国人建的窄轨火车，到达昆明。

炸不垮的书桌

到昆明后，殷宏章任教于国立西南联合大学（由北京大学、清华大学、南开大学联合组成），教授植物生理学。同时还在汤佩松主持的清华大学农业研究所植物生理学组兼任研究员，开展生长素应用、生物化学合成、植物生长素测定等研究工作。

西南联大是抗日战争时中国大后方的一个"最高学府"，汇集了一批著名专家、学者、教授等爱国知识分子。西南联大分为文学院、理学院、工学院、法商学院、师范学院五个学院，在办学的 8 年中毕业学生约 2000 人。著名教授有叶企孙、梁思成、王力、朱自清、沈从文、闻一多、钱穆、钱钟书、钱端升、周培源、费孝通、华罗庚、朱光潜、林徽因、吴晗等。

1938 年 7 月 7 日，他来到学校，向校长梅贻琦报到，被分配在理学院。他在学院里遇上了许多老同学、老朋友，随后并立即开展专业上的讲授准备工作。在这个特殊集体中，他感受到了"教育报国"不甘做亡国奴的正能量。理学院和校本部设在昆明城西北角，暂借了当地一些学校上课、办公、寄宿，如：昆华农业学校、昆华师范学校、昆华中学等。后来，生物系在公路南边建了四幢教学楼。当时，他的学生有十来人，虽然植物生理学每周只有2到3小时讲课，但因本系是首次开课，缺乏书籍参考，所以上起课来较费力，每次讲课都得预先写讲稿。实验因无仪器设备，更难安排。虽然条件艰苦，但从不懈怠。1938年底，建起了清华大学植物生理学研究室。清华大学是用美国退回我国的庚子赔款所建，有自己的基金，除办大学外，还建立了一些研究所。他也兼任该所的研究工作，天天坚持在专业上的研究。

当时战争吃紧，日军飞机经常到我国后方轰炸，昆明也是被轰炸的重点区域。昆明不像重庆，没有防空洞躲藏。都是平原，不好打洞。每逢有空袭警报，他则与家人出城在山坡及小树林中暂避，解除警报后才返家。一开始，日军轰炸昆明，只有几架飞机，后来越来越多，有一次一批就达到30多架。当年9月的一次轰炸，昆明西直门内的西南联大教职员寄宿的昆华师范学院即被炸，死一军事教官及其幼子。有一次警报后，他与家人一同逃往城外，听到炸弹爆炸声。警报解除后回家，已认不出所住的巷子，好不容易找到了，发现屋顶飞落到别的房顶上，房屋倒塌，无法居住，只得当夜迁到大西门外的清华农业研究所暂住数日。之后，又迁居到北郊的大普吉村，一住就是好几年。尽管如此，他却从未中断过自己的教学和科研工作。尽管天空中有日本飞机的凶猛轰炸，但那一代知识分子心中坚持抗战的热血永不冷却。只要有西南联大在，这里就永远有"炸不垮的书桌"。在普吉村，他与所里的同事一起动手造了十几间简单住房，同时，还在院子里建造了一排坚实、高大、宽敞的房屋作为试验室和图书室。他还与大家一道打井、建立水塔及自来水系统、安装电线等，一切的一切，都是为了能让教学和科研工作能正常持续下去。其实这几年在云南的日子，最能体现他对植物研究的"苦恋"。云贵高原植物生长茂盛，是有名的植物"王国"，这可是难得认识众多新植物的机会。只要有条件，他的科研"触觉"都不放过。

每每有人在殷宏章面前提到西南联大这段历史，他总是引以为荣，西南联大的校史本身就是中国教育史上的一个传奇，"刚毅坚卓"是西南联大的校训。从那里走出的一批批高级人才，在中国历史上更是堪称奇迹：有两位诺贝尔奖获得者、8位"两弹一星"勋章奖章获得者、173位两院院士以及100多位人文大师……

1944 年，殷宏章受设立在重庆的中英科学合作馆邀请，作为我国第一批交换教授，到英国剑桥大学圣约翰学院工作一年。剑桥大学是英国最古老的大学之一，与牛津大学齐名，是世界有名的学府，在自然科学研究方面贡献很多。在剑桥大学期间，殷宏章主要开展了磷酸化酶的研究工作。当时，他曾想探讨磷酸化合物参与光合作用过程的可能性。虽然当时未能如愿，但他的思路却成为十几年后的植物生理所有关人员在国际上发现光合磷酸化作用后不久就开展对这个问题的研究的思想来源。1945 年，身在国外的他，听到日本无条件投降的消息，欣喜万分，决定尽快结束手中工作回国效力。就在等待归国的日子里，他面向中国，深情地抄录了杜甫的《闻官军收河南河北》，充分表达了那时的心情："剑外忽传收蓟北，初闻涕泪满衣裳。却看妻子悉何在，漫卷读书喜欲狂！白日放歌须纵酒，青春作伴好还乡。即人巴峡穿巫峡，便下襄阳向洛阳！"1946 年他携全家随西南联大回到北京，受聘于北京大学生物系教授。1948 年当选为中央研究院第一批院士，时年仅 40 岁，是院士中最年轻的一位。

1948 年，他在北京大学任教时接到联合国教科文组织（UNESCO）李约瑟（Joseph Needham）教授的聘请，要他去该组织工作一段时间。当时国民党统治腐败，物价飞涨，民不聊生，他虽在几处兼课，全家仍难以糊口。考虑再三，遂决定应聘，任联合国教科文组织南亚科学合作馆科学官员，协助该地区国家开展科研工作及合作交流事务，历时 3 年。

1949 年 10 月，中华人民共和国成立，他激动而又兴奋。当时印度承认了我国，在新德里建立了大使馆。他常去大使馆，谈起国内建设，同时许多老友来信，谈及国内社会安定，使他下了决心。1951 年秋，辞去联合国的工作，携全家回国。他决心以自己的特长为祖国服务。

回国后，他虽然接到北京大学聘书，但由于工作的需要，组织动员他到上海协助罗宗洛筹建植物生理室，他立即启程前往上海，离开熟悉的北京。1953 年，中科院植物生理室从实验生物研究所分离出来，成立植物生理研究所。1954 年他出任该所副所长，后任所长，从事研究工作和研究所的业务管理及学术领导。

创建首个人工光合作用实验室

走出中科院上海植物研究院的实验大楼，顺着沈允钢院士手指方向，笔者便看见了一栋造型奇特的巨大建筑物。沈允钢说："看，那就是当年殷宏章先生领导下建立的国内第一个人工光合作用实验室。"

殷宏章带头组建的中国第一个光合作用研究室，研究了光合作用产生、形成、输导、转化及在籽实中的运转积累过程，创造性地提出农作物生长发育的"群体"概念，对农业生产有重要指导意义。

20世纪50年代后期，他把大量精力投入到植物的光合作用的研究上，重点进行植物光合作用机理方面的研究。他十分重视将生物科学的现代技术与设备引进到植物生理学研究中来。首先从光合作用产物的积累、转化和运转上着手。他领导的科研小组，对水稻开花后籽粒中的物质进行了研究，搞清楚了其来源、途径，为农业生产的一些措施提供了理论指导。1956年，他在《人民日报》发表了《光合作用研究的新进展》，产生很大影响。从1959年开始，在短短几年内，中科院植物生理研究所就形成了一支具有一定规模的高水平研究队伍。

研究表明，光合作用中的阳光对植物生长十分重要。从植物生理学的角度讲，"万物生长靠太阳"。这句话是千真万确的真理。太阳给了我们温暖，给了我们生命，如果没有太阳，世界将会是漆黑一片，地球将会冰冷无比，草木不会生长，动物就会灭亡，人类也无法生存下去，只有太阳存在，万物才能生生不息。

光合作用是一个非常复杂的过程。人类对光合作用的科学研究至少已经进行了300多年，最近100年来与光合作用有关的研究已经获得了6次诺贝尔奖。众多研究成果中有不少殷宏章院士做出的贡献。

要读懂殷宏章的成就，有必要了解一些有关光合作用的知识。光合作用对植物而言概括起来讲，主要有以下几点，一是完成了物质转化：把无机物转化成有机物，一部分用来构建植物体自身，一部分为其它生物提供食物来源，同时放出氧气供生物呼吸利用。可见没有绿色植物，人类和动物就没有食物和氧气来源。二是完成了能量转化：绿色植物把太阳投射到地球表面上的一部分辐射能，转变为贮存在有机物中的化学能。通过光合作用所贮存的能量几乎是所有生物生命活动所需能量的最初源泉。现阶段，人们所需要动力的大约90%是依靠煤、石油、天然气、泥炭和薪柴来取得，而所有上述这些动力资源，都是从古代或现今的植物光合作用中积累下来的，由此可见能量的最终来源是太阳光能。三是绿色植物进行光合作用吸收二氧化碳，释放氧气，促进了生物圈的碳氧平衡。

由以上可知：我们获得的能量最终来自于太阳能，光合作用是地球上最大规模的利用太阳能把二氧化碳和水等无机物合成有机物并放出氧气的过程。它为几乎所有的生命活动提供有机物、能量和氧气。如果没有植物的光合作用，就不可能有人类社会的生存和持续发展。当今人类面临的粮食、能源和环境资源等问题与光合作用密切相关。现代人类文明所需的生物燃料，无论是煤、石油和天然气都是由古代植物光合作用直接和间接的产物转化而来。光合作用机理的研究一直是自然科学的核心问题之一，也是生命科学研究的前沿领域和热点之一。

为什么说，殷宏章研究的植物生理学对我国有着十分重要的意义呢？我国是农业大国，老百姓吃饭是头等大问题。研究光合作用，对农业生产、环保等领域起着基础指导的作用。知道光反应暗反应的影响因素，可以趋利避害，如建造温室，加快空气流通，以使农作物增产。人们又了解到二磷酸核酮糖羧化酶的两面性，即既催化光合作用，又会推动光呼吸，正在尝试对其进行改造，减少后者，避免有机物和能量的消耗，提高农作物的产量。

农业生产水平提高的目的是为了以较少的投入，获得较高的产量。根据光合作用的原理，改变光合作用的某些条件，提高光合作用强度（指植物在单位时间内通过光合作用制造糖的数量），是增加农作物产量的主要措施。这些条件主要是指光照强度、温度、CO_2浓度等。如何调控环境因素来最大限度的增加光合作用强度，是现代农业的一个重大课题。

他距诺贝尔奖，仅一步之遥

著名地质学家李四光有一句名言："科学的存在全靠它的新发现。如果没有新发现，科学便死了。"在植物生理学的发展历程中，殷宏章在理论上的贡献十分突出。他的观点往往先人一步，看得宽、看得深、看得远。2008年在井冈山举办的"纪念殷宏章先生百年诞辰暨全国光合作用学术研讨会"上，他的学生王国强撰文评价道：殷宏章博学多才，不断站在学科的前沿，他提出的设想，令人叹服地认同，超越人们想象中的十年、二十年，乃至三十年。

20世纪30年代，植物生长素刚发现不久，当时殷宏章开展的生长素对小球藻影响的研究，在国内外属最早的工作。他在留美期间，主要工作是对植物体内生长素的转移与叶片运动机理的研究，实验证明锦葵叶子的向日运动是由于叶柄上端细胞吸水不同涨缩所致，与生长素无关，这个有意义的结果常被植物生理学家所引用。其后他研究番木瓜叶子昼起夜垂的运动，发现其原因是由于叶柄上端前后面早晚生长的速度不同，而这种不同是由叶片各部生产和输运的生长素数量造成的。

1938年殷宏章在昆明西南联大任教时，除讲授植物生理学等课程外，在清华农业研究所植物生理组开展植物生长素的利用及人工合成的工作。实验观察到生长素能促进油桐树插枝生根，也能促进植物的春化。通过人工合成的 α 和 β 萘乙酸，对燕麦幼苗试验，证明其有生长素的功能。这些研究均有极强的实际意义。

20世纪40年代在英国任交换教授时，他从事植物生物化学方面的工作，在剑桥大学的植物学院和生物化学研究所建立了一个组织化学方法，并观察了磷酸化酶在植物组织中的分布。回国后继续这方面的工作，发展改进这个方法，研究磷酸化酶的分布，证明了在高等和低等植物的细胞中都存在着这个酶，其分布的位置与淀粉形成的部位基本上一致，并且其活动变化与淀粉形成的量有相关性，由此他肯定了磷酸化酶和植物中淀粉的合成是相互联系的。接着，他又用这个组织化学方法，研究了磷酸化酶在植物中的功能，证明了磷酸化酶的活动与气孔开闭有关。实验证明，叶子的保卫细胞存在着磷酸化酶，在酸度较低的情况下，能促进淀粉水解，形成糖磷酸脂，在酸度较高时，能促进淀粉合成，气孔的关闭受此影响。另外他还研究了洋葱汁对于磷酸化酶的抑制作用，说明了为什么有些植物不形成淀粉。更有意义的是对水稻籽粒成熟过程中淀粉合成及其水解酶活力变化的研究，推动了谷类植物淀粉的生化工作。

1959年，殷宏章利用第一个人工光合作用实验室，大幅提升了研究工作的水平，在短短几年中，就取得了许多世界前沿的研究成果。他领导开展了光合作用磷酸化的研究，很快取得了成果。1961年，他和他的学生对光合磷酸化最低量子需要量进行了测定，证明了光合作用磷酸化反应是整个光合作用反应的一个组成部分。他在莫斯科召开的第五届国际生化学会上将此工作做了报告，会上同时有三篇这方面的研究论文，但殷宏章等人的工作最为完整。1962年，他的实验室首先在国际上发现了光合磷酸化过程中高能中间态的存在，即叶绿体在光下能形成一个高能状态，它可在黑暗中推动"腺之磷"和"无机磷酸盐"合成腺之磷。事隔一年，美国科学家贾格洛夫也观察到类似现象，并证明这高能中间态就是英国科学家米切尔提出的化学渗透假说中的氢离子浓度差。米切尔 1978 年获得了诺贝尔奖金。高能态的发现对光合磷酸化机理是一个重要的贡献，因此得到国际上的高度评价，常常被许多文献引用。1972 年日本《蛋白质、核酸、醇素》杂志认为，高能态的发现是六十年代光合磷酸化研究的两篇重要论文之一。在此以后，殷宏章主持下的实验室研究了闪光、不同波长、不同电子受体等对光合磷酸化的作用以及叶绿体的结构和功能，探索了对光合作用的调节和控制，获得了一系列重要成果。

他一生致力于植物生物化学、光合作用、植物生长发育的研究工作。他对于整个生物科学的发展十分关心。对于分子遗传、细胞生理、生物固氮、环境污染等新学科都以极大的热情给予支持和促进，并倾注了大量的精力。他在生物科学发展方面的思路十分宽广。在微观方面，从整体到器官、组织、细胞器以至生物膜、分子水平等；在宏观方面，从个体到群体，以至群落生态，甚至超出地球开发空间等，都有相当深的见解。早在 1960 年，他提出了送植物和高等生物上天的设想，在宇宙中创建一个植物能生长并供给人们食物的小世界，为宇宙旅行、开发天体创造条件。为此，他提出需要开展空间模拟实验。现在这个问题已经成为专题研究，有许多单位在展开这项工作。

他同导师李继侗教授一起，发现了植物光合作用的特异现象。当光照突然改变时，光合作用的速度会发生瞬间变化，然后又趋于稳定和恒速，从而推出两个光化学反应系统的理论。那时，中国的生物学还处在起步阶段，国际上对光合作用的研究还不深入，所以这一理论到 20 世纪 30 年代才被人们认识和重视。

殷宏章对生长素的研究，在世界上也是比较早的。他 30 年代在美国留学，授业于生长素的发现者温特教授，研究的课题是生长素与植物叶片运动的关系。1944 年，殷宏章应邀到英国剑桥大学，从事磷酸化酶的研究。他发明了磷酸化酶与植物体中淀粉合成关系的组织化学方法，证明植物细胞质中存在着磷酸化酶，肯定了这种酶对淀粉形成的作用，进一步发现糖类的转化有不同的途径，淀粉的合成、分解也不是同一种反应的双向进行，这一研究具有原创性。

在中华人民共和国初期，由于帝国主义的封锁，国家急需抗生素，殷宏章主动要求承担此项任务。他参加领导了抗生素的生产和研究，并与有关方面联系，成立了抗生素工作委员会，为推动我国抗生素事业的发展和微生物研究做出了贡献。50年代初，中国的抗生素药物还靠外国进口，是殷宏章主持了抗生素的研制并获得成功，打破了外国对这一新技术的封锁。抗生素被认为是二十世纪医药界最伟大的发明之一。由于抗生素的广泛推广和使用，使鼠疫、结核、痢疾等多种在历史上作恶多端的传染病得以控制。鉴于国内对抗生素的迫切需求，他带领团队主要从事抗生素生产的研究。不久中国科学院在上海成立抗生素工作委员会。根据规划，主要研究金霉素的生物合成，他指导他的学生沈善炯院士克服各种困难并取得成功。1957年由上海电影制片厂摄制的电影《情长谊深》，是新中国第一部以科学家为主人公的影片，其主要情节为：微生物研究所为研制一种新型的抗菌素而艰苦攻关的发明过程，正是取材于他领导的科研小组为背景。

20世纪60年代他又提出了一个新的理论，认为在光合作用的过程中磷酸化酶会形成一种高能的中间体，并撰写了《光合磷酸化高能态的发现》。这篇论文在国际上引起重大的反响，认为是60年代光合磷酸化研究的两篇重要论文之一，于1982年获国家自然科学三等奖，美国科学家贾格洛夫用实验证明了这一高能中间体的存在，英国科学家米切尔进一步深入研究则获得了诺贝尔奖。遗憾的是，殷宏章的研究被"文化大革命"动乱打断了，到他恢复工作时已是耄耋之年。1955年，他当选为第一批中国科学院学部委员。

殷宏章特别重视研究工作与国家经济建设需要的结合。1959年，他通过总结农业生产经验，提出了作物生长的"群体"概念。从"群体"概念出发分析了群体结构与光能利用、群体与个体的矛盾和统一，群体的发展、调节控制等问题，阐述了一系列学术观点，为农作物合理密植、合理施肥等提供了理论依据，对农业生产起了一定的指导作用。同时，通过"群体"概念的深入探讨，使植物生理学的研究向数盘化迈进了一步，发展成为一个与农业现代化密切相关的研究领域。

1982年在殷宏章的领导和带动下，《植物生理学通讯》开展了植物生理学如何为"四化"服务的专题讨论。他虽年事已高，仍念念不忘国计民生的大业。殷先生提出的要从群体、个体、细胞、分子四个不同水平进行植物生理学研究的学术思想，鼓励中、青年研究者从不同的学科交叉、渗透中去研究植物的生命活动规律以及提出的科学研究要组织国家队攻关的思想为植物生理学的发展，为上海植物生理研究所的学科建设都起了指导性的作用。

"看苗施肥，因材施教"

位于上海徐家汇繁华地带的上海好望角大饭店，是全国科技系统首家涉外接待单位，是中国科学院对外进行学术交流和接待国内外科学家、教授、学者的窗口，隶属于中科院上海分院。其中就有"宏章厅"，正是为纪念殷宏章而命名的。

殷宏章除了在个人杰出科研成果的同时，在培养人才方面，也有他独特的见解和方法。他认为，"搞科学研究好比跳芭蕾舞，必须先学会用脚尖走路，"必须打牢基础。他通过长期的实践总结出培养学生的四条经验。一是重视对科技人员的基本功训练，他说："搞科学研究好比跳芭蕾舞，必须先学会用脚尖走路。"二是导师要领导学生入"门"。师傅领进门，修行在个人，固然个人的奋斗很重要，是起决定作用的。但导师要领他入门，入门后放手让他去闯。三是对学生要进行诱导。无论在学术讨论会上，还是在研究工作中，都要启发学生的思路，即使他们有不切实际的想法，也不妨让他们走点弯路，碰壁后自己纠正，取得经验，举一反三。四是看苗施肥，因材施教。针对学生各自的特点，使用不同的培养方法，使个人的所长得到充分的展现。这些培养方法，旨在使学生举一反三，融会贯通。1962 年他在《导师、教师、师傅》一文中所说："培养者并不觉得是在培养，被培养者也在不知不觉中成长起来。"经他培养的学生不少人已成为国内优秀的科学家，如施教耐院士、沈允钢院士等。

1979 年初，殷宏章担任中科院上海植物生理研究所所长。这是正科技发展春天到来，他带领全所发奋攻关，争分夺秒搞科研，取得很大成绩。殷宏章经常说，现代植物生理学正向两端发展：一方面趋向微观，从整体、器官、组织进入细胞水平、分子及电子水平。企求从基本上了解、调节和控制植物的活动，并进行模拟。另一方面走向宏观，联系农林生产、研究群体、群落、生态环境以至整个生物圈问题。

殷宏章很重视理论联系实际，著有《植物生理与农业生产》等书，而且不限于高等植物。如他在解放后回国适值对新生的抗菌素迫切需要，就组织力量协作研究，并通过它建立我国微生物生理生化及遗传方面研究的基础。

1983 年，他为了培养年轻人，让年轻人走向领导岗位，他主动向中国科学院上海分院上书，提出辞去所长职务，受到了分院领导及所内员工的称赞。为此《文汇报》（1983 年 2 月 25 日）还做了详细报道与评论。辞去所长职位后他担任该所名誉所长，仍积极参加各项业务工作，继续培养了大批人才，其中不少人成了优秀的科学家。到 1986 年，根据未来科技发展的需要，中科院植物研究所发展迅速，形成了新的格局：一个国家重点实验室，即植物分子遗传国家重点实验室。三大研究领域：即植物生理学、微生物学和分子遗传学等。总共设 21 个研究组，其中植物生理学部分为：光合作用能量转化、光合作用碳代谢、光合作用生理生态、植物细胞基因工程、植物原生质体、植物细胞分化和试管苗繁殖、激素对代谢调节控制、激素生理、激素作用分子基础、生物固氮、发育生理、营养生理、环境生理、逆境生理、物质运输等 15 个研究组。分子遗传学部分为：分子遗传、毒素基因结构与功能等 2 个研究组。微生物学部分：微生物代谢调节、微生物工程、微生物遗传、噬菌体等 4 个研究组。

他曾先后任中国植物生理学会第二、三届代理事长、理事长；《植物生理学报》和《植物生理学通讯》主编；《中国科学》《科学通报》《生物化学与生物物理学进展》编委；第三届全国人大代表；第五、六届全国政协委员。1977 年被评选为上海市先进工作者；1978 年在全国科学大会上被评为先进工作者；1982 年获国家自然科学二等奖；1988 年获中国科学院从事科学工作 50 年奖状；1988 年获美国加州理工学院杰出校友奖；1989 年获中国科学院荣誉奖；1992 年 11 月病逝于上海。

在中科院上海植物生理研究所，大家一致认为他不仅是我国植物生理学的主要奠基人之一，更是一位学识渊博、成就丰硕的导师，一位可亲可敬的长者。他将自己的毕生精力献给了我国的植物生理学事业，建立了丰功伟绩。他高深的学术造诣和远见卓识，为我国植物生理学的发展奠定了基础，开辟了重要的研究方向。他倡导思想自由，独立思考的学风，他学识渊博，睿智过人，作风严谨，目光敏锐；他道德高尚，淡泊名利，平易近人，和蔼可亲。

他的道德品质和扶掖后进的风范，成为激励年轻一代的榜样。殷宏章有一颗滚烫的中国心，他一生中面临 3 次重大选择。30 年代在美国获得博士学位，他怀着"科学救国"的思想回国了。40 年代进入了剑桥大学的科学殿堂，之后他又回到祖国。50 年代已跻身于联合国教科文组织的他，为了中华民族的伟大复兴，又毅然回国了。他的中国情结和科学创新精神得到党和人民的充分肯定。

在中科院植物生理研究所编印的《发展进程》一书中，载有由著名作曲家贺绿汀谱曲，殷宏章作词的《植物生理所之歌》，充分表达了他与全所研究工作者对植物生理科学研究的壮志豪情："迈开娇健的步伐／架起生物工程的桥梁／探索植物生命的奥秘／生物学世纪已经在望／团结民主严谨求实／科学之花齐开放／大胆创造奋发图强／振兴祖国在肩上／科学大军勇敢前进／祖国一定繁荣富强。"

植物是地球上利用太阳能合成有机物的主要生物。它们的生理活动对人类有着极为重要的意义。贵州是农业省，农业以栽培植物为主体，要控制作物的生命活动，增加产量并提高质量，就需要了解植物的生理活动。贵州又是国家生态文明建设的示范省。在贵州省农科院，只要一提到殷宏章，人人都知道他对中国植物生理科学事业所做的贡献。

殷宏章院士，他所取得的科技成就，缘于对植物的"苦恋"，像阳光对绿叶的深情。

贵州人民永远缅怀他。

"种子"永生

——记中国科学院院士戴松恩

◆ 胡海琴

戴松恩 （1907.1.6—1987.7.31）江苏常熟人。遗传育种学家。

1931年毕业于南京金陵大学农学院农艺系。1936年获美国康乃尔大学博士学位。1938年于中央农业实验所贵州工作站，开展玉米、烟草和油菜的育种工作。曾任中国农业科学院作物育种栽培研究所研究员、副所长，中国农业科学院副秘书长、研究生院副院长。1955年选聘为中国科学院学部委员（院士）。

参与选育"金大2905""金大26"等中国第一批小麦优良品种研究明确中俄美6个小麦品种杂交后代10多个性状的遗传规律及其连锁遗传关系首次指出在严格接种条件下，中国小麦品种对赤霉病抗性有明显差异，肯定了选育抗赤霉病小麦品种的可能性提出直接利用美国玉米双杂交种并不能增产，必须利用它的自交系和中国材料合理组配才能得到适于中国的高产杂交玉米选育出适合贵阳地区种植的烟草优良品种探明中国油菜育种的途径和方法。1978年以后主持开展了中国小麦非整倍体的研究工作。

引　子

1987年8月，中国农业科学院东圃场试验田上一片深绿，头发花白的小麦遗传育种学家庄巧生捧着一盒骨灰，长跪在地。这年的7月31日，他一生的尊师、挚友，在祖国大地上当了一辈子育种人的戴松恩，吃完了他在人间的最后一口"食粮"，没有留下遗言。执弟子礼的庄巧生，送恩师回归其深爱了一辈子的土地。

掩上黄土，没做任何标示，依旧是田间一角，田里实验耕种的小麦，一年又一年，青了又青。天地不言。三十多年弹指即逝，当年执弟子礼的庄巧生，如今已是中科院院士，也是桃李满天下。今年已届103岁的庄老说，他很想念戴松恩先生。

戴松恩留给大地的种子，仍在大地发芽。撒在人心的种子，仍在人心活着。戴松恩将自己的一生，活成一粒不死的"种子"。只要种子不死，无虑花果飘零繁衍。

生生不息

任何一粒种子，首先都意味着生。清光绪三十三年（1907年）农历十一月廿二，江苏省苏州府常熟县唐市镇上，一户戴姓人家诞下一子，按戴家族谱辈分，这孩子属"恩"字辈，最终取名松恩。

松恩出生之地常熟，因"土壤膏沃，岁无水旱之灾"而名。宋人杨备有"岁岁多收常熟田"的诗句。故而常熟又称"虞"，"无虞"之"虞"。清代《江南经略》载："常熟（县）在（苏州）府城北九十里，沧海环其东，长江亘其北，尚湖、昆承、阳城诸湖汇其西南，乃四通八达之区也。"常熟县东南三十里有唐市，旧名尤泾市，又名语溪。明正统年间，由唐氏招商成市，故名。唐市古镇横跨尤泾河两岸，东濒金桩泾，西临语濂泾，因集镇位于常熟东南，俗称东唐市（西唐市现属张家港市）。旧时的唐市人文荟萃、富甲一方，素有"金唐市"之称，为常熟四大集镇之一。"金唐市"是与"银梅李"相对应的美誉，源于唐市的稻米、梅李的棉花，都是常熟农副产品交易流通的重要集散地。

至今，尤泾河仍贯通唐市集镇而过。河道边的水栈、码头与凉棚，带着明清遗韵，河中央的渔船、客船和商船，上常熟，下上海。一切都是江南水乡集镇的模样。三座大石拱桥横跨，连接河东与河西两岸，河东为商业区，四百多米长的石板路两侧商铺林立，早市晚市热闹非凡。河西为住宅区，"唐市学派"创始人杨彝、明代进士翰林编修严讷等本土先贤生于斯，长于斯。"凤基园""市泽孝迹""朗城秋月"等古名胜建筑见证着昔日的风月。

戴家的旧宅子就在尤泾河河畔。只是这江南经济富庶、人文荟萃之区，作为家中独子的戴松恩，却是自小在饿饭中长大的。戴家一无房产，二无田产，一家人的吃穿用度，全仰赖在唐市镇倪新泰米行做推销员的戴父戴瑞如维系。戴父常年贩走于上海、无锡间，每隔数年方得回家一次。纵然辛劳如此，收入依然微薄，一家人的衣食温饱依旧堪虞。年幼的戴松恩不得不经常随同母亲前往集市摆摊，挣钱以补贴家用。戴母身材高大，且自幼放足，长有一双大脚。这和当时普遍缠足的娇小女性有着显著的不同。唐市当地有句民谚形容妇女的"小脚"，说是"小脚一双，眼泪一缸"。和"小脚"全然不同，这双"大脚"就这样春夏秋冬的奔走在生计的路上，劳碌又坚韧。

后来，戴松恩在回忆中写道："幼年时期，我看到小镇上许多老百姓的生活那么苦，肚子都吃不饱，身体虚弱。"他不明白，在岁岁丰收、鱼米之乡的常熟之地，在人人不留一丝气力地辛勤劳动下，为何依旧是"小熟吃到知了叫，大熟吃到穿棉袄"（旧时唐市形容缺粮的俗语），为何依旧有如此多的贫穷与病苦难？

戴松恩的幼年阶段，正处于清末民初之间。他出生的光绪三十二年（1906年），大清帝国日暮西山一抹残照，而西方世界的诺贝尔奖已经第六次颁发了。意大利的卡米洛·高尔基和西班牙人拉蒙·卡哈尔因创建了现代生物科学的基础理论之一——神经元学说，继而获得了当年的诺贝尔生理学或医学奖；和平奖则颁给了美国总统罗斯福，他因成功调停了在中国土地上进行了两年的"日俄战争"而获奖。这一年，普朗克首创"量子论"，掀起物理学革命；而一手镇压"戊戌变法"的慈禧太后，终于开始学习西方"预备立宪"了。这一年，爱新觉罗·溥仪也出生了，在五年后的"辛亥革命"中，他成为中国的末代皇帝。国人刚迎来"中华民国"的曙光，旋即陷入军阀混战中。

陷入"千年未有之大变局"中不知前路的国度，积贫积弱、国将不国，挨饿、挨打自然成为常态。社会底层出生的幼年戴松恩，则正亲经历着难以忍受的贫病之苦。"唐市镇上只有私人挂牌的中医，收费高，没钱看不起病，所以病死的很多。

我的父亲就在三十六岁时害肺痨病死去。"

国家的有志之士在寻求救国之道。身处"父亲早亡、家无恒产"的困境中的少年戴松恩，也在找寻自己的出路。他说，他当时唯一可以支撑的，就是自己"养家的恒心"，"我当时觉得我的母亲太苦了，我应当用功读书，掌握好负起家庭的重担。加之父亲病故，更加强了我这种起（养）家思想。"

因家境拮据，本来连戴松恩的小学也供读不起的。当时唐市镇有三所新式小学堂，最早的当属语溪中西学堂，光绪二十八年（1902年）创办，坐落在镇上河西街绍园内（现粮管所地址）。创办者是被本地人称之为"洋翰林"的乡贤稽芩孙。稽芩孙，字洛如，1884年生于唐市镇河东街。在清末"留学潮"中，稽芩孙曾赴日本短期求学，后赴美国留学，先在美国加州大学学习，后转学于斯坦福大学攻读银行法，获学士学位，是唐市镇首位留学生。清光绪三十一年（1905年）科举停止，清朝廷为笼络知识分子，凡由学堂考试毕业的学生，也分别奖给进士、举人、贡生等出身，稽芩孙获清廷给予的进士出身，选庶吉士衔，为翰林院编制。又因其有留洋背景，所以当地称其为"洋翰林"。稽芩孙创设的语溪中西学堂，崇尚新学，课程有国文、英文、算术、体操四科，经费依靠学费收入以及地方捐款，就学学生二十人左右。另外两所，即光绪三十年（1904年）从善局办"亭林小学"，宣统元年（1909年）唐市米业公所创办"米业小学"。

科举废除后，就读新式学堂寻找新出路，是镇上富贵人家的首选。但戴松恩家中一无所有，一贫如洗，一家人勉强糊口都很困难，遑论读书。而在米业就职的父亲戴瑞如，却没有能力将儿子送入"米业小学"读书。直到七岁时，戴松恩才在信教亲友的推荐下，在一所名为"东唐市初高两级小学"的教会学校免费就读。他所就读的教会小学，位于河东街南市梢，附设于传教士杜祥卿在唐市创办的"浸会堂"，入学者多为教友子弟。

自入学始，戴松恩就刻苦勤奋地读书，考试成绩拿第一名便是常有的事。先是在1917年6月，十岁的他结业于东唐市初级小学，第一名；三个月后，顺利升入东唐市高等小学继续求学。就在这年冬天，戴松恩的父亲不幸患疾离世，一下子家中生计的重担全部压在戴松恩母亲的身上。心生紧迫之感的戴松恩，更是珍惜读书寻出路的唯一机会，不敢有丝毫懈怠之心。1920年6月，他从东唐市高等小学毕业，成绩全校第一名。由于当时东唐市并无中学，戴松恩进入苏州教会筹办的苏州晏成中学就读（今苏州市第三中学前身），校方提供给他免费就读的奖励，足见"天道酬勤"此言不虚。

从小学到中学，戴松恩一直都只能就读免费的教会学校。当时当地，就读教会学校属于无奈之举。教会学校由外国教会管辖和办理，是近代中国沦为半殖民地半封建社会的产物。清代末年，中国国门大开。甲午之战，清廷被迫签订《马关条约》。按条约第二款协议要求，苏州被辟为通商口岸，于光绪二十一年（1895年）开埠，并最终在次年9月26日开放港口。西方基督教会携带着传教的从属事业，在苏州当地出现并传播开来。为了吸引国人入会入教，宣扬教义，施药治病、兴办教育是两种常见而又行之有效的手段，各级教会学校便是在这一社会大背景下纷纷涌现。据《苏州教育志》载，早在1871年，苏州出现了第一所教会学校，即有人称之为"苏城设学之破天荒"的博习书院。只是，由于东西文化之间固有的文化差异，西学东渐的文化侵略性，在情感上国人是带有排斥和警惕心理看待教会学校的。加之教会学校传输的是现代西方新式教育体系，并不能帮助士人们实现考取科举博得功名的目的，所以，教会学校在创办之初，在科举昌盛的苏州地区是乏人问津的。随着辛亥革命的成功，民国建立，旧式教育日益衰落、新式学堂随之兴起，国人眼界逐渐开阔，西方文化和观念开始为苏州士人所接受。苏州市内的教会学校也随之迎来了发展的重要时期。

戴松恩就读的东唐市初、高等小学，以及苏州晏城中学，便诞生在这一历史时期。1920年，包括戴松恩在内的130名学子走进了位于苏州城谢衙前西差会的教会礼堂旁的晏成中学。校长麦嘉祺传教士于1909年创办学校时，"规模略简，学生寥寥无几"，因美国富孀西门夫人（即晏女士）捐款1.2万元的缘故，该校定名晏成中学。在校期间，所有的学生学唱校歌。歌中有"利济人群日唯科学""积健为雄"这样的字句，这应是对戴松恩最早的"科学精神"的启蒙。

戴松恩入校后次年，晏成中学开始实行选科制，分文、理、商三科。怎么选，其实戴松恩心中早有打算。他自幼就遭受了父亲因病早逝而带来的苦痛，也曾目睹百姓患病无钱诊治听天由命的悲剧，"在这种情况下，当时我想如果我是一个医生多好，可以为大家看病。我在中学读书时一直有这种想法，总想有一天能进医科大学。"他选了理科，为日后进入医科大学"悬壶济世"做准备。

1924年6月，戴松恩顺利从晏成中学毕业，考试成绩又是第一名。当时的教会中学的毕业生，大致有四种去向：一、留学或进入大学深造；二、进入政府机关或事业单位工作；三、进入学校或其他教育机构从事教学工作；四、进入教会系统从事宗教工作。毕业后的戴松恩首先想到的是报考医科大学，"可是后来知道进医科大学很不容易，要读八年，要花许多钱，根本没有什么免费读书的机会。"眼看着"悬壶济世""治病救人"的理想，顿成空中楼阁、镜花水月，戴松恩不禁十分苦闷。这时，晏城中学的一位负责人找到他，要他留在教会里从事一些社会活动工作。暂无着落的戴松恩不得不接受学校领导的分配，于当年七月前往苏州教会所办的"新民社"报到，担任交际干事一职。坚持了一年，他终究觉得这种社会活动工作不合适自己，想要另寻出路，但又一时无处可去。正在左右为难之际，他在报纸上看到南京金陵大学农学专修科的招生信息，而且读满一年即可毕业。这对希望通过读书深造，从而改变家庭生活条件的戴松恩而言，无疑是一个难得的机会。戴松恩当时没有丝毫的犹豫，"我就想，学医根本不可能，学农也可以。"

1925 年的夏天，戴松恩在友人唐希贤的资助下，怀揣着五十块大洋向省会南京出发了。负责招生的老师看过他的中学成绩单后，决定免试让他进入南京金陵大学农学专修科学习。

任何一粒种子，一旦找到适宜的土壤，都意味着再生。戴松恩找到了适合自己的"土壤"。岁月为证，他这颗"种子"将在农学的"土壤"里重生一次。此后的每一天，都既是再生日，也是创造日。

立志农学

进入金陵大学农业专修科是戴松恩向农业科学研究迈出的一小步。金陵大学同样是一所教会学校，但校内建筑多清代宫廷式建筑，青砖厚墙，典雅大气，平淡自然。但同时，又有着宽阔的草坪、西式的塔顶，带着欧美国家的审美。在"各美其美，美美与共"的氛围下，戴松恩不断地学习，以开阔眼界。

一年后的 1926 年 6 月，戴松恩顺利结业，并凭借专业第一名的成绩，成为金陵大学农艺系助理，主要工作是协助沈宗瀚教授从事小麦、水稻遗传育种的田间试验与研究。又因其自幼在教会学校接受英文教育的背景，说得一口流利的美式英语，写得一手漂亮的英文文章，他很容易便和系里的美籍农学专家芮思娄（J.H.Reisner）、洛夫（H.H.Love）、玛雅思（C.H.Myers）、魏根斯（R.G.Wiggans）建立了良好的联系，并负责为他们打印英文信件和英文讲稿，备受教授们的信任。

我们无法猜测，不得而知，放弃当医学生的原初理想的，转向农业方向的戴松恩，当初是怀着怎样的心境进入金陵大学，接触转向农学专业的。但我们可以肯定的是，入校之前，他无论如何也想象不到，命运的巧合，已使他无意中就站在了中国现代农业科学事业的转折点上。

我们知道，在农耕文明的国度，关于农业、关于粮食的重要性，怎么说都不为过。更何况是在世界百分之七的耕地上，要养活世界百分之二十二的人口的中国。《汉书·郦食其传》中有句千古名言："王者以民为天，而民以食为天。"意即百姓乃政权之基，粮食为民生之本。先秦有诸子百家争鸣，其中便有"农家"的身影，主张劝耕桑，以足衣食。我国人民在长期实践中积累了丰富经验，形成了传统的农业科学技术体系，出现了贾思勰、王祯、徐光启等一批杰出农学家，留下了《齐民要术》《农政全书》等珍贵的农业典籍。但翻开中华民族厚重的史册，关于饥饿、饥荒的记载史不绝书，"三岁一饥，六岁一衰，十二岁一荒"，"途有饿殍，易子而食"的惨状频频重演，几乎成为民族历史记忆的阴影。旧中国因此被外国人称为"饥荒大国"。问题出在什么地方呢？《剑桥中国晚清史》认为，近代中国农村的贫困基于分配和技术，"如果没有现代农业科学技术，包括化肥、农药、良种，连成一片的土地，贮存和销售设备、改良农具、新的管理方法，以及这一切所需要的巨额投资，中国农村的生活水平永远也不能跟上新的人口增长。"直至二十世纪初叶，一批开明士绅开始认识到"农实为工商之本"，积极鼓吹兴农，强调农本，改变中国农业的落后面貌，进而带动工商业的发展。来自西方的农业科学技术、农事试验、农业教育在古老的中国大地上落地、生根。中国农学开始了现代化进程，逐步从"经验农学"走向"实验农学"，农业科研活动也从农事操作中独立出来，国内相继涌现出了具有专业化、规范化、体系化的农学研究机构。与此同时，解决民生"吃饭问题"，也被视为政府政权合法性来源的关键问题之一。民国初年，政府先后设立农商部、实业部等，主管政务，兴办农业学校，设立农事试验场，从事农业改良。首先从蚕桑、植棉开始，不久便致力于稻麦改良，形成稻、麦、棉三大作物鼎足而立的格局。但这一时期正值国内军阀混战，政局动荡不已，公、私立学校及官办农场多因人事变动频发和经费困难而无法开展工作，因而收效甚微。

戴松恩所就读的金陵大学，是少数坚持农业改良，尤其在作物育种方面取得成绩的高等农业教育机构。有历史为证：早在 1914 年夏天，金陵大学美籍教授芮思娄即在南京附近农田中选取小麦单穗进行良种选育。经过七、八年的实验，最终育成"金大26号"。这是现代科学育种方法在我国的最早运用，并取得了成功；在育种方法上，金陵大学美籍作物育种专家洛夫教授所倡导的纯系育种法和生物统计方法，在国内得到了普遍的采用，我国小麦育种工作在"方法论"上迎来转折点；1926年，沈宗瀚教授主持，从南京通济门外的农田中选取小麦单穗，开展良种选育试验研究，最终成功选育出"金大2905"优良品种；1925年起，金陵大学农林科与美国康奈尔大学商订五年合作计划，开展校际合作，订立中国作物改良合作计划。按照计划，由美国康奈尔大学负责派遣权威育种专家来华讲学，指导和设计作物改良技术；策划与教会组织合作设立农事试验场；每年利用寒假或暑假举办讲习会，讲解、研讨有关作物育种的理论与方法……合作期间，作物育种专家洛夫、马雅斯、魏庚等相继来华讲学，并指导作物育种工作。中美之间正式的、有组织的在农业科技领域开展的交流与协作，这属首次。此举是我国早期作物改良史上的一项重要举措，给其他作物育种工作的开展提供了良好的经验……

在此之前，整个中国的作物育种，仍以传统方法为主，种子的改良全靠作物自身天然变异、漫长的自我进化，育种手段粗放，没有出现采用近代科学方法育成的新品种。正是由于芮思娄、洛夫、沈宗瀚等外国育种专家和在国外攻读农学的留学人员归国效力，将近代作物育种理论和技术系统应用到育种工作中，对于品种改良与推广，育种技术框架的确立，性状遗传与栽培技术研究以及培育人才方面都有所建树，为之后品种改良事业的发展打下了初步基础，推动中国的作物育种工作逐渐走向科学发展轨道。

这些创造历史的人，现在恰好都在戴松恩的身边。尤其是沈宗瀚教授，对他产生了具体而微的影响。沈宗瀚（1895—1980年），中国农学家，早年毕业于北京农业学校，后赴美国求学。1924年获佐治亚大学硕士学位（棉作），1927年获康奈尔大学博士学位，导师为美国作物育种权威洛夫。1926年，沈宗瀚即归国后任教金陵大学农艺系，教授遗传学与作物育种学的同时，并主持小麦、高粱、水稻等育种工作。正是这一年，金陵大学农业专修科第一名毕业的戴松恩被学校选派担任沈宗瀚教授的助理。

因缘和合，一切都刚刚好。沈宗瀚开始了小麦育种工作，戴松恩则跟随老师在田间观察单穗小麦生长状况，选择较优的1200单穗行，留作秋季播种二行试验。每行长15英尺，行间距离1英尺。被选中的单穗行，称为品系附以数字，以每品系15厘米麦子，种一行，每隔四行种一标准行，所有的品系种完一次，再重复种植一次，故一品系共种二行，称为二行试验。1927年夏季收获后，在室内称每行麦子重量，以代表产量，产量不及标准行者淘汰，较优者留为秋季进行五行试验。五行试验方法与二行同，不同之处在于需重复种植四次，即每一品系共种五行。因试验地内，土壤肥瘠不同，足以影响品种的产量多少，重复试验可使每一品系得到肥土瘠土的机会均等，减少环境的影响，突显遗传的产量能力。1928年，戴松恩帮助老师在田间记载各行的出穗期、病害有无及麦秆倒伏情形，夏间在室内称每行麦子重量，最后选择较优品系。十月下旬将被选品系进行十行实验，以获得更为精确的实验数据。

值得一提的是，这次单穗行实验中，第2905行成为最终的"优胜者"，记录在试验记录簿上。后来，在此基础上，沈、戴师生选育出了大名鼎鼎的小麦改良品种"金大2905"，"金大2905"之名由此而来。这是后话了。

眼看着实验的产量一次比一次高，戴松恩震撼了，"有好种，才有好庄稼。"有着童年饥饿的记忆的戴松恩，似乎看到了消除饥饿的良方。在协助沈宗瀚教授工作期间，戴松恩一边工作一边自学遗传学理论、育种学原理和方法，立志成为作物遗传育种专家，遇到不通处还主动向老师请教，很快就自修完大学一、二年级的大部分基本课程。与此同时，他求知若渴、刻苦研读的劲头也在教授们的心中留下了良好的印象。应了"机会永远是给有准备的人的"这一句俗话，好运再一次降临在戴松恩头上。1928年秋天，工作出色的他，在老师和美国教授的联袂推荐下，破格免试进入金陵大学农学院农艺系作物遗传育种专业，从该专业二年级开始进行插班学习，前提条件是在学习之余，必须抽出一定的时间，继续协助系里教授开展工作。边学边工作，是为"工读"。作为回报，农艺系依旧支付戴松恩每月三十元的工资。这哪里是"条件"？对戴松恩而言，这简直是天大的好事，读书与工作相结合，可以在实践中加深对学问的认知；有了工资，他除了支付读书费用，还可以用来"养家，赡养老母亲"，可谓是一举多得。戴松恩在深感庆幸之余，以更加勤奋严谨的工作和专心一意的攻读，来感谢师恩，感谢上天的眷顾。

按照当时金陵大学农学院农艺系的课程安排，该专业制定为五年毕业，其中本科三年，预科两年。在教学上以美国康奈尔大学农学院为样板，推行"教学、科研、推广"三位一体的发展模式，所授功课均严格按照美国农科大学标准执行，不允许降格。各种课程，除过问和经史外，其他的课堂上、实验室内，均以英文课本为本进行英文授课，此外，在室外运动场上学生的啦啦队也须用英文助威。当时，金陵大学并以南京附近农业试验田作为学生的实验、实践基地。系里农学方向的教授有七人，其中四人属美国国籍，另外三人皆为本国留美农科毕业生。教授中多为高才之士，成为支撑该校该科发展发达的最大原因。

戴松恩的主科教授沈宗瀚先生，传授的主要课程是遗传学与作物育种学。按照课程排表，遗传学课程安排在农学院三年级第一学期，老师讲演三小时，带领学生实验三小时，共计四个学分；作物育种学则安排在三年级第二学期，同样是老师讲演三小时，带领学生实验三小时，计四学分。讲课时间是星期一、二、三的早晨八至九时，实验时间为每周三下午。

从大三上学期开始，戴松恩正式在沈宗瀚教授的指导下，进一步深研遗传学。当时，沈教授的讲课仿效的是其在美康奈尔大学就读期间，佛来斯（C.A.Fraser）教授的讲课方法，即课上不用讲义，只是在黑板上板书讲课纲要，并尽量以图表解说原理。这种教学法尽量减少了数字与人物名称的记忆，以免学生听得枯燥无味，同时又注重理解以启发学生的思想，激发学生发现问题、解决问题的科研兴趣。正所谓好之者不如乐之者，沈宗瀚教授的教学法，让本就兴趣颇浓的戴松恩，兴趣更浓厚了。每次课程刚结束，就期待下一节课早早到来。不过，要上好沈教授的"下一节课"，并不容易。因为每节课开始的五至十分钟，是沈教授的口试时间，被点到的学生，要能够复述出上一节课的要义以及意义来，才能开始下一课。学生们由此养成了思想的循序渐进，以及今日功课今日了的习惯。

戴松恩等学生特别喜欢沈教授的授课方法，"老师在授课时，对于已知的理论，尽量说明清楚；而对于当时不能理解的事理，如生物突然变异、数量性状的多数遗传因子、玉米杂交第一代优势等原因，则坦率地承认自己也不知道，且指出这是未知的事理，尚需遗传学家继续研究，勉励学生做继往开来的研究工作，以探究各种原因。""他们提出问题，我能答则答之，不能答的，告以参考文献及研究方法。他们有时以不能答者作论文题目，研究实验，很有意义。我深信教书讲明已知的学理固然重要，而指出未知的事理，启发学生好奇研究的兴趣，亦很重要。"沈宗瀚教授在晚年曾如是回忆。

但每周三小时的遗传学实验课，沈宗瀚教授和他的学生遇到了实验材料匮缺的麻烦。原来，在当时美国遗传学教材中，遗传学理论多是通过果蝇试验总结的，原因是果蝇体型微小，可以在小瓶内饲养，且生活期短，繁殖力快，性状多，最易于实验。只是果蝇须在恒温箱中用香蕉饲养，当金陵大学买不起恒温箱，也无法提供维持费用，故不能饲养果蝇。沈教授急需借助果蝇实验，以验证曼德尔遗传定律。所谓曼德尔遗传定律，源于曼德尔的一次实验：他以红花豌豆与白花豌豆杂交，其第一代为红花，第二代分离为红花与白花，其比为3红：1白。对这样的实验结果，曼德尔给出的解释是：以 A 代表豌豆红花遗传因子，a 代表白花遗传因子，红为显性，白为隐性，故红白因子（Aa）同在时，花显红色即1AA：2Aa：1aa=3红：1白。

但最关键的实验材料没有，怎么办？有趣的是，戴松恩在上课时，确实也没有接触果蝇。但他仍然完成了验证曼德尔遗传定律的实验：即用两个小铜子，每个正面写 A，反面写 a，放入漱口杯内，用盖盖好，每摇动一次，开盖记 A 或 a，这样做一千次，所得比极近1AA：2Aa：1aa。这恰好是与曼德尔所得杂交第二代遗传比相符。这是在缺乏关键实验材料的背景下，戴松恩想尽办法想到的替代方案。

通过这件事，戴松恩明白了，简易的实验也可证明至理、发现至理。这或许就是戴松恩一生中虽然总是面临或局势动荡，或遭人排挤，或条件受限等种种困境，但总能找到"替代方案"，取得丰硕的科研成果的原因之一。

后来，戴松恩又有机会以沈教授的小麦为实验材料，通过有芒、红皮、白壳品种杂交，得出第一代、第二代以至第三代性状分离，按照性状分类计算其独立遗传比。在这一过程中，戴松恩摸清了小麦遗传规律：两种不同的小麦品种红粒和白粒，杂交后产生的第一代是红粒，第二代有的就分离出了3（红）：1（白），有的15（红）：1（白），也有63（红）：1（白）三种不同的比例；抗线虫病和不抗线虫病的小麦品种杂交后，产生抗病的第一代，而第二代则分离3（抗病）：1（不抗病）。"运用遗传规律，互相杂交，便可以产生优良新品种，经过推广种植，可以提高作物的产量。"这就是科学育种的神奇处。在教授们的指导下，戴松恩进一步认识到了作物遗传育种，对农耕中国的重要意义："医学能治病救人，农业能解决人们吃饭穿衣的问题，同样是人生的重大需求。"自此，戴松恩坚定了从农的决心，一生没有动摇过。

大三上学期终了，过完寒假，下学期就是作物育种课了。沈教授给学生们布置了寒假作业，嘱托大家假期回家期间，各自调查家乡的作物状况，下学期的作物育种开课后，每位学生都需在课堂上做口头报告，面向同班同学介绍各自家乡的作物状况。这样一来，课程刚刚开始，学生们就对不同区域的作物状况有了直观的了解和认知。

戴松恩很快发现，正如"橘生淮南则为橘，生于淮北则为枳"一样，作物育种有很强的区域性。作为应用科学的作物育种学，首要的特征，也恰是区域性。沈宗瀚教授又面临着新挑战：中国的主要作物是水稻、小麦、棉花、高粱、小米、甘薯等，但水稻、高粱、小米及甘薯在欧美种植得很少，相应的育种方法也没有被研究。缺少参考，对教学而言面临着"无据可依"的难度，但对学科研究而言，却是填补空白的机遇。沈宗瀚教授以水稻、小麦为主要实验材料，从零做起，手把手地教授学生作物育种学的的全套技术，包括生物统计、田间试验设计、室内种子预备、整地、施肥、播种、除草、作物生长记录、杂交、选种、收获、室内研究等。

勤动脑、善动手的戴松恩，很快具备了纸上理论和实践操作的双重能力。1931年，他以遗传育种专业第一名的成绩顺利结业，获农学学士学位，还被授予当时教会学校的最高奖励——"金钥匙奖"，获选为"斐他斐"（Phi Tau Phi）荣誉学会会员。金陵大学校方宣布戴松恩留校，任农学院农艺系助教，继续协助沈宗瀚教授开展小麦育种试验工作。

"种子"成熟意蕴

戴松恩大学毕业时，长江流域正在遭受百年难遇的特大水灾，殃及亿万农民百姓，国内粮食生产问题益趋严重。加之1929年以后，洋麦、洋面输入日渐增长，"中华民国"政府的财政漏洞逐年扩大。解决粮食安全问题，成为当务之急。这一年年底，国民国政府正式设立中央农业实验所，以领导全国农业实验研究工作，以挽此粮食危局，而麦作改良则是该所的主要任务之一。实验所聘金陵大学美籍教授洛夫为总技正，沈宗瀚教授为技正，主攻作物品种改良。可见金陵大学在作物育种学科上的实力。

实际上，作物品种改良很早便是金陵大学农学院的中心工作。1922年，金陵大学农林科（农学院前身）科长芮思娄争取到了一笔每年4万银圆的科研经费，以改良华北小麦、大麦、高粱、小米、黄豆、水稻等粮食产量，以小麦、高粱为主。这笔经费由美国捐助华北赈灾余款内支付，是当时金陵大学最大的一笔科研款项。得到经费后，芮思娄和他就读康奈尔大学期间的导师洛夫商议粮食作物育种计划。1925年4月，45岁的洛夫教授首次来金陵大学，正式启动作物品种改良计划，领导金陵大学的师生前往南京、武汉、南宿州、潍县等地农家麦地选取多样性的单穗，为后续进行田间比较试验做准备。

在这期间，跟随洛夫进行育种工作的戴松恩第一次走出校园小天地，走向祖国大天地。1926年，由沈宗瀚教授接掌金陵大学农学院主持小麦、高粱、水稻等育种工作，最终选育出了著名的"金大2905"。戴松恩则几乎全程协助与见证了这一品种的诞生——

"金大2905"小麦单穗，是从南京附近农地选出的，性状特征是：茎中长、坚韧、色白；麦穗中长、长方形、有芒；麦壳白、无毛；籽粒红色中长，品质佳。成熟较农家小麦早五至七日。

1926年至1931年，"金大2905"在南京太平门外金陵大学农场中进行试验，结果显示：产量每亩平均226斤，亩产较十年前芮思娄教授选育的品种"金大26号"多了45斤，增产率25%，较农家小麦多产32%。因试验地土壤中等，若增加土壤肥力，产量还有进一步提升空间。

除丰产外，"金大2905号"小麦极少有散黑穗病，极少有杆黑粉病。且茎秆坚韧，不倒伏。尤其值得一提的是，"金大2905号"遇雨水不易发芽。要知道在长江流域，小麦的收获季节在每年的五、六月间，而这一时间点刚好处于梅雨时节，传统的小麦极易在田间发芽，即便得以抢割回来存放在室内，也容易受潮发芽，由此给农民造成的损失很大。1933年6月，沈宗瀚教授和戴松恩师徒选出13个品种的小麦麦穗，连续喷水24天，结果显示，"金大2905号"的发芽率仅为5%，远低于其他品种的小麦；7月间，将收回的麦子潮湿两天，"金大2905号"麦种全未发芽。成绩喜人。后来，沈宗瀚教授将"金大2905号"品种的优势和详细情形撰写为《金大及其合作农场的改良品种》一文刊发在《金陵大学农学院第二号》上，引发广泛的关注。随后，"金大2905号"作为当时中国以纯系选种方法育成的最优越的第一个新品种，得到大规模的推广种植。这一品种最初在南京镇江、芜湖及临淮关一带极受农民欢迎，至1937年已广为种植，其中包括戴松恩的家乡常熟。据统计，在1934至1937年间，该品种在长江流域的推广面积达8.7万公顷（1公顷等于一万平方米）。也正是在1937年，抗战全部爆发，南京沦陷，国人花果四处飘零，辗转他乡。抗战胜利后，沈宗瀚教授惊喜地发现，"金大2905号"的推广面积不但没有萎缩，反而是逆势推广到四川、广西等省份，成为新中国成立以前推广面积最大的小麦改良品种。可见在战争年代，举国危难时刻，广大农户都在自发、自动推广"金大2905号"。

一切用产量说话，农户最懂种子的好坏。

1926年至1933年，"八年育一种"的经历戴松恩一生难忘。在这8年间，他和他的老师一样，过着极为规律的、遵守时令的"农家生活"：每年10月初整地施肥，10月下旬播种，12月与次年2月除草，3至5月记录小麦田间生长状况，5月下旬收获，6月在室内脱粒，7月称各行麦子产量，8月统计分析实验结果，以选留品系，9月预备试验种子，并于10月播种。戴松恩严格按此在田间室内工作，不敢耽误。因为农事都有季节性，耽误一天，就有可能耽误一年。

"金大2905"最终成熟落地，戴松恩也如同一粒"种子"，在日复一日的试验、学习、实践中"更新换代"，走向优良与成熟。而一次难得的"培育"机会，也正在前面等待着他。

1933年夏天，刚刚将"金大2905"品系的种子收割入仓的戴松恩，听到了一个让他无比惊喜的消息：国立清华大学首次面向全国公开招考公费留美研究生，从理、工、农、医等三十余个学科专业中，每个专业录取一名赴美深造。"当时，我的理想是在遗传育种方面进一步深造，多学本领，总想能有一天到美国去学习。"踏破铁鞋无觅处，机会像为他准备似的，摆在他面前，不早也不晚，刚刚好。毫不犹豫地，他第一时间报考了作物遗传育种专业，与报考这一专业的百余人同场竞技。凭借着在金陵大学农学院丰富的专业知识储备、跟随沈宗瀚教授参与科研的经历，以及自幼训练的英语能力，戴松恩从众多考生中脱颖而出，以专业第一名的成绩获得了宝贵的公费留美机会。有这样一份清华大学档案："第一届留美公费生名单（1933年）"，全卷号1，目录号2-1，卷宗号88：3，上面记录有30位学子的名字，戴松恩之外，还有龚祖同，后来的中国应用光学的开拓者，中科院院士；蔡金涛，后来中国导弹与航天技术的主要开拓者之一，中科院院士；林同骅，后来著名航空及工程力学家，美国工程院院士，中科院外籍院士……

1933年冬天，在启迪的长鸣声中，"威尔逊总统号"轮船驶离上海港口，十里洋场的上海，祖国大陆的海岸线，在26岁的戴松恩注视的目光中渐渐模糊。1934年1月，这位来自中国的年轻学子顺利抵达位于纽约的康奈尔大学研究生院，见到了他的导师、作物育种学家洛夫教授。

美国是戴松恩第一次来，但对康奈尔大学和洛夫教授，他显然并不陌生，甚至可以说是倍感亲切。因他在金陵大学期间，课程设置、授课老师和外籍专家，都与康奈尔大学有着"直系亲属"般的关系。戴松恩可以说是早在国内，就"间接地"上了个"康奈尔大学"。但真的来到了康奈尔大学，戴松恩依然难掩激动，他被校内高大的教学楼、实验室、图书馆，博学的老师，优秀的同学吸引了，仿佛这些都散发着知识的光辉。而他有充分的时间去吸取知识，跟随导师攻读作物育种和细胞遗传学。

当时，作物遗传是遗传学的一门新兴分支学科，在优良品种的培育和推广领域活跃异常。但课程压力极大，生物学、遗传学、细胞学、生物化学、生理学、植物病理学等二十多主要门课程接踵而至，戴松恩夜以继日的刻苦攻读。在美国3年，他远离了所喜爱的网球运动和足球运动，也从不涉足校园里习以为常的舞会和桥牌游戏，跑得最多就是教学楼、实验室、图书馆。加之美国农学生多在田间工作的传统，戴松恩也十分注重去农事试验场的实践，无论小麦的杂交育种发、抗病实验、抗虫实验、还是小麦的抗旱育种、品质研究、遗传研究、细胞研究，他都细心观察，眼观耳闻，口问手记。

时间一点一滴地过去，时光如梭，辛勤的汗水也浇灌出丰硕的果实。在洛夫教授的指导下，戴松恩对来自中、美、俄三个国家的六个普通小麦品系，展开杂交实验，并对杂交后小麦进行叶片、叶鞘、秆毛、小穗、外芒、内芒等十多个性状的遗传分析，探究引起各种性状形态变化的遗传因子，以明确小麦的单性状的遗传规律以及它们之间的连锁遗传关系。最终的实验研究结果，是一篇以英文撰写了题为《中俄美小麦品种杂交之遗传研究》的博士论文（论文保存在康奈尔大学）——这种规模的小麦遗传研究，在当时国内农学界尚属首次。

1936年冬，戴松恩通过论文答辩，顺利地取得了康奈尔大学颁发的博士学位，并以出色的成绩获选Sigma Xi荣誉学会会员，并获得该学会授予的"金钥匙奖"。拿到这一奖项时，导师洛夫显得比弟子还兴奋，他一把抱住戴松恩："留下来吧，戴！我可以帮忙把你的妻儿家人接到美国。"洛夫教授真心诚意地希望和自己的得意弟子一起协作，在小麦遗传育种研究领域再进一步。

戴松恩终于在异国他乡成长为一颗成熟的优良"种子"。现在，他有两块完全不同的土地可供落地。留下，还是归去？留下，意味着选择难得的好老师，优越的研究环境，稳定的工作收入，团圆的家庭生活……一切都是那么的美好可期；而归去，则意味着选择面对战乱频仍、落后贫弱、苦难深重的故土。

利害分明，何去何从似乎不是个难以抉择的问题。只有戴松恩知道，他自己的心底有着难以言说的隐痛。3 年前坐上赴美的轮船时，他心中是满怀感激和向往之情的，"我的小学、中学、大学都是美国教会办的，连清华大学也是用美国退回的'庚子赔款'办的。" 直到考取清华大学公费留学资格，有机会来到"自由民主"的美国读书，美国这个遥远的国家就像一个美好的梦，不由得戴松恩不在心里留有重要的位置。但刚踏上了美国的国土，他便感受到了种族歧视以及弱国被强国欺辱的痛苦。戴松恩一下子就从梦中惊醒过来，甚至有种"上当受骗"的感觉。

事情是这样的：戴松恩原想在美国华人云集的旧金山下船后，他想买车票经过加拿大，然后到达位于纽约的康奈尔大学，这样沿途就可以对这片陌生的土地做一些感性上的认知和了解。可是售票员告知说，中国人不能买途经加拿大的火车票。但日本人和欧美人可以买。"这是对我向往美国'民主自由'迷梦的第一次沉重打击。"晚年的戴松恩如是回忆。紧接着，第二次重打击随之而来。当时有一部新上映的电影，影片里中国军队前进的镜头被有意倒放，感觉是在后退，在观众的一片哄笑声中，打出了一行字幕："中国的军队永远是后退的。"戴松恩的民族自尊心被深深地刺痛了。后来，他前往美国南方一个小城镇的农业大学参观学习，竟然被"3K 党"胁迫着去"参观"吊死和烧死的美国进步黑人。"难道这就是美国社会自诩的'自由、民主、博爱'吗？"这一极端悲惨的场景，让戴松恩彻底清醒了，觉得自己接受了二十多年的美国教会教育，不过是披着宗教外衣的奴化教育。"科学无国界，科学家有祖国"，在美期间，他竖立坚定了"科学救国"的理想，并认为在心中暗暗发誓："我有责任用科学的力量使贫穷落后的祖国振兴起来。"

戴松恩婉谢了导师的好意。"搞农业离不开土地，只有在祖国的土地上，我那点知识才能更好地为家乡父老、为更多人社会大众服务。"1937 年 2 月，学业有成的戴松恩搭乘加拿大"皇后号"义无反顾地踏上归国的旅程，时年 30 岁。

中国人讲"三十而立"，岁月和经历，让农家人的勤奋劲、士大夫的悲悯心、中国人的家国情怀，同时在戴松恩心底"立"了起来。

"种子"成熟了，"种子"已经找准了适合自己生长的土地，自有瓜熟蒂落之时。

动荡年代

1937 年 2 月，回国不久的戴松恩将他在美国留学期间撰写的英文博士论文翻译成中文摘要，发表在农林部中央农业实验所编印的《农报》杂志上，这是他归国后的第一篇论文。不久，他受聘到"中央农业实验所"（简称"中农所"）担任技正，主持小麦细胞遗传和小麦抗赤霉病研究工作。

"中农所"有试验地二千余亩，汇集了当时国内顶尖的农业专业人才，是南京国民政府设立的最高农业试验研究机构。戴松恩到任后，踌躇满志。当年7月出版的《农报》，介绍了他在1937年5月10日至25日半个月时间的工作经历。这段时间是一年一次的小麦成熟期，农家要开始进入一年中最忙的"双抢"世界，农业研究人员也要抓住这段成熟期展开研究，否则错过了就要再等一年。等不起。为此，他马不停蹄地穿梭于无锡、丹阳、泰兴、南通、浏河、杭州、芜湖等七地九处小麦生产试验区域，进行实地视察督导，对不同品种小麦的病虫害及抗病能力，对引进的美国良种小麦在中国的生长状况仔细调研，与当地政府一起负责推动小麦增产事宜……由此可见，戴松恩出于对自己专业和岗位的热爱，在全力以赴实践他苦学多年的志愿。

这是一个很好的开头，假以时日，中国大地上势必会长满稻麦的金黄。可惜好景不长，华北"卢沟桥事变"的枪声响起，日军发动全面侵华战争，"平津告急！华北告急！中华民族告急！"偌大的中国已放容不下一张安静的书桌，和几亩安静的试验田。国难当头，戴松恩服从战时的需要，从科研的理想回归现实。他先是接受委派，前往苏北推广改良作物品种，并亲自下到田间地头推动小麦的增产工作。在苏北各县，他以贷款和贷种的方式，不遗余力敦促各县县长积极配合开展工作，劳心又劳力，结果到了当年11月中旬，他就病倒了，不得不返回南京修养。而这时的南京，日军已兵临城下，沦陷在即，各方都在大撤离。戴松恩只能抛弃多年积累的资料和书籍，搭乘最后一班前往芜湖的火车，从此开始了辗转多地的战时生涯。

"中农所"也从南京经由长沙西迁重庆，但在渝面临一无实验室二无试验场地的"双无"局面。"中农所"只得与各地方政府合作，设立工作站，分派技术人员前往协助各省开展农业改进工作。1937年12月中旬，国民政府实业部部长吴鼎昌改任贵州省主席，电邀沈宗瀚教授赴黔协助策划农业工作。次年1月，沈教授应约前来创设中央农业实验所贵州工作站，并受托致电经济部翁文灏部长，请求全国稻麦改进所及中央农业实验所委派技术人员十五至二十人来黔协助农业生产事业。2月，戴松恩抵达贵阳工作站。

这时的贵阳，作为抗战时期的"大后方"、陪都重庆的"后花园"，成为许多大学、国立中学、军事院校及科学文化机关的内迁之地。包括"中农所"在内的许多农业科技人才，也聚集在这里。一场贵州农业的大改进工作，蓄势待发。

当时黔地的农业发展现状堪忧。贵州是中国唯一一个没有平原作支撑的山区省份，"八山一水一分田""天无三日晴，地无三里平，人无三分银"这两句俗语，准确而形象了描述了贵州贫穷而落后的尴尬现状。由于地处偏僻，交通梗塞，封闭性强，贵州只能以发展农业生产为主，且农业生产方式和耕作技术还停留在原始农业阶段。直到二十世纪三十年代，贵州省内绝大部分的农产区，仍处于"刀耕火种""广种薄收""轮休丢荒"的原始性农业阶段。农民基本上在原始粗放、"看天吃饭"的传统农业中艰难求生。1905年成立的贵州省立农事试验场，是抗战前贵州唯一一个农学研究机构，但在财、才两方面均乏保障，虽成立多年，各项实验项目多以夭折收场。这段时间，统治贵州的各系军阀轮流坐庄，"城头变幻大王旗"，但不论是谁上台，无不竞相增加烟税、种植罂粟、贩卖鸦片，以所获军饷扩军打仗、争夺地盘，民众苦不堪言。据《贵州通志·农业志》公布的统计数据，1930年前后，贵州全省鸦片种植面积占耕地面积的三分之二。

这基本上与沈宗瀚教授的观感相符：贵州在群山之中，运输困难，廉价农产品不能输出，湖南棉花高价输入；鸦片特宜于贵州环境，故过去盛产输出；省立农场实验零星，种类颇多，像杂货店，而无一可以推广与农民。主政黔省的吴鼎昌在其施政一书《花溪闲笔》里有整体的介绍："本省人口约一零四八四九零零……同其他省份比较，很明显的可以看出本省人口少的现象……全省土地约二万六千多万亩，每人平均要有廿六亩……数字之大，又是普通他省所少见……"他认为，黔省很不富裕，切要之举是人力开发和物力开发。邀约农科人才，改进贵州农业，自是应有之义。

最终，在吴鼎昌和沈宗瀚的牵线下，贵州省政府与国民政府经济部商定，由贵州省建设厅与"中农所"共同筹建贵州省农业改进所，负责全省农业的统筹、改进事宜。改进所的一切经费，由贵州省政府与"中农所"平均负担，技术方面则由"中农所"派员协助。也就是说，贵州省农业改进所与中央农业实验所贵州工作站，实则是将两班人马，按作物或学科、专业混合在一起，共同参加研究项目。

1938年4月1日，贵州省农业改进所成立，"中农所"麦作杂粮系的主要人力都来到了贵州，主攻小麦研究，来人中绝大部分是沈宗瀚教授的学生。这其中包括戴松恩，及其在金陵大学农学院的学弟庄巧生。根据沈宗瀚的安排，贵州区的小麦品种区域试验工作，交由沈骊英女士领导主持。沈骊英是沈宗瀚的夫人，先在美国威尔斯来女子大学研究植物学，获理学学士学位，后进入康奈尔大学学习。1931年任"中农所"技正，先后育成多个小麦品种。庄巧生在金大读书期间，就听说沈骊英女士脾气大，他在金陵大学农艺系的一位老师，从事棉花育种工作的顾元亮先生听说他毕业后要到沈骊英的手下工作，很意味深长地笑了一下，也不说多什么。"我当时很不解。后来到贵阳工作以后，才知道沈骊英脾气大还是比较出名的。"庄巧生介绍说。

1939年2月，庄巧生搭乘长途汽车来到贵州农业改进所报道。沈骊英带他和科技成员见面，"麦作杂粮系人才竟然有20多人，人才济济、兵强马壮，其中有三位还是在国外取得博士学会后回来的'老前辈'。"庄巧生后来回忆说，"那时候欧式博士很少，而在1个系3个博士更是难得。其中一位是戴松恩先生。"

"由于是在贵州这一新区开展工作，大部分技术人员被派赴贵州各地进行农情和小麦生产调研，同时试行推广优良小麦品种'金大2905'的可行性，只留少部分人在所里管理田间试验工作。"多年后，庄老先生向我们还原了当时的工作分工，"小麦杂交育种实验由张宪秋、钱丽英承担，小麦品种区域试验由我承担。"这时的戴松恩，被安排的工作是指导金陵大学植物病理系毕业的王焕如，培养繁殖赤霉菌株进行人工接种，以便日后开展小麦品种间抗性差异的筛选。这一工作在1938年冬开始，1939年春结束。工作结束后，戴松恩也被闲置下来了，从事了11年小麦遗传育种工作的他不知才知道何为"英雄无用武之地"。

戴松恩只得另外寻找研究方向。我们无法想象，他被迫临时"改道"的心境如何。只知道他很快就走向了田间，继续工作。在实地考察中，戴松恩发现在贵阳地区很适合发展烟草种植。贵州本是烟草大省，据《贵州省志·烟草志》的记载，贵州烟草种植历史久远，早在明末崇祯年间，便有"匹马易斤烟"的记载。贵州烟叶最初引至福建，由黔东南、黔南而渐及全省，因贵州微酸性土壤等自然条件相宜而发展迅速。"至清末，贵州烟丝铺已发展至数百家，盛产烟丝百万余斤。民国初年，贵州有17个县生产烟丝，有十余个较大的烟号……至民国二十四年（1935年），贵州烟丝产量已达1200万余斤，位居全国第四。"

在实地调研中，戴松恩很快发现贵州烟草业发展的问题。首先烟种问题：贵州没有专门的机构供应烤烟品种，生产上使用的烤烟种子多是农民自留、自用。由于农村个体经济生产方式的局限性，农民选种留种的方法简便、粗糙，一般是在烟叶采收中后期，选择纯、壮烟株，将顶端果枝摘下，扎把后悬挂于屋檐下晒干，第二年揉搓硕果，去籽播种育苗；其次是烟种质量问题：贵州的烟种多为土烟，质地欠佳，口干刺激，越来越不符合市场烟民的口味。故而产量虽不少，但少有人愿意选用为卷制香烟的烟丝；以至于本省所需的卷烟原料，不得不大量从外省输入，仅贵阳一地，每年输入烟草的价值即达 200 万元之多。

贵州烟草业要发展，培育适合本土种植的优良烟种是关键。1938 年春天，戴松恩开始了选种工作，这也是贵州第一次引种种植烤烟。他先是从贵定、龙里、福泉、平坝、清镇、开阳、黄平、遵义、金沙、三穗等全省 25 个县采集当地土烟品种 65 个，并从山东烟叶试验场、广西的柳州、贺县等地征集国外烤烟品种 20 个。随后，他与冯福生等人进行品种比较试验，选择鉴定烤烟品种。最终，产丰质佳、吸味香气均臻上乘的美国弗吉尼亚"黄金叶"（即"佛光"种 Viginia Bright leaf）胜出。据实验数据记载："黄金叶"株型塔状，株高 120~180 厘米，茎秆细，叶距中等，叶数 19~23 片，最大叶长 47~57 厘米，宽 24~30 厘米，叶型长椭圆形，叶尖端较锐，叶厚薄适中，叶面微皱。生长期 110~120 天，较抗旱，略耐瘠，适应性较广。在贵州烟区种植，一般亩产量 85~115 千克，烟叶易烘烤，烤后叶片较细致，色泽光亮。

凭借比较优势，"黄金叶"开始在贵州推广种植。1939 年，贵定县成立合作实验区，"黄金叶"烟种在该县新添司、新铺两地试种，获得成功。第二年，戴松恩所在的贵州省农业改进所提供烟种和技术，贵州企业股份有限公司提供经费，双方合作在全省推广种植美烟"黄金叶"。戴松恩和技师一起，时常下田向农民传授种植和烘烤烟叶技术，传授烟叶分级打包、评定标准等知识，并帮助农民建立标准的烘烤房。这类烤房大多以土夯墙，稻草铺顶，以木条糊泥当顶篷，开二寸多见方小孔十余个，以作排气之用，简单实用。

二十世纪四十年代，"黄金叶"一直是贵州烟区的主要种植品种。1940 年，贵定县试种了 574 亩的"黄金叶"，虽遭冰雹袭击，亦收烟叶 1 万斤，算下来，每亩单产比本地土烟高出一大截，为来年扩大规模种植打下了基础；1941 年，除贵定县增种之外，又推广到平坝、清镇等县，收获烤烟 8 万多斤，烟叶品质优良；1942 年，"黄金叶"的种植区域进一步推广到 10 余县，其中以贵定、平坝、龙里等县发展最速。这一年，全省产量破纪录的达到 130 多万斤，种植面积为 37 万多亩。抗战后期，"黄金叶"逐渐扩种到安顺、毕节、遵义、湄潭、德江等 20 多个县，种植面积 40 多万亩，年产量 200 多万斤，烟叶产量在云贵川三省中首屈一指。外商纷纷来贵州收购烟叶。这极大的大刺激了农民种烟的积极性，有的农户甚至将稻田改种烟叶。

美烟"黄金叶"在贵州迅猛发展，推动了贵州制烟工业的迅速发展，不仅扭转了贵州过去眼中依赖于外省输入烟草原料的局面，反而成为出口省外的商品大宗，每月外销的卷烟多达二三百吨。"黄金叶"烟草，成了贵州农业最主要的经济作物，也是贵州省的主要财源来源。由此为州烟草事业的飞跃发展奠定基础。这些，均有赖于当初戴松恩先生的贡献。

美烟激活了贵州烟草，人们便希望引进美国双杂交玉米种子，试图复制美烟的成功。本着科学求真的精神，戴松恩在贵阳开展引种实验，发现美国的双杂交种子并不优于本土的最优品种，甚至还不如。针对此结论，他在 1939 年的《农报》上发表《美国杂交玉米在我国的利用问题》一文，提出直接引种美国双杂交玉米品种，并不能解决玉米增产问题，只有利用它们的自交系与中国玉米材料杂交，才能获得适用于中国的高产玉米品种。他还对玉米杂交品种推广的问题进行论述，在 1941年的《农报》发表题为《抗建期中玉米杂交种之推广问题》的论文。当时，戴松恩还主持了当时贵州的油菜改良工作。从燕京大学毕生后在北平燕京农场工作的姜秉权担任其助手。

与此同时，戴松恩并没有放弃他的小麦研究。小麦赤霉病是当时长江下游小麦生产上开始出现的病害，在个别地区发病率高，危害严重，已成为长江下游小麦高产、稳产的严重障碍。当时外国专家有个悲观的观点，认为小麦品种都会感病，抗赤霉病育种不可能。可是戴松恩并不满足停留在现成的结论上，他用锲而不舍的精神坚持试验、研究，三年后成功地实现了突破。1940 年，他在《农报》发表了《小麦赤霉病抗病性研究》，指出在严格的接种条件下，中国小麦品种中有抵抗小麦赤霉病的材料，并以云南"牟定小麦"为依据，论证了选育抗病品种的可能性，反驳了当时某些国外专家认为不能进行小麦抗赤霉病育种的观点，为我国发展小麦抗赤霉病育种工作指明了方向。

1940 年冬天，"中农所"将分散在西南各省的工作站科研人员找回，并集中在四川四川荣昌的"中农所"总所工作。戴松恩随行，并于次年 10 月，前往四川金堂县，担任铭贤农工专科学校教授兼垦殖系主任。1942 年 4 月，戴松恩应邀前往湖北恩施，改任湖北农业改进所所长，负责粮食增产工作，以应对战时粮食紧缺问题。

这年冬天，在金陵大学农艺系给靳自重教授当助教的庄巧生，接到了戴松恩邀请，请其前往担任湖北农业改进所技师兼鄂北农场场长。在贵阳共事期间，庄巧生整理下乡调查资料，以及两个生长季节的小麦品种试验资料，写了一篇名为《贵州之小麦》的论文。这篇论文对贵州省的小麦生产环境、生产概况、地方品种类型、种植技术和参试品种等问题进行了系统而全面的阐述。这是贵州省有史以来首篇关于小麦生产的历史文献，价值不菲。戴松恩认可庄巧生的工作，故而邀其前往恩施相助。庄巧生该怎样做选择呢？"戴松恩先生有真才实学，通过自己的努力从农专到后来读本科，并且很快在两年之内考上清华留学生，这些在大家看起来都是很不容易的。"庄先生选择应邀前往。

晚年的庄巧生院士，回顾了其担任鄂北农场场长时的过程。他说，戴松恩为了支持他的工作，通过总务姜秉权和秘书吕国桢物色到两位应届毕业生来协助，一位是保定农学院的陈国枢，一位是金陵大学的朱光焕。可是，庄巧生发现前任场长留下的是一个积重难返的烂摊子，场内人事摩擦，经费入不敷出，员工生活困难，衙门俗套、弄虚作假等"官场怪想"层出不穷。作为一名专家，他不甘心把自己的宝贵年华消耗在这些毫无意义的事情上，半年后便提出去职。辞职前，庄巧生也规劝戴松恩早日离开，另谋出路。

戴松恩的工作环境之恶劣，由此可见一斑。即便如此，戴先生仍"知其不可为而为之"。在粮食增产上，他提出以小麦和玉米作为主要的增产作物，同时鼓励农户开垦荒地，扩大粮食生产面积。此外，他还大量利用农贷资金，用于良种、肥料、农具、耕牛等生产资源的改善，以此提高粮食产量。此外，他还注意到鄂西在发展桐油、棉花等经济作物上，具有比较大优势。

1944年3月，戴松恩在《新湖北日报》上发表了《湖北农业改进之过去与将来》《告别湖北友人》，以饱含深情的笔触和多年工作经验积淀，提出抗战胜利后湖北农业的发展大计，其中包括健全湖北基层农政机构，湖北应分区域开展农业技术改良研究，湖北西部适合发展林业和畜牧业，需注意鄂西的水土保持等内容。这些文章既是总结，是寄望，也是告别。3月28日，《新湖北日报》刊登了《送戴松恩博士》一文，对他为湖北农业发展所作出的贡献深表敬意。文章写道：

> 戴松恩博士以国内有数的学者，来湖北主持农林行政两载于兹。凡是
> 湖北农业界的同工，莫不引以为欣幸与光荣。最近戴博士竟因身体不健康

需要修养，而离开湖北，这是湖北农业界的一大损失。……我国科学农业的发展历史很浅，国内农学名宿，教之其他科学名宿多少难成比例。而很多农学专家为了整个后代科学农业，他们要从事于传道授业，借以发扬光大将来的新兴农业。可是目前的农业改进工作亦属不可或缓。戴博士能放弃他的传授工作，毅然以此自任，这不得不使我们从事农业技术行政者钦佩。

在湖北 3 年，戴松恩时刻处在人、财、物均极短缺的困境中，但他身体力行，带领农业改进所里的技术人员开展水稻、小麦等作物改良与栽培试验、林木采集育苗与木材研究、病虫害防治和药物研制、兽疫血清制造等工作，推动湖北农业向前发展。戴松恩离职的原因，报纸上给出的说法是"身体原因"。真实的原因是，戴松恩痛恨官僚的腐败。1944 年 3 月底，戴松恩、庄巧生、姜秉权三人同时从湖北省农业改进所辞职，以示共进退。4 月，戴松恩离开恩施前往重庆，计划远赴新疆地区开展农业工作。后因飞机停航，新疆地区的政局发生变化而放弃。同月，他受命担任"中农所"技正兼麦作杂粮系主任，重新回归到他的所熟悉的小麦改良和推广工作上来，期间，对小麦品种"中农 483"以及"中农 28"的示范推广做了不少工作。

1945 年 8 月 15 日，日本宣布无条件投降，坚苦卓绝的抗日战争终于结束了。消息传来，全国上下欢欣鼓舞，抗战期间西迁的高校、科研机构和人员，也开始逐步回迁。"中农所"回迁南京的工作，交由戴松恩负责。1945 年 6 月 25 日至 7 月 13 日，他带领全所二百多名员工及家属登上了木驳船，离开重庆驶往南京，在哗哗的桨声中回到了阔别 8 年的金陵秦淮河。

1947 年 2 月 28 日，戴松恩又有新的任命，前往中央农业实验所北平农事试验场担任场长。到职后，他面对抗战胜利后试验场的复杂局面，带领全场人员克服派系隔阂，顺利地让科研工作步入正常运转的轨道。最让他高兴的一件事，是他可以再度和老朋友庄巧生一起共事了。1945 年，庄巧生留学美国，与戴松恩话别。庄巧生将一些需保留的东西集中在一个箱子里，存放于戴松恩家里，工资也托他代领。1946 年 8 月，庄巧生学成归国，两个月后被派到北平农事试验场任技正兼麦作杂粮室主任，主持小麦育种课题。两位同道中人见面，自然十分开心，想着好好大干一场。当时的华北平原冬春干旱，小麦单产迟迟上不去。戴松恩支持庄巧生培育抗寒、抗旱、丰产、稳定的小麦品种。短短的两年时间里，庄巧生便培育出了满足需求的三个小麦新品种，"燕大1885""北系3号""北系11号"。除小麦外，戴松恩还大力推动玉米、小米、甘薯、蔬菜、洋麻等其他作物品种的改良、示范及推广工作。

在那动荡不安的年代里，戴松恩的可贵之处在于：无论在哪个岗位，哪个环境，他都能以科学之精神，不忘本业，竭尽身心，将专业知识和当地农业生产的实际状况紧密结合起来，投身科研工作，对如何改进农业生产提出积极的意见和设想，并予以指导和实施。

高屋建瓴

1948年年底，平津战役打响，北平被围。国民党大势已去，准备撤退。身为中央农业实验所北平农事试验场场长的戴松恩，也接到上峰的一纸命令，要求他将"全体人员、设备及财产运往南京，决不能落入共产党之手"。"当时，场内所有的田间种植计划书和重要的试验材料都装入木箱内，搬入到了地下室，等待最终的决定。北平城内东西南北各个城门口都有国民党重兵把守，城内居民出不去。"庄巧生回忆说。

长期以来，戴松恩都以知识分子自居，他把"不问政治"作为自己的生活信条，视"清高"为知识分子的本色。他不为国民党的功名利诱所动，靠技术本领工作，不加入国民党做"特别党员"，甚至对国民党的所作所为颇为不满。为此，他始终保持着诚实、正直的清白之身。与此同时，他对即将解放北平城的共产党也缺乏了解。正在进退两难的紧要关头，中共地下党和民盟地下党联系到了戴松恩。他们给戴松恩看了共产党新华社《将革命进行到底》的社论，并郑重承诺："只要坚持保护好场内全部财产和人员，一定可以得到中国共产党的信任。"戴松恩信服了，他拒绝离开北平，还保护了试验场的人员、财产、仪器设备和档案资料，并很快恢复了试验场的正常工作。

1949年1月22日，北平和平解放。当时，留学日本研究农业经济的陈凤桐作为军管会文教处代表，带领他的工作组负责接管北平农林水系统。接管后，他对大家说了一番讲话："你们有想走的，现在还是可以走。愿意走的走，愿意留的留。你们要走的话我欢送，要留的话我也欢迎。""事实上，大家早就从心里盼着解放，都在等共产党来，重新建设我们的家园。"庄巧生回忆说。而满脑子想着祖国农业科学事业的戴松恩，也第一时间会同北平农事试验场的工作人员，找到陈凤桐，请示复员事宜。2月21日，戴松恩在京参加了由军管会召集举行的第一次工作计划报告会，并在会议上提出了北平农业试验场的年度工作总结，包括农作物的防寒、防旱试验和良种推广等。他的主张得到了充分的认可。1955年6月，他当选为中国科学院生物学地学部学部委员，个人学术生涯达到高峰。

事实上，因为组织的安排，戴松恩自中华人民共和国成立前后直至去世的38年期间，将主要的精力都放在农业科研技术行政领导和管理上了。1949年，新中国新组建华北农业科学研究院在这年的"五·一"节成立，戴松恩任副所长，主管科研组织和管理工作。1956年4月，我国十二年科学技术远景发展规划（1956—1967）会议在北京举行，戴松恩做了《关于发展我国农业和畜牧业问题》的报告。在报告中，他不但介绍了当时世界农、牧业先进科学技术成就，如改良作物品种、新的耕作方法以及施肥、病虫害、畜牧等各方面的新成就，这些新成就在增长上起到了很大的作用；并且还根据我国目前情况，全面地分析了我国发展农、牧业中存在的问题，如兴修水利、增施肥料、复种、家畜繁殖改良等方面的问题，指出今后研究、解决这些问题的途径和方法。规划会议上，戴松恩还受邀主持了《农业科技规划说明书》的全部定稿工作。

1956年的5月26日，戴松恩永远记得这历史性的时刻。这天，周恩来总理要在中南海怀仁堂举行12年科技发展远景规划招待酒会，戴松恩作为国家12年远景发展规划会议的科学家代表受邀前往。酒会上，周总理和每一位代表握手，看到戴松恩时，不等有关领导介绍，周总理握着戴松恩的手说："我在中山堂见过你，你姓戴，是搞小麦研究的。"周总理还说，"希望你多抓小麦研究工作，使人人都能吃到面粉。"戴松恩为见到了周总理而激动，也为总理重视农业工作而激动。他写道："在内心里感到无比温暖，又感到非常激动。当时我想一定要努力工作，把自己的一切贡献给社会主义建设，才不辜负总理对我的关怀和鞭策。"紧接着的6月14日，戴松恩与参加国家十二年科学技术远景发展规划（1956—1967）会议的科学家一起受到毛泽东、周恩来、朱德、陈云、林伯渠、邓小平、聂荣臻等国家领导人的接见。这更加激发了戴松恩为新中国农业发展献身的热情。这年七月，"不过问政治"的"书生"戴松恩，提交了他的第一份入党申请书，以此表达他对新中国的认可之情。

戴松恩感受到，作为传统农业大国，新中国成立以来，党和国家对农业生产的重视为广大农业科技工作者开辟了一片崭新天地。1958年，毛主席更具广大农民群众的实践经验和农业科技的发展，将提高农作物产量的"水、肥、土、种、密、保、工、管"八项措施称为"农业八字宪法"，并写入《中共中央关于一九五九年国民经济计划》，为农业生产和农业科学的进一步发展指明了方向。

1957年3月1日，中国农业科学院成立，戴松恩被任命为作物育种栽培研究所副所长，获聘为该院学术委员会委员、农学组副组长。11月，又随同"中国访苏科学技术代表团"，在郭沫若团长的带队下赴苏开展为期两个多月的考察访问。访苏期间，他就实施国家十二年科学技术远景发展规划部分中，有关中苏农业合作项目等重大问题，与苏联方面进行了广泛交流。1958年3月结束访问回国后，戴松恩及时在《农业学报》发表了《关于农学及园艺等方面的访苏传达报告》，对"提高农作物单位面积产量""荒地开发问题"等提出了建议，这对指导当时我国农业发展及农业科学研究，具有十分重要的意义。1960年12月，戴松恩被任命为中国农业科学院副秘书长。

在不同的行政领导工作岗位上，戴松恩撰写了大量纲领性、指导性的文章。如在1957年由科学普及出版社出版的专著《关于发展我国农业和畜牧业的问题》一书；1961年在《中国农业科学》上发表的《试论我国作物育种研究工作的发展问题》一文。1964年，他的又一篇万言长文《种子的科学》被编入中央人民广播电台编辑的《种子的科学》一书，在全国发行，农业部专家的评价是：既有理论知识，也有具体方法，通俗易懂实用。同年，他在中国作物协会第二届年会上发表的论文《试论作物栽培的科学实验问题》，被编入《人民日报农业科学文选》第二辑，作者在文章中写道："中央和地方科学研究机构，除进行实验室和试验场有关栽培的科学实验外，都有必要设立农村基地，同群众一起进行栽培科学实验。"他特别强调："开展作物栽培的科学实验，必须联系生产、联系实际、联系群众，有了这样稳固的基础，才能有助于群众性的农业科学实验运动，大幅度地提高粮、棉、油等作物的产量，逐步达到稳产高产。"

直至1964年，戴松恩才有机会重回科研一线。当时，国家科委负责人在一次大会上提出，像戴松恩这样的科学工作者，应当兼做一些研究工作，不然太可惜了。于是，组织上给戴松恩分配了一位助手。为了避免和别人的工作重复，他选择了"小麦化学引变研究"。

随后开始的"文化大革命"，戴松恩被下放"五七"干校。研究权利虽然被剥夺了，但他依然坚持业务学习，尽量找机会阅读有关小麦遗传研究的论文，并做了大量读书笔记。直到党的十一届三中全会召开，决定把全党工作的着重点转移到社会主义现代化建设上来。戴松恩从报刊新闻中看到新闻报道，激动得睡不着觉。他非常高兴，因为他又有机会从事研究工作了，未尽的理想又可以实现了。

1978 年，戴松恩开始"小麦非整倍体研究"（属于小麦细胞遗传研究领域），成为我国率先开展这一研究的科学家。"小麦非整倍体研究"属于小麦细胞遗传研究领域，二十世纪三十年代国外就开始了对小麦非整倍体的研究，至五十年代已有很大发展，而我国对该项目的研究直到 1974 年才起步。戴松恩振奋精神，决意在这一领域奋起直追。他先是将美国科学家西尔斯于 1955 年发表的《普通小麦的非整倍体》的研究报告翻译成中文，向国内同行予以荐读。1980 年 1 月，他在《农业科技通讯》发表了《为什么研究小麦非整倍体》一文，指出该项研究对小麦的遗传学研究、系统发育研究、育种学研究领域所具有的积极意义，"它可以更快地、有系统地弄清小麦各种性状的遗传规律及其染色体和近缘植物中染色体的部分同源关系，从而更有计划地选育出各种特殊优良的小麦新品种。所以，要在小麦育种上求得飞跃的发展，非进行整倍体研究不可，才能使小麦育种技术上升为小麦育种科学。"为了进一步推动我国小麦非整倍体的研究，戴松恩还在北京主持召开了"全国小麦非整倍体研究第一次座谈会"。会上，他提出了全国分工协作开展小麦非整倍体研究的设想，推动了我国非整倍体研究工作的迅猛发展。戴松恩身体力行，他不顾年高体弱，带领助手和研究生坚持参加实验室和田间研究。经过科研，他首次提出，鉴于 ph 基因突变具有促进部分同源染色体配对的特性，可以直接将其用于品种间杂交，创造出更多优良变异。此外，他还设法从美国引进相关小麦材料，几经努力，终于获得许多小麦优良变异类型，为细胞遗传学研究和小麦育种工作奠定了基础。值得一提的是，戴松恩先生的研究证实了 ph 基因在小麦品种间杂交利用的可行性，提出的研究思路和学术观点对当时及此后我国小麦遗传育种领域的研究产

1980 年左右，戴松恩在试验田进行小麦杂交研究。

生了重要影响。

"品种改良，在农业科技进步中所占的比重，约占 30%。粗略计算，各类作物通过品种改良每年可提高产量 1% 以上。"这一在学界公认的论断，凸显出来种子建设在农业生产中的重要性。1978 年，戴松恩先生面对"中华人民共和国成立快三十年，还没有一部种子法"，"目前种子工作仍不能适应我国农业的现代化发展的要求"的现状，以政协委员的身份正式提交了《关于迅速制定〈种子法〉的建议》，呼吁广泛借鉴国外经验，迅速制定符合我国情况的《种子法》、恢复和健全良种审定、繁育推广等制度、重点建设一些良种仓库和良种轧花厂等建议。该《建议》由全国科协研究室编印后上报，得到高度重视，直接促进了我国种子立法工作; 1981 年 8 月，他在《人民日报》发表《围湖造田、后果严重，科技工作者对发展多种经营的建议》分析了造成我国的湖泊面积日益缩小原因，并提出了重视湖泊在生态平衡中的重要性、成立全国水利资源委员会等有益的建议。

在农业行政领导岗位上，既懂大局又懂技术的戴松恩立足于顶层设计的高度，促进我国农业的现代化发展进程。1983 年，中国农学会向他颁发了"从事农业科研 50 周年表彰奖"，1985 年中国科学院授予他"从事科学工作 50 年荣誉奖"，以表彰他在作物遗传育种研究所取得的成绩和对我国农业科学所作出的贡献。令人扼腕叹息的是，正当戴松恩奋力拼搏巅峰之际，1987 年 7 月 31 日，戴松恩院士不幸因病逝世于北京，享年 81 岁。

薪火相传

戴松恩院士辞世三十多年了，但他的科学精神和家国情怀在他的学生、同事和家人中依然薪火相传着。

李振声是中国科学院院士，1956 年他调入陕西杨凌中国科学院西北农业生物研究所工作，开始小麦远缘杂交研究。1961 年 12 月中国作物学会成立大会暨第一届作物育种学术讨论会在长沙召开，在会上他做了"小麦 – 偃麦草杂种夭亡与不育问题的探讨 – 小麦与偃麦草杂交的研究（二）"学术报告，被时任《作物学报》主编的戴松恩选中，于 1962 年 2 月在《作物学报》第一卷第一期发表。"这篇文章能在《作物学报》创刊号的第二篇位置发表是对我们小麦远缘杂交研究的肯定和鼓励，调动了课题组同志的工作积极性。"李振声院士如是说。

1978 年，戴松恩翻译的《小麦非整倍体》在正式发表前，李振声获得了一部油印本，读后深受启发。因为这时，他和课题组同志已从事小麦与偃麦草远缘杂交研究二十多年，虽然育成了小偃 4、5、6 号，但感到耗时太长，正在寻求缩短小麦远缘杂交育种时间的新途径。于是，课题组引进了"小麦新品种'中国春'（小麦品种名——编者注）单体系统"（21 份）。经过两年的实践，发现繁殖与保纯过程中，后代单株染色体计数工作量过大，难以直接应用于育种。"不过，在掌握其基本原理与技术后，利用来自偃麦草的胚乳糊粉层的蓝色色素基因作为遗传标记，我们产生了建立新的'蓝粒单体小麦系统'的设想。"经过若干年的努力，李振声他们不仅获得了蓝粒单体小麦系统，而且获得了自花结实的缺体小麦系统，并建立了缺体回交育种法，解决了缩短远缘杂交育种时间的问题。"回顾上述过程，是戴先生的译文，对我们后续研究起了重要引导作用。我们非常感激他。"

戴松恩院士非常重视"教育传承"。"文革"结束后，科研人才缺乏的问题，戴松恩积极倡导成立中国农业科学院研究生院，并为研究生院的创办付出了晚年大部分精力。1980 年，他被任命为中国农业科学院研究生院副院长。任职期间，他还招收了两名研究生。其中一位名叫刘旭，他从河北农业大学农学系农学专业毕业后，考入中国农科院研究生院作物遗传育种专业研究生。在他记忆中，戴松恩院士虽然社会活动多，行政工作繁忙，但依然保持学者本色，每天挤出时间阅读新文献，指导研究生熟悉技术、掌握理论，培养创新能力。"戴先生恨不得把他所有的本领，毫无保留地交给我们。"改革开放后，重新恢复公派留学，戴松恩在中国农科院创办了英语培训班，每期 8 个月的学习时间，班上学员全部脱产学习英语，"戴松恩先生英语好，常常亲自给学员上课，这个英文单词有几层意思，那个英文句子有几种说法，非常细致。"刘旭就参加了第一期的学习。英语培训班共举办了 8 期，中国农科院的科研骨干几乎都轮着上了一遍，为将来出国留学、搜集外文科研资料埋下了伏笔。后来，刘旭先生拿到硕士、博士学位，当选中国工程院院士，于 2014 年从中国农业科学院副院长任上调任中国工程院副院长。

在学术上，戴松恩开创了以他名字命名的小麦品种资源研究学术谱系，从他开始的这一谱系出现了传承有序的三代院士：第一代自然系戴松恩本人；第二代弟子以董玉琛为代表人物。董玉琛（1926—2011 年），我国作物种质资源学科奠基人之一，长期从事作物种质资源研究及其组织实施，提出了我国作物种质资源研究的方针。1999 年当选为中国工程院院士。第三代院士主要有贾继增（1945—）、刘旭（1953—）、景蕊莲（1958—）、李立会（1963—）、张学勇（1962—）等，均为中国农学各领域的权威专家学者。

"戴松恩先生热爱祖国、热爱党、热爱社会主义，为人正直诚恳，谦虚谨慎，襟怀坦荡，光明磊落；在科学研究上，他坚持实践出真知、实事求是、刻苦勤奋、坚持不懈，在作物育种和细胞遗传学上成果斐然。在培养学生上，他不顾体弱多病，和学生一起开展田间实验、以身作则、诲人不倦，有的学生已经成长为院士，为我国农业科学研究培养了人才。在科研管理工作中，他严以律己、宽以待人、严谨奉公、不谋私利，为我国农业科学事业做出了突出贡献。戴松恩院士为我国农业科学鞠躬尽瘁、锐意进取，是我们青年农业科学工作者学习的榜样。"刘旭说。

2009 年，由国家科教领导小组正式启动，中国科协牵头，联合中组部、财政部、中国科学院等相关部门共同实施的"老科学家学术成长资料采集工程"正式启动。戴松恩进入到 2015 年的采集名录中。戴松恩的"采集工程"由刘旭院士和他的团队负责。在三年的时间里，团队通过口述访谈、实物采集、录音录像等方法，把反映戴松恩学术成长历程的关键事件、重要节点、师承关系等方面的资料保存下来，为深入研究科技人才成长规律、宣传优秀科技人物提供第一手素材。目前，戴松恩的采集工程已经收尾，并提交给中国科协。

"薪尽火传，不知其尽"，清末、民国、新中国、改革开放、新世纪——正是一代又一代像戴松恩院士这样的中国农学人，将千万年来我国的"经验农学"推向现代的"实验农学""科学农学"，接力在心田里赓续着种子的信仰，接力让祖国大地变成了一座"谷仓"和"学校"。世界之美莫过于种子发芽开花，而善是其果实。

尾　声

"两次心肌梗死、四次肺炎——我父亲晚年体弱多病，基本上是在病床上度过的。"戴松恩的四女儿戴蜀珏女士说。戴蜀珏今年 75 岁了，十多年前从中国农业科学院作物育种栽培研究所退休。

"父亲生病住院期间，不断有人前来陪床"。这其中，有戴松恩的朋友、同事、学生，也有一般的工友。感动之余，戴蜀珏还想起了一件事，"'文革'期间，父亲被扣上'美帝特务''反动学术权威'的帽子，送完农场和干校接受劳动改造。但那些老工人，没有一个不说父亲是个好人，从来不忍心批斗他。"她认真琢磨过背后的原因，"主要是我父亲这人是底层出生的，又和土地打了一辈子的交道，不论在什么位置上都很平和，'下得来'。"

戴松恩院士晚年多住在中苏友谊医院，和医生、护士都聊得来。有医生知道他英文水平高，时不时拿着自己的英文医学论文去请教。"我岳父对待他人，很平等很西式。"戴松恩的女婿祁葆滋说，"他常常把'谢谢''对不起''再见'挂在嘴边的。有时候说得比他年龄小一大截的医生护士都不好意思了，忙说您不用客气。我知道，他真不是客气，他是发自内心的。"祁葆滋1967年北京大学生物系研究生毕业，改革开放后成为第一批赴美留学公派访问学者。他认为一路读教会学校长大，又有美国留学经历的岳父，在待人接物上受西方文化影响，在精神上信奉科学求真精神。"按道理，岳父信教是顺利成长的事，但他没有。他把自己的工作作为科学来做。"祁葆滋讲了一件事，说是二十世纪五十年代，两个遗传学派——苏联的米丘林学派，和欧美的孟德尔－摩尔根学派，在国内引起了极大的争论。由于受当时意识形态影响，全国农学界一股风都搞苏联"米丘林遗传学研究"，"戴松恩先生也被迫转向了这个方面的研究。但他只信科学，不迷信权威，经过四年实验，否定了米丘林学派'嫁接杂种''获得性遗传'的科学性。"祁葆滋说，因为崇尚平等和科学，戴松恩见得多，看得远，故而受人尊敬。

戴蜀珏则表示，父亲戴松恩在情感表达上还有很传统、很东方的一面。"他感情很少外漏，情感都放在心里。平时在家没事，就写写书法，玩篆刻，像个传统的老夫子。他和母亲的印章就出自其手。"她说，"父亲过世后，我很难受，脑海一片空白，觉得自己对父亲的了解实在太少了。那时，我从没有回过一次唐山市老家，不知道父亲祖上是怎样的，不知道一生颠沛流离多灾多难的父亲，有着怎样的内心世界。"

这不怪她，从小到大，她就觉得父亲没怎么在家，一直在忙，一直在努力。"我们一家人就没有一起出去玩过。直到1965年母亲过世，他才把我们几姐妹聚在一起，去了一趟中山公园。而我小时候，父亲唯一一次陪我玩，是让我把两只手吊在他的胳膊上，说是称称我有多重了。"

戴蜀珏说，父亲平时的表情都是淡淡的平静，只有两次情绪外露，一次是1978年1月8日，周总理去世，他悲伤得直流泪；一次是1982年，父亲第三次提交了入党申请书，最终通过了，他特别高兴。"看他高兴，我也高兴，特别送了一件千里马的摆件当礼物。父亲属马的。"戴蜀珏说，她一直记得父亲在第三次入党申请书里的一段话："我真诚地请求党接受我做一名普通的共产党员，在党的直接领导下，把我的有生之年贡献给祖国的四个现代化和共产主义事业。"

"我父亲这一代人啊……"说这话时，戴蜀珏看着窗外，窗外望去，初春的阳光洒在中关村 12 号中国农科院的试验田上。戴松恩院士生前曾在这块地上忙碌。再过一段时间，这块试验田又将忙碌起来。

神州大地将永远充溢着春天的气息，生命的绿色……

华夏大地的保姆

——记中国科学院院士熊毅

◆ 喻莉娟

熊　毅　（1910.3.10—1985.1.24）字其毅，贵州贵阳人。土壤学家。

1932年毕业于北京大学农学院，获学士学位。1949年获美国密苏里大学硕士学位，1951获美国威斯康星大学博士学位。曾任中国科学院南京土壤研究所研究员、所长。1980年当选为中国科学院学部委员（院士）。

熊毅对土壤化学、土壤物理、土壤矿物、土壤改良、土壤发生分类、土壤肥力及土壤生态环境等进行了研究土壤胶体的研究，对阐明土壤的性质、土壤肥力实质和土壤发生特性有重要意义研究了中国土壤中粘土矿物，根据其演变的顺序，寻找出中国主要土类中粘土矿物的分布规律对华北平原等广大地区土壤的系统调查，提出了统一规划，因地制宜，综合治理旱、涝、盐、碱的原则及"井灌井排"等治理措施，拓展了水稻土氧化还原的形成学说，为国内外所公认。

激战黄淮海

1964年，黄淮海平原告急！

《人民日报》2014年1月24日的文章这样描写当时的情景：

"1964年，带着国家紧急任务，熊毅来到兰考。

"同一年，焦裕禄在兰考逝世。而此前，这位'县委书记的好榜样'决心为这座豫东小城治碱、治沙、治内涝。然而，26万亩的盐碱地问题并未彻底解决，他抱憾离去。"

"彼时，包括兰考在内的整个黄淮海平原次生盐渍化农田已发展到五千万亩，加上原来的盐碱化耕地2500万亩，总面积占到了黄淮海耕地面积的近三成，很多地方粮食甚至颗粒无收，已经直接威胁到社会稳定。"

（《熊毅：相伴泥土一辈子》）

正如《人民日报》所描述的情况，二十世纪五十年代末，一个不知何为科学的"大跃进"年代。为解决北方的干旱问题，华北大平原（也称黄淮海平原），在无视排水条件的情况下，到处大搞引黄自流灌溉、平原蓄水，幻想把天上的雨水和引流的黄河水全部就地蓄起来，就能解决干旱问题。一时各处盲目跟风，跃进上马，大修平原水库和引黄灌溉，动员了黄河下游几百万农民，挖渠引黄。真是"群众运动，敢想敢干"，五花八门的水利建设出来了，"满天星""葡萄串""鱼刺带瓜"……大量水利工程建设的结果，就是地下水位迅速上升，华北平原几千万亩农田因而产生次生盐渍化，粮食大面积减产，有的甚至颗粒无收，农民只有逃荒要饭，老百姓痛骂当地干部。但严重后果已经造成，治理灾害，迫在眉睫！

土壤次生盐渍化又称土壤次生盐碱化。主要发生在蒸发作用强烈的干旱和半干旱地区，因渠系渗透和不合理灌溉使地下水位过分升高时，地下水通过毛细管水上升至地表附近而蒸发，使土壤母质和地下水中所含盐分随毛细管水上升而积聚于土壤表层，形成次生盐渍化。土壤"次生盐渍化"是人类经济活动的后果。

农民们形容他们赖以生存的土地盐碱化后的惨状：雨天水汪汪，晴天白花花！

植物根系全在盐渍中，水分倒吸，庄稼怎么可能存活！

治理灾害，亟待科学！

实际上，从1954年起，在美国学成归国的土壤学家熊毅博士就参加了水利部与中国科学院组织的华北平原土壤调查，并担任土壤调查总队队长。1956年中国科学院成立土壤队，在随后的两年多时间里，他率领500多位科技人员对河北、山东、山西、内蒙古及黄河、长江流域的土壤进行了调查。1957年，他发表了《黄河流域盐渍土的发生及改良途径》，1961年，他又发表论文《怎样克服灌区土壤的盐害》，1962年，他再发表论文《排水在华北平原防治土壤盐渍化中的重要意义》。在这些论文中，他强调，防治土壤盐碱化的关键是搞好排水。

但，这些意见未能得到重视，终至恶果酿成。

而当时，形势严峻，党中央和国务院指示必须采取切实有效措施，制止灌区土壤盐渍化面积继续扩大，已经盐渍化的土壤要争取在两三年内加以改造。

国家科委成立全国土壤盐碱化防治专业组，由国务院副总理谭震林挂帅，熊毅被推荐为副组长之一，与水利、农业等部门一起投入到治理盐碱地的重大任务之中。

当时，国家科委副主任范长江给熊毅交代任务，就是要尽快把大面积的次生盐碱化土地改造过来！把治理盐碱土的"宝"押在了熊毅身上。

作为全国土壤盐碱化防治专业组负责之一，熊毅从科学的角度，指出了华北平原土壤次生盐碱化和沼泽化的主要原因，是以蓄为主的错误治水方针，大规模兴修只灌不排、重灌轻排的水利设施和平原水库，打乱了自然排水流势，导致浅水层地下水位迅猛上升，从而产生内涝、诱发大面积的土地次生盐碱化。

为此，根本的解决之道，就是要灌排结合、综合治理。

1963年，根据熊毅提出的建议，谭震林副总理主持召开范县工作会议，决定暂停引黄灌溉，灾情得到控制，土壤次生盐碱化和沼泽化得以减缓发展。

但盐碱化土地还未得到改造，大面积改造盐碱地的任务，还在紧锣密鼓的科学试验中。

1964年，熊毅提出修排水沟排水，降低地下水位的方法，然而挖沟占地较多，而且遇到流沙容易塌坡，对于一个需要普遍推广的应用技术，这不能不说是一个难题。作为一个重视科学应用的科学家，熊毅十分重视并善于总结群众的经验。一次在山东冠县考察时，看到一眼土井灌溉的田块，没有发生次生盐碱化，引起了他的重视。同时1963年3月，他去参加巴基斯坦科学促进会第15届年会，会后在巴基斯坦考察，不但与巴方科学家在防治土壤盐碱化和沼泽化方面交换了意见，还参观了一个由美国人投资在巴基斯坦旁遮普省的秋哈克纳为防治盐涝灾害所设置的机井。

综合这些经验和科学考察获取的信息，熊毅提出了用"井灌井排"代替明沟排水的想法，解决了挖明沟塌方和占地多的问题。

"井灌井排"，用熊毅的话来说，就是"既解决排，也解决灌"（熊毅《组织起来，联合攻关，加速黄淮海平原治理的研究》，《土壤》1982.6）。"井排"，就是在抽取井水的同时，降低了地下水位，在井的周围形成一个地下水位下降漏斗，地下水位降低到地面1.5~2米临界深度以下，这样一来地下水位距离地表的距离就增加了，毛细管水就不易上升到地面，地下水当中的盐分就没法上升到地表，盐分就不会在地表积累，也就不会产生土壤次生盐渍化。"井灌"，则是把地下抽出的灌溉水，加入到土壤当中，随着灌溉水的入渗，土壤当中的盐分就被淋洗得溶解了，一直淋洗到地下水。如此一来，下部的盐分不上升，上部的盐分又淋洗到了土壤的下层，这样，盐碱就在这双重作用下，得到了控制和治理。

当时，美国人打一口井需要花费20万美元，根据我国当时的经济状况，既缺钱又缺电，熊毅决定土法上马，用柴油机发电，用群众用的打井钻大锥锅打井，买不起钢管就用砖砌和瓦管代替，并提出因地制宜，不打深井，这样更容易推广。实践证明，这些措施非常正确，深受广大干部、农民和科技人员的欢迎。时任河南省委书记刘建勋亲临现场考察，他见以前老百姓抗旱打井打不出水，好不容易打出一口井，却只能灌几分地，现在看到，熊毅打的井出水量很大，十分高兴，决定在全省推广。

当时，熊毅指挥中科院南京土壤所的科研人员，在与兰考隔黄河相望的封丘县盛水源村和大马寺村打了五口井，五口井成梅花状布局，这就是著名的熊毅"梅花井"。梅花井进行井灌井排试验取得巨大成功，当年就达到了减灾增产的显著效果，小麦生产由亩产不足20公斤提高到110公斤！

"打井之前，每人口粮只有几两，第二年，每人能分七八十斤，不用逃荒了。"盛水源村当年的大队会计刘振德说（《大河报》2012.12.2）。

熊毅带着十几位科研人员住在盛水源村，因当年的经济状况，他们没有米面吃，更没有油水，电灯电器更是想都不用想。吃的是玉米糊糊，住在村里，身上还长了虱子，生活十分艰苦，是年轻的科学家们从来没有遇到过甚至没有想到过的情况。但是，他们看到老百姓很多人得了浮肿病，看到饿死了人，看到妇女因为营养不良无法生孩子，大家都感到自己身上的责任十分重大，想到只有尽快治理好盐碱土，让土地生产出粮食，老百姓才有饭吃，才能生存，才能过好日子。他们咬咬牙，心甘情愿地坚持下来，跟着熊毅全身心投入到土壤盐碱化的考察和治理中。

在中科院土壤研究所的档案里，至今还保留着一张珍贵的照片，图片记录了一幅改造盐碱地的动人情景，身体微微发胖的熊毅，手挽着肩头上的绳子，亲自拉着装土的小车前行。须知这是中国科学院土壤研究所的所长，全国知名的专家，用《大河报》的说法，国家顶级土壤学家啊！那时，熊毅已经年近半百，因为常年在野外考察奔波，他的身体并不好，但他就是用这种亲力亲为，懂科学而接地气的品质感染着身边的人。

就是在熊毅和科学家们这种艰苦奋斗，不畏艰难的努力下，井灌井排的试验取得了巨大的成功。

当在盛水源村井灌井排的科学实验取得成功，在封丘河南省县推广到 10 万亩试验田时，科学家们基本上住遍了全县的村子，但大家都毫无怨言，只知道没日没夜的拼命工作。

直到今天，当时年轻的科学家们都七老八十了，有的同志回忆起当年的情景，还历历在目泣不成声，泪流满面。

1965 年，中科院副院长竺可桢听取了熊毅的汇报后，亲自部署，组织南京土壤所、地理所等 10 个院所的百余位科技人员，以熊毅为"指挥官"，在灾害最为严重的河南省封丘县和山东省禹城县，各开设了 10 万亩的试验田。经过运用农学、水利学、生物学手段，开展旱、涝、盐碱、风沙等自然灾害的综合治理，小麦亩产进一步提升到 194 公斤，这在当时是相当好的成绩。嗣后很快在整个黄淮海平原及我国北方其他具备条件的平原地区得到大规模推广应用，从而促进了当地农业生产持续良性发展。到改革开放初期，黄淮海平原盐碱地面积减少了 5000 万亩，土壤次生盐碱化等问题基本解决，黄淮海平原每年粮食增产上百亿斤，成为国家重要的粮食和农产品生产基地。而当年灾害最严重，也是熊毅率领百名科学家展开 20 万亩盐碱地改造试验的河南省和山东省，也成为中国三大产粮大省的其中两个！

1978 年，当中国科学的春天到来时，就是这项广为人知的科技成果，获得中国科学院和全国科学大会重大成果奖。

而该项广为人知的科技成果，却来之不易，这是始于 1954 年华北平原土壤大调查和试验研究工作的持续，其间经历如此重大的曲折考验，最后产生重大实际成效，熊毅院士踏遍华北平原大地，深入乡间田野，无私奉献，功不可没。在中科院土壤研究所保留的记载熊毅科学活动的 60 张档案照片中，他在野外考察作业的照片，就占了 11 张。

当年熊毅搞梅花井试验的盛水源村，现在已经建设成为封丘是"美丽乡村"。进村最宽阔的道路两旁雪白的墙壁上，画着熊毅院士的头像和当年治理盐碱土的场景，一排红色的大字："吃水不忘挖井人，不忘初心懂感恩。"整整齐齐的隶书体文字介绍着熊毅当年带领科学家们在盛水源村治理盐碱土的情况，文字这样写道："以井灌渠排为核心的治理盐碱地综合技术在黄淮海平原乃至全国盐碱区得到推广，盐碱得到控制。……从盐碱滩到米粮川——今年是中科院在封丘工作 50 周年，虽然吃粮的问题不再被挂在百姓嘴边，虽然封丘早已翻身成为产粮大县，但科学家们挥洒青春的记忆仍深藏在封丘。"文字朴实，却催人泪下！

盛水源村，没有村民不知道熊毅，凡是六七十岁的人，没有人忘记当年的情景。一个六十多岁的老人说："那时，熊毅，胖胖的。"年近半百的科学家，身体已不健壮，"走到老百姓家，直接就坐到柴火炕上，也不嫌脏，直接就聊起来啦，哎呀，那么大的科学家、那么大的官啊！"

一个 70 多岁的老人说："后来地治好了，庄稼也长好了，我们在地里种上了香瓜，给他老人家送去，人家不要，我们就硬给他留下了，人家非要给钱，你说，人家怎么那么好呢！"

在盛水源村外一望无边的麦田里，当年的梅花井依然保存。现在，到处都用上了电动机井，梅花井当然早已废弃。但井还在，井口半掩在茅草中，砖砌的井口，还完好，略带些磨光的圆润。

盛水源村一位老人指着井，满含深情地说："那个时候，最好的庄稼地，最多也只能打四十来斤，有的就根本不能长庄稼了，没有饭吃啊。熊毅来了后，打井，把地治理好了，第一年就打了 200 斤，后来 300 斤……后来，500 多斤！熊毅，我们大家都没有忘记！"

《河南日报》2018 年 10 月 25 日文章《封丘：打响"百日会战"确保脱贫"摘帽"》中说："二十世纪五六十年代，总理委派中科院熊毅院士带队来封丘，熊毅院士在王村乡盛水源村打下了第一口梅花井，成功探索了井灌渠排综合治理盐碱地的技术体系，拉开了黄淮海扶贫开发的序幕。半个世纪过去了，当年的盐碱地已经变成了吨粮田，封丘老乡们早已经吃饱了肚子。"

如今，中科院二十世纪六七十年代在封丘的大规模综合治理试验，已经明确无误地成为永载史册的浓重一笔，但在当时，在国家上下心急如焚的心境下，面对两三年内改良数千万亩风沙盐碱地的压力，能创造性地想出"井灌井排"等办法，提供治理旱涝碱沙的珍贵经验，殊为不易。

"有人说包括中科院在内的中央各部委和各省市对黄淮海平原综合治理的巨大成果，是中国农业战线的'两弹一星'，这一点都不夸张。"当年，跟随熊毅一起奋战在封丘的老科学家席荣珖先生说。

土壤学家的成长历程

父亲熊继成早年留学日本农科大学，母亲姚兰同时留学日本学蚕桑。1911 年夫妇携子回国，熊继成曾任贵州农业学校校长，农场场长，贵州省垦殖局长、蚕桑局长，贵州省农会会长等职。

小时候，熊毅生活在一个富裕优越的大家庭中，从小受到良好的家庭教育，大家庭中十几个兄弟姊妹都未进小学，由家里聘请的两个家庭教师在家中施教。从小起，熊毅展示的就不是他的聪明，而是他的努力和踏实。

在熊毅的堂弟熊伟先生的自传里面，有关于熊毅学习的有趣而生动的叙述，可以看出熊毅学习的情况。熊伟比熊毅小一岁，在家里，他们是一个学习小组，后来进中学，他们又在一个学校。赴北京学习，也是他们两兄弟一起坐滑竿到重庆，再在重庆坐船北上。

在北京，熊毅直接考农大被录取，而熊伟当时考北大未被承取，后几经转折，终考入北大哲学系，毕业后去德国做了海格德尔的学生，获博士学位，后被聘为柏林大学外国学院终身讲师，1941 年回国效力，后来做了北京大学外国哲学研究所的副所长直至逝世。

熊伟在《熊伟自传》中说："我家十几个小孩都不进小学，而是请了两位家庭教师于下午和晚间在家上课。我和胞姐南英堂兄熊毅为一组，主要学习一般小学课程。上午读熟三本《幼学琼林》四本《龙文鞭影》各一段，然后拿到母亲前背诵一遍。每天第一个去背的总是我或南姐，毅兄总是第三。哪一天毅兄换成第二名了，轮第三的必哭。"文中的南英姐，为与熊毅同年的堂姐妹熊南英，西南联大毕业，曾任遵义蚕桑研究所研究员，中华人民共和国成立后在务川县从教四十年，任务川一中副校长、县政协副主席。

从上面这段文字，可以看出，小时的熊毅，在弟兄姊妹中并不是特别聪慧，但却是一个十分踏实勤奋的孩子，最后终成大器。身为国际知名学者的熊伟在自传中，也对他这位堂兄兼挚友充满了钦佩之意："毅兄报考农业大学录取，从此一步一个脚印，脚踏实地，终成吾辈兄弟姐妹成就最高者。"

因其父亲病故，支撑家庭经济和政务的二伯父熊范舆被军阀杀害，熊家不复昔日光景。1926年，熊毅和熊伟一起，来到当时北平著名书画家姚茫父（又名姚华）舅舅家，姚华收留了熊毅、熊伟二人以及更小的弟弟熊其穆。在舅舅的鼓励下，熊毅继承父亲遗志，顺利考取北平大学农学院预科，两年后进入本科，在土壤学教授刘和的教导及其影响下，对土壤学产生了很大的兴趣。根据中国的人口和耕地状况，中国最大的问题是吃饭问题，也就是要多生产粮食，而农业化学则正是以土壤为基础，以植物营养为中心，以肥料为手段，综合研究三者之间的关系，最后达到使作物增产目的的学科，所以，他选择了农业化学系。1932年大学毕业，获学士学位。同年被推荐到中央地质调查所土壤研究室工作。

青年土壤科学家熊毅，一旦进入土壤学的科学天地，即深深地潜入科学研究工作中。1935年，距毕业不到3年，他便发表了他的第一篇学术论文《碱土命名之商榷》，紧接着又发表了《盐渍土之分类》。1936年，他又发表了论文《盐渍土之成因及其性质》，1938年，发表了《中国盐渍土的分类及其概性》。1936至1937年间，他还发表了论文《土壤剖面、颜色、质地之研究》，1938年又进而发表了《中国各主要土类胶体部之组成》，1940年发表了《中国淋余土代换性盐基之含量及其组成》，《中国南部土壤发生酸性之原因》等，拓宽了土壤研究范围。根据中国南方大面积的水稻种植，他又对研究水稻土产生了很大兴趣，其代表论文有1940年的《水稻土命名之商榷》，1941年的《水稻土之化学性质》。由于中国地域辽阔，土壤类型繁多，他又涉足于土壤分类的研究，发表了论文《土壤分层之新建议》（1942年），《江西更新统黏土之性质及其生成》（1944年），《中国土壤分类制之新建议》（1945年）等论文。1946年，他发表了《江西红壤之性质及其改良》等论文。可以说，熊毅自从投入研究工作，便是研究不断，论文不断，其刻苦踏实，可见一斑。

这期间，熊毅与贵阳女子师范学校教师谢佩英结为连理，组成一个幸福温馨的家庭，先住重庆北碚，熊毅学成归国后，住于北京，后熊毅调南京土壤所，熊毅与夫人及小女自此居于南京，而长女则一直留在北京工作。

作为一个土壤学家，熊毅的研究并不是将自己关在书斋和实验室里，凭别人的资料为论文而论文，而是亲临祖国大地，不辞跋涉辛劳，进行野外考察研究。在中科院土壤所保存的熊毅的档案照片中，第一张照片就是他二十世纪三十年代在红壤丘陵区考察的照片，穿着长筒皮靴和野外考察服的年轻土壤学家，显得英姿飒爽，精神十足。而接着第三张照片也是他在野外考察时的留影，则意义非凡。在那张野外考察的照片中，留有姓名的另外两人，一个是植物生态学家侯学煜，一个是土壤学家李连捷。熊毅、侯学煜、李连捷，这三个共同进行野外考察的年轻学者，后来均成为中国顶级农业科学家，三个学部委员、院士。可见前辈大师的学术科研成长根基，很值得后人学习深思。

由于熊毅的科学钻研精神和工作干劲，1945 至 1947 年，他担任了中央地质调查所土壤研究室主任，这期间，除了一如既往地进行考察和研究，他还对中国土壤研究工作进行了总结，撰写了《土壤工作十五年》（1946 年），全面概述了我国土壤科学研究初创时期的工作概况、学术贡献及研究工作进展，对中国土壤科学的发展，具有重要意义。

自熊毅投身于土壤研究工作以来，他的研究工作涉及盐渍土概性、土壤胶体、土壤发生分类、土壤化学性质、水稻土性态等方面，说明他知识面的宽广和土壤科学研究的扎实，为他以后进一步的土壤学研究发展上奠定了坚实的基础。

1947 年，由于在科学研究上的卓越表现，熊毅获得中华文化教育基金的资助赴美深造。在国际土壤学权威密苏里大学马歇尔（C.E.Marshall）教授指导下，从事土壤矿物研究，1949 年获硕士学位；后转到威斯康星大学，在杰克逊（M.L.Jackson）教授指导下，从事土壤胶体研究，1951 年获博士学位。在当时中美交战的背景下，怀着报效祖国的赤子之心，熊毅毫不犹豫地选择了回国，他冲破种种阻挠，绕道日本，于 1951 年 8 月回到日夜思念的祖国。在《我为什么要研究土壤》一文中，他写道："我十分激动，心想一定要把自己所学贡献给祖国，为祖国的繁荣昌盛努力，这正是可以实现我的科学抱负的时候。"

1952 年，党和政府提出了根治黄河的综合开发方案，研究黄河流域的梯级开发问题。为此，中国科学院派他参加水利部组织的西北水土保持考察，以后又参加黄河流域规划。通过这些工作，撰写了《陕甘黄土高原土壤初步考察与分析》《如何改良西北的土壤》（1953 年）等论文，相关的结合国民经济建设开展了科研工作。

随着国民经济的恢复和发展，国家决定开发黄河水利资源，发展灌溉农业，提高农业生产，需要对黄河流域土壤并全面调查。1954年，中国科学院、水利部联合主持，成立了土壤调查总队，任熊毅为总队长。他亲自组建300余人的队伍，经历了3年多的时间，包括黄河以北的冀、鲁、豫、京、津平原，山西大同、长治、晋中、忻定四个盆地，宁夏的银川平原，内蒙古的呼萨平原及河套平原等区域的野外调查工作，面积达28万平方千米。

通过黄河中下游冲积平原的土壤调查，熊毅用发生学的观点系统地研究了华北平原土壤形成条件、过程、特性和分类，改变了过去统称"冲积土"的命名，对各种层状沉积物发育的土壤类型，特别是褐土、浅色草甸土（潮土）和盐碱土的形成过程、发展阶段、分布规律及其特性进行了深入的研究；揭示了第四纪河流沉积规律，层状沉积物结构、类型及其对土壤水肥特性、水盐运动和农业生产的影响；开创性地研究了浅层地下水与土壤盐碱化的关系，根据沙、粘相间的沉积层次所形成的岗、坡、洼地形与水盐运动状况，总结出旱、涝、盐碱在发生上的联系，为有效防治土壤盐碱化提供了理论依据；首次明确提出春旱、秋涝和土壤盐碱化是阻碍华北平原农业生产发展的主要限制因素，特别是在无排水条件下发展自流灌溉引起土壤次生盐碱化，是限制平原地区农业生产发展的关键。这些开创性的工作和新的学术观点，集中反映在他和席承藩合著的《华北平原土壤》和《华北平原土壤图集》中，至今仍不失其重要的学术价值和现实的参考意义。

土壤盐碱化是世界上带普遍性的问题，中国的盐渍土主要分布在东部滨海及淮河—秦岭以北的干旱和半干旱地区。熊毅参加工作之初，就进行了盐渍土的研究，在黄河流域的土壤调查中，他十分重视影响农业生产发展的土壤盐碱化问题，在大量研究资料的基础上，撰写了《中国盐渍土分区》（1956年），进而又撰写了《黄河流域盐渍土的发生及改良途径》（1957年），《怎样克服灌区土壤的盐害》（1961年），《排水在华北平原防治土壤盐渍化中的重要意义》（1962年）等论文。在这些论文中，他强调防治土壤盐碱化的关键是搞好排水。但这个意见未能得到重视。五十年代末期，为解决北方干旱，黄淮海平原在无排水条件下，到处大搞引黄自流灌溉，平原蓄水，遍地开花的水利建设，打乱了自然排水流势，引起了灌区土壤次生盐碱化和沼泽化灾害的迅速发展，同时也加重了内涝，粮食大幅度减产，情况十分严重。这就是本文第一部分所描述的情况。

1962年，国家科委成立全国土壤盐碱化防治专业组，熊毅被推荐为副组长。

他亲赴冀、鲁、豫、晋等地进行实地考察，阐明土壤次生盐碱化和沼泽化发生的原因，旱、涝与盐碱、沼泽的关系，同时强调了排水的重要性，并提出了以治水改土为中心，水利工程与农业生物措施相结合，因地制宜，综合治理旱涝盐碱的原则、方法和措施（见《河南日报》1962.8.10）。1965 年，他在封丘县进行的中国首次 "井灌井排"的成功实验，当年取得综合防治旱涝盐碱的显著效果。"井灌井排"这一新技术，很快在黄淮海平原及中国华北平原得到大规模的推广应用，使大面积盐碱化和沼泽化的土地迅速得到了改良，促进了中国北方农业的健康发展。

"文化大革命"中，熊毅被剥夺了从事科学研究的权利，身心受到严重的摧残，但在运动后期，尽管不断有政治运动的冲击，他十分珍惜宝贵的时光，出于爱国心和科学家的责任感，他和近百名同事们一起，集中集体智慧，用了近 3 年半的时间，和李庆逵共同主编了中国第一部土壤科学专著《中国土壤》，于 1978 年出版。它是全面论述中国土壤科学的综合性专著，是半个世纪来中国土壤学研究和实践的重大成果，它在理论上的创新和实际的应用价值，是中国土壤科学工作者对世界土壤科学发展的贡献。

为了进一步研究土壤肥力的实质，探索土壤培肥原理，他又开拓了"土壤有机无机复合体"的研究领域，先后撰写了 7 篇文章（1974 年、1975 年），对"土壤有机无机复合"作了系统阐述与介绍，在其后繁忙的工作中，仍然亲自指导几位科研人员从事这一领域的专门研究，取得了一定的成果并在农业生产中得到验证。

1978 年，全国五届人大第一次会议正式提出"兴建把长江水引到黄河以北的南水北调工程"，熊毅根据多年从事黄淮海平原综合治理和农业开发的研究和实践经验，撰写了《南水北调应注意防治黄淮海平原土壤盐碱化》（1979 年）论文，文中论述了土壤次生盐碱化是南水北调成败的关键，并积极提出《对南水北调的几点意见》（1979 年）。

1979 年起，他多次邀请美籍华人徐拔和教授来华讲学，传授新的学术思想和国际上的新进展，对中国土壤物理化学的研究起了有益的推动作用。在熊毅的晚年，挤出时间，组织和指导有关人员并亲自撰稿和审稿，编成《土壤胶体》第一册（物质基础）、第二册（研究方法）和第三册（胶体性质），分别于 1983 年、1985 年和 1990 年由科学出版社出版发行。

1980 年起，熊毅又主编了《中国土壤图集》。它总结了中国半个多世纪以来土壤科学的研究成果，是中国第一本大型的综合性和系统性的土壤专业图集，对生产和科学发展都具有重大意义，受到国内外学者的关注、重视和引用。

1985年1月24日，一代土壤学泰斗熊毅，逝世于南京。

"从1932年大学毕业至1985年逝世，熊毅从事土壤科学研究53年。其间，不论社会如何变动，都没有影响他对探究土壤规律的热情。"

"年逾七旬的熊毅，在《光明日报》刊文论述了加速黄淮海平原地区综合治理和农业开发对于国民经济发展的重大战略意义和有利条件，并结合仍然存在的问题，建议将中低产田改造作为工作重点。"

"他的这些真知灼见为后来多部门、多学科联合开展农业黄淮海战役提供了重要指导，也为中科院组织25个研究所、400名科技人员投入以大规模中低产田改造为重点的黄淮海战役吹响了号角。"

"熊毅曾说：'如果我等不到（《中国土壤》第二版）而离开人世，请在我墓前焚书一本，以慰我于九泉！'1985年1月，这位与泥土打了一辈子交道的老人回归了'泥土'。"（《人民日报》2014.1.24《熊毅：相伴泥土一辈子》）

中国现代土壤学奠基人

2010年6月25日，南京土壤所隆重举行"熊毅院士100周年诞辰"纪念大会。党委书记林先贵研究员在致辞中指出，熊毅院士毕生致力于我国土壤科学事业，其精深的学术造诣、卓著的科研功绩、优秀的人格品质交相辉映，不愧为我国土壤学界一代学术大师，堪称我们后人学习的楷模。

常务副所长沈仁芳研究员向与会人员介绍了熊毅院士生平及突出贡献。他指出，熊毅院士把一生献给了祖国科学事业和国民经济建设，是我国土壤胶体化学和土壤矿物学的奠基人、黄淮海平原盐碱土改良和农业综合治理的先驱和重大贡献者、水稻土发生和肥力新见解的首创人与倡导者、土壤生态和环境科学研究领域的开拓者、土壤所建立与发展的杰出贡献者，为推动我国土壤科学发展、农业生产和生态环境建设做出了重大贡献。

中科院南京土壤研究所四位著名的研究员杨林章、马毅杰、王遵亲、徐琪合写的纪念文章《学贯中西展大志 探究不止立功勋》一文中，这样介绍熊毅：

熊毅先生是我国老一辈土壤科学家，是中国土壤科学的奠基者，毕生从事他热爱的科学事业，创建了土壤科学的诸多新领域。他不仅具备扎实的土壤理论基础，也积累了丰富的农业生产知识，在终生不断致力于土壤科学发展的同时，勇于探索农业上的重大科学问题，为我国农业生产发展做出了重大贡献。

中国土壤科学的开拓者和奠基人之一

青年时代的熊毅，为我国拥有广阔富饶的土地而自豪，也为我国存在着大片盐碱地和贫瘠地而忧虑。因此，参加工作后他的第一篇学术论文就是《碱土命名之商榷》（1935年），紧接着又发表了《盐渍土之分类》（1935年），《盐渍土之成因及其性质》（1936年），《中国盐渍土的分类及其概性》（1938年）等。为了深刻认识土壤形成过程及其特性，又进行了《土壤剖面、颜色、质地之研究》（1936年、1937年），进而研究了《中国各主要土类胶体部之组成》（1938年），《中国淋余土代换性盐基之含量及其组成》（1940年），《中国南部土壤发生酸性之原因》（1940年）等。

我国南方水稻土面积很大，他对水稻土的研究也产生了极大兴趣，其代表作有《水稻土命名之商榷》（1940年），《水稻土之化学性质》（1941年）。由于我国地域辽阔，土壤类型繁多，他又涉足于土壤发生分类的研究，提出了《土壤分层之新建议》（1942年），《江西更新统黏土之性质及其生成》（1944年），《中国土壤分类制之新建议》（1945年）。四十年代中期，熊毅研究农业生产问题，通过调查研究，发表了《江西红壤之性质及其改良》（1946年）等论文。1945—1947年，熊毅担任了中央地质调查所土壤研究室主任，除继续进行研究工作外，还撰写了《土壤工作十五年》（1946年），全面概述了我国土壤科学研究初创时期的工作概况、学术贡献及研究工作进展。

熊毅回国后，积极致力于中国土壤学科的建设，极大地丰富和发展了土壤学理论。他在土壤胶体化学、土壤矿物学、土壤发生分类、水稻土研究、土壤肥力综合观念的提出等方面都做出了独特的贡献。特别是在七十年代，他以一个战略科学家特有的目光，开创了土壤生态环境科学研究的新领域，对中国土壤科学的发展起了导向性的作用。他一生著书立说，共发表论文132篇，著作7部，是名副其实的中国土壤科学的开拓者。

我国土壤胶体化学和黏土矿物研究的奠基人

熊毅是我国土壤胶体化学和黏土矿物研究的奠基人。他在留学美国时，首次应用 X 衍射仪分析中国土壤黏土矿物，在他的《胶体与土壤风化》博士论文中，首次发表我国主要类型土壤黏土矿物组成与土壤风化的关系，并对土壤风化作用做了理论上的深入探讨，至今一些高等学校教科书和有关论文仍在引用。

熊毅在 1951 年回国之后，在当时极端困难的条件下，他积极推动、建立中国科学院土壤研究所土壤胶体实验室，向中国科学院争取购置当时先进的 X 衍射仪以及差热分析仪，从事并指导科技人员进行土壤胶体化学和黏土矿物研究。他在《中国土壤胶体研究》总题目下发表了涉及我国主要类型土壤胶体的矿物性质、土壤和黏土的颗粒分离法及矿物组成等系列论文。他在我国土壤黏土矿物组成和特性研究的成果基础上，总结出《中国土壤中粘土矿物的分布规律》，并编制了《中国土壤中粘土矿物分布图》等，对于研究我国土壤发生与分类，科学评价和合理利用土壤资源有其重要参考价值。五十年代，在他的指导下，还进行了一系列土壤胶体化学研究，如土壤胶体的膨胀、电位滴定、分离絮凝等电位性质和土壤对铵吸附等。与此同时，他根据土壤胶体矿物组成，探讨了更新世的气候环境与黄土形成关系，撰写了《由更新统沉积物的胶体矿物分析试论第四纪气候》论文，至今不乏其影响，仍为有关论文引用。

我国农业素有施用有机肥料和精耕细作的优良传统和经验，熊毅十分重视对群众经验总结，并善于提高到科学理论高度认识。他在总结"土肥相融"的群众经验中，体会到从土壤有机无机复合体研究土壤肥力实质的重要性。在他的直接指导和参与下，应用拆分和合成相结合的方法，研究土壤有机无机复合作用、性质及其与肥力的关系等，发表了一系列的有影响的论文，推动了我国有关高等学校和研究所深入进行其研究与探讨，并在农业生产中得到验证。

在熊毅的晚年，他组织和指导有关人员并亲自撰稿和审稿，编著了《土壤胶体》第一册（土壤胶体的物质基础）、第二册（土壤胶体研究方法）和第三册（土壤胶体性质），分别于 1983 年、1985 年和 1990 年由科学出版社出版发行，并获得中国科学院自然科学二等奖。

这三册专著实现了他的夙愿和遗志。该书根据国内外六十年代以来的成果和资料，对决定土壤性质，构成土壤物质基础的土壤胶体各组分和特性及其研究方法作了比较全面系统的总结。第一册对层状硅酸盐矿物的概念和混层矿物，氧化物与层状硅酸盐矿物的关系，氧化物的专性吸附，土壤有机质中的碳水化合物以及有机无机复合体类型与特性等方面作了深入系统的论述，反映了土壤黏土矿物与土壤化学的最新发展与水平；第二册分别介绍和讨论有关土壤无机胶体、有机胶体与有机无机复合胶体的提取、分组，X衍射与电子显微镜鉴定，土壤胶体的基本特性如表面积、电荷、电动电位、吸附性、亲水性与黏度等的研究方法和具体测试技术。第三册系统介绍和讨论土壤胶体表面性质、电动特性、导水性、吸附性能以及黏土水分散体系的稳定性和胶体物质的团聚作用，同时也讨论了土壤胶体性质与土壤发生和土壤肥力的关系，反映了土壤胶体表面化学发展的八十年代的水平。目前，国内外像这样从理论到方法的专著尚未见到，它对我国土壤胶体的研究将起促进作用，同时还为地质矿物学特别是黏土矿物的开发利用、陶瓷工业、土木工程和地球化学探矿以及石油钻井泥浆处理等有关技术提供了重要参考依据。

水稻土和土壤肥力研究的开拓者

水稻土是我国主要的耕种土壤之一，约占耕种总面积的四分之一左右。熊毅在早年的科研活动中就对水稻土颇有兴趣，在调查研究江西红壤区水稻土时，发现水稻土剖面中有灰白色土层出现，当时他就明确指出这种具有漂白层的水稻土是由铁、锰还原淋溶作用形成的，并不是灰化作用的结果。当国外文献中还把水稻土形成过程和灰化过程混为一谈的时候，熊毅在《水稻土化学性质》（1941年）和《Chemical properties of paddy soils》（1941年）中明确指出，与铁铝同时淋溶的灰化过程不同，水稻土的形成主要是铁锰的还原淋溶。这是世界上最早正确指出水稻土的形成特点的文献之一。

这一研究结果纠正了各国土壤学家把灰化作用当作教条的习俗，得到了国内外土壤学家的公认。

熊毅在担任中国科学院南京土壤研究所所长期间，组织不同学科组室的多名科研人员对太湖地区水稻土发生与肥力特征进行了长期的调查与定位试验研究，他明确指出水稻土是渍水环境中形成的人工水成土，但水稻既喜水又怕水，所以调整土壤渗漏性能以加强土壤内排水功能是发挥土壤潜在肥力的重要条件。当时稻稻麦（油）一年三季耕作制度正在大力推广，三麦渍害与水稻僵苗现象频繁发生，导致了增产不增收的尴尬局面。为此，他组织并指导相关科技人员展开了多方面的调查研究，组织编写了《太湖地区水稻土肥力研究》论文集与《中国太湖地区水稻土》等专著。他指导的研究生进行的不同水分状况对稻麦生长的影响以及不同轮作制条件下营养物质循环研究也取得积极的研究成果，验证了水分状况是制约水稻土发生与肥力发挥的制约因素。

熊毅当时身兼中国科学院南京分院院长与中共江苏省委候补委员之职，接受江苏省科委领导的指派对太湖地区双三季制问题进行了广泛的调研，并结合水稻土研究的新成果做出了重要的科学评价。他指出双三季制增产不增收，经济效益低，使农民种田积极性下降，并且生态效益低下又引起土壤肥力退化，不仅从当前看不利于优质高产稳产，而且从长远看也不利于土壤环境保护。在此背景下，他撰写发表了《耕作制度对土壤肥力的影响》一文，引起了当时政界与学术界的广泛关注。实践证明，熊毅这一论点的推广应用，不仅推动了太湖地区耕作制度的改革，开始步入稻麦优质高产阶段，并对长江两岸稻区的耕作制改革也起到了积极的推动作用。

在熊毅大力推动下，我国土壤学界对水稻土的研究已形成系统的学术观点，并组织召开了首次在我国举行的"国际水稻土学术讨论会"，与会的国外土壤学家有上百人之多实为空前。通过这次学术讨论会，充分展示了我国水稻土研究各方面的科学成果，有力地证明水稻土不只是一种土地利用方式，而是一种独立的人为耕种土壤类型，通过淹水脱水，导致土壤性质发生一系列生物、物理与化学过程的变化，并在耕作施肥灌溉排水等人为措施影响下形成了有别于起源土壤土体结构、形态特征及理化性质等特点，应该成为一个独立的土壤类型。这些研究成果对他的同事多年前提出的水稻土应该成为人为耕种土壤独立土类的见解提出了有力的明证，受到许多国际知名土壤学家的认同和高度评价。

土壤发生和土壤资源研究的先驱

熊毅不仅是我国土壤胶体化学和土壤黏土矿物的奠基者，也是土壤发生和土壤资源研究的先驱。

早在四十年代，熊毅以黏土矿物为手段，探讨古气候的变化，如《江西更新统黏土之性质及其生成》（1944 年），五十年代的《由更新统沉积物的胶体矿物分析试论第四纪气候》（1952 年）也是这一思想的继续和发展。这是我国最早从土壤的角度研究古气候变化的重要文献之一。

熊毅发表的论文除涉及盐渍土和水稻土外，还涉及华北的褐土和潮土，东北的黑土等。他十分赞赏定量的美国土壤系统分类，其中 Vertisol 开始被译为变性土，他既认为这一类型的划分是一个进步，同时又从黏土矿物的角度指出，为了更确切反映这一土纲的特点应译为"膨转土"，目前我国土壤学名词中已正式采用此名。区域土壤是研究土壤资源的一个重要内容，他主持的《华北平原土壤》一书和 1∶20 万的《华北平原土壤图集》是区域土壤中比较全面，也是最早的研究成果之一。

作为一个有崇高威望的土壤学家和土壤研究所的所长，熊毅高屋建瓴，亲自主持组织了《中国土壤》（1978 年、1987 年）的编写，它是全面论述中国土壤科学的综合性专著，是半个世纪来我国土壤科学的重大成果，系统论述了我国土壤类型、发生和分布； 深刻阐明了各类土壤的基本性质和肥力特征； 科学总结和提高了土壤改良利用及培肥经验。它不仅推动了我国土壤科学的进一步发展，而且在农、林、牧业生产的发展、土地资源的合理开发利用、国土整治和生态环境保护等方面提供了基础论据； 它在理论上的创新和实际的应用价值，是中国土壤科学工作者对世界土壤科学发展的贡献。此前只有美国学者 J. 梭颇（Thorp）主编的《中国之土壤》和苏联学者 V.A. 柯夫达（Kovda）所编的《中国之土壤与自然条件概论》。《中国土壤》的发表改写了我国土壤科学发展的历史，是第一部由中国土壤学家广泛总结中华人民共和国成立以后我国土壤学研究成果的基础上写成的。后又被译成英文和日文，在国内外产生了很大的影响，提升了我国土壤科学界的声望，并在国民经济建设中发挥了重大的作用。

继《中国土壤》出版之后，为了形象、生动、直观地反映我国主要土壤类型及其分布规律、土壤基本性质的地理特点、土壤分区及利用概貌、土壤资源和土壤肥力概况，熊毅又主持编制了《中国土壤图集》，它总结了我国半个多世纪以来土壤科学的研究成果，是我国第一本大型的综合性和系统性的土壤专业图集，对生产和科学发展都具有重大意义。这两项成果可以说是中国土壤学发展历史上的重要里程碑。

由于这些成果的先进性，《中国土壤》和《中国土壤图集》先后获中国科学院一等奖，1991 年两项成果一起获国家自然科学二等奖。可惜在获奖之时，熊毅先生早已离开了我们。

土壤生态学研究新领域的开拓者

　　二十世纪七十年代，随着我国现代化工业和农业的进一步发展，生态与环境问题日益引起科学家与政府的关注。熊毅以其瞻前的眼光率先在南京土壤研究所开拓了土壤生态学及土壤环境保护的研究工作，强调要把生态系统研究与环境保护结合起来并作为一个整体加以研究。他带领科研人员针对我国经济相对比较发达的太湖地区展开了土壤生态学研究，取得了一系列重要成果，推动了我国土壤生态学和环境科学研究的起步与发展。他在与著名地理学家周立三院士共同发表的《试论人工生态系统——兼论太湖流域的发展》论文中，详细论述了人工生态系统与环境的关系，提出了人工生态系统的特点和研究设想。这篇论文不仅对当时乃至今天的相关研究工作都有着极其重要的指导意义。针对推动太湖流域农业发展和保护土壤资源与农业生态环境的实际需要，他提出因土制宜与因地制宜相结合的用地养地的优化耕作制度建议，同时再次论述了优化黄淮海平原生态系统的意见。他的这一学术观点在以中英文发表的"黄淮海平原生态区划"一文中有着完整的阐述。值得一提的是，熊毅晚年把主要精力集中在新学科的开拓与发展上，特别是对土壤生态系统的研究更是倍加关注，在全国陆地生态学术会议上，他与十多名科学家联名建议国家要认真加强对生态系统的科研工作，并在会议上首次做了《土壤生态系统研究的意义与展望》的报告，明确指出土壤生态系统研究应以土壤肥力为核心，研究影响土壤肥力的环境条件，提出土壤系统与植物系统的关系及其物质循环是一个能流与物流贯穿的开放系统，是多种组织所构成的网络模式，不是各组分的简单综合，而是各组分相互作用的产物，人们想要多索取生物产品就应该给予土壤归还或补足从中取走的营养成分。

　　在开拓土壤生态研究领域的基础上，熊毅进而又提出了加强农业生态系统研究的观点。在《生态系统在农业生产中的重要作用》论文中，他论述了农业生态系统的含义和特点，提出搞好农业生产必须依据各地的生态系统特点，把保护环境、改造环境与建设环境有机地结合起来，建立起良好的人工生态系统，使其具有和谐的结构、高效的物质传输与能量转化效率，为人类提供优质高产而又稳定的生物产品和洁净、舒适的生存环境。强调要针对具体情况，分别采取保（护）、改（造）、建（设）的对策，这是农业生态系统研究的三大任务。

同时他建议把生态系统的研究和环境保护结合起来作为一个整体来进行。在研究某一地区的土壤生态系统时，首先要研究该地区土壤生态系统在结构、功能与演变上的地区差异，采取调控措施，建立良好的农业生态系统。他认为，"生态系统研究的目的是为了建设适于人类生存的最佳环境。根据各地生态系统的特点，必须把保护环境、改造环境，建设环境有机地结合起来，建立良好的人工生态系统，使其具有和谐的结构，高效的物质传输与能量转换，为人类提供优质、高额而稳定的生物产品和洁净、舒适的生存环境。"

由于熊毅对中国日趋严重的生态环境问题的极端重视，他曾多次强调："人们总是离不开环境的，但是人们经常在改变和破坏环境，破坏环境主要是破坏自然资源。因此，开发利用自然资源一定要与保护生态环境相结合。"同时他指出："有些人不懂得生态，做了蠢事自己还不知道，自然界是错综复杂的系统，要用系统方法利用它，保护它。人们从事生产活动，不能没有生态系统的观念。"因此，他积极完成了《试论土壤生态系统》的论文（1983年）。

临终前夕，他正以老骥伏枥的精神，撰写《土壤生态学》一书，案头堆放大量的文献、资料和手稿，可惜的是，书尚未成，他却与世长辞了。

我国土壤科学发展的推动者

熊毅是一位学术造诣很高的科学家，并具有强烈的事业心和社会责任感。他坚持理论联系实际，在致力于发展学科的同时，积极承担国家重大生产任务，勇于开拓和创新。他严谨治学、率先垂范，为我国培养了一批土壤科学的学术带头人。他的学术思想至今仍深刻地影响着我国土壤科学的发展。

1978年，为解决中国北方缺水问题，以适应四个现代化的需要，全国五届人大第一次会议正式提出"兴建把长江水引到黄河以北的南水北调工程"，这是一项跨流域调水的重大工程，它的实施必将对生态环境产生重大影响，熊毅根据多年从事黄淮海平原综合治理和农业开发的研究和实践经验，撰写了《南水北调应注意防治黄淮海平原土壤盐碱化》（1979年）论文，文中论述了土壤次生盐碱化是南水北调成败的关键，并积极提出《对南水北调的几点意见》（1979年），认为要搞好南水北调，必须解决排水出路，完善排水工程配套，同时要采取妥善措施进行调水、蓄水和用水，加强灌溉管理，并做好地下水调控、水盐动态监测和盐碱化的预测预报工作。这些意见得到了科技界的支持和国家有关部门的高度重视。

八十年代初，国家决定综合开发治理黄淮海平原，并确定为国家"六五"计划期间的重大科技攻关项目。年逾七旬因病住院的熊毅，以其对社会主义现代化的执着追求和高度的工作责任心，在病榻前撰写了《组织起来，联合攻关，加速黄淮海平原治理的研究》的8000字的建议书，为国家献计献策（《光明日报》1982，10.4第一版）。在这份建议书里，他回顾了以往多年从事黄淮海平原治理的研究工作，论述了加速这个地区综合治理和开发的重大战略意义和有利条件，也指出了仍然存在的问题，提出了应抓紧抓好带有战略意义的工作，并把改造中低产田作为主攻方向，这些建议至今仍有很大的现实指导意义。

在中国科学院1982年召开的"黄淮海平原科研工作会议"上，熊毅院士做了题为《组织起来，联合攻关，加速黄淮海平原治理的研究》的发言，积极主张多学科联合攻关，综合治理黄淮海平原。熊毅认为，大气候我们是改变不了的，但是可以植树造林来改变小气候；土壤类型是不易改变的，但是农业结构可以改变，因土种植，因土施肥我们是可以做到的；在严重缺水的地方不仅要引水灌溉，还要推广各种节约用水的方式。在生态不平衡的条件下，要适应它和调节它，又会出现新的生态状况，又要达到新的生态平衡。

1983年3月，中国科学院在封丘县潘店乡建立万亩示范区，开展以合理施肥与培肥土壤为中心的改善农田生态环境的综合研究。参加单位有南京土壤所、武汉植物所、成都生物所、北京遗传所、北京植物所和北京系统所等单位。近百名科技人员云集潘店，开创了黄淮海平原综合治理研究中多层次，多学科协同攻关的新局面。此后科学院建立的以野外台站为基本单元的生态系统研究网络系统，各个野外站也大多称作生态站。1985年潘店试区接受了国家科委组织的"六五"攻关正式验收。治理了盐碱地，使粮食产量一再翻番，解了国家之忧、百姓之难。对此熊毅功不可没。为了铭记熊毅的功绩，封丘县委、县政府分别于1995年和2011年在南京土壤所封丘农业生态实验站内为熊毅树立了纪念碑和纪念铜像，当地电视台还拍摄、播放了一部记录30年来熊毅带领数百位科技人员改造盐碱地历史的专题片。

《科学学与科学技术管理》杂志记者在1983年第一期以《中国需要横向科学家》为题，发表了采访熊毅院士的文章，文章引熊毅的话强调指出："我们当前的科研工作过于分散，不够综合。这样，就不能最大限度地借重科学技术的力量，去推动国民经济的发展。"

熊毅分析指出："科研工作的高度专业化，是二十一世纪以来科学加剧分化的趋势所决定的。自然科学的学科不断分化，标志着人类认识自然能力的迅速提高，这无疑是一种历史的进步。但是，长期从事某一领域研究的自然科学家，也容易产生知识面狭窄、思路不够开阔的缺陷。这就降低了解决综合性、基础性和全局性的课题的能力。这方面的教训难道还少吗？"

熊毅回顾土壤学发展和黄淮海平原综合治理的历史，感慨地说："忽视自然界的统一性、多样性和复杂性，就会受到惩罚。自然界的事物和自然现象不是孤立地存在着，而是处于普遍的联系之中。就华北平原的洪、涝、旱、盐、碱、风、沙各种灾害而言，它们之间既各有其特殊性，又存在着互相联系、相互制约的关系。因此，科学家从特殊性出发，可以把自然界的不同侧面作为各自的研究课题，但又必须注意它们之间的普遍联系，以全局观点来权衡治理单项灾害的得失。"

熊毅还说："建设农业现代化，从农业科学技术管理的全局来说，必须把农业当作一个整体，综合分析各种因素，采取一系列综合措施。长期以来，我国农业决策对全面系统的综合研究注意不够，科学研究未能在农业生产中发挥应有的作用。农业科学各分支学科各搞各的，各种科学研究单位之间缺乏平衡协调。我们的管理部门只习惯于条条抓，不善于综合管。影响了农业生产的全面发展。"

谈到这里，熊毅强调指出："在国民经济建设的领域中，自然科学和社会科学的关系日趋紧密。不考虑社会经济问题，自然科学的研究是没有生命力的。"

曾任中科院南京土壤研究所所长、江苏省政协副主席、中国科学院南京分院院长、博士生导师的周健民先生在缅怀熊毅的文章中说：

> 熊毅对土壤科学的研究涉及广泛的领域，是一个比较全面的土壤科学家。他认为，土壤学是研究土壤中物质运动规律及其与外界环境条件、植物生长关系的科学。土壤学是一门综合而又复杂的自然科学，涉及的面很广，服务对象也很多，研究难度也大。从地学角度看，土壤与大气、海洋、岩层一样是一个自然体，土壤应是地学的一个分支；从环境科学角度看，土壤是人类生存的重要环境要素之一，工矿企业发展不当，可引起土壤污染，从而影响人类生活与健康，所以土壤学是环境科学的一个分支；生物学是研究生命现象与环境之间相互关系的科学，而土壤又是生态体系的重要组成部分，土壤学也可说是生物学的一个分支；农学则把土壤看作是

生产资料和劳动产物，从而他认为土壤学是"农业科学的基础科学"。土壤虽是非生命体，但与生物的生息繁衍息息相关。假如说绿色植物是生产生物能源的工厂，那么土壤则是生产生命的能源，为人类提供衣食之源的基地。熊毅的这些精辟论述，充分说明土壤科学的基础性和重要性。

由于土壤科学的综合性、研究的广泛性和服务的多样性，熊毅认为，土壤学也是一门应用科学。为加速我国的现代化进程，他认为土壤科学面临着需要解决的三大重要问题：一是土壤合理利用；二是低产土壤改良；三是土壤肥力的保持和提高。

他特别强调加强土壤科学理论研究的重要性，认为只有基础理论方面有了重大突破，才能推动整个土壤科学技术向前发展。因此，他非常注意现代物理、化学和生物学的发展，关注这些学科向土壤科学的渗透，大力提倡和支持应用现代科学技术，开展土壤形成过程、属性及分类、土壤有机质的组成和结构、土壤中氧化物的表面性质、土壤电化学性质及其过程、土壤－植物营养机理、土壤水盐运动规律、土壤结构形成、土壤生态系统中物质循环与能量传递等应用基础研究。他十分强调新技术在土壤科学研究中的应用，引进了色谱、质谱、扫描电镜、电子探针、遥感技术、电子计算技术等现代测试技术和手段，从而推动了土壤科学的深入研究和发展，为我国国民经济的发展做出了应有的贡献。

周健民在文章中深有感触地说："虽然熊毅去世已多年，但其诚以待人，对后辈谆谆教导，热爱科学事业，鞠躬尽瘁，死而后已，为祖国土壤科学的发展贡献毕生精力所建立的功勋不可磨没。他在科研工作上勇于攀登、不断创新的精神将代代相传，科学事业的后继者们将永远缅怀他。"

为中国土壤学的传承孜孜不倦

2010 年 6 月 25 日。

中国科学院南京土壤所。

主题："学楷模，爱国奉献、求实创新；成英才，献身科研、开拓进取。"

红色的横幅："纪念熊毅院士一百周年诞辰新老交流会。"

这是中科院南京土壤所青年一代科技工作者和老科技工作者的心灵碰撞，座谈会上，新老科技工作者在热烈的气氛中，摩擦出思想的璀璨火花。

党委书记林先贵亲自主持这次别开生面的座谈会，副书记兼副所长蔡立也全程参会。

座中，有徐琪、龚子同、谢建昌、杨苑璋、马毅杰、丁昌璞、高以信、李锦、莫淑勋、陆彦椿、罗家贤等十多位曾经与熊毅院士共事过的老科学家代表，这些名字在中国土壤学界赫赫有名，代表着中国土壤学的顶级科学家。

他们的对面，则是土壤所 30 多名青年科技工作者和研究生代表。

新老科学家坐在一起，回忆熊毅院士学术造诣、科研贡献和道德思想，传承土壤学科研精神。

记忆的闸门被打开，往昔的情景如滚滚洪水倾泻而出，每一位老同志的真情回忆，串联起一个个动人的场景和生动的故事，把一个平易近人、风趣幽默、学识渊博、爱国如家的大科学家真实地展现在大家面前。

求真务实、开拓创新是熊毅院士科学精神的真实写照；淡泊名利、百年树人是熊毅院士的博大胸怀；爱党爱国、无限忠诚是熊毅院士的赤子之心！

交流会上，老同志们还把他们从熊毅院士身上学到的治学之道传授给青年学子，谆谆教导大家做学问既要掌握坚实的理论基础，博闻强识，又要深入到科学实践的第一线，解决国家实际面临的问题；老专家们还引用熊毅院士为人处世高尚品德的生动事例告诫大家一定要克服浮躁情绪，在喧嚣中求得宁静、守住真实，做真人说真话，刻苦学习，勤于思考，善于总结，全面培养和锻炼自己的专业素质。

在场的青年学子不时以热烈的掌声感谢老同志们的真诚、精彩的"传道解惑"，并表示要好好珍惜现在所拥有的良好的科研、生活条件，立志于学，在科学研究中既要仰望星空，更要脚踏实地，为土壤所更加美好的未来而贡献自己的力量。

土壤所四位研究员在回忆熊毅的文章《学贯中西展大志 探究不止立功勋》中写道："熊毅先生治学严谨，诲人不倦，为我国培养了一大批土壤科学的带头人。尽管他晚年体弱多病，仍不时关注我国农业现代化进程与土壤科学国际化的步伐。他的这种老骥伏枥的精神，正不断地激励后辈，惠及学人。"

他们在文章中还以《活跃的学术思想和可敬的师长风范》为题，专章叙述了熊毅院士是怎么样以高尚的学术思想去教育影响年轻一代科技工作者：

熊毅是一位学术造诣很高的科学家，并具有强烈的事业心和社会责任感。他坚持理论联系实际，在致力于发展学科的同时，积极承担国家重大生产任务，勇于开拓和创新。他严谨治学、率先垂范，为我国培养了一批土壤科学的学术带头人。他的学术思想至今仍深刻地影响着我国土壤科学的发展。

熊毅十分重视科技人才培养和使用，他在工作中培养了一大批业务骨干，其中许多人陆续成为二十世纪六十至八十年代我国土壤科学领域的学科带头人。他还亲自指导培养了十多位研究生，他对待年轻人总是谆谆教导、诲人不倦。他在总结自己一生科研工作时，特别对年轻人谈了他的一些切身体会，这不仅是他对年轻人提出的要求，而且从中不难看出他一生为人、治学的高尚情操。

他在讲精神文明，谈科学道德时指出，作为一个科学工作者，要全心全意为人民服务，要把实现四个现代化，促进国民经济建设当作自己的神圣职责。要讲精神文明、讲科学道德。求真务实，敢讲真话实话；反对弄虚作假，工作中虚心求教，听取不同意见。同时勤奋好学，扎扎实实地打好科学研究的基础。刚开始进行科学研究时，先要读透几本专业书，以后逐步会读杂志、做笔记、做卡片，学写文献综述等。一定要虚心好学，尊敬师长，学会实验技术与实验设计及撰写论文，培养独立进行科研工作的能力。

他也强调要锻炼反复思考能力。前人的工作和文献有好的，也有差的，甚至还有过时和不正确的。没有鉴别能力，难以挑选课题，难以进行正确的实验设计，更难写好论文报告。独立思考也得靠自我锻炼，譬如看一篇文章，有些论点是你同意的，你要进一步地考虑为什么同意，根据什么同意；你不同意的，你也要想想为什么不同意，根据什么不同意。论点正确的文章，可以从中吸取营养，论点不正确的文章，也要分析研究找出其缺点，引以为鉴。

最后他希望青年人在工作中要深度与广度相结合。作为一名科学工作者，应当对本门科学进行深入的研究，探索未知，向深度发展。但是有些理论问题或国民经济建设问题，仅凭你的专业知识是不够的，所以在深入研究之外还要多了解一些相关学科的知识，这样可以开阔思路，发现问题请教其他学科，或进行协作，发挥更大作用。

那是 1956 年的国庆，熊毅被评为"全国先进生产者"，参加了天安门城楼国庆观礼，熊毅的二女儿熊丽萱回忆说，国庆宴会上，周总理问："熊毅来没有？"熊毅赶紧站起来回答："我来了！"周总理与熊毅交谈，非常担忧黄淮海平原的土质问题，要求熊毅去治理改造黄淮海平原的土壤，他问熊毅有什么要求，熊毅说，他需要 100 位专业大学生，周总理批准了他的要求，给了他 100 个大学生的名额。这样，他带着 100 多位大学生，投入了紧张的调查研究工作之中。

傅积平对熊毅的严谨作风尤有感受，他回忆说，当时熊毅等人指导培训 100 多位大学生，要求把几本书的规范都完完整整地背下来，训练几个月，考试合格才能承担任务。"在野外，我们不可能带着书本，就靠记忆，两个手指把土捏起来，就能判断它的质地，马上报出来是细沙、中沙还是粗沙，是轻黏土、中黏土还是重黏土。到盐碱区，地表的盐，只要亲口尝，用舌头舔，基本能确定土壤属于什么类型。"傅积平在回忆文章中说。

时至今日，席荣琥、傅积平、赵其国这些中国土壤学的大师们都对熊毅在封丘的工作生活留有深刻印象。他们回忆说：

"熊院士比较胖，行动不太利索，睡觉打呼噜，人非常和蔼，很少批评人，1965 年几乎全年都在封丘。"

作为国家顶级土壤学家，熊毅都在小村蹲点亲力亲为，其他的科技工作者更是不畏艰难，全心全意地投入到盐碱土治理工作中。

到封丘的科学工作者们，在熊毅的要求下，对水土的熟稔程度也别无二致。因为找对了方向，又凭着这样的干劲，到 1965 年 11 月，即使只用肉眼观测，"井灌井排"改良盐碱地的效果也已十分明显，麦苗生长苗壮，井灌浇水比不浇水的地块，春高粱和夏玉米增产明显。

其后，随着这种改良盐碱地办法在更大范围的推广，熊毅和梅花井都出名了，吃饱了肚子的农民真心感激这些从大城市来的科学家。

席荣琥回忆了一段小故事。那时的"洗剪吹"远没现在这么讲究，但熊毅却有点害怕理发。为啥？剃头匠知道他是大科学家，把他当恩人一般看待，理发时活儿干得格外细致，千方百计多跟熊毅说话，别人半小时剪完，熊毅得在那耽误一个小时。他知道，他一定要给河南农民的恩人好好理发，但他不知道，时间，对于熊毅来说，才是最宝贵的东西。因此,《大河报》用幽默的文字做了他们的新闻标题《剃头匠"偷"了科学家的时间》,回忆熊毅与当地老百姓水乳交融的感情。

1958年,考取了中科院研究生的莫淑勋十分高兴。来自河南郑州农校的她,为了迎接即将到来的新生活,特地为自己准备了稍微像样的衣服。可是,报到的第三天,导师熊毅送给她的"见面礼",竟是一套野外工作服和齐整的野外装备。第四天,这位来自湖南的年轻人被导师送回了自己的家乡——不是回去探亲,而是到湘乡东风人民公社参加长江流域规划土壤考察。

这就是科研?开始,莫淑勋有些疑惑。一年之后,熊毅还亲自带她前往河南省长葛县坡胡公社孟排村调研,她慢慢地懂了,熊毅常常现身说法告诉学生们,要理论联系实际,与生产者零距离,将生产中的表观现象提炼到科学水平,进而推广到连普通农民都用得上的新技术,这才是好的科研。莫淑勋后来发表的一系列重要论文,比如《土壤中有机酸的产生、转化及对土壤肥力的某些影响》《有机肥料中磷及其土壤磷素肥力的关系》等,都具有明显的应用性特色。

熊毅十分重视办好学术刊物,自美国留学归来后,他一直担任《土壤学报》主编,1958年又创办《土壤》杂志,并且担任主编,晚年还担任《生态学杂志》副主编和《环境科学》主编。他亲自审稿,严格把好刊物质量关,并对编辑人员严格要求,耐心指导,经常鼓励他们做好本职工作。他常说:"学术期刊是整个科研工作理论联系实际的桥梁,编辑人员是建成桥梁的螺丝钉,你们要把这座桥梁架好。"

从1979年起,他多次邀请美籍华人徐拔和教授来所讲学,传授新的学术思想和国际上的新进展,对我国土壤物理化学的研究起了有益的推动作用。

他对年轻人总是谆谆教导,诲人不倦,要求他们在学术上"一要立志,二要勤奋好学,三要独立思考;四要集思广益。"熊毅主张:"因才施用,对科技干部的考核,不仅考核单学科的成绩,而且要注重于研究的深度,还要考察研究的广度和广泛的适用性。"面对国家建设中有许多大量的综合性任务需要解决,他认为:"需要培养一些横向科学人才,既需要懂得一些社会科学的自然科学家,也需要懂得一些自然科学的社会科学家,并加强各学科之间的横向联系与渗透,培养大批基础扎实、知识面广,能向边缘科学和综合科学进军的人才,这是一个迫切任务"。(《科学学与科学技术管理》1983.1)熊毅说:"我算了一笔账,是我写几本书对国家贡献大,还是培养几十个人,解决几十个问题贡献大呢?从祖国和人民的需要,我选择了后者。"(《人民日报》2014.1.24 20版)在这一思想指导下,几十年来,熊毅为祖国培养了大批土壤学专门人才。

封丘有座铜像纪念碑

中科院封丘农业生态实验站（封丘农田生态系统国家野外科学观测研究站）的后大门外，一望无际的原野，百亩综合科学实验田。田中，插着一排排密密的探测管，连接着一条条传输导线，田埂上，隔一段不远的距离，竖立着半人高的观测仪器电脑显示屏。

野外台站是一个非常重要的科学观察和研究实验的基地，也是高新技术，尤其是农业生态方面高新技术集成、转化、发展的重要基地。当然，野外台站也是一个优秀科技人员，尤其是从事生态、资源、环境、农业、示范优秀科技人员成长的培养基。野外台站既是我们国家的资源生态环境基础工作的重要基础，也是我国科技人员对全球变化，对全球资源生态环境或数字地球系统的不可替代的贡献。

在这里，各种与土壤、农业、生态、气象、环境等有关的科研数据，都可以通过土壤的各种反应变化，直接将数据传输到田边的电脑仪器中记录存储下来，各学科、各专业、各方面的科研工作者，都可以在这里收集到第一手的科研观测数据。

二十世纪八十年代初，开发黄淮海提上国家议事日程，中科院封丘农业生态实验站以长期研究积累为依据，以"井灌井排"技术为核心，集成配套农艺、生态等技术，完成农业区域综合治理开发的"封丘模式"，并在河南等地区大面积推广，粮食产量大幅提高。该成果作为"黄淮海区域综合治理"的一部分，二十世纪九十年代初获国家科学技术进步特等奖。

1983年，中科院封丘农业生态实验站在该院封丘盐碱土改良试验基地基础上正式建立，1992年成为"中国生态系统研究网络"重点站，2000年成为联合国"全球陆地观测系统"联网站，2006年成为科技部"河南封丘国家野外科学观测研究站"。

实验站后大门内，紧贴着科学实验田，两株高大挺拔的云杉下，是封丘和河南人民为纪念熊毅院士为这片土地所作出的巨大贡献而竖立的纪念碑和铜像。熊毅的铜像栩栩如生，微胖的脸，慈祥而深邃的眼神，近前瞻仰，中国土壤科学奠基人宛在目前……

1995年10月，纪念碑落成。

2011年，熊毅诞辰101周年。熊毅院士铜像在封丘农田生态系统国家野外科学观测研究站（中科院封丘农业生态实验站）隆重落成。

9月29日，中国科学院副院长丁仲礼，河南省委农村领导小组副组长何东成，中国科学院南京土壤所所长沈仁芳、党委书记林先贵，封丘县委书记薛国文、常务副县长李恒林、封丘农业生态实验站站长张佳宝，熊毅院士家属及有关人员共计50余人出席了铜像落成仪式。

这是首次由地方政府为中国科学院的科学家树立铜像。

巨幅彩带迎风飘扬，现场庄严肃穆。

南京土壤所党委书记林先贵介绍了熊毅院士的生平与功绩。他指出，熊毅院士创建了以"井灌井排"为核心、灌排配套的水利工程系统以及与农业生物措施紧密结合的盐碱地综合治理模式，创造了农业综合开发的封丘模式，为黄淮海平原农业发展做出了重大贡献，彻底改变了黄淮海地区的农业生产面貌，同时开创并发展了我国土壤科学多个领域的研究，为我国土壤科学人才的培养和研究所的建设与发展做出了杰出贡献，是党的优秀儿女、是先进科技工作者的代表、是"科学、吃苦、奉献、合作"的黄淮海精神的永久丰碑。

中共封丘县委书记薛国文代表封丘县人民，向熊毅院士亲属、一直以来大力支持封丘县农业发展的中科院及南京土壤所和封丘实验站表示衷心的感谢，宣读了"中共封丘县委、县人民政府关于缅怀中国科学院熊毅院士为封丘所做贡献的决定"。

薛国文书记指出，熊毅院士是封丘人民的恩人和朋友，他为封丘农业综合开发事业做出的巨大功绩，封丘人民将永久铭记在心。

长期工作在封丘站的青年代表黄平博士代表全所青年科技人员发言。他表示，作为后继者要时刻牢记熊毅院士在学术上提出的立志、勤奋好学、独立思考、集思广益的谆谆教导，为把我国土壤科学事业不断推向前进，为祖国农业发展再做新的贡献。

在南京土壤所所长沈仁芳的致辞中，号召大家认真学习、充分继承与发扬熊毅院士身上凝聚的科学与创新、服务国家与人民的精神，以封丘与华北平原为着力点，继续为国家的农业生产、粮食安全做贡献。同时代表南京土壤所对河南省、中科院、封丘县等各级领导长期以来关心支持封丘站的发展，对封丘县委县政府为熊毅院士树立铜像表示了衷心的感谢。

受河南省副省长刘满仓委托，河南省委农村领导小组副组长何东成代表河南省政府致辞。他指出，熊毅院士为黄淮海平原农业丰收奉献了毕生精力，做出了不可磨灭的贡献，是全国科技工作者学习的光辉榜样。铜像的落成不仅是对一位土壤科学家的缅怀，更是对他精神的继承和弘扬。广大科技人员要学习熊毅院士热爱祖国无私奉献的精神、不畏艰苦努力奋斗的精神，厚积薄发、去伪存真、严谨治学的精神，努力推进科学事业新的发展，通过省院合作再次把河南现代农业示范工程做成国家级的样板，为我国农业发展再做新的贡献，为老百姓再立新功。

最后，丁仲礼副院长发表了重要讲话。他说，科学家必须把科研工作和国家的切实需要结合起来，才能真正体现研究的价值。熊毅院士这种为国家为人民服务的精神，连同他深入学科前沿、重视新学科研究的探索精神，以及培养年轻科技人员的科学方法，是广大科技工作者的榜样，更是土壤所的宝贵财富。熊毅院士在学术上的精深造诣、科研上的卓著功绩与为民服务的优秀品格交相辉映，堪称我们后人学习的楷模。土壤所要永远传承熊毅院士的精神。

铜像基座的黑色大理石上刻着金色的文字：

熊毅（1910—1985），贵州省贵阳市人，著名土壤学家。1932年毕业于北平大学，1951年在美国威斯康星大学获得博士学位后回国工作，曾先后担任中国科学院南京土壤研究所所长、中国科学院南京分院院长等职，1980年当选为中国科学院学部委员。

二十世纪五十年代起，熊毅先生带领百余名科技人员开展了黄淮海平原中低产土壤的调查与治理工作，在封丘县开创了以"井灌井排"为核心的盐碱地综合防治技术，为提高黄淮海平原的粮食生产能力做出了重大贡献。

熊毅先生的功绩，封丘人民将永远铭记在心。

熊毅铜像安详地注视着封丘大地，注视着河南大地，注视着华北大地，注视着华夏大地。

他曾对家人说："我要做中国土壤的保姆。"

的确，熊毅就如华夏大地的保姆，几十年如一日，把一切都献给了中国的土壤科学事业，他的心血，肥沃了祖国广袤的土地，结出丰收硕果。

土壤就是他生命的图画，融汇了他毕生的心血和灿烂年华。

你也应有像这样的一个生命

——记中国科学院院士邢其毅

◆ 杨 骊

邢其毅 （1911.11.24—2002.11.4）生于天津，籍贯贵州贵阳。有机化学家、教育家。

1933年毕业于辅仁大学化学系。1936年获美国伊利诺大学博士学位。同年赴德国进行博士后研究。1980年当选为中国科学院学部委员（院士）。曾任国务院科学规划委员会委员、中华人民共和国科学技术委员会委员、中国化学会理事、化学教育委员会主任委员。任全国政治协商会议委员会第六、七届委员。

邢其毅的研究工作涉及有机化学的各个领域，均取得开创性研究成果。所设计的氯霉素新合成法，20世纪60年代即被国外用于工业生产，并于1978年获全国科学大会奖。是人工全合成牛胰岛素研究工作的学术领导人之一，该项目于1982年获国家自然科学奖一等奖。在天然产物方面从事的参类水溶性化学成分的研究，于1995年获国家教委科技进步奖一等奖。还首次进行了花果香气的研究。他特别注重基础教育，为我国有机化学教育的奠基人之一，所编著的《有机化学》是我国首次自编的有机化学教材，为国内各高校沿用多年。另著有《基础有机化学》，1988年被国家教委评为优秀教材。

引　子

汽笛声长长地鸣响起来，桅杆上晒太阳的海鸟一下子惊飞，翅膀扑棱棱地一阵乱响，瞬间便飞走了，向远远的地平线飞去，白色的翅膀在太阳下闪闪发亮，甲板上靠着船舷沉思的青年，不禁将视线跟着那些海鸟们一起飞到了大海的尽头——就在海的尽头，便是故乡，那里已经燃起战争的烽火，不久那故园或在这烈焰中毁灭或在这烈焰中重生……

青年个头高瘦，长相俊朗，一身笔挺的黑色西装并没有因这一路的风尘而有半点狼狈，金丝边的眼镜架在高挺的鼻梁上，宽阔的额头散发着智慧的光芒。眼前是直布罗陀海峡，视线所及已经看不见大陆的轮廓，一望无际的蓝黑色大海，看上去波澜不惊，沉寂着、沉睡着、沉默着，只有船过处，巨大的螺旋桨才会在船尾将那蓝黑色的海面犁铧一般犁开，如他的内心一样，巨澜狂涌，掀起层层白色的浪花。

一封封家书传递着故土的消息，早1927年张作霖时期，因不愿与军阀同僚，父亲在事业和人生最辉煌的时候，辞去了一切职务，在家专心做寓公，潜心研究学问。"七七事变"后，日本占领北京，因他是久居北京的翰林，很多人请他出来做官，在日本人的统治下，通货膨胀，物价飞涨，父亲找琉璃厂、荣宝斋定下润格，情愿以卖字为生，也决不做亡国奴。1937年，日寇侵略气焰更加嚣张，平津危机、华北危机，抗战的烽火燃遍了中华大地，国家生死存亡、民族生死存亡，邢其毅毅然提前结束了在德国的博士后研究工作，登上了回国的船只，踏上与祖国与民族同命运的征途。

望着远远的地平线，那里是故乡，他又想起了1933年去美国伊利诺大学研究院学习的时候，父亲寄给他的那首长诗：

癸酉八月毅儿西游行后得诗写寄

丈夫有远别，别即在明朝。摩顶记畴昔，秋怀感寂寥。鸣鸡方喔喔，斑马已萧萧。送尔乘风去，披襟看海潮。

丈夫有远别，别去即天涯。世变今翻海，青年莫忆家。中流应击楫，八月好乘槎。努力加餐饭，还当惜岁华。

丈夫有远别，别赴海西洲。北斗加回南向，沧波与地浮。蛟螭方得势，雕鹗正横秋。勉作三年客，归来伴白头。

中国东北三省、热河相继沦陷，国家民族存亡之秋，穷尽了半生的心力，试图能以科学改变愚昧落后、期盼能看到一个富强民主的国家的父亲，此时一定和他的心情是一样，如这波澜不惊的海面之下那汹涌翻腾的巨浪，此时此刻，只有投身于抗日的洪流中，用所学报效祖国，才是堂堂大丈夫所为啊！

波涛暗涌，汽笛长鸣，巨型的轮船早已将英吉利海峡抛在了地平线之后，地中海、红海、马六甲海峡，一路前行，向着遥远的故土行进。铁蹄下的家国就在这大海的尽头，就在这世界地图的东方，望着蓝黑色的大海，他不禁再次想起了父亲，他对家国的忠诚，对信念的坚守一直为邢其毅追随……

思绪翻转，邢其毅脑海里走马灯似的浮起儿时父亲向其诉说的成长故事……

1883 年，清光绪年间的贵阳城，在一户普通家庭，最小的儿子出生了，他就是邢其毅的父亲邢端，字冕之，又字蛰人，笔名新亭、野史，邢端一出生便显出了与其他孩子不一样的聪慧，七岁那年，不幸降临，父亲去世，母亲刘氏拖着四个年幼的孩子，艰难地生活着，根本不可能让邢端继续他的学业。为减轻家庭的负担，小小的邢端就到店铺当了学徒工。失学的邢端并没有放弃，工作之余他总是手不离卷，继续着他的学习。

私塾老师认为以邢端的天分，他应当继续读书，在私塾老师坚持下，他再次入学。

1904 年，也就是光绪三十年，清廷宣布废除科举的前一年，邢端中举，成为千年来科举考试最后一科——甲辰科最年轻的翰林，随后他进入大阪工业学校，学工业制造与管理。在日本，邢端第一次接触了的西方书籍，学到了新的思想和学说。1908 年学成归国的邢端被北洋政府任命为工商部长并担任清政府设于沈阳的"奉天八旗工厂"的总办（厂长），那个曾经的翰林，华丽转型成了中国近代工业领域的中坚力量。

1911 年推翻清朝专制帝制、建立共和政体的辛亥革命爆发。孙中山就职中华民国临时大总统，1912 年 2 月 12 日，清帝颁布退位诏书，两千多年的封建帝制宣布告终。

邢其毅就在这个全新的时代诞生。

邢其毅自幼读私塾，接受过西方思想和科学教育的父亲不仅培养了他对文史哲方面的爱好和中国文士的精神，同时也培养了他的创新精神。1933 年，年仅 22 岁的邢其毅从北京辅仁大学化学系毕业，他深知，作为一个中国人，要想让国家从贫穷和落后中走出来，不再处处挨打，必须到欧美先进的国家学习最先进的科学知识，才能彻底地改变祖国和民族的命运。

带着和父亲一样的强国梦想，邢其毅踏上了去往美国的船只，赴美国伊利诺大学研究生院学习，成为著名的有机化学家亚当斯（R.ADANS）的学生，是他为中国培养的七位有机化学博士之一。邢其毅的回忆里，留学美国的日子是单纯而美好的——与同学们一起从伊利诺开车去往东岸，就为了去看刚刚完工的纽约和新泽西之间新建的华盛顿大桥、图书馆连夜鏖战的艰苦、周末连看三场同样电影的放纵……

1936年邢其毅获博士学位，他决定再度深造，转赴德国慕尼黑大学，师从有机化学大师、诺贝尔奖获得者魏兰德（H WIELAND）教授，进行博士后的研究。有机化学的魅力如画卷一般在邢其毅的面前展开，他坚信，自己的一生将与有机化学的研究紧紧联系在一起。

就在他潜心专注于学问研究的1937年，在遥远的东方却发生了震惊世界并影响了世界的卢沟桥事变。

中国的抗日战争全面拉开了序幕。

海鸥"咕咕"叫着，再次降落在桅杆上，海鸟的鸣叫打断了邢其毅的思绪，从出生到学成回国这26年，正是中国受尽帝国主义欺压凌辱的26年，也是中国人民奋起寻求救国自强的26年，与父亲一样，他们早已将自己的命运和个人的前途与国家民族复兴大业完全融成了一体，"爱国主义"成了父子二人的灵魂。看着这无忧无虑飞翔的海鸟，他多想像这鸟儿一样，展开翅膀，早一点飞回祖国。

彷　徨

站在长江口岸，终于踏上祖国的土地，邢其毅的心里久久不能平静："我回来了！"路上是匆匆的人群，惶惑、不安、沉郁充斥在每一寸空气里。在这满目疮痍的大地上，何去何从？北平失守——年迈的父母在沦陷区艰难地固守，天津失守，华北失守……家在哪里？在日军的铁蹄肆虐下，一介书生是拿起武器杀向战场，还是坚守在宁静整洁的实验室里？路在何方？

在上海化学研究所所长庄长恭的邀请下，邢其毅就任化学研究所副研究员，从事生物碱的研究。好景不长，三个月的淞沪会战后，上海失守，日军内侵，刚刚开始的生物碱研究工作被迫停止。为保存中国工业、科研、教育的实力，以争取抗战的最后胜利，国民政府开始了众多政府机构、文化机构、工厂企业、大中专院校西迁南迁的战略转移，上海化学研究所也在炮声中开始了仓促而艰难的战略转移。

受中央研究院院长蔡元培的委托，邢其毅接受了艰巨的任务，负责将化学研究所的贵重仪器和图书资料全部转到昆明。

这是一次艰难的行程，用今天的交通方式来计算，上海到昆明高铁只需要十一个小时，而在1938年的中国，南迁的路程是那样的艰难与遥远，这个庞大的队伍里，有科学家，有民夫，还有八十多箱图书、资料、研究仪器，没有人知道明天会以将用什么样的交通方式前行——马车、独脚车、轮船？一路行来，饿莩遍地，民不聊生，还得躲避着日军的封锁，绕道香港，取道越南，再从越南入境，就这样一路艰辛，半年，整整半年的时间，邢其毅和他的同事们终于不负所托，将研究所八十多箱图书仪器安全运抵昆明。

此时的昆明，正开启着一个黄金时代。大批工厂搬迁到昆明，中国第一军用光学仪器厂（时名二十二兵工厂）、机枪厂（又称五十一兵工厂）、第一飞机制造厂、中央机器厂等迁到昆明建厂。到1940年，昆明地区的工厂有机械制造工业11个、冶炼工业6个、电器工业7个、化学工业25个、纺织工业18个、其他工业13个，门类齐全，蔚为壮观。在昆明兴建的工厂里，创造出中国工业史上的若干个第一：第一台最大的汽轮机、发电机，第一台最大的500匹马力电动机，第一台30~40吨锅炉，第一具望远镜，第一根电线……抗战时期是昆明工业史上少有的"黄金时代"，到1940年，昆明已发展成为与重庆、川中、广元、川东等并称的西南大后方8个工业中心区之一，昆明地区主要的工厂企业已达80个，仅次于重庆和川中区，居西南第三位。

中央化学研究所重新启动了研究工作，邢其毅及其科研团队重新开始了中断的科学研究。

此时，老百姓最缺的就是治疗疟疾药品奎宁，俗称金鸡纳霜，邢其毅决定亲自到云南和越南交界的河口地区采集金鸡纳树种，带回树皮进行其成分的分析研究，从其中提取奎宁，合成抗疟疾药物。他深入云南和越南交界的河口地区的原始丛林里，寻找金鸡纳树，在昆明简陋的实验室里，邢其毅用前所未有的激情投入到金鸡纳霜的化学成分的分析、提炼中。历经万般艰难，终不负心血，金鸡纳霜实验成功了，他发表了回国之后的第一篇论文。

金鸡纳霜的实验成功，让他彷徨的心突然就有了一个坚定的目标，科学的发展和研究的方向，只有与国家长期发展的需要和老百姓近期的急需结合起来，才能真正让科学服务于国家，报效祖国。

目睹国民政府当局消极抗日、贪污腐化，他决意逃离这让他感到压抑、失望、不安的现实。"苟利国家生死以 岂因祸福避趋之。"他决定回到上海等待新的机会，准备以一种全新的方式投身到抗日救国的洪流中。

1941年，邢其毅回到了上海，在新亚制药厂任研究所所长，从事药物研究工作。

1942年8月26日，邢其毅的同学谢光华的私人教堂里热闹非凡，一场婚礼正在举行。

婚礼由邢其毅父亲的挚友孙树人先生证婚，弹奏婚礼进行曲的是新娘子在景海中学的女同事李明珍，好友冯百齐为新娘子梳妆打扮。没有华丽的婚纱，没有繁琐的仪式，新娘子身着白纱旗袍，在婚礼进行曲的音符中，与一身白色西装的邢其毅牵手走进了教堂。

新娘子叫钱存柔，是吴越钱氏的小女儿。

钱存柔1918年生于江苏泰县，1935年南京金陵女子文理学院附属中学毕业后考入中央大学生物系。这一年，三哥钱存训金陵大学毕业后，担任金陵大学图书馆代馆长，1937年因日军侵华，国民政府决定将故宫国宝南迁，国立北平图书馆的重要图书也同时要进行转移。三哥钱存训在此时受国立北平图书馆之聘，任南京工程参考图书馆主任。七七卢沟桥事变后，他将一家十余口人全部送往江北大姐钱存淑的王家楼避难，正好逃过了南京大屠杀，1938年钱存训再次将一家老小十几口人都接到上海，钱存柔就这样跟着这个大家庭，在战乱中一起迁居到上海，并转入上海东吴大学继续学习，1940年大学毕业后，在景海女中执教。

那时上海的市区已经被日军占领，租界托庇西方势力，成为一处孤岛，物价飞涨，早晚不同，一切生活日用品都凭票配给。虽然房屋奇缺。钱家侥幸租得座落在西摩路（现陕西北路）141弄6号三楼的一所公寓，这所公寓原是上海工部局（即租界的市政府）一位白俄工作人员的三间住宅，他退休后连同家俱一并转让。钱家十几口均挤在这小小的公寓里。

就在 1941 年的冬天，上海康脑脱路（现康定路）邢其毅父亲的姻亲家里，一顿非常普通的晚餐即将开始，不大的房间里一群年轻人正在打着桥牌，门"呼呼"地被敲响了，一个面目娟秀的女孩走进了房间，她个头不高，有着江南女孩的隽秀，举手投足间，尽显大家闺秀的风范，所有的人都站了起来，邢其毅被这走进来的女孩深深地吸引了，他愣愣地打量着面前这个美丽的女孩，直至表兄将他介绍给那个女孩，他方才回过神来。"这是我表妹钱存柔。""这是我父亲的外甥邢其毅，我的表弟。"

邢其毅将手伸了过去："你好！"两只手紧紧地相握，四目相对，钱存柔已经无法将自己的视线从这个身材修长、穿一身灰色小格呢料西装的青年身上移开。两个年轻人的心里都泛起了小小的涟漪。

邢其毅所在的新亚药厂正好也在西摩路上，与钱家相邻。工作之余，邢其毅经常到钱家小坐，钱母非常喜欢邢其毅，经常做好吃的给他吃，邢其毅成了钱家的座上客。钱存训和妻子都非常喜欢他。频繁的接触，让两颗年轻的心相互吸引，两人好感迅速升温，很快便坠入爱河……

婚礼进行曲打断了钱存柔的思绪，邢其毅的婚礼誓言正一字一句地回荡在教堂的穹顶，两个相爱的人这一牵手就是六十年，就是一生。

两人的第一个新家就在上海康脑脱路（现康定路），钱存柔姑母家楼下的一间小屋里，半年后钱存柔怀孕，两人将小家迁往了霞飞路（现淮海中路）霞飞坊 69 号楼上。1943 年迎来了第一个小生命——儿子邢祖侗出生。

1944 年，是抗战的最后阶段，1944 年 1 月 1 日，中共中央北方局发出了《关于 1944 年的方针》，八路军、新四军对日伪相继发动了春季进攻……在这黑暗的岁月里，虽然有了爱情，有了温馨的小家，有了可爱的儿子，但是邢其毅并没有沉溺于这样的幸福中，他一心投身抗战一线的初心始终没有改变，他一直在等待着时机的到来。

奔向光明

邢其毅的挚友林葆络——北平著名的儿科大夫，曾经留学日本，在日本已经有了自己的诊所，事业小有所成的他为了投身抗日救国大业，放弃了在日本的事业，前往大后方昆明，与邢其毅一样，林葆络因看不到国家和民族未来和前途而倍感焦虑，两人选择了离开昆明，邢其毅到了上海，林葆络回到北平。回到北平后，林葆络的寓所成了中共时任北平学生工作委员会委员兼秘书长、联络工作委员会书记崔月犁的地下联络点，通过林葆络，邢其毅认识了崔月犁，正是崔月犁，让邢其毅知道了在这个黑暗的中国，还有一个政党正在为推翻压在中国人民头上的三座大山而努力，正在为建立一个民主自由的共和国而奋斗。

邢其毅仿佛在黑暗中看到了希望的所在，看到了光明的未来，他想到新四军的根据地去，直接投入到抗战的洪流中。钱存柔完全支持邢其毅的想法，他们决定带着儿子北上，希望征得父亲的同意。

在父亲的寓所，邢其毅用贵州家乡话与父亲讲述着他回国至今的所见所识，上海虚无的繁华；转移中央研究所的艰辛，昆明简易实验室里的实验，对国家和民族命运的思考，对国民政府的失望，北京西四砖塔胡同里父亲的寓所中灯光摇曳到很晚，在外求学多年，虽与父亲多有书信来往，但这样能让父子俩促膝长谈的时机太少了。

邢端毫不犹豫地同意了邢其毅的想法——放弃安逸的生活，投入新四军加入到一个未知的世界去，而这个选择甚至可能会付出生命的代价。

因儿子邢祖侗患先天性疝气，钱存柔暂留北平，与父母一起照顾祖侗。邢其毅只身一人回到上海，等待时机前往新四军根据地。

1944年，邢其毅终于等来了新四军派来接应他的糜君，冒着生命危险，他们一起穿过日军、国民政府的封锁线，到达新四军根据地皖北天长县。这是一个全新的世界，根据地的天感觉总是那么的蓝那么的明亮，目之所及都是一张张充满了快乐和希望的笑脸，忙碌的人们唱着热情的秧歌。在这明朗的天空下，不再有空袭的警报时时响起，也不再有日军耀武扬威的模样，装甲车辗压着上海的那些街道，这里不再有战争、不再有恐惧，所有人的脸上都充满着希望和光明。想着这一路行来的艰辛，邢其毅觉得自己是这个乱世的幸运儿。

来到新四军根据地，他马上加入到新四军华中医学院的工作中，这个学院在抗战时期为新四军培养了大量的医学人才，1951年7月这个学院被中央军委全名为白求恩医院。邢其毅在这里一直从事生物化学教学，同时研制抗日军民急需的药物。

1945年的春节一过，糜君接到将钱存柔母子送往根据地的任务，由北平出发，乘火车到南京，可刚到南京，就遇到了空袭，警报长鸣，顿时整个城市都陷入了惊恐之中，母子俩在糜君的带领下躲进防空洞躲避日军的轰炸。第二天继续乘火车抵达镇江，住在一户农家的民屋中，安顿好母子俩，糜君一个人外出联络交通线路。这是一个难熬的夜晚，刚刚经历了空袭的母子俩在寒冷的夜晚中，紧紧地搂抱在一起，即便如此，这个夜却让钱存柔感觉到内心的安定，因为这个寒冷的夜晚之后，夜将不再寒冷，一天或是两天之后，久别的丈夫就在身边了。

天色发白，民居的木门才被糜君吱呀一声推开。

抱着孩子，再次踏上行程，先坐小船过长江，到达江北的一个小镇，接着找来了一辆手推的独轮车，母子俩颠簸在奔向光明的路上。

很多人都迎了出来，站在道路的两边，将这一对母子围在了人群中，身穿蓝色中式布衣裤的邢其毅快步走出人群，他一把抱过儿子，紧紧地搂在怀里亲吻着。

邢其毅和钱存柔在解放区老乡家的西屋里有了新的家。从一个黑暗且令人窒息的沦陷区来到了充满希望和光明的新天地，这个小家庭充满了幸福和快乐。

华中医科大是由新四军卫生部直接领导的，为部队培养急需的医学人才，有医学和药学两个专业，邢其毅是药学系唯一的教授，主要讲授生物化学和药学两个部分，钱存柔、严直真等担任生物学、化学的教授，为该校培养了第一批正规训练的药学骨干人才。华中军医大还设有卫生所（医院）、图书馆，卫生所任务繁重，每天都要接收大批前线运来的负伤战士，日军俘虏和国民党的伤员，改造过的民房用白布包起来就是手术室，两位部长崔义田和宫乃泉除了自己的行政工作，还得亲自为伤员做手术，学员们既要当助手，还要做护理。

根据地的日子也不总是风平浪静，有时也会随着部队进行战略转移，记得一次，小船从安徽洪泽湖北岸渡往东南岸后，随部队北上，儿子祖侗与陈毅元帅的儿子分别被放在前后箩筐里，由人肩挑着前进，避免在赶路途中发生意外。有时，钱存柔抱着儿子坐着独轮车或牛车跟随着部队前行，虽然这些经历都是那么惊心动魄，可是望着身穿蓝色中式布衣裤，骑在高头大马上，跟随在宫乃泉部长身后的丈夫，钱存柔感到了前所未有的幸福和甜蜜，爱国爱家的丈夫在这动荡的岁月中给了她不可多得的安宁和幸福……

1945年8月15日，日军全面投降，艰苦抗战赢得了全面的胜利，满目沧夷的国家如今百废待兴，需要重建，更需要更多的人才，邢其毅以一个科学家的远见，预见到国家未来更加需要的是什么。像他这样在国外受过专业训练的人为数不多，若能去大学教书，能够让更多的人得到教育，也能为即将到来的新国家培养更多的建设人才。1946年后，国共两党的矛盾已经全面激化，东北内战已起，全面内战一触即发。邢其毅以为抗战胜利后，中国最急需的就是把全国各族人民、各个阶级团结起来，尽快地治疗战争的创伤，才能抓住二战后成为战胜国而出现的极好时机，恢复国家的建设。而目前中国的现状却不容乐观，如果内战爆发，中国将再次陷入到内乱中，要想让中国尽快地投入到经济建设中的想法，似乎短期内是不可能的，邢其毅认识到，作为一个科学工作者，目前的当务之急就是投身到教育和科研事业中，为未来的国家建设培养出更多的优秀人才。经过思考，邢其毅决定回北京，随后向组织提出离开解放区。

1946年初，新四军派部队将邢其毅一家三口安全送抵上海，他们辗转从解放区到上海，从上海到达天津塘沽，再坐火车回到了北京。

在北京安顿好之后的邢其毅，向已经迁回北京的北京大学提出了任职申请，对于邢其毅的申请，北京大学欣然接受。

邢其毅担任北京大学农化系和化学系教授，投入了他一生中最热爱的教学事业中。

投身教学

这一年冬，邢其毅的第二个孩子祖建降生，每周夫妇二人都要到住在西四砖塔胡同父母的小四合院请安。父亲邢端继续着他的寓公生活，虽然国民政府执政以后，国民党对他一直很优待，李宗仁、张道藩等国民党要员亲自登门请他出山，他始终不为所动，宁可赋闲在家也决不同流合污，这期间，邢端著述了大量关于贵州的书籍：《黔南丛书·刘贵阳遗稿》《黔南丛书·平回纪要》等。父亲对贵州的故土情结，令邢其毅这个在天津出生，没有在贵州生活过一天的他将贵州始终当成了第一故乡。无论他走到哪里，他永远都说自己是贵州人。

1949年10月1日，毛泽东在天安门城楼上庄严宣布："中华人民共和国中央人民政府已于本日成立了，中国人从此站起来了！"邢其毅暗暗发誓："不怕任何艰难险阻，都为祖国的教育和科研事业贡献全部的力量。"

邢其毅则全身心地投入到教学和科研中，1950年至1952年，他兼任辅仁大学化学系主任，为战后辅仁大学的重建做了大量的工作。1952年全国院系调整后，他一直在北京大学化学系担任教授及化学教研室主任，按苏联的建制，把工程学科和文理法学科分别组成工科院校和综合性大学，那个时候，大学没有一本具有国际先进水平的有机化学化学教科书，图书馆也只有几本国外的老旧教材，上课只能靠教授自己编写的材料，由学校的教材科刻蜡版油印，装订成册发给同学们阅读参考，学生复习只能依靠上课时记的笔记，要想放开手脚，全身心地开展教学，眼下最迫切的就是需要一本适合于大学教学的教材。

"一定要让中国有一本中国人自己编的有机化学教科书。"每天除了教学，邢其毅将身心全部投入到教材的编写中。

多年颠沛流离的生活，使邢其毅一直被十二指肠溃疡困扰，每天上课他都会带上一个小小的玻璃瓶，装上一点牛奶，在上课的间隙喝上一点，直到1972年他才做了胃部病灶的切除，而在此之前，他却从来没有因为自己的病痛影响过上课。

每天在上课铃敲响前，使邢其毅就已经衣冠楚楚，荣光焕发地大步迈进了教室，教室里顿时鸦雀无声，仿佛一颗小针落在地上，都会让人听到。邢其毅声音洪亮，炯炯有神的目光像磁铁一样把学生们都紧紧吸引住了，滔滔不绝讲述有机化学的发展史、有机化学的特点、有机化学在国民经济中的地位和作用。"有机化学与国民经济的发展息息相关。""有机化学在我们的生活中，无处不在。"对每一次讲课的内容，他总是烂熟于心，但每次上课他从来不看讲稿，讲稿会限制他的思想，离开讲稿才能挥洒自如。语言风趣，板书漂亮，一个枯燥的反应，一个难懂的理论，经过他娓娓道来，立刻能让学生心领神会。他的课成为当时教育部的观摩课。有机化学被邢其毅讲活了。化学在邢其毅的眼里是一门美丽而浪漫的学科，是那样的美妙绝伦，他在笔记里这样写道："化学创造了他的目的性，这种创造的成功正如艺术本身的创造一样。"为了让这些常人眼里看上去枯燥无味的化学学科能成为更多学子喜爱的学科，他的课堂总是充满了活力和幽默。

在讲苯环结构是如何发现时，邢其毅讲了一个典故：德国化学家凯库勒在研究苯分子结构时，曾经一度在很长时间没有任何新进展，几乎陷入困境，一天夜里，他做了一个梦，梦见一条蛇咬住了自己的尾巴，不停在旋转。突然，凯库勒猛醒了过来，这时，这个梦幻的形状一直在他的眼前闪动，他思考了一夜，便提出了苯环结构的假说。邢其毅幽默而风趣的描述，总能引得大家哄堂大笑。

学生汤卡罗至今难以忘怀与邢其毅相处的一点一滴，汤卡罗是1971年进入北大学习的，大三的时候，邢其毅才开始教授他们有机化学课程，每天上邢其毅的课，她总是占第一排中间的座位。有一次，汤卡罗的实验遇到了意想不到的情况，生成的产物不是预先设想的，而产物的熔点天天在变高。邢其毅鼓励道："一定不要灰心，科学实验就是认识世界的过程。"之后与汤卡罗一起测熔点，当时北京的气温高达39度，熔点一直测到300多度，邢其毅满头大汗地坚持着。经过反复实验，认真分析，终于发现设想的产物由于发生断裂而产生了聚合物。邢其毅告诉汤卡罗："负结果往往比正结果更重要。负结果中有所发现规律。"成为邢其毅的研究生以后，邢其毅对汤卡罗要求更加严格了。因工作需要，邢其毅派汤卡罗去上海化学研究所参加人工合成牛胰岛素的研究，临行前，他叮嘱汤卡罗："这对你就有了更高的要求，要多动脑筋，向大家学习。科学研究中合作的精神是最重要的。"

"有机化学。是一门实验科学，任何科学的发现和新理论的创立，都是大量科学实验的基础上完成的。""要大胆去探索，去追寻，去创新实验。""正确对待有机化学科学实验和理论的关系，实践是理论的源泉。"邢其毅认为有机化学是一门实验科学，任何科学的发现和新理论的创立，都是大量的科学实验中得出的，课堂理论的讲授与实验课等同重要，他亲自精选实验课程，要求任课老师必须先做实验，确保一切环节都达到要求后才能正式上实验课，他总是亲自进实验室看学生做实验，首先他要先看蒸馏装置，方法很简单，正面看看，横平竖直，侧面看看，蒸馏瓶、冷凝管和接收瓶在一条线上，如果不能成一条线，学生就要挨批评。他认为，蒸馏装置搭不好，反映出这个学生不认真，不能认真做实验的学生一定不喜爱有机化学。一个科学的发现和新理论的创立，都是在大师的科学实验中诞生的，真正喜爱有机化学的人，一定会尽可能地表现有机化学美的内涵。他著文批驳一些轻视实验、颠倒实践和理论关系的错误观点，深刻指出在任何科学发现和新理论的创立中，实验始终处于主动积极的地位，并列举有机化学发展史中的一些典型事件。例如武勒尿素的合成、同分异构体结构理论的建立、分子立体概念的发现、分子轨道对称守恒规则的发现等，无不根植于大量的实验数据中。"实验过程中得到操作能力和分析问题的能力才是更重要更本质的学习。""化学实验是实施全面教育最有效的教学形式，也能从中全面了解学生的学习和操作能力。"每次他亲临实验室，言语不多，很少当众批评学生，尤其对女学生更加宽容，引导学生入门，产生浓厚兴趣，最后成为毕生追求的事业。

即便在教学任务如此繁重的情况下，邢其毅一直都致力于教材的编写，每一天下课后回燕东园的家里，邢其毅又开始修正他编写的教材。1956 年，他终于完成了我国第一本近百万字的《有机化学》（上下册），1957年由他编写的这本教材正式出片，书名为《有机化学》称为邢大本，被教育部定为全国高校通用教材。这是我国首次自编的大型有机化学教材，在国内外享有很高的声誉，邢其毅当之无愧地成为我国有机化学教学的奠基人。

十年"文革"破坏了正常的教学秩序，隔断了一切和国外的学术联系，对国外学科飞速发展的形势国内一无所知，1977年在武昌召开了高等院校教研会，1980年教育部召开全国理科教学大纲审定会，为了教材能紧跟国际发展，邢其毅想方设法寻找资料，带领教材组组员去工厂参观座谈，并对教材的内容、插图、习题都做了一一认真的阅读、审定、修改。直到满意为止，重新修改的教材反映了近二十年来全世界有机化学的新成就。1983年出版了第一版，1987年获全国高等学校优秀教材奖。1988年被国家教委评为优秀教材，几代人受益于他写的教材，为我国的有机化学事业培养了无数的人才。

在研究生的教学上，邢其毅更是坚持严谨的教学态度，总是亲自制定周密的课程，研究生的第一门课程就是有机实验课，并要求定期完成数个有机合成实验，要求要有产品实物、数据、原始记录，还要定期进行考核，要求每周完成一定数量和一定难度的习题，并给有关老师批阅，给出成绩。有机化学内容丰富，反应式多，灵活性大，不易抓住重点，学生遇到问题往往不知如何入手解决，邢其毅认为演练习题是学习有机化学必不可少的环节，通过应用习题的练习，不仅能检查学习效果，而且对培养科学思维方法有很大的帮助，能引导学生将所学到的知识融会贯通，灵活运用去解决实际问题。

邢其毅对化学的教学是非常有情感的，1977年北大重新招生后，为开设有机化学实验室，把原十斋重新进行了装修，每个学生都有自己专用的玻璃仪器柜。楼上楼下共八间实验室可容纳近百人做实验。教授穿白色实验服，进实验室成为一道美丽的风景，邢其毅实验技术精湛，动作敏捷，在没有教学和其他工作的时候，总是一大早就进实验室，到晚上化学楼关闭的时候，邢其毅的实验室里还亮着灯，以至于同学们常常窃窃私议老师究竟在什么时候吃饭？就在这个时期，邢其毅一篇又一篇有影响力的论文在各种学术期刊上发表。每次接待外宾到十斋参观，他总是非常高兴地对外宾说，我们的实验课虽然在简易的二层楼里进行，但实验室的整洁明亮，具有菲林珠仪器，照样能为国家培养高水平的人才。

邢其毅以学术上的严谨得到学生的爱戴，还用自己对科学的热情和对科研的严谨，引领导着他的学生们，走上了科学研究的路。

蓝旗营北大教授楼是邢其毅先生晚年在北京最后的住所，从二十世纪五十年代邢其毅的家一直在燕东园 34 号居住，院子里种有枝繁叶茂的中药森香，春天开花时发出幽幽的清香。后来北大修建了蓝旗营教授楼后，邢其毅的家搬到了这里。

走进大院，十几栋楼宇之间，弯弯曲曲的小径连接着每一栋楼宇，院落之间有小小的花园。邢其毅仙去后，钱存柔也移居加拿大，房子一直空着，由邢其毅的学生叶蕴华代为管理。

叶蕴华 1957 年大学三年级时，开始聆听邢其毅的"有机化学"基础课，1960年毕业后。叶蕴华留校工作，参与了邢其毅所有的教学研究和科学研究——牛胰岛素的合成、花香头香等，邢其毅对于叶蕴华而言，如师如父，上课的课件以及为她修改的论文原稿至今她都完好地保留着，望着这些故纸堆，我仿佛又看到了那个在我心里一日又一日更加清晰的邢其毅的形象，那一行行娟秀而整齐的字迹，看得出他和他培养出来的学生对学术的认真，对科学严谨的态度。

有一次，一位硕士生论文答辩，发现硕士论文中将"胰岛素"写成"胰导素"，他严肃地指出，不能小看一个字的错误。当他审阅一位博士生论文时，发现她把"赵承嘏"的"嘏"字写错了，邢其毅告诉学生："赵承嘏是我国药用植物化学的奠基人，怎么能把他的名字写错呢？"事后，这位研究生认真修改论文，她说这辈子再也不会忘记这个字了。有时他发现研究生们请他过目的英文草稿中有拼写错误，会严肃地说，拼错了就是写错别字，一定要认真检查。对于发表文章，他对学生说："我们要的是 quality，而不是 quantity。"邢其毅严谨求实的科学态度影响了所有的学生和他的同事。

科学研究要有想头

邢其毅的一生贯穿着近代中国最关键的每一个历史时期，出生于辛亥革命胜利，封建王朝的瓦解，经历了中国最黑暗的时期——军阀混战、抗日战争，迎来了中华人民共和国的成立，经历了"文革"、改革开放，无论世事怎样变迁，邢其毅始终没有忘记过自己做为一名科学家的职责。爱国与科技兴国成了邢其毅人生最常用的关键词。在邢其毅的品格中，既有中国传统文人士与道的气质，也有现代科学家理性的光芒，成为无数的学生做人的楷模和典范。

在1983年组建物理化学研究所的成立大会上邱明华第一次见到了后来的恩师，人群中一个瘦小的老师，手里正拿着一张照片："这是卢瑟福发现 α-射线的实验，是一个跨越式的发现……希望北大物化所也能做出原创性的重大发现。"这是邱明华第一次听到"原始创新"这个词。

原始创新就是邢其毅常说的无论是选题还是进行研究，都要有"想头"，要有创新性思维，邢其毅主张，在同一个领域里，一般的问题，你想到的，别人也会想，要想那些别人没有想到的问题才有意思。"科学研究就是不断突破、不断创新的过程。"

早在二十世纪五十年代邢其毅就认识到，多肽和蛋白质领域的研究是有机化学中一个重要发展的方向。他带领年轻教师在实验室开展了关于氨基酸保护基和接肽方法的研究，上海生物化学研究所的科学家们也意识到此项工作的重要性，来到北京大学商讨人工合成牛胰岛素的项目，当时国家科学技术的实际水平，尤其是对蛋白质多肽的合成工作是一穷二白，就连基本的溶剂和氨基酸也都非常缺少，邢其毅与戴乾圜等以研究氨基酸的保护问题作为多肽研究的起点，并于1957年在科学能报上发表了国内第一篇有关氨基酸保护与标记的研究论文。1958年在国家科委的大力支持下，由聂荣臻元帅直接领导，进行了人工结晶牛胰岛素合成，这个项目成为中国重大基础科研项目，邢其毅担任该项研究的倡导者和主要学术领导者之一。合成胰岛素的研究经过三年时期的低潮后，1964年初，邢其毅主动给上海有机所所长——也是邢其毅留德时的同学汪猷教授写信，建议把实验搬到上海有机化学研究所进行。北大和中科院有机所、上海生化所三个单位再度合作。连接 A、B 两条肽链的二硫键折合是人工合成胰岛素的关键，A、B 两条肽链的合成前无古人，需要斩关夺隘，并保证所合成的肽链在空间弯到指定的位置。上海生化所搞转肽，北大化学系搞接肽。尽管北大有繁重的教学任务，作为教研室主任的邢其毅，仍然决定抽调五位青年老师和一名研究生到上海有机化学研究所进行胰岛素 A 链的合成研究。并亲自率领团队到上海具体安排参与研究的人员和合作与分工。虽然邢其毅还有讲授"有机化学"大课的重任，他还是尽量抽时间到上海来指导合成胰岛素 A 链中的关键问题，并叮嘱参与研究的北大师生一定要谦虚谨慎，与兄弟单位要搞好协作关系。经过七年的艰苦攻关，1965年终于完成了结晶牛胰岛素的合成。所得的产物的生物活性、化学结构与晶形与天然牛胰岛素完全相同。这一成果最终得到国际同行的承认，甚至被国外友好人士推荐为诺贝尔奖申报项目，标志着我国科学家当时在蛋白质与多肽合成化学的研究领域已经达到了国际领先水平。该项目因此而获得 1982 年国家自然科学一等奖。邢其毅获得 1997 年求是科技基金会颁发的"杰出科技成就集体奖"。

在研究过程中，邢基毅先后发表了《自合成 A 链与天然 B 链合成结晶牛胰岛素》《从胰岛素 A 及 B 链重合成胰岛素以及 A 及 B 链肽段的合成》《C14- 标记牛胰岛素 A 链和 C14- 标记牛胰岛素的合成》《带保护基的胰岛素 A 链羧端十二肽的合成》《结晶牛胰岛素的全合成》等八篇论文，论述了在实验中所取得的成果。虽然在人工结晶牛胰岛素合成的过程中，邢其毅从来没有将这一研究成果当成是他个人成就的高峰，但是不容置疑的是，邢其毅在其中所发挥的重大作用和在实验中重要的领导地位。

一次邢其毅与学生谈到胰岛素的研究时，他没有直接谈到胰岛素科研工作的具体细节，更没有涉及他对该项目的贡献，他谈到的是科研的选题问题，也就是他推崇的"创新"问题。邢其毅认为选题应该是选那些有科学价值，对国家经济社会有重大影响而别人没有开展的研究工作，难度比较大，但是有可能突破已有的研究领域或者方向 。"世界上别人没有开展的研究，我们也是有可能开展的，科学家有新的思路 是基础，耐心、信心是保证。"邢其毅领导下进行的人工结晶牛胰岛素合成虽与诺贝尔奖荣誉擦肩而过，但先生的治学精神和辉煌成果将永久地载入化学史册。

二十世纪七十年代后期，邢其毅作为学术领导人，重新恢复了多肽研究组，因为原来参与胰岛素合成的陆德培、施浦涛两位老师此时已经离开北大，邢其毅组织了季爱雪、叶蕴华、李崇熙把停顿了十多年的多肽合成与构效关系的研究，这一研究成果获得 1988 年国家教委科技进步二等奖。在科研中，邢先生除了与学生们讨论合成线路及合成策略外，还帮助学生们翻译一些早年发表的德语文献，他不厌其烦地为学生们口述翻译短的实验部分或笔译长一点的文章。1981 年多肽组的一篇文章希望能在著名的学术杂志《Tetrahedron Letters》上发表，经过邢其毅的精心修改后才定稿，最终，多肽组在国外发表了第一篇论文。

邢其毅总是教导学生们，我们在研究工作中要积极开动脑筋，仪器设备方面，我们虽然不比别人好，但是研究主要靠脑子、靠手艺。有机合成是一门艺术，能在实验简陋的条件下做出高水平的工作，才是真本事。事实上邢其毅从前在解放区土法研究药物、在云南研究金鸡纳树中提取搞定疟疾的药物，都是证明了先生这样的想法。他希望学生们不要强调实验条件有优劣，而是要发挥学生的主观能动性，动脑筋想办法做出来有意思的结果。在这些学术研究上，邢先生始终是这些学术研究的中坚力量，他说："搞研究要甘于坐冷板凳，安于过清贫生活。脑子里只想着赚钱发财的人，在学术上是不可能有成就的。"曾经有学生向他提出怎样才能出名的问题，邢先生听后认真地说："出名与不出名不要急，先端正学习态度，概念一定要清楚，切记不要死记硬背，死读书、讲死书，最后是读书死。在概念清楚的基础上，要有新的想法，新的想法要通过实验去验证。"

邢其毅对天然产物的研究一直情有独钟，并具有独特的见解。他认为我国幅员辽阔，天然资源十分丰富，尤其是中草药的使用已经有几千年的历史，所以应重视天然产物的研究与开发。但在以往的中草药研究中，主要偏重较易研究的脂溶性成分。而中草药在临床上的应用以煎法为主，所以邢其毅主张大力开展中草药水溶性成分的研究。尽管水溶性成分研究难度较大，但不能回避困难而不敢去碰它。他还指出在中药研究中，应重视动物暗暗需求和矿物药的研究。1986—1995年期间，邢其毅先后主持国家自然科学基金重大项目"我国独特的及丰产的天然产物研究"与八五重点项目"我国边远地区和海洋独特天然产物研究"两大课题研究。在兰州大学、复旦大学、中山大学、云南大学、中科院上海有机所、大连化物所等兄弟单位的共同努力下，该项目取得了一系列重要成果。对于发掘我国天然药物宝库，开发先导药物以及推动中药现代化起了很大的作用。所承担的子课题"参类水溶性化学成分的研究"，在邢其毅领导下，从名贵人参、三七等水溶性成分中首次分享、鉴定与合成了若干有生物洗发的非蛋白氨基酸与寡肽化合物。该项目研究成果获得1995年国家教委科技进步一等奖。

邢其毅还指导另一具有特色的课题，即首次进行了花果头香的研究，取得了开创性的研究成果。对于动物方面的研究，他准备研究臭大姐和荔枝虫的化学成分，并已收集了足够的样品。后来由于种种原因，未能按预定计划进行，但是这件事反映了邢其毅一关注着动物药物这一薄弱环节的研究。邢其毅的研究领域非常宽广，涉及有机化学各个领域，除了在多肽研究与天然产物化学研究领域外，早期他设计的氯霉素合成新方法培育和处理外用于工业规模的生产，该项目成果获得1978年全国科技大会奖。他还在立体化学、有机反应机理等方面获得了多方面开创性的研究成果。邢其毅在学术方面高瞻远瞩、目光敏锐，令人敬佩。

邢其毅始终认为，在条件好的地方做出成绩，应该肯定，但在条件极端困难的情况下，出色地完成任务，才显出真本事。邢其毅是这样说也是这样做的，先生的得意之作是战时在昆明对云南河口地区金鸡纳树中奎宁含量的研究，以及氯霉素的合成新法，这些都是在极其艰难的条件下完成的研究。

1985年叶蕴华到法国科研中心天然产物研究所做访问学者期间，邢其毅在百忙中给叶蕴华写信，鼓励她多学一些国外科研方面的先进知识和研究方法。1986年叶蕴华参加了子课题"参类水溶性化学成分的研究"，并协助邢其毅指导博士生的研究工作。邢其毅对研究生培养中对查阅文献的要求非常严格。1989年博士生杨柳从人参水提取液中首次分离纯化了一个新的寡肽即谷胱甘肽的异构体，它具有比谷胱肽强的促睡眠活性。在发表这一结果前，邢其毅指出，发现这个寡肽是不是一个新的生物活性肽，下结论要慎重。因为谷胱甘肽是1929年发现的生物活性肽，此后为何没有人研究它的异构体？他要求一定要仔细认真地查阅文献。博士生查后他还不放心，还要叶蕴华亲自再查一遍，看是否有遗漏。经过认真仔细查阅，的确没有人报道过结构与研究相同的谷胱甘肽异构体内联才同意发表。在指导研究生的过程中，邢其毅总是把要送出去发表的论文，都是要仔细修改，严格审查，特别是英文发表的论文，连一个错别字都不能容忍。在邢其毅的影响下，叶蕴华对自己的学生也一直按这样的严谨要求着他们。

1999年北京市兴大科学系统公司总经理，北京大学兼职教授杨旭清主持研究的抗癌新药——双环铂，按照中国药监局《药品注册管理办法》的规定，须由中国药品生物制品鉴定所制定药品质量标准，制定药品质量标准的前提是结构确证。中国药品生物制品鉴定所的专家建议，双环铂需要经过结构化学和有机化学的权威人士对其化学结构讨论确证，为此杨旭清和同事叩开了燕东园邢其毅家的房门，邢其毅略显缓慢地从窄小的楼梯上走下来迎接杨旭清和他的同事。虽已耄耋之年，邢其毅依然精神矍铄，获知来意后，邢其毅花了一个上午的时间，独自一人关在书房里认真审阅双环铂的结构模型、测试的X单晶数据，以及红外、紫外光谱等文件资料。经过缜密的思考，邢其毅才拿起笔用科学的语言诠释了双环铂无论是在固相还是液相中其结构均是唯一的化合物。写完鉴定报告后，邢其毅对此意犹未尽，再次提笔用赞美的语言称颂双环铂化合物研究："你花了这么多年潜心研究双环铂，坐冷板凳，令人感动。如果成功了，不要忘记北大的培养，要回报化学院。"邢其毅心系母校，时刻惦记着他为之工作的北大化学院的发展。

双环铂的发现在北京大学与分子工程分子研究院众多名师指导，多届校、院领导的关怀下即将成功，有位国家领导人曾说："双环铂是造福人类，慈悲众生的大事。"当它惠及广大肿瘤患者，人们都应该牢记邢其毅这位长者严谨的科学评语。

一身肝胆　赤子之心

1957年上半年，知识分子最关注的热点问题就是党对高校对科研单位的领导问题，邢其毅认为制定科学发展的大政方针和对科学工作的实际领导应该分别对待。由党和国家根据经济建设的需要，来确定科学发展方向和方法途径，具体要由科研人员去做。不管执行具体任务的人是不是党员，只要他遵守既定的方针，在党的领导下工作，根本不存在党能不能领导科学的问题。邢先生写的这篇《划清范围加强领导》的文章发表在1957年4月25日的《人民日报》。但邢其毅的这篇文章为他招来了大祸，幸亏5月16日毛泽东起草关于对待党外人士批评的指示中提到："党外人士对我们的批评，不管如何尖锐，基本上是诚恳的、正确的。"邢其毅幸免于难。

在二十世纪动荡的年代，邢其毅遭遇不公平的对待，被戴上资产阶级知识分子的帽子，这使他很不愉快，当他把自己的苦闷告诉父亲时，邢端语重心长地告诉他："我最讨厌那些夸夸其谈、不务实际的人，你必须学会摒除一切干扰，投身于学问当中，在那个天地里，你才是完全自由的。"邢其毅牢记着父亲的教诲，一心投入到他所热爱的事业中去。移居澳大利亚的宋永安，是邢其毅1954年的学生，在那动荡的环境中，丝毫没有影响邢先生对宋永安的指导。师生两人沉浸在有机化学的实验里，在那些美丽的有机分子里遨游，当邢其毅见到宋永安首次过滤出一批纯净的吲哚丁酸时，非常激动。

1959年父亲邢端病逝，处理了父亲的葬事后，邢其毅遵照父亲的遗愿，把他几十年精心收藏的经史子集大量图书全部无偿送给了贵州省图书馆。这些图书很多版本精古，非常珍贵，邢端收藏的中国古代科技史的图书、文献、资料，诸如战国时期出现手工业专著的《考工记》，两汉时期的《九章算术》等等，这些资料都是对中国科技史弥足珍贵的资料，邢其毅将这些全部无偿献给国家，为贵州图书馆事业做出了巨大的贡献。在那中国特殊的历史时期，虽然邢其毅和他的父亲都遭受了不公平的待遇，但当国家利益和个人的私利放在一起的时候，父子俩总是以一颗赤子之心，做出了最正确的选择。

在亲友和同事、学生的心里，邢其毅是一个一辈子都在做好事的人。在自己顺利的情况下做好事，有名有利可图的情况下做好事，在需要牺牲自己的利益、甚至在有受牵连危险的时候，仍然在做好事。邢其毅就是这样一个人伟大的人。

钱存柔的母亲许篆诗是一个极有教养、性格坚毅的大家闺秀。钱氏在江南几朝富贵，子女都在民国政府的各个重要的机构和部门工作，这样的家庭背景在历次运动中，陷入了前所未有的灾难中，除了已经去美国芝加哥大学的三哥钱存训，四兄弟均受到各种冲击，每次都是邢其毅伸出了援手，让钱家几兄弟度过了一次又一次的危机。

钱母一直跟随四子存诰生活在贵阳，钱存诰1930年毕业于泰州时敏中学，同年参加银行工作，历任中国银行贵州省支行主任、襄理、经理等职，负担着妻子、两个子女，以及从沦陷区家乡逃难来贵阳投靠他的母亲、大姐及大姐三个未成年的子女八口人的生活，这让钱存诰一家一下陷入十分困难的境地。更加雪上加霜的是年近古稀的母亲患上了癌症。在那个自身难保的年代，对于这样的家庭，所有的人都是避之唯恐不及，邢其毅却不顾压力，坚持从每个月不多的薪金中取出一部分，以孝敬母亲的名义，按时为他们汇款。直到1956年夏天，邢其毅将钱母接到北京，住进了燕东园34号，虽然已经将母亲接到了北京，邢其毅还是以补助孩子学费的名义，每个月都会按时给他们汇款。

1957年，钱存学被补划为"严重左倾"，发配到山西娘子关外。当时正值国家三年困难时期，人们只能靠些许定量粮票维持生活。一天劳动结束后，钱存学发现放在棉袄口袋里的当月工资和粮票竟然全都不翼而飞，全被偷走了，而一家四口此时正面临营养不良而浮肿，身心憔悴不堪的困境，如今粮票和钞票全部被偷空，在这人生地不熟悉的地方，想来想去只能向邢其毅求救。那时邢基毅一家在北京的粮食定量也十分紧张，每餐用粮要用天平秤，不敢稍有浪费，尽管如此，钱存学一家还是很快接到了邢其毅的来信和随信寄来的若干全国粮票和一百元汇款，帮助渡过了其难关，从此后，钱存学经常得到邢其毅这样的接济，度过了最困难的时期。

邢端一家都离开了西四砖塔胡同，有一位家里长期的帮工，人们都叫他"老仁"，老仁在旗，一辈子单身，年轻时候在戏班子混过，专扮丑角，个子矮小，又黑又瘦，冬天时戴一顶发黑的蓝色棉帽，两手总是揣在棉袄的袖子里。戏班子解散后，邢端看他可怜就一直留在了家里，一呆就是大半辈子。老仁除了砖塔胡同无别处可去，当时北大教授们住牛棚，仅发放生活费，但就是这样的困难的情况下，邢其毅还是义不容辞地对老仁负责到底。凡领到生活费，总是第一时间去送给老仁："只要有我一口吃的就少不了你的。"邢祖涛是邢其毅的侄子，从小就一直跟随着父亲和邢其毅每个月都要给老仁送生活费，每个月 26 元。26 元钱现在看来是一个小数字，而那时候生活费低于 8 元就可以享受困难补贴，一个大学生的月薪是 56 元，26 元相当于三口人的最低生活费，起码能让一个单身过上比温饱要强的生活，一直到老仁去世，每月 26 元一直由邢其毅承担，即便邢其毅遭受不公平待遇，被隔离审查时，自己每月只能领 15 元生活费的境况下，也从来没有间断过。老仁的赡养问题是邢家上辈留下的，按道理应该是邢家的每个人都有责任，可是邢其毅多年来一个人默默无闻地一直承担着这一份家族的责任。

邢其毅家有一个阿姨一直帮忙做家务，年纪比邢其毅夫妇略大，她中等身材，圆圆的脸，头发灰白，总是穿着中式的衣服，大家都叫她文敏，文敏姓武，是河北截止清人，新婚不久丈夫就被国民党抓了壮丁，听说后来去了台湾。之后她从老家出来就一直住在邢其毅家，从来没有离开过，1968 年后，家里不许用阿姨了，特别是那些成分不好的人都被轰回了老家了，文敏也难以幸免。可是后来，文敏不请自来，再次回到了邢家，把这里当成了终生依托的地方。

对待自己的学生，邢其毅就更不用说了，学术上邢其毅是严师，严格要求到每一个字都不允许写错，在生活中，却像一位慈父。

曾经在波恩大学完成博士后学习的张国林，1993 年完成博士后的学习后，准备回国就业，当时他第一考虑的就是国内的著名学府北京大学，因为这里有他素未谋面却一直敬仰的邢先生。在没有任何人引荐的情况下，他大胆于给邢其毅写了一封信，表达了想回北大工作的愿望。邢其毅很快进行了回复，建议回北大做博士后，一方面了解北大，另一方面也让北大了解他，然后再确定是否愿意留在北京大学工作。1994 年 12 月下旬，张国林从波恩大学回到了北京大学从事博士后研究，师从邢先生，就这样师生二人开始了频密的往来，成为无话不谈的朋友，他们的谈话涉及科研、社会、宗教、时速，每次两人都畅所欲言，在这样的交流中，张国林得到了非常大的启发，有了人生最珍贵的收获。

邱明华是邢其毅纳西族学生，出生于云南丽江，他出生的年代，在中国这个版图上，丽江还是不闻一名的地方，交通闭塞、生活困难，无数的丽江学子为了改变自身的生活环境，选择靠读书走出来，邱明华就是这些学子中的一个，从初中开始，他就离开家到曲靖求学，靠勤奋和努力成为北大骄子。1993年北大毕业十年后，在北大化学系主任孙亦樑先生的帮助下，回到母校申请了在职博士学位的研读，并有幸师从邢其毅门下，1996年春节前的2月2日，邱明华被敲门声惊起，头一天晚上，从同学那里知道了自己老家丽江发生了地震，寄住在动物园招待所的邱明华想着还在震区的母亲，几乎一夜不能入眠，打开门，服务员说前台有他的电话，他的心呼呼直跳，想着会不会是丽江来的电话？会不会有什么不好的消息？颤抖着手拿起电话，电话那头传来的却是邢其毅的声音："丽江地震你知道了吗？""我刚刚从电视新闻里看到了，你的家乡地震了，就想着你母亲会不会有事？""家里没事就好，你是独子，无论如何都要先回去处理一下家事，其他的事先放一放。如果钱有困难，先到我这里拿一点。"这些话语对邱明华来说无异于更大的地震，在他心里引起的震动真是无法想像的，他没有想到一个学术大师，对他这样一个普通的学生竟会如此地关怀。

1996年7月，邱明华终于拿到了北京大学理学博士学位，邢其毅先生还是一如既往地教导："学位证以后会有点用处，但功夫不要花在学术上，不要花在证书上。""你们现在工作条件好，只要国家有经费投入，发表一些高水平的论文肯定不是难事，但我们国家还很穷，要搞一些有点应用价值的课题，做一些对社会更有用的事，不能光顾着发表文章，把人民的血汗钱都花光了。""要先给父母报个喜，让他们也高兴高兴。不能忘了父母。"邢其毅还破例穿上导师学位服与邱明华合影。

邢其毅在讨论学术问题时非常严肃和严格，但在和学生聊天时，他的幽默给学生们留下了极为深刻的印象，有一次在祝贺一位学生毕业的聚餐上，聊起伟人气质，邢其毅说，伟人往往"惧内"，并举了林肯的例子。他说林肯是一位受到全世界人民尊敬的总统，他在世界上只怕一个人，就是他的老婆。不能想像的是，这位总统白天全神贯注地工作，回到家里，却受尽他老婆的辱骂。在座的一位学生马上问邢其毅："您是否也惧内？"邢其毅立即答道："因为我不是伟人，所以不惧内。"他的回答引得大家哈哈大笑。

对自己的小家，对自己的家人，邢其毅有着更深的情感，邢家有一支家庭自行车队，工作之余经常带领一家人骑车出行，颐和园和圆明园是家人常去的地方。家里有一个孩子们生活的书房，命名为"蓓蕾小室"，孩子们从小就在父母的影响下，学习和生活都非常自律，两个孩子长大后以及孙子孙女们全部成为优秀的人才。但是邢其毅对孩子们也有严厉的一面，邢家是一个大家庭，对邢家的孩子都是以大家庭的习惯来管理，管教从来不分彼此，因此孩子们从小都很害怕这个个子高大、表情威严、眉头经常紧锁的邢其毅，家里的孩子没有一个没被他打过，邢其毅小名是"大狮子"，孩子们都非常害怕这个"大狮子"，自觉地在生活和学习中严格要求自己。虽然家里有保姆文敏做饭做家务，可每天中午回家吃饭前，邢祖建都要抓紧时间帮助文敏拖地。

　　夫人钱存柔是邢其毅终生的爱人，六十年代钱存柔在干校学习期间，寄来的每一封信都会让邢其毅手舞足蹈，无论邢其毅在人生的每个阶段做出什么样的决定，钱存柔总是最坚定的支持者和最可靠的后勤保障，哪怕是在新四军抗日队伍转战南北时，用一根扁担装着自己年幼的儿子，跟随部队迁移，他们也不离不弃，夫妻同心。

　　《物性论》是邢其毅向往已久的一部名著，拿到英文版后，邢其毅爱不释手，《物性论》是古罗马诗人和哲学家卢克莱修的作品，其生活时期大约在公元前99年到公元前55年，相当于中国的汉朝时期。他不仅是一位诗人，更是一位哲学家。在《物性论》这部伟大的作品中，卢克莱修假借缪斯之名，以诗歌的形式探讨了世界的起源。两千多年前的这位古罗马诗人，似乎已经洞察了自然的运行规律。他的伟大智慧，让他摆脱了当时桎梏人们的迷信，也让他摆脱了恐惧和贪婪，甚至摆脱了人性的束缚。邢其毅在他87岁高龄的时候开始着手翻译工作，整整历时四年，文稿终于完成。邢其毅去世后，九十有三的钱存柔很快就开始着手整理这部书稿，替邢其毅完成生前未尽的事业。邢其毅生前翻译的《物性论》非常深奥，很多词句很生僻，钱存柔却精神矍铄地不倦工作着，一年后，《物性论》终于出版问世，成为邢其毅从一个化学家的角度奉献给读者的最后一部译著。

　　读邢其毅的一生，就是读一部中国近代史，就是读一位有着家国情怀、有着一颗赤子之心的爱国者、科学家的光明磊落的一生，就是读一部中国有机化学的发展史，就是读一部中国最温情的家庭史和家族史。

　　用《物性论》中的几句话来结束本文吧。

　　"没有怪物从我们的无知的阴暗角落向我们发动攻击，而现在整个宇宙为自然规律的知识所照耀。想象没有权力、金钱、爱情甚至生命本身的野心。你应放弃所有的这些东西，一滴眼泪也不掉。你应当享受生命已经给了你的，而不应先追求这以外的东西。你应保持安详、满足和智慧。"

　　在《物性论》的末尾，卢克莱修说，你也应有像这样的一个生命。

　　感恩这个世界有邢其毅这样伟大的人如明灯一样，让我们穿越人生的迷茫。

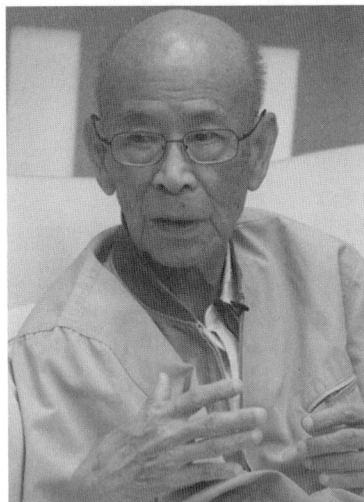

用百年人生编织出金色画卷

——记中国科学院院士庄巧生

◆ 何中虎

庄巧生 （1916.8.5—）福建闽侯人。小麦遗传育种学家。

1939年毕业于成都金陵大学农艺系，后于中央农业实验所贵州工作站，从事小麦育种实验。1945—1946年在美国堪萨斯州立学院等处学习小麦品质测试技术。1991年当选为中国科学院学部委员（院士）。曾任国际玉米小麦改良中心理事，中国作物学会第四届理事长，《作物学报》主编，全国政协第七届委员。现为中国农业科学院作物科学研究所研究员。

庄巧生毕生从事小麦育种与遗传研究，主持育成10多个冬小麦优良品种；他积极探索改进育种方法，是国内较早倡导使用三交和复合杂交的少数育种学家之一，在推动数量遗传学和计算机在中国作物育种中的应用研究及倡导改良小麦加工品质等方面作出了贡献；他主持"六五"和"七五"全国小麦育种攻关，参加主编《中国小麦学》、《中国农业百科全书·农作物卷》和《中国小麦品种改良及系谱分析》等专著，为发展中国小麦生产与育种事业和繁荣作物科学作出重要贡献。曾获全国科学大会奖（1978年）、农牧渔业部技术改进一等奖（1983年、1984年、1985年）、北京市技术改进一等奖（1984年）和国家科学技术进步二等奖（1987年），1995年获何梁何利基金科技进步奖。1990年被授予全国农业劳动模范荣誉称号，2009年被授予新中国成立60周年"三农"模范人物荣誉称号。

引　子

　　1939 年 3 月，正值中国人民顽强抵抗日本帝国主义侵略的艰难时刻，位于贵阳西郊的中央农业实验所贵州工作站来了一位气宇轩昂的年轻人。他就是以优异成绩毕业于成都金陵大学农艺系，决心以身许国，将自己的一生献给农业科研事业的庄巧生。庄巧生因学业成绩优秀，半年前就由学校推荐给了中央农业实验所副所长、小麦界权威沈宗瀚先生。刚毕业，便来到中央农业实验所贵州站，他被分配到农业实验所贵州站技正、贵州省农业改进所农艺系主任沈骊英先生麾下，做小麦品种区域试验的工作。

　　是时，地处内陆的贵州山区极端贫困落后，农村与农业经济十分凋敝。零星散碎的田地和坡土，除了种植一些产量很低的稻谷、玉米及番薯类作物，当地人还将有限的土地的相当一部分用来种植罂粟。贵州从十九世纪初开始种植罂粟，十九世纪六十年代后，由于吸食鸦片者增多，制售鸦片可获暴利；而民国早期，贵州当政军阀无不从烟土的交易中大发横财，故贵州罂粟种植面积不断扩大。

　　二十世纪三十年代中后期，当时的国民政府有意于遏制罂粟的种植，与中央农业实验所沈宗瀚、沈骊英先生等达成共识，希望农业实验所推广小麦种植，以替换广植于田土的罂粟。

　　庄巧生的到来，正好在沈骊英的主持下接手开展了小麦品种的区域种植实验。其时，与他一起从事同一研究工作的，有中央农业实验所贵州工作站与贵州省农业改进所两班人马。他们披霜荷锄，劳作于田间，为进一步开启贵州小麦种植挥洒汗水。

　　庄巧生于其中奋发工作，深受沈骊英等先生的器重。正是在贵州这一年多的实验研究中，庄巧生在小麦品种研究中心有所得。他在沈先生的授意下，综合两班科研人员在这两年小麦种植中田间试验的结果、自己在试验中的心得与过去同事下乡调研所取得的资料，整理成《贵州之小麦》一文，经沈骊英审核，在中央农业实验所的专刊第 24 号发表。

　　这是贵州历史上第一篇关于小麦的文献。这篇文献，对贵州的小麦生长、生产概况，生态环境、地方品种类型、地方试验品种以及种植技术等，均做了系统的阐述。文中认为：地方品种"遵义 316"的植株不高，茎秆较壮、籽粒饱满、丰产性好。

可在生产上做过度利用。这一判断的正确性，被后来的实践所完全证实。同时，这篇文献也为以后贵州的农业生产特别是小麦的种植起到了重要的促进推动作用。

少年正是奋发时

庄巧生 1916 年 8 月 5 日（农历七月七日）出生在福建省闽侯县旗山南麓五都村一个贫寒的农民家庭。他 4 岁时随父母到南洋苏门答腊群岛（今印度尼西亚岛屿）谋生。父亲曾读过中等师范学校，在岛上找了份教小学的工作。庄巧生遂就读于当地华侨创办的民德初级小学。1924 年夏初，庄巧生初小毕业。因母亲不懂当地语言，不习惯在那里的生活，于是全家于 1925 年回到福州城内定居。

回福州后，庄巧生一家五口人全靠父亲教书的微薄收入过活，家境十分贫寒。1927 年，母亲又不幸染疫去世了。这使得这个家庭雪上加霜，更为困苦。庄巧生少小即受贫困磨难，在他小小的心灵中就已懂得了许多世事。他明白，自己的家庭贫穷，要想改变家庭环境，立足存身，只有靠自己的刻苦努力，有所作为。因此，他于学习上勤奋刻苦，连续几个学期，他均以优异的成绩争取到学校为自己豁免学费，也给家里减轻了一些负担。

1928 年 1 月，庄巧生考入福州私立三民中学。他勤奋求知，学习努力，成绩优异；上高二时曾在福州市中学生生物学知识竞赛中获奖。

1933 年夏，庄巧生转入私立三山中学就读，并于 1934 年 1 月高中毕业。当年夏天，他听闻福建省教育厅第三届清寒学生大学奖学金中，理、工、农、医各有 1~2 个名额。这燃起了他的希望。他在高中时，对生物学有着浓厚的兴趣，而学农，也正是他的志趣所在。于是他果断报考农科，结果以第二名的好成绩被录取。获得了福建省教育厅第三届清寒学生大学奖学金。

1935 年 1 月，庄巧生进入南京私立金陵大学农学院就读，主修农艺，辅系植物。

金陵大学的学习氛围与人文气息浓厚，庄巧生就学于此，知识大增，视野日渐开阔，他为自己选择了农学感到欣慰，在心里立下了要在农学领域不断进取，于农业科研上有大作为的志向。然而，1937 年初夏，当他在齐鲁大学合作农场暑期实习即将结束之际，日本悍然发动了"七七事变"，点燃了全面侵华战争的战火。庄巧生作为青年学生，亲睹了中华儿女在民族危亡的紧要关头，奋起呼号，浴血抗战，救亡图存的英勇壮烈。淞沪会战，中国军队与日军浴血搏战后失利。当年 11 月下旬，日军进逼南京，金陵危在旦夕。学校研究决定西迁成都。那里有著名的华西大学。庄巧生跟随学校紧急转移。一路上，师生们冒着随时可能遭遇敌机轰炸的危险，跋山涉水，艰难西行。他们先搭轮船到汉口，然后分段以徒步、乘车、乘船的方式，经沙市、宜昌、万县、重庆，终于于 1938 年春节后由重庆乘汽车抵达成都。在华西坝由教会办的华西大学内驻扎下来。

这段时间，虽然过着颠沛流离的生活，但庄巧生始终不忘抓紧时间完成老师预先布置的自修课程。每于行旅间隙便见缝插针，抓紧时间学习。相对于前线，作为大后方的成都要安全平和得多，可以较为安心地从事学业。而 1938 年是庄巧生在大学学习的最后一年。这一年，他要修的课程不多，主要的任务是准备毕业论文。然而当时兵荒马乱，时局动荡，没有条件做完备的论文与实验。因此，他除修完了必修的课程外，还以"小麦与黑麦属间杂种一代的细胞遗传学研究"为选题进行资料辑录。他搜阅了当时所能找到的国外文献，摘其要点，分析整理，撰写出综述性研究文章，以代替毕业论文。这个过程同时也丰富了自己的学识。这年夏天，他还参加了系里在川西平原开展的水稻单穗选种活动。

1939 年 2 月，庄巧生从成都金陵大学农艺系毕业。他获得学士学位，被选为斐陶斐荣誉学会会员（斐陶斐荣誉学会：民国时期最重要的学术团体，又称斐陶斐励学会；以"选拔贤能，奖励学术研究，崇德敬业，共相劝勉，俾有助于社会进步"为宗旨）并被授予金钥匙奖。

1939 年 3 月，经金陵大学农艺系主任推荐，庄巧生到贵州中央农业实验所贵州站从事小麦育种试验。他在此期间，在沈骊英先生的指导下，总结团队实验的结果，写出了《贵州之小麦》一文。

1940 年 8 月，困于贵州科学研究的局限性，庄巧生联系到刚从英国留学回来的靳自重教授，愿给他当助教。恰值后方高校开始招收研究生，庄巧生便以回学校继续深造的理由请求辞职，回到成都金陵大学农艺系。他在给靳先生做助教的两年半时间内，协助靳先生完成了两篇小麦种间细胞遗传学的研究报告：一是《蓝麦杂种后代的细胞学研究》，发表在《印度农业科学》（1943 年）；二是《马卡小麦杂种后代的细胞遗传学研究》，刊登在美国《陶莱植物学会会志》（1944 年）。前者指出四川盆地边缘山区种植的"蓝麦"，属埃及圆锥小麦，它与普通小麦杂交后，F1 细胞学行为是典型的五倍体类型；后者对马卡小麦的系统发生学地位进行了探讨，它与斯卑尔脱小麦、普通小麦杂交，F1都有不同程度的不育，染色体配对也和一般六倍体杂种有所不同，同源性较小，因而对定名者关于马卡小麦起源进化问题提出了质疑。

1942年冬，抗战进入最艰难的时期，庄巧生不甘于只在校园里做些"不痛不痒"的研究，他觉得这样很难有什么作为。他希望做点实事，便辞去助教工作，应戴松恩先生之邀到位于恩施的湖北省农业改进所任技师兼鄂北农场场长。但该场处在群山峻岭之中，交通闭塞，信息难获，研究工作难以展开。且农场经费入不敷出，员工生活困难。加之他看不惯衙门俗套，弄虚作假，亦不甘心把自己的宝贵年华消磨在这些繁杂无聊的事情上，半年后便辞职回到恩施。

1944年10月，经戴恩松先生推荐，庄巧生又回到中央农业实验所麦作杂粮系任技士，从事小麦品种改良。此时所址设在重庆北碚，以前派驻西南各省工作站的人员均已撤回。这一年，太平洋战场上美军对日本侵略者已占明显优势，国内抗日战争也渡过最艰难的时段，中美双方商讨通过美国租借法案为中国战后复兴培训中层科技骨干的计划已达成协议。国民政府决定由工矿、交通、农业主管部门从科研单位和高等院校中推荐合适人员，经考试遴选赴美进行现场实习；为期一年，期满回国服务。同时，还留出少数名额由考试院在社会上公开招考，择优录取。庄巧生因刚从外单位转回中央农业实验所，便参加考试院的招考，又幸被录取，他申报的实习科目是小麦品质检测。

1945年7月，庄巧生到美国后，先在堪萨斯州立农学院制粉工业系主任J. A. Shellenberger教授的指导下，学习硬质小麦品质鉴定技术。鉴于这项工作与谷物化学关系密切，4个月后他又去康乃尔大学补修了几门化学课。随后到位于俄亥俄州的联邦软质小麦实验室进修软质小麦品质测试技术。历时2个月。最后，他去北部春小麦和硬粒小麦主产区参观了两个品质实验室；了解美国北部和西部一些州农业试验站的麦类作物育种工作。他从农艺学家角度了解美国小麦品质分析工作布局，学习实验技术。这期间，他对品质检验与研究在品种改良中的重要性有了很深的认识，这促使他有意识地收集有关文献资料，并思虑回国后要创造条件，立即着手开展中国在这一空白领域的研究。

1946年8月，庄巧生返国，回到了已从重庆迁返南京的中央农业实验所，开始了他与小麦打交道的一生。

光明的开端

抗日战争胜利后，中央农业实验所接管了日伪时期在北平创建的华北农事试验场，并改名为中央农业实验所北平农事试验场，这是国内当时田间试验规模最大、实验室条件最好而又亟待充实人力资源的农业科研单位。这对留学初归、想在接近小麦主产区的广阔大地上驰骋的庄巧生很有吸引力。于是他主动提出北上，为发展北方小麦生产和科研效绵薄之力。

1946年10月，他被派至北平农事试验场任技正兼麦作研究室主任，主持小麦育种课题。中华人民共和国成立后，这个场更名为华北农业科学研究所，1957年又扩建为中国农业科学院，庄巧生就在该院作物育种栽培研究所（2003年更名为作物科学研究所）继续进行小麦育种研究。"文化大革命"中后期，他一度随所下放到北京市农业科学研究所（后扩建为农林科学院），1978年夏又被召回到中国农业科学院，前前后后在北京地区从事小麦育种研究六十多年。

从二十世纪五十年代初至九十年代中期，庄巧生作为小麦育种的主持人，先后主持育成"华北号""北京号"和"丰抗号"系列等优良小麦品种十多个，在华北地区大面积推广应用，为发展中国小麦生产以及国家粮食增产做出了重要贡献。

1990年5月，庄巧生获得全国农业劳动模范的光荣称号；1991年11月被选为中国科学院生物学部委员（院士）；1996年荣获"何梁何利基金"科技进步奖，这既是对他个人热心敬业、真诚奉献的奖励和学术成就的肯定，也是授予他所在课题组齐心协力、共同奋斗的集体荣誉。此外，他还曾担任全国政协第七届委员、中国科协第四届全国委员。

二十个世纪前半叶，华北平原是雨养农业，冬春干旱，两年三作。1946年秋，庄巧生初到北平工作时，旱象严重，小麦单产很低。他考虑育种的目标，应当以作物抗寒、耐旱、丰产稳产为主。他时常守望在田间，置霜寒、风雨与骄阳于不顾，悉心观察、记录、侍弄麦苗，在短短两年内，在前人工作基础上，他明确出"燕大1885""北系3号"等三四个新品种，准备在周边地区试种推广。不料1950年春，由于各地雨水较多，南方菌源充足，从而爆发了前所未见的条锈病全国大流行，上述品种因感病严重而未能投入生产应用，就连新近开展的、旨在抗锈病的杂交后代也无一幸免。这对庄巧生的工作无疑是很大的挫折，几十年后，他在回顾小麦育种生涯中两大遗憾时，不无伤感："刚到北方不久就碰上了历史上罕见的 1950 年小麦条锈病大流行，造成此前以抗逆育种为主的品种材料几近全部报废。"数年的苦心研究可谓前功尽弃。

这段时间，北京农业大学蔡旭先生课题组也研究有几个中美品种间杂交组合产生的第三代材料，其表现抗锈、早熟、丰产，其中以"胜利麦·燕大 1817"最为突出。不幸当时遗传学上两个学派的争论在北京农业大学校园内正搞得非常激烈，学术问题往往被上纲上线。蔡先生怕政治运动会危及这批宝贵材料的安全，便主动提出将这一组合的入选株系分出一套给华北农业科学研究所，以防不测。这对庄巧生课题组是莫大的支持。不巧的是，1952 年初夏，庄巧生应邀参加中国科学院组织的西藏工作队农业科学组考察高原农业，随后华北农业科学研究所又决定从 1953 年起抽调绝大部分科技力量到河北、山西农村蹲点，开展粮棉增产运动，并为此要求尽可能精减所内实验研究，以便腾出人力支援重点工作。

1954 年春，当庄巧生从西藏考察回来，上述最好组合的选系只剩下一个有十来个品种参加的产量比较试验，其中最被看好的有"华北 672""华北 497"和"华北 187"三个新品种。这三个品种中，以"华北 187"综合表现较好，早熟、抗锈、穗大粒大、籽粒外观品质好，但成穗数稍少，从当时的大面积生产水平看，只能作为搭配品种种植。后来又从"华北 187"群体中系选出"北京 6 号"，其植株稍矮，茎秆较强，可在中等肥力以上水浇地推广。从二十世纪五十年代中后期至六十年代中期，这两个品种曾先后在京、津、冀东、晋中、晋东南、陕西渭北等地推广种植，年最大种植面积各约 70~80 万亩。

锈病的发生和流行，是病菌小种与寄主品种相生相克、互相适应、共同进化的结果。由于病菌小种变异快，所以品种的抗性会不断丧失。为了适应生产发展的需求和防止条锈菌新小种为害，二十世纪六十年代中后期，庄巧生先后育成了"北京8 号"和"北京 10 号"。前者是在石家庄配置的组合，"碧蚂 4 号"（黄淮）×早洋麦（北京），第三代以后在北京继续选育，表现早熟、抗锈病、丰产、籽粒外观品质好、白粒、适应性很广，在沧州、保定、临汾一线以南，以至苏北、皖北、关中均可种植，遍布于北方冬麦区。是六十年代后期至七十年代中期华北平原的主栽品种之一，年最大种植面积在 2000 万亩上下。"北京 10 号"的丰产性比"北京 8 号"略胜一筹，曾在晋中、晋南、冀中和晋东南广为种植，年最大面积为 700

多万亩，唐山地区农科所从中系选出的"唐6898"在相当长的时期内是南疆的主栽品种。

"北京8号"和"北京10号"，1978年获全国科学大会奖。

二十世纪七十年代初，随着施肥水平不断提高，灌溉条件日益改善，生产上需要耐肥喜水、抗倒伏、抗锈病、增产潜力更大的新品种。庄巧生带领课题组从代号为"6354"的三交组合（三个亲本分别具高产潜力、大穗和早熟的特点并都抗条锈病，见后文）育成以后称为"北京14群体"（第六代群体）。那时正值"文革"时期，号召"开门育种"，有关单位从这个群体中分别协作系选出"12057"（冀麦1号）、"12040"（冀麦2号）、"红良4号"和"红良5号"等新品种，在河北中部、山西中南部和京郊广为种植，收到了良好的增产效果。其中"12057"于1983年获农业部技术改进奖一等奖。

1972年，庄巧生课题组以洛夫林10号为代表的具有1B/1R易位的"洛类"材料为抗病亲本，与抗寒、早熟、丰产性能好的"有芒红7号"和"有芒白4号"分别杂交。于二十世纪八十年代初育成了以"丰抗8号""丰抗2号"为代表的丰产、抗倒伏兼抗条锈、白粉病和落黄好的丰抗号系列品种，在北部冬麦区大面积应用长达十余年之久。其中"丰抗8号"年最大种植面积曾达600万亩（1988年），是当时北部冬麦区推广面积最大的品种，于1984年获农业部技术改进奖一等奖。"丰抗2号""丰抗4号""丰抗5号""丰抗7号"系列品种于1984年获北京市技术改进奖一等奖。"丰抗13"是"北京14"/"抗引655"（非1B/1R易位）的后代，年最大推广面积200多万亩，于1988年获农业部科技进步奖三等奖。

二十世纪八十年代后期，庄巧生还主持育成了"北京837"和"北京841"，其产量潜力和千粒重又有所提高，比同期对照品种"丰抗8号"稳定增产。前者在河北省中部推广，年最大种植面积300多万亩，1992年获农业部科技进步奖三等奖，后者丰产稳产，适应性好，二十世纪八十年代后期至新世纪最初几年是山西晋中地区的主栽品种之一。

科学探索无止境

庄巧生不仅主持育成了十多个能在生产上站住脚跟的优良品种，还在育种技术、流程和方法上提出一些独具特点的做法。他是国内较早倡导使用三交和复合杂交的少数育种家之一，善于在亲本选配上因材"施教"和后代处理中因地制宜。"北京10号"是用三个亲本以双交方式育成的，其中的产量亲本为两个单交所共有，这样既保证产量亲本的血缘比重，又能扩大复交一代性状分离的范围与频率，有利于优异单株的选择。那时正逢"农业大跃进"年代，绝大部分科技人员都到农村蹲点去了，为了压缩试验规模，他就利用上述有希望的组合第一次在国内采用F2代派生系统法处理杂种材料，不仅简化了程序，而且提前积累了两年的初步测产资料，为后来决选出"北京10号"提供了依据。他还善于根据不同类型亲本材料的特点进行合理组配，以拓宽种质资源的利用面。"12057"（冀麦1号）的选育便是一例，它的组合为"亥恩·亥德"（西北欧）/"欧柔"（智利）//"北京8号"（华北），这是在亲本间性状互补的前提下采用冬/春//冬，兼具地理上远距离的三交模式，不但可以把高产、大穗、大粒、抗锈病、早熟和白粒比较顺当地结合于一体，更重要的是有可能通过定向选择将不同来源的各种有利基因聚合起来，以丰富杂种后代的遗传背景，从而提高其总体性状水平和遗传多样性。"丰抗8号"的育成和推广，其成功的关键是在国内最早启用了具1B/1R易位、穗子长、穗型好、兼抗三锈和白粉病、后期灌浆快、熟相好的"洛夫林10号"（罗马尼亚）做亲本，其后代丰产性、抗病性、熟相好的株系较多，主要问题是熟期偏晚，经连续几代在优中选早之后，也就获得一批可供生产上种植、后定名为"丰抗号"的新品种。后来北方冬麦区各育种单位广泛采用"洛类"抗源做亲本，相继育成了一大批在二十世纪八十年代中期至九十年代在生产中占据主导地位的优良品种。可以说，庄巧生凭他近六十年来实践经验的积累，在鉴评和选用杂交亲本上已逐渐进入"慧眼识珠"、"巧点鸳鸯谱"的独到境界。

众所周知，与产量有关的一些目标性状大多是由多基因控制的，在株、系的选择上不大好掌握。有感于此，1962年他与沈锦骅、王恒立合写了题为《自花授粉作物性状遗传力的估算和应用》的综述，在《作物学报》（1963年第2期）发表，第一次把遗传力的概念及其在育种上的意义介绍给国内读者；并在《冬小麦性状遗传力的初步研究》（作物学报，1962年第2期）一文中，对与产量有关的主要性状的广义遗传力进行了研究，初步明确了抽穗期的广义遗传力最高，达72%，穗长、株高较高（69%~66%），千粒重中等（57%），结实小穗数、单株粒重较低（39%~37%），单穗粒重、单穗粒数低（30%~28%），单株穗数最低，仅25%等，使这些性状大体上有了量化概念；随后又发表了一篇有关小麦亲本配合力分析的论文（作物学报，1963年第2期），推动了数量遗传学在我国作物育种中的应用研究。这三篇文章在当时及"文革"以后的一段时间内受到国内同行学者的广泛注意。

庄巧生还十分注重新技术在育种中的应用。二十世纪八十年代初，受到水稻"中花8号"在生产上大面积推广的启示，他在冬麦育种室抽出人力，在所内小麦组培小组指导下，协同开展花培育种，曾育成矮秆、多穗、高产的"CA8686"（1995年通过北京市审定）在生产上试种。由于群众不喜欢秃头小麦，又因籽粒小些，推广面积不大，但也说明只要看准杂交组合，花培出愈率不太低，就可以作为常规育种的辅助措施，来加快杂种后代的纯合进度，缩短育种年限。1981年他负责的冬麦育种室首先成立计算机应用小组，后来所里以此为基础建立计算机农业应用研究室，由赵双宁研究员负责，双方协同开展了计算机在小麦育种中的应用研究，其中"冬小麦新品种选育专家系统"于1991年获农业部科技进步奖二等奖。

在国内，庄巧生最早注意小麦加工品质问题，首先在所内筹建旨在为育种服务的小麦品质实验室，当国家开始把粮食品质提到议事日程时，他立即利用参加北方大区区域试验的新品种，开展了历时三年的"我国小麦主要优良品种的面包烘烤品质研究"（1989年）。该总结报告对国内品种面包烘烤品质一些指标的内在联系及其量化标准做了较深入的探讨。这是我国小麦品质研究的一项奠基性工作，为后来小麦品质研究的深化、拓展创造了有利条件。还值得一提的是，二十世纪八十年代初，他在主持"六五"育种攻关时，带头为所内引进一些育种试验田间小区作业机械，包括穗行点播或稀条播器、小区点播机和小区联合收割机等，由于当时研究经费少，机器价格贵，维修麻烦，再加上试验地灌溉沟渠多，影响播种作业等原因，最后只留用了小区联合收割机。其实，如果采用先播种、后修水沟、再辅以相应的措施，其他作业机械也都可以发挥应有的作用。田间试验作业机械化，不但提高工效，更重要的是能显著提高作业质量，对育种材料的选优汰劣起着很大作用。

实践、经验与科研成就的总结

庄巧生在工作岗位上做了大量的文字编写、审阅工作。他知识面广，文字功底好，审阅稿件认真、细致，一丝不苟，即使文稿中有个逗号不当他也要把它改正过来。经他修改的稿件文字通顺、用词准确、层次清楚、言简意赅。人们无法估计在已发表的文章中凝结了他多少辛勤笔耕的汗水。与此同时，他还承担着上级布置的撰写任务，还要抽空翻译一些专业著作。由他主编（译）或参编（译）的专著有：《植物育种学》《中国小麦栽培学》《中国小麦品种及其系谱》《生统遗传学导论》《小麦育种理论与实践》《小麦育种理论与实践的进展》《基因库与世界食物》等，这对提高我国作物育种理论水平起到了积极作用。《中国小麦品种及其系谱》一书，系统总结了中华人民共和国成立后30多年来小麦品种改良的成就与经验，着重阐述育成品种的系谱渊源及其与种质资源利用的关系，其中由他主笔的《亲本选配的基本经验》一章实际上也包括了他本人的实践经验。此书问世后受到国内外同行的好评，并获国家优秀科技图书奖一等奖（1985年）和农牧渔业部技术改进奖一等奖（1985年）。二十世纪八十年代中期，他作为第一副主编协助金善宝院士主编《中国农业百科全书·农作物卷》，从设置框架、确定条目、落实撰稿人、审稿乃至部分条目的加工等做了大量工作。这是我国第一部长达200万字的大型工具书，荟萃了国内数以百计的专家学者的集体智慧与研究心得，它的出版是中国农业发展史上一个重要的里程碑（1991年）。此外，他协助金善宝院士组织国内知名专家撰写了一部融国内外小麦科研新进展于一体、代表国家学术水平的权威性专著——《中国小麦学》（1996年）。

二十一世纪初期，为了将新中国成立以来有关小麦育种实践、技术成就和生产发展的进程留下真实的历史足痕，继《中国小麦品种及其系谱》（1983年）之后，庄巧生又主持编写了百万字的专著《中国小麦品种改良及系谱分析》（2003年），系统总结了中华人民共和国成立后50多年来我国育种工作的主要成就与经验，也包括二十世纪前半叶开创小麦改良工作时的简略情况，成为涵盖整个世纪的一本小麦育种专著。像这样专门从选用亲本与配置组合的角度，分析总结一个国家在半个多世纪开展小麦育种工作的进程与经验的文本，在国外也尚未见有报道。这本专著虽然旨在回顾过去中国小麦育种工作的历程和成就，但仍可以史为鉴，从中找出一些可供参考的经验，对今后小麦育种实践的科学发展有一定意义。

此外，1954年由他参加定稿的《西藏农业考察报告》（1958年，科学出版社），系西藏工作队农业科学组成员从1952年夏秋至1954年春在前藏、后藏、农区、牧区沿途考察、访问的实录以及在拉萨农场进行一年农作物引种试验的汇总。但由于专业较多，行程匆促，语言不通，故纪录在多数情况下没有翻译，难免有不够翔实、准确甚至差错之处；与后来更有针对性的专题或小领域考察相比，可能显得有些粗糙、简单，但它毕竟是中国第一部关于西藏农、牧、土壤、植物资源调查开发和生产技术的历史性文献，有其特定的参考意义。

庄巧生曾是中国作物学会第四届理事长，一度参加过《中国科学》《科学通报》副主编工作。自二十世纪八十年代到 2003 年底，他一直担任《作物学报》主编，该学报质量和影响力在实践中不断提高，其学术价值得到了业界广大读者的充分肯定。

努力推动协作与国际交流

庄巧生在小麦育种上取得的成就，特别是他严谨的学风、公道的处事、乐于助人的高尚品德，博得了全国小麦育种界同仁的拥护和好评。从 1981 年（注：1983 年前受国家科委委托组织华北五省小麦协作育种，应是全国攻关的前奏）起，受农业部委托，在主持"六五"和"七五"国家重点科技攻关项目中的"小麦高产、稳产新品种选育及其理论与方法的研究"课题期间，他带领协作组成员大力加强大区级品种区域试验并密切其与省级品种区域试验的联系，做到因地制宜，"对口"种植新育成的优良品种，扩大应用范围，加快良种转化为生产力的步伐，"全国大区级小麦良种区域试验'六五'成果及其应用"于 1987 年获国家科学技术进步奖二等奖。同时，他还注意安排好有关支撑研究，提高技术水平，增强育种后劲，使优良品种不断推陈出新。此外，他还积极倡导材料、经验双交流，开展穿梭育种，并采用各种措施调动参加单位相互协作的积极性。在他的倡议下，1983 年 3 月协作组在陕西杨陵召开了盛况空前的"全国小麦育种协作攻关第一届学术经验交流会"，邀请学有专长的专家教授做专题发言，使与会者在沟通信息、更新知识上收到了实际效果。会后编印的论文集取名为《小麦育种理论与实践的进展》，1987 年由科学普及出版社发行。上述这些各具导向性的科技管理和学术交流措施，对提高全国小麦育种工作整体水平，加快新品种选育与推广速度以及育种人才的成长都产生了积极影响。为此，他本人获国家三委一部颁发的"'六五'国家科技攻关先进个人奖"（1986 年），和各民主党派工商联为四化服务先进个人奖（1985 年）。

庄巧生十分注意推动国际合作，促进小麦科技走向世界。改革开放后，他曾多次出国访问或参加有关学术活动，率领小麦育种考察组访问波兰（1979），农作物育种考察组访问原联邦德国（1981），应邀访问澳大利亚观摩有关小麦生物技术研究进展（1986）。1984—1987 年，在担任国际玉米小麦改良中心理事会理事期间，曾多次赴位于墨西哥城的国际玉米小麦改良中心总部参加相关会议，并学习观摩其主要试验站的小麦育种研究工作。此外，他还积极推动我国和国际玉米小麦改良中心及澳联邦科工组织（CSIRO）开展双边合作研究。"综合应用生物技术创造抗黄矮病普通小麦新种质"之所以取得突破性进展，当然是中澳双方课题组成员密切配合和共同努力的结果，而他作为中方协调人之一，也在力所能及的情况下起到一些敲"边鼓"的作用。在他看来，通过中澳连续两届的国际合作，前作物育种栽培研究所有关小麦生物技术研究的水平确实有了明显提高并取得了实质性的进展。

这个国际合作项目于 1995 年获国家发明奖二等奖。

科学道路上的一往无前者

庄巧生勤奋工作，深入实践。尽管工作繁忙，各种事务缠身，仍坚持现场作业，每到小麦生育的关键时期他总是起早贪黑，下到田间，见缝插针，尽可能详细调查了解育种材料的生长情况。1952 年，他第一次接待苏联专家。尽管当时彼此的学术观点不尽相同，但虚怀若谷的庄巧生记住了苏联专家强调的科研要密切联系生产实践，"要跌打滚爬在麦田中，学会同小麦对话"的肺腑之言。这一外国科学家的告诫，成为他以后从事科学实验的座右铭，也是他走上成功之路的指路标。8 小时工作制对于一个严谨的科学家，实际是不适用的。对全身心投入小麦科研与育种的庄巧生来说，时间也显得太不够用了。几十年与麦苗打交道，风里雨里，加班加点，没有节假日，早已习以为常了。

庄巧生"文革"中，遭遇过被关入"牛棚"的惨痛打击。然而，他痴心不改，那种对科学孜孜以求，对事业锲而不舍的精神，在遭受"文革"的磨难之后反而更加坚定了。问他为什么？他常常讷讷难言，不擅表达，可能是"老牛明知夕照短，不用扬鞭自奋蹄"吧！不过，他常常谈到这样一种感受，每当顺利完成一桩自认为较为艰巨的工作后，总会从内心油然涌现一股"如释重负"的轻松感，那短短的一瞬间才是作为奉献者的他的心灵上最美的享受。

凡是跟庄巧生一块工作过的人，都会从他身上受到一种无形的感染——身教。有一年早春，土温室的小麦加代材料在下班前没盖上草栅，晚十点他突然听到天气预报，当晚将有大风降温。他急坏了，立即从城内的家里骑自行车赶到十几里以外的板井村，叫起工人师傅，与他们一同忙活，把草栅放下盖好。检查确无疏漏后方才回家。到家时已是午夜时分。还有一次下班前，为配合各课题组抢时轮流灌溉试验田，临时决定当天夜间突击浇麦，他便自告奋勇秉灯干了一个通宵。这些小事都是发生在"文革"之后，那时他已年逾花甲。

　　庄巧生襟怀坦荡，坚持真理。1958年在河南孟县蹲点负责总结小麦高产经验时，与小组成员共同提出了"千斤小麦高产栽培技术"的报告。当时浮夸风盛，各地报纸已纷纷报道小麦亩产7200斤的高产纪录。这股迎合政治需要、违背事实良知与自然规律的风潮，无疑使大半辈子靠科学吃饭、秉性耿直的庄巧生压力重重。但是，麦收后回到中国农科院汇报工作时，庄巧生本着科学家的良知，实事求是地报告了实验收成情况，并明确指出当时我国小麦主产区的单产潜力只在千斤上下。他关心生产，重视把科学技术转化为生产力，从二十世纪六十年代初到九十年代初（"文革"期间中断），经常参加北京市小麦顾问团的活动，为发展京郊小麦生产建言献计。

　　他十分关注中青年科技人员的成长，时常提醒他们加强中外文修养，养成博览文献、敢于争鸣的习惯，深入搞好个人的本职工作。为此，他热心帮助年轻人修改文稿，积极为他们争取并联系出国进修深造的机会，希望他们在专业上尽快成长，勇挑重担。中国农科院内熟悉情况的同志说，不少攻读小麦遗传育种和种质资源的研究生，在撰写毕业论文时都希望得到庄先生富有启迪意义的指导。而庄巧生也乐于从内容到文字帮助他们准确表述，加以修改。庄巧生认为，与学生共同研究毕业论文，对自己也是一次学习提高。

　　庄巧生深深体会到，在科研的道路上，个人的生命短暂，精力与学识都是有限的。要想取得成果，必须合团队之力，博取同仁之长，汇聚每个人的聪明才智，依靠集体的智慧和力量，各项工作才能有长足的进步。

　　1996年，由于庄巧生在育种科研中的贡献，他荣获了由香港爱国实业家何善衡、梁銶琚、何添、利国伟先生等共同捐资成立的"何梁何利基金"所设立的"何梁何利奖"。

　　"何梁何利奖"的宗旨是奖励取得杰出成就的我国科技工作者，倡导崇尚科学、尊重知识、尊重人才的良好社会风尚，激励科技工作者在加速国家现代化建设的进程中不断攀登科学技术高峰。荣获此一奖项，也是科学家极大的荣誉。

庄巧生一生崇尚节俭，两袖清风，他的家庭经济并不宽裕，且资金于本己的科研也非常需要。但他获奖后，立即将所得奖金10万元港币捐献出来，支持冬小麦育种课题组的研究。他的这一举动感动了院、所两级领导。院、所领导立即分别匹配资金设立了"庄巧生基金"，用以奖励作物科学研究所在小麦育种相关领域做出重要贡献的青年科研人员。以此发端，为弘扬庄先生献身科学、热爱农业、服务农民的崇高精神。2005年，在全国16个单位的支持下，中国农业科学院作物科学研究所设立了"庄巧生小麦奖励基金"，面向国内基层，奖励在小麦育种相关领域做出杰出贡献的个人。此举在农科战线上传为佳话。

1995年以后，庄巧生近80岁高龄，他于科研，仍然身体力行，事必躬亲，每年在小麦成长的关键季节都要到试验田里做重点考察，查找好苗头材料和能在生产上利用的新品种。同时他把更多精力用于扶持课题组的发展。在他的指导下，农科院作物研究所目前已初步形成了一支以海外回国人员为主，研究常规育种、谷物化学、植物病理与分子生物学相结合，并注意与国内外加强合作的开放型小麦育种课题组。近年来，这个新班子在中国小麦品质研究方面取得了显著进展。

科研项目"中国小麦品种品质评价体系建立与分子改良技术研究"荣获2008年国家科学技术进步奖一等奖；育种工作的服务地区开始转向黄淮北片，作为第二完成单位，"优质面条小麦新品种'济麦19号'的选育和应用"获国家科学技术进步奖二等奖（2005年）；"优质高产小麦新品种'济麦20号'的选育和应用"获山东省科技进步奖一等奖（2008年）；"优质小麦品种培育和分子标记发掘与应用"获国际农业磋商组织亚太地区杰出农业科技奖（2007年）。一度不景气的新品种选育工作也逐步走出低谷，通过四省市审定的优质面包小麦品种"中优9507"仍是国内面包烘烤品质最好的少数几个品种之一，在北京、天津、河北、山西和新疆累计推广500多万亩；高产面条小麦新品种"北京0045"现已成为河北中北部的主栽品种，高产面条小麦"中麦175"于2008年通过国家审定，预计可在生产中发挥重要作用。

庄先生在耄耋之年，看到这一派大好的新气象，倍感欣慰，欣喜寄语："还要充实新生力量，更上一层楼，实现品种和理论研究双丰收。"

传主阅后随笔

我在抗战初期开始从事小麦改良研究，这项工作之所以能在生产上产生一些实际效益，是因为在中华人民共和国成立后，党和政府一直十分关心和重视作为国民经济基础的农业。简而言之，我一生只做了两件事：一是育成十来个优良小麦品种在生产上应用；二是编了几本与小麦或育种有关的专著，为国家科技事业留下一些历史纪录，仅此而已，微不足道。从个人来说，有此收获纯属两个偶然：一是北上接近小麦主产区，可在更广阔的天地开拓进取；二是专业上"从一而终"，一直搞小麦育种，而且没有动窝，便于经验与知识的积累。当然，科技视野也就狭窄一些。感到遗憾的事也有两桩：刚到北方不久就碰上了历史上罕见的1950年小麦条锈病大流行，造成此前以抗逆育种为主的品种材料几近全部报废；二是发表论文太少，只有40余篇，这与当时所处的历史条件有关。细想起来，也与育种专业性质不无关联，因为不经常下地和小麦打交道就难以育成能在生产上扎根的品种；再则一个优良品种在生产上使用几年之后就得更新换代，任务一个接一个，无暇顾及研究新出现的问题。

作物育种是一门应用科学，需要相关学科的配合参与，才能顺利和高质量地完成所承担的任务。例如，要解决品种的抗病虫性、品质改良、生长发育中的一些问题，必须分别与植物病理或昆虫学家、谷物化学家、植物生理学家等密切协作。然而我国从事科学实践的历史毕竟很短，习惯性的封闭式工作方法在诸多领域仍较流行，大家多不善于在同一共同体内分工协作，联合作战，发挥多学科、多技能协同攻关的优势。就以国内现有小麦育种研究的基本情况来说，每一行政"地区"设有一个基层育种"中心"，为其所面向的生态地区服务，而该中心一般只局限在当地开展育种试验，没有在下面选设几个有代表性的地点形成小网络，以鉴定所选育的材料在这些网点上的综合表现，从而与省级区域试验挂上钩，实际上是在中心所在地的单一条件下"关门育种"。相邻行政地区的基层育种中心也是各自为战，自行其是，彼此间的互动（如材料、信息交流等）很少或缺乏，这样做显然效率低。在同一生态区，如果能通过协商，订下协议，将自己认为最好或较好的杂交组合早期世代开展穿梭育种，则双方或各方都有可能育成适应性较广、综合性状更好的不同优良品种。这对提高育种材料的利用效率和育成品种的性状水平都是有利的。至于这当中涉及的知识产权归属、协作单位绩效等问题，只要出于公心，本着诚信办事的原则，完全可以做到双赢或多赢。

育种成败，关键在亲本。有计划地构建系列骨干亲本，特别是产量骨干亲本，是最根本的基本功。利用"矮败"小麦作为聚集外来优异花粉的受体工具更为方便，如能辅以分子标记进行选择，则收效会更好。应该有步骤地分别育成不同类型的候选骨干亲本，再根据需要进行聚合、集成，这样能做到得心应手地配制杂交组合，很有把握地选育出符合生产需要的优良品种。骨干亲本构建应与日常育种工作同步并进，只要通过一段时间的积累就能打下良好基础，通过滚动完善、持续发展，以便迎接来自方方面面的挑战。

应该承认常规育种技术已趋老化，亟待升级，必须尽快尽多地吸收业已实用化的分子标记辅助选择技术，不断提高育种质量与效率。这项任务无论在一条或两条品种生产线上完成都可以，只要科学分工，精诚合作，避免重复就好。不过应该指出，尽管我国人力充沛，"东方不亮西方亮"，但我们的科研与科普事业，与发达国家相比还存在不少差距，需要追、赶、超、补（填空白）的工作还很多，而且要"只争朝夕"，所以更要科学地、经济地分配使用人力、物力。这方面的历史教训历历在目，不能忘记。至于未臻实用化和有待完善或需要进一步探索的新技术如转基因技术及分子设计育种等，则可单列研究课题，以便集中优势兵力早日取得突破。最后，"工欲善其事，必先利其器"，现在在国家科技投入的强度比以前大得多，应该抓住机遇，将育种试验田间作业（特别是播种、收获）机械化提到议事日程上来，以提高育种试验研究的精确性和工作效率。

凤兮凤兮傲故乡

——记中国工程院院士何凤生

◆ 武明丽

何凤生　（1932.6.26—2004.11.16）生于江苏南京，祖籍贵州贵定。我国杰出的劳动卫生与职业医学家。

1955年毕业于南京中央大学医学院（今南京大学医学院）。1955—1960年任北京和平医院神经内科住院医师。1961年投身劳动卫生职业病防治和科研事业，先后在中国医学科学院卫生研究生、中国预防医学科学院劳动卫生与职业病研究所、中国疾病预防控制中心职业卫生与中毒控制所历任助理研究员、副研究员、研究员、所长、名誉所长，世界卫生组织职业卫生合作中心（北京）主任。她曾任国务院学科评议组成员、卫生部职业病诊断标准委员会主任委员、中国科协理事、中华医学会卫生学会副主任委员、中华预防医学会常务理事，入选英国皇家内科学院名誉院士，担任亚洲职业卫生学会主席。1994年入选中国工程院首届院士。

何凤生开创了我国职业医学的新学科——职业神经病学，主要从事劳动卫生职业病防治和科研工作，荣获西比昂·卡古里国际奖、国家科学技术进步二等奖、卫生部科学技术进步一等奖等多个奖项。

引 言

　　长江由青藏高原唐古拉山主峰各拉丹冬雪山出发，一路向东，横贯中国中部，途中南北向洐生支流若干，一条江壮阔成千军万马，长江水系浩浩荡荡向大海奔涌。经广西兴安灵渠，长江水系与珠江水系汇合，再由南岭分出泾渭。南岭入贵州地界，称作苗岭，苗岭中部是云雾山，地处贵州省黔南布依族苗族自治州贵定县南部，县南端有云雾镇，镇西有个营上村。

　　流水滔滔向前，两代人的命运却与营上村结下不解缘。受这方水土滋养，村中漫山茶树，云雾遮绕中悄然扎根、生长。

　　本文的主人公何凤生，她父亲何兆清，出生在营上村里的一户自耕农家庭，那是光绪年间的事情。

　　韩江依珠江入广东，是广东境内仅次于珠江的第二大河流。韩江上游梅县是何凤生母亲梁兆纯的出生地，下游汕头则是她父母初识的地方。那时她的母亲在汕头女子中学任代课老师，正是花样年华，她父亲刚从法国留学回国，是取得里昂大学哲学硕士学位的青年才俊。两年后，两人在南京重逢，相恋，结婚。后来她在南京出生，世间才有了她——何凤生。

　　14 年后，一位翩翩少年跟随父亲由重庆顺着长江下游回到故乡无锡。他的父系属江浙钱氏家族，少年名叫钱方毅，时年 17 岁。到达无锡半年后，他到南京念书。谁曾想，日后这位少年竟会与她成为高中同学，后来又大学同窗。多年后，他们洞房花烛，结为夫妇。

　　当笔者千里迢迢来到北京，在何凤生家里见到她先生钱方毅时，他已年届九旬，儒雅，温和，思路清晰。钱先生说到她，言辞透着他对爱妻的欣赏与敬佩。

上篇　成长与机遇

动荡岁月

1932 年 6 月 26 日，南京。何兆清与梁兆纯夫妇喜获千金，这是他们的第二个孩子。长子名麟生，这个女儿，自然就叫她凤生。

何兆清，那个在营上村出生的孩子，年幼时丧母，家里生活拮据，是祖父供他上了私塾。民国初年，他考取贵阳一所师范学校，在那里读书不用交学费，还能领生活补助。毕业后又以全省第一名的成绩考进南京高等师范学堂。大三时，他通过了广东省官费留法招生考试，赴里昂大学攻读哲学，取得硕士学位后归国。归国那年，中国正值北伐与国共合作时期。何兆清投笔从戎，参加了国民革命军，任第一军第一师政治部主任。一年后，蒋介石发动"四一二"反革命政变，何兆清不赞成军中镇压共产党的做法，与师长何辑五（何应钦的弟弟）意见发生分歧，遂辞去军职，回到南京国立东南大学（即从前的南京高等师范学堂），由系主任宗白华推荐，担任哲学系教授。不久，参与创建南京国立中央大学哲学系，并任教授。1952 年，全国高校院系调整后，何兆清也由南京大学调到北大哲学系教授逻辑学。

从人生轨迹来讲，何兆清的人生始于贵州，终于北京。他凭借"读书"走出大山，以"教学"和"研究"为终身职业。他是亚里士多德形式逻辑学专家，是我国西洋哲学史及逻辑学研究先驱之一。"云出其山，复雨其山。"他的存在如同云雾山的茶，为中国，为贵州，为贵定，也为营上村增添了荣光。

梁兆纯，毕业于南京国立东南大学教育系，毕业后留校任助教。女儿何凤生降生的这一年，她 27 岁。梁兆纯出生在广东梅县一个侨眷家庭，父辈在东南亚打工、经商，母辈在家务农、操持家务。是这个家庭教会她勤劳、节俭、坚强、勇敢。到了上学年龄，她顺着韩江到下游的汕头念书。14 岁那年，五四运动启蒙了她的妇女解放意识与教育救国理想。她用自己做裁缝和手工积攒下来的钱，只身到上海，考进江苏第一女子师范学校。后来又考上南京国立东南大学教育系。

梁兆纯聪明、自信、独立、质朴、健康，浑身上下充满了青春的活力。在江苏第一女子师范念书时，她还被选作第六届远东运动会排球队队员赴日本参赛。结婚生子了，她在家是贤妻良母，在外积极参加教育工作与社会活动。抗战爆发，她在贵阳女子师范学校任训导主任，积极参加救亡活动，是贵阳妇女救亡会副主任，还领着学生上街宣传抗日救国。后来她辗转至重庆，先后担任中央大学重庆大学联合子弟学校校长和重庆大学教育系副教授。

抗日战争前，中国时局处于暂时安定期。南京经济繁荣，作为大学教授，何兆清所获待遇优厚，一家人过着幸福平静的生活。这期间，何凤生的两个弟弟何龙生、何麒生也相继出生。他们一家在南京度过了五年快乐时光。

岁月静好，现世安稳，于动荡年代只是一种幻象。噩运正逼近南京，向整个中华大地蔓延。何凤生在南京过完她的5岁生日后不久，北平卢沟桥发生"七七事变"，日本帝国主义公然侵略中国。之后，众多高等院校陆续内迁。其中39所高校迁至重庆，包括南京国立中央大学。8月13日淞沪会战开始，当月日军两次空袭南京，中央大学也遭轰炸，有人员伤亡，损失惨重，学校决定尽快迁往重庆。到10月下旬，学校所有图书仪器已装运一空，学生与教职工，包括家属，4000多人开始分批迁移。

中国军队浴血奋战，誓死捍卫家园。顽强抵抗3个月后，11月12日上海沦陷。日本帝国主义的铁蹄将践踏南京城，形势万分危急。何兆清一家被迫收拾东西准备随学校西迁重庆。就在这个时候，梁兆纯接到贵阳女子师范学校的聘书，要她去担任训导主任。不容过多犹豫，时局与家庭生活压力，梁兆纯必须迅速做出选择。而当时何兆清只身一人刚到重庆，一时难以兼顾。为了事业和家庭，梁兆纯决定只身带着孩子们前往贵阳任教。当时4个孩子中，最大的何麟生8岁，最小的何麒生才3岁。

就这样，只有5岁的小姑娘何凤生，同她的哥哥弟弟们一起，随母亲到了贵阳。贵阳这座城市使何凤生感觉很新奇——四处皆山，印证了开门见山并非虚言。放眼有村舍田畴与青瓦平房，道路狭窄，人在路上走着感觉不是在上坡就是在下坡。这里也有亭阁、教堂、城墙、小桥和流水，这倒与南京有几分相似。她从大人言谈中明白南京将有可怕的事情发生，只是，她不知道，离开还不到一个月，南京已是腥风血雨，百姓惨遭日军大屠杀！

何凤生一家人平安来到贵阳，真是不幸中之万幸。贵阳是一座小城市，母亲既忙于学校工作，又投入抗日救亡运动中。4个小孩，却也照顾得妥妥帖帖。在何凤生眼中的母亲，慈爱、温柔、从容、干练。

来贵阳一年期间，又有许多难民涌入贵阳城，运送汽车把桥都压坏了。空气里充斥着动荡不安的气息。一家人分隔两地，日子显得格外漫长。1939年2月4日，18架日军轰炸机在贵阳城中心区域上空盘旋，五六分钟，炮弹与燃烧弹如大雨砸地，东门至西门，省府路到市府路一带建筑损毁殆尽。死伤2000多人。贵阳女子师范学校在城东文笔街，靠近轰炸区域。消息传到重庆，何兆清心急如焚。他想方设法联系上了妻子，"快到重庆来吧！"电话里他透露出担心和焦急。

为躲避空袭，贵阳女子师范学校将迁往城郊。其时，在重庆的中央大学与重庆大学合办了一所小学，正在物色校长。梁兆纯决定带着孩子们去重庆。

在战争的硝烟中，一家人又重新生活在一起了，他们被安排住在沙坪坝松林坡校园内。进校门，沿着松林坡，一条不算宽阔的步道由坡脚直通坡顶，步道两旁，校舍梯级排列，都是砖木结构的斜顶青瓦平房。坡脚平整宽阔处有个篮球场。在那些梯级排列的校舍中，一座大礼堂显得特别耀眼。这时候的中央大学，学员不断增加，学校又在礼嘉镇附近修建了柏溪分校。无论学校规模、科系设置、师资力量、综合实力，在国内同时期大学中都属首屈一指。小姑娘何凤生感觉轰炸追着她跑似的。从南京到贵阳，现在来到重庆，轰炸会不会跟着来？无论如何，一家人在一起，她心里是温暖踏实的。

父亲在中央大学授课，母亲出任中央大学附属小学校长。与其他教职工子弟一样，她和哥哥弟弟都进了这所小学念书。混乱中，大家都在努力建立新的生活秩序。轰炸果然跟着来了。她到重庆的第3个月，日机在松林坡校园投下数枚炸弹。随后两年中，形势愈演愈烈，有时一个月轰炸三五回。躲防空洞、教职人员在仅存一壁的"房子"里办公、不停修复炸毁的建筑。某日，炸弹落到她家附近，"轰"的一声，旋即她耳朵里只有尖锐的声响横贯虚空，家中门窗玻璃顷刻间碎裂。这是轰炸给何凤生最切身的感受。随后，弟弟何龙生染疾身亡，使她万分悲痛。战乱时期，卫生条件差，痢疾流行。看着儿子染疾，又眼睁睁见他失去生命，无力感淹没了何兆清夫妇。家里空气凝重，剜心之痛处处弥漫。直到1943年妹妹何愉生降生，才使这个家庭于黑暗中重新划出一丝希望的光亮。

求学生涯

何凤生在良好的家庭教育和周围环境的熏陶下，从小就养成喜欢读书、勤奋好学的学习习惯，小学期间成绩在班上年年第一，五年级就跳级考上中央大学附属中学心理实验班。

中央大学实验班由中央大学心理系教授艾伟创办，这是一个实验性质的初中班。老师多为中央大学教授、讲师。老师们学识深厚、教学认真、教学方法独特。学校对学生成绩要求高，通常学校 60 分为及格，在实验班却是 70 分。绝大多数学生是中大教授和社会名流的子女，天资好，又勤奋好学，加之学校管得严，实验班学习氛围相当浓厚。在沙坪坝，南开中学和中大附中是著名的好学校，但许多家长更想让孩子读中大实验班。当然，实验班入学门槛极高，一般人很难考进来。大家称中大实验班为"天才儿童班"。诸如范旭东、沈克非、童冠贤、董时进、刘汝明等社会名流和实业家的孩子都在这里读书。在实验班何凤生年龄最小，个子也最小。这个圆脸、眼睛清澈明亮、唇角微露带着笑意的小姑娘很讨人喜爱。很快，她就在"天才班"里脱颖而出。她们的英语老师有种特殊教学法——快读。让每个学生站起来快速朗读一段课文，以马表计时，再折算每秒多少音节。读太快口齿稍有不清发音就会打结，能读 4~5 个音节已经很不错了，何凤生却可以读到 6 个以上，又快又清楚，同学们自叹弗如。每学期各科成绩她都名列前茅，同学们对她刮目相待。何凤生是实验班上出名的好学生，有同学后来回忆她："在校在家她都一心学习，很少玩耍。"方天觉，她的实验班同学，后来是美国马里兰大学教授，在他的回忆录中写道："女同学中何凤生功课呱呱叫，现为院士，一点也不意外。"

1945 年 9 月抗战胜利，何凤生全家回到南京。当年那个小女孩，如今已是婷婷袅袅 13 岁的少女。阔别 8 年，南京于她，好像有些陌生了。这座城市听过她第一声啼哭，见过她第一次笑，她的家在这里，记忆还在。南京历经血洗与耻辱，已拂去尘埃。何凤生与它很快又亲切起来。她进入南京中华女中念高一，次年，转学到南京中央大学附中上高二。南京中大附中即如今南京师范大学附中，是江苏最有名的一所中学，迄今为止，该校培养出来的学生中已有 56 名院士。

这一年，何凤生遇到了她后来人生中的一位重要人物，就是那位从重庆乘船沿着长江顺流而下回到家乡无锡的少年——钱方毅。他在重庆中大附中念了半年高中，现在转学过来上高二。高二学科分班，分出甲、乙、丙。甲是文科班、乙是理科男班、丙是理科男女混合班，他与她同在丙班。这时钱方毅 17 岁，她 14 岁。在钱方毅眼里，何凤生是坐在前排的"小鬼"——个子小，年龄也小，样子可爱，非常聪明。她陶醉于学习的快乐，学习效率高，考试成绩在班上总是名列前茅。高二念完，她报考金陵女子大学外语系，英语专业在这所学校要求尤其高，结果何凤生脱颖而出，考上了这所大学。

从小学到中学，何凤生各科成绩都十分优秀，她非常喜欢英语，进大学再学英语专业，将是一路坦途……然而，母亲梁兆纯却认为，外语，包括英语，只是一种学习某一专业进一步深造的工具，她主张女儿最好选择一门科学技术作为主修，以便将来可以独立自主，从事足以发挥创新力和主观能动性的职业，这也是她与丈夫的共识，她将这一看法表达给女儿，让她自己做出决定。

母亲说得十分有理，15 岁的何凤生为自己做了人生第一次重要选择。16 岁，她高中毕业。因为成绩年年第一，她被保送上南京中央大学并获得奖学金，至于进哪个专业，可以允许她自由选择，她选择学医，进了中央大学医学院。

南京中央大学医学院在国内是著名的医学殿堂。它拥有一大批声名卓著的医学专家教授，例如：戚寿南（心脏病），潘明紫（解剖学），郑集（生化学），蔡翘、吴襄（生理学），高济宇（有机化学），阴毓璋（妇产科学），姜泗长（耳鼻喉），许殿乙（泌尿外科），吴在东（病理），苏鸿熙（心外科），陈华（口腔医学）等，他们德才兼备，教学认真，培养出许多医学界高级人才。她在这里系统学习了高等医学基础理论知识，又经过严格的临床实习，为她后来从事医疗卫生工作奠定了坚实的基础。

临床实习从大学第五年开始，为期一年。学校安排她到大学医学院的附属医院实习。为使学生掌握扎实的临床基本功，医院要求实习医生必须 24 小时内完成新入院患者病历，并且亲自对患者进行"血尿便"三大常规检查。来一个病人就十分忙碌，多来几个病人将会忙得不可开交。当时病毒性肝炎患者多，实习医生每天都要给肝炎患者推注高渗 50% 葡萄糖液，这种药液浓度高，推注相当费力。寄生虫患者也很多，血液中寄生虫及骨髓片也须由实习医生自己完成检验。何凤生与同学们每天在病房中忙碌，工作到晚上 12 点是常事。

何凤生的高中同年级中有 4 位同学也通过高考进入中央大学医院，包括钱方毅、李天云、韩元信和王沄。钱方毅与何凤生都分配在内科专业，同在一个班，后又分到同一个学习组。那个时期的内科病房，罹患结核病的患者最多。各种结核如：肺结核、脑膜结核、腹膜结核等。肺结核一般由痰液传染，一口痰可含有几十万个结核杆菌，痰风干后，病菌夹杂尘埃飞扬。那时国内治疗结核病的药物只有异烟肼，链霉素虽治疗效果更优，但它是进口药，国内稀缺。肺结核是那个时代的流行病。内科临床实习工作繁忙，力求工作出色完成的何凤生，由于疲劳过度，免疫力降低，染上开放性肺结核，大量咯血。进行了半年的实习只得停下，在领导的安排下，她和另外三位也患上肺结核的付启良、张豪文、戴一平同学一起被送往安徽安庆一所解放军的结核病疗养院住院治疗。

一年后她康复出院，当时中央大学医学院已更名为"第五军医大学"，并迁往西安，并入第四军医大学，何凤生被分配到华东军区总医院继续完成余下的实习。1955 年，何凤生结束了实习，大学毕业。后被分配到北京工作。

根系亲情

何凤生的丈夫钱方毅，江苏无锡人，1929 年 5 月出生于一个知识分子家庭。父亲钱念曾，毕业于东吴大学生物系，后于天津南开大学生物系任教，1937 年调南京中央农业实验所从事植物病虫害防治研究。抗战 14 年期间，先后在广西、湖南、贵阳及重庆等地颠沛流离，1945 年抗日战争胜利，1946 年回到南京。曾留学美国一年。中华人民共和国成立后，在中国农业科学院植物保护研究所，农业部植物检疫实验所等单位任研究员，是我国老一辈昆虫学家及植物保护学专家。母亲钦瑞英是家庭妇女。

钱方毅于 1945 年考入重庆中央大学附中高一，1946 年秋回到南京继续进入南京中央大学附中高二学习。他被分配到丙班，与何凤生同班。1948 年高中毕业，他俩同时进入南京中央大学医学院，在医学院中同窗共读近 6 年，1955 年大学毕业工作后，他们建立了恋爱关系，从 1946 年由相识，相知，到相爱，长达 11 年之久。一直到 1957 年才进入婚姻殿堂。婚后他们相亲相爱，相濡以沫，经历了风风雨雨和生活中的艰辛和磨难，相互信任，相互理解和支持，伴随他们共同度过了 47 年的岁月。

1954 年大学毕业后，钱方毅被分配到哈尔滨解放军第 313 医院，任内科医师。1966 年调北京国防科委，1981 年调解放军第 514 医院，后更名为解放军第 306 医院（也称解放军总装备部总医院），任副主任医师、主任医师、教授、副院长等职。多年来从事心血管病、老年病、心血管急救及心肺复苏的临床及科研工作，发表医学论文 100 余篇，参与编写学术专著 10 余部，曾获国家科学技术进步奖及军队科技进步奖数项。曾任中国高血压联盟理事。参加国际大规模临床试验"Progress 研究"（2000—2004 年）及"Ontarget/Transcend 研究"（2003—2008 年）

为 306 医院首席研究员。与王士雯院士共同主编《老年心脏病学》一、二、三版（人民卫生出版社），曾为中国医学救援学会常务理事，《中华老年多器官疾病杂志》及《中国急救复苏与灾害医学杂志》副总编，《中国循环杂志》特邀顾问（曾任副主编），《Journal of Geriatric, Cardiology》杂志顾问编委。"第14~28届（2003—2018年）长城国际心脏病学会议"及数届"北京中国心脏大会"学术指导委员，"中国国际现代救援医学论坛"第1~10届（2003—2012年）学术指导委员。迄今，钱方毅虽已届九十高龄，但思维敏捷，仍参加学术活动，笔耕不辍，担任《王士雯老年心脏病学》第四版（2018年）的学术顾问，撰写6章书稿，是我国著名心血管病专家。

何凤生钱方毅夫妇生有两个孩子，女儿钱大燕，电大图书馆学毕业，曾于中国健康教育中心从事情报资料工作，已退休。儿子钱大鹏，北京大学医学部基础医学院毕业，美国芝加哥大学免疫学博士。曾任华普生物技术有限公司首席执行官，现从事新药研发及投融资方面的咨询工作。

回首往事，何兆清与梁兆纯夫妇是当时优秀的青年知识分子，由于情趣相投，互相仰慕，由相识、相爱到进入婚姻殿堂，可谓天作之合，使彼此的优点相得益彰，他们品德高尚，生活简朴，吃苦耐劳，乐于助人，勤于思考，这些优良的家风，如春雨一样，滋养着他们的四个儿女，使他们茁壮成长。

何凤生和哥哥、弟弟及妹妹四人，由于他们从小受到了良好的家庭教育和周围环境的熏陶和影响，个个都有很强的自觉性，加之他们都有很高的天赋，进入学校后，勤奋好学，是班上出类拔萃的好学生，考试成绩优异，年年名列前茅，总是受到学校的奖励，从来不用家长操心，而能带来令爸爸妈妈高兴的好消息。

哥哥何麟生，我国著名钢铁专家，1929年出生，1945年16岁以优异成绩考入中央大学化工系，1949年毕业，分配至鞍山钢铁公司化工部，后被派往苏联第聂伯尔彼得罗夫斯克冶金学院进修，1953年回国，在鞍钢工作，1959年他提出并主持精带酸洗流程的改造，提高了苯的产量，1960年他担任化工总厂副厂长，1974年任全国第四届人大代表，1976年任鞍钢副经理，1979年调到上海参加宝山钢铁公司总厂筹建工作，1979—1989年任宝钢总厂副厂长，1989年被聘为津巴布韦钢铁厂改造项目的生产专家组组长，现离休。

弟弟何麒生，1934年出生，1952年参加志愿军赴朝，1956—1961年南京工学院毕业，分配至华中科技大学，先后任教员、副教授、教授，是我国著名激光工程专家，1994 年因病退休。

妹妹何愉生，1943 年出生，北京第二医学院（现首都医科大学）毕业，硕士，曾留学意大利进修一年，中国中医科学院西苑医院主任医师，后在美国洛杉矶开设中医诊所。

何兆清与梁兆纯夫妇培养出的四位优秀的子女，是她们家庭的荣耀，也是作为贵州人的骄傲。

中篇　事业与成就

步入职业卫生防治堂奥

位于北京东交民巷的和平医院，由中华人民共和国建立前的德国医院改编而成，专门收治解放军师团级干部和苏联援华专家的一所条件较好的小规模医院。何凤生毕业后分配到这里从事神经内科临床和该院员工的保健工作。

人的神经系统结构与功能极为复杂，那时没有 CT、MRI 等影像学技术，定位诊断神经系统疾病，主要依靠神经解剖与神经生理知识，还要掌握神经系统检查法。何凤生在主治医师粟秀初（后为第四军医大学神经内科著名教授）和苏联专家亚历山大的指导下，她努力学习神经解剖和神经生理。

和平医院神经内科病例少，她经常到享誉全国的北京协和医院神经内科参加许英魁、冯应琨等著名教授的查房和病例讨论会。听专家分析病例，讲解疑难，是莫大的学术享受，参加这些临床的学术活动，使她受益良多。

几年后，她熟悉掌握了重要神经通路的复杂解剖学结构及生理功能，以及神经系统定位诊断基本功。这为她日后从事职业性神经病学科研工作打下了坚实的基础。

何凤生天资聪颖、勤奋好学、思维敏捷，通过学习使她的神经病学学术水平快速提高，这引起了国内神经病学专家许英魁教授的关注与青睐，他有意将她调到北京协和医院神经内科工作。

北京协和医学院是石油大王洛克菲勒基金委员会资助的学校，也是美国纽约州立大学在中国的分校，学制八年，学生毕业后都是医学博士。它每年培养二十几个学生，后来全部成为我国医学界精英。许英魁教授是该校毕业生中的佼佼者，他是

何凤生在一线调查

一位杰出的临床神经病学和神经病理学专家。北京协和医院是我国医疗水平最高的医学殿堂，是医学界向往的最优学术机构，能在该院的神经内科许教授的指导下工作，无疑是众多青年医师的最佳选择。1961 年，正当何凤生即将调入北京协和医院神经内科工作之时，突然接到上级调她到中国医学科学院卫生研究所的命令，让她协助吴执中教授从事职业病的防治工作，从此她的人生轨迹又发生了变化。

吴执中教授是我国著名内科学专家、中国职业医学奠基人。二十世纪五十年代，中华人民共和国工农业建设发展迅猛，为了开展职业病防治工作，中央卫生部选派吴执中到苏联的劳动卫生职业病研究所学习，历时 3 年，1959 年吴教授回国，担任中国医学科学院卫生研究所副所长，并建立了我国首个职业病临床部，兼任主任。吴执中教授是一位杰出的内科学专家，内科尤其呼吸病方面是他的专长，但神经病学是他较少涉猎的领域，而职业病中神经系统损害又是常见现象，为此，他急需一位具备神经病学专长的优秀年轻医师来协助他工作，正由于此，他选择了何凤生，将她调入研究所。

1961 年的某一天，29 岁的何凤生走进中国医学科学院卫生研究所，来到吴执中教授的办公室，这是他们第一次见面。吴教授 50 多岁，温文儒雅，他对何凤生说：职业病有很多是由于职业环境中的有害因素损害神经系统导致，需要用神经科学的技术手段来研究与处理，希望我们一起来为这些受职业病折磨的患者解除他们的病痛。她听明白了自己来这里的作用，但那时她还不了解我国职业病状况，也不清楚她能发挥价值的空间有多大。

两个月后，所里接到卫生部通知：甘肃省白银市正路公社川口大队村民误食有机汞农药西利生，导致百余人死亡，数十人生命垂危，急需抢救！

何凤生跟着吴教授飞赴兰州，火速赶到事故现场。他们立即调查中毒原因，检查中毒患者，进行排毒治疗，控制病情恶化，使许多患者转危为安。并采取预防措施，终止中毒蔓延。

这些中毒患者有广泛的脑、脊髓和周围神经系统受损。严重中毒性神经系统疾病患者同时期大量出现，一般神经科临床医生很少遇到这种情况，这使她受到了极大的震撼，并体会到职业病防治的重要性，也明白了神经病学在职业病防治中的作用和价值。

在其后的工作中，她学习到许多职业病知识，接触到大量劳动者，使她深感职业病防治工作者责任重大。她认识到职业医学是保障生产第一线劳动者健康的重要学科和崇高事业。在工作中，她主要运用神经病学的知识研究解决职业环境中有害因素损害神经系统造成的疾病。吴教授和她都意识到要深入研究职业病的神经系统损害，职业病神经病必须有神经病理基础。

二十世纪五十年代，许英魁教授在协和医院讲神经病理，每周一次课，当时何凤生每个星期都去协和医院，听完讲座她还要到病理科读片。邹昌淇，后来的病理学专家，就是这时候与她见面相识。相互介绍，才知彼此是同事。当时邹昌淇是劳卫所实习研究员，正在协和医院病理科作为期五年的进修，大学毕业到劳卫所后，他还一次班都没去上过。他比何凤生小三岁，但在病理学的学习方面却给了何凤生不少帮助。在邹教授的印象中，何凤生一袭布拉叽（连衣裙），头发微烫，总是笑盈盈地出现在他眼前，为病理科刮来一阵清新的风。她总是谦虚地向他请教一些病理问题。当然，他认为这是相互学习。

1963 年，吴教授派她到解放军总医院著名的神经病理学家黄克维教授的实验室进修神经病理。在黄教授的悉心指导下，通过近一年的进修，她掌握了神经病理学的基本技术和常见神经病理学的诊断。后来黄克维教授还邀请她参与了由黄克维、吴丽娟主编，1999 年出版的《临床神经病理学》中"周围神经疾病"章节的编写。从此黄克维教授与何凤生结下了良好的师生情谊，黄教授对何凤生十分欣赏和疼爱，对她赞赏有加。黄教授不但神经病理学术精湛，并能讲出一口流利、地道的英语，他特别愿意和何凤生用英语对话，只要有机会，他总像遇到了知音，立即与何凤生用英语交流探讨学术问题。在黄教授（后来任解放军总医院副院长）病重期间，何凤生前去探望他，虽然当时他已不能说话，但神志尚清醒，他看到何凤生时向她竖起大拇指，表示赞赏和感谢。

氯丙烯与西比昂·卡古里奖

二十世纪七十年代初期，北京一家化工厂成批工人出现手脚麻木和四肢无力的症状，严重者甚至拧不干毛巾，捏不紧饺子皮，活动要依靠轮椅，化工厂为此濒临停产。何凤生等对这些工人进行神经系统检查和神经肌电图检查，证实他们患有多发性神经病。

排除了周围神经损害的常见病因，他们考虑到多人同期发病可能与职业环境有关，于是深入劳动现场调查。查出车间有三种化学物质，其中包括氯丙烯。按文献来看，氯丙烯不具有周围神经毒性。研究又发现氯丙烯在车间空气中浓度高得惊人，其余两种物质挥发性不强。他们对常温下就会大量挥发的氯丙烯产生怀疑，翻遍关于氯丙烯毒性的文献，都只表明它对实验动物具有肝、肾毒性。但这些工人的肝、肾均未受损。何凤生等人用氯丙烯进行动物实验，看到经过较大剂量氯丙烯染毒，家兔数周后瘫痪，在光学显微镜下，他们还观察到中毒动物的周围神经发生华勒变性。这个实验结果成为氯丙烯是周围神经毒物的首次证据。

1978年，中央决定实行改革开放，我国科学技术发展迎来春天。国家教委决定，派遣我国各专业中青年学者出国深造。通过考试，何凤生赢得出国进修的机会。她被派往到英国进修神经病理。

何凤生于9月抵达伦敦。按照英国文化委员会的要求，中国留学生必须先通过3个月英语训练。何凤生到爱丁堡语言学校第一个月，两次考试均顺利通过，于是提前结业。进入伦敦大学神经病学研究所。这个研究机构历史悠久，享誉全球。培养出许多杰出的神经病学专家，由它出版的著作《Greendfield 神经病理学》被业界奉为经典。

47岁的何凤生，仿佛来到结满金苹果的殿堂，她非常高兴。这里有比国内优越的实验条件，她决心要好好利用这个机会学习国外的先进医学技术。神经病理科主任 Duchen 教授向她介绍了正在进行的课题，问她愿意参加哪一项课题。

"我想做氯丙烯中毒神经病的研究。"何凤生的回答出乎大家的意料，因为她的回答不在那些课题范围。为了争取她在国内已经思考成熟的课题方案，她向 Duchen 教授介绍了氯丙烯中毒病人的临床表现，并拿出中毒家兔坐骨神经的神经病理切片请他们观看。出国前她早已做好了打算，课题方案准备充分，终于说服神经病理科主任 Duchen 教授在内的许多专家同意了她的课题申请。

在伦敦大学神经病学研究所实验室，何凤生开始系统研究氯丙烯对中毒小鼠神经系统的病理。晨昏不分，一年多时间，通过大量严格的实验，她终于取得重要科研成果——首次证实了氯丙烯中毒性神经病属于中枢－周围性远端型轴突病。这项成果丰富了中毒性神经病发病机制的新理论。

1980 年圣诞节至新年的几天假期，她谢绝了朋友邀请，一头扎进实验室对资料进行整理、总结和分析，之后写出论文，题为"氯丙烯中毒小鼠的神经病理学研究"。她将这篇论文投寄给著名的神经病理学刊物《Acta Neuropathologica》。结果发表了，刊在 1981 年第 55 卷第 2 期第 125~133 页上。20 余个国家 180 余名学者来函索取单行本。

英国两年的进修结束，她带着成果回国，与课题组继续开展研究。

从几个工厂的流行病学研究中，他们观察到车间空气中氯丙烯浓度与工人周围神经损害间的剂量－反应关系，进一步证实氯丙烯的周围神经毒性。在此基础上，他们与协作单位合作编制了《职业性慢性氯丙烯中毒诊断标准与处理原则》，提出车间空气中氯丙烯最高允许浓度的建议值，卫生部分别批准为"国家诊断标准"和"国家劳动卫生标准"，对国内防治和控制职业性慢性氯丙烯中毒起到了积极的作用，为保护作业工人的健康做出了重要贡献。

1984 年，意大利劳动医学基金会首次设立西比昂·卡古里（Scipione Caccuri）国际奖，奖励在劳动医学方面有独创性的科研成果。何凤生带领的课题组对氯丙烯的周围神经毒性卓有成效的研究成果——"慢性氯丙烯中毒流行病学、临床、毒理及神经病理研究"，于全球 70 多篇征文中脱颖而出，成为该奖项唯一获奖项目。国际评审委员会由各国专家组成，他们谁也没想到，如此高水平的成果竟出自中国。

何凤生穿着中国风格的红色立领团花盘扣上衣，一条剪裁合体的黑色及膝半截裙，一双雅致的黑色中跟皮鞋，短发齐耳，淡妆略施，端庄得体地站在西比昂·卡古里颁奖台上代表中国团队致领奖辞时，全场目光都投向了她，投向她代表的团队，投向中国劳动医学界。那年她 52 岁。

何凤生及其同事的这一独创性科研成果，于 1987 年获国家科学技术进步奖二等奖（何凤生为第一完成人），这项研究成果还作为经典载入了美国神经病学教科书。

变质甘蔗中毒的病理机制

从二十世纪七十年代开始，我国北方农村每年初春流行一种非炎性脑病，主要发生在儿童身上。病征为抽搐、昏迷以及迟发性肌张力不全，病死率极高。得此症即使能幸存，也会因迟发性肌张力不全而致残。经中国预防医学科学院营养卫生研究所等单位研究发现，是因为吃了霉变甘蔗所致。南方秋季收获的新鲜甘蔗运到北方贮存一冬，到春节前后出售。如果贮存不当，则霉变。八十年代初期，经研究查明，中毒由变质甘蔗滋长节菱孢产生的霉菌毒素 3- 硝基丙酸导致。

何凤生与同事通过临床 CT 和 MRI 技术，首先发现病孩头部有对称的选择性壳核及苍白球病变。他们用节菱孢提取液及 3- 硝基丙酸染毒动物，制成相似的脑部病变模型，从神经病理及神经生化学进一步证实是 3- 硝基丙酸导致儿童中毒。中毒原因明确后，各地加强了食品卫生管理，1992 年后，这一危害严重的中毒性神经系统疾病在我国基本得到控制。为此，该课题荣获卫生部科技进步奖一等奖。何凤生撰写的"3- 硝基丙酸中毒性脑病"收录进 2000 年美国出版的权威著作《临床与实验神经毒理学》中。

中间期肌无力综合征

我国农作物常年病虫害发生面积达 35 亿 ~40 亿亩次，全国有 15 个以上省份必须大量使用农药。二十世纪九十年代后期，为克服害虫抗性，提高杀虫药效，农民普遍自行混配农药。国内农药厂家也转向生产农药混配制剂，以致我国混配农药的品种及产量剧增，混配农药中毒病例日渐增多，成为农村劳动人群的职业卫生与公共卫生大问题。

于是，中国预防医学科学院劳动卫生与职业病研究所牵头，由数所大学医学院和科研单位参加，何凤生作为课题负责人，于 1996 年 5 月启动了"九五"国家重点科技攻关计划项目"混配农药中毒的防治研究"。

课题组从流行病学、生物标志物、病理学和临床对混配农药进行了系统深入的研究。经过 6 年的努力，初步阐明了农药混配后毒性增加的机制，为优选、开发高效低毒的农药提供了毒理学依据。

课题组研究出的新技术、新方法对含有机磷的混配农药的监测、中毒诊断、治疗及预防具有重要应用价值。

　　课题组发现，有机磷及其混剂引起的临床表现和神经肌接头传导功能异常中，有机磷起主要作用，这对混配农药中毒的治疗具有指导意义。

　　通过对有机磷及其混剂中毒所致"中间期肌无力综合征"深入的实验与临床研究，首次明确高频刺激肌电图和单肌纤维肌电图对"中间期肌无力综合征"具有诊断意义。

　　何凤生提出原用的"中间综合征"应改称为"中间期肌无力综合征"，以突出此综合征"肌无力"的临床特点。她提出的这个新命名后来被国际学术界广泛接受。她还提出了"中间期肌无力综合征"治疗方案，即：防备呼吸肌麻痹和及时建立人工气道的治疗是终点。该方案将"中间期肌无力综合征"患者的病死率由19%降为0。

　　对有机磷与氨基甲酸酯混配中毒进行的实验治疗，肯定了肟类胆碱酯酶复能剂不宜用于治疗有机磷与西维因混剂中毒，但可对其他氨基甲酸酯与有机磷的混剂中毒发挥保护作用。该研究结果对有机磷单剂与混剂所致"中间期肌无力综合征"提出了分级诊断标准和治疗原则，并据此修订了有机磷杀虫剂中毒和拟除虫菊酯杀虫剂中毒两项国家诊断标准，指导和提高了我国农药中毒诊治水平。

　　2002年12月底课题完成，因成果卓著，荣获2001年中华医学科技奖二等奖。该项目共发表论文81篇，其中7篇发表在SCI刊物上（英文），有23个国家112名学者来函索取论文单行本。

正己烷中毒性周围神经病的克星与丙烯酰胺中毒研究

　　在临床职业病病例中，多种化学品会导致中毒性周围神经病。正己烷是其中之一，它是重要的工业有机溶剂，广泛应用于粘胶配制、油脂萃取、除污、干洗、制鞋、制球、印刷、油漆、制药、家具制造、电器制造等作业中。它经过呼吸、消化道、皮肤进入机体，生成具有神经毒性的代谢产物2，5-己二酮。职业接触正己烷时，如防护不周，可发生职业性化学品中毒性周围神经病，使患者丧失劳动能力，生活受到严重影响。意大利、日本等国曾有多例报道。我国自1990年后发生急、慢性职业性中毒超过百例，在何凤生与合作者的课题组进行研究前，尚无有效治疗药物。

　　神经生长因子的发现已有50余年，它能促进周围神经系统中的小纤维感觉神经元和交感神经元生存、发育和修复。因此，研究者对外源性神经生长因子作为药品来治疗一些神经系统疾病，特别是周围神经系统疾病进行了一些临床探索。但仍未找到神经生长因子肯定有效的临床证据。

何凤生和合作者负责的课题组，应用我国自制的神经生长因子治疗101例正己烷中毒周围神经病，进行 Ⅱ / Ⅲ 期临床试验，试验组68例，对照组33例，采取多中心、随机双盲、安慰剂平行对照和成组序贯法设计，治疗8周，其疗效显著，未发现有严重不良反应。从而证实了神经生长因子治疗正己烷中毒性周围神经病安全有效，是该病治疗的一项突破。

丙烯酰胺中毒：我国自1964年试生产丙烯酰胺，后因工人发生中毒而停产。随着石油工业的迅速发展，丙烯酰胺需求量逐增。二十世纪八十年代开始，国内已有40余家工厂生产它，发生上百例丙烯酰胺中毒。轻度中毒者表现出周围神经病征，重者小脑受损，运动失调。

何凤生等对职业性丙烯酰胺中毒的诊断及发病机制进行了研究，在脊髓诱发电位、神经病理及生物标志物等方面的研究取得破突，填补了国内空白。研究成果达到当时国际先进水平，于1990年荣获卫生部科技进步三等奖。

下篇　铸造人生的辉煌

入选中国工程院院士

中国科学院和中国工程院是我国最高的科学技术机构，中科院和工程院现每两年增选院士一次，分别增选院士61名和67名。

中科院和工程院院士是我国科技领域的最高学术称号，为终身荣誉，院士是科学技术领域做出系统的、创造性成就，有重大贡献，热爱祖国，学风正派的顶级专家学者。

中国工程院成立于1992年，1994年增设医药卫生学部，从全国约200万医药卫生人士中经层层推举，最后遴选出在各自的专业领域中做出重大贡献的杰出专家30位成为首届医药卫生学部的院士，何凤生名列其中。

何凤生长期从事职业病防治工作，是享誉世界的我国著名职业医学专家，在从事职业病防治的临床及科研 30 余年里，取得了多项独创性成果和辉煌成就，荣获西比昂·卡古里国际奖，国家科学技术进步二等奖等多项奖，入选英国皇家内科学院名誉院士，亚洲职业卫生学会主席，被世界各国邀请参加国际学术会议及讲学近百次，为我国职业卫生学国际交流起到了积极的推动作用。她教书育人，培养出 20 余位硕士、博士和博士后研究生，大批学科带头人和青年学术骨干，桃李芬芳。她发表论文 200 余篇，主编《中华职业医学》《神经系统中毒及代谢性疾病》及参编学术著作 20 余部。

何凤生是 11 个国际专业杂志的编委，8 个国际专业协会的委员。受多国学术机构邀请参加重要国际学术会议及讲学近百余次，足迹遍布五大洲 50 余个国家和地区。曾获得英国皇家内科学院名誉院士荣誉。1991—1994 年任 WHO 日内瓦总部职业卫生顾问。她是国际职业卫生委员会农药学术委员会副主任委员，是国际职业卫生委员会成立 80 余年来第一位受邀在国际职业卫生大会上做特邀报告的中国专家。她的工作不但为保护我国劳动者的健康做出了突出贡献，也大大推动了国际间的学术交流与合作。

何凤生天赋过人，勤奋，碰上了改革开放的好时机。她具有创新意识，勇于攀登科学高峰，在职业神经病学的研究中，取得了独创性成果，是该学科的开创者。由于她为我国的职业医学的发展做出了重要贡献，因而，在众多的医药卫生专家中脱颖而出，入选为首届工程院院士。也是迄今为止职业医学唯一的院士。

人人享有职业卫生保健的权利

在二十世纪八十年代，世界卫生组织提出一个战略，即至 2000 年"人人享有卫生保健"，这是国际上的战略目标。但是职业卫生发展却比较落后。

1994 年 10 月，世界卫生组织在北京召开了职业卫生合作中心会议，会上，何凤生作为主要发起人和倡导者之一，与中国、俄罗斯、美国及芬兰这四个国家的职业卫生界科学家共同提出并签署了"人人享有职业卫生保健"的倡议，该倡议又称做"长城宣言"，它鼓励各国政府部门制定特殊的职业卫生政策和计划，包括制定适应的法规，建立相应的组织机构。宣言要求保证世界上所有劳动者，不分年龄、性别、民族、职业、就业形式或劳动场所的规模、位置，均能享有职业卫生服务。"长城宣言"后来成为全球职业卫生发展战略，堪称全球职业卫生事业发展的里程碑。

过去职业卫生、公共卫生服务覆盖面不够，而职业卫生与公共卫生服务是控制职业病最有效的手段。这个宣言推动了我国职业病防治立法。

何凤生十分重视国内预防医学队伍的发展，为提高这支队伍的专业水平，她先后5次组织全国十多所大学和科研院所申请973项目。973是国家科技部的重点基础科学研究项目，即"环境化学污染物致机体损伤及其防御的基础研究"。经过重立审核，项目终于在2002年她70岁时申请成功。为推动我们国家的环境与健康的基础研究，提炼出核心科学问题，何凤生院士与吴德昌院士和陶澍教授申请了香山科学会议，并担任第115次香山会议执行主席，于1999年4月20日召开。

诲人不倦，桃李芬芳

在何凤生人生后面的20余年中，她还承担着繁重的教学任务。20多年来，共培养硕士研究生八名、博士研究生13名、博士后4名。许多学生后来都成了业务骨干和学术带头人。她还通过各种职业卫生学习班，为我国劳动卫生与职业病专业培养了近千余名专业人才。她曾被聘为山东大学、四川大学、山东省医学科学院、南京医科大学等7所高等院校的名誉教授。1994年曾作为"特邀杰出访问教授"赴香港中文大学进行讲学，并与该校校长高锟教授（后获得诺贝尔物理学奖）会面。

20多年来，教书育人，何凤生培养了很多优秀人才。郑玉新1996年从上海医科大学获博士学位后，于1996年到北京师从何凤生为博士后研究生，他是何凤生学生中的一位杰出代表，他毕业后留所工作，继之被派往美国休斯敦MD安德森癌症中心进修一年零二个月，研读分子流行病学，后任该所业务副所长。他科研工作出色，先后发表了多篇高水平的论文，多次获科研成果奖。2017年任山东青岛大学公共卫生学院院长，由于他在该学院的学科发展、人才队伍建设和人才培养方面做出了新的成果，荣获青岛市劳动模范，受聘为泰山学者。另一位何凤生的博士研究生冷曙光，毕业后赴美从事科研工作12年，取得了优秀的成果，于2017年根据中组部千人计划被引进到青岛大学任特聘泰山学者；还有戴宇飞，中国疾病预防控制中心职业卫生研究所分子流行病学学术带头人；程娟，中国疾病预防控制中心职业卫生研究所毒理学学术带头人；肖诚，徐州医科大学麻醉学重点实验室研究组长、教授；张艳淑，华北理工大学公共卫生学院副院长、教授。何凤生的学生和她的学术思想与影响一样，遍布国内外，均为医、教、研工作的翘楚。

不辞辛劳，忘我工作，严于律己，言传身教

二十世纪七十年代，我国职业病防治工作尚处于起步阶段，职业病医师经常要出差到全国各地，要到工厂、矿山、田间，要到云贵高原、戈壁滩上，无论酷暑或严冬，去进行现场调查。急性中毒也时有发生，国家卫生部接到求援后，立即委派专家奔赴现场，当时的物资缺乏，生活条件较差，他们不畏艰苦，不辞辛劳，满腔热情地全心全意为病人服务。

何凤生起初常跟随吴执中教授出差，后来逐渐单独奔赴现场，抢救急性中毒的危重病人。还经常出差矿山，二十世纪七十年代，她连续 3 年去贵州山区汞矿蹲点防治汞中毒。每年去一两次，每次至少两个月。1971 年她第一次去，一去就是 7 个月。矿区非常大，环境差，生活艰苦。她跑遍所有矿坑，深入一线，她发现病人脱离中毒环境，症状就能缓解。于是她与同事将一所废旧幼儿园改建成汞矿工人疗养所，使中毒工人远离矿区。住进疗养所，也方便医生及时观察并采取治疗措施。

劳动卫生与职业病防治，一线工作与实验取证很重要，但工作十分辛苦。何凤生经常沿着崎岖山路下到几十米深的矿坑采集工人尿样，再背着尿液瓶爬上来，累得腿软气喘。"何医师那么打得粗（能吃苦的意思）！"医务人员和病人们都对她刮目相看，十分敬佩。

何凤生院士要求学生进行学术研究必须严谨认真。她说过："科研工作要克服困难，创造条件；要踏踏实实，持之以恒；要有严格的治学态度和创新精神。"

2002 年 9 月的一天，她与学生去山东济宁的一个贫困地区做农药中毒现场调查，要走访当地农民。路不好，又下着雨，车子进不了村，已经古稀之年的她和学生一起拿着问卷和体检表步行去调查，对每个调查对象她都问得仔细。忙了大半天，回到车里时，大家都觉得十分劳累，她还忙着复查那些表格。

她带学生去协和医院学习肌电图。肌电图是判断神经系统疾病的一种重要指标，为了检验学生是否掌握了神经刺激的位置和方法，她让学生在她身上做测试。超强刺激时，电流极大，能看到肌束不停颤动，她一声不吭，完了还继续指导学生做下一个神经的测试。

她要求学生每个实验都要重复，各组实验数据都须认真复查。

每年她会收到许多请她审查的论文，每篇她都看得十分认真，无论论文的设计，

数据、分析、英文翻译、标点符号等，发现问题，她就标注出来要求作者认真修改，直至符合要求。她对待她的研究生十分关心、热情，爱护备至，但在科研上她要求极其严格，论文的统计、分析、各项数据，要求认真、准确，来不得半点马虎，对于弄虚作假，编造数据和实验结果，更是不能容忍。培养合格的研究生，是所有导师的责任和义务，研究生的论文答辩会更是检验他们教学成果和学生学习成绩的一件大事，是她极为重视的。

多年来，何凤生的工作一直十分繁忙，随着事业的发展，科研课题、带学生，还有各种社会活动，工作滚雪球似的，越来越多，她极其珍惜时间，工作忙时，她经常睡在实验室的检验台上，或睡在办公室。她通常早上六点起床，简单梳洗，然后处理一堆国外发来电子邮件。然后就赶班车上班，开始一天的工作。晚上回家吃了晚饭继续工作，直到凌晨一两点钟，然后抓紧时间睡觉。

过年过节对她来说，和平时一样，都是工作日。她绝不让时间白白流逝。列车上、候车室、候机大厅都是她的办公场所。她出差坐列车通常选择夕发朝至的班次，这样一夜醒来抵达目的地就能立刻投入工作。2003 年，春天，济南，中午。71 岁的何凤生往历城区山大南路赶，她要去山东大学了解合作课题的试验情况。她刚下了从济宁过来的火车，两个小时后还要赶回北京，这是中转站。山大实验室正在为"甲胺磷周围神经病毒研究"建立甲胺磷的中毒性神经病模型，此前实验了几个月都失败了。而建立成功与否直接关系到课题是否能深入研究。一扎进实验室，她似乎就将回北京的事忘了，仔细查看山大实验条件和染毒剂量，分析实验方案，提出了很多建议。"何老师，您还要赶火车。"学生提醒她。她看看手表，说："哟，我得走了。"赶到火车站时，距火车开动时间只剩 5 分钟。

何凤生对物质生活要求向来简朴，从不铺张浪费。出差住宿，干净就好；着装，得体就好。市内交通，如无特殊需要，她一般不坐出租车，公交就好；打印纸她两面都用，废信封她留来装资料……她有很好的审美观，对自己的衣着很会搭配，她的气质高雅，穿衣得体、漂亮。为能够物尽其用，她还练就一手改衣服的绝活儿。

她有时带学生去协和医科大学和军事医科院听学术报告，六七十岁的她也和学生一起乘公交来回。如无座位，经常是全程站着。她并不介意。

关于饮食，何凤生平时最爱吃的有三样东西，泡饭、泡菜和辣椒酱。虽然因为工作繁忙的关系她平时很少花时间做菜，但在日内瓦世界卫生组织工作期间（1991—1994 年），她却经常作为"烹调大师"下厨做菜。在这段驻外工作期间，她有大量的外事往来，为利于工作，她经常会邀请同事和友人到家中作客聚餐。为此，她认真钻研烹饪技术，凡有向别人学习做中国菜的机会，她就用一个小本子，记录下具体做法。事后依记录动手实践。本子上记录了100多种菜肴做法，凭这些菜谱曾经招待过不少外国同事和友人。

与病魔顽强抗争

2003年10月的一天，郑玉新刚从越南领事馆办签证回来。电话响了，是何凤生老师的声音："请你到我办公室来一下。"走进办公室，钱方毅老师也在。何凤生平静地对郑玉新说："我肿瘤指标（Ca199）很高，可能有问题，还要进一步检查。"接着给他交代工作上的事。因为她要去山东作PET-CT检查。"您放心去检查吧，我和实验室同事会把事情做起来的。"郑玉新不无担心地说。

当郑玉新从越南河内开会回来后，何凤生老师检查结果已出来了，确诊是胰腺癌。

胰腺癌堪称癌中之王。一些她在国外的学生们知道是恩师患此病后，如闻晴天霹雳。到处收集资料，咨询专家，希望给老师找到最先进的治疗方案。胰腺癌一旦发现，病情发展极快，病人存活期短。

何凤生是富有经验的临床医师，她深知胰腺癌恶性程度极高，预后极其不良，迄今医学治疗上尚无根治的办法，只能尽最大努力，争取最好的医疗条件进行治疗。她镇静自若，以客观、实事求是、豁达和乐观的态度对待，从容地安排各项工作。她以大无畏的精神，与病魔进行顽强的抗争。

确诊后，何凤生又将郑玉新找来，交给他一叠信笺，每张上都写着她不能工作后有关各项科研和教学的工作安排，内容清晰而全面。她郑重地交代郑玉新要全面掌握实施。郑玉新后来到青岛工作，他仍带着这些信笺。2018年初冬的一个上午，在青岛大学公共卫生学院院长办公室，郑玉新教授摘下眼镜，低头看着手中这叠信笺，"离开所里时，其他东西我都留交存档了，这是何老师给我的作业。"年近六十的他，在那一瞬间眼睛湿润了。

医生建议何凤生做一次剖腹探查，争取将转移病灶切除，手术邀请了我国胰腺癌顶尖权威专家，北京协和医院院长赵玉沛教授进行，打开腹腔后，发现肝脏表面已有4个指甲盖大小的转移病灶，说明癌症已有广泛转移，已不能手术，只能关闭腹腔。改用化疗和放疗，同时又试用新的P53基因疗法，然而，上述各种疗法的效果不佳，肝脏的癌症转移病灶日益恶化，病情急转直下。

治疗期间她的病情短暂稳定。2004 年 6 月 26 日，她满 72 岁。学生们到她家里为她庆祝生日。她特意穿了一件红色唐装上衣，配黑色短裙。这是她的最后一个生日，鲜花、蛋糕、礼物、照相，大家同她一起上餐馆去吃她喜欢的上海菜。从确诊到离开的最后一年时光，她开会、听学术讲座、工作、参加研究生答辩，根据身体健康情况，尽最大可能参加。

2004 年 7 月的一天，何凤生带病参加博士研究生论文答辩会。那时她的身体已经很虚弱了，为了完成博士生的论文答辩，她坚持参加。她穿着乳白色精致漂亮的套裙，颈间点缀着一串珍珠项链，施了淡妆，戴着大家熟悉的金边框架眼镜，眼神里透着喜悦的光。当她出现在答辩现场时，大家都十分感动。当天答辩的博士研究生冷曙光是她生前最后一位博士研究生，经过三年的努力，他出色地完成了博士论文前来答辩。他的博士论文是高水平、高质量的。论文答辩获得导师组高度的评价，因而顺利通过，博得全场热烈的掌声。

2004 年 11 月 16 日，何凤生院士，这位对中国职业病防治做出重大贡献的杰出医学家与世长辞。

2004 年 12 月，何凤生生前组织的科研团队又组织召开了第 244 次同一主题的香山会议，这是何凤生精心筹划的重要学术会议，遗憾的是何凤生院士已经长眠在地，不能亲自担任会议的执行主席了。

但这次重要的学术会议，也为何凤生的职业病防治生涯画上了一个圆满的句号！

尾　声

几年后的一天傍晚，中国疾病预防控制中心职业卫生所，郑玉新还在办公室里工作。他通常晚走。一位日本老人由人搀扶着进来找到他。老人自我介绍，他是日本某大学的退休教授，扶他的人是他姑爷。通过他姑爷翻译，他告诉郑玉新：他在英国留学时，何凤生教授在神经病学术上曾对他进行过指教，给予他很大帮助，是他终生难忘的良师益友。他知道何老师已经去世，他找来这里，是想去她的办公室再拜谒一下。"老先生年龄看上去比何老师大。"郑玉新说。他见过各种各样来感谢何老师的人。

2005 年以来，每个清明节，何凤生院士的学生们要聚集北京八宝山革命公墓，给老师扫墓，向老师汇报工作，向老师学习，缅怀恩师。

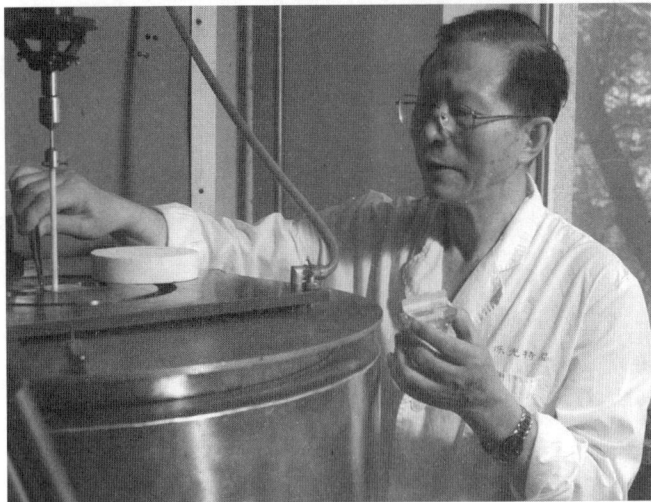

让中国品牌的人工晶体
傲立世界科技前沿

——记中国工程院院士沈德忠

◆ 杨志奇　马红霞

沈德忠 （1940.6—2014.04.05）生于贵州贵阳。我国人工晶体专家。

1964年毕业于四川大学物理系固体物理专业。1986—1987年于多伦多大学进修光波导，1993—1994年在美国圣芭芭拉大学合作研究光折变效应。1995年当选为中国工程院院士。

沈德忠长期从事无机非金属晶体材料的生长、应用及探索研究。先后生长出铌酸钾（KN）、磷酸氧钛钾（KTP）等十多种晶体；研制成功高光学质量的大单畴KN晶体，使该晶体的批量生产和实际应用成为可能。首次在掺铁KN晶体上实现了室温自泵浦相位共轭；首次用改进熔剂法研制成功大块高光学质量的KTP单晶，不但打破了美国对该晶体的垄断和对我国的禁运，而且批量生产和出口，效益显著。其中，"铌酸钾晶体的研制"获1988年国家科学技术进步奖一等奖。熔剂法电光KTP晶体的研制成果，获2001年国家科学技术进步二等奖及科技部代颁的美国杜邦科技创新奖。

困苦，又充满情趣的青少年时代

爱自制玩具的孩子

1940年6月，沈德忠出生在贵州贵阳的一个工人家庭，童年的生活是在贫困中度过的。当时，他一家七口全靠当筑路工人的父亲微薄的工资养活。小学上到三年级，他因为实在缴不起每学期八斗米的学费而辍学在家。1949年后，政府免了他的学费，才使他在1950年春得以继续上学。当时家境仍很困难，别家孩子能够享受的乐趣，对他来说就很奢侈。别的孩子玩玩具，他在心里羡慕，父母没有钱给他买，于是他就自己动手学着做。他用木板制作的孙悟空，活灵活现；用条棉线，穿过玩具孙悟空的手部，两端绷在一张小竹弓上，手一捏，孙悟空就翻起了筋斗。不断捏握，这玩具小悟空就不断翻腾。也许从那时候起，一株创造和创新的萌芽就种植在了他童稚的心灵上。童年发生的一件制作幻灯机的事，让他至今难忘。那时的他为制作幻灯机，竟把外公的老花眼镜拆了，取出镜片做成幻灯机的镜头。他为此还被母亲打了顿屁股。正是这次挨打，"打"出了他对光学的浓厚兴趣。他记得当初在调整幻灯机投出的图像时，发现画有图像的玻璃板与镜头之间的配置方式，会严重影响图像的清晰度，却不知道是什么原因。这促使他上中学后，对物理及其相关的课程特别感兴趣。他学习刻苦，考试成绩大部分是5分（当时学校实行的是五分制）。初中毕业时，他12门功课竟有7门是5分（其中包括物理、代数、几何、音乐、美术等），其余五门为4分。由于成绩优秀，他被保送到当时的重点学校——贵阳一中念高中。

沈德忠不仅物理、数学成绩优秀，音乐、美术成绩也同样优异。读初中时，他一直担任班上的美术科代表。他平时总爱在黑板上、书本上画点什么，那时班里的墙报都是由他来画刊头和插图。在读小学时的一天晚上，他凑着街灯在马路上用粉笔画拿大刀的关云长。恰值这个街道的街道办事处主任经过，被他的画吸引住了，饶有兴致地站在一旁看了很久。尔后问了沈德忠的姓名、家庭住址和学校……不久，他所在班的班主任告诉他，那个街道办事处为参加市政府举办的声援"抗美援朝"游行活动，要临摹漫画杂志上揭露美军丑行的40幅漫画，叫他去帮忙。他欣然允诺，去街道办认认真真画了一个多星期。40 幅漫画被他临摹得惟妙惟肖，办事处十分满意，奖给他 30 斤大米和 1 双皮鞋。这在当时，是十分丰厚的奖品了。沈德忠现在还清楚地记得自己第一次穿上皮鞋时那兴高采烈的情景。

沈德忠自述：贵阳，我亲爱的故乡

心怀感恩的人，往往是铸就精彩完美人生的人。沈院士就是这样的人。2008年 2 月，沈院士在京写下了一篇充满深情的回忆文章，《啊，贵阳，我们的家乡！》。表达了对生他、养他的老城贵阳的无限思念；诠释了他对母校贵阳一中的老师和同学们的深切怀念。文章记录了他在贵阳一中三年难忘的学习生活，他这样写道：

我于 1956 年夏在当时的贵阳二中（校址在会文巷）毕业，被保送到贵阳六中念高中。考虑到我住在都司路，离贵阳一中很近，便与分到一中的同班同学朝诗交换（他家距六中很近），这样便促成了我到贵阳一中难忘的三年学习。

来到一个新集体，尽管同学们原来多不相识，但很快就能融洽相处。由原来一中初中部升上来的同学，对一中的情况十分熟悉，便随时帮助新到一中的同学适应校园环境，了解应遵守的规章制度，还介绍各位任课老师的性格特点。

当时正值国家召开了第一届全国科学会议，制定了十二年科技发展规划，要超英赶美，鼓励年轻人攀登科学高峰，所以我们都很兴奋，学习劲头十足。我记得那时在同学间流行着一首歌，其歌词是：

"学习好比上高山，高山顶上有平川，抓住枝藤拉住手，我们个个紧相连。祖国希望担在肩，庄严誓言要实现。科学本领掌握了，建设祖国大花园。我们要建设祖国大花园，大花园。"

可见当时的学习气氛十分浓厚。一中老师对我们要求也很严格。下课后不但要求同学们好好复习当天所学的功课，做好家庭作业，而且要预习第二天将要学习的课程，个别同学认为，复习功课，完成作业也就够了，干吗还要预习？把预习当成额外的负担。而我却从预习中尝到不少甜头。因为通过预习，你可以知道书本上哪些内容你能自己读懂，哪些内容你看不懂，第二天上课时就可以把注意力集中在你看不懂的地方，仔细听老师讲，还可以针对难懂的部分向老师提问。所以往往是不到放学，当天的家庭作业我就完成得差不多了。

课余时间，我们过得很愉快而且内容丰富。那时围绕一中校园的南明河还没有受到洗煤厂的污染，河水碧波荡漾，清澈见底。一到夏天，就下河游泳，我就是在一中学会游泳的。球场上也会见到我们的身影。我打篮球虽然技艺不高，但还是喜欢到球场上去拼抢。当时一中的图书馆藏书已很丰富，在校三年，我从图书馆借了不少国内外名著阅读，诸如《水浒》《三国演义》《红楼梦》和托尔斯泰的《战争与和平》《安娜·卡列尼拉》；狄更斯的《大卫·科波菲尔》《双城记》；萧霍洛夫的《静静的顿河》；以及巴尔扎克、马克·吐温、契诃夫等等作家的著作。可以说，我阅读小说最多的时期是在贵阳一中。

那时我国和苏联的关系还很密切，广播、电影，无处不接触到苏联的文化艺术。特别是俄罗斯民歌和苏联卫国战争时期的歌曲，如《伏尔加纤夫曲》《三套车》《红莓花儿开》《喀秋莎》《列宁山》《共青团员之歌》等等，我们都经常传唱。直到今天，我还一直沉浸在这些歌曲之中。《列宁山》那首歌里有句歌词是："当我们想起年轻的时光，当年的歌声又在荡漾。"我现在的感受的确如此，不但在我想起贵阳一中的时候，胸中会回荡着这些苏联歌曲，而且在听到这些苏联歌曲时，也会回想起在一中学习时的年轻时光。

我们不但经常引吭高歌，还跳舞；不只是跳集体舞，还在学校组织的一些晚会上演出一些有完整内容的舞蹈剧，例如"鄂尔多斯舞""花儿与少年""猎归"等。

我在贵阳一中学习的三年，正好赶上1957年的反右和1958年的"大跃进"。虽然入学后的第二年便遭遇反右斗争，但该运动只在老师中进行，对中学生只是进行正面教育，所以同学之间的情谊并未受到影响，对划为右派的老师也一如既往地尊重。因为那时学生们根本不知道被划为右派意味着什么。我记得一位教我们数学的老师叫杨世济，年纪较大，教学经验丰富，教学效果很好，一直受同学们喜爱。他个子不高，后脑勺长得比较突出，同学们都赞扬说，杨老师有这么一颗赤金脑袋，所以才会这么能干！快毕业时我们才知道杨老师1957年被划成了右派。

如果说 1957 年的反右运动对学生没有什么冲击，那么接下来的 1958 年"大跃进"、全民炼钢，则触及每个同学。我记得为了超英赶美，1958 年的钢产量要达到 1800 万吨，要求每个同学都要为此做出贡献，高中生也要炼钢。炼钢没有炼钢炉可不行，于是我们把邻近学校后边的一些坟堆挖开，把里面的砖头拆下来建了一个炉子。没有煤也不行，我们就借来一辆大卡车后面的拖斗，班里的男同学就像蚂蚁啃骨头那样簇拥在拖斗的四周，从学校把拖斗推到郊区一个叫"五里冲"的地方，装上煤后又簇拥着推回学校。现在回想起来还感到后怕：那时贵阳郊区的马路高低不平，拖斗又没有刹车装置，近千公斤的煤装在拖斗里面，四周都是年轻学生，上下坡时万一控制不住，其后果真不堪设想。但我们就是这样把煤运到了学校。

煤运来了，把炉子生起来，随着炉温的升高，一股令人作呕的刺鼻臭味从炉内冒了出来。这时我们才意识到，这些砌坟的砖头已被腐烂的尸体流出的尸水浸泡透了。尽管如此，钢还是照炼。我们把各家捐来的破锅碎铁扔到炉子里，使劲鼓风、加煤，那些碎铁总算熔了。等到冷却后拿出来一看，就是一堆烂铁巴，谁也不知道有什么用处，但肯定不是钢。此后就再也没有人去理会这些铁巴。

现在回过头去看，1958 年的全民炼钢实在是不科学的举措。去年我国钢产量达两亿多吨，世界第一，并没有发动全民来炼钢，而是按照科学规律去建设、发展搞出来的。我们这些亲身经历全民炼钢的学生，对当今提倡的科学发展观的正确性有更深刻的认识和领会。

1958 年以后，我们除通常的正规学习外，还参加一些生产劳动。例如到近郊的农村去帮助公社锄草，收割庄稼；到工厂去实习锻炼。这些活动虽然占用了一些上课时间，但也能学到一些课堂上学不到的知识。例如我曾去过三桥汽车修配厂的钳工班实习了一段时间，初步掌握了钳工的锯、锉、钻等加工技能，增强了我的动手能力。这对我后来的科研工作很有帮助。参加生产劳动，还能获得一些难忘的体会。我们班有一位女同学，在农村参加了一次劳动后，写了一篇作文，很得语文老师王慎余的赞赏。老师将之作为范文念给我们听，我的印象最深刻的是这样一个情节：当她挑着一担水准备去浇地时，一位老大妈对她喊道："小姑娘，你的扁担挑反了！"

这位女同学写道，她从来没有下过农村，连扁担的正反都分不清楚，这件事虽小，但对她触动很深，一辈子也忘不了。当然，现在的学生不一定都要下乡去体验这样的体力劳动，但针对所学的课程和将来拟从事的专业需要，抽出一段时间去参加一些相应的社会实践，训练并掌握一些基本技能，还是很有必要的。

在贵阳一中三年高中学习时间，很快就过去了，同学们绝大多数都考上了大学。我们班的李明智考上了北大，周国强考上了清华，熊易芬、张明考上了中国科技大，鲁永福考上了西安交大，我则考上了四川大学等等。大学毕业后，又奔向各自的工作岗位，很多同学远离了贵阳，离开了贵阳一中。但我们忘不了贵阳，忘不了贵阳一中，忘不了为了教育我们成长而做出无私奉献的老师们。每当我有机会回到贵阳，总要到一中的校园去漫步，找回当年的感觉。老同学们也经常聚会，共叙当年的师生情谊。

去年贵阳一中庆祝建校一百周年时，我写了如下一副贺联，以表达我对贵阳一中百年华诞的庆贺及对母校的感激和怀念。

百年华诞，天长路漫；山城学府，南明河畔；

英才辈出，严师代献；育绩辉煌，前景灿烂。

我在北京工作和生活了四十四年，但总是怀念我的故乡贵阳，这不仅因为我的父母、弟、妹在贵阳（父母前几年才去世），而且还因为我在一中学习时，我们的音乐老师胡启文谱写了一首当时深受同学们欢迎的歌：《啊，贵阳，我们的家乡！》这首充满贵州原生态山歌优美旋律的歌曲深深地印在我的心里，每当我唱起这首歌，我就回想起我的故乡贵阳，从而回想起诞生这首歌的母校贵阳一中；回想起我在一中度过的三年难忘时光。作为这篇回忆录的结尾，我将这首歌的部分歌词录出如下，与老师同学们共享：

啊，贵阳，我们的家乡，你是祖国的好地方！青青的黔灵山高接白云，静静的南明河碧波荡漾；中曹稻谷肥又香，田野歌声多悠扬，人民勤劳又勇敢，山城处处是宝藏。

才情在青春中闪光

沈德忠青年时期，有许多健康的追求与爱好。他喜欢音乐、舞蹈、文学和绘画。尤其钟情于绘画。对美术的爱好，使他曾在临近高考时想报考美术学院，遗憾的是那一年全国重点美术院校没有到贵阳来招生，于是他报考了理工类，结果被四川大学物理系录取。

沈德忠聪颖的天资使他在美术方面的造诣达到了相当高的境界，他画的一些作品，人们看后常常认为是专业画家所作。2007年10月，为一展院士文学艺术风采和审美情趣，中国工程院举办了院士诗文书画摄影作品展。沈德忠以早在读大二时期创作的题为《院士》的钢笔连环画和八十年代初临摹俄罗斯画家的油画《神秘的女人》参展，获得院士们的赞赏。有人发出感叹，"工程院多了一位院士，中国却少了一位画家！"至今这两件作品还挂在工程院地下大厅供人们欣赏。

沈德忠对音乐、舞蹈也有浓厚的兴趣，二十世纪五六十年代流行的苏联歌曲是他的所爱，如今在联欢晚会上或卡拉OK厅里，还能听到他引吭高歌《列宁山》《伏尔加船夫曲》《莫斯科郊外的晚上》等歌曲；至今他仍记得在读中学时积极参加学校举办的文艺活动，跳过如"花儿少年""猎归""鄂尔多斯舞"等经典舞蹈。他穿着学校从贵阳歌舞团借来的演出服参加鄂尔多斯舞表演的照片常常把他带回到那美好的回忆之中："那是人生中最美好的时光，无忧无虑，载歌载舞，谈笑风生……'当我们想起年青的时光，当年的歌声又在荡漾。'"

1964年7月沈德忠由四川大毕业后，被分配到建材部非金属矿研究所工作，按当时的国家政策，大学毕业生要到基层劳动锻炼一年，这样他于1965年底被派到山东南墅石墨矿机修车间钳工班劳动锻炼，当时的工作主要是改造选矿车间。到车间后，他就投入到了那热火朝天的劳动锻炼中。时间过得很快，转眼已近春天。有一天上班，他看到厂房旁边的桃花开了，远处一片淡黄的迎春花也开了，使他感到北方的春天到了。据他回忆说，"当我正在欣赏春色美景时，一群下夜班的选矿工人正好走出车间，他们的脸上沾满了石墨，一张张黑黝黝的笑脸在晨光下闪光，在桃花的红色和迎春花的黄色映衬下，显得格外漂亮，令我激动不已，本来以为北方的春天会比南方来得晚，可眼前的景色让我感到，石墨工人忘我的劳动热情，已经把南墅的春天迎来了。"于是便写下了"迎春花"这首小诗。

迎春花

北国南来是他乡，冰天雪地炼好钢。

才罢新屋添新意，不觉严冬卸严装。

簇簇红云追暖树，片片黄花攒春光。

谁说南墅春来晚？石墨闪处看群芳！

《迎春花》既是作者心灵被触动的自然吐露，更是作者对劳动者诚挚真切的情意。正是缘于此，在那劳动锻炼的一年中，他真诚拜劳动者为师，学到了一手在课本中学不到的精湛的钳工技术，这为后来的科研工作带来不少好处。因为他觉得搞科研总是要动手的，而当钳工正好锻炼了这种动手能力。直到古稀之年，他仍然奋战在科研一线，劳动者本色依旧。

主要研究领域和学术成就

迎难而上，抢占人工晶体研究制高点

1960 年，美国和原苏联科学家在掺 Cr 的 Al_2O_3（红宝石）晶体上，实现了激光输出，标志着光电子时代的来临。此后，与激光有关的人工晶体作为微电子、光学、激光、遥感、通讯、航天、宇航等高科技领域和现代军事技术所不可替代的关键材料越发受到世界各国科学家的重视。各发达国家一致认为在日益激烈的科技竞争中，人工晶体具有极为重要的地位，于是纷纷投巨资进行研究，抢占人工晶体的制高点。

此时，刚刚走出大学校门的沈德忠毅然选择了人工晶体作为自己奋斗的方向，他四十多年如一日，拼搏在人工晶体研发前沿，终于和中国晶体行业的科技工作者一起打造出傲立于世界科技前沿的中国品牌的非线性光学晶体。

二十世纪七十年代，激光技术已发展出用掺钕的钇铝石榴石（Nd：$Y_3Al_5O_{12}$ 简称 Nd：YAG）晶体作为激光介质，激光输出功率获得大幅度提高，但该晶体输出激光的波长为 1064nm，为不可见的红外光，而很多应用需要波长处于可见光区的激光，于是就发展出了能够改变激光频率的变频技术，该技术利用非线性光学晶体，通过倍频、和频和差频等方法使激光的频率产生变化，以满足各应用领域的急需。例如通过一次倍频，可以使1064nm激光的频率增加一倍，而光的波长与频率是成反比的，频率增加了一倍，波长就会缩短一倍，于是1064nm的红外光就变成了532nm的绿光。

当时能够用作激光变频的晶体只有磷酸二氢钾（KDP）、铌酸锂（LN）以及铌酸钡钠（BNN）等几种。KDP非线性系数（一种衡量变频性能大小的数值）太小，在空气中易潮解；LN的非线性系数虽较大，但耐激光冲击的能力太差，容易被激光打坏；BNN属固溶体，要生长出高光学质量的单晶很不容易，在这种形势下，沈德忠敏锐地意识到应该探索新的非线性光学晶体。

沈德忠从相关资料的对比中，了解到一种名为铌酸钾（KN）的晶体有较大的非线性光学系数、不潮解，于是在研究所的支持下对该晶体进行研究。

要探索一种新的晶体，按美国晶体生长同仁的经验，至少需要"ten million and ten years"即需千万美元和十年的时间！当时研究所给的经费只有几万人民币，连一台像样的晶体生长炉都买不起，于是沈德忠就自己动手，画出所需设备的草图，让所里的机修车间加工成炉子，再请设备组装上加热控制系统，生长KN晶体的装置就这样制出来了，设备虽然简陋，但操作起来也得心应手。后来因受到国家863计划的资助，工作条件才有所改善。

经过几年的研究，解决了KN晶体生长的几个关键难题。首先是从一锅新料熔体中长出的头几块KN晶体总是蓝色的，不能作任何应用，等于是废品。那时国内外陆续有些单位也开展了KN晶体的生长研究，也碰到了这个令人头疼的难题。瑞士的研究人员认为，这是因为生成的KN晶体中缺氧，存在氧空位，所以发蓝。但他们后来在氧气氛中生长KN晶体，也未解决这个KN晶体的赋色问题，沈德忠从KN原料的组成、结构，以及焙烧温度等方面入手，进行深入细致的研究，找到了真正的问题所在，并对生长工艺做出相应的调整，终于使从新料熔体中长出来的第一块KN晶体，就是无色透明的。

第二个难题是晶体开裂。KN晶体在1050℃的温度下长成后，提离熔体，降温到室温的过程中要经历两次相变。晶体从立方相变到四方相（420℃），然后从四方相变到斜方相（225℃），每经过一次相变，晶体内不同区域的晶胞取向就经历一次调整，所以降到室温出炉的KN晶体，已变为结构十分复杂的多畴晶体，由于不同晶格取向的畴壁之间存在应力，所以当生长的KN晶体从1050℃降到室温时，晶体往往严重开裂，毫无利用价值。沈德忠从KN晶体的结构出发，详细研究产生相变时晶胞变化的各种可能性，再结合降温的速率和温场的变化，设计出尽可能减少开裂的降温程序和温场配置，终于大大降低了 KN 晶体开裂的可能性，制备出完整可用的晶体。

第三个难题是随之而来的对多畴 KN 晶体的定向和极化。因为用于激光变频的晶体必须是单畴的，所以必须确定室温出炉的 KN 晶体多个畴区的晶格取向。当时国际上对多畴 KN 晶体的定向有两种办法，一是测量生成态晶块三个方向的热膨胀曲线来判断取向，但实际操作起来根本无法判断，因为电畴的分布毫无规律，不可能得出确定的数据。第二种办法是对生成态 KN 晶体的六个自然结晶面进行化学腐蚀，然后在显微镜下观察蚀坑的形状来确定晶向，这个方法存在的缺点是文献上列举的蚀坑形状不典型，容易造成误断，沈德忠认真的研究了腐蚀坑相关的晶面结构，并与蚀坑图形对照，总结出一套比较典型的晶面蚀坑图形，解决了多畴 KN 晶体定向的难题。

国际上对其他多畴晶体，都是在该晶体的某一特定方向上加上高压直流电场，使晶体中排列方向不同的偶极子沿电场方向重新取向来变成单畴晶体。由于生成态 KN 晶体经历了两次相变，其内部的畴结构异常复杂，沿用上述其他晶体单畴化的方法往往不成功。沈德忠在显微镜下仔细分析了多畴 KN 晶体晶面腐蚀坑的形状和分布规律，并从晶体结构上确定哪些区域的偶极子容易沿施加电场的方向转向，那些区域的转向比较困难，从而划定进行极化的区域，然后将划定的区域从多畴晶体中切割出来，再加电场极化，从而解决了多畴 KN 晶体单畴化的难题。

二十世纪八十年代初，人工晶体所长出了尺寸为 $52 \times 40 \times 20mm^3$ 的多畴 KN 原晶，极化后获得最大尺寸为 $32 \times 18 \times 11mm^3$ 的单畴晶体，1985 年 7 月，瑞士苏黎世高等工学院的 H.Arand 教授来所访问，看到沈德忠制备的 KN 晶体，感到很诧异，惊叹道："中国人能长出这么好的 KN 晶体来！"这位教授受到沈德忠赠给他的有关 KN 晶体生长论文的启发，改进了他们用来生长 KN 晶体的工艺技术，提高了生成态 KN 晶体的质量。

1986 年 4 月，美国 48 位材料科学家在马里兰州的安纳波利斯市召开了一个关于非线性光学材料的讨论会。在会上，与会专家首先对非线性光学晶体的重要性做了阐述，然后对当时能够接触到的较为出色的激光频率转换材料进行了评估（涉及中科院物构所研制的 β-BBO、南开大学研制的 Mg：LN、山东大学研制的 L-精氨酸盐、KTP 以及 KN 等五种晶体）有关 KN 晶体的情况是这么说的：KN 晶体是一种可用于半导体激光二极管的倍频材料，但当时美国没有这种材料，并指出 KN 单晶的制备技术难度大，不易长出 $10 \times 10 \times 10 mm^3$ 的晶体，与会专家感到在非线性光学晶体领域，美国已经落在中国的后面，最后大会通过建议，呼吁美国政府制订有关发展非线性光学晶体的一揽子计划，加强研究队伍，在最初的十年内投资 2~5 千万美元，优先发展包括 KN 在内的五种非线性光学晶体。

这次会议对 KN 晶体的研究和应用起到很大的促进作用，人工晶体研究所建立了 KN 晶体的生产线，成了世界上能接受 KN 订单的三家单位之一（另外两家是瑞士的 Rainbow Photonics 公司和美国的 Virgo 公司，而 Virgo 公司生长 KN 的技术是由瑞士 RP 公司转让的）IBM 公司的研究人员将 KN 晶体用作半导体激光倍频，基波波长为 858nm，入射功率为 101 毫瓦，倍频后获 429nm 蓝光的输出功率达 39 毫瓦，转换效率为 39%，这是其他倍频晶体都达不到的。

除用作小功率激光变频以外，KN 晶体在光折变领域也崭露头角，沈德忠与瑞士的 D.Rytz 教授合作，利用掺铁 KN 晶体的光折变特性，制成室温自泵浦相位共轭镜，其反射率达到了 74.8%，属当时国际最高水平，与美国圣芭芭拉大学的美籍华人叶伯奇教授合作，用掺铷的 KN 晶体进行光折变实验，其光折变的响应时间降到了亚毫秒级，这比一般铌酸锂（LN）的光折变响应时间要快三个数量级。

人工晶体研究所的 KN 晶体研究项目，1987 年进行了部级鉴定，鉴定结论是处于国际领先水平，1988 年 7 月获国家科学技术进步一等奖，沈德忠排名第一。

自主创新，打破美国对我国的垄断和禁运

上面提到的那次美国非线性光学材料会议上，还评价了一种非线性光学晶体磷酸氧钛钾（$KTiOPO_4$，简称 KTP）。认为该晶体产生频率转换的阈值低，温度带宽大，对中功率激光的变频非常有前途，而那时美国能买到的 KTP 变频器的尺寸只有 $5 \times 5 \times 5 mm^3$，且价格昂贵，故也被列入优先发展的五种非线性光学晶体之一。沈德忠对 KTP 晶体的研究和发展，也做出了重要的贡献。

KTP 这种化合物，是 1971 年法国 R. Masse 等人首先合成出来的。他们测试了 KTP 粉末的晶体结构，指出该结构中钛氧八面体畸变很大。晶体结构基元的畸变大，非线性光学系数就可能高。以 J. D. Bierlein 为首的一批美国杜邦公司的科学家在这种背景下，选择了 KTP 来进行研究。

在空气中 KTP 于 1172℃ 分解，不能一致熔融，故不能用通常的晶体生长方法，如提拉法、坩埚下降法等方法来生长。只能将 KTP 熔于某种熔剂中产生过饱和，或是用助熔剂降低体系熔点来生长 KTP 单晶。Bierlein 和 Gier 1976 年获得的有关 KTP 晶体的专利就使用水热法（将 KTP 在 3000 大气压，800℃ 下溶于 KOH 的水溶液中）来生长 KTP。由于生长条件十分苛刻，用作生长容器的高压釜不可能做大（内径只有 $\Phi 9.525mm$，长 152.4mm），长出的晶体宽度不可能大于 9mm，中间还有籽晶。后来经过多年的改进，高压釜内径也未超过 $\Phi 40mm$，考虑到生成态晶体存在包裹体、生长条纹等缺陷，晶体中间有籽晶，倍频器还要求固定的切向，故切出的器件尺寸仍然偏小。KTP 在常压下的居里点是 936℃，但在高压下，尽管生长温度低于 800℃，长出的 KTP 仍然是多畴晶体，需要极化为单畴才能使用。

鉴于水热法生长 KTP 的诸多缺点，人们又尝试了熔剂法。杜邦公司的 Gier，1980 年还获得了一份用熔剂法生长 KTP 的美国专利。用熔剂法生长 KTP 的困难在于熔体液面会产生自发结晶，这些自发结晶随着熔体的流动会粘到正在生长的晶体上，致使长出的 KTP 晶体是一簇多晶。Gier 在那份专利中列举的效果最好的实施例也只长出一簇多晶，其中最大的一颗晶粒尺寸为 $15 \times 8 \times 2mm^3$，也没有多大的用处。

除杜邦公司外，美国菲利浦公司的 J. C. Jacco、G. M. Loiacono 等人也用除水热法外的多种方法生长过 KTP，但效果都不好。他们用顶部籽晶熔剂法生长 KTP 的结果是："在所有情况下，都只得到由很小的平行取向的斜方形晶粒组成的多重结晶。"

1982 年 6 月，天津大学姚建铨教授在美国做了两年的访问学者后回到北京，趁下飞机转乘火车回天津作短暂停留之际，经同事介绍，会见了沈德忠，并向他介绍了他在美国期间，使用了一种名为 KTP 的非线性光学晶体，倍频转换效率比铌酸锂高得多，特别是光损伤阈值比铌酸锂高两个数量级，性能非常好。价格也相当贵：一块 $3 \times 3 \times 5mm^3$ 的 KTP 倍频器售价 2750 美元，对中国还实行禁运。他把在美期间的积蓄都凑上，想买一块带回国来，人家不卖。有一天，姚教授的导师做实验，不小心把一块 KTP 倍频器掉在实验台上摔碎了。姚教授一看机会来了，便向他老板说："你瞧，这块 KTP 已经摔碎了，给我一块碎片拿回去做做实验吧。"他的老板回答说："不行。KTP 是美国军方资助的项目，对社会主义国家禁运。碎片也不许带出实验室！"因此姚教授迫切希望人工晶体所能进行 KTP 晶体的生长。

沈德忠和同事们被姚教授的爱国热情深深感动！对美国的禁运政策十分愤慨！便着手在生长铌酸钾的顶部籽晶熔剂法的工艺基础上进行革新，创造性地设计出一种特殊的、能够控制熔体液面自发结晶的顶部籽晶熔剂法。在研究组同志们的共同努力下，不到半年时间，就长出了尺寸达 $25 \times 15 \times 10mm^3$ 的高光学质量的 KTP 单晶。根据现在查到的有关 KTP 的文献和了解到的情况可知，这是国际上第一次用熔剂法长出可用于实际倍频的 KTP 单晶。此后山东大学用籽晶浸没法（即把籽晶插入熔体中进行晶体生长）也长出了 KTP 晶体。

沈德忠用特殊的顶部籽晶熔剂法生长的 KTP 晶体，籽晶在生成态晶体的外部，长出的是单晶，故利用率高。这种方法生长的 KTP 晶体 Z 向截面比较大，有利于波导的制备和电光应用。1987 年，杜邦公司那位首获 KTP 专利的 J. D. Bierlein，为开发 KTP 的波导应用，又苦于水热法生长的 KTP 晶体尺寸太小，特别是不能得到大 Z 截面的 KTP 晶片，于是向全世界寻求，挑来挑去，最后选中了沈德忠的 KTP，并签订了购货合同。人工晶体研究所每年向杜邦公司提供十万美元的 Z 切 KTP 片。当然，在合同敲定之前，沈德忠打报告请示了当时的国家科委：美国此前对我国实行 KTP 禁运，现在他们反过来要购买我们的 KTP 晶体，我们能不能卖给美国？经过科委仔细研究后，由当时的汪宗荣司长代表科委作了答复：同意出售。这笔生意一直做到 1996 年 J. D. Bierlein 逝世为止。

人工晶体研究所与 J. D. Bierlein 合作得很好。为使我们能配合他们发展 KTP 波导器件的计划，1988 年还特地汇来九万美元资助人工晶体研究所把 KTP 晶体尺寸长的更大，那时我们可长出 $50 \times 40 \times 35mm^3$ 的大尺寸 KTP 单晶。在他逝世前一年，还给沈德忠发来一份传真，第一段写道："我认识到是您发展了生长 KTP 晶体的顶部籽晶熔剂法。这是一项十分优秀的工艺技术，对我们的 KTP 波导计划非常有用。您应该为此项成就而获得某种奖励。"

在"九五"863 计划实施之前，熔剂法 KTP 和水热法 KTP 在电光性能和光损伤阈值方面还存在着差别。水热法 KTP 晶体的电导率在 $10^{-10}\Omega \cdot cm$ 量级，光损伤阈值为 GW/cm^2 量级；熔剂法 KTP 的电导率为 $10^{-7}\Omega \cdot cm$ 量级，光损伤阈值为 $700MW/cm^2$。由于普通熔剂法 KTP 的电导率太大，故不能用作电光调制。

"九五"期间，在 863 计划的资助下，沈德忠对普通熔剂法长出的 KTP 晶体的导电机理进行了详细研究，找出了电导率较高的原因，对生长工艺做了相应的调整，最终将普通熔剂法 KTP 的电导率降低了三个数量级，达到与水热法 KTP 相同

的 $10^{-10} \Omega \cdot cm$ 量级，激光损伤阈值也达 GW/cm^2 量级，用这种 KTP 晶体制成的电光调制器，半波电压低（只有 760V），调制频率高（可达兆赫级）。目前，已开发出一系列不同规格的 KTP 晶体电光调制器并成功地应用于激光脉宽小于 1ns 的精密脉冲电光整形。在建的中试生产线，拟对 KTP 晶体电光调制器进行小批量生产。

有关 KTP 晶体的研究成果 1987 年获部级科技进步一等奖，2001 年获国防科学技术进步一等奖，2002 年获国家科学技术进步二等奖。值得一提的是，正如 J. D. Bierlein 教授所期待的那样，尽管 KTP 是美国杜邦公司首先用水热法长出来的，但杜邦公司还是将 2001 年底的杜邦科技创新奖颁发给了以沈德忠为首的科研团队（由国家科技部代为颁奖）。以表彰他们在熔剂法生长 KTP 单晶研究中所做出的杰出贡献。

受聘清华，开启科研教学新篇章

1996 年沈德忠被清华大学化学系聘为"双聘教授"，除了培养博士生、给研究生上课以外，还进行一种名为硼酸铯锂（$CsLiB_6O_{10}$ 简称 CLBO）的非线性光学晶体的研究。该晶体是一致熔融化合物，比较容易生长出大尺寸的单晶，透过波段截止到 180nm 的深紫外波段，且没有明显的光折变效应，所以有利于大功率的紫外倍频。经过几年的探索研究，沈德忠就长出了 3 个方向上近百毫米的 CLBO 大单晶，用于 1064nm 激光的四倍频，获 28W 的 266nm 激光输出，这是目前用 β -BBO 晶体作四倍频时获 266nm 输出（~300mw）的九十倍。故国内外不少单位都来订购 CLBO 四倍频器。

倍频器是有两个通光面的精密光学器件，一个面供基频光（例如 532mm）输入，一个面供倍频光（例如 266mm）输出，这两个通光面要精密抛光，增加透过率，为了减少菲涅尔反射，对于一般有两个通光面的光学器件，有两种办法。一是镀减反膜，按材料的折射率进行计算，设计该材料镀膜的膜系和镀制用的膜料，在真空镀膜机上镀膜；另一种是把光学器件的两个通光面切成布儒斯特角（简称布氏角）。对于一般光学器件，入射光和出射光的折射率是相等的，所以切出的布氏角也是相等的，两个通光面虽不再与光学器件的中轴垂直，但相互之间是平行的，所以一般光学器件如果不通过镀膜减反射，就把两个通光面进行相互平行的布氏角切割，也能达到同样的减反射效果，这种减反射切割方法已沿用了上百年。

自二十世纪六十年代激光器发明以后，为了减少激光系统光学元件通光面的反射损耗，除了镀膜以外，主是靠布氏切割成相互平行的通光面来进行减反射的。由于长时间以来，对 266nm 减反的镀膜工艺过不了关，所以对于 1064nm 激光四倍频的倍频器的减反射，大多是通过布氏切割的方法来达到的。

沈德忠接到不少定购 CLBO 用于 266nm 倍频的订单，其中不少是要求将倍频器进行布氏切割，订单附图上画的切割出来的通光面都是相互平行的。沈德忠按他们所画的方法，将通光面进行相互平行的布氏切割后给用户寄去，就再也没有听到任何回音，这就引起了沈德忠的深思，这种布氏切割真的能使倍频器减少反射吗？

沈德忠从最基础的光学原理出发，去检查布氏切割能减反射需要达到的必要条件，以及倍频器与一般光学器件存在什么本质的区别。

经过反复的研究，沈德忠发现，布氏切割能够起到减反射作用的必要条件是：入射光（或出射光）的电矢量，必须在入射面（或出射面）内偏振。当光束通过一般光学器件时，偏振态不会发生改变，因此通常的那种将通光面进行相互平行的布氏切割后，能够减少反射。而倍频器与一般光学器件的本质不同之处在于：入射到倍频器中的激光束经过倍频作用后，光束的偏振方向要发生改变。这是因为在进行激光倍频时，只有在入射基频光的折射率与出射倍频光的折射率相等的条件下，才能产生有效的倍频作用（这在激光倍频技术中称为相位匹配条件），对于同一光学介质，不同波长的光波（例如 532nm 和 266nm）其折射率一般是不相等的，只有在它们的 o 光和 e 光折射率椭球的交点处，折射率才相等。所以，要满足相位匹配条件，出射倍频光的电矢量振动方向必定与入射基频光的电矢量振动方向垂直，即相差 90°。由此可见，将倍频器按布氏角切割成相互平行的通光面，不但不能减少出射面的反射损耗，反面增加了损耗。

针对这种错误的出射面布氏角切割方法，沈德忠提出了能真正减少倍频器通光面反射损耗的切割准则：按入射基频光和出射倍频光的电矢量振动方向来确定通光面布氏角的切割方位，按此准则切割出来的布氏角倍频器，两通光面不再平行，两者的法线指向相差 90°。

沈德忠的这项研究成果，纠正了几十年来在激光倍频器减反射切割中存在的错误，已得到国内外业界的公认，以"非平行通光面激光倍频器"为名的专利，于1999 年获中国专利授权。

作为一名与晶体打了一辈子的交道的老科学家，沈德忠最懂得"只有好晶种才能长出好晶体"的道理。他常说："要想让中国品牌的人工晶体继续保持在世界领先地位，最紧迫工作之一，就是要加大对人工晶体的宣传力度，让更多的青少年热爱和投身于人工晶体事业。"为此，沈德忠除了指导博士生、给研究生上课、完成科研任务以外，还抽出宝贵时间积极投身于人工晶体知识的科普活动，如为北航学生做"多彩的人工晶体"学术报告、参加央视"中国科技百集巡礼系列节目——《中国品牌的人工晶体》"制作等。

科学家的情怀

在艰苦的环境中创一流成果

2003年4月21日，当时的国资委领导到沈德忠工作的人工晶体研究院看望他。然而来到沈德忠的办公室时，他们被眼前的情景惊住了——

办公室内只有一张办公桌，一只木椅，一张补补疤疤的老旧沙发；桌上除了工作的文献资料，只放着部老旧的电话机；办公室面积不足20平方米；室内墙体斑驳，装着铝合金窗框边的墙上的木条甚至破落了一大块。让人很难想象这是一位大科学家工作的地方。

中国工程院成立于1995年，成立当年，沈德忠就当选为首批工程院院士。作为顶尖科学家、人工晶体研究院的科技元老，他为国家的人工晶体研究和该院的发展壮大做出了巨大的贡献。但谁会相信时至今日，这位科学家使用的木椅还是伴随了他40年的老旧椅子呢？有谁会相信他办公室唯一一张旧沙发的坐面已被他用皮革粘补了多块呢？对国家和研究院的贡献与现实的工作环境与办公条件形成了强烈的反差。前来视察的国资委领导看到这些，都不免感到痛心。

其实，对于沈德忠来说，工作环境与办公条件的"寒碜"，几乎不在他的视野和考虑之内。他出身寒门，家庭与早年学校的教育，传统文化中那些积极向上的观念撑持着他一路行来，坚执如铁。他牢记住父母的训诫："要能够吃得大苦！再难也要把事做好。""一粥一饭，当思来之不易；半丝半缕，恒念物力维艰。"在比较艰苦的环境条件下，他更多的思考是如何以有限的财力物力搞好科研，创出一流的成果。

事实上，几届院长、书记对沈德忠都极为尊敬并十分关心他的工作和生活，多次提出为他改善办公条件、为他配备专车，但都被他婉言谢绝。

直到沈德忠去世之前，他的办公室一直保持着一种极素极简，又极宜于静心思考的状态氛围。每当人们走进他的办公室，立马能够感觉到心灵被一种高洁的品格所净化。他正是以这样高尚的人格魅力，赢得了人们对他发自内心的尊敬和爱戴。这也正是他能取得丰硕的科研成果的一个重要方面。

热爱科普事业，关注青少年成长。

回眸自己的科研生涯，沈德忠觉得自己之所以能取得这样的成绩，最大的动力来自于对人工晶体事业的执着追求。此外，在做研发过程中凝练的严谨及一丝不苟的作风使得其研究更接近事物或过程的真相，达到格物致知的效果。由于常年养成的这种对自己的要求近于苛刻的习惯，沈德忠在学术上对年轻同志要求也异常严格，并将其视为繁荣我国科技事业，培养优秀科技人才的重要保障。

在全国政协九届三次会议上，他郑重提交了两项提案，其中一项语重心长地阐述了中小学生如何灵活掌握学习方法问题。这项提案受到重视，得到推广并受到了广大师生的欢迎。他企盼着祖国的科学事业、中国的人工晶体事业后继有人并一浪高过一浪，永远傲立于世界科技前沿。

作为一位远见卓识的科学家，沈德忠多次谈道：中国品牌的人工晶体要想在世界继续保持领先地位，最紧迫工作之一，就是要继续加大对人工晶体的研究、开发与宣传的力度，让人们认识人工晶体，让更多的有志青年热爱和投身于人工晶体的研发事业。沈德忠说："要通过对我国人工晶体发展历程的回顾和未来人工晶体发展前景的展望，通过历史的感情和凝练，普及人工晶体知识，倡导科学方法，传播科学思想，弘扬科学技术在推动人类文明进步历程中的重要意义，激励广大青年献身人工晶体事业。"为此沈院士在科研任务异常繁重的情况下，仍抽出宝贵时间积极投身于人工晶体的科普活动。

近年来，沈德忠多次接受新闻媒体专访，每次采访他强调的都是"科技兴则国兴，科技强则国强"的理念，他的追求就是大力普及人工晶体知识，让更多的人关注和支持中国的人工晶体事业。

2001 年 6 月和 2002 年 8 月，沈德忠分别接受了中央电视台《青少中心》和《科技博览》两个科普性栏目记者采访。这两次采访都正值炎热的夏季，为了达到更好的节目制作的效果，他每天汗流如注，以他一贯求真务实和严谨的科学态度，本着对亿万观众高度负责任的精神进行精心准备，针对节目的特点，亲自制作图文并茂的光盘，精心撰写出生动易解的解说词。为了达到生动、形象的视觉效果，他还在近 40℃ 高温的晶体生产线旁边讲解边拍摄，有时一拍就是一两个小时，往往汗透衣衫，像从水中爬出来的一样。

沈德忠经常要审阅大量的文稿，他在审阅时非常细心，对每一个细小的错误都绝不放过，对每一个存疑的问题都要查阅大量文献资料，以求证实。经他改过的文稿，许多标点符号的错误都被一个个标示出来，许多语法上的不通顺、不严谨、不规范他都要细细地改正。对许多已经出版的科学杂志或书籍，沈院士都会敏锐地指出其中的问题，包括印刷上的错误、科学技术上或者表述上的错误。他曾痛心疾首地指出："现在的许多科研工作者缺乏严肃认真的治学态度，往往大量引用自己未经证实的数据或结论，这对我们的科技事业是非常有害的啊！"正因如此，沈院士对年轻同志要求非常严格。他认为，从事科研工作，关键是一开始就要培养严谨、求实、较真的良好学风。这种作风要一代代传下去。

在一次人工晶体研究院内部学术讨论会上，一位年轻同志在做幻灯片演示，就在一闪而过的幻灯片中，沈德忠敏锐地发现了一个基本数据的错误，他当时就指了出来。而这位年轻同志表示异议，说我是引用国外文献上的数据。事后，沈德忠特意查找了有关文献资料，从中发现国外文献的原文有误，将这个错误的来龙去脉清楚地写在纸上，并特意交代其助手转交给那位年轻的同志，说："我们不能以讹传讹，感觉到错的，一定要找到错误的根源，及时进行纠正，以树立起严谨求实的学风。"

沈德忠十分关注青年人的创新思想，一旦发现他们有了新的想法，他便会全力扶持。1999 年，他的研究室分来一位武汉工业大学材料专业的硕士研究生，沈德忠发现她在晶体镀膜理论上很有创新，便对她积极进行引导帮助，大力培养，使她的研究理论和业务水平迅速得以提高。她 2002 年顺利地考取了清华大学化学系博士研究生。在离开单位时她激动地说："从沈院士对我无微不至的关心和培养上，可以清楚地看到老一辈科学家对青年人是何等关怀。我只有加倍努力学习，才不会辜负老一辈科学家的殷切期望！"

对于自己的文章，沈德忠要求更加严格，甚至近于苛刻。沈德忠文章中的许多原始的图，都是他自己亲自描绘，其一笔一画，无不倾注着他的心血。文稿也经常修改了一遍又一遍，有时组里的同志都表示不解，在一些无关紧要的细节上这么认真有必要吗？沈院士的回答是肯定的：要！只有在一点一滴上坚持认真二字，才可能创出一流成果。

晶体生长是一门实验科学，基础理论固然不可缺少，但是动手能力也十分重要。在晶体生长的工作中，有许多十分细致的技巧活，现在年轻同志往往不能胜任。这时候沈院士会亲自动手，为年轻同志做示范，并手把手地教会他们。他"巧夺天工"的钳工手艺，时常让老钳工也惊叹不已。人们不知道这手绝活还是缘于他"文化大革命"下放工厂劳动那段经历。而通过钳工技能，也能窥见他的治学严谨，做事认真的人品风范。

沈德忠课题组的一位负责为科研实验检校收拾设备、器材、工具的普通女工是位单亲母亲。她的孩子不幸在上小学三年级时患了"过敏性哮喘"病，时常辍学，严重影响了学习。而这种情况，对这位女同事的工作、精力、情绪等无疑也产生了严重影响。沈院士知道这情况后，心里比同事还急。他一贯喜欢孩子，关心着每一个少年儿童的心智与健康，为免除女同事的后顾之忧，他积极为孩子联系医院，促其加强治疗；同时再三叮嘱这位女工，给孩子治病的同时，一定要想法给孩子补好课："一定要抓紧对孩子的文化补习，千万不要掉队呀！"

与此同时，为使这位同事能早点下班回家照顾儿子，沈德忠常常自己接过她的工作，以自己娴熟的钳工手艺，加班加点赶出本该是这位女工做的活。每当提及此事，这位女工感激的心情总是无以言表。

在对创新人才的定义和培养上，沈德忠依其亲身的实践与感悟，形成了自己的真知灼见。他在为清华大学出版的《清华名师谈治学育人》一书撰写的文章中这样写道："我认为，创新人才应具有强烈的创新意识，扎实而广泛的基础科学知识，勤于思考善于实践的能力，以及不畏艰难、不怕失败的顽强精神。其实，原始创新是相当不容易的。有句格言说得好：'机遇只垂青那些有准备的头脑。'我认为这句格言在一定程度上描述了原始创新的实质。那些为了某种理念，某种构想而百思不得其解，文献、资料中翻不着答案，专利、专著里也找不到方法，成天渴望弄个明白的人，偶然看到某种实验现象或是听到某种理论，突发联想，产生灵感，找到了解决问题的方法，从而导致原始创新。在这里，'有准备的头脑'是关键。如果不是对某个要解决的问题朝思暮想，机遇来了也会擦肩而过。我希望能有比较宽松的环境，足够充裕的时间，让那些有创新意识的头脑去做好准备，不要过多地去打扰他们。"

生命不息，奋斗不止

沈德忠一方面在人工晶体研究院搞科研，一方面又在清华大学化学系讲课带博士生，工作要兼顾多头，不管严寒酷暑，风来雨往，每天得往返60多千米。尽管有小车接送，但每日路途拥堵，令人疲惫不堪。这样沈院士每天工作时间都在10多个小时，这对一位年过70的老人来说，身心俱已透支，实在是太辛苦了。两家单位的领导都十分关心沈院士，总是劝他要多多注意身体，表示他随时可以把任何一方的工作放一放，去度假休息，调整一下。但沈德忠似乎从来就没有把这放在心上。

1999年国庆节，沈德忠获中共中央有关部门的邀请，作为科学家代表到天安门城楼参加国庆游行观礼。观礼结束后，已至中午。沈德忠回到在广场一侧等候接送他的单位同事与司机身边时，他身边的工作人员告诉他，为庆贺他获上天安门观礼的殊荣，中午已在一家酒店安排了就餐。沈院士觉得为自己做此安排甚是不妥。他婉言告诉工作人员，自己必须马上赶到清华去给学生上课。请司机先把自己送到清华，然后让接送的同志们去找一个好一些的饭馆好好吃顿饭。硬是有些"固执"地拒绝了在酒店为他安排的午餐，在驰往清华的路上啃了个自己早上准备的馍馍，喝了点茶，就算吃了午饭。

作为一名中国工程院院士，沈德忠经常受邀到各地去做学术报告。开始一些单位认为沈院士是赫赫有名的科学家，担心请他不动，总是通过各种关系对他进行邀请。对此，沈院士心有不安，凡有需要，凡能赴会，他绝不推辞。他常说："科学讲座是传播科学知识、科学思想和科学方法的绝好时机，也是提高大众科学文化素质的科普活动。我作为一名人民培养的科学家，只要条件和时间允许，理应身体力行！"沈院士是这样说的也是这样做的。2010年10月，有一家兄弟院所建院30周年，想邀请沈院士做一场学术报告，当时正赶上沈院士身体有些不适，加之这个单位地处山东淄博郊区，有的同志劝他推掉算了。但沈院士却说："只要能克服的困难，就一定要克服。"他带病拟稿，对所讲内容反复推敲，做了认真的准备。尔后按要求赴会，所做的报告鲜活生动。也使大家感到十分亲切，富有启发意义。

"生命不息，奋斗不止"是沈德忠终身践履的人生信条。他在培养清华大学博士生的过程中，言传身教，用自己的实际行动忠实履行着一名博导的神圣职责，耐心地关怀、引导着每一名博士生，却很少有时间关心自己。他有一个愿景，就是必须培养出国家自己的优秀的博士生，为中国的人工晶体研究储备下大量人才。让中国的人工晶体立于世界人工晶体之林。凡是与沈院士共事过的教师都对他都竖起了大拇指，由衷地钦佩和赞赏他。

　　半个多世纪以来，强烈的事业心和责任感始终如一地激励着沈院士一步一个脚印为着他所钟爱的教育事业追求着、奋斗着——就是凭着"生命不息，奋斗不止"的精神，他带出了一批又一批的清华优秀博士生。同时，他在自己的单位里也取得了一项又一项的科研成果，可谓是科研育人"双丰收"。

　　2014 年 1 月，沈院士由于长期过度劳累，住进了北京阜外医院，在住院一周的时间里，他做了三个心脏支架手术。单位领导和他夫人接他出院时，他说，要加倍工作，早日完成新的科研任务，还要多招几名博士生。这些激荡灵魂的语言，是激励青年奋进的号角，深深地感动了每一个人。

　　沈院士视事业如生命。他"快乐在岗位上，生命在事业中"，他把自己的全部智慧、心血乃至生命都倾注到了祖国的人工晶体事业中。

　　2014 年 4 月 5 日 2 时 52 分，中国共产党优秀党员，中国人民政治协商会议第九、第十、第十一届委员，我国著名晶体材料科学家，中国工程院院士，中材人工晶体研究院首席专家，清华大学化学系教授、博导沈德忠院士因病医治无效不幸在北京逝世，享年 73 岁。

　　2014 年 4 月 9 日上午，沈德忠院士遗体告别仪式在北京八宝山殡仪馆举行。

　　沈德忠院士逝世后，时任中共中央政治局常委、国务院总理李克强，中共中央政治局常委、全国政协主席俞正声，中共中央政治局常委、中央书记处书记刘云山，中共中央政治局常委、国务院副总理张高丽等党和国家领导人通过各种方式，对沈德忠院士逝世表示深切哀悼，对其家属表示亲切慰问，并为沈德忠院士追悼大会送了花圈。

　　沈德忠院士把毕生的精力献给了我国的人工晶体事业，是我国人工晶体界的一代宗师。他的逝世，不仅是他工作了一生的中材人工晶体研究院的重大损失，也是我国人工晶体科学研究事业的重大损失。

　　他严谨的学风，谦逊的为人，廉洁奉公品德，必将成为后世青年的楷模。

千磨万炼终无悔，一片冰心在玉壶

——记中国工程院院士吴以成

◆ 卢慧彬

吴以成 （1946.11.5—）出生于甘肃天水，祖籍为广西玉林。著名功能材料专家，"中国牌"紫外倍频晶体LiB_3O_5主要发明人。

1961—1964年就读于贵阳六中。1969年毕业于中国科学技术大学近代化学系，1986年获中国科学院福建物质结构研究所博士学位。1981—1999年在中国科学技术大学任教，2000—2017年任中国科学院理化技术研究所研究员。2005年当选为中国工程院院士。

长期从事非线性光学材料研究和发展工作，在新型非线性光学材料探索、晶体生长及非线性光学特性研究、晶体结构与非线性光学性能相互关系等方面取得多项成果。与合作者一起发明了LiB_3O_5（简称LBO）、CsB_3O_5（简称CBO）、$La_2CaB_{10}O_{19}$（简称LCB）等多种非线性光学晶体。LBO晶体已广泛应用于激光技术领域，是目前最适合用于高平均功率全固态激光器的二、三倍频晶体，曾被美国《激光与光电子学》杂志评为1989年度国际十大激光高技术最佳产品之一。"新型非线性光学晶体三硼酸锂—LiB_3O_5"获国家发明一等奖。曾获得国家教委、国务院学位委员会颁发的"做出突出贡献的中国博士学位获得者"称号。在中国科学技术大学工作期间，被评为"安徽省有突出贡献的中青年科学家"。

在清水里泡三次，在血水里浴三次，在碱水里煮三次。我们就会纯净得不能再纯净了。

——阿·托尔斯泰《苦难的历程》

为中国人争口气

唐朝诗人王昌龄脍炙人口的名句，"一片冰心在玉壶"，形容人的内心非常纯净正直。而"玉壶冰心"这个意象，恰好又与晶莹剔透、纯净无瑕的人工晶体，有异曲同工之妙。

人工晶体是人类在自然物质基础上的伟大创造。

晶体生长，听着又是多么神奇浪漫。然而对于科研工作者而言，人工晶体的研制却是日复一日，年复一年，千研万炼，不停地设计、实验、测试的艰辛过程。

1987年11月15日，美丽的海滨城市厦门，虽已入冬，海风依旧温和，让人并不觉得寒冷。某会议中心的主会场内灯火通明，座无虚席，主席台与观众席上既有黑眼睛、黑头发、黄皮肤的中国人，又有许多有碧眼高鼻的国际人士。他们聚集一堂，是为了召开国际激光学术会议，交流世界非线性光学晶体研究的最新成果。

历史性时刻到来了，主席台上，中科院福建物构所研究员陈创天健步走到发言台前，用沉稳而坚定的声音说道："下面，我向与会的国内外专家、学者、同仁们郑重宣布，继偏硼酸钡（简称 BBO）之后，第二块中国牌新型非线性光学晶体、三硼酸锂（简称 LBO）已在中国研制成功！"

话音刚落，会场上就响起了雷鸣般的掌声，记者手中的相机不停地闪烁，同时发出"咔嚓"的快门声。参会的外国专家脸上露出了惊讶的，又略显复杂的神情。纷纷将目光投向了陈创天，及他正介绍给大家的那个年轻人——LBO 晶体的发明人，吴以成。

吴以成个子不高，戴副黑框眼镜，脸上露出质朴的笑容。他望向自己的导师，两人目光交汇，千言万语都无法表达他们此刻激动的心情。他们并不是为了自己的成就和荣誉而激动，他们是在心中长舒了一口气。这口气是为全体中国人和中国晶体科研人员争的一口气。吴以成和陈创天深知，他们自己只是这条漫长而艰辛的研究之路上接力的奔跑者。这条中国非线性光学晶体研究之路是几代中国科研人员前赴后继开创的奋斗之路，是在落后屈辱中不断努力抗争的道路，此时此刻，几代人的共同梦想，终于在陈创天、吴以成这代人手上实现了，怎能不叫人激动呢？

为了这一刻，吴以成整整研究了三年。他很少向别人讲起这段研究历程。然而他的导师陈创天和他的妻子傅佩珍知道，在整个 LBO 晶体研制的过程中，吴以成究竟付出了怎样的心血。他查阅了无数的中外文资料，进行了数以万计的测试运算，去计算设计最佳的模型，去寻找相图；又经历了多少次配方实验的试错过程，曾经在试研杯中对原料进行千研万磨，日复一日，年复一年，在酷暑顶着压力、硬着头皮，坚持研究。哪怕是患病头痛欲裂，也仍然不停止实验。为了研究，他与妻子、孩子分居三地，孩子只好托给妻子年迈的父母照看。等完成研究及博士论文答辩后，再见到孩子时，孩子都已不认识他这个父亲了。然而吴以成生性乐观平和，从不以研究之累为苦。在他看来，为中国造出性能更好的非线性光学晶体，哪怕拼了命也是值得的。

吴以成始终难忘导师陈创天给他讲过的一个小故事：美国多年对中国进行变频晶体材料的技术封锁。在 BBO 之前，变频晶体做得最好的是 KTP 晶体，是美国杜邦公司的专利产品。KTP 倍频转换效率高，特别是光损伤阈值比铌酸锂高两个数量级，性能非常好。价格也相当贵：一块 $3 \times 3 \times 5mm^3$ 的 KTP 倍频器售价 2750 美元，对中国还实行禁运。天津大学姚建铨教授 1985 年至 1987 年在美国杜邦公司做访问学者。他把在美期间的积蓄都凑上，想买一块带回国来，人家不卖。有一天，姚教授的老板做实验，不小心把一块 KTP 倍频器掉在实验台上打碎了。姚教授一看机会来了，便向他老板说："你瞧，这块 KTP 已经摔碎了，给我一块碎片拿回去作做实验吧。"他的老板回答说："不行。KTP 是美国军方资助的项目，对共产党国家禁运。碎片也不许带出实验室！"

这个故事是吴以成和所有中国非线性晶体研究工作者心中的一个梗。大家都暗自下决心，一定要发明中国人具有自主知识产权的非线性晶体材料，给美国以有力回击，让中国的非线性晶体生产不再受美国技术垄断的制约。终于，继导师陈创天发明 BBO 晶体后，吴以成发明出性能更好的 LBO 晶体，且获得了专利！中国人，成功了！这一消息立即在国际学术界和高科技产业部门引起轰动，人们惊呼：中国在新型非线性光学材料研究领域继续保持国际领先地位！

吴以成说："我大学本科毕业后在贵阳耐火材料厂工作了 10 年，当过好几年一线工人，这对我后来搞非线性光学材料研究来说，的确是一种很好的锻炼。我们这一代人，不怕苦不怕累，搞科研的时候该拼命就拼命，没什么好说的……

晶体实际上是一个一个的物质整整齐齐地排列起来，一点一点的，每一排列中间不能错，一有错它就有缺陷，有缺陷就不行。又要长大，又要长好，这确实是很难。我们讲这除了科学问题，还是个工匠精神。说大国工匠精神，这个确实是。几年，甚至十几二十年，要夜以继日地重复，你要吃得了这个苦。要动脑子，要重复劳动，要经受考验……"

LBO 晶体到目前为止，仍然是世界上三倍频效应最好的非线性光学人工晶体。它是中国人自主发明创造的，所以被国外同行称为"中国牌"晶体，这是一种至高赞誉，代表中国在非线性光学晶体研究领域处于世界领先水平。美国激光与光电子杂志评选 LBO 为 1989 年世界十大激光高科技产品之一。LBO 获得了中、美、日发明专利授权，该成果转化为高科技产业，取得了数以亿计的经济效益和良好的社会效益。

迁徙的家

抗战期间，吴以成的父亲吴业伟，作为一名铁道工程师，参与了天水到宝鸡铁路的选线勘测工作。1946 年 11 月，吴以成在甘肃天水出生，这是家中第三个孩子。吴业伟给大女儿取名"以立"，给这个儿子取名"以成"，就是希望儿女们通过自身努力，以立其成，有所成就，成为对国家、社会有用的人。

在吴以成儿时的记忆中，父亲常年在外地工作，很少回来。吴以成幼年时是外公外婆带的。

客厅灯下，母亲在给孩子们念父亲的来信。

"亲爱的孩子们，你们好，我在千里之外给你们写这封信，非常挂念你们。你们和妈妈在家一切都还好吧？

我在为新中国的铁路建设勘测设计线路。这个工作需要常年在野外实地勘测考察。并且流动性很大。国家哪里需要新建铁路了，我们的工作队就要去到那里，考察这条线路沿途的具体情况，设计出最切实可行的方案。这项工作责任重大，半点都马虎不得。而铁路建设，又对我们新中国的国力的增强有非常重大的意义。所以再苦再累都值得，我一定要尽力干好。

但是这样一来，我就只能常年在外工作了。只有辛苦你们的妈妈。她为了照顾你们，照顾家庭，辞去工作，成日操劳，对此我感到非常歉疚。所以亲爱的孩子们，请你们一定要听妈妈的话，自己的事情自己做好，多为妈妈分担家务，你们兄弟姐妹之间要团结友爱，相互照顾，少让妈妈操心。

另一方面我也希望你们一定加强学习，多看书多读报，养成自学的习惯。只有从小学好本领，将来才能为祖国的建设做出应有的贡献。亲爱的孩子们，请你们记住一句古话：技多不压身。人一定要有安身立命、服务社会的本领。另外望你们多记诵古典诗词，并多进行体育锻炼，强身健体，为将来的学习和生活打下一个好的身体基础。祝安康！

另外再告诉你们一个好消息，我们下个月全家将要搬到首都北京去了，请大家抓紧时间，把需要的行李物品收拾好。切记！"

每次母亲念完父亲的信，吴以成都会拿去再仔细地一字一句地看一遍。随着时光流逝，他也在慢慢长大，也渐渐体会了父亲关怀与殷切嘱托，懂得努力学习，多分担些家务。

经过一番周折，吴以成全家终于搬到了北京铁路宿舍的新家，父亲正好有时间和他们短暂团聚，大家都非常高兴。

周日上午，父亲走进吴以成和哥哥合住的房间。吴以成正坐在书桌前看一本苏联的反特小说《绿锁链》，讲的是特务拿信号枪，发出绿颜色的信号……父亲一抬头，看见书桌前面的墙上贴的中国地图上，有几个地名，被用红笔圈了起来：天水、湛江、成都、北京。

父亲脸上露出了笑容。他伸手摸了摸吴以成的后脑勺，问道："地图上这些地名是你圈的吗？"

吴以成抬起头，笑着认真地回答："是的，我在统计我们到底搬过多少次家。爸爸，读了您上一封来信，我明白了我们为什么几年就要搬一次家，并且发现了我们搬家的一些规律。那就是您在哪里修铁路，我们的家一般就会搬到哪里去。您曾说过，我出生在甘肃天水，那时您在勘测天水到宝鸡的铁路。您修广西黎塘到湛江的铁路时，我们的家是在广东湛江。您修成渝铁路的时候，我们搬到了四川成都。可是爸爸，这一次，我们为什么要搬到首都北京来呢？"

父亲露出和蔼的笑容："那是因为我所在的单位为了祖国铁路建设的需要，整体搬迁到了北京。我们铁路建设单位，也是一个流动的大家庭。也是随着祖国铁路建设的需要，几年就要搬迁一次的。这样说，你能明白吗？"

"哦，听您这样说，我就明白了。"

"这次你又转学了，能够适应吗？"

"爸爸您放心，相信我，没问题的。"

父亲拿起桌上的红笔，在地图上又新圈出了一个地名，是广西的玉林。父亲指着这个地名，郑重地说："以成呀，记住，无论家搬到哪里，只要一家人心在一起，就是开心的。同时无论你走到哪里，你还一定要记住，你的老家是广西玉林。你是玉林人。那里是你的祖辈、父辈生长的地方……"

吴业伟是广西玉林市兴业县石南镇枫木村人，1936年毕业于广西大学土木工程系。广西玉林。古称郁林，风景秀丽，物产丰富，有真武阁、金圭堂等名胜古迹，且自古就有崇文重教之风，人才辈出。

吴以成听父亲说，在父亲幼年时，教私塾的爷爷被匪徒绑架，因家中无力支付赎金而被撕了票。剩下孤苦伶仃的奶奶和父亲，靠奶奶种点田地，帮人家带小孩为生。父亲小时候也常常要到山上砍柴干活。但他天资聪慧，学习成绩很好。同族一位叔父是位开明乡绅，看中了父亲的勤奋好学，主动资助他读书。后来父亲考上广西大学土木工程系，毕业后就从事铁路设计勘测工作。

"为了祖国努力工作。"吴以成对父亲这句话印象特别深刻。父亲对工作的态度，对孩子们是一种潜移默化的影响。父亲的敬业精神和为祖国奉献的精神，让吴亦成特别佩服。从小他自己学习和做事的时候，都不知不觉地以父亲为榜样。父亲对故乡、对祖国的深厚感情也深深触动了吴以成幼小的心灵。

天文迷和小说迷

全班同学一边鼓掌欢迎，一边用好奇而兴奋的目光，打量着讲台上班主任身边的小男孩。小男孩中等个子，比较结实。他微笑着，落落大方地向同学们点头致意，完全没有初来乍到的陌生感或怯懦。他是刚从成都转学到北京来的新同学，名叫吴以成，今年10岁。

半期考试成绩公布时，全班同学惊讶地发现，取得第一名成绩的竟是上个月刚转学来的吴以成同学。而吴以成也很快与同学们打成一片，交到了很多新朋友。

一天，吴以成在哥哥的书桌上看到了一本杂志，刊名叫《知识就是力量》，是从苏联翻译过来的。吴以成不自觉地翻开，就读了起来，这是一期天文学的专刊。那一整天吴以成脑子里都是宇宙、大爆炸、行星、恒星，太阳系、银河系……印象最深刻的，就是为了支持哥白尼日心说而被罗马教会施以火刑，用火烧死的布鲁诺，他是为了真理而献身的呀。吴以成内心久久不能平静。

夜里，吴以成仰望星空，他在想那些星星的光亮是经历了多长的时间才被我们看到，银河系以外又是什么？人类有机会看到更远的星系吗？吴以成暗暗下决心，一定要自己亲手做一个望远镜。从此吴以成成了天文迷。他开始自己订科学杂志，每期不落地反复看，尤其注重学习天文学方面的知识。这时候他的内心渐渐有了一个梦想，长大想要去学天文学，成为一个天文学家。

小天文迷吴以成又特别爱看小说。受哥哥姐姐的影响，吴以成在成都时就开始看小说。20 世纪 50 年代初期，一大批苏联反特小说像《侦察员的功勋》《绿锁链》，还有科幻小说，吴以成在北京看了很多。古典小说一开始看的就是《水浒传》《西游记》《三国演义》《封神演义》，都是小学就看了。

那时候，小说都是同学之间互相借，很少花钱买。家里有时候是母亲给的零用钱，他就拿去买小说。比如说红色小说《林海雪原》。

在北京升入初中后，吴以成很快发现了一个好去处，那就是学校的图书馆。学校图书馆有规定，每到星期五下午学生才可以借小说。图书馆一开，吴以成就跑去先借一本薄的，当时就看。看完以后趁图书馆还没关门，马上就再换一本，借一本厚的拿回家慢慢去看。

那时吴以成看小说就可以用如饥似渴来形容，在家有空时坐着看，在图书室一刻不停地看，走在路上也是书不离手的。结果就是，他的视力下降了，坐教室后排看不清黑板。母亲只好带他去配了一副黑框眼镜。从此，在邻居眼中吴以成就是一个戴着眼镜的，有点书呆子气的少年。

夏夜，父亲正领着他和弟弟读诗，父亲用略带广西口音的普通话，吟诵唐诗，父亲读一句他和弟弟读一句。当父亲吟到"银烛秋光冷画屏"一句时，吴以成抬头眼望窗外，正看到天上弯弯的月儿，从云间缓缓穿过。哇，这诗句不正是写的眼前的情景吗。吴以成小小的心中泛起了涟漪，若有所悟。

父亲偶尔休假在家的时光是愉快而美好的。父亲特别喜欢中国传统文化，经常给孩子们讲诗词格律，讲《唐诗别裁》和《十八家诗钞》。在父亲的教导下，吴以成从小就会背诵唐诗、宋词和《古文观止》上的文章，有很扎实的文科功底。父亲还爱下中国象棋，并教他们兄弟几个下。父亲的书柜上有很多棋谱书，比如很有名的象棋古棋谱《橘中秘》和《梅花谱》，还有《南洋象棋专辑》等。

吴以成遇到各种新鲜事物都好奇，都想要去尝试。在北京读小学时，还没有学会游泳，他就和小伙伴偷偷下河，居然无师自通学会了游泳。后来母亲给办了一张什刹海游泳池的游泳卡。从此游泳变成了吴以成常年坚持的运动，也成了他一生的爱好。除游泳外，吴以成还喜欢足球、乒乓球等运动，身体素质基础打得很好。

1961 年，由于父亲吴业伟工作再次调动，全家再次搬迁。这次的目的地，是贵州省的省会贵阳市。当时吴以成的大哥已经考上了北京建筑工程学院，学习土木工程专业。因此，只有吴以成与姐姐吴以立，以及三个弟弟跟随父母搬迁到了贵阳。这也开始了吴以成与贵州这片热土的深厚缘分。

贵阳记忆

搬到贵阳也就像从成都搬到北京一样，吴以成很快就习惯了。他一听到贵阳话，和小时候会说的成都话很像，感觉很亲切，所以对贵阳这个城市也没有特别陌生的感觉。

家，安置在贵阳黔灵公园旁的铁路宿舍。全国铁路宿舍的样式都差不多。四层高的小楼，是公寓式的。家里有两个卧室，有独立的厨房和卫生间，还有木地板，现在想来条件还挺不错的。铁路系统是一个特殊的体系，庞大的群体，他们通常称其他单位为地方，称自己为铁路上。将整个铁路系统视为一个整体，与地方上相区别，类似于部队与地方的区别。工作性质具有部队的流动性，打起背包就出发，哪里需要就到哪里去。所以铁道系统和他们的子女对这样异地迁徙也习以为常，不觉得有多辛苦。

吴以成最喜欢吃贵阳的碗耳糕。关于贵阳的饮食习惯，吴以成自己不能吃辣椒，也吃不惯折耳根（他夫人傅佩珍是上海人，却很爱吃折耳根）。米粉可以吃，还吃凉粉凉面，是那种豌豆凉粉。他记得比较清楚的是 1963 年国民经济逐渐恢复，街上开始卖肉臊面。之前只有清汤面，再早连清汤面都是买不到的。

1961 年至 1964 年，吴以成在贵阳六中读高中。此前他实际上已经考上了北京的高中，因为搬家又一次转学了。父亲打听到贵阳最好的高中就是一中和六中。六中离新家所在的北京路较近，又毗邻省政府。于是父亲就为以立、以成姐弟选择了贵阳六中。姐姐读高二，吴以成读高一。

当年贵阳六中是仿苏联高尔基中学的样式建造的。教学楼是苏式建筑，加了中式的屋檐，绿色的琉璃瓦，墙体是很浅的白色，非常漂亮。六中的文体活动很丰富，吴以成也常常到中华北路的六广门体育场去进行体育锻炼。

贵阳六中真是一个好学校，学习风气非常浓厚。当年的六中还有一个特点，就是有很多从印度尼西亚归国的华侨青年学生。这些学生，后来与吴以成都成了好同学。这些同学思维活跃，英语也好。而当时贵阳学生流行看的书，与北京学生的还不太一样，比较喜欢看像《机器岛》《格兰特船长的儿女》之类的西方科幻小说。

正是在贵阳六中，吴以立和吴以成姐弟遇上了学习上对他们影响很大的杨玠老师。杨玠老师先后教他们物理。由于成绩优秀，两姐弟也很受杨老师的器重，常获得杨玠老师的表扬和鼓励。

"学习物理要多问几个为什么，遇到新的现象也要多问几个为什么。"杨玠老师的这句话，影响了吴以成的一生。这种学习和研究的方法，对吴以成的启发很大，让他真正开始懂得该怎样学习。后来吴以成自己当了老师以后，也常用这句话来启发和引导学生。

跟着杨玠老师，吴以成的物理学得很扎实。这为他后来从事材料科学研究，打下了扎实的理科知识基础，锻炼和培养了他的科学思维能力。

课余时间，吴以成继续自学和探索天文学。高一的时候，他按照刚创刊的《天文爱好者》杂志教的方法，自己试做天文望远镜。买来老花镜做物镜，买来修钟表用的很小的放大镜做目镜，卷长纸筒做镜筒。做好后对着月亮一看，环形山居然看见了。吴以成高兴极了，马上拿去给杨玠老师看，他也很高兴，还表扬吴以成肯动脑筋、动手能力强……

吴以成与杨玠老师多年来一直保持联系，每次回贵阳他都会去看望恩师。

20世纪60年代正值困难时期，偏远的西南省城贵阳生活物资紧缺。反正大家都一样的，家家都困难，也就不觉得怎么苦。吴以成家里兄弟姊妹多，就靠父亲一个人工作的工资生活，日子只能说还维持得过去。国家有定量的粮食供应，一个人有32斤，但是没有副食，以杂粮为主，没有油水。吴以成又在长身体，所以容易饿呀。每个月每个人还要捐出一斤粮食给国家。所以每顿都是要吃苞谷粑的，大家也都习惯了。那个时候从来不知道什么叫苦。

变动不居，时常迁徙、流动的童年及青少年生活，锻炼了吴以成超强的适应能力，使他从小就不惧变化，养成了从容沉稳的性格气质。在困难面前他从不服输，无所畏惧，总是自己努力、动脑筋，寻找各种各样的解决问题的方法。另一方面，在老师的教育指导下，吴以成在学习上又始终保持着一份好奇心，对未知的事物具有强烈的探索和钻研精神。高中的学习，为吴以成将来进入科学研究领域，打下了良好的知识基础，培养了他非常强的学习能力。

一心想要在学天文或者物理学科深造的吴以成，最终选择了与化学、材料科学相结缘为伍，其中伴随着许多阴差阳错的因缘。

中科大：梦想启航

1964 年，吴以成高中毕业，参加高考。吴以成在考大学之前，一心想报考大学的天文专业或者物理专业。各种机缘巧合，大学本科却学了化学专业，或许是在冥冥中暗合了他人生的际遇。

由于历史的原因，贵州当时属于落后地区，省外很多重点大学的专业在贵州都不招生。只有南京大学和北京师范大学两个学校有天文专业，而且不在贵州招生。

哥哥已经考上了北京建筑学院学习土木工程，姐姐也考上了贵阳师范学院。父亲希望吴以成能够子承父业，去学习铁道设计专业。

因此，吴以成填报志愿的时候，就在一般院校志愿栏里，填了长沙铁道学院。而重点院校的第一志愿填的是中国科技大学。吴以成知道中国科技大学是在首都北京，且师资力量很雄厚，当时实行系所结合，钱学森、钱三强、华罗庚等著名科学家会给学生上课。吴以成毫不犹豫地选择了中国科技大学。由于高考成绩优异，吴以成就被中国科技大学近代化学系地球化学专业录取了。

吴以成怀着无比兴奋的心情，踏入了中科大北京玉泉路校区的大门，这是中国科技大学最早的校区，校园里彩旗招展，各处都有欢迎新生的红色条幅，还有各种办理入学手续的指引牌。走在吴以成身边的也大都是提着大小行李和他一样满脸兴奋，又有些茫然的新生。

他来到本系的报到处排队。当他前面的那个女生办手续时，他注意到这个女孩的声音很好听，讲的普通话略带点上海口音。女孩与工作人员对话时，吴以成惊喜地发现这个女孩和自己是同一个专业，同一个班。于是吴以成主动向她打招呼："你好，我叫吴以成，我们是同班的同学，以后一起学习，多交流哈。"女孩转过脸，略带惊讶地看着他，随即也露出温和又爽朗的笑容："你好，我叫傅佩珍，很高兴认识你。嗯嗯，以后一起学习，共同进步。"就这样他们成了很好的朋友，其后的闲聊中，他们还惊奇地发现，两人居然是同年同月同日生。班上成绩，两人都名列前茅，且你追我赶。生活中却无话不谈。

当时的中科大学习风气浓厚。学校又在大力进行教学改革。因材施教、单科升级、选修、免修等制度纷纷出台。来自西南边陲的吴以成，深知学习机会来之不易，他怀着为祖国科学事业做出贡献的理想努力学习。进入大学的第一个寒假，他留在学校苦读，没有回家过年，终于以优秀的成绩通过了物理免修考试，提前升入了高班学习。英语课也很快进入了快班学习。在大学的几年中，他功课门门优秀。除了学习自己的专业课程外，他还怀着浓厚的兴趣在数学、物理、天文、地理等各个领域浏览。

课余时间，吴以成仍保持对天文的爱好。在北京，就可以买到真正的物镜和目镜了。他重操旧业，动手做成一米多长的更专业高级的天文望远镜。在玉泉路中科大的宿舍六楼楼顶上，吴以成从自制的天文望远镜中，能清晰地看到颐和园的佛香阁。高中时自制的望远镜还有色散，大学制作的望远镜就很清晰了，能够看到双星。所谓双星，就是有些星星，肉眼看是一颗，实际是两颗并在一起。当然从自制的望远镜中看到的，也就是两个光点。家里每月给他20元生活费，15元用来吃伙食，剩下除买牙膏、肥皂等必备品外，都用来买书和科普杂志了。

吴以成1964年入学，1970年大学本科毕业。1978年，在贵阳耐火材料厂工作了10年以后，吴以成又重新考上了中国科技大学的回炉班。学习一年以后考上中科大硕士研究生。1981年硕士毕业以后，吴以成在中国科学技术大学留校任教，接着考上了中科院在职博士。1981年到1999年吴以成在中科大工作，当教师，搞科研，任教授，当博导。中国科学技术大学的学习和工作经历，是吴以成重要的人生阶段以及命运的转折点。他和中国科技大学的老师、同学、同事，以及学生，彼此间都结下了极其深厚的情义。

吴以成与傅佩珍，这对学习上的好伙伴志同道合，在专业上有共同的兴趣与追求。不知不觉间，爱情的种子在两个年轻人心中悄悄萌发，最终，两个人走到了一起。

耐火材料厂的"神雕侠侣"

1970 年，大学毕业分配，当时全国提出了"四个面向"的口号：即面向农村、面向边疆、面向工矿、面向基层。在这样的形式下，中国科技大学毕业的高才生吴以成和傅佩珍一同被分配到贵阳耐火材料厂工作。报到以后吴以成就被安排到原料车间当工人。当时大学理科专业的最好的分配去向，就是毕业后到基层的学校去当老师。由于贵阳耐火材料厂没有子弟学校，所以就只好先去车间当工人，后来当技术员。

吴以成和一同分配来的大学生都到车间当工人，参加劳动。八年中，他挖土方、运矿石、压耐火砖、装窑、出窑，样样干过。

吴以成当压砖工时，最怕的是加夜班。到了后半夜，双眼睁不开，还要强迫自己打起精神干。摩擦压砖机下冲速度很快，要迅速不断地将一块块几公斤重的砖坯从压模上搬下来。机压手和搬砖者一旦配合不好或稍有不慎，就有压断手指的危险。有时一个班下来，衣服都能拧出水来。

原料车间就是用铝矾土烧制做耐火砖的熟料。烧的是大立窑，一二十米高。都是徒手搬大矿石，放到小推车上，推到升降机那里，用吊车吊到窑顶原料口倒下去，一层煤一层料，再一层煤一层料，堆满后烧成熟料，然后再拣。比较辛苦的是三班倒，要上夜班。粉尘污染重，戴上口罩、帽子，都还挡不住灰，噪音也非常大。

吴以成他们这代人，不怕苦，体力劳动和干活不是问题。最大的体会就是体验了基层，学会了吃苦。大学毕业前一年，整个中国科技大学从北京迁到了安徽，这一代化学系师生到马鞍山钢厂去和工人一起参加劳动，天天干的就是力气活。所以贵阳耐火材料厂的劳动虽然是重体力活，也完全能够承担下来。

1973 年到 1975 年，吴以成作为技术员被厂里派到上海耐火材料厂去学习先进技术。上大学的时候，吴以成经常用哑铃练举重，锻炼自己的力量。他自己喜欢练，觉得自己力量不行，就坚持练。同车间的上海师傅开玩笑说，吴技术员可以当个壮劳力来用。重活都叫他一起去干，没有问题的。

多年后回想起来，在贵阳耐火材料工作这十年，的确对吴以成后来搞科研、搞材料研究来说，是一种很好的基础锻炼。一是能吃苦不怕累，搞科研，该出力的时候出力，该拼命的时候拼命，没有什么好说的。二是培养了严谨、专注、耐心、注意安全的习惯。例如压模制砖，三人配合，一定要集中精神，注意安全，否则一不留神就会把手指头给弄断了。所以安全意识非常重要，安全教育时时讲天天讲。安全问题在无形中养成了吴以成的一种自觉的意识和习惯。

当然在贵阳耐火材料厂工作时候，也发生了很多有趣的事情，让吴以成回忆起来记忆犹新。贵阳耐火材料厂在贵阳白云区龚家寨。刚开始去的时候，听说附近有"机场"。吴以成还以为是飞机场，结果到了才知道，是农民赶集的地方叫"鸡场"。工作后吴以成和同事们常到鸡场去赶集，买一些蔬菜、鸡蛋等改善生活。耐火材料厂有自己的铝土矿，在贵阳市头桥还有个分厂。刚工作的时候，单位的宿舍建在一个小山坡上，是一栋小楼。有一天晚上吴以成和工友们在寝室打扑克，正好上晚班的工人下班回来时，突然一阵大风吹过来，只听到轰的一声，停电了。吴以成和工友们一起冲出寝室，冲到了楼道上。等回过神来，吴以成说，我们的牌还在房间里呢。他和两个小工友跑回房间找扑克，一阵闪电照亮，眼前的情形让他们惊呆了，有窗户那面墙都垮掉了，不见了，就只剩一个空床架子，被子也没了，不能住人了。天亮后大家发现，这栋楼的整整一面外墙都垮掉了，幸好没有人员伤亡。被子啊，家具这些都掉到楼外山坡下去了。第二天从楼下看，整个楼就像一格一格的戏台立在那里。想起来又后怕又觉得好玩又富于戏剧性。

有情人终成眷属，吴以成、傅佩珍夫妇喜结连理，在龚家寨的贵阳耐火材料厂安下了一个属于他们二人世界的小家，一个温馨的避风港。1976 年，他们的儿子在耐火厂出生。贵阳耐火材料厂，可以说见证了吴以成生命中许多重要的时刻，铭记了他们夫妻难忘的青春岁月。耐火材料厂的工作虽然较辛苦，但吴以成夫妇与单位的同事之间却产生了深厚的情谊。后来耐火材料厂破产了，很多同事也调出来了，但他们多年都保持联系。吴以成夫妇每次回贵阳，都要和老同事、老朋友们聚会，感到很惬意。

吴以成和傅佩珍珠联璧合，在耐火材料厂堪称"神雕侠侣"。无论工作多么辛苦，他们都坚持学习专业知识，学习外语。知识分子的初衷就是千万不能把已学的知识给丢了，还要学新的知识。自学英语，自学日语，把单词抄在小纸条上，干活休息的时候拿出来背。他们渴望有朝一日，能够把自己所学的专业知识，毫无保留地贡献给国家，贡献给社会。

知识分子的命运是和祖国的命运紧密联系在一起的。记得大学分配时，吴以成与傅佩珍坐火车去贵州，过长江时，傅佩珍感叹道，也许我们这辈子再也不会坐火车过长江回北方了。

柳暗花明。1978年改革开放，国家恢复高考制度，举国欢庆。重视知识、重视人才的春天已经到来，中国千千万万知识分子又迎来了新的转机。

吴以成和傅佩珍将开启他们人生中最重要的新阶段。

1978年，改革开放的春风吹到了贵州高原。母校的师长没有忘记吴以成和傅佩珍这两位昔日的优秀学子。他们频频来信，希望他俩回炉进修，鼓励他俩应有远大的志向，在科学事业上做些高层次的工作。这些信撩拨着他俩好学上进的心。此时，吴以成与傅佩珍的儿子刚刚两岁，经济条件很差。上学，意味着要顶着更大的困难，吃更多的苦。但一想到，实现自己多年来梦想的机会就在眼前，不能失去。夫妇两人下决心要拼搏一次。

于是，吴以成和傅佩珍每天下班之后，又增加了一项更沉重的任务：温习功课迎考。本来就乱乎乎的家，更乱了，到处是书、讲义、笔记本……

为了争取时间看书，生活上更将就了。一碗面条、两个馒头就是一顿。当年秋天，夫妇俩把孩子放在了年迈多病的傅佩珍父母处后，一道自费从贵阳到合肥参加考试。天道酬勤，11月份，俩人终于如愿以偿，一同进了科大的回炉进修班。一年后，吴以成又顺利考上了化学系硕士研究生。经过三年的学习，吴以成在打下坚实的理论和实验基础之后，拿到了硕士学位并留在中国科技大学任教。

庄严的使命

材料科学对于普通读者来说比较陌生，实际上却与我们生活的方方面面息息相关。材料科学家创造出的人工晶体，能够起到划分时代的标志性作用：水晶及其压电元件的研制成功，将人类带入无线电通讯的新时代；单晶硅及其集成电路的普及，标志着电子时代的到来；红宝石及其激光器的研制成功，预示着人类进入光电子时代。

非线性光学晶体是光电子技术的基础材料之一，利用晶体的非线性光学效应（倍频、和频、差频、光参量振等），可以实现激光频率变换，开辟激光技术所需要的不同频率的激光光源，广泛应用于信息、先进制造、微电子、医疗、能源、国防等诸多领域。

在合肥至福州的列车上频繁地出现了吴以成疲惫不堪的身影。几年了，他常常在这条铁道上奔波。原来，他跨入了生命中又一个重要时期。1982年，他考上了中国科技大学在职博士生，在完成了科技大学的教学任务（辅导学生、编写教材等等）后，他的全部时间都在福建物质结构研究所做博士论文。正是在这里，他大开了眼界，为事业上的跨越做了进一步的准备。

他的导师陈创天教授是国际知名的晶体材料专家。他领导研制成功了非线性光学晶体材料低温相偏硼酸钡（BBO），从而确立了我国在这一领域的国际领先地位。

基于多年的研究积累，陈创天教授提出了"晶体非线性光学效应阴离子基团理论"。他认为：晶体的非线性光学效应是一种局域化效应，它是入射光波和各个阴离子基团中的电子相互作用的结果。晶体的宏观倍频系数是晶体所含的阴离子基团微观倍频系数的几何叠加。根据这一理论模型，他领导的课题组发现了优秀的非线性光学晶体偏硼酸钡（BBO），在紫外非线性光学晶体中独领风骚，被国外同行誉为第一块"中国牌"晶体。

陈创天是个不满足于已有成绩的人。BBO固然是个重要突破，但能不能在这个基础上再进一步探索更新更好的材料呢？他鼓励吴以成：作为学生，应该有志气去探索第二块、第三块"中国牌"晶体。要不怎么能在非线性光学材料领域继续保持中国的领先地位呢？

围绕非线性光学晶体的研究，中美两国间从20世纪六七十年代就开始展开了激烈的竞争，进行了多年的较量。第一次见面，陈创天老师就给吴以成讲了美国杜邦公司不准中国科学家带走KTP晶体碎片的故事。后来福建物构所陈创天团队研制出BBO晶体。KTP晶体的生长技术也由北京人工晶体研究所和山东大学研制成功。但非常可惜的是，都没有及时申请专利保护，受到很大经济损失。

通过导师陈创天的介绍，吴以成意识到，自己即将投身的是一项对祖国发展具有重大战略意义的科研事业，即新型非线性光学晶体研制工作。庄严的使命感和责任感在吴以成心中油然而生。拼了命也要把这项工作很好地完成。

在导师领导的研究群体里，吴以成参加几乎所有的工作：学术研讨、方案论证、分析计算、各类实验。陈创天把自己多年的工作笔记交给吴以成学习研究，与他商讨各类学术问题，师生两人常常在计算机屏幕前工作到深夜……吴以成深有感触地说：“在陈老师这里我不仅学到了更系统的基础理论和一整套实验技能，而且学到了严谨的治学作风，实事求是的科学态度和拼搏创新、勇攀科学高峰的精神，这是我享用终生的财富。”

文献调研与计算结构模型

在导师的支持下，吴以成开始了硼氧化合物晶体基团结构的非线性光学效应间相互关系的研究，在BBO的基础上寻求更新的晶体材料。这个题目工作量很大，涉及众多前沿领域。在具体操作上，则又必须从理论和实验两大方面去进行。吴以成当时的想法是：“哪怕掉几斤肉，也得拼一拼。”

图书馆、资料室、文献中心成了吴以成的办公室了。他首先从导师提出的阴离子基团理论出发，对上千种硼氧化物的硼氧基团结构进行了仔细研究。整整三个月，他搜集了上千种硼酸盐的结构资料（当时还没有电脑，完全靠人工手动搜集）。按照硼酸盐晶体中硼氧阴离子基团的组合方式，对硼酸盐进行分类，从中归纳出十种最基本的硼氧基团结构单元。这些工作，使得运用“阴离子基团理论”计算硼氧基团的微观倍频系数成为可能。

炎夏的福州，好像是个火炉，白天达到38摄氏度以上。吴以成住的招待所小房间只能放下两张床，两张小桌子。没有电扇，没有水龙头。每天，离开了图书馆，他就只能在这里整理资料。一不小心，胳膊上的汗水就浸湿了稿纸。坐下不到一小时，就得去厕所冲一次凉水。

吴以成硬着头皮干着。经过大量的计算分析，他终于和导师一起总结出硼氧基团结构和倍频系数间相互关系的规律，提出“在基团中引入一个四配位硼，形成 B_3O_7 基团，可以大大增加晶体倍频系数的 Z 分量，且有利于晶体紫外透过波段的延伸。并认为在以 B_3O_7 基团为结构单元的硼酸盐中，有可能发现比 BBO 更为理想的新型非线性光学晶体。”这一结构判据为发现新型非线性光学材料三硼酸锂晶体 LBO 提供了理论指导。

众里寻它千百度：合成化合物

接下去是枯燥、繁杂的实验了。首先是化合物的合成，这是极端重要、有决定意义的工作。每合成出一个样品都要经过反复多次的研磨和高温烧结，最后进行物相分析和粉末倍频测试和筛选工作。又一段艰辛的日日夜夜，他合成出上百种样品。并在同事吴柏昌的密切配合下，进行筛选，终于在体系的化合物中发现了一个具有相当大的粉末倍频效应的化合物三硼酸锂 LiB_3O_5（简称 LBO），它的阴离子基团是以 B_3O_7 为基本单元的三维骨架状结构，经初步光谱测定，它的紫外光透过能力良好，显示出它有希望成为一种新型紫外倍频材料，这一发现使他兴奋异常。

拼了命也要完成：晶体生长

要生长出可供进行各种光学性能测试的 LBO 单晶则又是一个极艰巨的工作。由于前人对硼酸锂体系化合物研究不多，许多文献中又有互相矛盾和错误之处（比如相图就有不同的报道）。为深入开展工作，必须对硼酸锂体系相图进行研究。吴以成对已合成的一大批各种成分的样品进行物相、差热等分析，获得大量宝贵数据，终于确定了该体系的正确相图，为探索 LBO 晶体的生长条件提供理论依据。

为了测定相图，他利用寒假借用中国科技大学的差热分析仪进行工作。时值严冬，寒风凛冽，实验室如冰窟一般。一个样品往往需要几个小时，他不得不通宵达旦地干。由于又冷又累，他得了严重的眼眶周神经炎。

他一直在拼命地给自己鼓气，一定要坚持，一定要坚持研究下去。他想到的，还是美国实验室里不让中国科学家拿走的那一块 KTP 晶体，一定要靠自己的双手，造出属于中国人自己的晶，这就是支撑吴以成坚持下来的信念。此刻的他头痛欲裂，额头上渗出了大颗的汗珠。妻子傅佩珍在一旁心疼地看着他，劝道："是不是头太疼了，先休息一下吧，让我来帮你看数据吧。"头实在是太疼了，几乎让他晕倒，吴以成只好听从了妻子的劝告。妻子将吴以成扶到床上躺下，又匆匆赶回实验室去看数据。就这样，傅佩珍每天在家和实验室间奔波，既照顾病重的吴以成的生活起居，又要回实验室去看数据。所幸过了一段时间，吴以成的病情渐渐好转，在头不那么疼的时候，就又返回了实验室。终于，功夫不负有心人，相图被他找到了。

曾经有一封浙江化工学院的硕士研究生录取通知书放在傅佩珍的手上。她犹豫再三，到底去不去读研呢？去读，能够让原本在专业上很有天赋的她，本科成绩不输吴以成的她，在学业上获得更大提升，事业上更上一层楼。然而，如果去读研究生的话，就会面临一家三口分居三地的问题。最终傅佩珍还是为家庭放弃了继续读研究生的机会。尽管如此，她却从来没有放弃自己的专业和事业，她一直是中科大光学晶体实验室的实验操作教师，培养了许多相关人才，可谓桃李满天下。同时她也是吴以成科学研究上很好的助手与有力帮手。

几经波折，吴以成终于在江爱栋等同志的协助下，在 1984 年夏天长出了第一块 LBO 单晶体。经测定，它的有效倍频系数与理论计算完全符合。为进一步弄清楚 LBO 在紫外波段透光性能上是否比 BBO 更优秀，他又和同事俞琳华老师骑车穿过福州城区，到一家测试单位做光谱对比实验。结果出来了，BBO 的透过曲线在 190 纳米处急剧下降了，而 LBO 的曲线仍向紫外波段延伸。陈创天教授看到这两条曲线时欣慰地笑了，说："小吴，你的博士论文没问题了。"博士论文答辩委员会的专家们评价说："吴以成对新型非线性光学晶体 LBO 的发现做出了重要贡献。"

第一块长出来的 LBO 晶体，只有几毫米不到一个厘米，很小的一块。别小看这块小小的 LBO，却带来了非线性光学晶体研究领域的飞跃式发展。

吴以成 1982 年开始做这个课题，到 1984 年找到了 LBO 化合物。同年开始长晶体。真正解构弄出来是 1985 年了，历时 3 年，才基本上把这个晶体给定了下来。而且直接上激光器，做出倍频效应来了，证实确实是这个晶体。

吴以成就由于发明 LBO 晶体这个工作获得了"做出突出贡献的中国博士学位获得者"称号。吴以成印象中这个称号是 1991 年左右授予的，全国授予了一批。LBO 的研制还荣获了国家发明一等奖。这基本上就是吴以成走上非线性光学材料科研道路的第一步。

插曲：金庸小说伴随科研生涯

2018 年 12 月，天津理工大学校，虽冬至已过，室外气温仅几度，阳光却十分和煦，天空湛蓝。校园非常开阔。一幢幢各具现代设计感的浅咖啡色的教学楼或办公楼沿中心主路两侧对称排列。中心主路尽头有一座挺拔的钟楼，楼旁是一个湖，湖水映着蓝天，非常清澈明净。

一对上了点年纪的夫妇，手挽着手走在校园的林荫道上，他们有说有笑，精神看着非常的好，身体也很硬朗。这就是已年过七旬的吴以成和傅佩珍夫妇。他们刚结束了近半月的外地讲学和参会活动，回到了天津理工大学的家。

吴以成的弟子胡章贵到家中看望老师和师母，带来他家乡出产的名茶六安瓜片，与老师边品边聊。胡章贵是吴以成的得意门生，也是吴以成家中的常客。他和吴以成既是师生又是忘年之交，亲如一家，两家的孩子也十分要好。

胡章贵近十多年来，致力于将 LBO 晶体生长到足够大的研究。到目前为止，已取得了一定的成果，在国防科技等领域发挥重大作用。

2017 年，胡章贵教授到天津理工大学组建功能晶体研究院。胡章贵教授担任院长，吴以成与山东大学王继扬教授受聘担任顾问。功能晶体研究院获得了天津市政府的大力支持，将成为我国非线性光学材料的一个新的重要研究平台。吴以成和傅佩珍又在天津理工大学安了家。

这天来看望吴以成夫妇的，还有一位特殊的客人，他的父亲就是曾经长期为吴以成、傅佩珍工作的实验室制作"马弗炉"的师傅。客人的到来，引发了大家对过往岁月的美好回忆。也叫人回想起了当年研制 LBO 晶体的那段艰辛而充实的时光。

吴以成现在主要的工作就是做研究的咨询、顾问工作，并且到全国各地讲学和参加学术会议。希望能在理论研究、教学等方面发挥传帮带的作用，为我国的非线性晶体事业培养后备人才。

吴以成还是个武侠小说迷。《七侠五义》是在初中的时候就看的，看了很多遍，内容都能背下来了。同学手里有些旧的线装武侠小说，大家互相借来看。

武侠小说看得最过瘾的，是在改革开放以后。吴以成特别痴迷金庸。金庸的全套书吴以成都有，而且都看过。就是他在福建物构所做博士论文的时候，只要书店有就去买。也就是说，看金庸武侠小说，伴随了整个 LBO 晶体的研制过程。不只是伴随他自己搞科研，最后连他的导师陈创天都受到了影响，本来陈老师是不看武侠小说的，后来他也跟着看，也看得非常入迷。那时候正好是 20 世纪 80 年代初，金庸小说刚传入内地。吴以成买的第一本还不是正规的，是像杂志似的几本，就是《射雕英雄传》。

在吴以成眼中，金庸确实是大师级的。看过金庸小说以后，再对比看别的武侠小说，就觉得不够精彩。金庸的电视剧也看，最早八几版的，吴以成都收集了，现在都还在。吴以成说自己从小就是小说迷，一直到现在都很喜欢看小说。他说夫人傅佩珍也很爱看，文学功底比他自己好。傅佩珍老师很朴素很和气，总是笑眯眯的。

吴以成在日常生活中爱好体育锻炼，在大学的时候曾经练过举重，爱打乒乓球、羽毛球，到现在都还坚持每天洗冷水澡，身体素质好。他水性很好。据说在北京上大学时，有一次暑假和一个同学结伴坐火车回家，途经桂林时，相约下了火车跑去漓江游泳。可能是因连续坐两天硬座疲劳，吴以成游到江心时小腿抽筋了。当时是清晨，四周无人，他只好尽量放松身体随水漂流，漂了一阵以后又上岸了。

吴以成夫妇现在几乎每年夏天都会回贵阳探亲、避暑。吴院士的姐姐、弟弟都住在贵阳。贵阳还有很多老朋友，老同事，回来就一起聚会，也是一件人生快事。

吴以成和自己学生相处非常融洽。吴以成院士和学生一起出去开会，休息的时候就爱在一起打打扑克牌，放松一下。

大国工匠，甘为人梯

在吴以成看来，自己是大国伟业中的小"工匠"。他自己非常推崇"工匠精神"。

"工匠精神"主要有以下内涵：敬业、精益、专注、创新。敬业是从业者基于对职业的敬畏和热爱而产生的一种全身心投入的认认真真、尽职尽责的职业精神状态。精益就是精益求精，是从业者对每件产品、每道工序都凝神聚力、精益求精、追求极致的职业品质。专注就是内心笃定而着眼于细节的耐心、执着、坚持的精神，这是一切"大国工匠"所必须具备的精神特质。创新，"工匠精神"还包括追求突破、追求革新的创新内蕴。古往今来，热衷于创新和发明的工匠们一直是世界科技进步的重要推动力量。

我国非线性光学晶体研究事业，具有团结合作，协同作战的优良传统。它是一个庞大的系统工程，一直以来都是全国相关力量相互支持，通力配合，创造了非线性光学晶体材料研制的辉煌成果，取得并一直保持世界的领先地位。这种团队合作精神，举全国之力协同配合的精神，正是我们保持胜利战果的一个秘密，这是美国等其他国家望尘莫及的。

这项事业依赖依靠一代代科研人员，不计个人名利得失，默默奉献，在无数个日日夜夜里坚持查阅文献、运算设计，进行消耗大量体力与心力的枯燥实验，不停地记录数据、测试。他们守得住清贫，耐得住寂寞。

吴以成的研究过程没有那么多惊心动魄的故事，没有那么多浪漫的英雄主义色彩。有的只是枯燥乏味的无数次的重复劳动，需要超乎常人的细心，吃苦耐劳，不厌其烦。另一方面，又不是简单重复的笨功夫，需要善于动脑，需要不停地观察、分析、思考、判断。例如合成化合物的试验，就要无数次地寻找配方，不断地试误，不断地在被否定中从头开始。换做普通人早就放弃了。说重复了千万次不为过，千锤百炼，千研万磨，考验的是耐力、毅力、耐力和细心，需要的是一种精气神，一种百折不挠的精神。

我国非线性光学晶体研究事业发展过程中，涌现出一串熠熠生辉的科学家的名字：卢嘉锡、闵乃本、蒋民华、陈创天、沈德忠、吴以成、王继扬等等。几代人之间有良好的师承与通力合作关系，共同为中国非线性光学晶体事业作出了卓越贡献。

我国著名的物理化学家、教育家、社会活动家卢嘉锡在 1960 年创建了中国科学院福建物质结构研究所并兼任所长。

在卢嘉锡的支持下陈创天于 1976 年提出了晶体非线性光学效应的阴离子基团理论，解释了各种主要类型非线性光学晶体的结构与性能相互关系。

1983 年 9 月，陈创天首次向国外同行报告 BBO 晶体的非线性光学性能，引起国际激光界的关注。BBO 被称为第一块"中国牌"非线性光学晶体

1985 年，吴以成和陈创天研究团队合作发现并生长出第二块"中国牌"非线性光学晶体 LBO。

1987 年，中科院福建物构向全世界宣布研制成功新型变频晶体硼酸锂（简称 LBO）。该晶体的激光损伤阈值达 $26GW/cm^2$，非线性光学系数虽比 BBO 略小，但在高功率辐照下变频效果相当好，该晶体最适合作上百瓦大功率 1064nm 的激光

变频。

中科院福建物构所吸取了 KTP 晶体研发的教训，LBO 研制成功后即申请了发明专利（2008 年到期）。因此在产业化过程中进行得比较顺利，到去年为止，LBO 变频器的销售值已超过十亿元人民币。

吴以成在研制 LBO 晶体过程中，积累的几十本记录实验数据的笔记本，后来成为核心证据，帮助中国打赢了外国某公司试图剽窃 LBO 晶体专利技术的官司。

1998 年，陈创天被调至中国科学院新成立的理化技术研究所，负责组建中国科学院北京人工晶体研究发展中心。吴以成也从中国科技大学调入中科院理化所。

吴以成一直认为，他这一生最值得庆幸的，就是参与了我们国家一项非常重要的科研事业，即非线性光学晶体研制事业。他认为自己是这项事业中的一颗小小的螺丝钉，一个小齿轮。他一直非常感激陈创天老师对自己的指导与启发、言传身教，感激合作团队各位师长、同事对自己研制工作各环节的大力支持与配合。为了祖国的繁荣富强，为了他自己心爱的这项事业，他甘愿做一个具备"工匠精神"的耐心、专注、坚持、严谨、一丝不苟、精益求精的工匠，一个传递薪火的人，一把承前启后的小小人梯。

继 LBO 晶体之后，吴以成陆续地与合作者发明了一些新材料。退休后他仍以团队带头人形式承担国家重大基金项目。

问及吴以成的科研心愿，他爽朗地说："刚才进来的王继扬先生，他是山东大学的教授，也是我们晶体行业的大专家。他跟我年纪一样大。我们现在的定位就是做学术咨询，做顾问。我们中国晶体是在老一辈专家科学带领下取得世界领先水平的。当时我们叫三驾马车。南京大学闵乃本院士，山东大学蒋民华院士，还有我们理化所的陈创天院士，他们三位是我们学术的三驾马车，带路人。而且原来重大项目都是他们组织，包括 863，973 是在他们组织下，我们几个单位合作的。但是他们后来年纪大了，蒋先生已经去世几年了，闵先生和陈先生今年相继辞世了。所以我和王继扬先生，我们几个是作为过渡。我们现在希望像胡章贵他们这一批，甚至更年轻的一批研究人员尽快成长起来。就是我们中国晶体事业，一定要后继有人，不能断裂。"

吴以成说："中国晶体事业不容易，这么多年已经在国际上有影响了，而且是世界领先水平。我们这一小块领域，只能说我们这块领域还是有一定影响，为国家做了很多很好的贡献。我现在是希望他们尽快成长，做出成就。我们能尽我们的力做咨询，做顾问。我们年纪大了，不可能像以前那样冲在第一线。但是根据我们已有的经验，我们的一些教训，可以用来做一些建议。现在基本上是这样。也希望我们这个晶体事业，能够不断地继续辉煌。"

这，就是一位材料科学家、一位国家工程院院士，一位老科研工作者最质朴而真挚的心愿。

磅礴乌蒙赤子情

——记欧洲科学院外籍院士孟杰

◆ 王鹤蕾

孟杰 （1966—）出生于贵州大方。核物理学家。

北京大学物理学院、核物理与核技术国家重点实验室教授，博士生导师。教育部"长江学者奖励计划"特聘教授，国家杰出青年科学基金获得者，欧洲科学院外籍院士，美国物理学会会士。

孟杰在原子核的手征对称性、晕现象、赝自旋对称性和协变密度泛函理论等方面有原创性贡献。获中国高校自然科学一等奖两次（2000年、2013年）、中国物理学会吴有训物理奖（2007年）、伊朗花拉子模国际奖（2008年）、华人物理学会亚洲成就奖（2009年）、德国金科（GENCO）奖（2010年）等荣誉。

北京大学物理学院、核物理与核技术国家重点实验室教授、博士生导师孟杰是一位虚怀若谷、一心向学的科学家。他天资聪颖，诗学心性，既有苦心孤诣、钩隐抉微的科学家治学精神，又有儒雅淡泊、修身齐家的文人情怀。在很多人眼里，他是一位极具人格魅力的学者，有着兰的高洁与雅气，是一位兼备东方传统君子气和西方绅士风度的科学家。这位出生在贵州乌蒙山区的赤子，在大方这片热土上，深受当地历史文化的濡养和泽被，在绵延不绝的乌蒙山中，养成就了他坚韧不凡的品格，以自己所学，践行着求真务实、一心向学的科学精神。

——题记

引　言

2018年10月，欧洲科学院（The Academy of Europe）公布了2018年度院士增选结果，北京大学物理学院孟杰教授当选欧洲科学院物理与工程学部外籍院士。

欧洲科学院是由英国皇家学会等多个代表欧洲国家最高学术水平的国家科学院共同发起的一个国际科学组织，成立于1988年，总部位于英国。共分为20个学部，涵盖自然科学、人文科学、社会科学等，是国际上跨地域和学术领域最广泛、学术地位最高、影响最大的科学组织之一。

被授予院士头衔，是学术成就得到国际权威的认可，同时也是对科学家本人的最大褒奖。大众对孟杰教授的学术成果知之甚少，中国13亿人口，能够获此殊荣的一共只有二十几人，六千五百万分之一的稀缺度，更多的人只能凭借这个含金量十足的荣誉来推断当选者的学术地位，于是，这位科学家在大众眼里愈加神秘。

这个奖项让越来越多的人对核物理领域产生了好奇，这位从贵州大山深处走出来的学子，是怎样的一个人？又是什么样的契机让他成长为核物理领域里的专家？

钟灵毓秀大方城

1966 年，孟杰出生于贵州省大方县。

大方是一座具有悠久历史的文化名城，县城始建于明崇祯年间，距今虽然只有 360 余年的历史，但在大方没有建城以前由水西彝族土司政权所统治。这个世袭相传的统治集团，持续了一千四百多年。皇朝更迭，每一位末代皇帝都会成为下一个王朝权力嗜血的祭品，"百年的皇帝，千年的土司。"土司这个特殊阶层，因其独特的管理方式才得以保全了地方的长治久安。

大方人有尊重文化的优良传统，这和一个人息息相关，她就是水西人民的英雄——奢香，一位顺应历史潮流的女政治家。洪武二十三年，奢香派儿子入京师太学读书，明太祖朱元璋特下诏"谕国子监官，善为训教，庶不负远人慕学之心"，这是大方惯性的文化传承和历史积淀。

大方城有着浓重的君子气质和文人做派，既温厚又醇和。这种气质就像竹，"未出土时先有节，至凌云处仍虚心"。大方人对文化从骨子里有天生的尊崇，除了历史原因，另一方面也和地理环境息息相关。乌蒙山区交通闭塞，因此不论外界如何变化，这里仍能保持一心向学的初衷和习惯。

人类学家爱德华·泰勒说："文化或文明是这样一个复合的整体，其中包括了知识、信仰、艺术、道德、法律以及人作为社会成员所获得的能力和习惯。"正是基于深厚的历史文化积淀，大方涌现出了无数的文化名人。

孟杰就是其中的一位杰出代表。

启蒙教化，矢志大方

孟杰出生于大方县的一个普通家庭，一家人赁居在梅家巷的梅家大院里。梅家祖上是书香世家，老宅子里雕梁画栋，一砖一瓦都镌下古典的文化气息，绿铜锈蚀的旧锁、万字格的雕花窗棂和飞檐翘角上的脊兽，处处充盈着传统建筑的艺术之美。

梅家人早已不住在老宅，但几代人的文脉传承使得深宅大院里仍旧有士绅的文明和文化气息经久弥漫。这样的生活环境提高了孩子们的审美情趣，懵懂的年纪里，不经意的熏陶总是潜移默化的。

居住在梅家大院的一位阿姨对孟杰的启蒙教育让四岁的他体验到学习的快乐。小孟杰既调皮可爱又聪明伶俐，阿姨教他算术，数手指和脚趾，教最初级的加减法，他总能快速且准确地答对。像很多热衷于炫耀孩子的家长一样，她当众向大家展示小孟杰的数学天赋。或许她不会想到，正是自己无意间的启蒙，影响了孩子的一生。

转眼到了入学年龄，给孟杰留下深刻印象的是一位数学老师，虽然只教了一个学期，但他认真负责的态度和精神对孟杰产生了深远影响。老师风趣幽默，能够根据学生的特点因材施教。人们常说每每学生对哪一门学科的偏爱往往都出自对该科老师的喜欢，孟杰也因老师的启蒙教化而不断挑战数学的奥妙。

孟杰虽然也和同龄孩子一样贪玩、调皮，但他自律性特别强，该学习的时候一刻也不松懈。有一次老师出了五道难度比较大的应用题，孟杰只答对了两道。不服输的他和自己较起劲儿来，回到教室继续冥思苦想，反反复复地审题，一遍又一遍地计算，直到全部的题目都做对。等他开心合上书本时才发现天色已暗，同学们都回家了，教室里只留下他空空一人。

鸿鹄之志正年少

孟杰升入初一年级时正逢全国恢复高考，中断十年的高考制度恢复无疑使学子们看到了前途和希望。当时大学已经开始"少年班"的招生，此时孟杰的天赋已经锋芒初显，年仅 11 岁的他对中科大的少年班心向往之。班主任老师对孟杰的成绩了然于胸，因此也鼓励他跳级报考少年班，并为他准备了全套教材，让他先自学，遇到解决不了的难题再请教老师。于是孟杰开始自学，他只用了两个月的时间就自学完了初一的课程，遗憾的是后来学校接到上级通知，取消学生跳级。孟杰虽然错失了报考少年班的机会，但正是这个契机使他养成了自学的好习惯，初二时已自学完初中数学和物理。直至初中毕业前，孟杰已将高中数学提前学习完毕，为他以后的学习夯下了坚实的基础，也正是这个好习惯，使他受益终生。

1979 年前贵州一直使用自己编的教材，之后改用全国统编教材。孟杰初中三年级时的数学老师是"文化大革命"后第一批大专毕业生，老师拿出统编教材的数学模拟题给同学们做，全年级只有孟杰一人上了九十分，第二名只是勉强及格，孟杰的数学天赋令老师大吃一惊。毫无悬念，他以优异的成绩考取了大方一中，开始了高中阶段的学习生活。

"静若处子，动如脱兔"是孟杰少年时生活学习的状态，他和所有男孩子一样喜欢游戏打闹。但课余他最爱去的地方是大方县图书馆，一角钱办个图书证就可以免费借阅图书，那时书虽然少，但多数都是经典名著。他最喜欢看的是历史，看《史记》，在历史的时间与空间里纵横开阖，以史为鉴。小小年纪，就已经饱谙经史。诚如英国哲学家培根所说："读史使人明智，读诗使人灵秀，数学使人周密，科学使人深刻，伦理学使人庄重，逻辑修辞使人善辩，凡有所学，皆成性格。"

同时，他也喜欢看人物传记，《华罗庚传》一书对孟杰影响很大，"我非常崇拜华罗庚，因为他能在国家、个人非常困难的时候，把数学学好。由此也表明数学与其他学科相比有其特殊性。"兴趣加上对科学的崇拜激发了他无限的学习动力。同时，他也如饥似渴地阅读世界名著，世界在他眼前豁然开朗，点燃了他求知的好奇和热情。仍如培根说的那样："读书不是为了雄辩和驳斥，也不是为了轻信和盲从，而是为了思考和权衡。"广泛而自成体系的读书方法令孟杰受益匪浅，而他的成绩仍旧在班上遥遥领先。

恢复高考后，当时有一套高考自学丛书是权威参考书，大方县一共只有十多套，且价格不菲，定价大概十几块钱，一般工薪家庭买不起，只有家里经济条件好点的同学才有这套丛书。有书的同学都愿意和孟杰一起学习，更愿意借书给他，无论遇到什么样的疑难问题孟杰都可以解答。在同学们眼里，他是一位无法逾越的学霸。

两年的高中生涯很快结束了，由于孟杰高中阶段已自学了大学高等数学，1982年高考，孟杰以高出北京大学录取分数线四十多分的成绩完全可以填报任何一所大学，但最后的录取却是一波三折。

大学之道，西师启航

在志愿填报时孟杰是经过深思熟虑的。

当时的高考有各种审核制度，对健康体检也有很严格的要求，而孟杰的视力高达1400度，因此在很多学校和专业选择上都会受限。熟读《华罗庚传》的孟杰深知，著名数学家华罗庚年轻时虽然身体不好，但仍然可以从事数学研究。于是，孟杰填报的几个志愿：北京大学、西南师范大学（注：2005 年和西南农业大学合并为西南大学）和贵州大学等，填报的都是数学系。

直至大学毕业以后，西南师范大学物理系主任殷传宗教授才道出了当年录取的波折。由于孟杰高度近视，录取受限。负责贵州招生的老师和他联系，有一个成绩特别优异的学生要不要破格录取？殷主任当即答复，要不惜任何代价招进来，孟杰就这样被物理系录取。可进校注册体检时，校医院却说 1400 度的近视按规定不予注册。

孟杰的高考成绩在西南师范大学排名第一，殷老师有伯乐的明睿眼光，对孟杰这样的优秀学生特别爱惜，认为如果只做理论物理研究，近视对工作应该没有什么影响。于是殷老师想方设法协调，经过一番努力争取，孟杰终于踏入了西南师范大学的校门。

正是这扇大门，开启了他科学研究的旅程。

殷传宗教授一直从事物理教学和管理工作，担任过《原子物理学》《原子核物理》《物理教学论》等十多门课程的教学，知识渊博，教学经验丰富，孟杰后来的硕士研究生导师正是殷老师的爱人林辛未教授，孟杰成为他们共同的学生，也是他们的得意门生。很多年以后孟杰回母校做报告时还笑称自己是"走后门"才进了西南师范大学。孟杰感激殷老师的知遇之恩，能遇上好伯乐，千里马才有发力逐跑的平台。

踌躇满志的孟杰在大学期间对自己的学业有着非常清晰的规划，他的专业成绩仍然名列前茅，只是英语比其他同学相对薄弱一些，主要是由于贵州地处偏远条件受限，中学时代没有良好的英语学习环境导致的。孟杰是一个有远见卓识的人，深知英语在未来学习工作中的重要性，不服输的他开始努力攻克英语。虽然当时还没有找到合适的学习方法，英语词汇量的积累是最基本的，于是他挤出每天的碎片时间背诵单词和短文，记忆的同时找出词汇的规律，也起到了事半功倍的效果。

之后他开始有针对性地学习英语，到英语系旁听，跟着英语系学生看原版影视，找英语磁带听，到图书馆借英文原版文学名著读，英文的听、说、读、写能力都得到快速提升，仅仅用了一年时间，在全校的英语竞赛中取得了第二名的好成绩。孟杰相信自己通过继续努力学习，一定能够具备熟练应用的实力。事实证明在以后的科研工作中，无论是出国做学术报告，还是看国外前沿的学术文献，甚至是国外的日常生活，语言都不再成为他的障碍。

初中养成的自学习惯一直伴随着孟杰，大三时就完成了本科阶段所有课程的学习。殷传宗教授特别看好孟杰，认为他天资聪颖，触类旁通，具备极强的学习能力。在学业上也有更高的追求，有学术能力和工作激情，是个做科研的好苗子。于是殷老师便鼓励和引导他尝试着做一些基础研究，阅读国内外学术文献，跟踪最新、最前沿的研究领域，寻找感兴趣而且能够上手的课题。

在本科阶段，孟杰曾经组织成立了高等数学学习小组和量子力学学习小组。"量子力学是描写微观物质的一种物理学理论，与相对论一起被认为是现代物理学的两大基本支柱，许多物理学理论如原子物理学、固体物理学、核物理学和粒子物理学以及其他相关的学科都是以量子力学为基础。通过量子力学的发展，人们对物质的结构以及其相互作用的见解被革命化地改变。"这个小组的成立也具有很强的前瞻性，使孟杰不仅在高等数学和量子力学学习方面，而且在组织管理能力方面都得到很好的锻炼。

在校期间，两次高水平的学术会议为孟杰今后的学术研究奠定了基础。

孟杰大三时，"纪念尼尔斯·玻尔（Niels Bohr）诞生100周年研讨会"在重庆后勤兵工程学院举办，殷老师敏锐地捕捉到这个机会，积极为孟杰争取参会资格。对一个在读本科生来说，能参加如此高水平的学术会议是非常难得的。那时候的孟杰，初生牛犊不怕虎，勇于向专家提问、请教。也正是借由这个契机，他认识了自己未来的博士生导师——北京大学的曾谨言教授。

曾教授是量子力学领域的权威专家，他的量子力学专著是物理学领域的经典著作。曾教授不仅学问好，人品也好，丝毫没有大专家的架子，对孟杰悉心指导，当曾谨言教授得知这个很有研究潜质的年轻人只是一个大三学生时，便鼓励他报考北京大学研究生继续深造。

二十世纪八十年代，以研究生身份参加国际学术会议也是十分罕见的。孟杰撰写的一篇研究论文被香港举办的第三届亚太物理学会议收录并被邀请做口头报告，这在当时的西南师范大学尚属首例，细心的殷老师考虑到孟杰的实际困难，特地为他申请了专项经费，解决了他的后顾之忧。正是这两次高水平的学术会议，开拓了他的视野，也由此走上了核物理研究的学术生涯。

孟杰是幸运的，得益于恩师的教导和指引，孟杰感恩于母校的培养，一直在西南大学任兼职教授多年，他常回母校讲学、做报告、参加各类活动，为母校输送人才，同时也为学生提供更好的平台。

正所谓：大学之道，在明明德，在亲民，在止于至善。知止而后有定，定而后能静，静而后能安，安而后能虑，虑而后能得。物有本末，事有终始，知所先后，则近道矣。

燕园情怀，得偿所愿

西南师范大学的六年，是孟杰奠定基础科学素养的关键时期，而北大一直是他梦寐以求的理想。1988 年，年仅 22 岁的孟杰被录取为北京大学理论物理学专业的博士研究生，导师正是曾谨言教授。

深藏心中多年的北大梦想终于得偿所愿，高考时虽然高出录取分数线四十多分，但由于视力的原因与北大失之交臂，是孟杰多年的憾事。如今，燕园情怀终于得以实现。未名湖边，湖水映照着远处的博雅塔，这是无数学子心中的理想学府，北大秉承"精神自由，兼容并包"的精神，学风优良，风气自由。在这样一流的学术环境里，孟杰开始了学术攀登。

曾谨言教授是我国著名的理论物理学家、物理教育家。四十多年的执教生涯，培育人才，著书立说，在量子力学教学水平和教材建设方面做出了重要贡献。曾教授不仅在学术上取得了了不起的成就，在教书育人方面也有自己独特的方式，培养了无数优秀人才。他主讲量子力学，国内量子力学领域的权威教材就出自他之手。编著的《量子力学（卷一）》和《量子力学（卷二）》是我国高等教育中重要的教学和科研参考书，对我国物理学及相关学科的发展起到了重要的推动作用。

曾谨言教授治学严谨，学术研究一丝不苟。在长期的教学实践中，摸索出自己独特的教学思想和教学体系。曾谨言教授更倾向于"授人以鱼，不如授之以渔"，让学生掌握方法，而不仅仅只是解决问题。他鼓励学生提出问题、独立思考，培养创新能力，建立科学精神和培养科学素养。孟杰深深领悟了科学精神的实质"理性精神、实证精神、求实精神、可重复和可检验、求真精神、探索精神、创新改革精神、虚心接受遗产的精神、严格精确的分析精神、协作精神、民主精神、开放精神、实践精神和批评精神"，都对孟杰产生了深远的影响。

物理学与数学结合紧密，孟杰从小就痴迷数学。正是得益于扎实的数学基础，使得他在物理学专业领域没有受到太大的阻碍。多年的数学积累，加上物理学训练，渐渐地培养成既有数学的严谨，又有物理学的思维。两者相得益彰，同时还具备了将数学工具与物理结合的综合能力，此时，他已经具备了作为科学家的特质，开始系统地、有意识地运用科学的思维方法去质疑、演绎、推理、求真、证伪。这是一项高尚的事业，更是一项孤独的事业，常人无法体会这种科学的奥妙，在旁人看来貌似枯燥乏味、犹如天书般的纯理论研究，孟杰却乐在其中。

"谈笑有鸿儒，往来无白丁"，人才济济的北大提供了一流的学习平台和师资，宽容、开放、自由的校风给了他无限向上的动力。理想和抱负得以施展，恩师的教诲更使他在学术上得到了突飞猛进的进步。那时候读博士虽然没有明确的发文章的要求，但孟杰博士论文的部分内容，在毕业前已经在国外相关学术刊物上发表。

俯拾仰取，皆有收获

1991 年孟杰获得博士学位后，在中国科学院理论物理研究所从事博士后研究。中国科学院理论物理研究所学术气氛浓厚，有广泛的国际交流和合作，鼓励年轻学者进行国际的学术交流，跟踪国外最新的科学研究水平和动态。在理论物理研究所研究结束时，孟杰先后收到德、法、美等国家研究机构的邀请，最终孟杰选择了德国的研究机构。

1993 年 9 月至 1994 年 8 月，孟杰在德国 Rossendorf 研究中心核与强子研究所做博士后研究，与 Frauendorf 教授合作，在 1997 年共同预言了原子核的手征对称性。对于如此高深而又晦涩的学术难题，他能用平白朴实的语言解释得恰如其分："原子核的手征对称性是核物理领域的一个重要现象，就像人的左手和右手，无论怎样平移、转动，都无法重叠，这就是手征对称性。原子核中也呈现出类似的手征对称性。"2001 年，原子核的手征对称性被实验证实，在核物理学界引起了广泛关注。

对于手征对称性的意义，北大学报报道说："手征性在自然界中广泛存在，左右手、海螺壳、某些化学和药物分子等都有手性。对手性的研究具有十分重大的意义。例如，药物中常常含有手性分子，这些手性分子的两种镜像形态对人体可能起到生死攸关的作用。二十世纪六十年代就曾因此造成过反应停（一种抑制孕妇妊娠反应的药物，但孕妇服用可能导致胎儿畸形，已被禁用）灾难。因此，能够单独地获得手性分子的两种不同镜像形态极为重要。"原子核手征对称性的发现提供了直接的实验证据表明原子核可以具有稳定的非轴对称形变。

1994 年 8 月至 1996 年 12 月，孟杰受德国洪堡基金会资助作为洪堡学者在德国慕尼黑工业大学理论物理研究所从事研究工作。从 1994 年孟杰访问慕尼黑工业大学，到现在 Peter Ring 教授每年访问北京大学两个月以上，他们的合作持续了 20 多年。在慕尼黑，他选择的研究课题是当时核物理领域的热点问题——不稳定原子核。通过两年多的探索，孟杰实现了对不稳定原子核中的新现象——中子晕的微观自洽描述，并于 1996 年在美国《物理评论快报》上发表，引起了较大反响。这之后，很多国家的研究所都极力邀请他共同合作研究。由于日本理化学研究所在不稳定原子核的实验研究方面处于领先地位，孟杰获日本科技厅资助，1996 年 12 月以日本科技厅奖励研究员的身份开始了在日本理化学研究所的工作。

孟杰在国外从事科学研究期间，每到一个国家，他都会认真地观察学习每个国家的文化，这看似和科学研究无关，其实也是对科学家人文素养的提升。身处异国他乡，最能发现它们之间的文化异同。在差异里寻找本源的东西，这种能力的培养源于工作，也源于生活。多元的文化熏陶和开放的学术视野是做学问必不可缺的先决条件。

一分耕耘，一分收获，孟杰在核物理领域里取得了非凡的成绩。俯拾仰取、一举一动皆有收获，这与他数十年如一日的勤勉刻苦密不可分。以孟杰的学术能力和在国际上的学术地位，留在国外发展，会有更好的学术前景。但是，他却做出了一个让人意外的重大决定。

重返北大，科研育人

1997 年，是孟杰人生中的一个重大转折。31 岁的他作为国外杰出人才被北京大学聘为教授，成为北大当时最年轻的教授、博士生导师。从国外直接聘请回来做教授，这在北大历史上也是不多见的。多年的北大情怀一直激励、鼓舞着他。儿时的北大梦想，一直根植于游子的内心。梦想的根须盘根错节，强烈的乡愁和家国情怀促使他做出了如此重大的决定。

东京大学校长、理化学研究所所长有马朗人得知孟杰要回母校北大任教时颇感意外，虽然科学没有国界，但是科学家有祖国，他尊重孟杰的选择，但同时也替孟杰担忧，毕竟日本有相对成熟的学术环境，如果回到北大，远比现在从事单纯的学术研究要困难得多。当时中国科学家很清贫，无论是物质还是科研条件都与发达国家相比有很大差距，但孟杰仍然坚持自己的选择，坚信北大有自己的人才优势，汇集了全中国最优秀的学者，希望能回国做出一番事业来。

这位年轻的教授，开始在母校北大施展拳脚。万事开头难，他满怀着一腔热血投入到新的工作中。刚开始很多人都对这位年轻的博士生导师心存疑虑，孟杰也有心理压力。经过艰苦努力，一方面确定科研方向，继续理论创新，一方面积极组建团队展开研究突破。科学研究不靠行政命令，靠的是专业技能，在长期的实践研究中积累丰富的经验和学术直觉，带领团队做哪方面的研究，凭借实力和能力做擅长的课题，掌握国际前沿的学术动态等都是非常重要的因素。学生们都喜欢这位年轻有活力的博士生导师，孟杰更是倾注所有的热情，全身心地培养他们。

2000 年孟杰成为教育部"长江学者奖励计划"的特聘教授，是我国粒子物理与原子核物理首位"长江"特聘教授。获得每年 10 万元的生活津贴以及不低于 200 万元的研究经费。国家重视粒子物理、核物理研究，孟杰团队的科研工作得到认可和肯定，青年科研工作者受到鼓舞，立志于推动核物理事业的发展，这比获奖本身更重要。

当年孟杰坚持回国，有马朗人先生问孟杰有什么要求，孟杰只提了一个，希望能为中国的年轻人做点事，吸引更多优秀人才加入到核物理研究中来，共同推动中国核物理事业的发展。从 1997 年开始酝酿，直到 1999 年实施，孟杰组织举办了第一期国际亚原子物理暑期学校，邀请到很多国外著名学者来讲学。

暑期学校最开始时，由中日两国共同出资，资助全国优秀的研究生到北大来学习。暑期学校每两年举办一次，培养了很多优秀人才，吸引了众多的青年学者投入到核物理研究中。从 1999 年至 2011 年，人数从 70 多人增加到 120 多人，资金支持也从日本扩大到德国、法国和欧盟等国家和组织，科学是全人类共享的，同时科学也是无国界的，这种无私的科学精神令人动容。

科学事业是人类共同的事业；科学传承是人类共同的知识传承。孟杰秉承这种理念，协助相关高校院系推动核物理研究和发展。北京航空航天大学之前没有物理学院，只有物理系。由于规模不够大，教学的压力妨碍了科研的发展。只有具备一定的科研能力才能提高教学水准，组建物理学院就成了当务之急。2008 年北航建立物理科学与核能工程学院并聘请孟杰担任院长，很快获批建立了物理学科博士点，成为继工程学、材料学之后第三个进入 ESI 指数的学院。同时，借助国家千人计划，引进国际著名学者，建立了一支具有国际影响和知名度的核物理和强子物理研究团队，将北航物理的科研水平提高到更高的层次，为北航物理科学与核能工程学院培养和输送了大批的专业性人才。

且把浮名，换作浅斟低唱

回国十多年，孟杰获得的荣誉正是他在科研方面长期奋斗的见证：

2000 年入选教育部长江学者奖励计划特聘教授；

2001 年荣获教育部中国高校科学技术一等奖；

2007 年荣获中国物理学会"吴有训物理奖"；

2008 年荣获伊朗总统签发的 Khwarizmi International Award；

2009 年荣获华人物理学会"亚洲成就奖"；

2010 年荣获德国 GENCO membership award；

2012 年当选美国物理学会 APS Fellow；

2013 年荣获教育部中国高校科学技术一等奖；

2016 年发现原子核手征对称性和空间反射对称性联立自发破缺的证据，入选中国高等学校 2016 年度十大科技进展；

2018 年当选欧洲科学院外籍院士。

然而这些光环对于一个深怀科学理想的人，都是浮名。孟杰谦逊低调，提及自己的学术成就，他总是轻描淡写地几句带过，对待荣誉的态度，令人钦仰。有一位名人说："科学家一旦做出成绩，就应该忘记自己所做的事情，而经常去考虑他应该做的事情。"孟杰就是这样一位对待科学无比狂热与虔诚的人，在科研的道路上永无止境。对待荣誉有着非常理智和冷静的认识，享受科研的过程远比结果本身更令人沉迷。

他时时提醒自己，且把浮名，换作浅斟低唱，不要成为一个被盛名宠坏的人。晋代葛洪《抱朴子·行品》："闻荣誉而不欢，遭忧难而不变者，审人也。"他把精力全都放在自己所钟爱的科学事业上，心无旁骛，一心向学。

桃李满天下，师生情深"孟家军"

孟杰培养了众多优秀的博士生，其中很多已经成长为国内外大学或研究所的优秀科研人员。在北大110周年校庆的文章中，孟杰对他的学生给予了高度评价："正是通过他们的辛勤工作，以及与世界各国的交流、访问、合作中所取得的优异成绩，无论横向与国际上同龄的研究生比较，还是纵向与当今国际上活跃科学家的研究生阶段比较，使我坚信北京大学的研究生是世界一流的。""无论在敬业精神、工作态度、合作精神、国际交流和学术水平等方面，都得到广泛的赞扬和认可。在他们所从事的研究领域，他们与国际上任何一个国家的同龄研究生相比都毫不逊色。""与优秀的人同行是一种难得的幸福。"这是孟杰的心里话。

而他的学生团队被赵恩广研究员戏称为"孟家军"。赵恩广研究员是孟杰在中国科学院理论物理研究所从事博士后研究的合作导师，长期担任中国核物理学会核结构专业委员会主任。"孟家军"这个称呼饱含了老师对学生的肯定和赞扬，孟杰的学生将老师的教育理念发扬光大，学生们秉承了授业恩师一贯的学术作风，以恩师为楷模，学风严谨，互相之间团结协作，踏实勤奋，谦逊低调。已经毕业的博士生和出站的博士后很多已经成为核物理研究领域的骨干，在国内外高校或研究所任职，如北京大学、北京师范大学、北京航空航天大学、中国农业大学、南开大学、天津大学、吉林大学、山东大学、郑州大学、兰州大学、安徽大学、西南大学、江南大学、中国科学院近代物理研究所、中国原子能科学研究院、中国工程物理研究院、日本理化学研究所等，都在各自的专业领域里有所建树。

郭建友，安徽大学教授、博士生导师，教育部新世纪优秀人才，安徽省高等学校学科拔尖人才，全国核结构专业委员会委员，安徽大学物理学一级学科硕士点负责人。

龙文辉，兰州大学核科学与技术学院教授、博士生导师、副院长，主要研究方向为原子核理论、原子核结构、核天体物理、核反应，教育部新世纪优秀人才。

王守宇，山东大学（威海）空间科学与物理学院教授、博士生导师、常务副院长。从事原子核物理研究和教学，主要研究方向为在束伽马谱学实验，原子核结构与核天体物理。曾获国家优秀青年基金、山东省杰出青年基金、胡济民教育科学奖、

2016 中国十大新锐科技人物。

耿立升，北京航空航天大学物理科学与核能工程学院教授，博士生导师、副院长，从事粒子物理与原子核物理的研究。曾获国家优秀青年基金资助，入选青年长江学者。

孙宝华，北京航空航天大学物理科学与核能工程学院副教授，从事原子核质量、半径和寿命等实验研究。获 2010 年德国 GENCO 青年科学家奖，教育部新世纪优秀人才。

亓斌，山东大学（威海）空间科学与物理学院教授，物理系主任，主要从事原子核理论，山东大学优秀共产党员。

梁豪兆，日本理化学研究所高级长聘研究员，东京大学博士生导师，主要从事原子核理论、集体共振激发、赝自旋对称性等研究。2016 年获国家纯粹与应用物理学联合会青年科学家奖。

张颖，天津大学理学院物理系副教授。主要从事原子核理论、不稳定原子核研究。

赵鹏巍，北京大学研究员，博士生导师。主要从事原子核理论、基本对称性检验等方面的研究工作，2017 年入选国家青年千人项目。

牛一斐，兰州大学教授，博士生导师。主要从事原子核理论、原子核集体共振、

孟杰为北京亚原子物理国际暑期学校致开幕词

核天体物理等方面的研究工作，2019 年入选国家青年千人项目。

李志攀，西南大学物理科学与技术学院教授，博士生导师。主要从事相对论量子多体理论、原子核量子相变、核裂变等方面的研究工作，2018 年获重庆市青年拔尖人才计划支持。

孟杰在校庆文章中写道："特别值得一提的是 2005 级的直博研究生李志攀，在相对较短的时间内，完成了文章'在 50 到 200MeV 能量区间核子－核子相互作用能量依赖的 Lorentz 协变参数化'，从投稿 Physics Review C 到接受发表不到三个月，而且该文章还成为美国物理学会（APS）系列杂志中第一篇中文（或日文、韩文）署名的文章。为此，美国物理学会主编 Gene Sprouse 教授写贺信称'this is a special time for both China and for the APS'。"这篇论文是李志攀与恩师孟杰合作共同完成的。对于恩师的赞誉，现为西南大学教授的李志攀非常感激恩师的培养，能够破此先例，表明我国的核物理研究成果得到了国际认可，是一件非常骄傲的事。

......

以上只是孟杰众多优秀学生中的几位，出类拔萃的学生数不胜数。能培养出如此优秀的学生，这与孟杰科学的遴选人才机制有关。孟杰对学生要求严苛，从他的研究生招生启事上可以看出他的治学态度和教育理念，他要求学生对研究领域有足够的兴趣和热情，除了北京大学研究生院公布的录取标准外，还要求学生具备品学兼优、学风端正、工作踏实勤奋、创新能力强、有执着追求精神、良好的专业基础、相关的计算机知识和英语水平、善于团结他人和集体合作精神等。孟杰具备极为专业的人才测评能力，这种能力来源于学术直觉，以及对人综合素质的整体把握。

令人佩服的是孟杰的学术眼界和学术胆识，在他看来，物理学的每一个分支都很精彩，区别在于哪个分支人气更旺。是"牛"人使一门学科变得热门而不是热门学科使人变"牛"。很多学生都被这样的学术格局和底气所折服，他们当中的很多人也都在从事科研和教学工作，秉承老师的学风和师德，鼓励更多的年轻人投入到科学研究中来。

在很多人的眼里，孟杰是一个极具人格魅力的人，他的身边总是聚集着一群积极进取、乐观自信的年轻人。提起恩师的培养和教诲，学生们都深有感触。

北京大学青年千人项目获得者赵鹏巍研究员是孟杰 2012 年毕业的博士生，毕业后在课题组继续做了两年博士后研究。连续七年在孟杰身边学习和工作，得到老师的言传身教，他总结出孟老师在培养研究生方面，始终坚持"高格局、细规划、重执行、促全面。"孟老师会在国际前沿领域为研究生选题，再针对每个学生的特点和条件，制定详细的规划和路线图，并督促落实，同时孟老师也格外注重学生综合素质方面的全面发展。

7年时间里，孟老师为他提供了指导本科生和研究生工作、准备项目申请和答辩材料、国际会议报告、访问国际著名大学和研究机构、组织大型国际会议和暑期学校等等多种平台和锻炼机会。孟老师总能在合适的时机给他一个合适的任务来进行锻炼，每次完成任务都不轻松，但也不会感到完全不可驾驭，日积月累，受益颇多。

2014年离开北大后，赵鹏巍先后受聘于世界著名核物理研究机构日本京都大学汤川研究所、美国阿贡国家实验室继续从事科研工作。2017年入选国家青年千人项目，又回到母校北大工作，此时距他到孟老师课题组攻读博士，正好十年时间。

天津大学理学院物理系的张颖教授初见孟老师的第一印象是温和谦逊，同时自带一种强大而又内敛的气场。孟老师幽默风趣，改变了她先前对学者呆板木讷的偏见。直到现在，她仍认为孟老师是她见过最没书呆子气的学者，他的广博见识，文人雅趣，温厚的待人方式，对每一位合作者的尊重，以及严谨的治学态度对张颖的触动非常大。

张颖进入孟老师课题组，缘于一次偶然的机遇。她在大三保研时仍然在出国还是到北大继续读书之间举棋不定，直至保研申请的截止日期逼近，才临时决定去北大看看。致电北大物理学院，时值周末，很多老师办公室的电话都打不通，唯独孟老师接听了她的电话。张颖简单介绍了一下自己的情况和保研愿望，孟老师邀请她到组里看一看。次日一大早，她从天津赶到北大，便被组里良好的学习氛围深深吸引。

于是她当机立断，加入了孟老师的课题组。

进入课题组后她做的第一个课题，是将一种在非相对论理论中应用广泛的计算方法引入到相对论理论中。一次国际会议的学生报告中她汇报了相关的调研工作以及研究动机，一位权威教授当即站起来反对，他认为这种计算方法的原理不适用于相对论理论，张颖这个课题注定是做不下去的！

这个问题她根本没有考虑过，以前也没有任何可以借鉴的经验。会后，张颖向孟老师汇报了自己遇到的难题。孟老师鼓励她试试看，结果正如那位专家所料。张颖沮丧至极，自己选的课题竟然是个死胡同！孟老师却不断地鼓励她，于是她尝试用不同的方法来解决。问题出现了转机，在一篇其他领域的文章中发现有类似的解决办法，一试难题果然迎刃而解。孟老师得知这个结果比她本人还高兴，张颖深深地折服于孟老师对科学研究认真钻研的态度以及高瞻远瞩的能力，更深深地感激他对自己不断地指导与鼓励，让她不忘初心，砥砺前行，才成就了今天的自己。

山东大学（威海）空间科学与物理学院的亓斌教授四次被评选为"毕业生我最喜爱的老师"，多次在学校"青年教师教学比赛"中获奖，两次被评为"优秀本科生导师"。学生们对他的评价特别高——"逻辑清晰，举止儒雅"。每每听到这样的赞扬，亓斌总是想起十多年前刚进课题组时，孟老师对他的评价，"逻辑混乱，举止幼稚"。当时他讲话总是摇头晃脑、目光闪烁，声如蚊蚋。孟老师每次总是提醒他："头不要晃，眼神正视交谈者，声音再大点。"哪怕再简洁的谈话也要提醒他。慢慢地，亓斌逐渐地改掉了这些小毛病。他刚进组时语言表达的条理和逻辑性很差，有一次去孟老师办公室汇报工作，反反复复说了几遍都表述不清。孟老师想了想，拿出一张纸，在上面写下数字一、二、三、四、五……每个数字后面都写上关键内容和前后的逻辑关系，看完孟老师写的思路，亓斌豁然开朗，一下子就清楚了自己想表达的意思。直至很多年后，他还常常想起那张纸条。

李志攀教授是兰州大学本科毕业保送至北京大学攻读博士学位，初见导师时，他惊异于孟老师如此年轻，青年才俊，挥斥方遒。那一年，孟杰刚刚 38 岁，但是他坚信孟老师一定会带给他不一样的科研体验，这种信任来源于他对孟老师学术和个人魅力的崇敬。

孟老师在教育指导上，具有前瞻性，有整体感和大局观。他要求每个学生把量子力学习题完整地做一遍，这样的要求可以追溯到当年在西南师范大学时，由林辛未教授推动促成组建的量子力学学习小组。由此奠定了非常重要的学术基础，对学生未来的发展至关重要。

李志攀刚到北大求学时，前半年都在上课。课题组每周都有组会，但他参加的比较少。孟老师在学术上对学生的要求非常严苛，对刚进组的学生就有严格的学术规范要求。组会上，讲一个方程，画一个图表，横轴是什么，纵轴是什么等等，都要严格按照规范完成。刚开始时李志攀语言表达能力一般，有点小啰唆，在表述上不够简洁和精准。在持续一年多的组会上，都被孟老师批评。李志攀北大毕业后，经由孟老师推荐，直接被聘为西南大学教授。当年那个被批评的学生，如今已成为一个沉稳的、逻辑清晰、深受学生欢迎的年轻教授。

梁豪兆，日本理化学研究所高级长聘研究员，东京大学博士生导师。中学阶段曾参加中学生物理竞赛，进入国家集训队，由此保送至北京大学物理学院。大三参加孟老师举办的国际亚原子物理暑期学校学习，被孟老师的人格魅力所吸引，加入孟老师课题组。

2012年后一直在日本原子核物理的顶尖研究所和高校就职。多年来，他一直念念不忘的是孟老师讲述的关于"国家队"的故事。

谈起"国家队"，人们自然而然会想起国家男子足球队。国足一直被公众诟病，孟老师借此提醒大家，要时常反省自己，作为原子核物理"国家队"的一员，如果在自己所从事研究领域里的成绩也令公众不满，那么我们也会像国足一样得到应有的批评。他时刻警醒大家，要认真考虑成为什么样的核物理领域的"国家队"。

牛一斐，2007年由北京大学保送至孟老师课题组，2012年获博士学位。现任兰州大学教授，2019年入选国家青年千人项目。牛一斐大三时慕名到孟老师课题组做本科生科研，在孟老师的悉心培养下，逐渐走进了科学研究的大门。课题组里严格的科研规范和科研习惯带给她不一样的体验，孟老师在科研上一丝不苟，对于计算出来的每一步结果，总是要求反复验证，采用多种方法确保结果的可靠性；对于原始数据要妥善保存，当一位外国同行向她要8年前发表文章的原始数据时，她都能在第一时间里快速查阅得到。也是在孟老师课题组，她养成了受益终生的科研习惯，包括做好每一个工作、每一天进展、每一步错误和每一步公式推导的工作笔记，画好每一张图表，及时对每一个工作做好总结性的ppt等等。这些规范和习惯不仅深深影响着她，也潜移默化地使她这样要求她现在的学生。这就是科学精神的传承吧。

孟老师在牛一斐研究生二年级时帮助她争取到了国外奖学金，获得了在国外学习交流的机会。课题组活跃的国际交流合作为大家打开了国际视野，当初那个腼腆的女生如今也能与国际大师畅快自如地讨论问题，并在国外学习和工作长达6~7年之久。孟老师对她的影响是多方面的，润物细无声。她每一次都能从孟老师的谈话中受到鼓舞和启发。时至今日，她仍然会在很多方面得到孟老师的指导和帮助，学到更多的东西。

张开元，2017年北京大学本科毕业免试保送至孟老师课题组，最初刚接触科研工作时，读到一篇科研文献里的一段论证，论据看似并不支持它的结论。可是这篇论文是发表在权威国际期刊上的，大家百思不得其解，于是请教孟老师。孟老师结合前后语境，先筛选文献中确保无误的部分，最后才把可能出现问题的范围缩小到两句话。孟老师精确地指出了另外一篇文献的某一段中有相关的讨论，找出文献看，原来那篇文献中存在一个关键性的笔误，完全改变了那句话的意思，同学们惊叹于孟老师的博闻强记，他又具体指导如何学习这篇文献和掌握相关的理论，这让同学们充满了自信，他没有因为文章的权威性而怀疑学生的学术能力，循循善诱，通过一个问题的解决教会大家真正独立解决问题的方法和能力。

张开元对孟老师的评价也是很多人的共识："他从不轻易放过每一个可能存在的问题、每个难以理解的语句、每段逻辑不通的文字……在科研问题上执着、严谨、认真，这种治学态度始终影响着我，使我在面对科研问题时也充满斗志，不轻言放弃。孟老师博闻强识，讨论问题时旁征博引、一针见血，解决问题能切中要害，十分注重效率。孟老师传道授业解惑，教授我知识和创造知识的能力。

最重要的是孟老师教会我如何做人，让我在生活中把事情安排得井井有条，教我在科研工作中尊重每一位合作者，有效地传达自己想要表达的意思并与他人讨论交流。鼓励我树立远大的人生目标，实现自己的人生理想，这也是现在我不懈奋斗的动力源泉。"

曲晓英，原是贵州民族大学机械电子工程学院副教授，很偶然的一次机会听到孟杰的学术报告，便被他精彩的演讲深深吸引，于是申请并得到了学校 2012 年"青年骨干教师国内访问学者基金项目"的资助，到孟老师课题组访问一年。她被孟老师深邃渊博的学识以及精益求精的治学态度所感染，参与了孟老师课题组的科研项目，并在孟老师的指导下，发表了第一篇核物理方面的文章。组里浓厚的学习氛围、精湛的科学技术、系统而有效的做科学的方法以及大家对科研的热情都使她迷恋。于是在 2013 年，当她离开这个科研组时就暗暗发誓，一定要重新回到组里来。2015 年曲晓英考取了北京航空航天大学的博士研究生（孟老师是北航的兼职博士生导师），再一次来到孟老师的课题组。她发自肺腑的感言道："我非常庆幸在我求学的最后一个阶段能得到孟老师指导，感谢他在求学的过程中，对我的不懈鞭策和鼓励。孟老师以自己的行动影响着我们，每天他都很早就到办公室，节假日也不例外，同学们都被他充沛的精力所折服。他常常出国回来也不倒时差，仍然继续工作。"

博士生童辉说出了学生们对老师的共识："孟老师学术能力极高、治学严谨、学识渊博。长期以来悉心指导国内外学生，极大促进了学生科研工作的顺利开展。孟老师经常通过生动形象的物理图像为学生讲解知识，从而使得学生很快就掌握了核心要点。他对核物理科研事业的虔诚与追求以及他对国内外核物理事业的重大贡献，都深深影响着我们年轻的科研工作者。"

莼鲈之思，回报桑梓

孟杰对于故乡怀有深深的感情，这位从乌蒙大山走出来的赤子，无论身在何处，都心牵故乡热土。

2005年，贵州省委、省政府在北京筹备成立贵州博士联系点与贵州博士网时，他便是召集人之一。赤子情怀，报效桑梓。省政府领导到京请博士出言献策，孟杰发表了一番非常感人的发言："贵州后发赶超看来是一种优势，贵州保持了独特的生态资源，保护好环境，才有可持续发展的旅游优势。如果重视教育，加强人才培养力度，贵州不用重复兄弟省份先污染后治理的老路，而是在保护得天独厚的生态环境基础上，走可持续发展的路。"如今，看到越来越多的人到贵州来，果然印证当年的设想，贵州可以作为全国人民的后花园，大家休闲、放松和度假胜地，这是令人非常振奋的事。

孟杰每年都会回贵州做学术报告，回大方的次数最多。在大学和研究生时代，孟杰就常回到母校大方一中，给学弟学妹们介绍大学和研究生的学习生活，国内各个高校的特点，做填报大学志愿的义务咨询。之后更关心贵州学子的成长，多次受北京大学委托，到贵阳一中、毕节一中和大方一中为学生做报告，做大学招生宣传。

除了研究领域的耕耘，孟杰还常常做一些科普类讲座。他的语言表达能力特别强，总能将深奥的物理学知识以通俗晓畅且风趣幽默的方式普及给大众。他的演讲总是富有趣味性，比如《宇宙中的炼金术》的报告中，很多听众因为听了孟杰的学术报告进而对物理学和核物理领域产生了浓厚的兴趣。兴趣是最好的老师，科学家最初对科学的启蒙都来源于好奇，这是一个从好奇到怀疑再到释疑的过程。孟杰每次精彩的报告都会影响更多的年轻人来了解物理，他的成长经历也鼓舞了更多的年轻人从事科学研究。

先后有多位贵州年轻学子跟随他从事核物理研究。贵州威宁的彝族博士刘朗就是通过媒体介绍认识孟老师的，他在南京大学取得学士学位，北京大学获得硕士学位，随后在孟老师推荐下到日本继续深造，获得东京大学博士学位，现在是江南大学物理学院副教授。贵州六盘水的申时行博士，在中山大学学习计算机，慕名到孟老师课题组攻读博士学位，现在意大利米兰大学继续从事博士后研究。

孟杰一直高度关注和支持家乡学校的建设与发展，受聘于贵州多所大学，担任客座教授。自2000年起，他先后担任贵州师范大学、贵州大学、贵州民族大学、贵州财经大学、毕节学院、遵义师范学院、兴义民族师范学院等学校的兼职教授，积极促进家乡科研工作。

莼鲈之思，回报桑梓。

这位从磅礴乌蒙走出来的赤子，以自己的实际行动，践行着大方人求真务实的好品性。在科研领域，他是一个认真严谨的人，在生活中，他是一个豁达风趣的人，一个有人格魅力的人。他有那么多研究成果，却浑身充满朴素真挚的情怀，始终沉浸在对人才培养的探索和对科学精神的求索中。学高为师，身正为范。孟杰在核物理领域里取得了卓越的成绩，培养了一大批优秀学生，在他的影响下，很多有志于从事核物理工作的年轻人都以他为楷模。作家张承志在《人的魅力》里说："只有当一个民族中涌现出成群具备真正个人魅力的人——那时，真正的尊严和进步才会临近。"

千风万雨都过尽　依旧东南第一山

——记著名数学家秦元勋

◆ 李祥霆　张锁春

秦元勋 （1923.2.13—2008.09.13）出生于贵州贵阳。著名数学家。

1943年毕业于浙江大学数学系。1946年获美国哈佛大学文学硕士学位，1947年获美国哈佛大学哲学博士学位，1988年被美国俄亥俄大学玛丽塔学院授予荣誉科学博士。1948年从美国回国，历任西南军政委员会文教部调研室副主任、科学普及处处长，中国核工业部（二机部）九院理论部副主任，中国科学院数学研究所研究员，中科院应用数学研究所研究员、执行副所长，中国核学会计算物理学会首任理事长，中国人工智能学会首任理事长。

秦元勋长期从事数学理论及其应用的研究。在常微分方程的定性理论、运动稳定性、近似解析、机器推导公式等方面的研究，在中国处于开创的地位。其中极限环的研究，具有国际先进水平。负责完成了中国第一颗原子弹和氢弹的威力计算工作。是1982年国家自然科学奖一等奖的原子弹氢弹设计原理中的物理力学数学理论问题项目的主要工作者之一。同时还开辟了计算物理学这一新的分支学科。

"抗日战争将大批的学校搬到大后方,我读完高中一年级,中央大学实验中学就搬到贵阳,我就跳班考入中大实中。中学还未上完,浙江大学一年级又搬到贵阳县的青岩镇,我又跳级考进浙大。所以我就兼有'硬汉精神'和'科学精神'。这是我一生中得以对付各种挑战的基础,应当感谢贵州人民,也应当感谢中大实中和浙江大学的老师们的辛勤培养,永远不忘。"

——摘自秦元勋《我和贵州的小故事》

弱冠哈佛求学去

一

贵州省省会贵阳市中华南路东侧的醒狮路,是旧时贵阳清军粮储兵备道署,因此得名"粮道巷"。粮储署大门口有一个身高一丈多的石狮子,清廷倒台后,粮道巷被改名为"独狮子",抗战时期又易称"醒狮路",以示睡狮已醒之意,此名一直沿用到今天。

"民国"十二年2月13日,秦元勋就出生在当时的"独狮子"一个名叫秦学仁的商者之家。秦学仁读书不多,但生活教会了他不论从事什么工作,没有文化是不行的。因此,他总是尽可能让秦元勋兄弟姐妹六个孩子,都进学校读书。秦学仁对孩子们说:"我没有读过新学堂,但我愿意尽可能让你们读书;我没有什么家产留给你们,你们必须自己靠自己,成龙上天,成蛇钻草。"

父亲的这句话,影响了秦元勋一生。

秦元勋的母亲有着质朴的勤俭持家精神,同时亦有着男尊女卑的旧思想。母亲将女儿培养成女红、家务的能手,对儿子则持"君子不近庖厨"之祖训。所以,秦元勋终生不会洗衣做饭。

秦元勋四岁多开始就读于"独狮子"附近的"达德学校"幼稚班。自幼聪明过人,记忆力非凡的秦元勋,听哥哥姐姐们念书文,只要跟着念上几遍,就能全文照背,被当地人誉之为"神童"。

谁知,这个小神童进校不久就闯了祸。

1926 年，时任贵州省省长的周西成，一心要把贵州建成独立王国，既拒绝与国民党合作，又仇视共产党。所以，当国民党派党务指导委员张道藩（贵州盘县人）来贵州发展党员时，周西成对张道藩说：

"贵州有 700 万人，你去准备 700 万张国民党党证，要入大家入，不入一个都不入。"

对共产党，周西成同样抗拒。周西成在知道了曾在达德学校教过书的王若飞在法国参加共产党活动的消息后，恼怒非常，专程到达德学校对师生训话。周西成说："你们达德学校长期为共产党所操纵，传播邪恶思想，阴谋反对国家。现在，已经到了该改弦易辙的时候了。如今共产党已是四面楚歌，你们有谁愿意当共产党？"

台下一片静谧，空气似乎凝固了。正当周西成认为自己的训话已起到威慑作用之际，一个童稚的声音突然响起："我愿意当共产党！"

师生们惊异地看见，坐在最前排的小朋友秦元勋站在座位前，右手高高地举过头顶，眼睛看着周西成。教师们慌了，周西成疾步走到秦元勋跟前问道：

"你说，是谁教你这样讲的？"

童稚的秦元勋被周西成气势汹汹的样子吓懵了，没有回答。一位教师赶忙上前解释："长官，童言无忌，童言无忌。他还是个 4 岁的孩子呢！"

周西成脸色青紫，指着教师的鼻子骂道："什么孩子不孩子的，还不是你们这些混蛋老师教出来的！"

当了解到这孩子的父亲是秦学仁时，周西成没有再问下去，气呼呼地离开了达德学校。原来，当年贵州军队支持蔡锷的滇军"讨袁运动"入川时，秦学仁还在黔军当军需官，见周西成急着赶部队，秦学仁就借了一匹马给讲武堂的同窗周西成，与周西成就有了"借马之谊"。周西成得势之后，秦学仁已经改行做生意去了，彼此亦没什么交集。虽然秦元勋没受到什么处分，但周西成还是以"结党营私、图谋不轨、勾结共党、捣乱贵州"的罪名查封了达德学校，并将达德学校改名为"省立第二小学"。

秦元勋"我愿意当共产党"的事件偃息后，心有余悸的母亲还是将孩子们带到了在武汉做生意的父亲身边。秦元勋转学于汉口圣保罗教会学校，该校老师全是天主教徒。

秦元勋进校的第一天，老师宣布："到了学年终结，谁考了第一名，就奖给谁一个洋娃娃。"

老师的许诺让秦元勋充满期待，因为他刚到武汉第一天，就看见路边摊上一个大洋娃娃对着他笑。秦元勋想要，可父亲说洋娃娃是有钱人家孩子玩的，我们家买不起。

秦元勋暗下决心，一定要通过自己的努力拿到洋娃娃。

学年结束，勤奋努力的秦元勋考得了第一。当满心欢喜的秦元勋等着老师给他发奖品洋娃娃时，老师却奖给他一部《圣经》。

啊！奖品不是洋娃娃！秦元勋的心一下子从天空掉进了冰窟窿。他抱着奖品《圣经》跑回家，扑在床上痛哭：老师怎么能骗人呢？

从没见过孩子如此伤心的父亲，只好给秦元勋买了一个洋娃娃。这年暑假，父亲买了《大学》《中庸》《论语》《孟子》"四书"分给四个孩子自学，5岁的秦元勋先拿到《孟子》，没几天就背熟了，他又依次向姐姐、哥哥要其他3本来读。一个暑假下来，秦元勋将一部"四书"全背了下来。秋季开学，因为他执意不再去让他觉得屈辱的教会学校，父亲只好送他到吉州学校上课。

严格要求自己，说到做到、讲究公平公正、疾恶如仇的小秦元勋，后来的成就与此是否有关不好臆撰，但据他长大后自称的兼有"硬汉精神"和"科学精神"之说，可窥一斑。

二

两年后，秦元勋随父母回到贵阳，周西成已战死，秦元勋又回到达德学校且跳了一级，插班读小学三年级。

1936年底，13岁的秦元勋在达德读完了初中的全部课程。

1937年夏，秦元勋考上了上海中学高中部。语文、英语都是九十多分，但数学只有七十多分。秦元勋很沮丧，他认为数学是很重要的一门功课，不能因为语文、英语考得好就忽视了数学。秦元勋责问自己，为什么数学没考好？从此，他对数学更有兴趣，竟然促使他向着数学家的路上飞跑。

然而，秦元勋还来不及进上海中学，日军的铁蹄就已入侵上海，秦元勋只得凭上海中学的录取通知书，进入了贵阳高中。

秦元勋家住醒狮路，离省立图书馆不远，课余之暇，秦元勋就游弋于书的海洋。他喜欢校长刘薰宇教授写的通俗读物《马先生谈数学》，作者深入浅出的铺叙，把深邃的数学化繁为简。秦元勋喜欢上了数学。于是，他探秘于《从算术到微积分》《代数方程论》《群论》等书籍。当他读到深涩难懂的、一时不容易理解的，就暂时放下，继续看别的书；一遍遍地反复琢磨，终获释疑。接着，他又通读了王云五主编的《万有文库》、牛顿的《自然哲学的数学原理》、达尔文的《物种起源》、爱因斯坦的《相对论》；他对数学的钟爱，让他一步步登堂入室了。连续两个学期，他都因考得总分第一而免交了学费。

1939 年的 2 月 4 日，日本飞机对贵阳大十字的轰炸，炸毁了市中心醒狮路的秦家，家人虽无伤亡，但家产损毁殆尽。

为了学生们能继续上课，贵阳高中迁修文县，秦元勋无行李，没法随同下乡。正好国立中央大学实验中学由南京迁来贵阳马鞍山。当时，秦元勋只在贵阳高中读了一年，但他报考实验中学的成绩优良，被录取为二年级下学期的插班生。

实中师资力量很强，理科课程全是用英语教学。学生若主科一科加副科一科不及格的就要留级，考前三名的有奖学金。学校非常重视学生的全面发展，不仅数理化、中文、外语、史地，即便体、音、美也不忽视。在实中，秦元勋对两位老师印象特别深，一是英语老师陈鲸含先生，陈老师要求学生对课本强记硬背，考试时，他随便念出某课中的一两句，要学生接着往下背诵，方法有些特别，但是学生进步很快。加上别的课程都用英语讲授，这对秦元勋来说，恰好夯实了英语基础。另一位是班主任兼数学老师马遵庭，他对学生和蔼可亲，讲授得法。因为秦元勋喜欢数学，所以对数学特别用功。一次，马老师在课堂上给学生试解一道立体几何的难题，复杂的步骤，纷繁的线条，老师一时也糊涂了，题解了一半，怎么也无法进行下去。见老师踟蹰，秦元勋沉着地走上讲台，帮老师把难题解了出来。马老师没想到秦元勋会有如此敏捷的思维能力，而那副从容不迫的态度，说明他是有一定实力的，不禁对他大加赞许。秦元勋此时才意识到自己或有失礼之举，但见老师不耻下问，对马老师更是尊敬有加。从此，师生俩亲密无间。这个跳半级的插班生，期末考试亦是名列前茅，成了实中搬到贵阳后第一个学期贵州籍学生考第一的实例。

秦元勋不仅各科成绩优秀，还很喜爱游泳、打球。球虽打得不很好，但一上球场，则龙腾虎跃，认真对待，显示出他遇事执着的素质。一次，班上举行越野赛跑，由地处乌当的马鞍山出发，跑到水口寺，跑上观风台，再返回出发地。此赛，秦元勋获得了第一名。

在实中度过了勤奋的一个学期，秦元勋不仅考得了优良的成绩，连高三的全部课程他也自学完了。下一步怎么办呢？他向马老师请教："老师，高三的课程我已经全部自学完了，没有遇到什么困难，如果按部就班在这里再读一年，徒然浪费时间，我想去考大学，但没有高中毕业文凭，不能去报名，不知道怎么办才好？"

马老师十分赞赏这位得意门生，告诉他："现在是战争时期，学校搬迁频繁，战区来的学生，即使读完了高中，或者还通过了考试，也有得不到文凭的。所以，大学招生允许同等学力、没有文凭的人报考，只要考试取得的成绩，能排列在被录取人数的前一半，就可以被录取。你成绩不错，不用犹豫，去报考大学吧！"

马老师的话给了秦元勋极大鼓舞。秦元勋报考了由杭州迁来贵州的浙江大学。

功夫不负苦心人。浙江大学录取新生放榜了，秦元勋是浙大数学系录取的考生成绩第一名。省政府为了嘉奖成绩优秀的学生，给了秦元勋公费上大学的优厚待遇。

1940年2月，贵阳的青岩古镇迎来了为躲避日机轰炸、从浙江辗转六个省，最后选中青岩驻足的浙大一年级新生，还招收了一些贵州当地的考生。秦元勋正是此时跳级考上了浙大的："抗日战争将大批的学校搬到大后方，我读完高中一年级，中央大学实验中学就搬到贵阳，我就跳级考入中大实中。中学还未上完，浙江大学一年级又搬到贵阳县的青岩镇，我又跳级考进浙大。"若干年后，秦元勋先生在他的文章《我和贵州的一些小故事》里这样写道。

1940年10月，青岩浙大学生秦元勋，随校一起搬迁到了贵州省湄潭县永兴镇继续学业。

在浙大，对秦元勋有较大影响的除了竺可桢校长外，还有外语系女教授德蒙特。德蒙特精通英法德俄4国语言，从二年级到四年级，秦元勋加大马力学习英法德日俄5种语言文字。大学努力学习外语的成果，为秦元勋后来在哈佛读博时，省下了至少1~2年的时间。

数学系的苏步青、陈建功、蒋硕民三位教授，亦对秦元勋的数学成绩给予了很大的帮助。为年轻的学子打开了数学的宝库，为他今后的求学，教学和科学研究奠定了坚实的基础。苏步青教授在三年级的几何课中讲了明可夫斯基几何和微分几何，对秦元勋后来在学习《相对论》起了决定性的作用。苏步青在四年级开设几何讨论班，分派给每一个学生学习一本课外读物，然后到讨论班去报告学习心得。分给秦元勋的是《复域几何学》，分给同学崔世英的是《拓扑学》，秦元勋不仅学完了《复域几何学》，还将同学崔世英的《拓扑学》借来看完了。这两门都是当时的新兴学科，对于秦元勋后来在哈佛写毕业论文起了很大的作用。

苏步青老师很喜欢这个贵州学生秦元勋，爱称他为"小孩儿"。

秦元勋先生的小儿子秦朝宇后来深情地回忆：1978 年我在中国人民解放军海军服役，我爸爸（秦元勋）到上海探望我时，与爸爸一同去拜望时任复旦大学副校长的苏步青先生。一看见我们，苏老师高兴极了，大声喊他老伴：小孩儿带着小小孩儿来看我们喽！

1999 年，秦元勋寄赠一张"全家福"给恩师苏步青先生，上书："小孩儿，小孩儿的小孩儿，小孩儿的小孩儿的小孩儿拜望苏老祖爷爷。"师生情谊，溢于言表！

浙大学生秦元勋在数学上的天赋，掌握数学定理、计算方程的能力以及优异的成绩，得到了竺可桢校长的赏识和高度评价。竺校长在日记中记载：

"1943 年 7 月 2 日，星期五，遵义，晨雨，下午阴

阅本届毕业生共 311 人，其中女生 25 人。院别分别：文 35 人，理 38，工 178，农 60，此外尚有师范 44 人。其中平均成绩在 85 分以上者有：

85.4 诸暨人　毛汉礼　史地

87.2 贵阳人　秦元勋　数学

90.0 盐城人　邹兴国　物理

86.8 闽侯人　叶祖游　化工

85.0 新昌人　高德根　农经

……

共七人而已……

1943 年 7 月 11 日，星期日，遵义，晨晴

……秦为贵阳人，本届毕业生中平均成绩最高之一，其人体格亦佳，而性温厚，洵难得之人才也。"

秦元勋读浙大数学系二年级时，蒋硕民先生讲授微分方程，秦元勋读三年级时即担任了蒋硕民先生教授教化工系二年级微分方程的助教。

物理系的王淦昌教授在物理系开一门国防科学课。其时，太平洋战争已经爆发，国防科学是非常切合时宜的话题，所以，浙大的师生前往听讲者很多，秦元勋当然也在其中。后来秦元勋从美国学成归来进入中国科学院，后在二机部九院理论部，亦一直在当年浙江大学教授、九院副院长王淦昌先生的领导下工作。此是后话。

1943 年，弱冠之年的秦元勋以优异的成绩从浙大毕业，获得了理学学士学位。

苏步青教授留秦元勋在浙江大学继续读研究生，秦元勋却希望参加国家的留学生考试。

那时，在贵州，报考出国留学的机会微乎其微，可这次的机会，对于秦元勋来说，真是天赐良机，来得太意外了——

1943 年，中国抗战进入了第 12 个年头，苏联取得斯大林格勒（原名察里津）战役的伟大胜利，开始对德国法西斯进行战略反攻；日军在中国人民持久抗战中，消耗了大量的国力物力，导致士气低落，厌战情绪日增，国内经济也濒于破产。中国亦是货币贬值、物价飞涨。财政部宣布解除黄金买卖禁令后，陪都重庆评定的黄金价格是每两收进为法币 10400 元，售出为法币 12400 元。贵州的黑市，3000 元法币才可换到 1 美元，而当时的官价外汇却是 3 元法币就可换到 1 美元。于是，一些有权有势人家的子弟利用权势、不论学识、不经过任何考试，打着"自费留学"的招牌，纷纷拿了官价外汇，轻易就能到外国去镀金。官场上的营私舞弊，激起了民众的强烈不满，纷纷向政府提出抗议，一致要求这种名为"自费"实为公费的留学待遇能够真正施及有真才实学的青年。迫于舆论的压力，政府不得不公开进行了一次"自费"留学考试。这对正困顿在毕业即失业阴影下的秦元勋来说，无异天上掉馅饼。秦元勋抓住了这次普通学生也可报考留学的机会，一鼓作气考了个当年全国留学生数学类第一名。竺可桢校长、苏步青教授等欣慰地向美国哈佛大学推荐了秦元勋。故此，秦元勋得到了进入哈佛深造的资格。

三

秦元勋于 1944 年 10 月启程离国。当时，中国还在被日本全面封锁，秦元勋只好走重庆到印度的航线。一上飞机，机长即宣布大家乘坐的这架飞机是民航机，没有武装，若遇上了日机只有投降，希望大家作好当俘虏的思想准备。如果有怕死的，现在可以下飞机。好在飞机安全到达了印度的加尔各答。秦元勋从加尔各答坐火车到了孟买。在孟买，秦元勋得了重病，只得进了孟买一家英国医院住院诊治。

秦元勋一个人躺在病床上，医生护士认为他是流落异乡的中国流浪儿，比较忽视他。一天，一个英国医生来查病房，手里拿着一份印度报纸走到秦元勋的病床前，幽默地说："小家伙，今天的报纸看了吗？"

"没有！"正在发高烧的秦元勋没好气地回答。

"那么，我念给你听吧，标题是中国完蛋了。说的是日军已经攻入贵州独山，贵阳成了真空，重庆也在大搬迁……"

"胡说！中国有广阔的土地，有占世界四分之一人口的人民，中国决不会灭亡！"秦元勋大声喊道。

"哈哈！想不到你还是一个小小的爱国主义者哩，不过，中国土地再大，人口再多，也抵挡不住日本人的飞机大炮呀！"医生逗他。

"这纯是一种欺骗宣传！我国人民正在同日本帝国主义者浴血奋战，总有一天要把他们全部赶出国土去！"秦元勋据理力争。

"是呀，你小小的年纪就流落异国他乡，怎么能不感到痛苦呢？"医生看秦元勋这么激愤，遂正色道。

"不对！现实是可以由人来改变的。这次我到美国哈佛留学，正是为了增长学识，将来为祖国强大尽一分力量！"

"噢！"医生不仅赞叹，"你小小年纪，是出国留学去哈佛大学的？"

"没错！"秦元勋骄傲地点点头，"我在本国已读完大学，取得了理学士学位。这次是路过印度，我要到美国哈佛大学去学习。和我一道来的同学都走了，我是因为生病才留在这里的。"

霎时，医生对秦元勋青眼有加。医生看见秦元勋的枕边有一本《微分几何》，亦问："这书，你读得懂？"

秦元勋微笑回答："这是我在大学校里读过的书，躺在病床上无聊，随便翻翻。"

医生又看见秦元勋的枕边还有一本爱因斯坦的《相对论》，不禁惊叫起来："呀！人家都称这本书为天书哩，你也读得懂？"秦元勋点了点头。

医生像是要故意考考他似的："这天书，究竟写的什么，你能告诉我吗？"

秦元勋用通俗易懂的语言，将《相对论》的内容，简要地向医生做了介绍，医生连连点头，伸出大拇指，连声赞叹："你这位中国青年真是了不起，了不起啊！"

从那天起，这位"中国流浪儿"在印度的医院里得到了精心照料，很快就痊愈出院了。

秦元勋赶紧买船票，由孟买出海，几次有惊无险地绕过了太平洋战区的夏威夷等海岛，结束了近两个月的漫长航程，到达了美国。

1944年底，秦元勋进入了哈佛大学数学系学习。他一向都是勤奋求学的人，在孟买英国医院和医生争论的情景，更增强了他努力学习报效祖国的信念。秦元勋强烈的求知欲和惊人的毅力，催督他分秒必争地学习，用他自己的话说，"把喝咖啡的时间都用上了"。

在哈佛，秦元勋主攻主科数学（侧重拓扑学），副科物理（侧重理论物理），还利用暑假进修其他科目：1945年夏在哥伦比亚大学学过经济；1946年夏在哈佛大学工商管理学院学过管理课程。秦元勋在浙大时不仅数学方面打下了坚实的基础，还学了几门外语，为他快速完成哈佛的学业，储备了优越的条件，也为他免修了课程中的两门外语，得以全力专攻数学。他先用两个学期读完硕士课程，1946年获得哈佛文学硕士学位，随即开始撰写博士论文。哈佛规定，博士生要写两篇论文，一篇大论文（Major Thesis），由学生自选题目，不限时间；一篇小论文（Minor Thesis）由系里出题目，限一个月内交卷，主要是测定学生对于不熟悉的题目的快速掌握程度。秦元勋的大论文题目是"正规曲线簇及拟调和函数"，小论文题目是"关于氢原子的薛定锷方程"。

1947年秦元勋获得哈佛的哲学博士学位。取得两个学位，秦元勋仅花了5个学期，成了哈佛历史上最年轻的博士之一。他的这种速度，在哈佛校史上也是创纪录的。由于24岁的秦元勋个头矮小，又长了一张娃娃脸，得称谓"娃娃博士"。

秦元勋在哈佛学习期间，还广泛地接触一流学者；取得博士学位后，在哈佛大学有名的数学家伯克霍夫手下当过助教。导师邀请秦元勋参加他领导的研发工作，在申请表格上签字就可以拿到正式工作。但是当年，美政府要求申请在要害部门工作的人宣誓保证：

"若美国与另一国（包括中国）交战时，要效忠于美国。"

与此同时，为了迎接中华人民共和国的诞生，周恩来总理叮嘱在美国的中共地下党熊向晖等，利用新华社记者的身份，趁工作之便，游说中国留美学生回国建设即将诞生的中华人民共和国。久旱逢甘雨，他乡遇故知。秦元勋得知祖国的大好消息，经过熊向晖一动员，他就谢绝了他哈佛的老师、著名的数学家伯克霍夫先生让他留在哈佛大学做研究工作的劝谏，决定回国。

秦元勋的学生陶光远说："我曾问秦先生，熊向晖是如何动员您回国的。"秦先生说："很简单：回去，建设伟大的新中国。"

回家！回家！回家！回到祖国母亲的怀抱，回到倚门盼儿的娘亲身边；回到等我多年秋水望穿的姑娘身旁……

有着丰腴的文学艺术浪漫情怀的秦元勋，那颗欢快的心啊，早已荡漾起航。

家国召唤青春回

一

1948 年，25 岁的秦元勋回到故乡贵阳，与等待他八年之久的贵州大学外文系毕业的冯敏女士，于旧历七月七日在贵阳结婚。

婚后，秦元勋与冯敏双双到香港参加了工作。秦元勋和曾昭伦、曹日昌三人一起，筹建香港九龙科学工作者协会，曹日昌（地下党员，英国剑桥大学博士，后为心理所所长）任组织部长，曾昭伦（加州理工大学化学博士、后为高教部部长）和秦元勋分别担任业务部正副部长，主要任务是争取和团结原在香港或路过香港的中国科学工作者，负责输送要去解放区的科学家和家属的后勤工作。冯敏参加了民主妇联，同秦元勋一起帮助愿意参加中华人民共和国建设的学人从香港进入东北解放区，比如侯德榜（化工专家，后任化工部副部长）、严济慈（物理学家，后任中科院副院长，人大副委员长）的爱人张宗英和她的 4 个孩子，以及涂长望（气象学家，后任解放军气象兵司令员）等经香港到解放区，严希纯（贵州大书法家严寅亮之子，水利学家）的爱人俞沛萱和两个女儿，为逃避国民党的迫害，由上海到香港，他们都住在秦元勋家，都是冯敏自费接待。凡在秦元勋家辗转回国去解放区的人员，个个安全到达。那个时期，做到做好这一点，秦元勋俩夫妇是功不可没。

1949 年元旦，得知中华人民共和国在年内将成立的消息，上级希望大家用实际行动来献礼，秦元勋报名写《几何学通论》。在妻子冯敏的大力支持协助下，一个星期内写下了 10 万字的普及书，由三联书店在 1949 年出版作为中华人民共和国成立之献礼，可见这对年轻人对新中国的热情之高。此书 1959 年商务印书馆印了第二版，在二版序言中增加歌颂 10 年大庆的话。1979 年湖南科技出版社印了第三版。秦元勋在第三版序言中特意加上一句话："最后，对从第一版起就支持这一工作的冯敏同志，表示谢意。"

同年，香港新华通讯社发出邀请函，请曹日昌、严希纯、秦元勋三人作为港九区代表到解放区去参加中国科学工作者协会筹备会。当时解放战争尚未结束，须要绕道而行，秦元勋以去解放区做生意为由，到香港华润公司去联系购买到朝鲜的船票，华润公司老板袁超俊是贵州同乡，希望秦元勋去纽约，为其分公司工作。

面对去解放区和去美国的两种选择，回家与妻子冯敏商量时，冯敏坚决主张到东北去。这也体现了冯敏真正的爱国之心和对秦元勋的选择所起的决定性的作用。

决定去解放区后，秦元勋夫妇俩乘坐"东方号"轮船，由香港开往朝鲜的镇南铺。好不容易到了大连港，遇上了苏联军舰，苏军以"违法进港"的理由把船扣了，因为语言不通，船长请出秦元勋代为翻译交涉，人员才得上岸。第二天，中共大连市委书记欧阳钦、旅大区专员韩光等，亲自到码头来接待秦元勋等人上岸，一次堪称"死亡之旅"的旅行才告结束。从大连进入东北解放区后，秦元勋等终于在 1949 年 7 月安全抵达北平。

到北平后，秦元勋除积极参加了全国第一届科协大会的筹备工作和出席大会外，还应聘到北京师范大学任副教授，讲授数学中的微分方程、拓扑学等课程。当时，秦元勋年仅 26 岁，学生们都称他为"小老师"。

恰巧此时，正是秦元勋杭州国立艺专毕业的胞兄秦元魁即将远离国土，到法国留学之际。秦元魁 1944 年毕业，对油画造诣很高，毕业后曾在重庆私立西南美术专科学校任教。秦元魁同窗赵无极，因为中意秦元魁的学养，自己出钱，帮秦元魁办好了一切入学手续，且已遥等在塞纳河畔。已到达北平的秦元勋夫妇得知此消息，急忙与当时任新华通讯社总社的秘书长徐健生（秦元魁贵阳高中读书时的同学、后来的贵州省副省长）取得联系，设法通知秦元魁留在了贵阳。中华人民共和国成立后，秦元魁历任贵州省文联画报社编辑，美术服务社社长、美协贵州分会副主席兼秘书长，一级美术师。后来大师级画家赵无极谈到秦元勋、秦元魁俩兄弟"留下来建设祖国"的勃勃雄心，亦是既敬重又感慨。

1949 年 10 月 1 日，宣告中华人民共和国成立的日子来到了。秦元勋一大早就来到天安门，准备参加开国盛典。他和一批知名科学家被安排站在靠天安门南边观礼台的第一排。

九点整，当毛泽东主席宣布"中华人民共和国成立了，中国人民站起来了"的时候，五星红旗在天安门广场上冉冉升起。此时，"七死余生"回到祖国的秦元勋早已泪流满面，激动万分。近百年天天挨打的中华民族的历史，从此翻开了新的一页。一生有幸参加这一盛典的秦元勋，以后常告诉儿孙当时的情景，抒发作为一个中国人的自豪感。

中华人民共和国成立后，陈毅代表中央动员在北京的人南下，去接受新的任务。

秦元勋夫妻俩脱下西装旗袍，穿上第二野战军的灰棉军装，背上简单的行李，跟随西南军政委员会文教部部长楚图南进入重庆，过着每月2元钱零用的全供给制生活。正如秦元勋后来回忆：看到中华人民共和国各项建设像雨后春笋，个人生活又何必去计较呢！

到了重庆，秦元勋夫妇积极投入工作，1950年秦元勋加入了新民主主义青年团，同年，加入九三学社任九三全国科技委员会委员。

秦元勋从1950年初担任西南军政委员会文教部调研室主任、科学普及处处长、社会文化事业管理处处长起，就是西南地区教改和科普工作最早的设计者和领导人。他参加了接管、整顿西南大行政区的文教事业，参与制订了高等学校院系调整方案；参与建立了西南科学普及机构和协会，建立了西南文化馆系统等等。

二十世纪五十年代中期，秦元勋作为西南区代表之一，先后到北京参加了第一次全国高等教育会议、中华全国自然科学工作者代表会议（全国科普），并当选为全国科普协会的常务委员（1950—1958年）。

像秦元勋这样经历的人，即在国外取得博士学位，回国后参加革命工作，参加新民主主义青年团，从研究转入普及，去执行共同纲领中普及第一的任务，当时在中国，是唯一的。

冯敏先后担任西南军政委员会文教部图书资料组副组长，西南文教委员会秘书科科长等职。她热情工作，努力学习，得到了领导的赞许。楚图南部长赠送给冯敏一本他自己的译著，在扉页上写道："赠给向着太阳的女儿冯敏同志。"对冯敏的工作做了很高的评价。

"太阳的女儿冯敏同志"，于1956年成为了一名光荣的中国共产党党员。

二

1952年7月1日是中国科学院数学研究所正式建所挂牌的日子，首任所长是1951年政务院第69次政务会议上通过任命的华罗庚。

因为"常微分方程"这一大领域却缺少一个领军挂帅人物，在广泛网罗人才的过程中，华罗庚看中了最能胜任此重任的、刚满30岁、正处于人生黄金时期的秦元勋。而此时，秦元勋恰好刚从西南调回到北京中科院院部工作。华罗庚所长就邀请他到数学所去工作。

1954 年 1 月，秦元勋调入数学所后任副研究员。秦元勋深知，要发展科学关键是人才。于是，采用了一套他自己独创的孵化器式的快速培养骨干的办法，利用数学所向全国开放的特点，开办了三次全国性的学习班，收了大批的学生（研究实习员、研究生、进修生）。

秦元勋在讲课的过程中，不断地提出大大小小的问题，听课的人按各自感兴趣的问题，根据各自的水平，深入下去开展研究工作，并根据实际情况提出报告。因而做报告者十分踊跃，内容也很丰富，学习和讨论的气氛十分活跃。通过这种快速培训方法，使一大批年轻人迅速成长起来，也使一批青年学者迅速出名，因为他将学生们取得的研究成果，及时写进书中，比方蔡燧林公式（关于稳定性的李雅普诺夫函数），董金柱的（E2）极限环的相对位置，蒲富全的极限环准确位置的计算法等等，都是当时世界水平的研究成果，至今为海内外学者所公认和引用。

秦元勋是当时最年轻有为的专家之一。他继承和发扬法国著名数学家庞加莱于 1881、1882、1885、1886 年发表的四篇论文所开创的研究工作，即由微分方程直接做出它所定义的积分曲线。秦元勋编著了《微分方程所定义的积分曲线》一书（1959 年）。开展了关于极限环的研究，共发表论文和著作 16 篇（本）（1954—1960 年）。其中区域分析理论可大致确定极限环的位置；1955 年第一次给出（E2）有一个极限环的具体类型，是二次系统已知的唯一有表达式的情况。他和他的研究生蒲富全（后为清华大学教授）对二次系统提供了在奇点附近构造出具有三个极限环的具体例子的办法；指导研究生董金柱（后为科大研究生院教授）解决了二次系统极限环的相对位置分布。这些重要成果均为海内外学者所公认和引用。秦元勋带领王联、王慕秋（现均为中科院数学所研究员）、刘永清（后为华南理工大学教授）、蔡燧林（后为浙江大学教授）等开展运动稳定性方面关于具有时滞的系统以及大系统分解为子系统的研究，是大系统稳定性分解理论的开创者。解决了钱学森提出的燃烧的不稳定性的时滞控制参数的界限。这结果曾作为中国向 1960 年莫斯科举行的第一届国际自动化会议所提交的四篇论文之一，被译成俄文在苏联出版。这些成果总结在国内出版的《运动稳定性的一般问题讲义》（1958 年）和《带有时滞的动力系统的运动稳定性》（1963 年）两书中。

1959 年，为了向党的生日"七一"献礼，秦元勋又撰写了《微分方程定义的积分曲线》（上下册）交付科学出版社出版，并开班教学、到中国科技大学去讲数学课。听讲的人员与学生很多，工作紧张而愉快。因为秦元勋热爱祖国、工作兢兢业业且表现出色，于 1959 年被批准加入了中国共产党，同年又被选为全国青联常委（1959—1979 年）。

中国常微分方程学科的开展，自秦元勋始，从 1954—1960 年间抓住一次次政治运动的间隙，举办全国性讲座，撰写专著，带出了我国第一支常微分方程的研究队伍。如今这个学科，在中国的规模和成绩已经蔚然大观。

1959 年是秦元勋一生中最光荣的一年。为了庆祝中华人民共和国成立十周年大庆，在再版 10 年前的《几何学通论》时，特意在二版序言中加上歌颂十年大庆的话以表示自己喜悦的心情。更激动是十月一日的那一天被邀请登上金水桥旁的观礼台。

秦元勋一系列的卓著成绩，与他妻子冯敏的鼎力支持、协助是分不开。二儿子秦朝宇提起母亲冯敏，深情地说："父亲做事很快，很果断。但因为他是搞科学的，政治这方面的政策、文字等细节，都是我妈妈把关。撇开她照顾我父亲不说，凡是我父亲出版的书，几百万字，哪怕是一篇演讲稿，都是我妈妈一个字一个字地编辑、仔细检查抄写，因为我妈妈是学文科的，而且那时候是没有秘书的。我妈妈不仅帮我父亲做这些工作做得这么好，她在自己的工作上也是很出众的。在香港重庆西南文教处就先后担任西南军政委员会文教部图书资料组副组长，西南文教委员会秘书科科长等职。回到北京，担任了中国科学院外事局苏联东欧处处长，凡是苏联代表团来，包括欧洲的、各个国家的代表团来，中科院经常是她去迎接的；而且这方面有关的事情，总理常常会直接过问。她多次代表中科院，直接去给总理汇报。所有这些，她都做得很好。'文化大革命'之后，我妈妈从中科院外事局调到北京天文台，当情报研究室主任，工作也是做得很好的。"难怪楚图南部长称赞冯敏为"向着太阳的女儿"。

正当秦元勋夫妇沉浸在十年大庆的欢乐日子里时，又一次人生重大抉择摆在面前不期而至——发展我国的核武器，研制原子弹。

这是涉及增强国防实力，提高民族威望的大事业。只要祖国需要，秦元勋从没含糊过。秦元勋又一次以国家利益、民族利益为己任，不问西东，踏上了新征途。

研制"两弹"功勋建

一

从此，秦元勋隐姓埋名，在公开场合"失踪"了。他去了哪里？去干什么？连他妻子冯敏都不能说，谁也不知道他在做什么。

中国的原子弹研制工作是从二十世纪五十年代开始探索与研究，直到 1964 年 10 月 16 日首颗原子弹爆炸成功，大致经历了三个阶段：

1960 年底以前，是组织力量和探索研究阶段；

1961—1962 年底；是掌握原子弹基本理论和关键技术，完成理论设计阶段；

1963—1964 年 10 月，是开展大型爆轰试验和次临界试验，并进行原子弹装置的技术设计与制造，最后完成原子弹装置的地面核爆试验阶段。

1960 年 1 月，经中共中央总书记邓小平批准，二机部调郭永怀、程开甲、陈能宽、龙文光、秦元勋、周毓麟等 105 名高中级技术骨干加入核武器研制队伍。要求必须在规定时间到指定的地方去报到上班。秦元勋是奉命在 1960 年 5 月 1 日报到后正式加入的。1959 年 6 月 20 日中苏关系公开破裂，苏联公开撕毁协议，苏联专家开始撤离。当时被称之"哑巴和尚不念经"的苏联专家鲍利斯·列杰涅夫还在九所未回国。邓稼先特引荐秦元勋与苏联专家列杰涅夫见面。专家在他的本上写上秦元勋的名字，并注上是美国哈佛大学博士。

经过先到九所的研究人员的调研和分析，从国外已经公开发表的一些资料中获得一些初步的认识，对美国掷在日本广岛和长崎的"小男孩"和"胖子"，即"内爆法"和 "枪法"的两种原子弹的设计原理有了一定的认识。考虑到"枪法"要耗费比较多的核材料，而且从技术上看也不如"内爆法"先进，因此我国第一颗原子弹决定采用"内爆法"。为了深刻理解和分析原子弹材料在压紧过程中的物理规律，对爆轰波和冲击波的相互作用，冲击波的聚焦和界面不稳定性等要逐一进行研究。1960年 4 月开始我国第一颗原子弹的理论设计的计算工作。邓稼先带领三个学力学的、三个学数学的大学生和一些辅助人员，分成三个组。开始进行了在原子弹研制史上很有名的所谓"九次计算"工作，即一天三班倒，用 4 台手摇计算器（后用半自动的电动计算器），利用特征线法解流体力学方程，模拟从启爆到碰靶的物质运动的全过程。全区域要分成上千个网格，每个网点上要解 5~6 个方程式和计算很多个参量，其中有 1/3 个点需要算两套参数，有些网格点还要进行多次迭代。除此之外，对每个网格点还要计算 1~2 个检验方程。为了保证计算正确，还采用两人对算的做法，可见其工作量之大。20 多天后取得第一次计算结果，由于缺乏经验，差分网格取大了，没有体现出几何形状的特点，却发现一些新的物理现象，又提出三种解决方法，又进行了三次计算，即二、三、四次计算。如果要算到中心，工作量就更大，领导考虑到人手实在不够，就从中子物理组临时抽调三名同志支援。又苦干了两个来月，三次计算所得结果十分接近，但其中一个很重要的数据却与苏联专家讲课时讲的技术指标不符合。经过反复验证和讨论，又提出了三个重要的物理因素，建立了三个数学模型，形成了第五、六、七次计算，其结果和前三次的结果一样。此时怀疑原数据的正确性，引起激烈的争论，但因缺乏足够的理论证据来否定苏联专家讲的那个指标，搞方程的同志又提供重要的依据，又不得不厌其烦地进行了第八、九次计算，结果仍然是一样。这样先后花费近一年的时间，共进行了九次计算。虽拖延了一些时间，好处是锻炼了队伍，为核武器研制和设计培养了一批人才。秦元勋是 5 月加入，恰好赶上这"九次计算"的工作，靠手摇计算器或电动计算器来计算，费时多、进度慢、准确度差，原子弹突破要靠它肯定不行；更清醒地体会到需要使用计算机来计算的紧迫性和重要性。美国原子弹过关时，使用了 1944 年制成世界上第一台"自动序列受控计算机"，即 Mark 1。这台机器是电动机械式的，主要部件是普通的继电器，做一次加法需 0.3 秒。但它和人的计算相比，则显示出极大的优越性，不仅速度快，而且可以"不知疲倦地"连续工作。正是这台今天看来水平很低的计算机在美国的原子弹突破中发挥了很关键的作用。

1960 年 10 月，九所调整，一室成立，室主任是邓稼先，副主任是何桂莲、秦元勋、周毓麟。由于何桂莲兼任党支部书记，分管行政事务。故秦元勋实为分管业务的第一副主任，当时一室有四个研究组：状态方程和力学组、中子物理组、数学组和计算组。秦和周都是数学家，但周偏重于流体力学，故业务分工周负责联系状态方程和力学组，而秦负责联系中子物理组、数学组和计算组。

1961 年初原子弹的攻关工作进入了必须确定基本理论和关键技术的重要阶段。在这重要的时刻，必须对已做的大量探索性研究和实验结果进行全面的分析，以便在已有认识的基础上，明确归纳出若干关键技术和理论问题进行深入研究，求得集中突破。此时，为了加强九所核武器研制与试验的力量，又将原子能所的王淦昌、彭桓武调入九所任副所长。至此，从苏联人撤走后不长的时间里，配备了五个技术副所长，即朱光亚（抓科研总管）、王淦昌（抓实验）、彭桓武（抓理论）、郭永怀（抓设计）、程开甲（抓试验）。

王淦昌和彭桓武是1961年4月4日到九所上班的。王淦昌来后马上去17号工地，不仅抓厂房建设、炸药的研制、炸药成型研究，而且亲自参加爆炸原理实验和测试工作。彭桓武来后倡导理论部定期召开专题讨论会，突发奇想、疑义难题提出来，排排队，大家共同探索解决。彭桓武运用他强有力的理论手段，把复杂的方程组予以简化，完成了原子弹反应过程的粗估计算。科学地划分了反应过程的六个阶段，提出了以"突变"为中心，决定各反应过程特性的主要物理量，为掌握原子弹反应的基本规律与物理图像起了重要的作用。彭桓武称这种"粗估"简化的方式为"穷人的办法"。但进入"真刀真枪"地搞型号产品的理论设计时，就需要用计算机来做精确计算了。

秦元勋的任务分工就是抓数学、计算和计算机方面的工作。当时九所买了一台乌拉尔机（即M-103机），货刚到还没拆箱组装，中科院计算所刚研制成功一台可交付使用的104计算机，是电子管的，每秒可运算加法一万次。真是及时雨，恰好赶上为我国第一颗原子弹的设计而计算。两位数学家，秦元勋和周毓麟及时地组织搞数学的同志编制104机上的程序，当然要先解决计算方法问题，才好利用104计算机。不仅如此，还高瞻远卓、及时地向国家建议向中科院计算所下达研制更快速的119机和向四机部华东计算机下达研制J-501机任务，从而使这两台计算机及时地有力地支持我国氢弹突破和研制的过关，这一点也是功不可没的。

1961年4—6月，周毓麟主要负责用冯·诺伊曼提出"人为黏性法"解流体力学方程组遇到的问题，而秦元勋提出用"人为次临界法"解非定常中子输运方程的问题。

1961年5月，周光召调入九所任一室第一副主任，协助邓稼先主任抓全面的科研组织管理工作。为此一室进行调整，王永任书记，主任邓稼先，副主任周光召、秦元勋、周毓麟、何桂莲，分五个科研组：力学组、中子组、金属组、程序组和电子计算机组。

1961年8—10月，程序组编制并通过冯·诺伊曼"人为黏性法"解流体力学方程组程序；编制并通过"人为次临界法"解非定常中子输运方程的程序。

1961年9月，周光召从炸药能量的利用率入手，求出炸药所做的最大功，从理论上证明了用特征线法所做的九次计算结果的正确性，从理论上证明苏联数据出现的不可能。在这个紧要关口，周光召的证明解决了这个问题，这是一个重大的突破，结束两种方案的争论。使大家对压紧过程的流体力学现象有了透彻的理解。与此同时，数学家秦元勋、周毓麟等人研究了有效的数值计算方法，领导编制出第一个反应前的流体计算程序。在中国科学院计算技术研究所研制的104电子计算机上进行九组模拟计算，所得结果都与手算结果很接近，误差在5%左右，这等于直接验证所编程序计算结果的可靠性和程序的可行性。其中曾有一次偶然的机会，在某个时刻的打印纸带上出现了苏联专家曾提到过的数据。原来这个数据是在用人为黏性处理冲击波时，在振荡收敛过程中偶然出现的波峰值，其实是一个应被忽略的数据。

1961年11月，数学家秦元勋、李德元等人，运用"人为次临界法"完成了核材料被压缩到超高临界后能量释放过程的总体计算，完成反应前的总体程序编制。

"人为次临界法"是秦元勋在1961年提出的。这里有一个明显的物理解释：中子输运方程对t取中心差分后，将一个高超临界的系统，在时间步长小于一定值的条件下，变成一个带源的次临界系统（这是人为次临界系统）。这样的系统是有定态解的，用迭代方法求解就相当于其分布发展到定态解的过程，因而迭代求解是收敛的。这样就可以完成核材料被压缩到超高临界后能量释放过程的总体计算，故此方法命名为"人为次临界法"。这是在原子弹计算中的一个基本方法。（详见秦元勋编著的《计算物理学》，成都，四川科学技术出版社，1984年7月第一版。）

1962年中国的原子弹进入攻坚阶段。3月任务进展到"瓦片"的研究阶段，要实现"内爆"方案的关键在于能否获得会聚的同步波形。起爆元件（俗称"瓦片"）的设计极为重要，首先要回答的一个问题是需要多少块瓦片才能拼成一个球形结构。按照"美国原子间谍罗森堡夫妇案件"中透露，原子弹的球形结构是36块拼凑起来的多边形。但中国科学家们在研究时，却发现36块根本合不成那种特定的球形体。数学家秦元勋用拓扑方法去论证，解决了这个问题，不是36块而应该是32块。

1962年10月，在九所院内安装了一台乌拉尔（M-103）电子管计算机，每秒100次浮点运算速度，可以在"三号院"内进行计算了。

1962年10月10日，所领导向聂荣臻副总理、国防工业办公室罗瑞卿主任及二机部做了汇报。整个规划分为五个阶段，其中用15个月时间完成原子弹产品的技术设计，用21个月时间全部准备完毕，进行试验，进度安排环环相扣，十分紧凑。

聂帅提出，第一颗原子弹最好在 1964 年炸响，因为那一年是建国 15 周年。

为了加强对原子弹装置和有关的设计试验等的技术指导，研究所专门成立了"产品设计"、"冷试验"、"场外试验"和"中子点火"四个技术委员会。

产品设计技术委员会：主任委员吴际霖，副主任委员龙文光，委员肖逢霖、苏耀光、疏松桂、周毓麟、谷才伟；

冷试验委员会：主任委员王淦昌，副主任委员陈能宽，委员邓稼先、钱晋、周光召、李嘉尧、何文剑；

场外试验委员会：主任委员郭永怀、副主任委员程开甲，委员陈学增、赵世诚、张宏钧、秦元勋、俞大光；

中子点火委员会：主任委员彭桓武、副主任委员朱光亚，委员何泽慧、胡仁宇、赖祖武、黄祖洽、陈宏毅；

从这四个委员会的人员组成中，也可以清楚地看出当时秦元勋在研究所内的地位作用。

1963 年 4 月 2 日毛主席在中南海接见从事原子弹研制的专家们，陪同接见的还有周恩来总理和邓小平总书记，被接见的有邓稼先、黄祖洽、秦元勋、李德元、孙和生、郑绍唐、徐锡申、苏肇冰等人。

1963 年 8 月，二机部部长刘杰赴青海 221 厂基地视察，决定第一颗原子弹的代号取名为"596"，因为 1959 年 6 月 20 日，是苏共中央来信拒绝提供原子弹教学模型和图纸资料给中国的日子。取名"596"借以此激励全体职工，坚决克服一切艰难险阻，制成原子弹。第一颗原子弹又称"争气弹"，苏联要卡我们的脖子，不让我们搞成，我们就是要争气，发奋图强把它研制出来。同时又可以让后人永远记住 1959 年 6 月 20 日这个催人奋进的日子。

1963 年 9 月，39 岁的邓稼先在中国第一颗原子弹理论设计方案这个具有历史意义的文献上庄重地签上了自己的名字，中国第一颗原子弹理论设计方案终于诞生啦！

在这个理论设计方案中，必须要回答被设计出的这颗原子弹的威力究竟有多大的问题？必须要给出一个理论预估值，可由真正的试验来检验。这就到了秦元勋大显身手之时。秦元勋不但给出原子弹威力计算的粗估公式，而且还对原子弹威力计算误差做出整体估计。

秦元勋最擅长定性分析，对复杂的非线性问题，在不同区域中的解的定性行为做出分析。他又擅长学习理论物理学家彭桓武的量纲分析和量级分析技巧，两者相结合，可以给出较为准确的解的近似表达式。对原子弹的设计是允许在一定的条件下，被设计出的物理参数组是有一定误差，也有一定的误差容许限度，可以用一种相当粗糙的估计，根据一些关键量的差别来控制性质的变化。秦元勋曾把彭桓武先生的这套"绝活"形象地概括为"3 = 00"，意思是有两个量相比较，如果其中一个量比另一个量大三倍时，则在它们相加或相减关系时，可以在初步估计时忽略其中较小的量。这样便得到简单而有效的粗估公式。类似的，秦元勋不但给出原子弹威力计算的粗估公式，而且还给原子弹威力计算误差做出整体估计。同样，继原子弹之后，秦元勋还给出加强型装置的粗估公式，对氢弹威力计算的误差做出整体估计等等。

1964 年 4 月 11 日，在周恩来总理亲自主持召开的第八次中央专委会议上决定："596"采用塔爆方式，于 9 月 10 日前做好试验前的一切准备工作。要求做到"保响、保测、保安全，一次成功"，要求做到"严肃认真，周到细致，稳妥可靠，万无一失"。

1964 年 10 月 14 日下午，首次核试验委员会在场区召开了全体会议，决定 16 日 15 时爆炸。14 日深夜，距零爆前只有 40 多个小时，作为现场总指挥的张爱萍上将心里越发担心由于中子过早点火而导致失败的可能性，于是给二机部发了一份"紧急电报"，要一份最后的计算资料，要求九院的科学家们保证：依据他们的计算结果，试验成功的概率在 99% 以上。这时大多数技术数据资料已经送到试验基地。刘杰部长指派物理学家周光召和黄祖洽、数学家秦元勋去完成这个任务，必须在 8 小时内做出回答。三位科学家只能凭自己的记忆用计算尺进行核算，花了一整天的功夫，核算完毕，三人同时在送给中央专委的备忘录上签了字，说明成功的概率能够达到 99% 的要求，交给刘部长上报中央。（注："三人签字"此事在美国人著的《中国原子弹的制造》一书有专门记载。稍有不准确之点，应是两位物理学家和一位数学家，而不是周光召和两位数学家。）

1964 年 10 月 16 日 15 时，罗布泊中炸起一声巨响，一道比千万个太阳还亮的闪光过后，随之一个通红的火球腾地而起，扑向蓝天；且在它后面地面卷起一个粗壮的尘柱，紧紧地追赶着火球；戈壁滩上冉冉升起翻滚飞腾的蘑菇烟云。根据现场采集的数据表明，爆炸威力初估 TNT 当量在 2 万吨以上，科学家们确认这是一次成功的核爆炸。这是中国人民永远值得骄傲的日子，新中国的原子弹震撼了全世界！当毛主席接到周总理的报告后，风趣地说："我们要感谢赫鲁晓夫，要不是他撤销援助，激起中国人民奋发的精神，我们很可能不会这么快就造出原子弹。为此，我们要给赫鲁晓夫一个一吨重的大奖章。"

当天下午，欢乐情绪笼罩着北京城，几千名男女文艺工作者聚集在人民大会堂的宴会厅，进行一场《东方红》大型歌舞表演。下午4点钟，周总理接见了大家，并宣布："毛主席让我告诉大家一个好消息，我国的第一颗原子弹已经爆炸成功了！"全场一片沉静，当他们的意识反应过来时，顿时欢呼声响彻了整个大厅，周总理风趣地说："大家可以尽情地欢庆，但可要小心别把地板崩塌了！"

就在我国第一颗原子弹成功爆炸的晚上，在罗布泊试验场地的庆功宴会上，朱光亚有生以来第一次，也是唯一的一次，畅怀大饮喝醉了酒；理论设计大师彭桓武当场即兴赋诗一首，"塔爆有感"：

> 亭亭铁塔矗秋空，
> 六亿人民愿望同。
> 不是工农兵协力，
> 焉能数理化成功。

此时此刻，周恩来总理又打来电话告诉大家一个振奋人心的大好消息：赫鲁晓夫下台了！更是无巧不成书。就是当年那个撕毁中苏合作协议要置中国核事业于死地的赫鲁晓夫下台了，真是大快人心，真解恨！毛主席还风趣地说："我们给赫鲁晓夫放了送行的一炮。"

10月17日，在人民大会堂周总理向人大常委第127次会议宣布这一特大喜讯时，大家热泪盈眶，长时间地响起暴风雨般的掌声，热烈庆贺我国首次核试验成功，欢呼我国人民打破了核垄断！

二

中国的首颗氢弹研制是在1965年氢弹原理突破、1966年氢弹原理试验、1967年6月17日氢弹试验成功爆炸。从首颗原子弹爆炸到首颗氢弹实现爆炸，仅用了二年零八个月时间，比任何国家都快，是世界第一。

1965年是氢弹原理突破年。1月初，二机部决定将原子能所预先探索氢弹原理的一部分力量，即由黄祖洽、于敏领导的"轻核理论组"的大部分人马，共有31人合并到九所，以便集中力量突破氢弹。于敏亦被任命为理论部副主任之一。

1965年1月9日，朱光亚副院长传达全国三届首次人大会议精神，周恩来总理在政府工作报告中提出了工业、农业、国防和科技四个现代化的宏伟目标，从而大大激励了科研人员攀登氢弹高峰的勇气和信心。同时在1月底抽调一部分科研人员去参加河南"灵宝"的"四清"运动，其中就有理论部副主任秦元勋。

秦元勋利用离京去河南参加"四清"半年的时间，临行前把手中已修订定稿的《核装置分析》手稿交付给研究所正式打印成内部资料。这是秦元勋自1960年5月1日参加工作以来，将亲自参加第一颗原子弹的理论设计过程中遇到和解决的一些主要的技术问题及时地加以记录。由于秦元勋思维敏捷，反应灵活，手又勤快，善于把自己的理解和数学上的推导和证明与物理学家们的想法结合起来，归纳整理，及时地写成文字材料，这样逐步形成一份比较完整的资料。部分初稿在1962年完成，马上用于每年大批大学生进所工作的入门学习材料，成为培养干部的好教材。反复讲课、反复修改、及时补充。1964年核试验成功后，又加以修订，最终定稿，交付打印。在1965年6月打印完的百万字的《核装置分析》一书分上、下两辑。上辑有85页，下辑有135页。有6章外加6个附录组成。

这份材料为培养我国第一代核武器研制和威力计算的队伍起了很大的作用。后来秦元勋还应邀到哈尔滨军事工程学院二系去讲学，直接为培养和输送核武器的科研人才做出贡献。时间越长，其价值越为凸现，这是秦元勋为我国核武器事业的发展留下的一笔宝贵的精神财富。

1965年8月20日，二机部向中央专委呈报了《关于突破氢弹技术的工作安排》：一方面进行理论上的探索，另一方面要进行若干次核试验，以求通过试验，检验理论是否正确，提高理论认识。因为当时经过几个月的"练兵"摸索，认识到像"1100"这样的热核弹头难以一步到位，理论部领导及时调整了突破氢弹的途径和步伐，决定在确保主力11室和12室继续进行理论探索的前提下，决定把次年进行的小规模加强弹爆炸试验的设计任务交给了1室，并把打算两年后进行的百万吨级氢航弹热试验用的弹头优化设计任务交给了13室。

1965年8月27日，邓稼先主任在理论部召开的大会上将任务重新做了布置，并将部分科研人员做了调整。理论部大会后，邓稼先主任和主管13室的秦元勋副主任给13室下达任务：首先是利用原子弹研究成果与计算程序，进行ALU系统（即加强型装置）的物理模型计算，探索氢弹的基本物理规律。给出具体的三项技术指标，要求在这三个指标内作最优化的设计。这就是第一，考虑到我国轰六飞机最大载重量为 8 吨的限制,允许在设计时将主炸药球的外半经由现有原子弹的外尺寸向外扩大至 1.34 倍,即允许炸药总装量可以增加 1.4 倍;第二,装置总威力要达到 100 万吨 TNT 当量;第三,聚变比(聚变能／裂变能)可以在 xx％左右。在下达任务的会上讨论十分热烈,刘西尧副部长也亲自参加,并风趣地说:"我个子高,就很容易摸到门框了。"意思是鼓励尽可能加大尺寸,多装核材料,先搞出一个氢弹核装置,下一步再设计更先进的氢弹。为此 13 室物理组的九位同志在孟昭利副组长带领下,在北京事先设计好一百多个理论计算模型。

1965 年 9 月 27 日,13 室的大队人马(约有 50 人左右),在室主任孙和生、副室主任蔡少辉和彭清泉率领下开进华东计算所,理论部副主任于敏也随同前往。

1965 年 10 月 13 日,于敏开始了在上海持续两周的系列报告的第一讲,他从炸药起爆开始,将加强型原子弹的全过程划分为原子阶段、热核爆震阶段和尾燃阶段。

1965 年 11 月 5 日在华东计算所主楼五层东侧的大教室里,13 室全体出差人员安静地坐在大黑板前,由理论部于敏副主任介绍他分析三个典型模型的打印纸带结果而产生的新的设计思想,随着他深入浅出的语言、严密的逻辑思维、无懈可击的推理和充分的论据,从原理、材料、构形三要素把大家带进了一个氢弹王国,使大家如梦初醒,意识到一个新的氢弹原理诞生了!氢弹的"牛鼻子"今日终于被揪住了!

1966 年是氢弹原理试验年。为了确保 1967 年使氢弹能赶在法国人之前炸响,为稳妥起见,1966 年初九院的工作会议上,决定在年内临时增加一次氢弹原理试验。为了抢时间,决定以当时现有的备用型号产品 A2923 与 596L 中间加管子连接起来,作为新的试验产品。这种球柱球结构产品行不行?仍需要通过计算机上的数值计算来验证,来提供理论依据和相关的数据,就需要有二维程序来计算。但是当时理论部的实际情况是尚没有一个能用于计算的二维计算程序可用,正在编制的二维程序有 11 室的"椭球"程序、12 室的"三角网格"程序和 13 室的"锥流管"程序;更何况当时交付可使用的最快的计算机有北京的 119 机和上海的 J–501 机,每秒五万次运算速度。计算机的内存和运算速度都限制上不了真正的二维程序。

秦元勋作为专门负责抓数学、计算、计算机的副主任,面对无程序可用的窘境,感到压力很大,感到内疚。促使他下决心,狠抓二维方法过关。他在总结前阶段二维方法探索的经验基础上,大胆地创新,提出"天然差分"的崭新思想。写出完整的很有前瞻性、非常有新意的《天然差分系统》计算方法。但这时是"远水解不了近渴"，急紧关头是蒙特卡罗方法组的同志用半年时间编制出可适用的"切片程序"，用于氢弹原理试验模型和氢弹试验模型的计算，提供了二维效应的数据，解了"燃眉"之急。

"切片程序"不能算是一个真正的二维程序，至多算是一维半程序，甚至是1.25维程序。因为开始仅在引光管和引光层中计算轴向、切向维，其他壳层皆不算，而且分点分得很粗。其原因是节约内存和"计时"。在求解二维方程时也采用双向一维交替隐式格式：即在算径向时，把轴切向的量认为已知；而算轴切间时，把刚算出的径向量和原先量取平均作为已知，这样交替算一遍后的结果就作为二维计算的结果。故"切片法"又称"双向一维法"。不要小看这维数上只比一维增加"一点点"，可在氢弹理论设计过程中起到别的程序无法替代的决定性作用。像"喇叭口"、"戴帽子"、"削屁股"、"偏心"等二维效应只能靠"切片程序"来计算。试验成功后于敏对这个程序给出高度的评价："使我尤其高兴的是当时我们使用的计算方法精度不高，但是在几个关键物理量上，试验结果却与设计值十分符合。"

秦元勋对多维可压缩流体的"天然差分方法"，完整地提出而且印成有60页文本是在1967年，其基本思想是从物理模型直接建立差分方程，故称为"天然差分"，而不是常规的从物理模型通过"原始差分"变成数学模型，再经过"再次差分"变成离散模型。

秦元勋提出的做法是：规定空间中任何一点Q，Q离中心为最近的一点，则Q属于的控制区，如果Q离两点同样近，则Q属于控制区的交界面上。

秦元勋在当时提出其方法的思想是很新颖、前瞻的，对以后的二维流体力学计算方法的发展产生很深远的影响。其次，由于当时计算机的发展水平所限，1967年可使用的北京109丙计算机，速度是每秒10万次；上海655机速度是每秒50万次。尽管单位领导很重视，1967年氢弹试验成功后，立即举办全所的"天然差分"学习班，组织投入大量的人力财力去研制程序，但实现过程中遇到的实际困难是很大、且难以想象的，故暂且不论当时未能赶上后续的氢弹研制过程中发挥作用。以至于后来有以雷昌镇为代表的人，投下毕生的精力，孜孜不倦地做工作，坚持近二十多年的努力才出成果，才研制成功可以用于国家型号任务计算的实用程序；使秦元勋的这一原始思想得以实现。而此时，"文化大革命"已经如火如荼地烧遍了中国大地，住在北京海淀区花园路塔院一带科学家们的家也岌岌可危，面临被抄家的可能。

"秦元勋自离开家后就杳无音讯，具体在哪里我们都不知道。俩孩子都还小，我们也不可能离开家，要是他回来找不到我们怎么办？"这是秦元勋夫人冯敏女士80年代后回故乡贵阳，与亲友们聊天时的"笑谈"。

"我们楼房周围被解放军戒严保卫起来，直到'氢弹'爆炸成功后，北京海淀区花园路塔院一带才解除警戒。"秦先生的小儿子秦朝宇亦这样说道。

北京"文化大革命"运动以及家里的情况，远在基地的科学家们是什么也不知道的。科学家们只是一心一意、心无旁骛地研制着氢弹"639"。

1967年是氢弹试验年。1967年2月，理论部提前完成了全威力氢弹的理论设计任务。部件设计完成后由221厂第一生产部组织加工生产。6月5日完成试验用的氢弹的加工，6月8日运抵国家试验场的机场装配厂房。实验队由李觉带领抵达试验现场。理论部派出由秦元勋带领的十多人的小组和参试人员，与兄弟单位的参试人员密切合作，共同完成了试验前的准备。

1967年6月16日，聂荣臻元帅再一次亲临核试验场主持这次试验，这是聂帅在八个月内第三次去核试验基地。核试验基地司令员张蕴钰任现场总指挥，国防科委副主任张震寰、二机部副部长李觉参加试验的领导工作。

当张蕴钰司令听说秦元勋是负责理论计算的，就问秦元勋："你算准确了没有？"

秦元勋答："对于氢弹，国际上标准：一是威力在百万吨以上；二是聚变能要高于裂变能，这两点我们都可保证。"

张司令员严肃地说："这还不够，如果你的当量数据算少了，实际爆炸太大了，也要出问题。"

秦元勋马上意识到张司令讲这话的意思：1954年3月1日美国在太平洋上的比基尼岛（马绍尔群岛北端）附近试验氢弹，事前曾划好安全区，但因爆炸当量比计算结果大了一倍，使航行在公海上的日本渔船"福龙丸第5号"的船员23人受害，并有死亡，引起了日本和世界人民的抗议。接着，张司令员要求秦元勋在一张保证书上签字。虽然上一次原子弹爆炸时秦元勋也签过字，但那次签字是三个人，而这一次是他一个人签字。时间紧迫，不容许有什么犹豫，秦元勋勇敢地在保证书上签了字。

1967年6月17日上午8时，担任空投任务的是空军机组组长徐克江、负责投弹的第一领航员孙福昌，由徐克江驾驶726号轰-6飞机从核试验基地马兰机场起飞，进行中国第一颗氢弹进行全当量试验，实际比预定计划还多飞一圈，20分钟后才投下，在距靶心315米、高度2960米处爆炸。顿时在我国西北大漠上空出现一颗"人造太阳"，一道强烈的闪光后，一声巨响，一个巨大的火球托起一朵硕大的蘑菇状烟云。瞬间变成五光十色的草帽式的光环，奋力向上奔向苍穹。两个太阳在蓝天上并排高挂，这一奇特的景象，令人叹为观止。

秦元勋在观察的掩体内感觉到被冲击波打了一记耳光似的，手中抓的纸被冲击波吹走。理论部的小组成员立即从三个方面加以目测：一是冲击波由闪光开始到达观察点的时间；二是观看烟云高度，氢弹要上升到距地10公里的平流层，形成一个大的白圆盘，不是原子弹的蘑菇云；三是两次最小亮度的时差。三项指标都表明是氢弹。秦元勋立即到附近的掩体中去向聂荣臻元帅报喜，报告成功爆炸的消息。聂帅即刻叫一位参谋拿出一张预先写好的准备成功后向中央报喜的电报稿，要秦元勋在上面签字，秦元勋郑重地签下了自己的名字。

氢弹爆炸试验获得圆满成功（第六次核试验），威力为330万吨TNT当量，实测爆炸高度为2930米。这是我国从事核武器研制工作的广大科技人员、工人、干部，为实现国防现代化的伟大目标，刻苦钻研，勇攀科学高峰所取得的又一个重大成就。使我国提前一年多实现了毛泽东和中央专委提出的要在1968年爆炸一颗氢弹的要求！我国首次氢弹爆炸试验，赶在了法国的前边，在世界上引起了巨大反响，公认中国核技术已进入世界核先进国家的行列。

1967年12月31日，全体参战人员在北京人民大会堂受到毛主席等中央首长的接见，秦元勋当然是其中一位重要的被接见对象。

1980年，美国氢弹试验所出版的《计算机物理》杂志，聘请了两个外国编委，一个是苏联的氢弹之父萨哈罗夫，另一个是中国的秦元勋。

因秦元勋负责我国首颗原子弹（"596"）、首颗氢弹（"639"）任务的威力计算任务，荣获1978年全国科学大会个人重大成果奖状（#0011424）；而《原子弹氢弹设计原理中的物理力学数学理论问题》荣获1982年度国家自然科学一等奖，这是一项集体成果奖。秦元勋是荣誉证书（#100019）上9名代表者之一（其排名顺序是彭桓武、邓稼先、周光召、于敏、周毓麟、黄祖洽、秦元勋、江泽培、何桂莲）。

（注：当时一等奖的奖金是1万元。证书上九名列名者每人获奖金50元，其他参战人员每人获奖金10元。）

秦元勋的清华大学研究生陶光远在谈到秦元勋说：别看先生是个大科学家，却永远有一颗淳朴天真的孩童之心，且还兼具幽默浪漫。八十年代初，先生因在原子弹氢弹研究中的贡献获得国家科学一等奖，我拜访先生时祝贺他，他高兴地告诉我他把国家给予他的奖励存到银行的经过：

银行职员问开户名，先生答："秦弹奖。"

银行职员好奇："这个名字挺怪。"

先生解释："我姓秦，因为搞原子弹氢弹研究获得了国家的重奖 50 元，所以用这个户名存起来"。

离开科研现场就是一大孩子的秦先生说完"秦弹奖"，我俩开心得一起开怀大笑。

这就是秦元勋，一个乐观开朗的大孩子。秦元勋大儿子秦朝斌说："父亲生性开朗，高兴时会高歌一曲，单位的同事曾送他过'小胡松华'的雅号。我是左撇子，幼时连用笔都是左手。父亲觉得很正常，孩子应该自由发展，何况父亲留学时有不少的同学都是用左手写字。"秦元勋尊重自然顺应自然之心性真是随处可见。

同是秦元勋的清华大学研究生郑力刚先生回忆起秦元勋说：1982 年秋，我来到清华大学，成为秦元勋教授和蒲富全教授的研究生。我第一次见到秦公就是在讨论班上。近 60 岁的秦公满头黑发，戴着一副深度近视的眼镜，微笑地走进来，对大家点一下头，在第一排坐下来，讨论班就开始了。讨论班在以后我参加的这几年里都是这样开始的。

这次讨论班完了后，秦公特地在他的办公室和我们新研究生见面。当我告诉秦公我的名字时，秦公特地走上前来和我握手，说你 Riccati 方程的工作做得很好。接下来，他对我们所有的人讲了一句我终身都不会忘记的话："我不要求你们入党，但要求你们爱国！"

1984 年 10 月 16 日召开隆重的庆祝"我国首颗原子弹试验成功二十周年纪念大会"。除北京九所、〇二九所职工外，还邀请了核工业部的新老领导，国防科工委新老领导，九院新老领导，还有从理论部调出去的部分同志。首先是党中央、国务院、中央军委领导同志接见单位的主要领导并合影留念，同时对有功参战人员颁发军功纪念章。对秦元勋还颁发了"核事业开拓者"证明书。

庆祝大会会场设在新影礼堂，秦元勋在庆祝大会主席台上就座，发言时当场朗诵他新作的一首诗——

七律　中华火球照人寰

三家定约莫斯科，世界无奈原子何。

七亿神州翘首盼，试验何日奏凯歌。

百战将军穿戈壁，七旬元帅临楼兰。

万众齐心核子裂，中华火球照人寰。

1984 年 10 月 16 日秦元勋

多才多艺的秦元勋还酷爱音乐，有一副男高音的好嗓子，在重大节日的庆祝会上常可听到他那动人的歌声。秦元勋对丹青亦有研究，笔者 1986 年在中央工艺美术学院（现在的清华美术学院）进修时，一次周日去秦先生家，先生问及功课，答曰："正作色彩练习。"秦先生不声不响地从书房里拿出一个影集翻开给笔者看：几幅同一画面，不同色彩的风景、花卉、果蔬春夏秋冬色彩渐变的照片，排列齐整地呈现在笔者面前。噢！一个数学家，怎会懂得色彩变化的应用？且如此深谙？秦先生也喜欢体育运动，特别喜欢游泳，跳水的姿势也很美。健康的体魄使秦先生始终保持旺盛的精力。秦先生为人热情，坦率诚恳，爽直正派。对学生爱护备至，对同志热情相助。因而深受学生、同事的爱戴和尊敬。

秦先生 70 岁生日时，远隔重洋恩师苏步青教授寄赠了一首诗（条幅）给他 54 年前的浙江大学数学系学生秦元勋同学：

重到武林春已阑，如来殿下水潺潺。

千风万雨都过尽，依旧东南第一山。

古木参天宝殿雄，万方游客浴香风。

劝君休坐山门等，不再飞来第二峰。

复旦大学苏步青　辛未夏月——灵隐寺前戏作二首书为元勋教授清斋补壁

这条幅，至今仍挂在秦元勋先生家的客厅墙上。

1967 年氢弹试验成功后，当时全国的形势是"文化大革命"运动已进入了第二年。1968 年秦元勋受到冲击和批判，1969 年底被清理下放至河南上蔡的"五七"干校，边劳动边接受批判直至 1972 年中美关系解冻。

随着尼克松总统的访华，两国之间的学术交流、友好往来也开始启封。第一个美国科学家代表团便是其中之一。起程之前，中国政府允许他们提出要在中国会面的中国人员名单，于是，12 个成员代表团中的团员，有 8 人要求面见秦元勋。由于这 8 个秦元勋的哈佛同学、同事或同乡，均是当年一起聆听中国共产党在美国以"新华社记者身份"的地下党游说的 20 个留学美国的学生，只有秦元勋博士第一个回到了祖国。其时，秦元勋已经在美国数学家伯克霍夫工作室工作了。几十年的老同学老朋友之所以迫切要见到秦元勋，大多都是想了解秦元勋放弃美国的先进科研条件回到中国，又是在祖国怎样艰苦的条件下开展科研工作的。

由于是美国访华代表团科学家点名要求会见秦元勋，而国防科委等有关单位到处找不到秦元勋。因为，参加"两弹"研制的人员行踪是保密的，哪怕你是在"劳改"呢！最后，通过"总理办公室"，好容易才查到秦元勋是在河南上蔡劳动学校劳动，当伙夫。于是又是电报又是电话给上蔡，说是要秦元勋"接受新任务"。

此事虽过去 47 年了，可当年与父母一同下乡时不满 10 岁的秦元勋先生的小儿子秦朝宇仍然记忆犹新：

"因为访华代表团 12 个科学家当中的 8 个同学、同事或同乡点名要见我爸爸秦元勋，可没有人知道他在哪里。总理办公室通知国防科委，必须找到。结果，发现在河南农村。总理办公室命令马上派人从北京去河南接人，直接接去北京。我和母亲完全不知道为什么，一部吉普车把他接走了，说是保密任务。我们两个月以后才见到他，接着，我们搬家回了北京。"

为此，秦元勋得到机会提前结束了干校生活，调回北京再度进入中国科学院数学研究所工作。从此，他在微分方程、应用数学、计算物理、计算数学、相对论、人工智能、经济数学等方面全面开花、喜获成果。1973 年正式出版《空间和时间》。1975 年提出了常微分方程的《近似解析解》的新分支。1976 年中国科学院批准成立"应用数学推广办公室"，他追随华罗庚，组建、出任"应推办"的"副主任"。1977 年首次提出有中国特色的《计算物理》新学科。1979 年他的研究生史松龄在他指导下，取得常微分方程二次系统极限环的个数大于等于 4 的轰动世界的新结果。1979 年他利用计算机的符号运算，开创常微分方程的计算机推导公式的先河，实属"人工智能"的范畴。1980 年中国科学院成立"应用数学研究所"，他出任副所长（所长是华罗庚），兼任微分方程研究室主任与计算物理研究室主任。

1981 年开创常微分方程的《复域定性理论》的新分支。

1981 年由他发起组织并在长沙成立"中国人工智能学会"出任首届理事长

（1981—1987 年）。

1982 年由他发起组织并在北京成立"中国核学会计算物理学会"出任首届理事长（1982—1987 年），续任理事长（1987—1992 年）、荣誉理事长（1992—1997 年）。

1983 年 7 月至 1984 年 3 月出任应用数学所执行副所长。

1985 年 7 月至 1986 年 6 月出任黄河大学首任校长。

淡泊名利　解甲归田

1987 年 1 月 20 日，那个从 1941 年就与秦元勋相恋、1948 年与他缔结白头，相依相伴从香港到西南，到北京，到干校的她；那个不管多大的风暴，不管环境多艰苦，一直是他心灵和生活伴侣的夫人冯敏，因脑溢血不幸去世。

"父母生活一直是相濡以沫。母亲对父亲照顾得无微不至。1987 年初母亲突然脑溢血病故，给父亲造成了无法逆转的打击。父亲不是一个会倾诉的人。他仍然与别人讲他的数学，讲相对论，但'唱歌的老秦'消失了！"秦元勋大儿子秦朝斌黯然道。

当年秦元勋的母亲教育儿子"君子远离庖厨"的家训，使一辈子不会洗衣做饭的秦元勋在骤然失去了冯敏的同时亦失去了生活支柱，只得接受了他犹豫了好些时日的美国佛罗里达大学客座教授的聘请，移居美国与儿孙们住在一起。在儿子们的照顾下，他又亲自动手编写了一批科普书籍。在科学的普及教育中，秦元勋渐渐走出了悲伤。

曾记否，爱祖国爱家乡的秦元勋先生，自 1972 年从河南农村回到北京恢复正常工作后，就不断地回到故乡贵州来讲学、科普。为提高贵州的影响力，还将全国科技方面的会议邀请到当时比较落后的贵州来召开。1981 年 7 月 24 日至 8 月 13 日，中国科学院应用数学所副所长秦元勋教授应《应用数学与力学》杂志主编钱伟长教授和贵州省人民政府联合之邀，在贵阳市花溪宾馆举办全国性的《计算物理学》讲座。为了造声势，扩大影响，秦元勋还出面邀请中科院数学所的同事数学家陈景润一起到贵阳助威。陈景润在"文化大革命"后期已名声大震，作者徐迟写的《哥德巴赫猜想》报告文学一出版，陈景润即家喻户晓。陈景润来贵阳助威，闹出不少笑话：

由于他搞的哥德巴赫猜想没几个人能懂，人们大多不是去听他讲什么，而是怀着好奇的心想看他长什么样。人山人海的，还真产生了"轰动效应"。

由于秦元勋是贵州贵阳人，这次举办自然科学讲座开讲，贵州省政府特请秦先生为第一开讲人。用的基本教材就是秦先生1978年7月编写的《计算物理学概述》。

贵州省政府极为重视这次举办的自然科学讲座，以最高规格接待秦元勋一行，让秦元勋他们住进了花溪最美的"碧云窝"。这次讲座，到会代表来自全国各地，有112人，由秦先生主讲。讲座后建立"计算物理学科联络组"，以便今后加强联系，进行学术成果和情报的交流，计算物理学科从此在中华大地上蓬勃发展开来。

秦元勋博士早年和晚年对贵州的科技事业一直都是频频眷顾着。秦先生将业界称之为"世界第一"的《时间、空间和运动着的物质》书稿寄给贵州，有意让他的故乡在"后爱因斯坦时代"、在世界上第一个出版发行科学的"三一理论"。正如秦元勋在该书中所写："……迎接新世纪，为家乡的建设、发展，尽一分微力，满足我对故乡的深情。"

秦元勋曾说："科学领域里，我是开顶风船的一员猛将，到今天还在科学的第一线拼搏，愿为科学的真理献身。这也算是贵州人'硬汉精神'的一种体现吧。"

秦元勋一直不忘家乡贵州对他的关切与珍视，他说：

"贵州邀请我讲时空理论。那一次主要有两个人应当提及。一个是秦天真副省长，他当时分工管科教；另一个人是省科委副主任刘屹夫，他们两个负责组织接待我。我讲了两个星期，共讲了十次。刘屹夫副主任主动与贵州人民出版社联系，在贵州出版了世界上对时空质能理论向后爱因斯坦时代发展的第一本书，由此可见，贵州家乡对于我这个贵州儿子的厚爱。"

"1985年，我将全国人工智能学会第四次年会搬到贵州去开。有一个外省人当时主管贵州科教。这官僚表面上想向外来的客人们请教如何办好科教，开了一个座谈会。我也被邀出席发言。我说，有两种办法，一是在寒暑假请人进来讲学，另一是在寒暑假派人外出去进修。这本来是很简单的办法。哪知这位官僚最后做的总结是：'我们贵州一个也不引进来，一个也不送出去。'我想，当年要不是抗日战争把刘熏宇等送入省立高中，把中大实中和浙江大学送到贵州，我们这一类的人才单靠贵州本地的力量能行吗？我在贵州出版的那本书是世界上第一本后爱因斯坦时期的时空质能理论的书，书名是《空间，时间和运动着的物质》，美国华盛顿国会图书馆藏有。"

为科普，秦元勋不分国界地开展国际交流与合作。他先后出访过美国、英国、法国、德国、苏联、匈牙利、罗马尼亚等国。1987年8月24日开始到美国佛罗里达大学去讲学、任客座教授。1988年3月21日参加俄亥俄大学内召开的国际微分方程会议。之后顺访了玛丽埃塔学院，在该校四个系先后做了不同的学术报告，轰动全校。经四个系推荐、校长赞成、校董事会通过，一致决议在该院5月8日举行的第151次毕业典礼上，由该学院院长亲自授予秦元勋"荣誉科学博士"学位证书。这是该校200年历史上第一次授给一个中国人这种荣誉学位。就此，想起苏步青教授赠给秦元勋诗里的那句"千风万雨都过尽"，就其以在微分方程，原子弹，氢弹爆炸理论，计算物理，人工智能方面的成绩，也的确不负"东南第一山"之美誉了。

1993年70岁的秦元勋在中科院应用数学所内办理了"离休"手续。

纵观秦元勋的一生，笔者不禁想道：贵州能出这么了不起的科学家，那科学家应该是怎样的人呢？与秦元勋自始至终一同研制氢弹直至爆炸成功的秦先生最得意的门生张锁春教授在他的"博客"中推荐、共勉的德国唯物主义哲学家费尔巴哈对科学家提出十条应该遵循的守则已告知：

一、科学家是为真理而奋斗的英勇战士，但他本人要具有爱好和平的性格。

二、科学家要谦虚，对他来说最重要的是学习，而不自以为是。

三、科学家要走自己的路，深入探索自己的研究的课题，而不是左顾右盼。

四、科学家的最大享受是工作和活动。

五、科学家要简单朴素，平易近人，绝戒骄傲自满，自命不凡。

六、科学家没有时间去考虑那些愚蠢和荒诞的思想。

七、科学家不要追求世俗的荣誉地位和财富，而要从科学中寻找幸福。

八、诚实是科学家的主要美德。

九、科学家应该是一个客观的人。

十、科学家应该是一个超脱自己本身的人。

看完张锁春教授传播的"科学家十条应该遵循的守则"，笔者会心一笑，深受大家爱戴的秦元勋先生，就是这样的科学家！

为纪念秦元勋教授在微分方程及其应用领域做出的卓越贡献，国内外众多知名学者成立了秦元勋数学奖基金会，设立"秦元勋数学奖"和"秦元勋青年数学奖"。两个奖项均是以中国现代著名数学家秦元勋先生的名字命名，于1996年设立。旨在奖励在常微分方程、计算物理等有关领域的理论和应用研究中取得突出成绩的中国学者。

　　"秦元勋数学奖"已经成功举办八届，2019年3月15日起开始接受第九届"秦元勋数学奖"和"第一届秦元勋青年数学奖"申报。

　　2008年9月13日，"原子弹、氢弹"研制爆炸成功的功勋之一、贵州人民的骄傲秦元勋先生，带着他快乐不拘的童稚之心、宽厚待人的温暖笑容、智慧做事的气定神闲，追随他挚爱一生的夫人冯敏，随风而去，享年86岁。

　　写到这里，元代诗人宋方壶的一首"山坡羊·道情"倏地跃上心头——

　　　　青山相待，

　　　　白云相爱，

　　　　梦不到紫罗袍共黄金带。

　　　　……

　　　　陋巷箪瓢亦乐哉。

　　　　贫，气不改；

　　　　达，志不改。

　　这，正是中国核事业的开拓者秦元勋先生留予后人之精神所在！

注释：

1. 此稿，为李祥霓、张锁春（秦元勋的学生）共同修改。

2. 本文"两弹"部分为张锁春先生撰写，故，张锁春署名为作者之一。

痴迷你，是因为我恨你

——记著名蚕类学家李贵真

◆ 卢　程

李贵真 （1911.01.06—1999）生于山东平原。著名蚤类学家。

1931年她考入山东济南齐鲁大学，1934年转入生物系学习，1937年毕业，获理学士学位。继而报考燕京大学生物系研究生，1938在当时的国立贵阳医学院生物科任教，历任贵州医科大学生物教研室主任、基础部主任、副院长，是贵州医科大学成立以来的第一位女教授。担任过贵州省妇联副主任、贵州省科协常务委员、贵州省昆虫学会理事长、中国昆虫学会理事。还曾任贵州省人大第五届、第六届常务委员，全国人大第三届人民代表。

李贵真主要致力于研究蚤类区系的组成、地理分布、相互之间的亲缘关系、宿主关系、起源和进化等，从而防治和消灭蚤类所传播的重要疾病。她编写出版了我国第一部跳蚤专著《跳蚤》，参与全国统一教科书《生物学》以及中国《医学百科全书》中蚤类条目部分的编写工作。她一共发现了七十多中跳蚤的新品种，收集了几百只跳蚤的标本，是我国蚤类学研究的泰斗。

引　子

27 岁那年，年轻、秀气、性格开朗的李贵真每个星期天都要自个儿融入大自然中去。在阳光沐浴、风雨洗涤后的贵阳四周的高山峻岭中，从事着生物学专业的她在采集多科标本的同时，被溪流潺潺、森林郁郁葱葱的美景陶醉了。在数不清的昆虫标本中，她特意关注到一种很特殊的小生物——跳蚤。没错，就是跳蚤！就是这些精灵似地东蹦西跳的蚤类，其实早在六千万年前地球上就出现了。更可恨的，它竟然还是短小精悍的传播鼠疫的杀手！据载，鼠疫在人类历史上曾有过 3 次世界性的悲惨大肆虐，大约有数亿人殒命于鼠疫。在欧洲这种可怕的鼠疫被称为黑死病。

谁也没有料到，这个看似文静的妙龄女子李贵真，竟然会"看上"这种可怕而讨厌的小生物——跳蚤，并会把自己的毕生精力投入到了这种"恨"之中，与跳蚤整整争斗了半个世纪。答案就是爱，对人类的爱，对生命的爱！研究它就是为了征服它，彻底研究它就是为了彻底征服它，让人类从此不再受它的肆虐、它的威胁、它的迫害。

由恨而产生的爱，让李贵真对跳蚤的研究一发不可收拾，让李贵真引人瞩目的科学成果蜚声海内外，使之成为国际国内昆虫学领域一代大师。

科学研究的起因有时候往往就是这样，由好奇而开始，由简单而深入，由深入而专业，最后将自己的毕生精力贡献于此！

艰难的求学生涯

1911 年 1 月 6 日，呼啸的寒风吹拂着齐鲁大地，那真是一个滴水成冰的寒冷时节。在山东省平原县一个被风雪包裹着的村庄里的一户农家，此时正欢天喜地迎接一个新生命的呱呱坠地。刚出生的小妞儿一张开眼瞧见团团围视的亲人们，竟然露出了甜甜的笑容。这个如蜜一般的笑靥，注定给予了她一个乐观、坚强的性格。父母为她起了一个喜气而淳朴的名字：李贵真。

连父母都没有想到的是，自己家这间矮矮的普通农舍里，以后竟然会与一位国内外知名的蚤类学家相关联。而这位国内外知名的蚤类学家就是自己的亲生女儿……

李贵真从小在一个充满人情味的大家庭中生活成长。

爷爷是个地地道道的庄稼人，一辈子与土地打交道，从来与世无争。他教育子女的家风就是勤劳诚实。她的父亲从小就跟着爷爷在家里干农活，与爷爷一道，把租来的几亩土地打理得生机勃勃、收获喜人。从而练就了勤劳的双手与敏锐的洞察能力。

劳动之余，爷爷抽着旱烟，喜欢用他独到的眼光审视自己儿子的未来。他对儿子的前景充满着希望……

十九世纪末发生在北方而又发起于山东平原、高唐、恩县的义和团抗争帝国主义侵略的斗争，给爷爷留下了极其深刻的烙印。他用一个庄稼人最朴实的道理来认识义和团农民运动的失败的道理，就是落后就要挨打！这个落后就源于科学文化知识与西方相差距大，手持大刀梭镖的血肉之躯没能阻挡住侵略者的铁蹄，祖国的大好山河还是被日军所践踏。

那时候，爷爷每个星期都要去教堂做一次礼拜。那幢独特而又色彩艳丽的教堂孤零零地伫立在灰黄色的大地上，其实这就是旧社会落后的最真实的写照。他算不上真诚的基督教信徒，但每一次去教堂，他总会疑惑，来自修建气魄教堂建筑物的国家的这些虔诚传教士，为什么会万里迢迢来到中国传播教义、传播西方文化、传播普世价值观。那为什么我不让自己的儿子去上学，去学习文化知识呢？

忽然感悟的爷爷毅然让儿子在 10 岁那年放下了锄头把，背上奶奶用染印的蓝粗布亲手缝的小书包走向了学堂……

年幼的李贵真的父亲，在走进学堂学习到了很多知识后，才深深感到爷爷的用心良苦。

幸运的是，因为爷爷的开悟，刻苦勤奋的父亲竟然从小学一直读完了北京通州协和大学神学院四年的学业。

学业有成的父亲毕业后开始从事传教和兼任教员，母亲也是学校里的教员。俩人爱情的结晶，让李贵真幸福地降临人间，成为父母的掌上明珠。

李贵真从小在一种充满学习与劳动交织的氛围的环境中长大。她后来曾回忆道，自己最美好的童年是在老家农村度过的。村庄的四周槐树成林，一到开春谷雨前后，槐花绽放迷蒙了静静的田野，徐徐的春风把花蜜般的清香弥漫整个村庄。这个时候，她就和小伙伴们撒野在大自然的秀美景色中，一玩就是大半天，只有奶奶在村头卷着手掌心大声呼唤着她的乳名，才能把她从旷野中拉回家里。小小年纪的她，还不太懂得人情世故，但她天性喜欢大自然，喜欢各种各样的昆虫。千奇百怪的昆虫世界，就开启了她那单纯幼小的心灵世界。

到了该上学的年纪，已经身为教员的父母自然送她到教会学校读书识字。聪明的李贵真特别喜欢学习，除了学文化之外，她还特别喜欢音乐，歌也唱得蛮好听的。教会有风琴课，李贵真把基本功练得扎扎实实地，因为她弹得一手好钢琴，到了初中已经在学校里小有名气。她喜爱音乐，刻苦勤奋的形象当时深深烙印在师生们的脑海中……

每天清晨，同学们来到校园里，都会看到这样一幕，晨曦中，李贵真已经捧着书本正聚精会神地朗诵着英语或背记课文，即使是冬天，北方的寒冷冻得脸蛋红扑扑的，她也从不落下宝贵的晨读时间。

1923年，李贵真以优异的成绩考入了被称为"华北名校"的山东德州博文中学。这所学校是三十年代山东全省仅有两所私立学校之一，每一年的全省会考中成绩都是名列前茅。

让她最为高兴的是，考入这所学校的女学生，都可以按学校之规定废除缠足。这在几千年封建社会的旧中国以缠足小脚为美的世代传统观念下，这是一种新思想的输入，是妇女姐妹们的身心解放。

可是，当她把这个喜讯告诉父母的时候，却看到他们的眉头紧蹙。作为大女儿的李贵真能考上这所名校，父母自然欣喜不已。可他们同时又忧心忡忡。因为他们膝下还有4个儿女，靠两人当教员的工资是很难同时供他们读书的，更何况这所私立名校。

李贵真心里明白父母的苦衷。但这么好的机会怎么能放弃呢？她无助的双眼望着父母一声不响。看着在焦虑中盼望父母能让自己继续学业的女儿，父母心软地点头同意了。李贵真终于长长地舒了一口气，她泪眼婆娑地向父母鞠了一个躬，转身跑出了房间……

李贵真走进那所学校的校园。忘情地看着四周被可爱的果园簇拥着的学校大门。她依稀记得一位从这所学校走出去的名人有这么一段诗情的描述：校园的东南面一到春风吹过时，那些柔柔的桃花、杏花全张开了容颜，把沁人的香气送到了广阔的田野上。特别是甬道两旁种植的红荆，也盛开出紫色的小花朵，景物在淅淅的春雨中丰润而鲜亮，整座校园犹如诗人叶绍翁所描述的"春色满园关不住，一枝红杏出墙来"。

在山东德州，李贵真开始了博文中学的课程的学习。学校的课程安排得比较紧张，除了由当地知名的儒学先生教授《四书》《五经》《论语》等中国传统文化外，还开设了算术、英语、体育、音乐、美术等新式课程，而高中部，数理化课本多为英文版教科书。

三十年代的神州大地正经历着历史的突变风云。刚进校一年多时间，北伐革命席卷大半个中国。北伐革命军势如破竹地进军到了德州，"打倒土豪""打倒军阀列强"的标语张贴满德州县城。鲁迅的《呐喊》，郭沫若主办的"创造社"出版《三个叛逆的女性》以及邹韬奋等进步作家的作品深受博文中学学生们的喜爱。

李贵真对外面的世界充满着好奇，受到这些进步思想的影响，她节衣缩食购买了不少进步书籍贪婪地阅读，汲取里面丰富的精神养料。最让她记忆犹新的是，在大革命最黑暗时，中共鲁北特委成员王凤岐在博文中学高中生张信诚的帮助下，在寒风凛冽的深夜里把传单悄悄地塞进当地国民党政府官员的住宅大门缝里，进行革命的宣传，向反动派公开宣战！共产党员身份的老师还暗地里向进步学生进行共产主义思想的启蒙教育。老师的教诲，让她明白了许多道理，让她知道了政府腐败，军阀只知为抢夺地盘，连年混战给国家带来不安定给老百姓带来灾难和苦痛！共产党就是比国民党更为劳苦大众着想的先进组织。只有动员起像她这样千千万万热血青年努力奋斗，才能让中国彻底改天换地！

在那个风雨如晦的动荡岁月里，18岁的李贵真思想上渐渐有了一个越来越清晰的认识，共产党好，跟着共产党中国才有希望……

就是这样一个执着的信念，伴随了李贵真走过了一段又一段颇不寻常的人生经历。

进入高中以后，李贵真接触到的知识面更广泛了。也许是因为从小在农村长大，她的心灵纯洁得像水晶似的，淳朴自然。旁人也许不会相信，她心中的第一位知心朋友就是老屋下石缝中一只蟋蟀。夏天繁星闪烁的时候，这只蟋蟀都会使劲地弹奏起欢快的乐曲，让一直把耳根贴在石墙旁的李贵真聆听这优雅的曲子而醉然不已。蟋蟀用两翅摩擦发出的美妙音曲，胜过她听过的钢琴曲，百听也不厌。第二天的下午，她带上几粒小米饭，轻轻地放在石缝上，只一会儿，那只黑头蟋蟀就会如约而至，毫无怯色地吃完小米粒。这时的李贵真用一根须须草，柔柔地抚摸黑头蟋蟀的一对触须,它马上振翅鸣奏,爱唱歌儿的她禁不住学起"小伙伴"吹起了唧唧唧的音律……

仿佛是广袤的大自之灵气和她对接,对自然界万物的膜拜,她的血骨里已经浸染了对生物昆虫的爱意绵绵。高中学习阶段,虽然课程开设了生物学,但她不满足一个星期才两节的生物课。表姐侯玉美是学校教生物学的老师,那间小小的教学所用的实验室为李贵真打开了方便之门。稍一有空,她就钻进实验室里让表姐教自己使用复式显微镜。实验室的木架子摆满无数的玻璃瓶,里面用药水浸泡着青蛙、各种鱼,甚至还有蚯蚓、蛔虫;特别是一只多足的蜈蚣引发了她极大的兴趣……

她缠着表姐手把手地教自己使用显微镜,继而又解剖蚯蚓和蛔虫。在显微镜放大了几百倍的镜头下,她惊讶不已地观察到了显现在眼前那些千奇百怪、又栩栩如生的微生物世界。你不通过显微镜的揭示,你是无法想象的!

被世人称为"昆虫界的荷马"以及"科学界诗人"的法国昆虫学家,动物行为学家让亨利·卡西米尔·法布尔,对李贵真走上科学研究的道路产生了重要的影响。

一天,表姐来到她的寝室,神秘而又轻轻地塞给她一本书。原来,是法布尔定居法国奥朗日后于1871年著作的《昆虫记》第一卷的英文版。捧着书她欣喜若狂,在表姐的脸颊上就是一个热吻,算是谢意。好一段时间,李贵真断断续续地费了好大的劲终于啃完了这本全英文版的《昆虫记》。她心中的感激无以言表。昆虫记让她和法布尔这位伟大科学家心灵更加紧密地贴在一起。更为巧合的是,法布尔也经常用自己的小口琴为许多小昆虫们谱下一首首动听的小曲儿,连兴趣爱好与大师都如此相似……对大自然中任何生命的无比热爱,这个理念一直影响着李贵真的一生,再也没有什么学科比她对生物学更加钟爱神往!

1931年的秋天格外地来得早。凉爽的秋风给李贵真送来了喜讯,她考上了山东济南齐鲁大学。

拿着入学通知书兴致匆匆回到家中,她的父亲的眉头却皱得更紧了。5个儿女都在读书,家里的经济每况愈下,父亲觉得无力再供养她上大学,平心静气地道出了自己的一些想法……

李贵真长大了,她深知父亲不到这难关处是不会说出这些话的。她静如止水、满目深情地望着父亲的愁容说:"爸,我可以吃最简单的饭菜,穿最低价的衣物……爸爸,我最割舍不弃的就是上大学啊?!"

在她看来,这个世界一切都可以舍弃,唯有读书才是她心中永远不灭的情结!

李贵真强烈的求知欲让父亲颇为动容!沉思良久,父亲点头同意女儿上大学了。

一刹那，泪水不知怎的猛然酣畅淋漓冲出眼眶，任何语言也无法表述她心中的快感。

李贵真任凭思绪的波涛去追逐辽阔的大海，她也希望自己的路越走宽敞……

新生入校的那一天，山东省齐鲁大学雄伟壮观的校门口出现了这样引人注目的一幕：一位中年男子背着用麻绳捆绑着的行李，与一位眉清目秀的女孩并肩而来。午后一抹淡淡的阳光投射在父女俩身上，李贵真穿着黑色的家乡土布棉衣，脚上是手缝的土布鞋，一身寒酸却落落不俗地走进了大学的校门。

校园里，不少"骄子"们投来异样的目光，这位土里土气的新生一定出身寒门，与这所山东省名牌大学似乎有些"格格不入"。

可谁也万万预想不到，唯有把学习研究看作是真正朋友的李贵真，竟然在几十年后成为我国泰斗级蚤类专家，她的科研成果连同她的姓名，被恭恭敬敬地写进齐鲁大学（今山东大学）的校史。

李贵真不但为母校增光添彩，还在中国生物学研究的科学道路上书写下了自己辉煌的篇章！

科学王国里的爱情故事

春暖花开，万象更新。迷人的芬芳在校园弥漫开来。冬季地上是衰枯的褐色野草已萌出新的绿意，和遍野绿油油的麦苗争宠春天。河的两岸风中摇曳的柳枝，刚能看到浅色的尖芽，地米菜和蒲公英白黄相映的花儿铺满田野和小路旁。

校园的图书馆是静静的，坐在那儿看书的李贵真也是静静的，一切都和这里静静的学习氛围相融合。

自进入大学后，李贵真仿佛变了一个人，她每天的生活轨迹也变得更加简单：从寝室到教室，从图书馆到食堂；再从教室到图书馆，从图书馆到寝室；几乎一成不变。这就是大学生时代她追求知识的艰辛之道。

生活上的品质她从不奢想，她把标准降到最低。但学习的劲头，却日趋高涨。她深知"千里始足下，高山起微尘"，学识的千里道途自己必须一步一个脚印。容不得半点马虎。为了登上学识那巍峨的高山自己必须持恒不懈地付出、付出、再付出，才能在有一天可能臻于美景。

5 年时间，1800 多个日夜。李贵真最爱去的地方除了图书馆还是图书馆。她一心扑在书籍堆里，拼力地汲取知识的养分。一页页，一篇篇，她一本接着一本地读书，在知识的大海中畅游，不亦乐乎。那时，白天上课进实验室，只有夜幕降临时才有时间在图书馆里埋头苦读，春夏秋冬的夜晚仿佛都是那么亲切而美丽，获取知识的快乐让她生命的青春四处洋溢。

"我已记不清与大雄纯真的爱恋是怎么开场表白的，但我不会忘记，我俩从相识到相爱一直都是在学校图书馆里发生的……"

几十年的悠悠岁月过去，慈祥老人李贵真对与丈夫金大雄的初识相恋的地方记忆犹新。

后来也成为我国著名寄生虫学教授的金大雄深情脉脉地回忆到："每次我到学校图书馆，都会瞧见一位文静、目光清澈似水的女孩，瞧见她那苗条的像静物似坐在桌子前的背影……"

金大雄那双年轻的眼睛里看到了浪漫的爱情世界，一个充满学习喜悦和幸福的世界……

身高 1.83 米的大个子金大雄，是天津人，也是生物系的学生。但他与李贵真不同班，年龄比她小 1 岁。

日复一日，爱情这颗奇异美妙的种子开始在金大雄心房里悄悄地萌芽了。

虽然那时他还没有向李贵真表白，但他绝不会放过每一天自己都要上图书馆的机会。他会悄然无息地坐在离李贵真不远处的另一张桌子旁，为的是可以乘机瞅李贵真一眼。每望一眼，他胸中的爱意就多一分。他真想猛然站立起来疾步走李贵真，向她大声地表达心中满满的爱意！

哪个少女不怀春呢？金大雄近乎痴迷的举动自然也被李贵真收入眼中。看似高大实际很温柔的金大雄，其实也悄悄触动了李贵真少女的情怀。好几次，她从他的座位边经过，脚步放缓了一些，含笑睁大眼睛，微张的嘴唇牙齿白白亮亮，好一副可爱模样。

记不得是谁先表白，反正他们相爱了。

在宁静的校园，在晴朗的星空下，他们把彼此的爱心献给了对方，他们在细细咀嚼着幸福的滋味……

因为，他们都有着共同的爱好——研究昆虫学。在科学王国里，对他俩来讲，爱情和科学都是排在第一位的。他们的幸福是建立在纯洁的基础上，其中不乏对科学执著的追求。实验室成了他们"散步"的最好去处，图书馆成了他们约会的"最佳选择"。在其他同学的眼里，他们真诚相爱的幸福模样，简直令人羡慕不已。

俩人彼此相恋，爱的是人的品格，爱的是科学，其余的一切都不重要。直到他俩订婚的时候，需要告知双方的父母，才大略地知晓了对方的家庭情况。

然而，犹如晴空霹雳，他们美好而短暂的爱情梦被日本侵略者隆隆的枪炮声击碎……

翻开中国的现代史，每一个有良知的中国人都永世不会忘记，1937年7月7日日本侵略者发动了卢沟桥事变。日本侵略者的铁蹄踏碎了我大好河山，同胞们遭受嗜血成性的日本侵者屠戮，祖国大地上生灵涂炭。许多仁人志士奋起反抗，为中华民族的自由而浴血奋战，义不容辞。李贵真和许多年轻的大学生一样，热血沸腾，一马当先加入到抗日的最前线。

为了抗战的需要，1938年3月1日，国民党政府批准建立了由国民政府教育部直属的全国第九所国立高等医学院——国立贵阳医学院。

卢沟桥事变之后不久，迎着华北大地弥漫着浓烈的硝烟，李贵真大学毕业了。

那时的祖国大地已经支离破碎，东北早已沦陷，华北也已被占领，南京大屠杀的血腥让全世震惊！不甘做亡国奴的中国人民同仇敌忾抵御外侮，万万千千的志气青年热血满腔地投身到这场伟大的抗日战争。

毕业后的李贵真获理学学士学位，并留校任教。本想大展一番宏图的她，梦想却被侵略者隆隆的枪炮打碎了！

那个时候，国内著名的院校、科研机构、医院等基本上都纷纷迁往西南边陲。李贵真要用自己所学的医学知识报效苦难中的祖国。

她和同事们辗转又一路劳顿，经武汉、过重庆，于1938年3月到达了贵阳，前往国立贵阳医学院任教。

1938年6月的仲夏，早三年毕业主修寄生虫学获理学学士的金大雄，任教于齐鲁大学生物系研究助理，从书信中知道恋人已经到了贵阳，也从齐鲁大学归心似箭地赶往贵阳。非常时期，李贵真在异地他乡多么希望心上人早早地出现在眼前。

深秋时节，黔灵山的红叶灿烂宜人。在被称之为"草棚大学"的教职工居所一间草棚内，他俩举行了极其简朴的结婚仪式。

在婚礼上，李贵真情深意长地赠送了金大雄一句诗："思为双飞燕，衔泥巢君舍。"听了妻子的赠言，金大雄举止风雅地脱口而言："愿与形与影，出入恒相逐。"

时间可以为他俩的爱情作证。风风雨雨六十载的携手走过，他俩互赠的这两句诗其实从一开始就为他们的爱情做了最美好的诠释。画上了最完美的句号。

形影不离，相濡以沫。体现在他俩生活科研事业上，是最生动的写照。

1946年，丈夫金大雄教授离开了她和3个孩子到美国留学。当时，大儿子7岁，女儿1岁，小儿子刚满月。在贵阳，她举目无亲，3个孩子的嗷嗷待哺，大的成天围着打转转，女儿才刚刚蹒跚学步。仅靠夫妇两人那点微薄的工资不要说请不起佣人，恐怕连维持全家的生活都举步维艰。自幼就能吃苦耐劳、性格坚毅的李贵真勇敢地用双肩挑起了家庭生活的重担。白天，她照常上课，完成课时之余，她有时还代替丈夫开课。晚上，她安顿好两个稍大一点的孩子睡觉后，还在昏暗的灯光下一边给孩子喂着奶，一边在研究跳蚤。科研、教学、家务三副重担她硬是用一个女人那柔弱的肩膀扛了起来。那苦那累那流淌的汗水在这种极端艰苦的同条件下，她不但没有被压垮，反而把她磨炼得更为坚强，学术上的积淀也越来越厚重。秋去春来，李贵真接连发表了好几部关于跳蚤方面的专业论文，她的科研已经步入了一个新的天地，学术成果也跃上了新的台阶。李贵真在国内外生物昆虫学术界的知名度越来越高。引起关注，靠着扎实的科研成果，1945年，李贵真没有任何争议被提升为副教授，1948年又成为教授。

这是贵阳医学院成立以来的第一位女教授，也是贵州省多年来的第一位女教授！

好事逢双。恰好这时，她的夫君金大雄教授从美国学成归来。金大雄风尘赴赴地踏进自己朝思暮想的家门，眼前的一幕让他禁不住热泪盈眶。妻子好消瘦好疲惫啊，3个孩只是紧紧地搂着妻子眨巴着小眼睛怯生生地望着面前这位大个头英俊倜傥的爸爸。金教授大步跨上前去，一下子紧紧地搂住妻子，三尺男儿激动得说不出一句话来……流下了汩汩热泪……1950年朝鲜战争爆发。美帝国主义侵略者在朝鲜和我国东北边境发动了细菌战。谁也没有想到，跳蚤这种自然界的生物害虫竟然也成了美帝手中的杀人武器！原来，世界上有着截然不同的两类科学家在研究跳蚤。一类是为拔除病源救人生命，保人健康。而另一类却是为了战争目的，让跳蚤成为杀人机器。美帝的这种行径与当年的日本侵略者在我国东北建立的731细菌部队，数百次在我国广袤的国土上使用细菌武器能有什么两样？

我国政府为了消灭我国西南地区传染性疾病，并充实我国寄生虫研究队伍，以及抗击美帝的细菌战，全国各地都办起了短训班。对于已经在跳蚤病菌研究方面声名卓著的李贵真夫妇，各地都纷纷邀请他俩去授课、做报告。有关方面政府还专门为他们夫妻两人配备了专车，送他们去讲学。

开始的几个月，夫妇俩实在是忙得连家也顾不上了。常常一清晨就坐汽车出发，上午在一个地方讲课，下午又马不停蹄奔赴另一个地方做报告，晚上还要召集当地的科技人员挑灯夜战，了解当地对跳蚤细菌的研究情况。回到住处后，还要把掌握的新情况汇总之后及时上报省里和中央。这种快节奏的方式，使通宵达旦的忘我工作几乎成了家常便饭，但他俩却感到生活从来没有像现在这样美好和充实。

1951年，李贵真教授写出的《跳蚤》一书问世，这是我国首部关于跳蚤的专著。紧接着，1956年，她又呕心沥血地编写《蚤类概论》一书。《蚤类概论》一出版，不仅引起了国内科学界的注意，也引起国际生物界的注意，被公认为是"关于中国蚤类学的权威性著作"。在当时，就马上成为我国昆虫学、医学昆虫学、蚤传性疾病流行病学必不可少的参考专著。多年来，该书的基本理论和案例被许多外国生物界学者引用。

但人们也许不知道，其实就是这本《蚤类概论》，竟然渗透凝聚着俩人不变的真挚爱情的结晶。回国后，丈夫金大雄不但要独立完成自己得科研教学任务，一有闲暇，他不仅帮助妻子李贵真搜集资料，补充实验数据、讨论提纲，而且还亲手动笔为这本专著写了第一章"绪论"和第六章"应用技术"的最后两节。

当年，金大雄教授出国留学，李贵真教授一人撑天柱似的全力支持丈夫出国深造，为的是学成更好地报效祖国。而今，金大雄教授反过来鼎力协助妻子出版科学专著，他俩的爱情与科学就如同树与藤一样总是枝繁叶茂地交织在一起，编织出最华丽的乐章！

与跳蚤抗争的半世不解缘

刚进大学一年多时间，李贵真学的并不是生物学专业。但她不幸在大二时因患上结核病而休学了。病痊愈后的她返校时，改了专业，到生物系开始学习她酷爱的生物学。当初谁能知道这一改专业，不仅改变了她的人生，而且，其卓越的科学成就，让她如同苍穹夜幕中一颗璀璨的星星，吸引了众人的目光。

据统计，我们这个地球上动物共有120多万种（其中昆虫占100万种），植物有30多万种。在这150多万种的生物之中，她为什么却唯独专心致志去研究跳蚤呢？

学生物的她清楚地了解，鼠疫在我国也流行已久，曾一度给中华民族带来深重灾难。早在公元610年隋朝巢元方的医药书《诸病源候论》中就有"恶核"的记载。而十七世纪起源于埃及的西奈半岛的鼠疫，经巴勒斯坦向全世界传播，先后死亡近亿人。第二次鼠疫爆发源自十一世纪中叶，源于米索不达米亚，经十字军东征而蔓延欧、亚、非三大洲，先后历经长达200年间，仅欧洲死于这种鼠疫（黑死病）人数就达2500多万人，占到当时欧洲总人口的1/4！

十四世纪初时，所向披靡的蒙古大军内突然出现一种极其可怕的瘟疫。人早上还健健康康，中午就莫名其妙地发起高烧，不久就打起寒战，继而呕吐、腹泻不止，几天之后，皮下开始渗血、形成血斑，腹股沟出现肿块，且流脓，由于肿块长得太快，就会猛然爆开。人的体内缺乏氧，呼吸困难，导致口唇、颜面及四肢皮肤发绀，甚至全身发绀，双眼凸出，患者不久之前还是生龙活虎，经过短短数日的痛苦折磨后，无法呼吸而亡。临死前，剧烈咳嗽、打喷嚏、气喘，把病菌传给他人。此种极为凶险的传染病在民间就以"黑死病"之名迅疾传开。历史资料显示，1351年，中国死于鼠疫的人口高达1/3，这其中包括大部分蒙古士兵，直接导致元朝被朱元璋打败！

可以这样形象而生动地比喻：一只跳蚤摧毁了一代天骄成吉思汗苦心建立起的蒙古大军。

第三次鼠疫流行发生在十九世纪末至二十一世纪初，波及32个国家，死亡人数也达数百万之众！

特别是1793年，清代诗人师道南曾作有《死鼠行》一诗文，描写到云南滇西一带鼠疫流行的悲惨景象："东死鼠，西死鼠，人见死鼠如目虎。死鼠不几日，人死如折堵……人死满地无人烟，人骨渐被风吹老。田禾无人收，官租向谁考？"让人更遗憾的是，诗人作完这一诗文后不久，也不幸染上了鼠疫而身亡！

二十世纪前半叶，我国曾发生过6次鼠疫大流行，延展到20多个省区，死亡人数超过数百万！

引起鼠疫的鼠疫杆菌直到1894年才被发现。而感染鼠疫的啮齿动物（如鼠类）由跳蚤叮咬传染给人的途径直到1898年方大白于天下。所以说，七世纪和十一世纪爆发的两次全球性的鼠疫传染病，人们肯定是毫无招架之力的。

李贵真教授想：我一旦确定致力研究跳蚤这个终生目标，定要用唯精唯一的功夫去完成它!

在旧时的中国,生物学界无人研究跳蚤。跳蚤学科完全是一个空白。虽然三十年代初有几个美国人来中国北方做过一点研究,但标本和资料没有留下一丁点儿,全部被带走,谁说科学是无国界的呢?

27 岁的李贵真用一种非凡精神,在蚤类学这条最漫长、最艰难、最考验意志力的科学道路上开始跋涉……

蚤属于昆虫纲、蚤目,是哺乳动物和鸟类的体外寄生虫。这些算得上是人类"先辈"的小东西,随着星移斗转不仅变得更为狡猾灵巧,其家族也日渐兴盛。迄今,全世界共记录着蚤类 2300 多种,我国也发现将近 500 种。已知的 2000 多种跳蚤,在形态学上都有一副怪模样:体小、无翅、胸足粗壮,身体侧扁得不能再扁,体表骨化并着生许多鬃和棘,雌雄都有刺吸式口器。这些都是它长期进化中适应于在宿主毛羽间潜行、骤停、跳跃和刺叮吸血的结果。

所有跳蚤都是"不劳而获",营体外寄生,这种生存能力是遗传的、无法改变。它专门与温血动物过不去,94% 寄生在兽类,6% 寄生在鸟类。除人蚤外,还有狗蚤、猫蚤、蝙蝠蚤、鼠蚤、兔蚤和禽蚤类。跳蚤的宿主通常是猫、狗、山羊、狐狸、猞猁、浣熊甚至是更大像牛这样的哺乳动物。

因为跳蚤吸食血液,当它刺吸被感染的宿主血液时,消化道内可有大量的致病微生物,加上有更换宿主和多次吸血的习性,使之成为多种病原体的潜在媒介。通过吸血方式在动物与动物间,动物与人间,人与人之间传播而引起疾病,被称之为人兽共患病,包括鼠疫、鼠源性斑疹伤寒、野兔热、兔黏液瘤和某些绦虫病!

有 120 种跳蚤可以传播瘟疫,最主要的是一种黑鼠蚤。

跳蚤还真算得上是"田径名将",每一只跳蚤的跳高和跳远非常惊人。跳跃的高度竟可达 30 厘米,超过其身长 100 倍(跳蚤身长平均按三毫米计算),跳远的纪录为 33 厘米,超过其身长 110 倍!如果人也按此比例推算,那就意味着至少可跳高 200 米和跳远 220 米!而更让人感到不可思议的是,跳蚤可以拉动自身 400 倍重量的物体。对比之下,一匹马只能拉动自身 4 倍重量的物体!

所以说,跳蚤是短小精悍的杀人机器!

所以说,跳蚤具有生物学研究价值!

所以说,李贵真教授研究的是一非常冷门的科学!

她要研究跳蚤,首先就要捕捉到跳蚤。

跳蚤只有 3 毫米，芝麻粒那么大小，非常惊人的迅疾蹦跳，要想捉住它是不易的事。为了更多更好地捕捉到跳蚤，她绞尽脑汁，像一位江湖女侠使用了十八般武艺，穿行于连绵起伏、蜿蜒千里的崇山峻岭，兴奋感和内心的悸动让她每天乐此不疲地奔波着奔跑着奔跳着……那时，李贵真真是青春而又活力四射啊！

捕捉跳蚤的功夫之一：挖陷阱捉活的动物。李贵真每到一处，她都要首先来到附近的村寨向当地的猎人们请教怎么挖陷阱，在什么位置挖，怎么消除人的气味？连多深多宽用什么伪装物更有效，她都要问得细致无二。有时，为了能捕捉到一只活动物，会守候一天两天甚至更长时间，最长的一次花费了整整十天！捉住活动物之后，关在适中的铁笼子里抬着下山。然后把铁笼放在装满水的盆上。这时，她就会用一根长长的细木棍轻轻地抚弄活动物茸茸的毛。躲藏里面的跳蚤受到惊吓纷纷跌落到水盆里拼命划水挣扎，跳蚤最大的弱点是，一旦沾水只能乖乖地束手就擒。她马上取出已准好的瓶子，从容不迫地把一只只跳蚤装入瓶中……她微笑了，对战果非常满意。

一次，在贵州的梵净山里，李贵真头天就进到大山深处撒下诱饵、布放了铁笼子，她想在这里逮到一种较少有的山鼠。第二天上山一看，果然，笼子里窜来窜去关着一只山鼠。由于道路崎岖难行，走回驻地还远远的。她灵机一动，把蘸了酒精、乙醚的棉花放在一只白布袋里面，把笼子里的山鼠直接抖倒进白布袋子。不多时，山鼠昏迷了，山鼠身上的跳蚤也被麻醉了。她取出山鼠放置白布袋上，用一把梳子轻轻地梳理。跳蚤一只一只像芝麻点滚落在白布上，显眼极了。她这么轻轻地一梳，轻轻地一捏拿，轻轻地一装瓶，就花去了好几个钟头。

捕捉跳蚤的功夫之二：用猎枪捕捉跳蚤你听说过吗？李贵真就是用猎枪来捕捉跳蚤哟！当她用猎枪把活动物打死后，她会很快地跑过去把刚死去的动物尸体放在一块白布上。因为跳蚤寄生的宿主都是温血动物，渐渐失去体温的动物会让跳蚤重新寻找宿主，一时间就会又蹦又跳叹息着纷纷离去，犹如"树倒猢狲散"。

她用纤细的双手缓慢而又仔细地找寻动物发毛间藏匿的跳蚤。双手拨过之处，跳蚤们惊恐地扑腾起来，簌簌地掉在白布上，醒目地显现眼前。她眼明手快用早已蘸了柯罗仿的棉花球轻轻地按在一只又一只跳蚤的身上，被麻醉了的跳蚤一动不动地束手待毙。她小心谨慎地用瓶子把所捉住的跳蚤装进去后才舒松了一口气，这只动物身上的跳蚤被一网打尽了！

有时捕捉地点不是在旷野，是在山洞里。一般来说，贵州的大山不仅峰峦起伏，且草木葳蕤，喀斯特地容地貌布满了无数大大小小的自然洞穴，不少动物的巢穴就在里面。为了能捉到更多属种的跳蚤，李贵真又向老猎人们请教洞里怎么打动物？洞穴虽然容得下人进去开枪射击，但问题是装有铁沙的猎枪开火后碰到坚硬的熔岩上会反弹而伤着人。用米替代铁沙怎么样？她想到了这一奇招。果真，即解决了铁沙会伤人，又打到了洞穴里的动物，捉拿住动物身上的跳蚤。

她还要用猎枪打高空中翱翔的飞禽。李贵真不满足从地上的野兔、野鸭、獐子、狍子、沙獾、穿山甲甚至牛的身上寻觅到跳蚤，但她还想从雕和鹰的身上获取跳蚤。因为从生物链来讲，它们都捕食地上的各种鼠类或兔、狐，甚至狼和羊……它们身上会不会带有跳蚤呢？这种科学而又奇妙的推理让她决定试试看。她跑到省射击队请了一名神枪手，还在山上下了长长的一张网子，没多久捕获住了一只猫头鹰，一只大雕。她惊喜万分地从猫头鹰身上抓住一只"雌性不等单蚤"，从那只雕的身上抓住一只"雄性犬栉首蚤"。由此她获取了珍贵无比的第一手科学资料：这两种飞禽都捕食各种鼠类，跳蚤借此机会高攀上这个新的"居住地"。而那只"雄性犬栉首蚤"的落网，让她在自己工作笔记本上写道：这只雕可能曾抓住过狗或猫，因为，犬栉首蚤的寄生特权就是在狗和猫的身上。

捕捉跳蚤功夫之三：用石板、竹子做成打鼠工具。这种行之有效的方法，是李贵真向贵州黔东南从江、榕江寨子里的农民们学来的。工具的材料可随手拈来，放置寨子里大小老鼠出没的地方，一般说来命中率很高，这种方法她一直使用多少年。

捕捉跳蚤功夫之四：钻山洞手捉跳蚤。李贵真在长年累月的山野工作中辨断到，野兽洞穴的湿度、温度和寄生食物是跳蚤们最理想的栖息之处，里面肯定有不少跳蚤的。好多次，一经发现野兽洞，她就叫同伴们守在洞口旁，自己利索地把袖口、裤角、领子扎紧后，一猫腰就钻进了野兽洞中。你能想象吗，迎面扑来的是浓烈的腥臭躁味，强烈地刺激着她，让她感到有一瞬间就要窒息过去……屏息闭眼一会，她打开了手电筒，细心地寻找那些藏身在散落的兽毛和枯枝腐叶杂草中的跳蚤。被强烈的手电筒一照射，再用手轻轻地拨弄，它们惊惶地上窜下跳起来，手电筒的光束前尽是跳蚤纷乱的影子。眼明手快的她一按一捏，"战利品"乖乖地被全装进了瓶子里。可恶的是，有些只不甘被擒拿住的跳蚤恼羞成怒跳上她的脸颊上，甚至还钻进了头发里……但这与她的"满载而归"相比，那点苦与累，危险与困难又算得上什么呢？

捕捉跳蚤功夫之五：自制"黏蚤纸"。虽然李贵真用过多种手段及方法捉跳蚤，但她却感到还要想些新法子拿住更多的跳蚤。因为野兽们的机敏与胆怯，很难活捉到一头野兽。可是，放一张大大的"黏蚤纸"在它们的必经之路或野兽和山鼠的洞口附近，说不定会有所斩获。果真如此啊，这一妙招儿让她即省时又省力，活捉的跳蚤又多多！

捕捉的方法还有不少，在这里就不一一的叙说了。

几十年里，李贵真为了亲手采集到足够用于科学研究的跳蚤标本，数不清次数地率领同事、学员，有时是独自一人进入贵州、云南等地的深山老林、人迹罕至的险境里从事采集捕捉。那种艰苦，那种劳累，那种时时都充满生命危险的境地，是任何文字也难以描述尽的。

多少个寒来暑往，在大西南和大西北广袤无际的野生动物自然区里，她无尽地奔波，光是鼠类，她亲手就捕到过屎鼠（树鼩）、黑家鼠、褐家鼠、黄胸鼠、姬鼠、鼹鼠、长尾仓鼠、艾鼬、长爪沙土鼠等。仅仅是在云南省的祥云经她鉴定的地方蚤类就达 20 多种。

七十年代，李贵真又带队来到云南的大理，开展科研工作。莽莽的苍山像一条蛟龙，围绕着碧波荡漾的耳海，似一幅五彩的画，如一首深邃的诗。

在那里，她的足迹踏遍了苍山层层叠叠的峰峦和茫茫林海，围绕耳海走村串寨寻觅各种蚤类。一天，在耳海边才村她与同事们正在野外采标本，突然间山动地摇黄沙铺天盖地扑过来！地震了，而且是强烈的地震！同事们拉着她就要奔跑下山躲避危险。她却坦然地面对着："我们从事野外科学工作的人哪时候都会遇上危险，大家一定要镇静点……"

地震一过，她却像什么事都不曾发生过，埋头又开始专心不二地整理地震前捕到的跳蚤。

就是在才村，惊喜的事发生了。花费了好多天的功夫，李贵真从所获的 500 多只新种雌蚤中惊奇地发现唯一一只雄蚤！如获至宝的她把这只雄蚤命名为俊潜蚤（俊美、可爱、珍贵之意），由于潜蚤是深入到宿主的皮肤内生活，随着皮肤的特性自生自灭，要想获取难上加难！这一新发现已过去 40 多年，在我国未再发现此类雄蚤。

如果捕捉跳蚤是艰辛和细心的工作，那么，研究跳蚤则是一件比捕捉跳蚤更需耐心、细致和坚忍不拔的工作。

李贵真开始研究工作时，中国的蚤类学几乎就是一片空白。而要研究跳蚤，首先就是要把跳蚤制作成透明的标本。其复杂的制作过程只能是粗略地写出来，读者们看后也只有是略知一二三。

制作方法如下：

一、采集到跳蚤后，首先要保存在浓度为 70% 的酒精里。

二、一段时间后取出用蒸馏水冲洗。

三、放入 10% 的氢氧化钾深液内，销蚀其组织，只留下角质部分，经过一至三天摆放晾干，跳蚤便变得通体透明。

四、然后再用蒸馏水清洗两次。

五、放入醋酸溶液中约半小时至一小时。

六、放入 30% 的酒精中约半小时至一小时。

七、放入 50% 的酒精中约半小时至一小时。

八、放入 70% 的酒精中约半小时至一小时。

九、放入 5% 的甘油里，一至两天后，跳蚤标本完全透明，可供鉴定所用。

十、如果要让跳蚤标本长期存，还要经过脱水、透明、制片等许多过程，最后用加拿大树胶封存，夹于两片玻璃之间。封存时，跳蚤的腿要朝上。在左侧标签上注明宿主学名、采集地点、日期、采集者姓名。在右侧标签上注明该跳蚤的学名及性别。

看看吧，把一只小小又蹦又跳的跳蚤制作成标本，科学家们要花费多少心血！

这还没完呢！跳蚤标本制作成后，李贵真又马不停蹄地开始一项更为详细观察、鉴定和记录工作。

她在实验室里，坐在显微镜前屏气凝神地一边观察跳蚤，一边在洁白的纸上用铅笔一笔一画把跳蚤的形态栩栩如生地描绘成图。从头到尾，一丝不苟：眼、触角、触须、小颚、气孔、梳齿、爪、腿骨、锤骨、臀板……一只跳蚤往往要花费一个星期二个星期甚至个把月时间才能完成是常有的事！她知道，跳蚤的生殖器上，在高倍显微镜下，发现了多一根或少一根毛就是发现了一个新种！一旦发现一只新种的跳蚤，她会激动得彻夜难眠。

想当年，李贵真 1938 年最早从褐家鼠和黑家鼠获得跳蚤标本，由于无文献可查，她只好将标本寄给远在万里之遥的英国博物馆的乔丹博士（Dr·K·Jordan），请他给予鉴定，他是世界公认的蚤类研究的宗师。经他鉴定分辨出伍氏病蚤，于

1941 年发表为新蚤种。又把一种蝙蝠蚤命名为——"李氏蝠蚤新种"。

从此，他们相互保持联系。乔丹及他的助手、同事后来常常给她寄来不少蚤类文献，其中最有影响力的文献是 N·C·Rothschild 和 K·Jordan 合办的期刊 Ectoparasites，1915—1924 年 10 年的合订本。该刊大部分是蚤类研究报道，一共才印发 200 册，故十分珍贵。当她获得了一册时，真的是如获至宝！

经过几十年的坚定而有信念的追求，已成泰斗极蚤类专家的李贵真已拥有从西南、华南、西北、内蒙古、新疆等地采集到的蚤类标本共 300 多种。这是我国昆虫学、生物学上一笔多么宝贵的财富。

浩劫不坠青云之志

往事并不如烟。

"文化大革命"10 年，这是中华人民共和国一段绕不过去的历史。

1966 仲夏，神州大地被突如其来的政治风暴肆虐着。噩梦无情地降临在李贵真和金大雄教授的身上，人生和呼吸不再有了自由，虽然科学成就给两位老教授带来至高无上的荣誉，可此时此刻，在一个能颠倒是非曲直的长夜里，严峻地考验着他俩的意志、品格、胸怀和信念！但他俩却把真理、荣誉、爱国主义镌刻在自己永恒的精神基石上，不惧风霜刀剑！

运动刚开始，李贵真教授就被扣上了"反动学术权威"的莫须有的罪名关押起来！

她被关进"牛棚"里，丈夫金教授也被关进另一间"牛棚"里，俩人同时失去了人身自由！

多少老师同事和学生们敢怒不敢言，流下了苦涩而又同情悲愤的泪水！他们万分担忧的是李贵真教授能从这劫难中挺过来吗？甚至有没有勇气活下去？！

身陷囹圄的李贵真教授越过了半个多世纪的历史烟云回头看自己所走过的道路。

"这一路走来，我对得起祖国，对得起我的事业，更对得起我的丈夫和孩子们……我相信中国共产党，我相信人民的眼睛是雪亮的，我相信总有一天会拨云见日！"

喜爱唐诗的她从窗户遥望秋日夜幕中闪烁的星光,心情激越地吟诵道:"愿君学长公,慎物作桃李。受屈不改心,然后知君子。"

她就像一位斗士不为逆境所屈!

金大雄教授寸步不离妻子,生怕她寻短见。

李贵真教授见丈夫这么担忧,反过来宽慰丈夫:"我不会那样做,你放心好了,我俩一定要忍辱负重,总有光明到来的一天……"

尽管她与大多数通信者素不相识,但她的朋友越来越多,那些对她有时要查阅大量资料,极尽自己平生的研究花上数天乃至数月才写好一封回信的朋友们,无不肃然起敬!

"难道数千封通信的人里面就找不出一点李贵真的'罪证'吗?"狂徒们就是死也不相信。

善良和大义的李贵真教授这次怒不可遏,态度凛然地斥责:"你们就再斗我,哪怕十次百次,不要用卑鄙的手段去连累别人!"

"外调"的人回来了。一个个灰头土脸,神情懊悔、沮丧,狼狈不堪。狂徒们跑遍了全国各地去找到那些与李贵真教授通过信的科研工作者,得到的全是冷眼、怒斥,莫不义愤填膺!

我们真心地感谢那些科技工作者们,他们不献媚、不歪曲事实,不讥不卑,不昧良心,不说昧话、患难时刻见真情。

没有一个人说李贵真教授半点儿不是!

可以说就是"文化大革命"中发生的这一桩事,是李贵真教授足以骄傲一生的荣耀,也是人生最精彩的瞬间,更是信仰的力量!

让我们更为敬慕的是,她身在"牛棚"里,心里却无时无刻地牵挂着她的科研她的跳蚤。

作为资深教授,李贵真和金大雄教授有较高的工资。但是,他俩却过着朴素的生活,他俩的儿子在接受记者采访时曾深情地回忆:"我父母亲很少买新衣服穿,直到八十年代国家派他去美国做访问学者,才做了一件西服穿着出国。多年后,父亲又把这件西服改了改让我穿。"儿子这种幸福感的油然而生,那是发自肺腑的……,他俩多年工资的大部分用于购买各类资料图书,

1962 年,英国大自然博物馆出版发行了一套有关跳蚤的权威专著,一本书价要 400 英镑。而这本专著在我国一共只有两套,其中一套就是他俩所拥有。他俩的

图书量已经相当一个图书馆。（李贵真教授去世后，金大雄教授把几千册专业书无偿捐赠给了中国农业大学）

他们与世界各地蚤类专家保持多年的学术上的交流联系，搜集了世界上最齐全的有关跳蚤学的文献库。

他们还搜集了全国各地大量的跳蚤标本，编集了大量跳蚤方面的卡片，绘制了大量的各种属跳蚤的图形，这些当时在全国是首屈一指！

在被隔离审查两年之久的"牛棚"里，不管外面的世界多么嘈杂纷乱，她却心静如水。她的心一直沉醉在跳蚤的身上。有时已经夜深，她突然一个骨碌从床上爬起来，把枕头下的小本儿放在左手掌，右手开始记录她刚刚想到的一个关于跳蚤的问题……

两年之后，李贵真从"牛棚"里"放"了出来，每天唯一的工作就是打扫厕所！

每天，当她打扫厕所经过实验室和标本室的门口时，她都会有意地放慢脚步，朝那由于长时间无人进去而已经斑驳不堪的门望去。她好不担心里面陈放的跳蚤标本是否安在？一旦被毁掉，不仅仅是凝注了她几十年的心血，而且是国家、是科学事业的损失，是不可弥补的！

当她吐露出自己的思想时，一个清晨，有人悄悄地把两把钥匙从她家的门缝外塞进来……

一个白天，她把那两把钥匙放在贴身衬衣口袋里，有时弯腰去打扫完厕所，她都要用手去摸摸胸口，试试钥匙掉出没有。

夜阑人静之时，李贵真和金大雄教授屏住气息、踮着脚尖悄悄地来到标本室门口，金大雄教授站在门口挥挥手让妻子进门去，自己在门外警惕地负责"望风"！

李贵真教授此时拿着酒精和福尔马林，走到一层层、一排排、一瓶瓶她再熟悉不过的跳蚤标本面前，目不转睛地注入那些干涸了的跳蚤标本之中。

一个深夜接一个深夜，夫妻俩神不知鬼不觉地给那么一大屋子几百只跳蚤标本加完了药水，凝视着那一只只仿佛生命永久的跳蚤标本，她破涕为笑："现在我们都是劫后余生，重又见面啦！"

这句人与蚤的动情对话，是一位科学家即使在逆境和困厄中，仍然挚爱自己从事的科学事业。

她不能让自己的科研停顿下来，哪怕现在根本没有条件。那一段时间，受"管制"的她和丈夫不要说进实验室，就连外出都要请假。

她冥思苦想着。

金大雄教授一天笑着对她说："别愁了，有办法了！"

这是一个什么办法呢？

如果把下面的情节写出来奉献给我们的读者，相信大家一定会为之感动。

从事研究工作早期，为了搜集标本供教学和科学研究，每次家里面杀鸡时，李贵真都要看看鸡的身上有无跳蚤？那时，只是很随便地看一看。

而现在，她和金大雄教授分好了工，每次买鸡、鸭宰杀放血之后，她都用像以前在山里面捕捉动物后的方法，把禽们放在白布上，细细地翻看羽毛里有没有跳蚤。直到她认为可以了，再交由金教授烫毛、拔毛、开膛剖腹……金教授要先检查体外有无寄生虫，然后把禽们的内脏特别是肠子解剖开来，因为没有显微镜，他吃力地看，仔细地分辨。李贵真也弯着腰低着头睁大着双眼帮助丈夫捉拿寄生虫。杀一只鸡或一只鸭，两位科学家常常花上半天的时间。完毕，俩人各自取出自己的笔记本，一个细节不落掉地把某年某月某日杀了什么禽类，发现了什么跳蚤和寄生虫新种，禽们的身上有无患病一一记录下来，而且还编号登记。

科学家大凡能终成大器，靠的是对科学的深情和忠诚，并刻写在走过一串串坚实的脚印里。

尽管那些年历尽坎坷，受尽风霜，但两位科学家不改变其操守，恬然洒脱地面对生活，达到了人生诗一样的境界。

让人们不能忘怀的"跳蚤"专家

十年的浩劫终于成为历史。

"一片至坚操，那忧岁月浸。"在采访过程中，李贵真的同行、同事和她所教过的学生们，凡是经历过"文化大革命"动荡曲折之路的人，都是用这样敬重的口吻说道："李教授是我们见过最坚强最勇敢最无畏惧的大科学家！"

李贵真以心地无私无地宽的情怀迎来了万紫千红的春天。万千磨难中满头的白发奇迹般地长出了春青丝。她以她卓越的学术成就在中国大陆蚤类学界赢得"南李北柳"之称。这里"南李"就指长江以南地区蚤类学界泰斗"李贵真教授"。

特别是党的十一届三中全会以后，科学的春天更为李贵真注入了献身科学事业的信念和活力。1978 年，她应邀出席全国科学大会和贵州科学大会，并获得"先进工作者"称号。她以"蚤类研究"获全国科技大会奖，全国医药卫生科学大会奖，贵州省科学大会奖。

1979 年又被授予全国"三八红旗手"的光荣称号。

虽然她德高望重，仍壮志凌云，更加忘我地工作。时不我待啊，她要把被"文化大革命"耽误的宝贵时间夺回来。除了 1951 年她编写出版的我国第一部跳蚤专著《跳蚤》，1956 年编写出版的《蚤类概论》外，1957 年还编写出版了全国统一教产书《生物学》、全国高等医药院校《生物学》3 册，补充材料 2 种，还参加了《人体寄生虫学（参考书）》和中国《医学百科全书》中有关蚤类条目部分的编写工作。

短短十多年时间里，虽然时光飞快流逝，在科研的道路上，李贵真简直就是拼命地和时间赛跑，仅仅 1979 年 1 年短短的时间内她竟完成了 7 篇论文，发表在国内一流学术期刊上。

1978 年，她完成的《蚤类研究》，是研究鼠疫媒介蚤种分类学、生物学及分子生物学，在蚤的幼虫分类和发育的内部结构研究上国内领先。

1979 年，她完成的《关于云南鼠疫疫源地和蚤类的调查研究》项目，同时获得了 1978 年全国科技大会及贵州省科技大会奖。

1979 年，她完成的《我国蚤类新种和新亚种的记述》，1981 年她完成的《我国蚤类区系研究》同时获得贵州省人民政府科技成果奖。

1986 年，她编写出版的《中国蚤目志》是关于中国蚤类学的最详尽的新著，文内有 452 个种和亚种，由她发现和描述，报道的共有两个新属和严属、55 个新种和新亚种，隶属于我国蚤目 8 个科中的 5 个科。较全面和系统地总结了在 1984 年前我国蚤类研究，特别是分类研究方面的成就，它也是我国完成的第一部昆虫志，并于 1990 年获军内科学进步一等奖和国家自然科学二等奖。

1991 年她编写出版的《贵州省蚤类志》中的 47 种和亚种中有 43 个种和亚种是经她亲自采集、描述和报道的。

她撰写的《贵州蚤类及其宿主关系和动物地理学特征》一文，是她多年来在贵州从事蚤类调查研究的重要成果，是一篇最富有贵州省地方特征的学术论文，并收入其有反映贵州省中华人民共和国成立以来科学成就风采的《贵州科学进展》一书。

另外，还有 8 项科研也获得贵州省科技进步奖。

李贵真在国内外学术刊物上发表的 93 篇论文中，对我国和世界上蚤类区系的组成、地理分布、互相之间的亲缘关系、宿主关系、起源和进化等理论问题提供了新的科学资料。在应用方面，为防治和消灭蚤类所传播的重要疾病、拔除自然疫源提供了科学依据。

1958年初夏，李贵真就采集到一种跳蚤，她精心地鉴定后认为可能是一种蚤学界还未知的新种。但其中有几个细节未弄清楚，论文写到一半就搁笔了，这一放就是23年之久。直到1980年，她又用不少工夫来重新鉴定，确定它是一个新种跳蚤——大锥蚤，继续完成了那篇纸张都微微发黄的论文后半部分，发表在1981年6月《动物分类学报》上，论文的标题是《我国臀蚤科三新种记述》。

这一年，她已年逾古稀。

几十年的时间，她一共发现了70多种跳蚤的新种，而每发现一种新种都要著述论文发表于世，她对我国蚤类学的巨大贡献，至今仍无人望其项背。

多年来，她把自己对跳蚤的科学发现和研究撰写成青少年们喜闻乐见、易读易懂、栩栩如生的科普文章，集结成6种科普读物出版。

她还主编和参编专著与教材共16部。

八十年代初，她具有前瞻性提出的《生态与人类》的课题，在全国高等医学现代生物学教师讲习班讲授后，引起了环保、医疗、农业和畜牧兽医等部门的高度重视。她用一位生物科学家的眼光告诉人们："保护好生物环境，使自然界保持生态平衡，不只是有利于我们当代人的生活和健康，也是造福于子孙后代，顺利进行四化建设的万全之计。"

1978年全国恢复招收研究生，经国务院学位委员会批准，贵阳医学院招收了第一批研究生，李贵真成为仅有5名学术造诣高的专家导师之一，亲自指导了3名研究生于1978年、1985年、1986年获硕士学位。

在这里，还需浓墨重彩地书写上一笔，那就李贵真和金大雄教授是一对令人难忘的伉俪。在家那间只有十平方米大的书房里，一张长长的书桌，两盏台灯，每天晚饭过后，俩人便不约而同地你坐一头，我坐一头，双双俯案著书立说，送走了个又一个不眠之夜，几十年如一日。

今天，在贵州医科大学肃穆的校史馆里面，就有一间陈列室展现这两位享有盛名的科学家工作时的蜡像，供后人敬仰不忘。

家的厨房里，每天你洗菜我切菜，其乐融融；每天上班，俩人也一同而行。学院那茂盛的法国梧桐下，师生们经常会看到两位精神矍铄的老教授手牵手情意浓浓漫步的身影……

1985 年，改革开放的历史性坐标已经走进了我们这个新时代，要走到世界科学的最前沿也成为两位老教授的心声。这一年，应美国蚤类权威施密森研究院蚤类馆负责人特劳伯（Dr·R·Trqub）的邀请，李贵真和丈夫金大雄教授共同赴美进行参观访问和学术交流，并在研究院蚤类实验室工作了一个多月。

英国蚤类专家罗思柴尔德（M·Rothschild），被世界誉为"蚤类皇后"的他，也专程从英国来到美国，李贵真教授亲切地会见了他。

1986 年，她和丈夫金大雄教授再次受到邀请，在施密森研究院进行了为期近两个月的研究工作。随后，李贵真教授与特劳伯（Dr·R·Trqub）教授一同商定，共同开展"欧亚大陆及太平洋诸岛松鼠飞鼠类大锥蚤属及近缘的研究"。该研究课题内容十分丰富，它在全世界这个项目研究上独具目光和前瞻性，迄今仍然在研究之中。

1986 年，他俩一同又到德国法兰克福做学术访问。来自中国的知名学者而且又是夫妻俩，以大家的风范给外国学者留下了极其深刻的印象！

1988 年，全国妇联、中国老龄委员会、中国妇女报联合举办"全国金婚佳侣评选纪念活动"，评选历时 9 个月，全国各地一共有 1300 多对金婚夫妇参加评选，其中获荣誉奖的有 103 对，他俩是贵州省唯一的"金婚佳侣"荣誉奖获得者。1989 年 10 月 9 日的重阳节，有 50 对佳侣被邀请前往北京参加颁奖，他俩便是其中的佳侣。

怀抱着象征幸福长寿的双鹤杯，李贵真教授甜蜜而又动情地回忆道："我和大雄同日上大学，同在一个系学习，同是研究昆虫，同在一起工作，同在党旗下入党宣誓，同赴国外访问和考察……"

她把双鹤杯放在书架最醒目的位置，抬头就能看它。她还写下了一段感人肺腑的话语："世间如有轮回之事，再世我为男，娶大雄（现在的丈夫）为妻。我还搞跳蚤，仍驻大西南！"

从 1938 年李贵真创建贵阳医学院生物实验室，从此开拓了我国自己的蚤类学研究领域后，她担任了长达 50 余年的生物教研室主任，还历任基础部主任、学院副院长。她除了担负着繁重的行政职务外，还要参加多方面的社会和学术活动。她曾任贵州省妇联副主任、贵州省科协常务委员、贵州省昆虫学会理事长兼秘书长、中国昆虫学会理事及医学昆虫学会领导小组成员。她 1956 年参加九三学社，任该社中央参议委员会委员、九三学社中央委员会顾问，贵州九三学社贵州省委委员。并被选为全国人大第三届人民代表，贵州省人大第一、二届人大代表，第四、五、六届人大常委会委员。

李贵真一直把加入中国共产党作为自己的夙愿。几十年后，当她成为一位知名的科学家，受邀到不少中学做报告时，她面对台下一双双充满景仰目光的中学生们深情款款地说："高中时期是人一生中最最关键的时期，因为人生的追求也在这个时期定下了目标……"

李贵真的夙愿在75岁高龄的那年终于实现，1985年她光荣地加入了中国共产党，成为一名中国共产党党员！

李贵真之所以能成为国际知名的蚤类科学家，是以唯精唯一的精神做她的专门学问。一个人在科学的道路上需要博大精深的智慧，在伟大的宇宙空间里，人生仅仅是一颗流星般的闪光，但李贵真却为二十一世纪的中国科学留下了最具光彩的一笔！

奠基人

——记著名农业生物化学家、营养学家罗登义

◆ 陶文正

罗登义 （1906.4.15—2000.8.17）出生于贵州贵阳。著名农业生物化学家、营养学家。

1928年毕业于北平师范大学农业化学系。1935年获文化基金会帮助留学美国明尼苏达大学研究院。1947年任贵州大学农学院教授兼院长。中华人民共和国成立后，历任贵州农学院院长，贵州省第一、二、三、四、五届政协委员，贵州省历届人民代表大会代表，贵州省人大常委会副主任，贵州省政协副主席，全国人民代表大会代表，贵州省科协主席，中国科学院贵州分院院长，中国农业科学院学术委员，中国生物化学学会理事，贵州生物化学学会理事长以及1997年新组建后的贵州大学名誉校长等职。

罗登义教授从事教育、科研工作70余年，一贯主张"科研工作要理论联系实际"。自1928年始，他研究的课题全部是大众食物的营养问题。他的研究方向和课题是根据当时国穷民困，百姓食不果腹，身体素质极差而确定的。如他在对170多种水果蔬菜的营养成分的分析中，发现了刺梨含丙种维生素特别丰富，进而对刺梨进行了全面的研究，前后发表论文近十篇。罗登义教授的研究成果开创了我国营养学研究，特别是食物中微量元素研究的先河，为改善国民的食物结构、食物品种搭配提供了科学依据，为提高国民的健康水平做出了积极的贡献。这项有益的工作，至今仍具有重要意义。

少壮求知勤奋修，全力苦干，忘愁忘忧；

成年寸心欲何求，科研工作，育才传流。

——罗登义《自述》

请把这些刺梨送到抗战前线

现今 50 岁以上久居贵阳的市民，大都对二十世纪时常出现在贵阳街头的这一小景记忆犹新：每当秋季，就有一些来自郊区的农妇肩上横一根两端坠有几十串黄色野果的扁担，在贵阳街头巷尾漫不经心慢悠悠地行走。这野果直径在 2~3 厘米左右，呈椭圆形，上有软刺，被撕成细条的棕榈叶每条穿 5~6 枚成串。或许是这野果太不起眼，她们羞于吆喝，以愿者上钩的交易方式出售。一旦有人相中其中一串，递上几分钱，农妇便用碎瓷片将该串穿有野果的棕榈细条割断奉上，买卖双方则皆大欢喜各奔东西。

这黄色带软刺的野果，便是刺梨了，一种为贵州人熟知的"初嚼味酸而涩，嚼后渐变甘旨"的野果。它广生于山坡荒野，甚至路边和田坎也时常可见。尽管它还有"送春归"及"缫茧花"的雅称，却依然难登大雅之堂，在果品铺里也不见其踪影。兴许是有了更好的营生，现今的农妇已不屑在街上兜售刺梨，贵阳街头这一小景便也随之销声匿迹，难觅其踪了。

那么 1943 年秋一日，在贵州湄潭县国民政府大院上演的这一幕，注定是让人匪夷所思了。一群 20 来岁学生模样的青年，在一位长他们十余岁戴眼镜的小个男子的率领下，竟然抬着一筐筐晒干的刺梨，堂而皇之地走进县府大院，这就让人丈二和尚摸不着头脑。

"嗳嗳，你们……"县府有人问了。

"我们是贵州农工学院的，我姓罗，是他们的老师。"这位领头的罗老师操着有明显贵阳口音又夹带些许遵义韵味的普通话告诉对方，"这些刺梨是我们最近在野外采来晒干的，想请你们……"

没容眼前这位面容清瘦却有一副大嗓门的罗老师把话说完，对方便打断了他："你们把这些刺梨抬到政府来，是要干哪样嘛？"

"哦，是这样的，现在全国都在抗战，我们不能上前线去打日本鬼子，但也要为抗战出一份力呀！所以想请你们把这些刺梨送到重庆国民政府，再由他们送到前线……"

什么什么？把刺梨送到抗战前线？县政府官员终于明白这一干人的来意，也因之愈发糊涂了。就连围观的群众也大惑不解：刺梨？抗战？这是搞哪样嘛？八竿子打不着边的。

"莫非，你们想要抗战前线的将士饿了吃刺梨？"

"喔，不是饿了吃，是每天吃 1~2 个，当补品吃。你们晓得不，这刺梨是个宝贝呢……"只要一说起刺梨，这位罗老师便口若悬河，滔滔不绝，让人对刺梨刮目相看了。

其实，早在《黔滇记游》《贵州通志》及《黔书》等古籍中，对刺梨的形态及功效就有记载，也不乏吟诵刺梨的诗句。《巢经巢全集》就有"田评香稻久，路摘刺梨频"的佳句。晚清贵州名人莫友芝也以"形模难适眼，风味竟舒眉"的名句来赞美刺梨。《本草纲目》中，李时珍也称刺梨有"食之可解闷消滞"的功效。民间更有传说，称炎黄二帝在贵州云嶂山结盟时，有当地的山民献野果刺梨，二帝品尝了这初嚼味酸食后渐甘甜的野果，竟赞不绝口，连称："妙哉，此圣果也！"

当然，传说自然当不得真的，但将刺梨称为圣果，却被此刻在县府大院话不绝口讲述刺梨的美妙，并坚持要政府没法将其送到前线去的罗老师的研究证实，此话是有些道理的。

这位自称罗老师的小个子，便是时任贵州农工学院院长，兼任浙江大学农业生物化学系的客座教授：罗登义。

惊心动魂的北上之旅

经历了中华人民共和国成立前的动荡不安，建国初期建校的繁忙，及之后的自然灾害和十年"文革"，直至改革开放后的 1983 年，刺梨研究和开发经贵州省政府批准正式立项。这令罗登义感慨万分，当晚写下《咏刺梨》一首，以表喜悦之情。

> 幽居空谷本自尊，遍身芒刺为生存。
> 粉红春花艳山野，呢黄秋实献人群。
> 治癌维丙最丰富，医紫维已也难寻。
> 今遇科学伯乐顾，霹雳一声"新山珍"。

是的，70 多年来的科研和教育工作中，每遇对某事有感，罗登义便会诗兴大发提笔成句。这似乎是受其父罗勋元这位前清秀才、拔贡，也曾作过小学校长及中小学国文教师的熏陶。1906 年 4 月 15 日，罗登义出生于贵阳市三牌坊街，即现今的中华南路。他自幼聪慧好学，其父又因望子成龙心切，早早地便让年仅 5 岁的罗登义到贵阳模范小学上学了。罗登义白天在校上课，晚上便在煤油灯下听父亲讲授四书五经和唐诗宋词。如此，罗登义渐渐对诗词产生了浓厚的兴趣，每每有感，便以诗抒怀明志。1922 年，17 岁的罗登义从贵阳南明中学高中毕业了。他第一次面临人生十字路口至关重要的抉择：到哪里去上大学？报考什么大学？学什么专业？是的，这一个个问题，于胸怀大志企盼日后有所作为的每一位学子，答案是无比重要的，它往往影响到人的一生。

然而未曾想，这问题于罗登义来说，竟是如此简单，似乎早就有了答案：走出贵州，到北京去上大学！他所以做出这样的抉择，并非是一时冲动，而是深思熟虑早有打算的。一个无情的现实是，贵州没有好的大学可考，上大学自然要走出贵州的。而外面那么多大学可读，罗登义却独选北京，是源于 1919 年他 15 岁那年的 5 月 4 日，北京爆发了震惊全国的"五四运动"。那天在京各大学的进步学生联合起来上街游行示威，抗议巴黎和会承认将德国侵占我国山东的所有权利让与日本的无理决定。这场由初具共产主义思想的革命知识分子领导的反帝反封建的伟大的新文化运动，让年轻的罗登义倍受震动和向往。他憧憬着自己能成为北京的一位大学生，汇入那股革命洪流。现在要考大学了，将奔赴向往已久的北京，那是理所当然没什么可犹豫的。于是罗登义向父亲要了 100 元钱，又邀约了两位有同样志向的同学，背上简单的行李及复习资料，告别家人，兴冲冲踏上赴京求学的北上之旅。

从贵阳到北京，这事如果放在今天，是再简单不过了。有火车、汽车、飞机等诸多交通工具可供选择，随意选一种出行方式，多者 20 余小时，快者只需两小时便可到达。可这是 1922 年呀，即令是二十世纪三十年代，省城贵阳最常见的交通工具，也只是为数不多的马车，路也是名副其实的"马路"，只能供马车行走。当年贵州军阀周西城从外地弄来了一辆轿车，由于根本没有公路，只能人抬马拉，翻山越岭，费尽周折抬到贵阳。此事至今还是黔人的笑谈。而那时从贵阳北上，须到汉口才能乘上火车抵达北京。到汉口之前，必须经龙里、贵定、黄平、重安江、湖南洪江等，水陆辗转，才能到湖北汉口。这是当时从贵阳到中原的主要路线。于是一个严峻的现实，横在了赴京赶考的罗登义面前。这一路除去水流平稳可行木舟的江河，可借舟捎上一程，更多的路，只能依仗自己的两条腿，一步步地"走"出贵州。贵州山高路险，谷深水急，徒步的艰辛自不必说，而比翻山越岭的艰辛更难的是让人担惊受怕的匪患，旅人时有被土匪"关羊"的可能。"关羊"是土匪劫道的叫法，他们几十人一伙，事先在峡谷中选择路人不走近无法看到的落窝处——土匪称之为"羊圈"——附近埋伏，一当毫无防备的路人走近"羊圈"，土匪便一跃而出，将路人一通暴打后脱去路人衣裤，撕开被劫者的包袱行李，砸烂随身携带的箱子，抢掠他们想要的一切东西后扬长而去。如此，罗登义一行的北上之旅便充满惊险了。

启程首日，罗登义一行3人步行40里到达龙里，小住一晚后第二天又赶到40里远的贵定，第三天再由贵定疾步向黄平走去。为躲避遭遇土匪，他们每天都是日上三竿起身，日头偏西赶到目的地，早早投宿。虽然这一路他们未遭遇不测，但仍可见土匪行劫留下的痕迹，随处是土匪抢劫后丢弃的破箱子及撕破的包袱之类的物件。兴许罗登义一行运气好，有几次他们冒险走过"羊圈"时，恰好都值土匪才"关羊"不久，得以避过劫难。据推断，距土匪"关羊"的时间，至多不过一顿饭的工夫。这真是太悬了，罗登义他们三人不由倒抽了几口冷气。

那天从贵定出发，罗登义一行提心吊胆走了60多里，傍晚赶到了黄平——一个只有一条30来户人家小街的小镇，随意在街上吃了些东西，他们便匆匆投宿栈房。没有了途中的心悸，可以踏踏实实睡上一觉养足体力，以利次日再向下一个目的地重安江进发。

"嘭嘭嘭"正当罗登义方才入梦，突然一阵急促的拍门声和满街的狗吠将熟睡中的他惊醒了。紧接着是栈房老板娘的疾呼："先生先生，土匪抢人了，你们赶快起来，到房背后的坡上躲一下！"

顿时，毫无经验的罗登义吓得手忙脚乱，依照老板娘的指示赶忙起床，摸黑跌跌撞撞爬到栈房后面的山坡上，心惊胆战地躲了起来。那一刻，街上女人和小孩凄惨的哭喊，凶残土匪的叫骂和一声紧似一声的狗吠响成一片，整个黄平小镇乱作一团。躲在山坡上的罗登义一动不动，连大气也不敢出。直至一个多小时后，笼罩小镇恐怖的声响才渐渐平息下来，惊魂未定的罗登义这才爬下坡来回到栈房。这一夜，他注定是不能入睡了。

如此在担惊受怕中马不停蹄走了6天，罗登义一行终于抵达重安江，可以乘船顺清水江西行直奔湖南洪口。虽说可免去行走之苦，不再担心被土匪打劫，却依然有船翻人亡的凶险。清水江这条水路，有段水陡流急的"十里长滩"，船行其间会忽上忽下颠簸左右摇摆，船夫若没有精当的技能，稍有不慎，就会船翻人亡。而罗登义搭乘的，只是苗民驾驶的宽不及 5 尺，长只有丈余的小木船，船篷又矮得人只能弯腰才能进去。这等小船闯十里长滩，安全是极难保证的。1997 年，罗登义就曾不无惋惜地对一位文友说："唉，我们贵州有多少外出求学的学子，途中或被土匪杀害，或遇翻船葬身江中，实在太可惜了！"

所幸，罗登义乘坐的小木船，艄公是位老把式。船经十里长滩时，虽颠簸不已，却也有惊无险闯了过去。只是一路船速很慢，在水上走了 10 多天，才赶到湖南洪口。但不管怎样，罗登义是非常高兴的，在洪口他有生以来第一次看到了电灯。更主要的，在洪口他搭乘的是速度要快些，可以摆桌子正儿八经坐着吃饭的大木船，平平稳稳地便到了常德。过洞庭湖时，又改乘火轮，直接就到了汉口，接下来，便可乘火车直奔心仪已久的北京了。那么自然，在汉口码头下船上岸时，罗登义是十分兴奋的，而且他又有了第一次——他平生第一次看见了汽车。

然而不幸的是，这喜悦之情瞬间便荡然无存。罗登义一行三人刚上岸，就被几个凶悍的警察围住："站住，不要动！"

罗登义一愣："站住？"

"对，站住。"警察瞪着眼说："我们要搜身！"搜身是当地警方针对贵州来客的一种特别手段。因当时贵州是鸦片的主要产地，而从贵州出去的人中，确有人从事贩卖鸦片的勾当，搜身的目的是查缴鸦片。这理由听起来很有道理，手段却显得野蛮，罗登义三人被勒令脱掉衣裤检查，连鞋底也被刀割去，查验是否藏着鸦片。这阵势，年方 17 的罗登义何曾见过，一时间惊吓得竟浑身颤抖，他感到自己的人格受到了侮辱。

罗登义一刻也不愿意在汉口停留了，待搜身完毕穿好衣裤，急忙去买来布鞋及最早一班汉口到北京的火车票。登上火车，经历了两天两夜的行程，罗登义终于来到向往已久的北京，结束了为时一月的北上之旅。他觉得这一路虽然艰辛，甚至可说是惊心动魄。所幸有惊无险终于来到了北京，比起那些客死他乡的外出求学的贵州学子，那真是幸运多了。

那么接下来该认真想想，在北京报考哪所大学了。是的，这实在太重要了，此刻做出的抉择，是会影响到他今后的人生走向和发展，是理当慎思的。

成就理想的小聪明

1935 年一天，美国明尼苏达大学附近一寓所里，有过这样一段对话。

"先生，你是不是病了？"

"没有啊。"

"那你今天怎么没去学校？"

"噢，今天在这里看些资料……"

"哦，你每天都去学校的，要好晚才回来，今天我看你没去，还以为你病了呢。"

问者是寓所的主人，一位善良的美国中年妇女。

应者，则是房客罗登义。自 1930 年起，他任北京农业大学农业生物化学系助教，执教该系生物化学及营养化学的实验课程。此刻，正在美国明尼苏达大学研究院深造。

罗登义之所以能出国留学，得益于他在北京农业大学任教的同时，便开始了对生化营养的科研活动，且成果丰硕，这就引起了学术界的重视。1935 年经中华文化基金会的资金资助，他方有赴美留学的机会——这原因当然十分重要。然而究其要本，则要追溯到 1922 年他从汉口到北京后的一个至关重要的决定，否则，他断然不可能到美国这所大学留学的。

到了北京，又该报考哪所大学？到北京后罗登义不得不面对这样一个无比重要，却又让他十分纠结的问题。就在他决定赴京求学时，其秀才出身的父亲就再三叮嘱，要他报考北京法政大学，并给他分析读该校的好处：将来能从政走仕途，可谋求一个好的前程。然而罗登义却对走仕途谋个一官半职兴趣不大。受"五四运动"的影响，他深感当时中国政坛的昏暗，国弱民穷，科技落后，自鸦片战争后中国倍受外国列强的欺凌。尤其是这一次远行，在汉口沿江，他看到很多地方是英美法意日等外国人的租界，这些中国人的土地，中国人却是不能去的，外国人则可以横冲直撞……这一幕幕让有强烈爱国情怀的他心情无比痛苦和沉重。从而使他萌生出了"科技救国"的思想，这激发了他想报考可以学习利国利民科学知识的大学的迫切愿望。

这无疑是有悖父亲意愿的。然而罗登义又是个孝顺的孩子，他不想过于直白地违背父意，公开向其父表明自己的想法，他知道，这会让父亲伤心的。于是问题出来了，是否能寻到一个既不报考法政大学，又不至于让父亲伤心的两全齐美的办法呢？

真所谓天无绝人之路，这办法真被罗登义想出来了。原来当时考大学的方式，不像现在是同一时间的全国统一考试，而是一个学校一个学校依次进行，且每个考生可以参加几个学校的入学考试，不像现在是一考定终身。那时间北京各大学的考试顺序，最先是北京法政大学，其二是北京工业大学，北京农业大学则排在第三。这就让罗登义有了回旋的余地，于是这三个大学他均报了名，率先遵照父意参加了法政大学的考试，但并不专心，似乎是用来宽慰父亲的，对父亲有个交代：我报考了，只是没有考上。而在可以学习科学知识工业和农业两所大学，罗登义更看重农业大学。

一个现实的原因，当时在北京上大学费用很高，就工业和农业两所大学相比，农业大学是冷门专业，费用相对要少许多。父亲薪酬不高，就读北京农业大学，可以减轻家里的经济负担。而究其根本，是罗登义自认对工业知之甚少，赴京前他只知道贵州除了一些小手工作坊，几乎没什么工业可言，因而兴趣不大。贵州是个农业省，那么对农业他自以为相对了解要多一些。"民以食为天"，这是他明白的一个非常简单的道理，而食呢，是从田地里长出来的，是农民辛辛苦苦种出来的，那么农业是太重要了，是和民众生活息息相关的科学。就如人们常说的，"人是铁，饭是钢，一顿不吃饿得荒。"在贵州，他也目睹了因为贫穷和生产技术落后，农民们日出而作，日落而息，付出了十分的艰辛，收获的只是食不果腹，营养不良的穷困生活。仿佛是责任感的驱使，他觉得自己应学好农业科学知识，将来能为改变贵州农业的落后状况做些事情，这应该是件很有意义的事。因此，罗登义到北京后，在一个月的复习备考时间里，他把精力大多用在了报考北京农业大学的准备上。

那么当然，考下来的结果就如罗登义所愿，只是走走程序参加考试，没被法政和工业二校录取的罗登义，则以优异的成绩考上了北京农业大学农业化学系，主攻生物化学和营养化学。在择校时他要了个小聪明，让自己如愿以偿，在农业科学家征途的起跑线上，成功地迈出了第一步。后来曾有人善意地用"阳奉阴违"说起此事，不过，这也没有什么可指责的，要不日后中国就少了一个农业科学家了。

而事实上，罗登义虽然没按父愿考上北京法政大学，但毕竟金榜题名，在北京上大学了，这无疑是罗家的荣光，他的父亲依然感到欣慰和骄傲，节衣缩食，每月从微薄的薪酬中匀出一些供罗登义在北京上学。每当收到父亲寄来为数不多的生活费，心存内疚的罗登义当然知道这些钱的分量。那么他唯一能做的，就是以刻苦学习来报答父恩，用优异的学习成绩证明，他做出的以"科学救国"的抉择是正确的。

呱呱叫的穷学生

和担惊受怕险象环生的北上之旅相比，已经是北京农业大学学生的罗登义，学习生活当然安定得多了。不用担心土匪"关羊"，可以静下心来，将全部精力用在学习上，不再去想其他的事。然而一年后，罗登义不得不为一件棘手的事冥思苦想了。

那年月，从贵州出去在北京求学的大学生，分官费和自费两种。所谓官费生，顾名思义，这些学生在京上学的费用，是由当时的省政府提供，每年有 180 元。而当时北京很多大学附近有许多市民私办的公寓，供学生住宿，且包吃包住，每月也只收取 10 元，再加上每年 10 多元的学费，这一百八十元是绰绰有余了。当然要取得官费生的资格，是要经一定程序来选拔的。先由政府依据北京在黔招收大学生的名额，对应考生进行初选考试，初选合格者，再由政府送到京城，由招生的学校进行复考，合格者便可享受官费资助的资格在京上学了。

不幸的是，罗登义是自费生，政府不给分文补助，一切费用自理。那些年中国正上演着一幕幕军阀混战大剧，就当罗登义从贵阳南明中学高中毕业时，云南军阀唐继尧之弟发兵贵州，贵州军阀忙于应付乱作一团，也就无暇顾及学生求学之事了。无奈渴望赴京上学的罗登义，只能凭借双脚用一个月的时间，自费走到北京。在京的上学费用，全依仗家里资助。

罗登义有兄妹 5 人，母亲又是家庭妇女，全家人的生计，完全依赖做小学教师的父亲的微薄收入维持，日子已十分艰难。而旧社会上大学的费用极其昂贵，即令他就读的北京农业大学费用相对较低，他父亲也爱莫能助了。一年后，家里再也承担不起。一时间，没有经济来源的罗登义，必须面对这样一个严峻的现实：断了粮草，如何完成学业？

是的，没有了家里的接济，罗登义在校的境况就可想而知了。年轻人喜欢攀比，这是不争的事实，比穿戴、比时髦。如今中学生统一穿校服，衣服比不成了，就比鞋的牌子和价格。那时候罗登义也是年轻人呀，于是有一日，日子过得异常窘迫的他，和一个也是自费生的同学攀比了一回。

"怎么样？我们两个来比一比。"

"比？我们两个？"这个同学日子也不好过，自然想不出和眼前这位小个子贵州同学有什么好比的。一脸茫然道："我们两个穷学生，有什么好比的。"

"对啰，"罗登义哈哈一笑，"就比我们谁更穷嘛！"

唉，罗登义真是穷得可以了。入校第一年，家里虽给他寄去些生活费用，却也非常有限，他必须精打细算。为了省钱，他住的是校方提供的不收费的学生宿舍，不像一些同学去租住校外每月 10 元包吃住的出租屋。可吃饭总要花钱的呀，如在学校食堂搭伙，每月要花去 6 元，这就让他有些心痛，便干脆自己在宿舍里做，随随便便给肚子有个交代就行。北方的大白菜是他的主打菜肴，时间长了，难免吃成一脸菜色。可罗登义却心满意足，自己做着吃每月 3 元就够，可节省下 3 元呢！无奈就是这样的日子，眼看也难以维持了。入校第二年，因家境穷困，实在无力支助他了。尽管经再三申请，贵州地方政府终于同意给他一些"官费"救助，却也因为军阀混战的缘故，官费救助也只是空头支票，罗登义分文未能得到。是啊，那一刻一个"穷"字，几乎把罗登义逼上了绝境，如再不想办法自救，恐怕学业就无法完成了。

如果说现今的学生相互攀比，是为了虚荣心的满足，那么此刻别出心裁和同学比穷的罗登义，是用这近乎自嘲的穷开心来激励自己穷则思变，走出困境，顺顺当当完成学业。否则，他"科学救国"的理想断然只是一个五光十色的泡影了。而人呢，往往就是这样，一当身陷绝境被逼得没有退路时，强烈的求生欲望，会让人激发出前所未有的潜力和智慧，从而冲出困境，就如人们常说的"置之死地而后生"，于是希望就在眼前了。

对呀，我可以写文章投稿呀！罗登义想：我是学农业的，可以写些农业科学方面的稿件，向一些专业刊物投稿。这样既锻炼了自己的写作和科研能力，文章发表了还能有稿费收入，如此眼下的困境不就迎刃而解了吗？对，就这样，投稿，这真是一箭双雕的好办法哩！

既然想清楚了，就不再迟疑。于是罗登义在不影响学习的同时，广收资料潜心研究，时常挑灯夜战，辛勤笔耕。罗登义成功了，在大学期间，他相继在《学艺》《科学》《自然界》《学生杂志》《东方杂志》等刊物发表了诸多文章。在这些杂志中，由上海中华学艺社办的刊物《学艺》，在当时中国科学界最具影响力，水平也最高。大学都知道，能在这刊物上发表文章的，大多是大学老师，是呱呱叫的人物。上海方言称"了不起"为"呱呱叫"，那么凭借自己的才华和勤奋，罗登义这个初生牛犊的穷学生，就在《学艺》上发表了8篇文章，呱呱叫了8回。

那么自然，学校的老师和同学，对呱呱叫的穷学生罗登义刮目相看了，对他大加赞赏。有人称赞，罗登义当然是很高兴的，但最让他感到欣慰和骄傲的是，终于卧薪尝胆以自己的能力完成了学业，为实现"科学救国"的理想，为他日后的农业生化研究，成为呱呱叫的农业科学家打下了坚实的基础。

Study-Study-Study

1928年，23岁的罗登义从北京农业大学毕业，他没有像一些同学那样，四处奔走设法留在北京发展，却踏上南下的火车直奔上海，去中华学艺社拜望《学艺》杂志社负责人周昌寿。罗登义对《学艺》社是心存感激的，认为是他们给了他很大的支持和帮助，发表了他多篇被业界认为有些分量的文章，让他呱呱叫了多回，并给了他很大的自信，那就应该去登门答谢。

"周主编，我叫罗登义，刚从北京农业大学毕业……"

"罗登义？呵，我晓得的，这几年你在我们刊物上发表了不少文章，不错，很有见解。"

得到主编的夸奖，罗登义不免诚惶诚恐，急忙表明来意："谢谢你们对我的帮助，我大学刚毕业，是专程来向周主编表示谢意的。"

"喔，罗同学，不用谢，是你文章写得好，我们当然是要扶植的。"得知罗登义大学毕业，周昌寿关心地问："那你想好了没有，准备去哪里谋职？"

"还没有。"罗登义有些羞涩地说："我是从贵州贵阳到北京上大学的，刚毕业，还没来得及联系……"

"喔，你是贵州人？那太巧了，我也是贵州人……"原来周昌寿先生是贵州麻江人，早年留学日本，在帝国大学专攻物理学长达13年时间。回国后在上海中华学艺社专事物理教材的编纂，当时国内的物理教材，大多出自他手。在当时的中国科技界，也是颇有声望举足轻重的人物。所以，当他得知眼前这位小个子青年也是贵州人，一时喜出望外，两人索性用贵州话聊了起来。

"好，好，罗同学，你是我们贵州的人才，是个有为青年。"对罗登义一番称赞后，周昌寿话锋一转："罗同学，我哥哥是贵州大学的校长，学校成立不久，正要我帮他物色老师，你愿不愿意去？"

这建议确实来得有些突兀，换作他人，或许会有些犹豫，但罗登义没有。大学刚毕业，就能回家乡做大学老师，报效桑梓，而且回贵阳工作，还能照料父母，呵，这实在太好了。

"好，我去，我愿意去。"在感谢周昌寿的提携之恩后，罗登义当即就爽快应允了。这恐怕就是人们常说的缘分，而伯乐相马的故事，在我们的现实生活中，也时会发生。于是，罗登义告别了周昌寿，回到了阔别六载的贵阳。

有胞弟的推荐，又是贵州的青年人才，时任贵州大学校长的周昌寿之兄周恭寿尤为看重罗登义，当即委他以贵州大学学监和教授的重任。而且待遇也不错，每月有 80 元的薪俸，对于只有 23 岁生活穷困的罗登义来说，是可以满足了。起初，罗登义也确实潇洒地过了段阔绰的日子，那时贵州大学的校址就在贵阳市省立第二中学，所以闲暇时他常邀约几位好友上上馆子，然后去黔灵山游玩，这自然是很开心的。然而不多久，他就开心不起来了。一则在当时的贵州大学，罗登义讲授的是普通化学和科学概论，并非农业生物化学和营养化学。二来呢，那时学校很落后，几乎没有什么像样的实验设备可供他进行生化科学的研究。这就让他很焦虑，觉得有些浪费时间，是在混日子，担心如此下去会荒废了专业，这就于心不甘，萌生出去别处谋职的念头。然而这似乎又不大可能，当时的省主席周西成自打办起了贵州大学，连贵州的学生都不允许去贵州之外的学校求学，那么能在贵州大学教书的老师，就更别想请辞远走高飞了。

柳暗花明，常被人们用来形容原本无望的事情突然出现了转机，就在罗登义在贵州大学任教的第二年，周西成垮台了。罗登义心想：既然如此，他定下的那些规矩，也就不再作数，我另谋出路的想法，就有望实现了。于是罗登义就给恩师周昌寿先生去信，道出了自己的苦衷和想法，并表达了有负恩师期望的歉意。周昌寿不愧是科学界的前辈，他很理解罗登义志向，丝毫没有责备年轻人的意思，又动用了他在学术界的关系，推荐罗登义去成都大学任教。只是在那里罗登义干得也不尽人意，他发现该校似乎更看重留洋回来的老师，很多像他这样的只是国内大学学成的老师并不被看好，在职称评定上就不如留洋镀金的，即使再有才华，能评上讲师也就到头了。而没有相对较高的职称，要想进行科学研究也会受到限制，成都大学安排他讲的课程，也只是有机化学的实验课，与他酷爱的农业生化研究相去甚远。

这仍是他不能甘心的，也因此萌生出到国外留学的渴望。

是的，这想法当然很好，却似乎又不太现实，究其原因是财力不济。众所周知，出国留洋需要一笔不菲的费用，短时间罗登义断然不可能凑齐。情急之下，他想到了母校北京农业大学，便去信道出自己的苦闷和想回母校任教的想法。幸运的是，母校很理解这个曾为学校赢得荣誉的穷学生，同意了罗登义回校任教的请求，只是不能像在贵州大学那样做学监和教授，也不能像在成都大学那样当讲师。因没有在母校任职的经历，他只能从助教做起，不用说，二者间的收入是有很大差别的。对此罗登义全不在乎，他看重的，是母校让他讲授的，是生物化学、营养化学及食品化学，这正是他渴望的。而且母校又有较好的科研条件，他可以把教学和科研结合起来，这就有利于在科研工作上做出成绩。

果真，1930 年罗登义在回北京农业大学任教后的近 5 年时间里，不仅出色完成了教学任务，并潜心进行农业生物化学和食品营养化学的研究。兴许是因家里日子过得穷困，对劳苦大众的生活有太多的了解，罗登义一开始就把研究的目标定格在改善广大民众的营养问题上。研究的对象，则是玉米、高粱、小米、筱麦等劳苦大众赖以生存的主要食品。对这些杂粮做出生化分析，测定它们的营养成分，然后再提出如何提高这些杂粮蛋白质营养价值的有效方法。这些研究成果呢，又以《窝头之现代营养学识观》《华北膳食中蛋白质问题》《北平农民膳食中之营养问题》《黑小豆与数种谷类蛋白质间之补充作用》等 20 多篇论文的形式，分别发表在《学艺》等一些科技杂志及名校的学报上。这些论文又大多是用英文撰写，显现出作者的渊博知识和扎实英文功底。这就引起了学术界关注和重视，于是出国留学，便是水到渠成的事了。1935 年心想事成的罗登义，获得中华文化基金会的留学资金资助，赴美国明尼苏达大学研究院深造。

毋庸置疑，原来学习就很用功的罗登义，尤为珍惜这来之不易的留学机会，学习愈发刻苦了。

"罗，和我们一起出去玩玩，放松一下吧，不要老是学习。"一个星期天，几位美国同学见罗登义又要去研究院实验室，便邀约他和他们一起出去，放松放松。是的，他乡有诱人的异国风光和异域风情，一些娱乐场所也很有趣，但罗登义却不为所动，在美国留学期间，这些地方他从不问津。那么这个星期天，他当然也不会去的。

"你们去吧！今天我还有些实验要做，祝你们玩得高兴……"罗登义有礼貌地谢绝了美国同学的邀请。

这样的结果，其实早在同学们的预料之中，也就不感到奇怪，只是有些遗憾，而更多的是对这位中国同学的敬佩和赞赏。同学们一个个耸耸肩，微笑着称赞罗登义："study-study-study！study-study-study！"

学习！学习！学习！在美国明尼苏达大学深造的一年多时间里，罗登义始终每日过着两点一线的生活。每天破晓起床，洗漱后吃几片面包喝杯牛奶，便走出租住的寓所直奔研究院实验室，开始他一天的学习。中晚餐也是随意应付一下，又去实验室埋头学习，直至夜深人静，才形单影只回到寓所。倘若有一日罗登义把自己关在屋里没去学校，房东便会感到诧异，以为这位小个子中国学生可能身体不适。当然，罗登义在留学期刻苦学习的故事，远不止本文提到的几个，只是限于篇幅，便不一一累牍。但有一点是十分清楚的，就因为留学期间他近乎苦行僧似地刻苦学习，一年后，他出色地完成了所有必修课程，以优异的成绩通过了考试和论文答辩，取得了美国明尼苏达大学硕士学位。也因为学业优秀，他的指导老师不仅推荐他为色格马荣誉学会的会员，并挽留他留在美国发展。但罗登义婉言谢绝，打道回府了。

"爸爸，美国那么富，那么漂亮，你为什么要急着回来？"解放初期，罗登义年幼的孩子有一天翻阅父亲在美国留学时的照片及画片，为画面上的高楼大厦所惊叹，忍不住问罗登义。

没料想孩子会向他提出这么一个问题，罗登义一愣，一时竟不知怎么给孩子说。孩子太小，大道理他们不一定会理解，于是想了想，罗登义便用他认为孩子能听懂的话回答道："美国再好，那也是别人的，我是中国人……"

说得真好！长安再好，也终非久留之地；中国再穷，那也是自己的祖国。

罗登义所以出国，正是为了回国，承担起一个中国人当仁不让的责任——报效国家，为祖国早日走出贫穷落后，早日康庄富强奉献出一分力量。

罗登义归心似箭了。

游子归来

1937 年，罗登义取道欧洲回国，在上海与已在此等候的恋人王堃德相会后，立即北上回到了北京农业大学，并在好友的祝贺声中，与恋人结为伉俪。婚礼上，京师大学校长称二人的结合为"德义之交"。

这时候，学校已很器重这位出国深造归来的年轻人，职位由原来的助教，一下提升为农业生物化学系副教授。按说，有了较高的职位及扎实的学识功底，罗登义应当可以在他酷爱的农业生化研究道路上大显身手，取得更大的成就了。不幸的是——哎，仿佛是命运的故意捉弄，在罗登义的人生中，"不幸"总和他结伴而行，又似乎刻意磨炼他的意志。

罗登义回国不过半年，在北京宛平的卢沟桥，爆发了震惊中外的"七七事变"，日本帝国主义向中国发动了大规模的侵略战争。不久北京沦陷，留在北京做学问又成泡影，然而他更不甘当"亡国奴"，屈辱地忍受日寇铁蹄的蹂躏。于是罗登义当机立断，舍去刚建立起来的温馨小家，带着爱妻逃离北京南下，踏上了险象环生的逃难之旅。出于安全的考虑，夫妻俩还做了精心的乔装打扮，从未学过表演的罗登义，把自己剃成光头，妻子也剪去原本烫好的卷发，二人身着破旧不整的衣服，随身行李也只是一个陈旧的小皮箱。这一身行头，让人以为二人只是一对做些小生意的商贩，没曾想，这乔装打扮果真见了成效。

从北京坐火车到天津后，罗登义夫妻俩准备由天津登船去青岛，再从青岛坐火车去南京——这是当时南下的唯一线路。可是就在天津登船时，二人被荷枪实弹把守在船舱口的日本兵拦住盘问，那阵势委实让罗登义夫妻二人吓出一身冷汗。幸亏罗登义当年赴京求学途中曾有过遭遇土匪抢劫的经历，因而比妻子要沉得住气，被盘问时坚称自己只是做小买卖的商贩。再看看二人的装束，的确不像有什么身份和学问的人物，就如他们自己所言，只是小商贩而已，日本兵这才让罗登义夫妻二人上船。虽然有惊无险，罗登义依然脊背发凉，惊吓得不轻。船到青岛后，又急忙和大批难民一道挤上了南京的火车。车上拥挤不堪，一片混乱，罗登义的心反倒平静了许多，心想南京毕竟是国民政府的首都，自然会安全一些。没料想南京的情景似乎更糟，罗登义到南京后的几天里，日本飞机天天朝地面投掷炸弹，几乎没有丝毫安全可言。无奈之下，罗登义急忙继续南下，直奔南昌。当时南昌有个农业科学院，罗登义之所以选择从北京南下，原来想投奔那里，继续搞他的农业生化研究。不过这只是他的一厢情愿，战争的硝烟很快就蔓延到了南昌，他不得不另谋去处。恰在这时，北平大学和北平师范大学及天津北洋大学也相继迁到西安，三校合在一起办了个西北临时大学。罗登义闻讯后离开了南昌，先将已怀有身孕的妻子送回贵阳，然后只身一人赶赴西北临时大学农学院应聘。因罗登义当时在中国农业生物化学界已是有些名望的人物，学校委他以农业生物化学系教授及主任的职位。可是还没等罗登义搞出什么科研成果，战火又烧到了西安，无奈西北临时大学只得搬出西安，迁到汉中附近一个小县城。一年后临时大学又和当地武功县的一所农学院合并。学校搬来搬去，并来合去，动荡不定，这期间罗登义只能疲于奔命，无法静下心来搞什么课题研究，因而他心急如焚，期盼着能觅到一个好的去处，以利自己的学术专长能得到发挥。

真应验了天无绝人之路的说法，这好的去处真让罗登义寻到了。罗登义在武功农学院的第二年，已迁到广西宜山的浙江大学，邀请罗登义到他们那里任教。罗登义知道，浙江大学是所名校，教学和实验条件要好得多，这便求之不得，没什么可犹豫的了。于是罗登义告别了武功农学院，赶赴广西宜山去浙江大学任教，并出任该校农业生物化学系主任及教授的职位。无奈又因为战火逼近广西，浙江大学只得西迁，将学校搬到相对安全的贵州湄潭县安营扎寨。这段历史，2006年出版的《贵州县名溯源》一书是这样记述的："抗日战争时期，浙江大学西迁，在湄潭办学7年之久。这段时期是浙江大学最辉煌的历史阶段，英国科学家李约瑟称之为'东方的剑桥'。竺可桢、苏步青、陈建功、王淦昌、贝时璋、谈家桢、罗登义等一大批中国乃至世界教育史、科技史上赫赫有名的人物，当时都在湄潭生活工作过，并与湄潭结下了永不忘怀的情缘。"现今湄潭浙江大学纪念馆已被列为国家级文物保护单位。

那么这似乎是命运刻意的安排了。当年为求学一路提心吊胆走出贵州的罗登义，如今学业有成且声名鹊起，又一路坎坷戏剧性地回到了生养他的家乡贵州。这于罗登义来说，当是不幸之大幸，家乡敞开胸怀热情地拥抱了他，慷慨地给这位归来的游子一片得以淋漓尽致展现其才华的天地，成就一位我国著名的农业生化科学家。

登义果

湄潭，这座深藏黔北大娄山南麓、乌江北岸的县城，因"东有江水流转至县之主脉玉屏山北，经绕县城，转而至南，有湄水桥之水颠倒流合，汇为深渊，弯环如眉，故曰湄潭"。清康熙《湄潭县志》是这样解释湄潭县名由来的。这里山清水秀，物产丰裕，盛产义名茶，在贵州称得上有些名声的县城了。或许因为它藏于大山深处，山高路远，交通也不便利，因而就相对闭塞，如此，这地方就比较安全了。这大概是为躲避战火，浙江大学才会选定湄潭办学，以利学校有一个较为安定的教学和做学问的环境。而此时，经历了三年的动荡，终于有个安定的所在，又还是"气候温和，山水清幽，生我养我的贵州"，罗登义决计发扬蹈厉重整旗鼓，在原有的基础上，把农业生化营养的研究进一步深入开展下去。到湄潭的第二年，他又是授命于国民政府，在湄潭组建贵州农工学院，并出任院长。那么也正是在湄潭，罗登义步入了其科研生涯的黄金时代，将全部的热情和心血，倾注于平民百姓一日三餐食品的生化营养研究。

罗登义用30多种元素的化合物配制成稀薄的溶液，作处理绿豆发芽的实验，观察其对绿豆芽多种微生物生成的影响。从而发现镍钼铅锌铜5种元素具有提高绿豆芽中已种微生物生态的功能，其中尤以镍钼两种元素的促进作用最为明显。而且实验又证实，这5种元素都具有增高绿豆芽丙种维生素生成的生理影响。是的，若不是采访中阅读了有关罗登义的资料，看到《各种元素对绿豆芽已种维生素生成的效果》《光对于绿豆芽中已种维生素生成的影响》等论文，笔者着实想象不出，百姓餐桌上再平常不过的绿豆芽，会让罗登义做出如此大的学问。

价廉物美的辣椒、番茄、莴笋、白菜、油菜等蔬菜，不是平民百姓餐桌上的主打菜肴么？对此罗登义又突发奇想："能用什么方法，来提高这些蔬菜的营养呢？"于是他用微量元素对在田间种植的这些蔬菜进行处理，作增加其维生素生成的探索。罗登义用几年的时间，对16组田圃栽培作反复实验，终于获知，镍锌二元素的化合物，对这些蔬菜的芽、茎、叶和果实的代谢过程中丙已两种维生素及胡萝卜素的生成，均有促进作用。其中镍化合物能提高蔬菜中胡萝卜素17%，丙已两种维生素的提高也达20%左右。而锌化合物的效能则更高，增加的胡萝卜素为30%，而丙种维生素的增加，竟高达50%……之后，罗登义又以《化学处理对蔬菜中维生素之影响》《贵州蔬菜水果中胡萝卜素》《中国西南水果蔬菜之营养研究》等数十篇文章，论述了这些科研成果。一时间学术界耳目一新，眼界大开，对罗登义大加赞扬并给予了高度评价，认为罗登义这些别开生面的科研成果，"对提高蔬菜营养价值，具有新的指导作用"。

是的，在罗登义看来，大凡从田地和山坡上长出来的东西，无论蔬菜和果品，都能让他生出灵感和冲动，只要与大众的生活密切相关，他就会花大力气去研究。他常告诫自己，"科研工作要理论联系实际，要为百姓生活着想"。因而浙江大学来到湄潭不久，在对蔬菜营养进行生化研究的同时，罗登义又对一种遍布贵州的野果刺梨，进行了深入的研究，并取得惊世骇俗的成果。

那时正值抗战时期，心系国家安危的罗登义，便想方设法要为解决战时食物匮乏，民众和抗战前线将士营养缺失问题做些研究工作，尽一份生化学者的责任。于是便在湄潭和贵阳花溪等地采集了各种野果做生化研究，分析它们的营养成分，以求寻觅到更多的野生食品资源，以解广大劳苦大众之疾苦。经对各种野果进一步对比，最终，他把目光锁定在这种长有软刺呈椭圆形的黄色野果身上。是的，作为贵阳人，他对刺梨是太熟悉了，这种遍布贵州山野的山果，可"生吃或糖渍，或提其香味以作酒，或晒干入药"，是"市价极低廉，乃最平民化的果品"。而罗登义在古籍《戒已编》中，又见"红子刺梨二物，山原之间，妇食未来，午茶不继，则耕牧之粮也"的记载。也就是说在历史上，刺梨作为平民百姓的一种食物补充，早已是不争的事实。那么，刺梨的营养价值究竟如何呢？没想到，一当罗登义对刺梨进行生化营养研究分析后，他竟欣喜若狂不能自已了，那心情就好比发现了新大陆。罗登义惊喜地发现，刺梨这不起眼的野山果，竟有让人瞠目的营养价值。兴奋之下，他挑灯夜战，一连写出《刺梨的生物化学》《刺梨中丙种维生素之利用》《各因子对刺梨中丙已两种维生素之影响》等多篇论文。

"著者测定贵州湄潭刺梨的丙种维生素含量，在每百克果肉中含有 2054 至 2729mg，平均含量为 2391mg……较之四川广柑中的高 5 倍，比綦江红橘中约高 100 倍，比之广西沙田柚中约高 18 倍。就是闻名世界的猕猴桃，丙种维生素含量也只有刺梨的九分之一……"

"就维生素 P 含量而言，刺梨也特别丰裕，一般蔬菜均望尘莫及，每百克中含有维生素 P1289mg 不等，较之柑橘类约高出 120 倍，比蔬菜类约高出 150 倍，即在全体水果中，亦高至 60 倍……总之，刺梨中含维生素 C、P 特别丰富，压倒一切水果蔬菜，可称为水果中的'维生素 C、P 之王'！"

刺梨的营养生化分析出来之后，罗登义又立即对两个体重相近的学生作了生理实验，证实了刺梨中 C、P 两种维生素极易为人体吸收，可给力达到 70%，也就是说，正常人每天吃梨半个，即可满足其对维生素 C、P 的需求，这样的结果让罗登义万分激动，在论文中他惊叹，刺梨"真是天赐吾人养生的新山珍"啊！时至今日，笔者读到这些文字，仍可见罗登义当时难以抑制的喜悦之情。

这时同样感到惊讶甚至震动的，是国内外生化界的科学家，他们在这些文字中，读出了英姿勃发和奇光异彩，由衷地称赞罗登义在刺梨研究上的惊人成就。英国著名生物化学李约瑟读了罗登义的论文，又参观了罗登义的生化实验室后，在其撰写的专著《中国科学技术史》中，直接就把刺梨名之为"登义果"。就如天文学中谁率先发现了新的星座，于是该星座便以发现的姓氏命名。从此，这遍布贵州山野的山果，继"刺梨""送春归""缫茧花"之后，又有了一个长中国人志气的称谓："登义果"！

罗登义的科研生涯，也因此揭开了辉煌的一页。

是的，在湄潭近 7 年的时间里，罗登义对 170 多种蔬菜水果的营养成分进行了分析研究，发表科研论文 58 篇，专著 7 部及近百篇和科研有关的文章。这些丰硕的科研成果，理所当然引起学术界的高度重视，甚至轰动。今天，学术界仍对罗登义取得的这些科研成果，给予了高度评价，称他的科研活动，开创了我国营养学及食品国微量元素研究领域的先河，为我国人民健康水平的提高，做出了不朽的贡献。一致认定，罗登义是我国刺梨研究当之无愧开创者和奠基人。

那么当然，取得如此骄人的成就又赢得极高的社会评价，罗登义完全有理由感到自豪，陶醉于喝彩声中的。而罗登义却认为，自豪那是当然，陶醉却不可以。他不能忘却研究刺梨的初衷，是解决战时民众和抗日将士的营养缺乏问题，而时下是抗日战争的关键时期，及时给在抗战前线与日寇浴血奋战的将士补充营养，当是最为紧迫的事。对医学也颇有研究的罗登义深知，丙乙两种维生素对人体的重要，尤其对抗战前线的将士来说，就显得更为重要。如将士们长期缺乏丙种维生素，就会影响健康，导致体力不支，一旦作战负伤，更有患上败血症的危险。而缺乏乙种维生素呢，会造成将士视力减退，严重者则会患上放盲症。罗登义更知道，没有强壮的身体和充沛的精力，就会影响将士们的作战能力；而夜间作战，又是常有的事，如视力减退甚至患上夜盲症，夜间又如何作战呢？是啊，缺乏丙乙两种维生素，是会影响部队的战斗力，甚至关系到战事的胜负，如此，给抗战前线的将士补充这两种维生素是太重要了。可是眼下华夏大地战火纷飞，物资奇缺，前线作战的将士吃不饱饭也是常有的事，更不要说能吃上富含维生素的果品了——即使偶尔有些新鲜水果，也不便送到炮火连天的前线呀。看来，富含丙已两种维生素的果中之王刺梨，当是给前线抗战将士的最佳果品了。它个头小，便于运输，且用量少，每天只需吃 1~2 枚，便可以满足前线将士每天对维生素的需要……

罗登义这样思考着，便按捺不住立即行动起来，带领学生到野外摘刺梨去了，这就有了前文描述的让人匪夷所思的一幕。那么最终得知，这位罗老师强烈要求政府把这些刺梨送到前线的缘由，县政府就没有理由不同意这位罗老师的要求了。这当然是应该支持的，按他们说的办，这是为抗战出力的实际行动嘛！

事情既然有了开头，当然就不能停下来，直至抗战胜利，罗登义才停止了组织学生到野外采摘刺梨送到县府的活动。而且这时候，罗登义又一次面临"去还是留"的人生抉择。

现在我更要服从组织的决定

"罗院长，现在贵阳解放了，我们军管会已接管了旧政府办的贵州大学。百废待兴，我们想请你留下来，继续担任贵州大学农学院的院长……"

1949年11月14日贵阳解放，几天后，时任贵州大学的军代表陈大羽便登门造访罗登义，恳请他留任贵州大学农学院院长。陈大羽所以选择这个时候造访罗登义，是想表达党对罗登义这位贵州大学农学院创始人的尊重和仰慕，希望他能在新中国把学校办出起色。除此之外恐怕还有一个原因，陈大羽似乎知道就在几天前，罗登义收到了浙江大学召其回校的信函，因而担心人才会流失。

其实"走还是留"，这问题早在抗战胜利后罗登义就已经面临了。在湄潭办学近7年后，和所有西迁的学校一样，浙江大学也要迁回杭州。那时学校希望才华横溢的农业生化系主任客座教授罗登义，能随校一同回杭州。恰好这时成立不久的贵州大学校长张廷休亲自出马，邀请罗登义筹办贵州大学农学院。再三思考后，罗登义选择了报效桑梓留在贵州。他认为贫穷落后的贵州，更需要像他这样走出贵州的学子回来，去努力改变其落后面貌，使之渐渐富裕起来。于是1947年罗登义留了下来，他接受了张廷休校长的邀请，创办了贵州大学农学院，并出任院长。

既然两年前就已经想清楚了要留在贵州，所以1949年11月这些天再次面临"走还是留"的问题时，罗登义几乎没有迟疑，当下便答应了陈大羽留在学校。是的，他亲眼看见了解放军进入花溪后，当晚就睡在街上，没有去打扰百姓。单凭这一件事，他对共产党就充满好感，相信在这样的政党领导下，贵州大学农学院一定会有美好前景的。

这一天，罗登义和陈大羽二人，就如何办好学校及共产党的政策等问题聊了很久很久……

12月中旬，在陈大羽的举荐下，罗登义应邀出席了贵阳各界人民群众6万人在体育场隆重举行的庆祝贵阳解放大会。那天，当罗登义听到时任省军区管委会主任苏振华庄严宣告，"从解放军进入贵阳那一天起，贵阳和贵州省国民党反动派就已经灭亡了……"那一刻罗登义再也抑制不住内心的激动，和大家一起振臂高呼："毛主席万岁！中国共产党万岁！……"也就是从这一刻起，罗登义看到了中国的希望，他下定决心："永远跟着共产党走，矢志不改！"同时呢，他也非常感谢共产党对他的知遇之恩，一门心思想着从今以后如何把这个贵州大学农学院院长当好。

罗登义走马上任了。当然他深知这份责任的重大，贵州的教学基础差，干起来一定会很艰难。然而罗登义无论如何不会想到，他还没来得及去细想办学的诸多问题时，他上任后要干的第一件事，竟然是和土匪打交道，是如何防范土匪对学校的骚扰。

是的，当时贵阳的匪情是极其严重的。二十世纪五十年代初，中国人民解放军二野五兵团十七军五〇师解放贵阳后，其主力兵分两路分赴云南和四川。于是在贵阳潜藏的反革命便蠢蠢欲动，他们造谣惑众，四处抢劫杀人放火，妄图颠覆新生的人民政权。有资料表明，1950年3月1日，匪首杨安华率匪千余人围攻白云区政府，在与土匪激战中，16名军代表和工作人员壮烈牺牲。3月5日，在贵阳三桥李家坟处，百余名土匪袭击了13名押运物资的解放军车队，除一名脱险外，其余12名战士惨遭土匪杀害。而当时罗登义要应对的，则是距花溪仅几公里的青岩及孟关两股土匪。他们反动气焰无比嚣张，1950年初，匪首率2000多名土匪围攻花溪，在街上抢劫商店，抓走多名农学院的学生，还杀害了几名学生。军代表陈大羽率贵阳电厂民兵与土匪激战整整一夜，才将土匪驱离花溪。之后土匪又两次围攻花溪，镇上每晚都有枪声响起，那么花溪的态势是相当严峻了。为保护教职员工的安全，学校被迫停课，政府也对教师进行了疏散，大多贵阳有亲友的教师，也到贵阳投亲靠友，设法躲避匪患。和大多教师一样，罗登义也将家眷在贵阳安顿妥当，不一样的是，他立即又返回了学校。

这就让孩子们不解："爸爸，别人家的爸爸妈妈都留在贵阳不走了，你为哪样还要回学校……"

"登义，你还是暂时不要回学校去了，太危险了。"是的，这些土匪也知道罗登义的名气，又是学院的院长，就扬言要"把罗登义抓起来"。担心罗登义的安全，亲戚们也劝其在贵阳躲些日子，待安全了再回花溪。

"不行啊！"面对孩子的不解和亲戚的劝说，罗登义告诉他们："我是院长，怎么能离开学校呢？现在这个时候，我更要回去组织学校的工作，保护学校和安定人心……所以我不能只顾自己安全一走了之，躲在贵阳嘛……"

是的，在土匪活动猖獗的日子，罗登义不仅回校主持日常工作，还将身体强壮的学生和青年教师组织起来，成立了护校队，白天黑夜带领护校队在校区巡逻，守护学校的安全。只是为了安全——土匪不是扬言要抓他吗——每晚睡觉时，罗登义才到学校附近的花溪天主教堂一熟人家中借宿。这样的日子，直到5个月后平息了匪乱才宣告结束，罗登义这才与家人团聚。那么这时候，他这位院长才能真正进入院长的角色，静下心来去认真考虑，如何解决学校教学条件极差，师资力量严重不足的贵州大学农学院的一系列棘手的问题了。

然而就在这当口，事情突然出现了重大变故。1953年初，教育部从全局考虑，对全国高等院校进行院系调整，将原国立贵州大学撤销，原校的文、理、法、工4个学院分别调入四川及云南的相关院校。连贵州大学农学院的三个系也调离贵州，仅剩一个农艺系，然后将贵州大学农学院更名为"贵州农学院"，将其办成一所仅有农艺系的"单科性"的农学院，并由罗登义出任首任院长。那么这时候罗登义这位首任院长可用来办校的资本就可想而知了。连同从川北大学调入的几名教师，全院总共才有几十名教职人员，这就是学校的全部师资力量。而学生呢？就更少得可怜，不过百名左右。加之原贵州大学农学院的教学基础较差，根本无什么像样的软硬件可言，这样的状况，要想把一所大学办起来，几乎是白手起家了。毫无疑问，如此艰难的办学条件，让罗登义这位贵州农学院首任院长和创始人，感到了巨大的压力。然而尽管担子很重，罗登义对办好学校仍充满信心，他相信在中国共产党的领导下，在全院员工的共同努力下，一定能够把贵州农学院办成一个多科系的大学。是的，困境是把双刃剑，它在给人带来重重压力的同时，也给予人摆脱困境的动力和智慧。

罗登义要白手起家大干一场了。

1953年9月的一天，一个男青年走进了罗登义的院长办公室。

"罗院长，我叫周致贤，是来报到的。"这位刚从四川大学林业系毕业的大学生实在弄不明白，原本说好是分配到贵州省林业局的，不知何故十几天后，组织上突然通知他工作单位有所变动，由省林业局变为贵州农学院。因而此刻见到罗登义时，仍是一脸不解。

"欢迎，欢迎！"见周致贤来报到，罗登义非常高兴，立忙上前和对方握手，开门见山一语解开了年轻人的谜团，笑吟吟说："是我把你从省林业局要来的，我们要办综合性农学院，要成立林业系，你是学林业的人才，把你要来是希望你在教学的同时，为林业系的建系做筹备工作……"

"我太年轻，怕挑不起这担子……"

"行的，你一定行的。"罗登义鼓励年轻人道："我看过你的档案，成绩很优秀，你一定能干好的……贵州山多，很适宜发展林业，只要在以后的工作中理论联系实际，要让学生学会爬山，把文章做在山上，让学生懂得教室里是长不出树子来的……"

是的，自全国院校调整后，贵州农学院几乎一无所有满目荒凉，罗登义决心要改变这一景象，把贵州农学院办得像模像样，使之早日成为一个多专业的综合性大学，而不是仅有一个农艺系的单科学校。于是他放下了自己酷爱的科研活动，成天忙于筹集经费，兴建校舍，购置设备，广纳人才——这是他尤为看重的一项工作，视其为当务之急，重中之重。他认为，要把学校办成综合性大学，没有专门的人才，没有教师，就是"巧妇难为无米之炊"。于是罗登义便动用他的人际关系及社会影响，四面出击八方求援，到省外一些大学去挖人才，去找来米下锅。

这不，继周致贤之后，罗登义又到四川大学农化系找到系主任陈教授，也许是熟识的缘故，几乎没有什么客套，开门见山就问："陈教授，我们贵州农学院也要建个农化系，你能不能给我们推荐一名毕业生，分配到我们学校，给我当助教……"

那还有什么可说的，作为我国生化研究的权威，都开口了，那当然是要答应的："好，罗院长，我们正好还有几个毕业生正在落实工作单位，那就把单友谅分配到你们那里，行不行？"

"呵，这太行了，太谢谢你们了……"

只是谁也没有料到，接下来会出现戏剧性的一幕，就当罗登义一门心思四方挖人时，角色反串了，有单位到贵州农学院来挖他了。而且来挖他的，是科技人员最为看重的单位：中国科学院。1954年一天，罗登义收到一封来自中国科学院的信函，当他读完来信又将信的内容告诉家人时，顿时全家便沉浸于幸福之中了。

能去北京工作，之所以让罗登义和他夫人无比兴奋，不仅仅因为北京是首都，工作条件要好得多，也有利于自己事业的发展。更因为北京是他们夫妻二人求学和工作、相识相恋共度青春的地方。罗登义的夫人王堃德，是晚罗登义几年从贵州遵义官费到北京女子文理学院求学的贵州才女。当年她曾参加过"一二·九"运动，在北京有很多当年战友和同志，因而她一直盼望着能到北京工作。而现今呢！梦想竟然成真，而且幸福来得又如此突然，那么罗登义夫妇的喜悦之情是可以想见了。这之后的一段日子，罗登义全家一直在做着赴京的准备，孩子们甚至掰着手指在数着离开花溪的日子。

一天罗登义从贵阳市区开会回来，孩子们兴高采烈对他说："爸爸，还有一个礼拜我们全家就要搬到北京去啰……"可是不知怎的，罗登义一反常态没有搭理孩子，进家后一语不发，独自一人走进客厅呆坐着，这些日子浮现脸上的喜悦也荡然无存。似乎下了很大决心、沉默良久后，他把全家叫到客厅，一脸严肃地宣布了一个几乎让全家人跌进深渊的决定："我们不去北京了！"

这……这……这一声晴天霹雳，顿时将沉浸在幸福之中的母子震得目瞪口呆，一脸惊讶。妻子咬紧嘴唇沉默着，孩子们则忍不住了："我们为什么不去北京了嘛？"

是呀，为什么呢？一时罗登义竟不知如何向家人解释，又沉默片刻后，他才压低嗓门对妻子说："今天苏振华书记把我叫到他的办公室谈了很久，他对我说，院系调整后，学校走了很多人，现在人手非常紧缺，贵州农学院刚办起来不久，还没走上正轨，你又是院长……所以省里再三研究，请你务必留下来，把学校办好……"说到此，罗登义问妻子道："你说，省里领导都这样说了，我还有什么话可说……"

知道了事情突然变更的原委，妻子依然一语不发，只是无奈地摇了摇头，长长地叹了口气默认了这样的结局。是的，她太了解丈夫罗登义了。早在贵阳解放前夕，联合国营养研究所就来函聘请罗登义去欧洲工作；紧接着1950年贵阳解放不久，联合国农业委员会也来函邀请罗登义到他们那里供职。但这两次到国外工作的机会，罗登义都放弃了，还将对方的邀请函交给了省政府。他向妻子给的理由，均是"既然组织要我留下，我就要服从组织的决定"。坚决不去中国科学院工作，他更加重了语气，语重心长对妻子说："现在贵州更需要我，我更要服从组织的决定……"

既然决定留下来了，没有了去留的纠结，罗登义便又振奋精神不辞辛劳，满世界寻觅人才去了。1955年初一天，他搭乘一辆长途客车，在黄尘飞扬的公路上一路颠簸，急匆匆赶到云南昆明，到西南联合大学去见一个叫朱维藩的旧友。罗登义此行目的很明确，把朱维藩挖来。贵州农学院要成立果树系，学校又没有合适的人选来筹建，而朱维藩恰好是毕业于浙江大学果树园艺专业的高才生，当是筹建农学院果树园艺系的最佳人选。

"哟，罗院长，信我已收到。"见到罗登义，朱维藩急忙迎上前去："这么远的路，你还亲自跑一趟……"

"心里着急啊。"是的，怎么能不急呢？贵州农学院正需要眼前这位朱维藩去筹建果树园艺系。在浙江大学时，罗朱二人曾有过接触，是相识的，所以罗登义便给他去信邀其赴黔。为表明诚意和急切的心情，所以又一路风尘，赶到云南。

这次云南之行非常成功，罗登义顺利地把朱维藩挖了过来，是的，在贵州农学院开创初期，罗登义凭借他在学术界的影响，在全国范围内聘请了农学、园艺、植保、畜牧、兽医等学科的科研及教育经验丰富的专家教授到校任职，使农学院很快从单科发展为多科院校，经两年努力，作为综合性的贵州农学院已有些模样了。而且喜事接踵而来，1955 年秋，150 名第一批调配生进校学习，这让罗登义异常兴奋，经常去看望学生和他们交谈。

"同学，你叫什么名字呀！从哪里到我们学校的？"

"我叫向显衡，1952 年从正安到遵义上高中时，仍点桐油灯看书做作业，所以一心想学工，为我国的电力工业做贡献……"

既然有人开了头，谈出了自己的想法，其他同学也七嘴八舌打开了话匣。

"我也想学工，学机械专业。"

"我是想学化工的，没想到调配到农学院来了……"

也正是和学生的交谈中，罗登义觉察到学生中一些令他不安的思想问题。原来贵州农学院是 1956 年才纳入全省统一招生的，而 1955 年入校的这批新生，是由报考理工科的考生调配到农学院的，有重工轻农的思想，大多不太愿意学农，进校后学习积极性不高。这让罗登义敏锐地意识到，眼下刻不容缓的工作是，纠正学生中重工轻农的思想，这是当务之急。于是他和学校党政领导研究后，决定用半个月时间，对学生进行农业重要性的思想教育。

"同学们，从现在起，你们已是祖国农业科技战线上的一员，将担负起振兴贵州乃至祖国农业的重任。而我们农学院正是培养具有农、林、牧综合科学技能，水平较高的农学家，将来能从事教学、科研、农业管理、农技推广的实用人才……"
在第一天的报告中，罗登义语重心长告诉学生："中国是个农业大国，但我国的农业科技人员严重缺乏，耕种技术落后，农民生活贫困。现在中华人民共和国成立了，就是要从根本上改变这种情况，这就需要大批农业科技人员去发展农业，促使农民的生活尽快改善。而且我们穿衣吃饭都离不开农业，离不开农民。所以同学们应当听从党的召唤，服从党和人民的需要，一定要热爱自己所学的专业，要安定专业思想，刻苦学习各门课程，注重理论联系实际，参加农业生产和科研实验，向有经验的同志学习，要知道，教室里黑板上是种不出庄稼的……同学们，我还要告诉大家，从明年开始，就有一大批热爱农业科学的青年和你们一样，走进贵州农学院，我们这支农业科技大军将来会越来越大……"

罗登义的报告，赢得了全校师生的热烈掌声。那么当然，如果企盼做一个生动的报告便一蹴而就，完全改变学生重工轻农的思想，这显然不大可能。所以动员会后，罗登义又和学生摆谈，交流思想。他讲道理深入浅出，很有说服力，每每让学生听来感到耳目一新，从而渐渐明白了作为一名农学院学生肩负的使命，一改进校之初的懈怠，自觉遵照罗院长的要求，刻苦学习，大多完成了学业。因为成绩优秀，原本想学电力的向显衡和其他一些学业优良者，毕业后留校任教，充实学校的师资力量。

有了自己培养的教师，教师队伍扩大了，就不必像当初那样四处求人，看着这些年轻人的成长，罗登义的喜悦之情自不必说。那么如何促使他们百尺竿头更上一层，尽快完成从学生成为教师这一角色的转变，成为一个称职的教师，这又成为罗登义面临的一个新的课题。他思来想去，这新课题的答案似乎唯有"严格要求"这四个字，除此之外，别无他法。于是罗登义把全校各个专业留校任教的年轻教师召集起来开了个大会，对这些即将走上教师岗位的年轻人，他开门见山这样说："首先，教师要教书育人，要做到这一点，必先修其身，而后教于人。也就是说教师必须先教育自己，具备良好的品德，言行要规范，身教重于言教。其次，教师业务必须过硬，不仅要把专业教材弄懂弄通，相关学科亦要懂，边缘学科也要学。教师知识广博，讲课才会内容丰富、生动有趣，学生学而不厌，教师学有专长，才不误人子弟……一个合格的大学教师，就必须要搞好教学和科研，做到二者并重，只有这样我们做教师的才能在传授知识的同时，创造知识……嗯，向显衡……"说到这里，罗登义突然话锋一转，对留校任教的向显衡说："你是教果树学的，我们准备派你去浙江农业大学去深造，在吴耕民教授的指导下学习提高，为今后更好地完成教育和科研任务打好基础……"

为尽快让这些年轻教师成长起来挑起大梁，罗登义有计划地把向显衡等一批青年教师派到省外名校进修，开阔视野。当然，这些年轻教师没有辜负罗登义的期望。他们深知尊师的良苦用心，个个都能遵循罗登义的教诲，高标准要求自己，很快完成角色的转换，成为各专业的骨干教师，并积极参与各项科研活动，取得了可喜的成绩。

而且，也正如他1955年给同学们的报告所言，就在1956年罗登义被评为贵州省唯一一名高级教授的同时，和其他大学一样，从一年前贵州农学院纳入全省统一招生，一批又一批热爱农业科学的高中毕业生，充满向往地走进了贵州农学院的大门。是的，每当看见一批批青年学生走进贵州农学院的大门，又一批批学生学业有成走出校门，奔赴农业战线，罗登义总会思绪万千，百感交集。当年白纸一样的贵州农学院，历经风雨，现今可谓兵强马壮了，当年四处奔波挖来的人才以及学校自己培养的人才，均已成为学校的栋梁。与此同时，学校的实验室等基础设施也日趋完善，尤其是农学院生化教研室及日后陆续成立的基础生化和动物生理生化教研室，为我省开展农业生物化学的研究工作，奠定了扎实的基础。不仅如此，学校在龙里林场还新建了教学林场，还建立了全国唯一的用各种不同技术措施种植的马尾松造林系统试验林100亩……一个不争的事实是，至1966年初，贵州农学院已显现出强劲的发展势头。

每想到此，罗登义感到无比的欣慰，甚至会生出一种成就感。如果说有什么遗憾，那就是中华人民共和国成立后的十多年来，一直忙于学校的发展，冷落了刺梨的科

罗登义教授指导学生论文

学研究。那么接下来，应把刺梨的研究提到日程上来，在原有的基础上，更上一个台阶……

不幸的是，罗登义这一想法，又因人尽皆知的原因落空了，甚至比想象的还要糟糕。

国运兴衰，系于教育

"罗登义你这个反动学术权威，搞伪科学愚弄群众，说什么一个刺梨的营养超过一个鸡蛋，简直是胡说八道！"

"罗登义，你把刺梨吹上了天，说这是果中之王，那你不要吃饭啰，天天吃刺梨好了！"

"罗登义你搞的那个营养学，根本就没什么了不起的。刺梨是大家都不喜欢吃的野果，根本就不值得研究。"

"……"

1966 年中叶，中国大地爆发了一场历时 10 年的"文化大革命"政治运动。"文革"开始学校便停课了，贵州农学院也搬离花溪，来到平坝县境内一个农场开展运动。罗登义一家被安排在一间十六平方米的农舍，隔三岔五被造反派"勒令"接受"革命群众"的批斗。每次批斗会的闹剧，均在"打倒反动学术权威罗登义""把大大小小的罗登义揪出来，再踏上一只脚让他永世不得翻身"的口号声中落下帷幕。然后在造反派的呵斥声中，罗登义被责令去田间地头劳动改造，挑粪、放牛、种地、割草……于是在平坝那些年，人们每天都能看到，一个灰白头发佝偻着腰的瘦小老人，身着破旧的蓝布袄在田间不堪重负默默劳作的身影。只有到了晚上，罗登义才能回到他那 16 平方米的农舍，舒展一下浑身酸痛的身躯，坐下来冷静地思考当下发生的一切。是的，对这一次次啼笑皆非的批斗和肉体折磨，罗登义并不太在意。"唉，现在连国家主席和那么多元帅都在挨批斗，我这样的小人物被批斗，受些皮肉苦，算得了什么噢。"他常这样宽慰自己，心里便平静了许多。于是休息片刻，又翻开了学术书籍，一页页认真阅读起来。

"罗登义，人家都说你是反动权威了，你现在还看这些书？当心被造反派看见……"原学院领导班子的一位成员为罗登义担心了。

"学术权威？这谈何容易，我哪里够格哦！他们这样说，实在是太夸张，把我抬得太高了。"不知怎的，说起学术权威，罗登义并不以为然，坦然道："在生物化学、营养化学研究方面，我只做了一些微不足道的工作，大多是集体研究的，不是我一个人的功劳。研究刺梨，也是在研究营养化学过程中发现的，我并没有什么先见之明……"

"可人家说你是反动学术权威嘛！"

"反动？"一当提到学术权威前的"反动"一词，罗登义便有些激动了："反动？这从何说起。我认为科学研究不应为研究而研究，科学研究是为解决人类的生存问题的，应该与促进人类的进步联系起来，与提高人类的物质文明联系来。我决心研究营养学，研究刺梨，就是基于这样的思想，想为落后的贵州尽一分力量，这怎么会是反动呢……"

"可是现在学校都停课了，学生都去搞革命不学习了，知识分子都成了臭老九被打倒了……"

"不！"罗登义非常坚定地对这位同志说："国运兴衰，系于教育，我坚信共产党绝不会不要教育，不要科学！"国运兴衰，系于教育，罗登义坚信共产党不会抛弃知识分子，坚信共产党不会不要科学文化和教育。正是这不泯的信念支撑着他，在"四人帮"横行的日子里，当许多人感到苦恼和彷徨茫茫然不知所归时，罗登义却心有定针，忍辱负重，期盼着乌云尽快散去，早日重见光明。如果说罗登义有什么担心，那就是离开花溪这么久了，也不知道那边学校的情况怎么样了。他对这位好心的同志说："我真担心实验室被破坏了，那是我们花了好大力气才建立起来的，搞生化教学和科研，离不开实验室啊……"

那么当然，真正的共产党人是绝不会让这一小撮反党分子狼奔豕突，继续胡作非为下去的。1976 年 10 月，随着"文革"十年的终结，中国的一切都理性地回到社会发展的正常轨道上来。于是罗登义也理所当然地回到了原来的工作岗位，搬到平坝十年之久的贵州农学院，又重新回到了花溪学校原址。

回到花溪的当天，罗登义便急匆匆赶到学校的实验室，可是当他踏进实验室大门那一瞬，他傻眼了，眼前的一片狼藉，让他惊得目瞪口呆。实验室的门窗被砸坏了，里面原本摆放整齐的教学和科研设施七零八落，大多被人为破坏，几乎无一幸免。虽说实验室会遭到破坏，罗登义早有预感，毕竟闲置了这么多年无人问津，可他怎么也没有想到会是眼前的惨不忍睹的景象啊。一时间，罗登义这位七旬老人不由痛心疾首，老泪纵横了。

兴许因为过于悲伤，罗登义此刻就这样久久盯着眼前的一片狼藉，一动不动，良久才回过神来仰天长叹："唉，'文化大革命'对教育和科技的破坏，远比我想象的要严重得多啊……"是的，这是一场痛苦的梦魇，罗登义这位经历了艰苦创业的贵州农学院开创者，为好不容易创建起来的学校美好前景惨遭"文革"几乎毁灭性摧残，激起了无比忧愤。同时呢，他又坚信噩梦已经结束，在共产党的领导下，前面必定是一片光明——

> 十年浩劫百事摧，重整旗鼓心怦危。
>
> 千头万绪不足畏，残篇断卷恨成灰。
>
> 远山远水看不尽，一心一意惜晚晖。
>
> 又幸白头逢盛世，哪怕疾病来逞威。

罗登义不顾身体有病，写下《病中吟》以诗明志，一校之长的天生使命感又激励他下定决心，带领全院师生员工重整旗鼓，尽快把"文革"耽误的抢回来，在伤痕累累的农学院，闯出一片新的天地。那么眼下的当务之急，罗登义认为是恢复学校的正常教育秩序，要让教师走出"文革"的阴影，认真搞好教学，要鼓励学生静下心来努力学习。

回校几天后，罗登义立即召集全院教师，开了一个动员大会。在会上他反复强调："高等院校的基本任务是搞好教学和科研，两者相辅相成，相互促进，一个理想的大学教师，必须做到二者并重，只有这样才能搞好教学……'文革'前我就一再说过，我们当教师的，不仅要传授知识，更要创造知识，所谓创造知识，就是大力开展科研活动，出科技成果，出人才……只有这样，才有利于提高学生的学习热情和兴趣，从而发愤学习，把被'文革'耽误的时间抢回来……"

当然罗登义深知，期望通过一次报告，就让刚走出"文革"阴影的教师在一夜之间责任心陡然增强，难免有些过于理想。而随之跟进的，是罗登义制订了诸多行之有效的举措，那么1977年暑假前几天出现在学校食堂的这一幕，就让人觉得别开生面了——

这一天学校的食堂大厅里，全校教师面对主席台端坐在自带的小板凳上——"文革"十年的闲置，学校的桌椅已所剩无几，大都被附近的农户拿回家去，据为己有。回校后，罗登义就花了很多精力，带领学生去附近农户清理桌椅板凳，更不用说学校有什么可以开大会的礼堂了。所谓主席台，也不过是面对坐在小板凳上的师生，放一张三抽桌，上置一摞油印的表格。

"好，大家安静了，现在开会。"罗登义说着，从桌上的油印表格中抽出一张高高举起道："马上就要放暑假了，经研究，学校为全体教师印制了这张《教学通知书》，上面包括教师本学期教学总结和下学期备课两项内容。这是学校实行规范教育的一个重要举措，希望全体教师在假期按要求填写，在下学期开学前请老师们把这份《教学通知书》交给学校，学校根据教师们填写的内容，在开学第一天再开大会布置工作。今后每学期放假前和新学期开学的第一天，都要召开这样的会议……好，现在我点到哪个系，哪个系的老师请排好队，一个个上前来领取《教学通知书》……"

一个在"文革"中遭受迫害的七旬老人，不计前嫌，如今仍有如此高昂的热情，为祖国的教育事业呕心沥血，这让教师们倍受感动，一个个都自觉遵照罗登义的要求，认真落实到教学工作中去。在大家的努力下，学校的教学秩序也逐步走上了正轨。

"罗校长，现在学习负担太重了……"出人意料的是，这时候学生中却出现了不同的声音。一些学生向罗登义反映："老师上的课，我们听不太懂。"

噢？有这样的问题？这引起了罗登义的注意。老师上的课，学生听不懂，这可是个大问题。罗登义急忙查看了课程表，又查阅了教师的讲义，他认为课程安排并不算重，授课内容也不算难呀，为什么有学生会反映听不懂，觉得学习负担重呢？于是为寻找问题的症结，罗登义多次到学生中去，召开座谈会了解情况。

"罗院长，我们这些工农兵学员，是在'文化大革命'中上的中学，没有好好上过文化课。"

"那时候成天宣传'读书无用论'，我们文化基础差……"

原来反映"听不懂"的这些学生，是前几年经推荐上大学的工农兵学员，他们大多文化基础较差，又受到"读书无用论"的思想影响，因而学习风气不浓，兴趣也不高。了解到这一情况，罗登义的心情顿时又沉重起来，再次感受到"文革"对教育的摧残。时不我待，罗登义立即召了全校教师开会，给各专业课的教师加了担子："各位教师，你们一定要结合专业课的内容，安排时间给这些学生补习文化，给他们上文化课。只有文化水平提高了，这些被耽误的学生才能听得懂课，才能学得进去，才能成为有用之才……"

紧接着，罗登义又召开了全校学生大会，报告中他语重心长地鼓励学生："同学们，'文革'十年把你们耽误了，这笔账我们要把它记在'四人帮'头上。同学们，你们一定要知道国运兴衰，系于教育这个道理。现在'四人帮'被粉碎了，我们大家一起努力把被他们耽误的时间夺回来，我们做老师的认认真真搞好教学，你们做学生的，一定要珍惜这来之不易的学习机会，刻苦学习。因为学习是艰苦的脑力劳动，唯有刻苦，除此没有什么捷径可走……"

会后，罗登义又经常来到学生中间，与他们进行广泛交流，学生们终于深刻体会到老院长的良苦用心及对他们的厚望。同时呢，也前所未有地意识到身负的职责，于是大家一致以往的懈怠刻苦学习了，还自觉发起了"学雷锋钉子精神，树立良好学风"的活动。

眼见学校显现的日渐浓厚的良好学风，自己的苦心成为可喜的现实，这时候罗登义已是无比欣慰了。然而更让他万分激动的是，1978年祖国大地迎来了万木葱郁的科学春天，"文革"结束后的第一个全国性大会——全国科技大会在北京隆重召开，而他呢，又十分荣幸地出席了这次科技盛会，亲耳聆听了邓小平同志的报告，他强烈地感受到中央振兴科技和教育的决心和气魄。那一刻，罗登义不知如何用语言来表达内心的激动之情了。恰好，这时候罗登义的次子罗先达赴京进修，到会议代表下榻的西苑饭店看望父亲。父子在北京相见，自然非常高兴，只是没有想到罗登义对儿子说的第一句话竟是："共产党英明啊！中国有希望了！你们赶上好时代了……"

那么，也就是在这次大会之后，罗登义那因种种原因搁置了30多年深化刺梨研究的梦想，在科学的春天里再次复苏了。他决心把刺梨的科学研究提升到一个新的台阶，使科研成果转化为现实生产力，把刺梨这一资源开发出来，为贵州经济的发展出一份力。

于是全国科技大会结束的第二年，罗登义把一份经过周密思考和科学论证的刺梨研究和开发的方案，向时任贵州省省长的陈士能同志和省科协达昭主任做了汇报，要求恢复刺梨研究。他充满激情向省领导说："我们想在原来的基础上，从刺梨的资源、生态、形态、解剖、生长发育规律、生理生化、栽培、育种、果品制造及贮藏等各方面，对刺梨进行深入系统的全方位研究，从而加速推进对刺梨的开发利用……"

这方案简直太妙了，省政府当然要全力支持。于是，1981年罗登义提出的《贵州野生刺梨开发利用研究》，被正式列为贵州省重点科研课题，开展研究。在罗登义的直接领导下和第二代刺梨人——他当年从云南挖来的朱维藩教授的主持下，对刺梨研究采取了多学科配合的全方位研究。经两年的苦心研究，查清了我省刺梨的分布情况，探明了刺梨的生物学特征及生长发育规律，培育出多个刺梨优良品种进行人工栽培，并开发出多个刺梨产品，其技术为多个厂家吸收利用，从而促使大批量的刺梨产品走向市场。

这些喜人的研究成果，理所当然引起了世人的高度关注，从 1984 年起，就有江苏、湖北、湖南、河南、山东、浙江、江西等 10 多个省的 20 多个县市的科技人员到贵州农学院参观学习，引种栽培建厂加工。为顺应刺梨事业的发展需要及强劲的发展势头，1984 年 7 月，罗登义在贵州农学院组建了"贵州农学院刺梨研究所"，并亲自出任所长。而研究所成立当天，适逢贵阳市刺梨食品开发公司也正式挂牌成立，真可谓双喜临门。一时间，罗登义难抑心中的喜悦，欣然提笔作诗《有感》一首：

幽居空谷新山珍，盛世迎进科学城；

企望今后显身手，造福增光为人民。

人民政权为人民，千方百千国振兴；

科技工作领先走，经济生产日日新。

人民政权为人民，千方百千国振兴，1986 年，时任贵州省委书记胡锦涛，非常重视刺梨的研究，在贵州任职期间，他每年都要看望罗登义几次，并到刺梨试验基地及教学实验农场视察。领导的关心和支持，令刺梨研究所的同志倍受鼓舞，也让罗登义深切感受到中国共产党的英明。

完美人生

松柏常青的八角岩山下，有八户各自独立的宅院，二十世纪八十年后期，年事已高的罗登义一家就住在第二个宅院。这是罗登义从领导岗位上退居二线从花溪移居贵阳后，省政府为这位德高望重的老人安排的居所。不过虽是独户小院，罗登义的家却和豪华毫不相干。他的卧室兼书房的全部陈设是一张床，一张油漆斑驳的书桌，一个同样油漆斑驳的书柜，以及一把藤椅和一个方凳，除此再无他物。1995

年一天，身着一件洗得发白的中山装外衣的罗登义，端坐在书桌前凝神沉思片刻，从抽屉里拿出几页稿子铺在桌上，在首页庄重地写下"入党申请书"5个端正的大字。

这已是他第三次申请加入中国共产党了。

早在二十世纪五十年代中期，有过旧社会的黑暗，列强的凌辱民不聊生生活经历的罗登义，在中华人民共和国成立后又亲历了中国共产党领导全国人民奋发图强，在满目疮痍百废待兴的中国大地上艰苦创业的壮举。而贵州农学院，也是在党关心和支持下，逐步走上正轨初具良好发展势头。眼前发生的一切，让罗登义切身感受到，只有共产党才能救中国，中国共产党是振兴中华的希望所在。从此他以"漫漫人生路，矢志跟党走"为座右铭，勉励自己以一个共产党员的标准要求自己，听党的话，一切服从党的安排。也因此，罗登义萌生出能成为中国共产党一员的强烈渴望。

那年，他向农学院党组织表达了加入中国共产党愿望。因当时罗登义已是民主党派九三学社贵州分社的负责人，院党委立即向省委统战部请示。经慎重考虑，惠世如部长认为罗登义同志已具备了入党的条件，但考虑到他当时在教育和学术界已具有一定的声望和影响，又是民主党派九三学社地方组织的负责人，从党的统一战线工作的需要出发，认为他暂时留在党外，发挥的作用和影响会更大。

所以，这一年罗登义的入党愿望没能实现，但他愉快地服从了组织的决定。他对院党委说："我理解统战工作的需要，但在感情上，在努力争做一名合格共产党员这个问题上，我是不会放弃的，更不会气馁！"

罗登义没有气馁，一如既往地勤勤恳恳工作，为贵州农学院的发展呕心沥血。尽管罗登义在"文革"中遭到了冲击，但他坚信共产党不会不要教育，因而"文革"结束后，尤其是他在全国科技大会上聆听了邓小平同志的讲话后，他愈发感受到共产党的伟大，也因此对加入中国共产党的要求也愈加强烈。于是在十一届三中全会后，倍受鼓舞的罗登义，又一次向党组织提出了入党的要求。

遗憾的是，这一次罗登义依然没能如愿，原因和20多年前一样。这时候随着岁月的递增，罗登义的社会声望和影响也更大了，而那时正值拨乱反正时期，党更需要他留在党外发挥作用，那么当然，"永远听党的话，坚决服从组织决定"的罗登义，再次接受了党组织的决定，理解这是党的统战工作的需要。但他依然向党组织表达了"在努力争做一名合格的共产党员的问题上，我是不会放弃，更不会气馁！"

岁月如流，自 1941 年罗登义在湄潭对寻常百姓的食品进行生化营养研究，并在研究中发现果中之王且被国外学者称为"登义果"的刺梨，开创了我国农业生化研究的先河，确定了他在我国农业生化研究领域奠基人的地位。转眼半年多世纪过去，当年的年富力强才华横溢的罗登义，现今已垂垂老矣，是 90 高龄的老翁了，这期间，罗登义作为贵州农学院的主要创始人和领导，白手起家艰苦创业，为学校的建设和发展做出了卓越的贡献。从创建之初仅有一个农艺系的单科学校，发展成为今天具有农林、畜牧、生化、植保等专业的多科性学院，为国家培养出大批农业科技人才，学生遍布国内外，可谓桃李满天下。就在他第二次入党要求未被批准后，他依旧培养了十三届 45 名硕士生，其中获得博士学位的就有 9 人之多。不仅如此，罗登义在 70 余年的科研、教育生涯中，撰写发表了《刺梨》专集、《农业生化》等专著及科研论文近 200 篇，曾多次获得全国科学大会、贵州省农学大会的奖项。也正因为罗登义在科研及教学方面的杰出成就，党和人民给他以高度的信任，先后委他出任贵州九三学社负责人、贵州省农业厅副厅长、省科协主席、省政协副主席及省人大常委会副主任等职。而且，罗登义还光荣地担任第一、二、三、五、六、七届全国人民代表大会代表。真可谓功成名就人生辉煌了，那么罗登义对自己的一生，是应该心满意足了。然而此刻，90 高龄的他心中总感到有些缺憾。是的，六十多年来，在"漫漫人生路，矢志跟党走"的罗登义，一生以共产党员标准严格要求自己，现今已到垂暮之年，依然没能成为一名真正的共产党员，这不能不说是自己人生的一大缺憾。而随着年纪越来越大，自知时日不多的他，渴望能成为一名真正共产党党员的心愿也就愈发迫切了。所以 1995 年这天，已经抱病在身的罗登义在入党申请书中，他满怀深情地写道："我志愿加入中国共产党——是党给了我今天的成就和荣誉，虽然我已是 90 岁的老人了，但我对党的信仰和追求始终不渝……"

　　这一次，罗登义终于如愿以偿了。党组织认为，罗登义早就够共产党员的条件了，而且不论在什么情况下，他都能顾全大局，坚决服从党的事业的需要，将毕生精力献给了党和人民。那么在尊重知识，重视人才的今天，像罗登义这样的好同志，再不发展他入党，满足他的需求，我们组织是要负责任的……

　　像罗登义矢志跟党走的科学家和教育家，他的人生应该有一个完美的结局，不应该留下什么缺憾的——2000 年 8 月 17 日，罗登义安详地合上了双眼与世长辞了，在他的遗体上，覆盖着一面鲜红的中国共产党党旗。

葬我于桐岭之阳兮，望我乡邦。

乡邦繁荣昌盛兮，守我学庠。

学庠弦诵不绝兮，慰我无央。

遵照罗登义的遗嘱《墓志》，他的家人将他葬于苍松翠柏环绕的桐木岭贵州大学农学院职工墓地，这里是他奋斗半个世纪深深眷恋的一方热土。罗登义默默奉献了一辈子，也清贫了一辈子，却轰轰烈烈地干出了一番惊人的事业，铸就了他作为贵州农学院及刺梨研究奠基人的地位。就当笔者为撰写此文赴贵州大学农学院采访樊卫国院长时，这位第三代刺梨人骄傲地告诉我，经他们申请和努力，2018 年 10 月 5 日林业部已批准，在贵州大学农学院成立"国家刺梨研究中心"。而现今，刺梨在全省 50 多个县已种植 200 多万亩，每年有数万农民靠刺梨脱贫，实现了刺梨研究奠基人罗登义的遗愿……

斯人已逝，精神永存。罗登义无憾地离开了这个世界，留下他开创的事业，引领后来者发扬光大，踏着他的脚印，执着地推动着事业的发展和社会的进步……

中国天眼之父

——记著名天文学家南仁东

◆ 赵 旭

南仁东 （1945.2—2017.9.15）生于吉林辽源。中国天文学家。

1968年毕业于清华大学无线电系，于中国科学院研究生院获硕士、博士学位。后在日本国立天文台任客座教授，1982年，他进入中国科学院北京天文台工作。2018年，党中央、国务院授予南仁东同志改革先锋称号，颁授改革先锋奖章，并获评"中国天眼"的主要发起者和奠基人。2019年，国家主席习近平签署主席令，授予南仁东"人民科学家"国家荣誉称号。2019年，被评选为"最美奋斗者"。

1994年起，一直负责FAST的选址、预研究、立项、可行性研究及初步设计。作为项目首席科学家、总工程师，负责编订FAST科学目标，全面指导FAST工程建设，并主持攻克了索疲劳、动光缆等一系列技术难题。2016年9月25日，其主持的FAST于贵州平塘落成启用。

人类之所以脱颖而出，从低等的生命演化成现在这样，出现了文明，就是（因为）他有一种对未知探索的精神。

美丽的宇宙太空，正以它的神秘和绚丽，召唤我们踏过平庸，进入无垠的广袤。

——南仁东

引　子

2016 年 7 月 3 日，最后一块反射面单元成功起吊，顺利安装，9 月 25 日，直径 500 米、世界第一大、水平第一高的国之重器——中国天眼经过 22 年孕育终于睁开了，骄傲地躺在祖国西南的怀抱，傲视着浩瀚的宇宙，开始了它的历史使命。中共中央总书记、国家主席、中央军委主席习近平发来《致我国 500 米口径球面射电望远镜落成启用的贺信》，贺信指出：天文学是孕育重大原创发现的前沿科学，也是推动科技进步和创新的战略制高点。500 米口径球面射电望远镜被誉为"中国天眼"，是具有我国自主知识产权，世界最大单口径、最灵敏的射电望远镜。它的落成启用，对我国在科学前沿实现重大原创突破，加快创新驱动发展具有重要意义。

夕阳的余晖从山边渗漏出来，安静了 FAST，安静了大山。"嗒……嗒……嗒……"，年逾七旬的南仁东在 FAST 的圈梁上慢慢地奔跑，周长 1.6 千米的圈梁，南仁东不知在上面走了多少圈，跑了多少遍，22 年的光阴，让他的头发和胡须都花白了，在微风中轻轻飘动，22 年的岁月，让他的脸上刻上了皱纹，22 年的奋斗，让他的眼睛更加坚毅。他的眼神是有力的，看着前方，曾经跑遍大山的双腿不再矫健，但仍同频共振着 FAST 的心跳。

一

1945 年，这是不平凡的一年，日本向反法西斯同盟国无条件投降，中国人民在伟大的抗日战争中终于取得了胜利，在战争的伤痕中，中国人民迎来了新的希望，承载着新的梦想，踏上了新的征程。

在风景秀丽的东辽河畔的辽源市，南家的第二个孩子也在这年出生了，响亮的啼哭声让南家人脸上满是喜悦，父亲为孩子取名南仁东。

父亲从事地质勘探技术工作，是一位勤奋严谨的人，对子女管教非常严格，外出作业回来，首先要考考孩子们的课业学习情况。母亲是一位善良勤俭的人，家务和日常生活全由她一人料理，全家人的生活被照顾得井井有条。

小小的南仁东很可爱，也很聪明，见妈妈在家里忙进忙出，他就跟在妈妈后面问这问那，妈妈总是那么温柔和蔼，一边忙碌一边给小南仁东讲故事，讲月亮的故事，讲嫦娥奔月的故事。天上有什么？天上是什么样子？这样的问题在小小的南仁东心里问了无数遍。有一天晚上，月光皎洁，点点星光在夜空中明亮。南仁东仰望夜空，良久，父亲走到他背后他都没有发觉。父亲摸摸南仁东的头问："孩子，看什么呢？"南仁东指着天空问父亲："爸爸，天上除了嫦娥还有谁？那些发亮的星星怎么挂上去的？"父亲笑着说："嫦娥奔月是我们中国人的梦想，那些星星和地球一样，是宇宙的一部分，宇宙中有很多我们未知的东西。"南仁东说："宇宙？我长大了一定要看看宇宙到底有什么。"

父亲从野外带回来的石头成了小南仁东的玩具，他把爸爸的石头一个个拿出来，追着爸爸问："爸爸爸爸，这块石头怎么是红色的？""因为石头含有铁元素，氧化以后就呈现这种红色。""爸爸爸爸，这块石头怎么一层一层的？"

"爸爸爸爸，那颗星星叫什么？""哦，我看到北斗七星了。""爸爸爸爸，鱼儿怎么能在水里游？"……

一个个问题，一个个答案，一次次领悟，伴随着南仁东从童年走向青年。1960年，十五岁的南仁东从吉林省辽源市第四中学毕业后，考入第五中学读高中。辽源五中是吉林省重点中学，教学非常严谨，师资非常雄厚，南仁东在这样高的教学质量和健康的学习环境中进一步渴求知识。他的课业成绩一直保持在全校前茅。

除了完成课业，他还痴迷于文学与艺术。特别是俄罗斯的文学和音乐，他投入大量时间学习俄文，阅读原著，普希金、果戈理、莱蒙托夫、陀思妥耶夫斯基、托尔斯泰、契诃夫、高尔基……这些俄罗斯最耀眼的文坛巨匠，让青年南仁东激情奔放。在自习室读到斯大林的红场演讲时，南仁东被深深地吸引了，情不自禁地模仿起了演讲："红军和红海军战士，指挥员和政治工作人员，游击队男女队员同志们！全世界都望着你们，认定你们是能够消灭德国侵略者匪军的力量。陷在德国侵略者枷锁下被奴役的欧洲各国人民都指望着你们，认定你们是他们的解放者。伟大的解放使命落到你们的肩上。要不愧为这个使命的承担者呵！你们所进行的战争是解放的战争，正义的战争。"声音虽然不大，却也引来了自习的同学的目光。

悠远深沉的俄罗斯的音乐歌曲，《白桦林》《红莓花儿开》《莫斯科郊外的晚上》……成了南仁东的拿手曲目，绘画时他哼唱"深夜花园里四处静悄悄，只有风儿在轻轻唱，夜色多么好，心儿多爽朗，在这迷人的晚上"。同学聚会时，他高歌："为什么俄罗斯的白桦林如此喧闹，为什么白色树干的它们什么都明白？它们在风中矗立在路旁，靠在它们身上，树叶便忧伤把落下，我总是很乐意去那宽宽的路上散步，这或许就是生活中我所体验的所有快乐吧！"同学们在他的带动下齐声歌唱，那是青春的声音，那是生命的旋律。

高中的教育对他影响很大，奠定了他的文学素质和艺术修养。后来他回母校时曾说："如果没有五中的教育，也许我的求学之路不会延伸，就看不到更多的世界。我要向那些给我父兄般关爱的恩师，那些五中的老教育家们，表示最崇高的敬意。祝他们有长久的晚年幸福，也祝母校有天长地久的美丽年华。"

时光荏苒，1963 年，南仁东迎来的高考，南仁东想报考文学或者艺术专业，但被父母否定了，父母认为文学和艺术可以作为他的业余爱好，在为他选择志愿时完全排除了社会科学和艺术创作，他也与他的爱好失之交臂，最后选择了理科专业。北京军校的老师提出保送他进入军校，南仁东拒绝了，他立志，除了清华、北大哪儿都不去。

1963 年，南仁东以平均 98.6 分（百分制）的优异成绩，成为吉林省理科状元。清华大学向他伸出了橄榄枝，但是他没有被他喜欢的建筑系录取，因为他的分数比录取分高了 50 分，当时国家希望培养更多无线电人才，所以他被分配到清华大学无线电系。

当梦想又一次被左右时，18 岁的南仁东彷徨了，他耿耿于怀，说什么也不去读，父亲严厉地训斥了他，父亲说，国家的需要就是最大的使命。于是，南仁东接受了这样的安排。

对于清华大学，南仁东是既陌生又熟悉。熟悉是因为清华大学大名远播、名师云集、人才济济，其秉持的"自强不息、厚德载物"的校训和"行胜于言"的校风，"中西融汇、古今贯通、文理渗透"的办学风格和"又红又专、全面发展"的培养特色，弘扬"爱国奉献、追求卓越"传统和"人文日新"精神培养了很多优秀的清华学子，在信息科学与技术、化学工程、物理学、生物学等方面成为引领学科发展的重要力量。而陌生则是因为对于一个18岁的少年来说，大学是成长的又一个起点，清华大学作为我国的最高学府之一，包含了太多未知的需要继续探索的东西，也包含了太多人们的期待。

学校的老师和同学们都为南仁东考取清华大学而高兴，父母亲给予他更多的嘱托。

带着一个简单的行囊和一个怀揣梦想的年轻的心，南仁东来到了清华大学。清华大学以开放的胸怀迎接了这位好学多问的青年学子。博学的师长、奇妙的研究室、丰富的藏书让南仁东很快适应了这里，并融入其中。清晨6：30，迎着朝阳，南仁东来到了操场，开启了求学的一天。课堂上，南仁东听课非常认真，笔记本上密密麻麻写满了要点，他向老师请教抗干扰理论与技术，他与同学激烈探讨无线电在未来的发展和运用，他在清华做的题比高中时还要多。他总觉得时间不够用，走路很快，吃饭也很简单，挤出时间不断充实自己。

很多专业性很强的书籍原文都是英文，为了更好地阅读，学习第一手资料，于是，他自修英语。期间，他总是书不离手，公交车是他的英语自修室，从始发站上车，就开始专心背诵，车上上上下下的人丝毫不能影响他。有一次，车上一位阿姨看到一直站着看书的南仁东说："小伙子，来坐我这里，坐着看。"南仁东没有听见，阿姨便拉了拉他的衣服，他才将目光从书本离开，连声道谢。坐过站是常有的事，从始发站坐到终点站，直到司机师傅提醒，他才下车，乘坐返回公交回去。

哪怕是放假回家，南仁东也从未松懈，仍然按照上学的作息时间学习。弟弟家有个小孩子刚满两岁，看着伯伯每天都拿着书看，小侄子便缠着伯伯抱，搂着伯伯的脖子，学着伯伯的样子"咿咿呀呀"地跟着学。"小家伙，可以呀。"南仁东抱着侄子高兴地说。看着侄子认真的样子，索性让侄子坐在自己的腿上，一只手搂着侄子的腰，教侄子英语，南仁东读一个单词，侄子就跟着读一个单词。中午，弟弟回来了，抱过儿子，发现南仁东的裤子湿了一片，轻轻拍了儿子下说："又尿伯伯裤子上了？"南仁东看看自己的裤子，哈哈一笑："这小子，趁我不注意又尿我一身。"

南仁东有很多学习英语的办法，背英语字典是南仁东学习英语的方法之一，他采取背会一页撕掉一页的办法学，字典越来越薄，南仁东脑子里的英语储备越来越厚，同学开玩笑说："你的字典被你吃了吗？"南仁东微微一笑说："装在脑子里好带。"

刻苦的学习总是会得到回报。通过学习，南仁东开始阅读专业书籍的英文原文，开始与外国专家对话，他的成绩也名列前茅。在清华学习期间，周恩来总理到清华视察并会见学生代表，南仁东是代表之一，在会见时，他被周总理点名发言。周总理是南仁东最敬仰的伟人，在发言时，南仁东激动不已，他稍稍调整了心态，深深地呼了一口气，他的发言逻辑清晰、简单明了，发言完后，周总理会心地一笑，点了点头。自此以后，南仁东更加勤奋，他把周总理作为人生前进的灯塔，指引着他不断攀登科学的高峰。

2008年，南仁东重返校园参加毕业四十年聚会，写下了自己的感言："当年轻、惊奇的目光投向我们的时候，除去困惑，他是否感受到一份对古老奇迹的赞美？当然！因为我们都曾经有过相似的昨天，而只有幸运的人，才有我们的长久。我们都不老，因为我们比明天年轻！"

1968年底，南仁东从清华大学毕业后被分配到吉林省通化无线电厂，一干就是十年。这十年，让他把学校所学运用到实践打下了坚实的基础。十年里，南仁东设计了收音机、电子客流计量仪、电子声靶等多种电子产品；为产品生产线设计研制了大量的冷冲模具和热塑模具；主持研制了吉林省四方山1千瓦电视发射机；与吉林大学王湘浩学部委员合作研制成功我国首台具有函数编程功能的台式电子计算机。他从普通工人做到技术骨干，最终任工厂技术总管，成为千余人国企的技术带头人。

南仁东是个完美主义者，他刻苦钻研，做什么事，一旦做了就要做到最顶尖。厂里的项目他要设计，自己还创新的研究新的项目，为了项目，他常常通宵达旦设计、研究，曾连续七天七夜没合眼地编程。

1978年，为了继续深造，南仁东考入中国科学院研究生院，考取了天文学的研究生，攻读硕士学位。南仁东了解工业，做过计算机，但是考取天文学的研究生除了从小对宇宙的好奇外，仅仅因为天文考试的资料很薄，他觉得也许容易考。

研究生学习期间，南仁东还是抑制不住对其他领域的好奇，他一会儿跑跑人造卫星，一会儿看看光学，一会儿看看宇宙学，他的"一心几用"，让他的老师很不高兴，老师曾严厉批评他，要他专心于本专业，但是他"屡教不改"，除了自己的兴趣外，他对本专业的学习也很刻苦。期间，他对密云米波综合孔径望远镜的快速傅里叶变换硬件进行了升级改造，并设计开发了望远镜终端的通讯软件；独立提出密云综合孔径望远镜的误差改正与校准方法，并发展成一套观测实用软件。他的成绩终于赢得了老师的肯定。

1981 年硕士毕业后，他先后接到了美国得克萨斯大学、康奈尔大学及荷兰莱顿大学的录取通知书。由于密云米波综合孔径望远镜建设的需要，他舍弃了到国外名牌大学攻读博士学位的机会，继续留在北京天文台开展望远镜校准及成像系统和国际甚长基线网（VLBI）活动星系核的观测研究。

自 1985 年，他先后在荷兰、日本等国家做访问学者。在异国求学的路是艰苦的，但也是多彩的。二十世纪八十年代的中国处在改革开放的初期，经济总量较低，国民收入也较低，对于出国在外的游子来说，家里的支持是非常有限的，南仁东为了凑够游学的费用，他在荷兰用最后的钱买了纸笔为人画像。他喜欢富士山，常把富士山画进他画的油画里，在日本国立天文台任客座教授时，他其中的一幅富士山油画作品被日本国立天文台收藏。后来，他又先后在加拿大卡尔加里大学、美国国立射电天文台、英国 JBO 天文台、意大利波尼亚射电天文研究所开展客座研究。

二

科学无国界，但科学家有祖国。1993 年，在日本东京国际无线电科学联盟大会上，包括中国在内的 10 国天文学家提出建造新一代射电"大望远镜"，这个会议被誉为无线电领域的"奥林匹克"。科学家们提出，在全球电波环境继续恶化之前，建造新一代射电望远镜，接收更多来自外太空的讯息。"要是在中国建该多好，咱们中国的科技将实现跨越式的发展"，南仁东想。会后，他推开了中国参会代表吴盛殷的门，说："咱们也建一个吧。"

回国、回国，这是在日本担任国立天文台客座教授，享受世界级别的科研条件和薪水，驰骋于国际天文界的科学家南仁东此刻的强烈愿望，祖国需要他，他要变成祖国的重器，他要建成祖国的重器。

二十世纪九十年代中期，他毅然舍弃高薪，回国就任中国科学院北京天文台副台长。当时他一年的工资，只等于国外一天的工资。

伟大的事业总是从梦想开始。1994 年，年近 50 岁的南仁东开始主持国际大射电望远镜计划的中国推进工作。他提出在中国建造巨型球面射电望远镜作为国际一平方公里阵（SKA）的单元，发起工程概念研究和台址的选择。

1994 年初，中国科学院北京天文台副台长南仁东和彭勃博士等人，与正在中

国科学院遥感应用研究所的博士后科研人员的聂跃平探讨 FAST 的选址问题，

南仁东说："建造大射电望远镜，如果有个天然的洼地就好了，将会节省成本，这个地形要尽可能圆，还得满足渗水、无无线干扰的因素。"

聂跃平说："南老，您看我的家乡怎样？我的家乡在贵州，贵州属于山区，有天然的喀斯特地貌，山与山自然围成的窝凼很多，喀斯特地形也具备渗水的条件。我看找一个电磁波干扰小的地方没问题。"

随后，聂跃平提供了拥有喀斯特地貌的贵州地形和贵州可供选择的数以万计的洼地。

南仁东看后说："我看可以去勘察试试。"

会后，通过卫星遥感器，南仁东拿到了 300 多张卫星遥感图，通过不断探索，他提出在我国贵州喀斯特洼地建造大口径球面射电望远镜的工程方案。这一开创性工作备受国内外科学界与工程界的关注。

1994 年 11 月，在聂跃平等科学家编写的《关于在中国贵州省选择大天文望远镜工程场地报告》的基础上，大射电望远镜项目中国推进委员会主任南仁东、副主任彭勃、台址评价组组长聂跃平、国际 LT 中国代表吴盛殷和荷兰天文专家理查德·斯托进入贵州开始了在贵州的第一轮选址，从区域稳定性、喀斯特地貌发育规律、洼地工程地质水文地质环境、气候时空变化规律、电波环境及区域发展进行了综合评价和预测。

于是，在北京开往贵阳的绿皮火车上多了一位执着的探路者，在贵州的山林里多了一批科学家。

绿皮火车"哐当哐当"的从北京开到贵阳，一个单程就是 50 多个小时，南仁东时而看看书，时而在车厢里走走，时而和同行的团队成员聊聊天，时而在火车中途停车时下车抽抽烟。终于到了贵阳，他提着行李，走出火车站，"哐当哐当"的声音还在耳边回响，连续几天，睡觉时仿佛都能听到"哐当哐当"的火车声。

贵州山区山高巍峨，有的山势绝地而起，耸入云霄，南仁东及他的团队成员大多生活在北方平原地区，刚进入贵州，常常感到头晕，南仁东说，感觉山要压下来一样。

山路非常窄，崎岖不平，车子颠簸着前行，有的路依着山腰修成，一边是绝壁，一边是悬崖。刚开始的时候，科学家们都惊叹贵州大山的壮丽，当乘车走进山区，科学家们却紧张了，谁都不敢在车上睡觉，直挺挺地坐着，手紧紧地抓着车上的扶手，目不转睛看着车的前方，帮着司机师傅看路，好像这样能安全些，常常紧张得手心和脑门都出汗了。

要找到电磁干扰小的地势，就得深入到深山里去，尽管进山存在危险，南仁东还是带着团队一次次前行。

"师傅，我们到哪里了？"当车行驶到一条盘山公路上时，南仁东问。

"前面就到高寨了。"

司机师傅的话刚说完，车子后面传来"轰隆"一声，路竟然发生垮塌，垂掉在了悬崖壁上。"南老，看来咱们又要在山里困几天了。"

没有路的地方，南仁东和他的团队就步行进山，从路边随手折一根树枝，既当作拐杖，也用于"打草惊蛇"。遇到大山他们就爬过去，遇到沟坎他们就跨过去，大家劝他，南老，我们去吧，您在这里等着，回来把数据告诉您。南仁东说，我要和你们一起上去，看看实际的情况。

贵州素来天无三日晴，一下雨，土石路就更难走了，路面被压出了深坑，汽车轮子一不小心就会陷在坑里，科学家们冒着雨在当地老百姓的帮助下，推车是常有的事，每次进山回来，科学家身上的衣服划破了，脚上穿的鞋子都不看出原来的颜色了。在勘测打多窝凼时，天空突然下起了瓢泼大雨，眼看着山就要塌方了，山洪就要冲下来了。他赶紧往嘴里塞了救心丸，吆喝着和他一起来的科学家和随行人员，让他们赶快跑，他们连滚带爬地回到垭口，他们全身都湿透了，汗水混着雨水，鞋子裂开了，衣服破了，手臂也被树枝划开了一条条口子，心跳伴随着闪电剧烈跳动，到了垭口又赶紧清点人数让大家离开。

回来后，大伙都感到后怕，坚决不让南仁东再进山了，南仁东说："我的命和你们一样，再说，我命大，上次掉下悬崖，不是也没摔下去吗？"他的学生说："那是运气好，有两棵小树挡住了。"南仁东连连摆手："没事没事，下次咱们进山，大伙都注意安全。"

不管是在露珠抚脚的早晨，还是寒霜浸骨的黄昏，十多年间，就是这位倔强的科学家带着他的团队走遍了贵州上百个窝凼。贵州的洼地很多，科学家们在一个洼地一蹲就是数周，大家忍着寂寞，克服山里的恶劣天气和自然环境，通宵达旦地测算数据。南仁东的头发和胡子渐渐白了，一直伴随着选址的长城赛弗越野车也报废了。

从 1994 年到 2002 年，第一轮选择对贵州省普定县、平塘县进行了台址初选，建立了 391 个候选洼地的地形地貌数据库，共在国际上发表了 11 篇与大射电望远镜贵州选择工作有关的学术论文，引起了国际射电天文学界的广泛关注。2002年，为给射电望远镜找到更佳的台址，启动了第二轮贵州选址工作。在选址十余载后，FAST最终落户平塘县克度镇顶灿组的大窝凼洼地。

从克度镇走两个多小时的山路才能到大窝凼。大窝凼被青山环抱，山势不是很险峻，但是很秀美，整片山由大大小小的窝凼组成，大窝凼是建设的中心，旁边相连的两个窝凼，根据地势和面积，分别可以作为主窝凼的排水区和工程工作区。山上的树木郁郁葱葱，树梢是鸟儿的家，草地是虫儿的家，小松鼠在林间嬉戏，野鸡在草丛中学着飞翔。山脚下，几幢灰瓦的木屋坐落其中，一共12户人家64人，他们背靠着山，屋前种满了蔬菜和庄稼，家家户户的院子里公鸡和母鸡闲田信步，稍微跑远一些，等到日暮西沉，都会回到自家的院子，坐在院子里便可以看到大白鹅在田里游食，大黄狗追着麻鸭子，麻鸭子蒲扇着翅膀一边跑一边"嘎嘎"地叫。

"旺旺旺！"看见南仁东和他的团队，村里的狗摇着尾巴围着南仁东们，把他们领到支书家。南仁东来到窝凼中间，兴奋地说，这里好圆，就是这里了，就是这里了。

大窝凼附近所有的山头，南仁东都爬过。他经常饶有兴致地跟别人介绍，这里原来是什么样，住着哪几户人家，哪里有水井，种着什么树。

他发自内心地喜欢这里，用饱含深情而又富有诗意的话说："我们选到了一个地球上独一无二的最适合FAST的台址，是我们从300多个候选洼地里挑选出来的。春雨催醒了期待的嫩绿，夏露折射万物的欢歌，秋风编织七色锦缎，冬日下生命乐章延续着它的优雅，大窝凼时刻让我们发现，给我们惊奇。"

进入大窝凼，有8千米的狭窄泥路，遇到下雨天，车子根本无法行驶，组员在窝凼里一困就是四五天。从检测组驻地往山下走，来回一个半小时左右是金克村，这是离大窝凼最近的人家。

克度镇里的人几乎都认识南仁东，南仁东们刚到这里的时候，村民们很好奇，都走出屋子看着这些来自大山外的中国人和外国人。村里几个年纪稍轻的便给南仁东们当起了向导。60多岁的杨朝福看见南仁东们来了就回喊："南老，进屋吃了饭再走。"

"不了，我们赶着上山看看，天黑得下山。"

"山里有哪样矿不是？"

"我们不找山里的矿，我们找天上的矿。"南仁东说。

有的地方一天不能走个来回，南仁东和他的科学家们就砍几根树枝，支起一个三脚架，用测试车上的帆布车篷，盖起一个临时的住所。山里的蚊虫很毒，一咬就是一个包，有的会红一片，勘察团队无人幸免，南仁东说："是我们打扰了它们，让他们吸点血当住宿费了。"住一晚下来，每个人身上都有几十个蚊虫咬的包。

村里人慢慢地也知道南仁东团队不是找矿，而是看天，村里的老乡问："你们是找外星人？我们山里有外星人？"

南仁东听了哈哈一笑，"总有一天我们会找到外星人的。"

南仁东仿佛成了这个村子的一员，村里孩子们成了南仁东心里的牵挂，1996年5月，南仁东给陪同考察台址的当地干部张智勇写了封信，信中夹着500元钱。他说，看到农村家庭很穷，村里的孩子上不起学，希望物色合适的学生资助他们完成学业。南仁东先后多次寄钱资助孩子们上学，直到他们中学毕业。

他成了大山的朋友，大山成了他的朋友，大山里的人也成了他的朋友，多少个节日他们一起度过，多少个夜晚他们一起迎来日出。2005年1月，他和国家天文台的科学家聂跃平、彭勃，贵州省及都匀市无线电专家以及平塘县委县政府领导、科技局领导、克度镇领导等再次进去大窝凼勘察，合家团圆的节日，他们坚守在深山，和大窝凼的村民们一起度过。

三

访山归来，南仁东心里有了底，正式提出利用喀斯特洼地建设射电望远镜的设想。当时《科学》杂志的编辑 J.Kinoshista 和科学家 J.Mervis 联合撰文："……望远镜的山谷，天文学家梦寐以求的地方，希望投资两亿美金，在相对封闭的中国贵州大片喀斯特洼地中建造国际射电望远镜。"

钱从哪里来？

人从哪里来？

初期勘探结束后，参加勘探的科学家、研究员大多都回到原单位工作了。这两个问题不知让南仁东想了多少个昼夜，没有钱，没有人，梦想永远是梦想。他把地形勘察作了详细的报告，把望远镜的建设做了仔细的设计，把人员的构成作了周密的规划。为了把梦想变为现实，南仁东从哈工大到同济，从同济到西安电子科技大学，从单位到国家会议，从国家会议到国际会议，南仁东逢人便推销项目，于是世界天文界多了一位"推销员"。

"万丈红尘一壶酒",似乎喝酒干不了正事。尊严的挑战,总是知识分子内心最敏感而最难跨越的难关。南仁东内心深处有着知识分子常见的傲气,但是,为了事业和梦想,他选择了放低自我。然而,南仁东喝酒是为了正事,为了一件关系国之重器的大事。他生前对身边的人说,为了FAST,干了最不能接受的事——陪人喝酒。鲜有人知,他内心经历过什么样的挣扎。

他的事业是伟大的,在不断努力下,他的申请书上也出现了二十多家合作单位。他说:"我开始拍全世界的马屁,让全世界来支持我们。"

全世界看到了,全世界支持了。

在2006年召开的一次科学院院长会议上,与会人员听取"十一五"大科学工程的立项申请汇报,路甬祥院长点评的话音刚落,南仁东就说:"您说完了,我能不能说两句?"他说:"第一,我们干了十年,没有名分,我们要名分,FAST到底是怎么回事儿,有没有可能立项?这么多人,二十多个大专院校、科研院所都看着呢,等着呢。""第二,我们身无分文,别人搞大科学工程预研究,上千万,上亿,我们囊空如洗。"

"秘书长,给个小名分。但启动立项进程之前,必须上国际评审会。"路院长乐了说:"计划局,那就给他们点钱。"

会后,南仁东心里没谱,不知道"小名分"是什么?"点钱"是多少钱,他以为没有希望了,慢慢走回自己的办公室。正掏钥匙开门的时候,电话响了,是张杰院士。他说:"南老师,你别有挫折感,院长对谁都很严厉,对您是最客气的,您今天得到的比别人都多。"

果然如此。立项建议书最终提交了。在国际评审会上,他用英文发言,为这一天他时刻准备着,整篇稿子是提前背下来了。他沉着冷静,为了最后的胜利,他像一位背水一战的战士,国际评审专家开玩笑说:"英文不好不坏,别的没说清楚,但要什么说得特别明白。"会后,专家委员会主席紧紧握着他的手说:"You did it."

报经费的时候,知识分子的羞涩让他有点不好意思要。项目刚开始预算只有6亿,完全不够,他没好意思开口。还是上海天文台的叶叔华院士在一次会议上帮他说,预算是不是不够?后来就有人提议翻一番。

项目立项和经费总算有了。南仁东却不轻松,他深感更大的责任已经落在他的肩头。

四

2008年12月26日，平塘县人民欢欣鼓舞，县城和大窝凼的主会场彩旗飘飘，唢呐队、掌布民族舞蹈队、卡蒲民族风情表演队尽展风采。来自八方的宾客汇聚到平塘，他们为"FAST工程奠基"而来，在锣鼓喧天的氛围中，平塘县人民笑了，科学家们笑了，南仁东也笑了，一套绣着"南仁东"三个字的工作服穿在了他的身上。

台址开挖前，需要对大窝凼进行进一步的勘测，不管是气象勘测还是地质勘测，不管是无线电干扰测试还是开挖及地灾治理分析，每支团队进入，南仁东都与他们一起工作，一起分析和研究。

一个寒冬，山里冬天格外的寒冷，下了几天的细雨还没有要停的意思，南仁东与沈志平等人乘着越野车到大窝凼勘察地形，天渐渐黑了下来，他们带着设备乘车返回，路面被雨水浇透了，更加泥泞，在一段山崖边上，驾驶员看着前面的陡坡和塌方的路面，不敢前行，沈志平下车查看，发现车轮离崖边只有30厘米的距离，赶紧让南仁东下车，南仁东说："我要与师傅共存亡。"沈志平急了："国家培养一个科学家容易吗？您下车，我来指挥师傅开车。"南仁东坐在车上丝毫不动，沈志平只好指挥师傅把车轮尽量往里打，慢慢通过这个路段。到达驻地后，沈志平余怒未消说："南老，您连山里的小动物的生命都珍惜，怎么不珍惜自己的生命呢？"南仁东拍拍沈志平的肩膀笑着说："这不没事？"

对待科学的态度，南仁东是严谨的也是谦虚的，尽管南仁东对大窝凼的地形进行了十多年的勘察，但是在实际开挖过程中，还是需要与复杂的喀斯特工程地质问题进行攻关，才能为FAST工程的建造及运行提供安全可靠的措施和保障。南仁东和沈志平团队夜以继日的勘测、研究，确定了多目标方法下的开挖中心最优化选择技术，通过科学的分析，精确求解除了最优化开挖中心、馈源塔塔基、圈梁柱基和索网节点的空间坐标。南仁东一直参与到这个项目的勘测、研究，在形成项目报告书时，沈志平把南仁东的名字排在自己前面，南仁东说："这个项目你们付出了很大的努力，我排后面就行了。"沈志平说："南老，可我比你小很多岁。再说，在这个项目上，您给出了很多建议和创新的想法。""科学不分年龄，我也是来学习的。"

2011年3月项目正式动工，很多人命运就此改变了。南仁东的眼眶湿润了，

18 年的努力，毕生的心愿，从这里开始踏上新的征程。大窝凼 12 户人家，舍弃故土集体搬迁，新的生活即将展开。祖国也将以更加深远的胸怀拥抱宇宙。

看着一辆辆车开进现场，看着一寸寸土地被挖开，南仁东的心变得越来越紧张，在勘察地形时，大窝凼的一草一木都印在了南仁东的脑海里，在施工中，他说："尽量不破坏山里的生态，国之重器也要与自然为伴。"他要把大窝凼变成一个现代机械美感与自然环境完美契合的工程奇迹，这是他心中最美的科学风景。开工那天，南仁东在现场一直陪着工人们砍树平地，他手心都出汗了，他想："要是造不好，怎么对得起人家呀。"

每次去工地现场，总是趴在院子里的狗就跟在他后面，他戴着印有自己名字的蓝色头盔，跟每一个人打招呼。他是学生们敬仰的老师，是工人们最好的朋友，是技术员们博学的导师，是新进员工尊敬的长辈。孙才红就很佩服他对技术的理解，一遇到解决不了的问题，他说："走，找南老去，他什么都懂。"杨清亮谈起他像在谈论某位明星一般，眼睛里总是放射着光芒。

南仁东团队刚到大窝凼时，过的是集体生活，住在工棚里，工棚是三栋呈 C 形摆放的钢板房，每个工棚住四个人。冬天，大家冻得实在受不了，就捡来木材燃起篝火，相拥着熬过了一个个漫漫寒夜。夏天，工棚里像蒸笼一样，住在里面的人总是汗流浃背，白天大家都不敢待在工棚里，到了晚上，天气凉爽了，大家总算可以舒舒服服地休息下，却引来了无数蚊虫，稍一坐下，蚊虫就会在腿上、手上、脸上咬一个个包，大家伙只能边走边拍打蚊虫。洗浴、厕所是公用的，食堂里做的是大锅饭菜。有时候，太晚了，食堂没什么菜，做饭阿姨问南仁东要不要煎个鸡蛋，他摆摆手，刮着塑料盆里的剩菜凑合。早晨，一块面包或者一个馒头可能就是南仁东的早餐，他盘腿坐在一堆石砾上，边吃边看着工地，他的双脚已经被黄土扎实地覆盖了，看不清鞋子本来的模样。赶上遇到雷雨天，通往镇里的路塌方，食品供应不上，南仁东们就要喝天然的"浑水"，吃自带的冰冷干粮。

南仁东看见现场施工的工人，总是回忆起他下乡时的伙伴，工地上一位来自云南布朗族的工人衣服都刮破了，南仁东就去买了一身运动服给他。后来，南仁东得知不少工人都来自云南的贫困山区，家里非常艰难，便打电话给现场工程师雷政让他了解工人们的身高和腰围。从北京回工地时，南仁东带了一个大箱子。雷政帮他一边拿箱子一边问："南老，您这次带这么多东西呀？"南仁东说："里面装的是 T 恤、休闲裤和鞋子，这是我跟老伴去市场挑的，一会你给大伙分分，价格不贵，让大伙别嫌弃。"分完衣服，工人们就要请南仁东吃饭，南仁东说："你们都太不容易了，咱们在食堂一起吃。"

只要他在工地，每天晚饭后，他都要和工人们在工棚坐坐，他带来些西瓜，和工人们一边吃一边聊天。"小王，家里打电话给你没？""你小子今天是不是没有戴工帽。"

"南老，我一定注意，您吃块瓜。"

"嘿嘿嘿嘿！"一旁的老张吸着草烟，"南老，整一口。"

"我不整那个，喉咙疼。"

"你明天不要和我们下工地了，那塔太高，危险。"

"大家伙叫我战术型老工人，你可别小看我，你就放心好了。"

南仁东几乎能知道每个工人的名字、工种、收入情况以及工人们家里的情况。每次从北京到工地，还会带一些土特产给工人们。

他是工人们的朋友，也是大山里孩子们的偶像。在贵州工程最紧张的时候，他还抽出时间为高校义务做科普讲座。

节约每一分钱，"可别糟蹋了钱"成为他担心的问题。周围同事说，项目资金没有拿到之前，他吹牛，开玩笑洒脱得很，拿到钱之后却洒脱不起来了，怎么和别人是反过来的。"我们有钱了，这是国家的钱，不能因为我们的疏忽而浪费了，不能因为我们不专业而糟蹋了。""我谈不上有高尚的追求，没有特别多的理想，大部分时间是不得不做。国家投了那么多钱，我就得负点责任。"南仁东生前接受央视采访时说。

他所构思的 FAST，是一个 500 米直径的球面射电望远镜，要在钢索的牵拉下形成 350 米的瞬间抛物面变换角度。国家天文台研究院、FAST 工程副经理彭勃推荐了最新的主动反射面技术。南仁东说："老彭呀，你给我找了一个大麻烦，把我逼得毫无退路了。"在那么大的洼坑里铺满这样精巧的镜片，每一片还都要会动，难度之大，可见一斑。但为了 FAST 建成最好的望远镜，南仁东还是放弃了自己研究已久的镜面方案，咬牙承担下了这个"大麻烦"。

工程建设过程中要做锁网变形，既要受力，又要变形，在工业界没有什么现成技术可以依赖。国家标准是 10 万次伸缩，而 FAST 需要 200 万次的伸缩，南老自己提出的特殊工艺支撑起 FAST 的外形。

关键技术无先例可循、关键材料急需攻关，每一步都关乎项目的成败，由于 FAST 的领先性，它的建造的每个环节除了借鉴国内外先进技术外，还要根据 FAST 的实际需求进行改良和创新，一个个创新，一个个突破，南仁东带着他的团队连夜要赶项目材料，课题组几个人就挤在南仁东的办公室，逐字逐句推敲，经常干到凌晨。他的付出让学生们觉得"太过努力了"。就是这样的团队，在南仁东的带领下，从 FAST 预研到建成的 22 年时间里，克服了不可想象的困难，解决了一个又一个的"大麻烦"，实现了由跟踪模仿到集成创新的跨越。

南仁东是一个完美主义者，FAST 工程副经理张蜀新问他，为什么反射面周围的六座百米支撑塔要等间距排布，打乱排不是能减少很多工作量吗？他说："那样不好看。"虽然他很忙，但他做 PPT 特别讲究，除了内容要严谨外，版式还要好看，参加会议的人总会误以为是别人帮他做的。

从二十世纪九十年代开始筹划 FAST 项目时，南仁东就一直留着一撮小胡子，过了 20 多年，头发和小胡子都已变得花白。在工地上他随意地穿着大汗衫，鼻梁上架着近视镜和老花镜，回北京又变回了时髦老人。

回到校园给研究生上课，他会穿花衬衫、牛仔裤或者很潮的皮裤。"出国参加学术会议也很注重形象，要带一箱子衣服去。"FAST 工程办公室副主任张海燕说。

2014 年，"天眼"反射面单元即将吊装，南仁东不顾自己是 69 岁的老人了，坚持第一个做"小飞人"载人试验。高空中无落脚之地，稍有不慎，就可能摔下来。下来后，他的衣服被汗水浸透了，赶紧把发现的几个问题交代给大家，带领大家马上着手解决。2016 年，他爬上一座座馈源支撑塔，从塔上瞭望整个 FAST，他抚摸着冰冷的钢梁，从手心传递出活生生的现实，他感觉那是温暖的。

即使到了 70 岁，他还在往工地上跑。一个闷热的夏日午后，中国电子科技集团公司第五十四研究所的邢成辉来到工地，南仁东正在吃饭，他放下筷子就跑去工地，生怕一个地铆项目测量出现误差。FAST 是他一生的心血，是他给予期望的科学梦想，是国家赋予他的神圣使命，他不允许一点点的疏忽和错误，哪怕是一颗螺丝钉。

为了 FAST 的建设，南仁东和他的同事与亲人聚少离多。

南仁东回到老家，他看着满桌的家乡菜，激动不已，津津有味地吃起来，一边吃一边说，"感觉从来没吃过这么好吃的，太羡慕你们了。"

弟弟心疼地问："哥，你又不缺钱，天天在大山里奔波吃苦，值吗？"

他放下筷子，连声说："值……值……值……"

2009年，南仁东回到辽源，这是他的父亲故去第21年、母亲辞世的第11个年头。他坐在父母坟前，很久很久，他默默地流着眼泪。他深感对不起父母和家人，他把时间都放在搞科研项目上，没有时间照顾父母，没有时间照顾家人。对家人他留有太多的遗憾和亏欠。

唯创新者进，唯创新者强，唯创新者胜。最终形成的FAST科学概念具有三项自主创新：一是利用贵州天然的喀斯特洼坑作为台址；二是洼坑内铺设数千块单元组成500米口径球冠状主动反射面；三是采用轻型索拖动机构和并联机器人，实现望远镜接收机的高精度定位。全新的设计思路和得天独厚的台址优势，使FAST突破了全可动射电望远镜的百米工程极限，开创了建造巨型射电望远镜的新模式。

2016年9月25日，FAST竣工进入试调试阶段。利用这一世界最大的单口径球面射电望远镜，人类可以观测脉冲星、中性氢、黑洞等等这些宇宙形成时期的信息，探索宇宙起源。"这个庞杂巨大的射电望远镜项目就像是为他而生。"姜鹏说。

夕阳的余晖从山边渗漏出来，安静了FAST，安静了大山，年已七旬的南仁东，像个孩子一般，在FAST圈梁上跑步，爱恋地俯瞰着整个工程的全貌。这项伟大的工程从此将在此处凝望太空，默默坚守，或许某天，就能接收星外文明发出的第一声啼鸣……

五

2017年4月底，甘恒谦因脚部小手术住院，南仁东拎着慰问品来看望他，让他既惊讶又感动。"南老师，您怎么来了？我这是小病，不要紧的。""小病也是病，你还年轻，可不能大意。"南仁东说。和南仁东一起来看望甘恒谦的学生搬来凳子让南仁东坐下，他们在甘恒谦住的病房里开了一个小型的"会议"，南仁东说，FAST建造了这么多年，国内外都很关注，我们能够使其中的参与者和践行者，应该感到骄傲，我特别想听听你们对FAST的认识，和今后的研究方向。此时的南仁东早已罹患肺癌，并在手术中伤及声带。他的话很轻，但是传递给学生们是一种坚持下去的责任。

病危通知下发后，他依然在工作，一次次往返于北京和贵州之间。和往常一样白天在工地奔忙，在办公室讨论方案。晚上他感到有些不安，独自一人走到FAST

的圈梁上。"南老师，天凉了，回去吧！"年轻的学生看见他对他说。南仁东说："小杨呀，FAST 建好了，才是开始，你们年轻，应该看得到它更大的成果的。"

2017 年 5 月，姜鹏给南仁东汇报工作后问："老爷子，听说你要去美国？"南仁东低沉地说："你有时间回来吗？"姜鹏说："工作太忙，离不开。"在去美国治疗时，他对家人说："如果有一天我真的不行了，我就躲得远远的，不让你们看见我。"2017 年 9 月 15 日，北京时间 23 时 23 分，天空阴沉，天上有一颗星星仍在闪烁，南仁东——这位为了一项伟大的事业奔忙一生的人离开了，留给人们的无尽的悲思，人们含着眼泪寄托着哀思。他带领团队建造的 500 米直径、世界第一大、水平第一高的射电望远镜以博大的胸怀扎根在祖国西南喀斯特地貌群中傲视着整个苍穹。

新华社曾这样评价他的伟大成就："23 年时间里，他从壮年走到暮年，把一个朴素的想法变成了国之重器，成就了中国在世界上独一无二的项目。"在他的身后，FAST 这个国之重器崛地而起。

2019 年，FAST 科技馆迎来了一群小小天文爱好者，他们有的就读于小学，有的就读于初中，在讲解员和老师的引导下，他们有序地参观科技馆，不时地提出各种问题，在体验区，一个小男孩拿起耳麦，放在耳朵上，闭着眼睛仔细聆听，突然，他兴奋地叫起来，一边叫一边向小伙伴们招手："快来，快来，我听见了，我听见了，我听见宇宙的声音了。"

> 春雨催醒了期待的嫩绿，
> 夏露折射万物的欢歌，
> 秋风编织七色锦缎，
> 冬日下生命乐章延续着它的优雅，
> 大窝凼时刻让我们发现，给我们惊奇。
>
> ——"'天眼'之父"南仁东

杏林春满，桃李三千

——记著名中医学家袁家玑

◆ 徐必常

袁家玑 （1919.8.27—1991.5.1）出生于贵州贵阳。著名中医学家。

1935年，毕业于华北国医学院，在施今墨门诊侍诊一年。1936年学成回到贵阳，任贵阳市卫生工作者协会副主任、市门诊部中医科主任等职，1956年任贵阳市卫生局副局长，1965年任贵阳中医学院副院长，1978年任院长，1984任名誉院长，贵阳中医学院创始人之一，贵州省第一、二、三届人大代表，贵州省政协第四、五、六届副主席。

袁家玑是在中医临床上有着丰富的经验和很深的造诣的临床学家。他博览全书、觅古参今，与西医汇通，善用经方良法治今病，古为今用，西为中用，加减化裁，疗效显著。袁家玑还参与了全国、地方性中医药教材的审定、撰写、顾问工作。如全国高等中医药教材《伤寒论选读》、全国中西医结合教材《伤寒论》《实用中医内科学》《中医药科研资料汇编》《医林拔萃》等，参与审定、编制中医著作和教材数十种，发表学术论文数十篇，研制有治疗冠心病药物"冠心通络疏郁丸"等。

凡大医治病，必当安神定志，无欲无求，先发大慈恻隐之心，誓愿普
救含灵之苦。若有疾厄来求救者，不得问其贵贱贫富，长幼妍蚩，怨亲善友，
华夷愚智，普同一等，皆如至亲之想。亦不得瞻前顾后，自虑吉凶，护惜生命。
见彼苦恼，若己有之，深心凄怆。勿避险峻、昼夜、寒暑、饥渴、疲劳，
一心赴救，无作功夫形迹之心。如此可为苍生大医，反此则是含灵巨贼。
自古名贤治病，多用生命以济危急，虽曰贱畜贵人，至于爱命，人畜一也，
损彼益己，物情同患，况于人乎。

——唐·孙思邈《大医精诚》

立志学岐黄，徒步奔北平

袁家玑1913年农历七月二十六日出生于贵阳一个中医世家；祖父袁训皆是清
末时期贵阳的名中医，外号袁九公；父亲袁平甫是当时贵阳有名的中药行家和实业
家，曾开设中药铺"袁体德堂"，其家业在1939年2月4日日本空军对贵阳实施
大轰炸中变成瓦砾，从此家道中落。袁家玑祖籍江西省清江县樟树，其先辈在清末
随太平天国军来到贵州，后来就定居贵阳。袁家玑共有兄妹9人，他从小聪明过人，
深得一家人喜爱，如爱天上的星星。天上的北斗七星中一颗星星叫"天玑"，"天玑"
是天上的星宿，袁家玑是一家人的掌上明珠，祖父就给他取了"家玑"这名字。

袁家玑从小就受到了良好的教育，这教育主要体现在两个方面：一是中医的家
学，二是新式的文化教育。家学出于耳濡目染。小时祖父袁九公对他宠爱有加，常
常一边抱着他一边给病人看病，致使他很小的时候就能背诵不少汤头歌诀。到了入
新式学堂的年龄，家人就送他到志道小学（现省府路小学）上学。那一天一家人都
起得很早，祖父袁九公破天荒在歇诊半天，父亲交代好伙计打理药铺的事务，三代
人一并走在求学的路上。当时袁家玑并不知道一家人这么隆重地送他去上学是一家
几代人在他身上寄予重托，更不知道他从此就走上了漫漫的求学之路。他只知道如
何把老师教的知识记住。功夫不负有心人，小学毕业后他以优异的成绩考入省立第
一中学初中阶段和高中阶段学习。1928年高中学毕业后，他先到朱场铺教书。从
教一年后，也就是1929年，当时的国民政府颁布了一项让国民群情激愤的法令《废
止旧医以扫除医事卫生之障碍》，即后来人们说的《废止中医法案》，此法案由汪

精卫、余云岫等人提议。全国各省中医界代表奋起到南京向当时的国民政府请愿，迫使国民政府不得不收回成命。与此同时，全国各地中医界的有识之士纷纷兴办中医院校、成立国医馆，为传播中医和人民的健康福祉不遗余力。

袁家玑在中医世家成长，从小就见证了中医在为人民健康上突出的功效及贡献，他每每看到病人拖着病体到他家药铺来求诊治，他祖父的确有妙手回春的能力，但也有一些沉疴重疾难于治疗。有道是"人怨病多，医恨方少"，医学是无止境的。袁家玑时龄仅17岁。经过两年来的深思熟虑之后，他郑重向祖父、父亲提出北上求学的请求。他决心要学习好医术，拯救民众，继承家业。自然得到了祖父和父亲的一致同意。

于是袁家玑就四处邀约同伴，当时很多热血青年都立志要让中医强大起来，但志向和现实在大多数人身上都很难统一：一是沿途的盘缠问题，二是求学的学用问题。一文逼死英雄汉。最终他还是邀约到了3名同伴。当时贵州交通非常落后，他们只能选择从贵阳出发，徒步走到重庆，再由重庆乘船到武昌，再由武昌乘火车到北平。3名同伴从贵阳到修文，从修文到黔西，再穿越莽莽的乌蒙群山。先是1名同伴退却，再是1名，又是1名。同伴们纷纷退却，虽只剩下他孤身一人，他努力克服失落，心里的恐惧和脚下的艰难毅然前行，他用了一个多月的时间才走到重庆。到重庆，也只是漫漫求学路的开始。他心中有理想，脚下就有乾坤。好风凭借力，他乘船沿长江而下到达武汉，再从武汉转乘火车到北平。

到北平，袁家玑执意要报考中医，首先考入由京城"四大名医"之称的萧龙友、孔伯华兴办的北平国医学院。在该院学习的过程中他开阔了眼界，认为中国医学应该走中西医结合的道路，因为西医学用西医的理论与方法认识和治疗疾病，把新设备新器材运用于病情的诊断与治疗方面具有独特的优势。不久，他了解到有京城"四大名医"之称的施今墨和名中医萧梦龙兴办的华北国医学院主张中西医结合，于是就转学到该院就读。他自尊心强，在经历生活上的不习惯、被同学轻视等种种困境后，仍然努力克服生活上的困难，发愤苦读。历经4载寒暑，以优异的成绩于1935年秋毕业。《华北国医学院1935年第一届、1936年第二届毕业同学录》中是这样对袁家玑评价的：

"君赋性沉着，寡言笑，炙笃于学，笔记类抄，盈箧累牍，惟不轻于示人，人亦不之知也，常于兴人所至，本院书籍，浏览所及，尽其泰半，将来造福桑梓，当复不浅也。"

毕业后又在施今墨的门诊实习、跟诊一年，被业界誉为施老高足。1936年学成回到贵阳。

牛刀小试，裸露锋芒

袁家玑正式悬壶济世是从1937年元月开始的，他从1936年秋学成回到贵阳，当时要从事医生这一职业，必须要参加行业资格考试。考试的名字叫"贵州省民政厅中医开业考试"，在参考人员当中，他以优异的成绩名列第一，那一年他才23岁。

紧接着迎接他的是一场严峻的考试。开业之初，正值贵阳城里瘟疫流行，伤寒、霍乱、痢疾、斑疹伤寒、湿温等瘟疫变着花样来祸害百姓，市民谈瘟色变，求医者络绎不绝。当时他就在自己家里的袁体德堂坐诊。从自己家的药堂看出去，不时看到披麻戴孝的人群跟随在抬着的棺椁后面，他知道又一个生命又从这个世上离去。年轻的袁家玑认识到，这大多都是没有对症下药。当时贵阳的中医从业者大多师从温热药派，或师承或自学，大多没有形成完整的医疗观，形成流行用干姜、附子处方之风。袁家玑充分利用所学中医知识，据证而辨，从温病而诊治。由于辨证准确，用药得当，每每药到病除。

一波一波的瘟疫被他征服了，他自然赢得了好的声名。当时，贵阳城里的好多老中医无不佩服这个初入杏林的后生，也有平生嫉妒的。不过嫉妒得还算文明。一些老中医会杵着拐棍来到袁体德堂门前，先是把头伸进去朝里面看，看到他在，就会指桑骂槐地骂道："老姜还没子姜辣？"他把这种骂当成是老一代中医人对新一代中医人的夸赞，骂来骂去他都不回嘴，骂的人也觉得索然无味，就自然知趣走了。那时，他才27岁，青年即崭露头角，声噪筑城。在治疗瘟疫这一事上，的确真的老姜没有子姜辣，事实就是事实，谁也歪曲不了的。袁家玑想，这哪是骂，是最好的表扬呢，如果他没有真才实学，他想要被别人嫉妒都是不可能的，何况这嫉妒是出自于同行的老中医身上。

那个时代，给像袁家玑这样有真才实学的人最大的优势和机遇就是不必论资排辈，只要你做出了成绩，百姓自然会给你打高分，竖起大拇指。袁家玑二十出头就跻身为贵阳四大名医之列。四大名医的前三位，一位是曾留学日本、学贯中西的王聘贤老先生，一位是出生于中医世家、青年时代怀经邦济世之志、任遵义女中校长、眼见军阀混战、政治腐败、复易志专事行医的陈真一老先生，再一位是医道高深、又有丰富人生经历的程云深老先生。袁家玑知道，自己被民众推举为"四大名医"，这里不只是荣耀，更多的是人们对他医疗技术的信赖和对生命的希望和寄托，他知道，更多的是责任和鞭策。

在袁家玑行医生涯中还有起死回生的案例，那是他刚从医不久。有一户人家的老太太，由于年事已高病情很重，按照当时贵阳的风俗习惯，重病的老人如觉得医治无望，即便还没有断气，便事先停堂屋里，等待老人交代后事。但老太太家人还没有放弃最后的希望，就上门来请袁家玑。袁家玑知道，只有病人选择医生，医生不能选择病人，既然别人找上门来请他，救死扶伤责无旁贷，他立即前往诊治。他四诊合参，发觉老太太并非死候，果断地开了一大承气汤急下以存阴。一剂汤药服下，老太太下了大颗大颗的硬粪若干，人清醒了。人们都夸他有起死回生之精湛技艺，仁医仁术。

他诊务十分繁忙，但总是深究医经，钻研医术。他对《黄帝内经》《伤寒论》《金匮要略》《瘟病条辨》反复研读，对《景岳全书》等中医学名著刻苦钻研。认真领悟中医之精髓，认为以乃活人之道，应学无止境，精益求精。

国难家破，济世谋生

日本军人的铁蹄虽然没有踏上贵阳，但炸弹却扔了不少。在抗日战争中贵阳曾遭受过日本飞机轰炸。那是 1939 年 2 月 4 日，腊月十六，就是后来抗战史上记录的贵阳"二四"大轰炸。当日正午 12 点，随着 18 架排成"品"字形的日本飞机突然从城东侵入市区，就在毫无防备的贵阳民众还来不及反应的一瞬间，敌机连续投下 129 枚炸弹，贵阳老城伤亡 2123 人（630 人死亡），炸毁民房和公共建筑 1326栋，造成财产损失 3880 万（银圆），登记灾民 8998 人，两万多人无家可归。他家的袁体德堂和所有家当在敌人的炸弹下瞬间化为瓦砾。

家道殷实的人家，逃命者不在少数，但大部分人没有选择，或者还得选择留下来。袁家玑选择留下来。救死扶伤是行医人的本分和职责。当时还有一些药铺在战火中幸存，于是袁家玑选择到幸存下来的中药铺里去给人看病。当时小十字口有一家药房叫"普济药号"，一家药房叫"协记药号"；南京街有一家药房叫"同泰药店"，一家药房叫"同仁药店"，他就在这些药店里坐诊。

病人实在是太多了，袁家玑一早上要看一百多个病人。谁也不知道日本空军是不是还要在贵阳城上空扔炸弹，为了救死扶伤以及患病的病人，他全然不顾个人的安危，全身心投入到诊疗工作中去。

轰炸结束，一大家人从乡下回来。此时的袁家已经是上无片瓦，袁体德堂已无力重新开起。袁家玑当时结婚不久，为求一家人生计，他就到贵阳的南京街一些尚存的药铺去坐诊。袁家玑有兄弟姐妹9人，他在家里排行老大，上有高堂祖父，堂前有父母，室内有爱妻。再加上一些亲戚，都要靠他来周济。他有12位叔叔，大多生活于贵阳，也大多需要他接济，他担起了小家的生计，还有高堂，弟兄姐妹，亲戚六眷，他得支撑起一个不小的家族。二三十口人的生活全部压到袁家玑一人身上。他自然是义不容辞地担当起来，努力维持一家人的生计之余，尽力为祖父、父亲和自己置办了两处栖身之所。大的住宅在中尚巷，给祖父、父亲及弟妹们居住，小的住宅在民生路，留给自己的小家。

就在这种艰难的条件下，他仍旧最大限度地、积极地投入到医疗工作的社会活动中去。当时贵阳成立中医师公会，中医师公会类似于现在的中医学会，属于民间组织，因为他医术精湛、医德高尚，热心为群众服务，为人谦和，在民众及医务界威望颇高，他当选为理事长。

贵州最早的从事中医教育的学校名叫贵州国医馆，是1937年1月成立的。首任馆长是时任贵州省财政厅厅长王澄莹。1938年后馆长为中医名家唐希泽。袁家玑受聘于贵州国医馆，给学员讲授《内经》《金匮》《伤寒》《温病》等等。

时代的呼唤，全身心投入

贵阳迎来解放的日子是1949年11月15日，袁家玑时龄36岁。

中华人民共和国成立后，袁家玑年富力强，开明干练，积极参加祖国的建设事业。1950年他以饱满的热情毅然参加了土改卫生工作队。他被组织上派到惠水的解马山槽去参加土改，他克服畏难情绪，和工作组一道，见证了活捉"贵州人民反共救国军"匪首曹绍华。

解放初期的贵阳百废待兴，特别是在人民医疗卫生领域。政府对医疗市场进行规范，取缔了之前的私人诊所，不再批准私营诊所。大家急、人民卫生所急，就联合起来开办了中医联合诊所。袁家玑联合王聘贤、唐希泽、陈云深、陈真一等贵阳有名的十位中医师自己筹资成立了中山东路联合诊所，诊所位于现在的中山东路三板桥口处，当时业务特别红火。诊所的二楼就是当时的贵阳市卫生工作者协会办公地点。那时，西医在贵阳也逐步兴起。政府组织他和其他中医名家一边出来授课，一边学习西医知识。当时他就给中医进修班学员授课，他讲授《伤寒论》《温病》《金匮》，都毫无保留地传授。当时和他一道从事中医教学的名医还有王聘贤、陈云深、陈真一等。

袁家玑在学习西医知识上也非常刻苦，由于他在华北国医学院时曾师从京城四大名医之一的施今墨先生，施先生当时力主中西医结合，在教育教学中也安排了一些西医的课程，如《解剖学》等等，加之他曾自学西医，中西医融汇方面在贵州他是走在前列的。那时政府组织中医从业者学习西医知识，他非常珍惜这次继续学习和了解西医的机会，这次学习和充电，给他往后走上卫生工作领导岗位并制定出切实可行的《中西医会诊办法》等学术操作流程打下了坚实的基础。

1954 年，贵阳市人民医院成立中医科，由于他在业务和在土改卫生工作的突出表现，组织上调他到中医科任科主任。袁家玑到新的工作岗位上有使不完的劲，加之家中有一位非常贤淑聪明又受过良好教育的爱人。他爱人曾毕业于贵阳女子师范学校，在与他成婚之前，曾从事一段时期的教育工作，婚后专事相夫教子。他家虽然子女众多，但在他爱人的操持下生活还是过得井井有条，所以他才能把精力一门心思地投入到工作上，干得非常出色，得到了组织的高度信任，同事们的高度尊重和患者的一致好评。在此期间袁家玑全力以赴地从事医疗工作，并制定了《中西医会诊办法》等学术与操作统一的医疗流程。1956 年，他被评为全国先进工作者，在北京接受表彰期间，受到了毛泽东主席和周恩来总理的接见。

这是他 43 岁人生中最大的辉煌，也是未来人生的一个新起点。当他从北京载誉归来，组织上决定给他奖励并提供给他人生更高的舞台。调他到市卫生局，任副局长，主要分管中医工作。在发扬中医更好地为人民的健康服务上，他的肩上承担更重的担子与责任。

时间忙里挤，学问挑灯求

说是走上领导岗位，其实是去承担更重的担子。那时在政府最主要就是做事，为人民做好事，甘愿为人民服务，是人民真正的公仆。

自然总是忙，白天忙夜晚忙，白天忙公事夜晚忙学问。他坐在这个位置上，忙学问也是忙公事，因为公事，特别是医疗卫生工作这一个专业性非常强的公事，决策人如果没有足够的学养支持，是无法胜任重任的。

新的工作岗位促使他角色的转换。之前他一直是中医工作的实践者，在那一个岗位上，只要精于业务，就可以把工作干好；现在他是全市中医工作的管理者，是带队伍的，团结人的，拿方向的。他一方面得深刻学习领会党在一个时期的方针、政策，另一方面在业务工作上得有更高的高度更广的广度和更深的深度。这样一来，他就得把学习的时间掰成两份，一份是用于政治思想上的，一份是用于业务上的。政治思想上他坚决做到一致跟党走，业务方面上除了到市内各医院去指导中医工作以外，还得深入到群众中去，了解全市各区县人们的常见病。凭他二十年来从医经验，人患病无非是两种因素造成的：一种为外感，一种为内伤。外感自然是气候、环境、饮食等方面造成的，贵州又有十里不同天的说法，所谓的"天"的不同，气候、环境、饮食习惯上都有很大的差异。《黄帝内经·生气通天论篇》中就对气候、环境、饮食习惯致病有专门的论述。比如说对"五味"的论述："阴之所生，本在五味，阴之五官，伤在五味。是故味过于酸，肝气以津，脾气乃绝；味过于咸，大骨气劳，短肌，心气抑；味过于甘，心气喘满，肾气不衡；味过于苦，脾气不濡，胃气乃厚；味过于辛，筋脉沮弛，精神乃央。"袁家玑认为：饮食得有度，凡事都应该有个度。现在他走上医疗卫生工作的领导岗位，重读《黄帝内经》又有新的收获。得出经典书应该常读，常读常新，常读能够使人举一反三。书读百遍其意自见。经过他的不断研读，他对祖国传统医学经典著作《黄帝内经》的整体观，邪正论，藏象说，运动论，辨证论治，因人因地因时制宜有更加深入的体会；对阴阳，气血、脏腑、经脉、病机、治则等至精医理诚切研求，潜心领悟，从而达到深悟其旨，施治有方之境地。

这一时期是袁家玑事业成长期、也是最旺盛学习期。在思想上他积极进取，在学术上刻苦钻研，一些重要的观点和认识在此期间逐步形成。比如他在反复研读《伤寒论》中就得到了很深的感悟，从而初步形成了六经辨证中应注意七要的观点。这七要一要明确主证，二要辨明病因，三要确定病位，四要明晰病机，五要判断属性，六要明了兼变，七要明其病势。他认为只有这样，才能做到辨证准确，才能有助于立法处方。他还从六经与经络、脏腑、气化、阶段、症候群等方面对六经的实质进行深讨。他认为以六经证候分类为主，结合脏腑经络气化等理论来分析和认识六经，才能既概括其生理功能，又能概括病理变化，从辨证论治的角度出发，才是比较好的研究方法。他对《伤寒论》的研究十分深入，运用于临床可以说已达到出神入化的境界。如他用炙甘草汤治疗脉结代心动悸，用大柴胡汤治疗胆系感染、胆石症、黄疸、胰腺炎、阑尾炎、肠梗阻、痢疾等病，用当归四逆汤治疗血虚寒凝所致的腰腿痛、闭经、不孕、血栓闭塞性脉管炎、雷诺氏病等，均有丰富的经验。

在市卫生局副局长这个岗位上，他通过走访调查，发现贵阳患冠心病（胸痹）和中风的病人较多，他在治疗冠心病（胸痹）和中风方面有着很好的临床经验，在用药上也有独特的方法，他善用瓜蒌薤白半夏汤、炙甘草汤等治疗冠心病（胸痹），且疗效显著。在这一段时间，他对冠心病的病机和辨证论治方面形成了独特的见解，归纳为以下三点：心阳不足、心血瘀阻；脾虚生痰、阻遏心阳；肝肾阴虚、痰瘀交阻。相互影响，陈陈相因，从而导致冠心病的发生、发展。在中风的病机中，袁家玑认为内风是决定性因素，外风仅仅是个别的透发因素。对于中风治疗原则，袁家玑主张以潜震摄纳为主，并用熄风、化痰、通络、滋阴降火的方剂加以治疗，同时治疗也要分阶段，即轻症、重症、后遗症三个阶段，在临床上必须据证而辨，然后再遣方用药。

这一时期可以说是他从一个临床优秀的中医师到医学家蜕变的时期，他后来的很多学术观点和理论不少都是在这一时期形成和逐步发展的。

筚缕办学路，甘苦寸心知

袁家玑终于可以有机会来实现他的办学梦。从他到北京去求学开始，这个梦就在他脑子里滋生着。最初很朴素，不管他是在北京国医学院求学，还是后来转到华北国医学院求学，贵州籍学生只他一人。贵州籍学员人少并不说明贵州的学子不想学习这门学问，而是二十世纪三十年代贵州交通闭塞、经济落后，要千里迢迢到北京上学并非易事。就拿中华人民共和国成立前的贵阳国医堂来说，学员从首届的一年制，到后来的三年制，不说学生门庭若市，生源和质量都不存在问题的。他记得好多从贵州国医堂走出来的学生都成了贵州中医领域的骨干。十年树木、百年树人，他深信只有兴办中医教育，才能培养出更多的中医后继人才，才能有效地推动祖国中医事业的大发展。

机遇终于到来。1950 年，毛泽东主席为中医题词："中国医药学是一个伟大的宝库，应当努力发掘，加以提高。"在主席没有题词之前，国内废中医之声仍旧不绝于耳。1950 年新中国的第一次卫生工作会上，余云岫再次把他于 1929 年向当时的民国政府《废止旧医以扫除医事卫生之障碍》的提案修改后提交会议，引起参会中医界代表的一致抵制，提案胎死腹中。1953 年，王斌、贺诚歧视中医的民族虚无主义抬头，招致了整个中医界的一致批判。袁家玑也积极参与。1958 年 6 月，毛泽东主席再次强调"中国医药学是一个伟大的宝库，应当努力发掘，加以提高"。在毛主席指示下，全国上下掀起了西医学习中医的热潮。袁家玑积极践行，先是向上级和领导请示、递方案，在得到上级和领导的认可和支持后，他亲自组织了贵州西医离职学习中医班。该班学制为两年，学员遴选的标准一是政治思想好，二是具有西医主治医师职称以上。与此同时，袁家玑还亲自组织了在职西医医师学习中医班，学制仍是二年，每周星期六晚上上课。两个班上，袁家玑为学员讲授《中医学概论》《中医内科学》《伤寒论》《金匮要图》《温病学》等多种中医经典课程。

1964 年，国家要求所有省市都要兴办自己的中医院校。在此之前，全国中医院校共计 5 所，无法满足中医教育的发展和人民对中医的需求。当时的 5 所中医院校分别是北京中医学院、南京中医学院、上海中医学院，成都中医学院和广州中医学院。根据国家的要求，当年，省里决定由南下干部马正坤、李明彬，中医专家袁家玑等人负责筹建中医学院的工作，袁家玑任筹备组副主任。学院筹建了一年，于 1965 年成立。取名为贵阳中医学院，由当时的贵阳医学院祖国医学系、贵阳市中医院、贵州省卫生干部进修学校、贵州省中医研究所 4 家单位合并而成，学院地址在原来的贵州省卫生干部进修学校校址。当时由马正坤同志任学院党委书记，袁家玑、程云深任副院长。当时学院没有设院长一职，程云深副院长年事已高，已不参与学院的日常工作，不久程云深副院长去世。所有业务工作都由年富力强的袁家玑来抓。一直到 1980 年，他举家搬到中医学院去住，把全部精力投入到学院建设和教育教学中。他作为贵阳中医学院的创办人之一，从酝酿建院起，一直在学院工作

26 年，直到安详地离开人世。

学院的发展始终有着深刻的时代烙印，这 26 年，袁家玑一直是亲历者和见证者。学院建成之初，规模很小，条件也十分简陋，仅有一个中医系，一个中专性质的中药班，学生 329 人，教师 55 人，教职工 130 人。在 55 名教师中，讲师 1 人，助教 11 人，教员 43 人。有附属医院 1 所，病床 160 张。

学院建成 1 年，就遭遇"文化大革命"十年浩劫。先是学校停课闹革命，接着是开门办学。开门办学起源于毛泽东主席 1966 年 5 月 7 日给时任国家副主席的林彪写信，信中有这样一段话："学生也是这样，以学为主，兼学别样，即不但学文，也要学工、学农、学军，也要批判资产阶级。学制要缩短，教育要革命，资产阶级知识分子统治我们学校的现象，再也不能继续下去了。"这封信就是后来著名的"五七指示"。袁家玑认为这是个很好的办学机会，他在校党委的支持下，开门办学就真的办了起来。

开门办学期间，他先后去了瓮安、惠水、龙里等地，每次一去就是几个月。在瓮安开门办学时、当时学院乔小波副书记也一同前往。那时瓮安的条件非常艰苦，乔小波书记和他是作为领导去看望开门办学的学生，可他一去，还是坐下来就看病。每天早上六点钟贫下中农就来等候他看病了，从早上六点钟开始看，每每要到下午一点钟才得到吃饭，晚上看病要持续到 12 点钟以后。后来又去惠水、龙里，一去又是几个月。他女儿袁金声一直在一旁抄处方。据袁金声教授讲述，每天就那么坐着抄，坐得她双腿肿到两膝。在龙里开门办学时还有一个插曲，一位年轻人来找袁家玑看病，说是有满身的病，经他诊断，发觉这年轻人根本就没有病，后来年轻人承认自己没有病，是懒。他和在场的群众就对年轻人进行帮助，年轻人当场答应往后改，坚决改。这事袁家玑没放在心上，而一些在场的人却认为是捣乱。袁家玑想，捣乱归捣乱，只要他能真的改了，何尝不是又治好了一个人呢？

1967 年 10 月 14 日，中共中央、国务院、中央军委、"中央文革"小组联合发出《关于大、中、小学校复课闹革命的通知》。1968 年，贵阳中医学院也落实了复课闹革命。由于"文革"对正常的教学秩序破坏殆尽，教师被批斗，中医课程受批判，中医古典书籍和所有古籍一样作为四旧、是封建的东西遭到禁锢。袁家玑当时身处逆境，但仍然热情地为学生上课，还亲自带学生到福泉、瓮安等地实习。

复课闹革命中又重新组织人，组织教学工作，重新把中医学院的建设搞了起来。

1973 年 4 月，袁家玑与时任贵阳中医学院党委副书记的乔晓波一道，一同参加了在湖南衡阳召开的全国中医医院和中医高等教育工作会议。会议进一步重申了党的中医政策，明确了中医医院、中医学院的办院方向。会议着重强调了中医学院要突出中医特色，教育的方向以中医教学为主，明确了中、西医课程的比例为7：3。本次会议的又一成果是决定加强对中医经典著作的学习，并确定1975年由贵阳中医学院、湖北中医学院共同主办全国《伤寒论》师资进修班。

从衡阳回来，袁家玑贯彻了衡阳会议精神。有会议精神作为后盾，在学院办学的课程设置上坚持中西医课程设置按7：3的比例。贵阳中医学院从1973年起开始招收工农兵学员，也就是从这一届学员开始，一直开设了《黄帝内经》《伤寒论》《金匮要略》《温病学》等经典著作的学习。

1974年6月，为了落实国家卫生部举办全国伤寒师资进修班的决定，袁家玑前往武昌。武昌有着"全国四大火炉城市"之称，6月的武昌，人们这样形容：掉下一颗生米立马就会变成爆米花。加之交通、治安等秩序混乱，袁家玑时龄61岁高龄，再加之中途上火车刚驶入湖北境内，因前一辆火车脱轨，他所乘坐的火车不得不在荒郊野外停留10多个小时，不说吃的，就连水都喝不上。陪同他前往的女儿袁金声心急如焚，但无济于事，等铁路抢修修通后他们抵达武昌，已经是第二天凌晨2点过钟了。本以为下车后条件自然改善，哪知下车后就被车站的情景惊呆了：到处站着带藤帽、手持梭镖的人，在这深更半夜、漆黑中走投无路、举目无亲的武昌，感觉到一股危险恐怖之风迎面袭来，他深感到这股风就是《黄帝内经》上说的"虚邪贼风"。《黄帝内经》上说的"虚邪贼风，避之有时。"这股风他却无法避，只能迎刃而解。他和女儿鼓起勇气，奔走在昏暗的武昌街道的灯光下。这一奔走，却迎来了他行医生涯中的奇遇。

走着走着，父女俩实在是摸不着方向，于是就向遇上的三轮车夫求助。在三轮车夫的帮助下，他们在一条小巷子里找到一家小旅馆。一路上袁家玑和三轮车夫搭讪，三轮车夫一听说是到湖北中医学院去教书的，就觉得他车上拉的这个老人一定医术高明，要不然怎么从老远的贵州到湖北来当教师呢？于是就请他给其身患重病的女儿看病。他女儿老打欠嗝（膈肌痉挛），终日不停，痛苦不堪很严重，已经病了好几个月，罔效，人已变得面黄肌瘦。袁家玑有求必应，自然帮三轮车夫女儿看了病，开了几服药，结果药到病除。三轮车夫感激不尽。第二天，三轮车夫引着他们父女俩找湖北中医学院，湖北中医学院坐落在蛇山脚下阅马场，有三轮车夫引路，这一段行程就非常顺畅。

湖北中医学院当时较为混乱，教导处派一个姓武的教师接待袁家玑父女，把他和女儿都安排在学生宿舍住，在学生食堂排队吃饭。袁家玑在学生宿舍享受住单间的待遇，女儿住在他对门，以便照顾他。在教务处的帮助下，把两个和他搭班的老师请来，开会落实卫生部指示。两位老师都是中医界学术造诣很深的专家，一位是洪子云老师，一位是李培生老师。

袁家玑在开会时发现，两位专家之间似乎存在着不协调、不配合状况。结果袁家玑通过多方面了解才知道，这两位教师在"文化大革命"期间由于立场观点的不同，最后导致相互之间反目。袁家玑为人谦和，他就在这两位教师之间不厌其烦地往来调停，慢慢地，就把两位教师说和了，化干戈为玉帛了，答应共同来组织这个班了。于是他们三人共同拟定了进修班的教学计划、课程时间安排，工作分工、配合等种种办学上需要面对的问题，形成了总体的意见，然后各自按分工抓紧落实。

袁家玑焕发了青春，虽是 61 岁的高龄，精力却十分充沛。他每天都要上班、出诊，备课只能放在晚上。好在他有女儿袁金声做助手，他口授，袁金声书写，每天几乎都工作到深夜 12 点。这种工作态度用中医养生的观点来看，简直是犯大忌。但是时不我待，国家给了他这么好的机遇，当时全国上下"批孔反儒"搞得如火如荼，他们还有幸偏居一隅讲授《伤寒论》、传授中医经典学说，在那个特定的历史时期，谁说不是人生的一大幸事呢。

1975 年，全国伤寒师资进修班在贵阳中医学院和湖北中医学院的共同努力下终于在湖北中医学院开学了，来自全国各地的学员共计 60 人，贵阳中医学院派出袁金声、邓兴学两位年轻老师参加学习。历时一年时间，任课老师由袁家玑、洪子云、李培生担任，培训工作圆满完成任务。袁家玑还带着学员编写一本书名叫《全国伤寒师资班＜伤寒论＞讲义》，这本《讲义》很长一段时间一直是很多中医院校的教材。袁家玑和洪子云、李培生两位教师结下了深厚的情谊，他的学术成就也深得两位老师的认同。李培生教授对袁家玑曾做出如此评价："盖师成法而不泥于古，治疾病必有合于今，说明袁老既是中医理论家，又是临床实践家。"这批学员后来不少成为各地中医院校《伤寒论》教学和临床科研的骨干力量。

栖霞山下韶光不负，桃李无言下自成蹊

袁家玑真能花开几度，因为一个新的时代太需要他开花了。

1978 年，党的十一届三中全会召开，学院教育教学正式步入正轨。也是这一年，袁家玑出任贵阳中医学院院长。还是这一年，国家首次在中医院校评定职称，袁家玑评定为教授。这一年，袁家玑可算是做到了实至名归。

袁家玑更加珍视三尺讲台。在三尺讲台上，他不顾年事已高，更不顾工作的繁忙，他亲自给本科生、研究生上课，还给全国的同行专家上课，还编辑出版《贵阳中医学院学报》。

春风得意马蹄疾。袁家玑这位一直为祖国医学、贵州的中医事业发展尽心尽力的"老马"乘着得意的春风，"好风凭借力，送我上青云"，他决意为贵阳中医学院倾注后半生的全部精力。在省委省政府及学院党委的大力支持下，学院学科及各项建设在他的推动下得到了长足的发展。在学院建院二十周年之际，时任贵州省人大常委会副主任的李翼峰同志赋诗一首，对袁家玑给予了高度的评价。李冀峰同志的诗文如下：

> 创建学院双十年，道路曲折历程艰。
>
> 袁翁呕心扶后生，园丁勤奋春满苑。

在学院建立二十周年院庆时，袁家玑诗兴大发，一首《七律》从心中喷搏而出：

> 栖霞岭下筑城东，医药振兴党政功。
>
> 鲤跃龙门千层浪，鹏飞天际万仞峰。
>
> 韶光似水空流去，化为春风念岁中。
>
> 又喜中医兴又盛，衡阳树帜展新风。

袁家玑真的没有辜负韶光，贵阳中医学院从无到有，从有到壮大。

在教学上，袁家玑亲自上讲堂，上讲堂之前认真备课，备课上他一丝不苟，他总是反复阅读教材，按照教学大纲的要求，充分结合实际，针对不同的班级，不同层次的学生编写不同的教学讲稿。袁家玑学识渊博，讲课时常旁征博引。他结合数十年丰富的临床经验，讲理论，讲案例，所讲的内容丰富，深入浅出。他讲课的逻辑性强，条理分明，讲授内容的重点、难点、医案、复习题，板书等都让人觉得整洁清楚，令人一目了然。

在教材建设上，他力求精练平正。在编写教材中，他主张晓明道理，通俗易懂，简明扼要，平正通达。他眼中好教材的标准就二点：1. 精练平正，2. 理论联系实际，学以致用。

大学之大，在于大师。为了提高学院的办学档次和师资水平，他亲自带年轻教师，帮助他们成长。虽然他身居院长的高位，有着繁多的行政、医疗、社会活动，还是一有时间就深入到伤寒教研室及其他教研室及部门，亲自参加教学工作和帮助年轻教师的成长。即便到古稀之年，他还为学院本科班，提高班、研究生班的学员上课，有时一周课时高达 16 节。这样重的教学负荷，很多年轻教师都喊吃不消。他也吃不消，总是感觉劳累不堪，但总是咬咬牙，勉力而为地坚持。从 1980 年起，他亲自带了五届伤寒论专业硕士研究生。

他对年轻教师、特别是对伤寒论教研室的中、青年教师要求很严，他会亲自帮他们修改讲稿，听他们试讲，看他们的板书格式。要求他们在上课时如何做到主次详略得当，案例切实，授课的姿态如何能吸引学生的注意力等都作耐心细致的指点。

在学院建设上他更加不遗余力。从 1980 年起，为了他工作方便，举家搬到中医学院院内居住。就连省政协在八鸽岩修建领导干部职工宿舍、按他副省级这个级别，可以享受 200 个平方的住房，他都没有要，从院长到名誉院长到辞世，都一直住在中医学院，一直操心着中医学院的发展。

党的十一届三中全会以来，贵阳中医学院的发展是空前的。到 1990 年时，也就是袁家玑院长辞世的前一年，学院的规模已经发展到了中医、中药、骨伤、针灸 4 个系，中医、中药、骨伤、针灸、中药炮制 5 个专业，建立了 8 个学科硕士学位授予点，骨伤、微量元素、血液病学、动物实验 4 个科研所，2 个附属医院、药厂，共培养出中医本科生、研究生各个学历层次的人才 5422 人，开始接纳国外进修生。教职工队伍建设在数量和质量上都有飞跃，全院职工达 756 人，其中有高级专业技术职称的 131 人，中级专业技术职称的 230 人，初级专业技术职称的 110 人。全院共建有 49 个教研室，23 个教学科研实验室，开设 59 个学科、77 门课程和数十种实验，不少人还到全国或国外进修、讲学、编写教材。图书馆面积从 100 余平方米扩建到 2700 余平方米，图书资料从 6 万余册增加到 20 余万册。学院还兴办多种刊物，其中由袁家玑出任编委会主任的《贵阳中医学院学报》，在中医药学术界影响很大，被作为核心期刊收入国家科技情报中心的统计研究刊物。

济世六十载，南北一致夸

在袁家玑60年行医生涯中，他究竟为多少人解除过疾苦，连他自己也说不上来，但他的医术和医德，无不受到人们的称赞。

袁家玑给人看病从来不问病人的来历，也不问有钱没有钱，也不管是组织上安排的，还是病人或病人家属找上门来的。如果找他看病的病人实在没钱抓药，他还自掏腰包给病人支付。

袁家玑在治病救人上已经达到忘我的地步。由于他的医术声名在外，特别是他在冠心病治疗上的突出的疗效，省外也经常有人请他看病，有时还是组织出面。他自然是欣然领命。比如北京方面听到他在治疗冠心病方面的专长，当时铁道兵司令部有个叫李寿先的司令员冠心病严重，病史长达四年，就接他赴京诊治。当时他一家人住在民生路一个老房子里，是木板房，房子背后紧靠一条巷子，那叫洙泗巷。时不凑巧，洙泗巷的土墙在他准备前往北京出诊前因雨水过多浸泡，突然垮塌，垮塌下来的泥石直接把他家板壁打通了，这样，家里就和街上连通成一体了。在这种情况下，家里实在得靠他来维持，但北京方面的病人也在眼巴巴地等着他。咬咬牙，结果袁家玑还是去了。袁家玑毅然决然地把有200多平方米的房子送给国家，政府让他住入政府的出租房，出租房在现在的贵州师范大学对门的九华村，给了他家一间房子一套，有一间是两间半套的，当时每一个月的租金是11元，当时11元简直贵得犹如天价。于是他按组织上的安排去了北京。他就把整个民生路的房子一分钱不要送给国家。从不计较个人得失，时时处处为国家作想。

在北京时，他曾为共和国开国元帅聂荣臻、大将萧劲光看过病，二十世纪六十年代，我党著名的政治家、革命家柯庆施同志在成都病危，袁家玑也前往参加了抢救。

中华人民共和国成立后，袁家玑总是很忙，省里如有疑难重症都找他去会诊，不管节假日也不管是下班时间。省里有一个秘书长，当时生病在花溪高干疗养院治疗，花溪高干疗养院位于碧云窝花溪公园旁边，组织上叫他去，让他在那里住下来进行诊治工作，到春节了，袁家玑是七口之家的家主，组织上就把他爱人接过去，五个孩子丢在家里独自过节。

他对工作从不推诿，不怕艰苦，救死扶伤的事不胜枚举。比如在"文化大革命"期间，有个女人瘫了，两脚不能动，当时袁家玑一家人还住在师大对面，房子也很小，患者家人直接上门求治。袁家玑与来人并不认识，但他仍旧认真给人诊治。就这样，他一直给她看了若干年病，治好了她的病，她能够起来行走、活动了。这样的例子太多太多，即便是下雪下冻雨，还是酷暑盛夏，治病救人、出诊看病，他从不推诿。以前的贵阳比现在冷，一到严冬就是冰天雪地。有一回，一个远方的来人请他去看病，天冷路滑，他坚持去，结果在路上出了车祸。孩子们也跟着他受苦，上学放学回家经常吃不上饭，堂屋中总是有好多病人，要等他把所有病人看完后方能吃上饭。那时他成天忙于工作，工作之余别人找上门来，他也从不推辞，他总是尽心尽力，仔细诊治。

有一件事情不得不提。他去与湖北中医学院联合举办全国伤寒师资进修班任教，他是完全可以坐飞机的，最终没有坐飞机的缘由是，贵阳蔬菜公司一个叫王德芝的职工，听说袁家玑要到武昌去授课，特意来托附袁家玑去时途经长沙去给他哥哥看病。袁家玑当时也知道路上艰辛，还是答应了王德芝的请求。王德芝也只是之前他医治过的病人之一，两人并没有什么交情，只是职业所使，于是他就和女儿袁金声一道千里迢迢地去往长沙。时值暑天，长沙的气候正是暑热难当，父女俩冒着酷暑找了半天才找到王德芝的哥哥家。袁家玑为王德芝的哥哥看完病后，又逢其哥王德华（长沙一中的退休教师）之妻患急性病住院，当时医院秩序相当乱，医院让病人剖腹探查，病人不敢，病人当时已60高龄。由于患者畏惧手术，只得弃医回家。

正在查阅资料的袁家玑

危难之中袁家玑成了救王德华之妻一命的希望，于是王德华就请袁家玑前往诊治。袁家玑顾不得旅途辛劳，立即前往。在袁家玑的医案中是这样记载的：患者周某，女，60岁，1974年5月20日来诊。上腹剧烈疼痛4天，以上腹为重，辗转不宁，忽冷忽热，呕吐频频，不思饮食，口渴干苦，小便短赤，大便2日未行，腹部按之痛甚，硬，有肌紧张及反跳痛，西医检查，血象高，嘱其剖腹探查，以明诊断，患者畏惧手术，则来诊治，见舌质稍红，苔白厚而干，脉弦滑数，以大柴胡汤加减进治：柴胡12克、黄芩9克、枳实10克（打）、白芍18克、大黄6克（后下）、黄连6克、法半夏12克、广木香9克、竹茹6克、延胡索9克、生姜10克、元胡粉5克，服一剂，既得黑色臭秽稀粪5次，腹痛若失。上方减大黄，再进两剂，余症皆除。后以香砂六君子汤加味调理善后。袁家玑后来收到王德华老师一封来信，信中赋诗一首，以示感激。其中有这样诗句："衣钵直承张仲景，风格独步白求恩。"

接着又为慕名而来的原湖南省省长王含馥看病。当时正值"文革"，王含馥同志招致打击，年老体弱，身患多种疾病。

就在袁家玑仙逝不久，他女儿袁金声还收到一封感谢袁家玑几十年前为她治病救子的信函，写信人名叫徐士华，时龄已经70多岁。她在信中对袁金声说："您老在中山东路药店时，为我6岁长子看病，病势严重，都承您老人道主义，一剂药单，就把我儿救好，又承得您老把药费都帮我付给了老板，唯此天高地厚的救命之恩，待望长子成人，前来报恩……"

积极参与时政，共谋时代发展

中华人民共和国成立后，袁家玑就积极投身于新社会医疗卫生的建设工作中去，他或是在诊所，或是在街头巷尾听取民众的声音，并及时向刚成立的人民政府汇报。1950年12月，贵阳市人民政府动员执业医生参加贵阳市医务工作者协会，他认为这正是医务工作为人民建功立业的好时机，就积极参加，并出任执行委员，后又出任该协会副主任。他积极响应人民政府的号召，联合王聘贤、程云深、陈真一等贵阳有名的十位中医师自己筹资成立了中山东路联合诊所，努力为政府分忧，为患者解除疾苦。

1953年4月，贵州省开始全面开展选举工作。在基层普选的基础上，乡、县、市逐级召开了人民代表大会，选举产生了地方各级国家机关，选举出席贵州省第一届人民代表大会代表。袁家玑在层层推选中脱颖而出，成为首次贵州省人民代表大会 295 名代表中光荣的一名。袁家玑作为本次代表参加了于 1954 年 7 月 22 日至 30 日在贵阳召开的贵州省第一届人民代表大会第一次会议。他参与并见证了我省历史上首次在中国共产党领导下的民主选举。1958 年 9 月 18 日至 22 日，贵州省第二届人民代表大会第一次会议在贵阳召开。他仍然被推选为人大代表，这次大会代表 331 名，他又是其中光荣的一名。1963 年 12 月 26 日至 1964 年 1 月 7 日，贵州省第三届人民代表大会第一次会议在贵阳召开。这次大会代表 419 名，他仍然是其中光荣的一名。袁家玑倍感光荣和幸福，他走在新中国民主和法制的康庄大道上，感觉全身都是力量。

1965 年 7 月 8 日，川黔铁路通车，于 1965 年 10 月 1 日正式运营。川黔铁路北起重庆，南至贵州省会贵阳，全长 423.6 公里。该线路由重庆自小南海站起，沿着原綦江铁路至綦江，继续向南进入贵州，再经桐梓、遵义、息烽、修文至贵阳。贵州省组织人大代表沿途试乘、考察，并积极征求代表意见为在贵州境内的各站取名。袁家玑百感交集，他回想起 35 年前与 3 名同伴徒步到重庆，辗转北上求学的经历，要是当时有如今脚下的火车，其他 3 名同伴也许不会在求学的道路上退缩。他感令时代的进步，更感受到了新旧社会的天壤之别，突然觉得自己的肩上应该为这个崭新的时代承担更重的担子，因为这个时代最需要每一个人的无私奉献。

袁家玑在 1977 年 11 月 29 日至 1991 年 05 月 10 日，担任贵州省政协副主席，贵州省政协文教卫生工作组组长，1981 年 7 月光荣加入中国共产党后，还担任省政协党组成员。还有很多社会兼职。虽然年事已高，但仍旧每日满负荷工作，对工作总是尽心竭力。1990 年他还带队到毕节、罗甸等我省边远贫困地区视察教育和卫生工作情况，为我省的文化教育卫生事业、中医事业的发展奔走呼吁，提交了很多有益的提案。1990 年 10 月，他作为贵州省名老中医代表，出席了在北京举办的全国 500 名名老中医拜师大会。

1978 年 3 月 18 日至 31 日，中共中央、国务院在北京隆重召开了全国科学大会。这是一次在中国具有历史意义的一次会议，在有 6000 人全国科技界精英参加的开幕会上，时任中共中央副主席、国务院副总理的邓小平同志做了重要讲话，号召"树雄心，立大志，向科学技术现代化进军"。时任国务院副总理的方毅同志做了有关发展科学技术的规划和措施的报告，大会宣读了中国科学院院长郭沫若的书面讲话：《科学的春天——在全国科学大会闭幕式上的讲话》，会上对先进集体和先进科技工作者予以了表彰。这次大会是中国共产党在粉碎"四人帮"之后，国家百废待兴的形势下召开的一次重要会议，也是中国科技发展史上一次具有里程碑意义的盛会。邓小平在这次大会的讲话中明确指出"现代化的关键是科学技术现代化"，"知识分子是工人阶级的一部分"，重申了"科学技术是生产力"这一马克思主义基本观点。从而澄清了长期束缚科学技术发展的重大理论是非问题，打开了"文化大革命"以来长期禁锢知识分子的桎梏，迎来了科学的春天。大会通过了《1978—1985年全国科学技术发展规划纲要（草案）》，这是我国的第三个科学技术发展长远规划。会议期间，袁家玑受到邓小平同志的接见。

袁家玑作为正式代表的身份还出席了中国科协第二次全国代表大会和中国科协第三次全国代表大会，参与了我国科学发展的进程。1980年3月15日至23日，中国科协第二次全国代表大会在北京召开。这次大会的任务是：贯彻中共十一届三中全会以来的路线、方针、政策，动员全国科技工作者在中国共产党的领导下，更紧密地团结起来，同心同德，群策群力，为实现科学技术现代化，为把中国建设成现代化的社会主义强国而奋斗。大会通过的《章程》将中国科协"一大"时的定名"中华人民共和国科学技术协会"改为"中国科学技术协会"。出席大会的代表共1500名；其中全国性学会（协会、研究会）代表369人；地方科协代表1131人。1986年6月23日至27日，中国科协第三次全国代表大会在北京召开。这次大会的中心任务是：动员全国各族科技工作者，团结奋斗，投身改革，为"七五"计划贡献才智。出席大会的代表1823名，特邀代表213名。

袁家玑不但为贵州省的医疗卫生日夜操劳，还积极为国家卫生事业的发展献计献策。崔月犁任国家卫生部部长期间（1982.05—1987.03），曾直接写信给他，向他征求对中医工作的发展的看法和意见。袁家玑毫无保留地陈述自己对中医发展的看法和观点。

1983年，为了大力发展我省的中医事业，让中医更好地服务于贵州、服务于社会，袁家玑联合十名老中医特向省委、省政府倡议成立"贵州省振兴中医领导小组"，积极为省委、省政府为继承和发展我省中医事业献计献策。在袁家玑的带头倡议下，省政府成立了"贵州省振兴中医领导小组"，并由时任贵州省副省长的张玉环同志任组长、袁家玑同志任副组长。省政府同时还决定每年从财政资金中拨出专款100万元，作为振兴贵州中医事业的专项经费。那一时期，是贵州省中医药事业进入了较大较快发展时期。

他见证并参与了中华人民共和国的民主政治的进步和科技进步，是两种进步的践行者，特别是推动祖国医药事业的发展和进步上，他为此付出了毕生的心血。

勤敏治学，硕果累累

袁家玑在治学的路上一路砥砺前行，不但深，而且广。不但习于集各家之大成，而且在一些领域的研究很具深度。

中华人民共和国成立之初，袁家玑就主编了医药学专著《贵阳民间药草》，该书1959年9月由贵州人民出版社出版发行。1985年10月，由袁家玑主编的《医林拔萃——贵州名老中医学术思想及医疗经验选编》一书由贵州人民出版社出版发行。

袁家玑还参与了全国、地方性中医药教材的审定、撰写、顾问工作。如全国高等中医药教材《伤寒论选读》、全国中西医结合教材《伤寒论》《实用中医内科学》《中医药科研资料汇编》《中医症状鉴别诊断学》《伤寒论症状鉴别纲要》《伤寒论讲义》《中医内科学》《中医基础》等。

袁家玑先后在全国各大学术期刊上发表了《心病辨证论治的体会》《冠心病的治疗经验》《治疗中风的点滴体会》《对伤寒论厥阴病的认识》《炙甘草汤治疗脉结代心动悸的体会》《学习伤寒论的一些体会》《矽肺的中医治疗》《袁家玑教授治疗经验》《对发展我省中医事业的建议》等数十篇学术论文。

袁家玑是在中医临床上有着丰富的经验和很深的造诣的临床学家。他博览全书、觅古参今，与西医汇通，善用经方良法治今病，古为今用，西为中用，加减化裁，疗效显著。他总结出运用好经方的五大要点：一是紧抓主证，明确病机，以主证为辨证关键，借此明病机，方可立法遣方用药；二是分析兼证，灵活加减，据证损益如法，剂量适度，方可施治中的；三是权衡邪正，虚实分明，目的是促使阴阳平衡，病情向愈；四是标本缓急，治有先后，特别是对重危证的诊治，须果断处置，以免贻误病机；五是熟识药性，煎服遵法，临证当予重视，方可见效。

袁家玑除了在中医临床上有着丰富的经验和很深的造诣的临床学家之外，在学术上的造诣依然精深。他是有名的伤寒学家，他从《伤寒论》的版本情况，注家特点，注本优劣入手进行了深入细致的考证，对通行版本中文字错、讹，提出了自己的看法。他还对《伤寒论》的成就和贡献进行了概括和归纳。

袁家玑在治学上强调"专一精思"，他认为"学医贵在刻苦钻研，临证善思，要多临床，于成败中不断总结经验教训，才能得到提高。"

袁家玑总结出的"为医十要"，成为当时中医临床普遍运用的方法。即便是在数十年后的今天，仍具有很重要的医学价值。即：一要深究医经，力倡继承发扬；二要精勤博览，广集古今诸贤所长；三要学以致用，重视临床实效；四要在审疾问病中重视辨证论治；五要论治灵活，尊古则不泥古；六要治病求本，分清标本缓急；七要整体观念，重视脾胃升降；八要遣方用药力求精练平正；九要防微杜渐，重治未然之疾；十要中西结合，重在融会贯通。

袁家玑在中医内科，温病，妇科，儿科方面造诣都很深，中华人民共和国成立后贵州成立中医学会，他是首届理事长，一直当到他去世后才改选。他还潜心对药物的研究，尤其是对冠心病治疗药物的研究。他翻阅了大量医籍及现代研究资料，历经数十年临床的研究与实践，制定了冠心病的分型标准，各型病的治疗原则与方药，以及加减运用法则，创制出了"冠心通络疏郁丸"，是治冠心病很好的方子，当时外国药业及国内好多药厂、药业公司向他高价购买，他都毅然拒绝，为了中医学院及第一附属医院的发展，最后无偿献给贵阳中医学院第一附属医院的药厂生产，造福了患者，同时也取得了很好的经济效益。

不是长辞，而是归去

1991年05月1日，是袁家玑一生中过的第79个国际劳动节。一直奔忙在救死扶伤的路上，在今天睡了一个安稳觉，可他这一睡，一直就没有醒来。

在他健在的79年里，特别是他悬壶济世的56年里，人们似乎感受的是空气一般的安静，现在突然感受到了心痛。儿女们心痛失去了慈父，同事们心痛失去了一位为人谦和的同伴，同行们心痛失去了一位学养深厚的益友，学子们心痛失去了一位令人仰止的良师，国家心痛失去了一位栋梁。人们怀念他的好，他的谦和与包容。

人们怀念他淡泊名利。他家庭负担实为沉重，爱人又无工作，膝下有5位儿女。在工资调级上却非常谦让，解放初期国家给名中医定工资，他在卫生局的时候，为了方便工作，主动提出比其他名老中医低一级工资，当时他工资拿到140元／月，1956年他被评为全国先进工作者时升了一级工资，一直拿到中医学院。中医学院每次升工资他都主动让出，除了国家正常调资以外。他为了中医事业，什么都能放弃，谦让，三十多年如一日。人们对他精湛的医术、高尚的医德都深深敬仰，口口相传。省里党、政、军各界人士及群众以不同的方式沉痛哀悼。

原中医学院党委书记岳光同志手书挽诗：

> 爱党爱国爱人民，一生清正不染尘。
>
> 培栽桃李三千树，妙手回春百万人。

原中医学院党委副书记乔晓波同志手书挽诗：

> 殚智竭力为人民，医风高尚称典范。
>
> 桃李满门春常在，情念师表泪泫然。

追悼会上的致辞更是高度评价。报纸用整版的篇幅对他称颂。

老百姓在他去世后自发地前去凭吊。在大营坡殡仪馆，来凭吊的人们先是站满了大厅，后来就连街上都站满了人。但场景一直井然有序，所有来凭吊的人都是发自内心的。老百姓们情感纯朴，似乎都认准一个死理，凡是来这世上济世救人的人，都是从天上下凡的星宿，终归都得回到天上去，去关照整个世界。当殡仪馆上方浓烟升起，人们就认定袁家玑升天了，回归到原本属于他的天空。人们含着热泪面朝苍天，因为他们要亲眼见证一个在人世间悬壶济世的大医，如何回归到天上，真正成了让众人仰望的星辰的过程和落脚处，以便来日更好的仰望和追忆。

尧心隽永 IT情深

——记著名信息技术专家谢晓尧

◆ 涂万作

谢晓尧　（1952.10.22—）出生于贵州贵阳。著名信息技术专家。

1977年9月，毕业于成都电讯工程学院一系电子计算机专业。先后任贵州省首批省管专家、贵州省首批核心专家、国家863项目专家库成员、中国计算机学会微机专业委员会委员、国内可信计算顶级年会执行主席、国务院特殊津贴获得者、"谢晓尧基金"创办者，现为贵州师范大学副校长。曾任致公党中央常委、贵州省政协副主席、致公党贵州省委主委等职。

谢晓尧是贵州省最高科技技术奖获得者，长期从事计算机方向的研究，其主持或参与的项目"都匀发电厂锅炉微机控制系统""FG-I邮政包裹自动分拣系统""贵州省招生办高考招生自动化系统""贵阳城市煤气SCADA系统""基于信息安全的网络考试平台""基于Linux的网络多媒体教学资源，关键技术与应用研究""贵州师范大学下一代互联网示范工程（CNGI）驻地网研究、建设与开发应用""南极乔治王岛地区植物光合适应多样性资源调查及大数据采集"等项目均获得多个奖项，被誉为"贵州IT界的开拓者"。

引　子

古罗马诗人奥维德说过："没有什么比习惯的力量更强大。"

习惯的力量之所以强大，是因为"习惯"省略了思考的时间，简化了行动的步骤，让学习和工作更具效率。习惯是一个人思想与行为的引领者，"习惯决定未来"。谢晓尧就是一位拥有良好习惯的人。已经很多年了，他习惯每天早晨五点醒来时，先看手机 BBC 新闻，再听英语广播，然后起床，迎接新的一天；习惯在汽车上、在睡觉前，或是在候机的时候，翻阅随身携带的外文小册子；习惯在不同环境条件下做笔记、写日志、发博文；习惯琢磨未知，习惯思考未来，习惯探索未知……

他说："越是临近暮年，自己对日新月异的信息技术就越发敬畏，生怕一时疏忽而被技术、被时代淘汰。因此在探索的路上不敢有片刻的懈怠，这已经成了一种习惯。"

谢晓尧选择了这样的"习惯"，所以一生坚守，痴情不改，历久弥新，使得他的科研之路越走越宽广，越走越有后劲。

初心如锦时

在黔中山原丘陵中部，有一座美丽都市，因"郡在贵山之阳，故名贵阳"（见明弘治十四年（1501 年）《贵州图经新志》）。贵山系出苗岭，因孤峰峭拔，兀出群山，状若卧汉横亘，又被称为"贵人峰"。早年，人们将像女子的山峰叫作"美人"，而像男子的则称"贵人"。有史以来，贵山贵人，贵州贵阳，便被一个"贵"字缠绕着。谢晓尧 1952 年 10 月 22 日出生在这贵气氤氲的地方。

迎接他的是一个温暖的大家庭，除父亲谢后尧、母亲刘席珍，以及大他 7 岁的大姐谢重华和大他 5 岁的二姐谢重惠外，还有叔叔和姑姑。那时的谢后尧是贵州省邮电管理局电信业务处的一名干部，儿子降生的时候还不到三十岁。因为是男孩，对于已经有了两个女儿的谢后尧来说，可谓喜从天降，从他为儿子取名"谢小尧"，就足见他拳拳的爱子之心。"谢小尧"这个名字一直用到初中，才由谢晓尧将"小"

改成了"晓",他觉得"小"字有"太小"之嫌。

谢晓尧从出生起就备受家庭关爱,慈祥正直的父亲,勤劳善良的母亲和两个温婉贤淑的姐姐,给予了他无微不至的呵护和照顾。虽然生活清贫,但丝毫没有影响到他童年的幸福与快乐。谢晓尧成长在一个书香家庭,在他记事的时候,他的叔叔谢后贤就已经是北京大学物理系的高才生了。而他的姑姑谢后芳、谢后琳也相继考取中央民族学院和重庆建筑工程学院(现合并至重庆大学)。再后来,他的在贵阳女中毕业的大姐谢重华又考进了贵阳师范学院。就读师院附中的二姐谢重惠,本来成绩也十分优异,由于受"一家只能有一个上大学"的不成文限制,高中毕业后就当了小学老师。尽管如此,一家出了四个大学生,在那个年代是很了不起的事情。

也许是家族基因的强大,也许是良好家风的熏染,谢晓尧从小就聪颖过人,加之学习用功,所以成绩一直在学校名列前茅。谢晓尧从小就爱读书,小学就读完了四大名著,之后又读了外国小说《钢铁是怎样炼成的》《战争与和平》《母亲》,以及科幻小说《隐身人》等。谢晓尧在小学阶段,多次被评选为"五好学生""优秀少先队员",担任过"中队长"和"大队委"等学生干部。记得有一次,他拿着"优秀少先队员"奖状回家,他的父亲谢后尧还特地为他买了一套《十万个为什么》作为奖励,并在扉页上写下:"送给优秀少先队员谢小尧"的赠语,这让幼小的谢晓尧深受鼓舞。

那时候,谢晓尧最敬佩、最喜欢的人就是叔叔谢后贤了。每每提及,他的眸子里就闪烁着兴奋的光芒。叔叔的言谈举止,叔叔的翩翩风度,叔叔胸前那熠熠生辉的北大校徽,都让他着迷。他暗下决心,将来一定要考进北京大学,成为像叔叔一样的天之骄子。除此之外,他还有很多梦想,比如当老师、当医生,或者科学家什么的。

那些年,谢晓尧最盼望的是每年的寒暑假,因为叔叔会为他带来许许多多大学里的故事,以及许许多多没有听到过的新鲜名词。而每一次和叔叔的接触,就让他多了一份憧憬和向往。他梦想着如何从附中考到一中,再从一中考进北大……然而,时势并没有依照谢晓尧梦想的那样行进,同许多"老三届"一样,谢晓尧的大学梦因为一场史无前例的"文革"在中学阶段就戛然而止。

1961 年,小学二年级的谢晓尧开始有了自己的兴趣和爱好,他的第一个爱好就是打乒乓球。学校乒乓球台是水泥做的,而且很少,同学们只能打擂台赛,赢了坐庄,输了下台。刚学乒乓球时,谢晓尧上去不到一个回合就被打了下来。可他不服输，认真地向打得好的同学学习，边打边琢磨，使得他的球技进步很快，到了五年级的时候就能当"庄主"了，成为班上乒乓球的无冕之王。从那时起，打乒乓球的爱好便一直伴随着他，还在后来的不同阶段、不同的业余比赛中多次拿到过冠军。

除了乒乓球，谢晓尧文艺方面也很突出，在学校还小有名气。小学四年级时，贵州省艺术学校来选戏曲苗子。学校推荐谢晓尧唱了一首歌，就被招生的老师看中，说他是块戏曲"小生"的料。一起被选上的还有另一个男生和一个女生，分别学"花脸"和"刀马旦"。艺术学校属半日制，半天文化课，半天专业课，前后要读八年。因为学费全免，很多学生求之不得。可谢晓尧却选择了放弃，因为这个时候，他一心想着的是将来上北大。

心中有了目标，学习就有了动力。谢晓尧很快读到师院附中，他的学习能力逐渐显现出来，还是班上的学习委员。不仅理科成绩突出，文科也丝毫不落下风，他的作文常常被语文老师当作范文，拿到全校同班级阅读。就在谢晓尧初中学业扬帆起航、顺风顺水的时候，"文革"爆发了。一时间，所有学校的招生和课程运行都陷于停顿状态。直到 1967 年复课，谢晓尧和大部分同学才重新回到课堂。谢晓尧因为是班上的数学尖子，所以经常得到数学老师的表扬。教数学的是一位名叫何青的女老师，她十分赞赏谢晓尧的数学天赋，在她的推荐和鼓励下，谢晓尧多次在学校开展的"学生上讲台"活动中登台亮相。为此，还一度被同学们戏称为"白专典型"。尽管谢晓尧在中学阶段显示出了他过人的学习能力，但因为"文革"的影响，谢晓尧的"北大梦想"还是无法实现。

时间过得真快，转眼间到了十九世纪七十年代，谢晓尧阴差阳错地与轰轰烈烈的上山下乡运动擦肩而过。他虽然没有当上"知青"，却投入到了"贵阳学生团修建湘黔铁路建设大军"。湘黔铁路是当时党中央大三线战略的重要工程，它横跨湘黔两省，是联通西南、中南与华东的重要干线。

修建湘黔铁路同样是一代人难以忘怀的记忆，那是一场惊天动地的军民联合大会战，在"钢钎二锤叮当响，马灯日夜闪闪亮"的施工现场，谢晓尧同许多同学和民兵一道，顶烈日、冒酷暑、战风雪、斗淫雨，肩挑、背扛、手拉，一边唱着"我们年轻人，有颗火热心"的歌曲，一边以昂扬的斗志投入会战。那些日子，谢晓尧白天在工地上忙碌，晚上则读书学习，手不释卷。修路期间，恰逢贵州省交通厅汽车四厂到学生团招工，谢晓尧报名应试，凭借优越的自身条件顺利地成为一名汽修工人。在汽车四厂的三年里，谢晓尧依旧坚持学习，在重温各科文化课的同时，还自修了《汽车制造学》，加之努力勤奋，刻苦钻研业务，很快成为厂里培养对象。由于表现突出，贵州省交通厅于1974年考试选拔推荐谢晓尧到成都电讯工程学院（现成都电子科技大学）学习深造。

虽然没能像叔叔谢后贤一样考入北京大学，但能够在成都电讯工程学院这样一流学府安静地读书，对于经历过"文革"、修铁路、进工厂等不同经历的谢晓尧来说，来之不易，他十分珍惜大学阶段的学习时光。所以在求学的岁月里，谢晓尧争分夺秒，废寝忘食，他的课余时间几乎在图书馆度过。那时候，谢晓尧就意识到英语的重要性，认为英语与电脑联系最密切，大多数编程语言都离不开它。况且随着网络的发展，英文的使用更为普及，与世界的联系也更为广泛。为了能熟练地使用英语，谢晓尧坚持每天复读、听写、听念，英语书随身带，随时"充电"。这一良好习惯，一直伴随着他。应该说，谢晓尧扎实的英语基础在那时就已奠定了。

谢晓尧上大学的时候，他的叔叔谢后贤已经是航天工业部某研究所的科技处长了。但叔侄之间依旧保持着密切的联系和交流，叔叔鼓励的话语音犹在耳："晓尧，既然选择了电子计算机专业，就一定要在这条路上不懈地走下去，让自己成为行业的先行者。"叔叔的标杆效应激励着谢晓尧。他以饱满的学习热情和扎实的学习态度，顺利地完成大学学业，为他的学生时代画上了圆满的句号。

漫漫攻关路

1977年9月，谢晓尧大学毕业，怀揣报效国家，反哺桑梓的理想回到贵阳，第一站就职于贵州省交通局，半年后调贵州工学院计算机中心。从此，便开始了他长达四十余年的教学与科研生涯。

人们通常将对自己前途与事业有帮助的人称之为"贵人"，每个人也都会在人生旅途中或多或少地得到过贵人相助。谢晓尧也不例外，他的"贵人"除了叔叔谢后贤，就是费初、许克明、付家祥等几位前辈科学家了。刚走上工作岗位的那阵子，谢晓尧热情高涨，不知疲倦，就像上满发条的时钟。但科研工作不是仅仅凭热情就能做好的，还需要专业知识的积累和科学有效的方法。不过，他的聪慧和潜力，已经让几位前辈眼前一亮了。

作为"千里马"的谢晓尧，刚一上路就遇上了伯乐，不能不说是一种幸运。费初、许克明 1958 年分别毕业于清华大学和成都工学院（后更名成都科技大学，现合并于四川大学），当年带着支持西部的志愿来到贵州，在刚成立的贵州工学院当了一名老师。而傅家祥尽管成绩突出，但受家庭"成分"的影响，没能读上清华、北大，后就读贵州工学院，一毕业就留校任教。这三位老师都是电力自动化控制系统研究领域杰出的专家，在理论和实践上有着独到的建树，并做出过重要贡献。谢晓尧就是在他们的悉心指导和无私帮助下，一步一步成长为摘取"贵州省最高科学技术奖"的科学家。

刚到计算机中心那阵，谢晓尧一边上课，一边进行程序编写。编程是一项复杂的脑力劳动，操作者根据自己对信息处理的要求，利用电子计算机自动处理问题功能，为电子计算机设计指令。但在二十世纪七十年代末和八十年代初，他们科研使用的还是微型单板计算机，其性能相对单一，技术也十分落后，无法与现在精巧的计算机相比，工作效率极低。当时最迫切的问题是购买国外先进仪器，可又存在资金问题，还有许多科学技术难题。

初生牛犊不怕虎，困难越大谢晓尧的劲头就越足，更何况有几位前辈科学家在技术上的具体指导，在精神上的热情鼓励上，谢晓尧就在现有条件下干了起来。那是 1981 年，谢晓尧参与了"都匀电厂锅炉闭环控制系统"研究项目，这是他从事科研的第一个项目。"都匀电厂锅炉闭环控制系统"即通过 TMC-80 微型工业控制机来实现水位、热负荷、送风、引风、二次风和气温等 6 个系统的闭环控制。该系统成本低，可靠性高，具有数据采集和处理、自动调节、无扰切换、集中显示、制表打印、系统保护、自检、锅炉效率计算等功能。通俗地讲，就是采用微型计算机来控制火电厂锅炉的快速稳定运行。这在二十世纪八十年代初，是十分先进和高端的，不仅能带来巨大经济效益，还有着广阔的前景和重大的技术意义。它的成功，很快受到国内同行的广泛关注和肯定。

虽然时间过去快四十年了，但谢晓尧对自己参与的第一个科研项目仍然记忆犹新，每每提及，就会感从中来。他说："当时条件非常艰苦，单板微机技术在国内刚刚兴起，设备短缺，一切都要从零开始。在费初、许克明、傅家祥几位前辈科学家的带领下，我们一次又一次地做实验，所有的节假日几乎都在实验室度过。"

事实正是这样，每一次成功的背后，都存在着不为人知的艰辛。那时，为完善一个又一个技术细节，谢晓尧和课题组同行们经常深入电厂做调试，往往一大早进厂房，出来时已是第二天凌晨了。加班加点、吃方便面更是常事。这样的拼搏状态一直持续三年多，直至项目完成。都匀发电厂锅炉微机控制系统的研发成功，有效地推动了微机在全国电厂中的应用。该项目还一举获得1983年贵州省科技进步奖二等奖。对此，谢晓尧十分激动，也很有成就感，他觉得所有的付出都值！

可以说，二十世纪八十年代是一个巨变的年代，一个富有激情的年代，也是谢晓尧青春绽放、挥洒智慧的年代。这十年，谢晓尧从青涩走向成熟，从单一走向多元。他参与和主持了多个科研项目，其中最具影响的有"FG-Ⅰ邮政包裹自动分拣系统"、"贵州省高考阅卷招生自动化系统"，以及"异种微机远程通信研究"等。他在信息技术领域自由驰骋，探索着贵州省信息化带动工业化发展的新路子、新模式、新经验，由他自主建立的微机控制技术的研发与应用体系、网络高新技术的推广与普及体系，以及数字智能化综合业务信息系统与校园网络系统，早已成为服务社会的民生工程。

在主要参与研究开发"FG-Ⅱ邮政包裹自动分拣系统"过程中，谢晓尧多次北上京城，南下福州。那时出行乘坐的是绿皮火车，需要中途转乘，大的节假日在旅途度过是常事。福州计算机研究所是"FG-Ⅱ邮政包裹自动分拣系统"项目的合作单位，科研人员往返交流不断。谢晓尧清楚记得，1982年年末的一天，他凌晨5点，独自一人骑自行车到贵阳火车站迎接福州计算机研究所的专家。那天正赶上小雨，寒气逼人，但谢晓尧一点也不觉得辛苦，其热情与干劲可见一斑。

"FG-Ⅱ邮政包裹自动分拣系统"是一种新型实用的邮政包裹自动分拣智能化系统，它的成功研发满足了当时邮政包裹分拣的需要。这项成果还获得了1983年贵州省科技进步三等奖。

在完成"都匀电厂锅炉闭环控制系统"和"FG-Ⅱ邮政包裹自动分拣系统"的研发后，谢晓尧于1985年9月被派往北京软件研究生院计算机网络专业深造。两年后学成归来，担任贵州工学院控制技术研究所专职研究员。此后小试牛刀，由他独立主持研发的"异种微机远程通信研究"

谢晓尧在贵阳市中考无纸化阅卷现场指导工作

项目，就获得了 1989 年贵州省科技进步四等奖。

同年，谢晓尧接手主持研发"贵州省招生办高考招生自动化系统"。这是一个无纸化的阅卷平台，它的意义不单单是节省了大量的人力物力，解除阅卷老师繁重的纸上阅卷之累，而且避免了人为的干预，保证了国家高考人才选拔的公开、公平、公正地进行，大大减少了考生成绩的错误概率。其判卷错误率、登分准确率，均做到了零误差。

更重要的是，阅卷平台还能将试卷后期的大数据分析结果，分门别类反馈给老师，帮助老师指导学生有针对性开展复习，拓展了教学质量的提升空间。

中、高考历来是社会关注度极高的民生大事，关乎千家万户。为了让"贵州省招生办高考招生自动化系统"尽快启用，谢晓尧和他的团队夜以继日、攻克难关。在关键的调试阶段，谢晓尧曾两天两夜没合过眼，直到取得成功。在研发过程中，曾有这样一个插曲，那是 1989 年，谢晓尧到深圳接设备，因为走得急，未带证明身份的有效证件，还一度被怀疑要出逃香港，弄得虚惊一场。

"贵州省招生办高考招生自动化系统"一经启用，便在贵州教育系统发挥了不可替代的作用，使贵州省高考阅卷招生工作一跃进入了全国省市先进行列，并被教育部列为首批网上阅卷招生试点省份。该项目也因此而荣获 1993 年省科技进步三等奖。该平台从 2008 年开始，承担了贵阳市中考及高考模拟考试共计 700 余万份试卷的网上阅卷任务，带来了很好的社会效益和经济效益。

时间来到二十世纪九十年代，谢晓尧在进行科研开发的同时，还加强了计算机应用理论的学习与研究，于 1991 年 11 月获中国原子能科学研究院应用数学专业理学硕士学位。1996 年获国务院特殊津贴。1994 年 4 月，由谢晓尧带队的科研小组，远赴美国 PC-HOUSE 公司，开始为期半年的计算机技术学习。他们认真的学习态度，很快赢得 PC-HOUSE 公司的好感。所以在学习期满，该公司上层就提出，希望谢晓尧和同行人员能留在美国，继续为该公司效力，被谢晓尧婉言谢绝。

1995 年，注定是谢晓尧难以忘怀的一个年份。这一年他和他的科研团队，解决了一个如何让贵州与世界连接的问题。谢晓尧曾感慨地说："在今天看来很简单，一个手机就能解决，但在 1995 年却像天方夜谭。"年初，谢晓尧就接到学校任务，即：拨给经费 20 万，用 3 个月时间，建立起贵州第一个国际互联网，以实现和国外的 Internet 连接。3 个月时间，要学技术、要购买设备、要打通通信线路、要申请域名和 IP 地址，还要协调各种关系等等，谈何容易！

俗话说"工欲善其事，必先利其器"，谢晓尧首先想到就是解决设备问题。他决定进京购买，跟他一同前往的是他的副手和科研伙伴的刘志杰老师。那也是一次难忘的经历，为了节约经费，谢、刘二人到北京后，就住 10 元一晚的中央民族学院（现中央民族大学）招待所的地下室。

由于厂家准备设备需要耽搁一天时间，第一次到北京的刘志杰便提出想看看故宫。谢晓尧一方面心疼 30 元一张的门票钱，一方面又想满足刘志杰的心愿。于是决定，两人凑钱买了一张门票给了刘志杰。时值三月，北京依然气温很低，谢晓尧独自在故宫午门外等候。虽然寒意袭人，但他此时考虑最多的却是设备运输问题。他想，托运倒是省事，但要多花托运费；如果随身携带，又有可能超重。

买到设备后，二人经过反复盘算，最后还是决定随身携带，能节约一点是一点。回程的路上还算顺利，没想到在贵阳火车站出口时被拦了下来，说是超重需要再补票。见此情景，二人灵机一动，悄悄拆去厚重的包装，才勉强得以过关。对此，时任贵州工业大学校长的胡国根教授十分感动，并隆重地提出了表扬。

随后，胡校长又要求谢晓尧的攻关团队一定要在当年十月底以前开通国际互联网。时间紧，任务重。有了设备，谢晓尧就带领团队全身心地投入到项目研发中。研发的过程充满曲折，有时遇到解决不了的难题，谢晓尧就再上北京，找清华大学专家请教，或者到成都找母校老师救援。就这样，经过团队的协同作战，终于在 1995 年 10 月 22 日完成任务。当"贵州工学院校园网与中国教育科研网及国际互联网连通"的消息传开，很快在贵州的高校，以及省内各大媒体掀起热议。

互联网开通的那天晚上，谢晓尧的第一份电子邮件就发向美国南加州大学。邮件是这样写的："我们已经有了互联网，希望今后加强联系。"毕竟是首次开通，网速只有 9.6K/s。谢晓尧怀着忐忑的心情，一直静静地等待对方的反馈。过了好一会儿，显示器上才出现美国网站发来的信息。这是一个让谢晓尧终生难忘的瞬间，他激动的心仿佛就要蹦了出来，感觉大洋彼岸就在眼前，整个世界触手可及。更巧的是，那天正是他 43 岁的生日，他感觉这是他此生最厚重的生日礼物。当然，和他同样激动的还有胡国根校长，以及科研团队和全校师生。

当谢晓尧将一封封电子邮件发给美国的朋友时，引起的反响皆是"吃惊"！说互联网在美国也才刚刚普及，贵州这么落后的地方居然也有了，简直不可思议！一位有过留美经历、名叫习晓明的女教授在贵州收发邮件后，也曾十分激动。多年后提及当时的情景，依然记忆犹新。

国际互联网开通的第二天，贵州日报头版头条登载消息。很快贵州工学院网络中心便门庭若市，前来发电子邮件的外教们更是络绎不绝，有的一发就是几十封。一位美国籍外教还送给谢晓尧一套侦探小说，并握着他的手连声说："谢谢！我太喜欢你和 Internet 了！"就连时任贵州省副省长的楼继伟也经常借此发邮件，还和谢晓尧结下了友谊。谈到这段往事，谢晓尧就深感自豪，毕竟这是贵州省科技史上浓墨重彩的一笔，它印证着国际互联网开始在贵州普及。

1996 年 8 月至 2000 年 12 月，谢晓尧先后担任贵州工业大学计算机系副主任、计算中心副主任、主任、网络中心主任、校长助理，并于 1999 年 8 月再度赴美，在 PC-HOUSE 公司进行为期两个月的学习。在此之前，谢晓尧主要参与研究开发的"贵阳城市煤气 SCADA 系统"还获得了 1998 年贵州省科技进步二等奖。

谢晓尧所获得的数据与成果都是那样的炫目，但背后的艰辛却鲜为人知。比如谢晓尧主持研发的"基于 Linux 的网络多媒体教学资源建设关键技术与应用研究"项目，在一次实施途中就差点出了车祸。还有，他在主持研发"基于异种传感信息融合技术的清黄高速公路红枫湖大桥健康监测系统研究与应用示范"时，不顾 56 岁的高龄，涉险攀塔顶、爬山坡、钻桥底，有时候手弄破了，脚被砸伤也坚持不下火线，甚至拖着负伤的腿一连工作数月。

就拿"基于异种传感信息融合技术的清黄高速公路红枫湖大桥健康监测系统研究与应用示范"项目来说，在贵州的意义尤其重大。贵州是桥梁大省，纵横交错，有"桥梁博物馆"之称。规划在建的贵州省"6 横 7 纵 8 连线"高速公路网及 4 个城市环线，总规模约 6850 千米。谢晓尧敏感地意识到，随着大批桥梁建设的竣工，养护期将集中到来，桥梁养护的工作量与成本也会越来越大，养护部门面临的困难日益显现。因此，建立"全省的喀斯特地区高等级公路特大桥梁健康监测与评估预警系统"就显得尤为重要。而谢晓尧主持开发的"基于异种传感信息融合技术的清黄高速公路红枫湖大桥健康监测系统研究与应用示范"项目，就恰逢其时。

该项目为贵州省首个网络桥梁健康监测养护系统，它为贵州省 8000 多座桥梁的安全运营提供了示范。比如，运用这一技术还完成了贵州北盘江大桥的变形检测。总之，这项研究成果整体技术属国内先进水平，带来的社会效益和经济效益也不可低估。有了这套监测系统，全省乃至全国的专家都可以通过网络对桥梁的安全状况进行分析。除此之外，还可用于古建筑维护检测。例如：对贵阳市 600 年的地标古建筑甲秀楼的逆向建模及三维虚拟仿真；还原贵州师范大学旧校舍立体图像的三维仿真。由于师大旧校舍三维图像过于逼真，还引得很多老校友在重温旧校模样时流下激动的泪水。

这一成果的取得，对贵州实施众多大型桥梁的健康诊断和古建筑物的保护将具有不可估量的作用。谢晓尧也因此而一举获得2009年贵州省科技进步一等奖。对此，谢晓尧激动地说："自己奔着一等奖目标冲刺了近30年，经过多次失败终于成功。这不仅是对自己最大的肯定，也是作为科技人为贵州、为国家尽到了一份责任。"

从二十世纪八十年代以来，谢晓尧取得了一个又一个科研奖项，每一奖项的背后都凝聚着他艰辛的付出。而他成果的取得，恰恰印证着贵州IT业的迅速成长。可以这样讲，他成果越丰硕、越巨大，说明贵州计算机网络技术更新的步伐就越坚实、越迅捷。

谢晓尧将自己的科研生命与贵州信息化建设融为一体，无论是对于加速网络化进程，还是助推民生工程的开发，都意义重大。即使是在贵州省政协副主席任上，他的科研工作也从未间断。他也因为在信息技术领域的突出贡献，而荣膺了2012年度唯一的"贵州省最高科学技术奖"，这是继声名赫赫的涂光炽、欧阳自远、李桂莲之后第四位获此殊荣的科学家，可见分量之重。

南极科考季

大约在2500万年前，当南美洲与南极洲紧紧握着的手，因无法抗拒板块运动的伟力而松开的时候，一个以南极点为中心的新大陆诞生了。它四面环海，冰雪覆盖，远离人烟，独立于世，被人们称之为"第七大陆"，它的名字就叫"南极"。

南极拥有1390万平方千米的广袤陆地，相当于中国和印巴次大陆面积的总和。它以2350米的平均海拔而雄踞世界最高。它至今仍是地球上最洁净、最神秘的地方，史诗级的冰山，蓝宝石般的海水，使之成为海洋动物的乐园。放眼24700千米的海岸线，有游弋的海狮、海豹、巨鲸，有憨态可掬的帝企鹅、身形优雅的南极燕鸥和巨海燕，以及众多的磷虾、鱼类。在苔藓植物覆盖的岩石下面，还蕴藏着丰富的矿物和无数的科学之谜。

南极是在二十世纪中叶才被世界广泛关注的，皆因它在全球气候变化的研究中所具备的不可替代的价值。时至今日，已有40多个国家在这里建立了上百个科学考察站，中国早已是这个大家庭中不可或缺的一员。从 1984 年首次南极科学考察开始，我国的科学家已完成了 35 次科考任务。而谢晓尧参与的正是其中的第 30 次，项目是"南极乔治王岛地区植物光合适应多样性资源调查及大数据采集"。可以说，南极科考是谢晓尧科研生涯最难忘的一段时光，也是他人生中最为耀眼的一笔。

回首 2013 年 12 月 12 日，身兼"致公党中央常委、贵州省政协副主席、致公党贵州省委主委、贵州师范大学副校长"等职的谢晓尧，离开贵阳飞往北京，开始了他的南极之旅。

之后的行程是这样的：从北京起飞，西出内蒙古，经蒙古、俄罗斯、哥本哈根、阿姆斯特丹、布鲁塞尔等国家和城市，到达巴黎。再由巴黎经阿根廷飞越南美洲安第斯山脉抵达智利首都圣地亚哥，接着从圣地亚哥飞往智利最南端小镇蓬塔阿雷纳斯。蓬塔阿雷纳斯机场是离南极最近的空港，从这里到达南极乔治王岛菲尔德斯半岛的时间是 12 月 16 日。至此，长达 4 天 3 夜 84 个小时的漫长飞行才告结束。对于花甲之年的谢晓尧来说，无疑是一个严峻的考验。他也因为"年龄最大，职务最高，首位贵州籍科学家"而写下南极科考的新纪录。

旅途越艰辛，到达目的后的兴奋感就越强烈。谢晓尧在他的《记忆南极》里这样描述："我们一钻出机舱，迎面而来的就是令人心醉的蓝天，PM2.5 为 0 的清新空气，皑皑白雪的南极荒原和先期到达的中国第 30 次南极科考长城站曹建新站长。看着曹建新站长热情的面容，我们一行顿时有了一种到家的感觉。"

尽管因激动一夜未眠，第二天清晨谢晓尧还是和其他科考队员一样，不顾时差带来的疲惫，早早起床，迫不及待地在长城站站区浏览。最先映入谢晓尧眼帘的是茫茫雪原上飘扬的五星红旗，她是那样的鲜艳夺目，且又是如此温暖亲切！谢晓尧感动不已，他以五星红旗为背景，留下了自己在南极的第一张照片。

长城站所在的乔治王岛，是南设得兰群岛中最大的岛屿，南、北相邻的是布兰斯菲尔德海峡和德雷克海峡。顺着长城湾放眼望去，除长城站外，还有智利的费雷站、俄罗斯的别林斯高晋站、乌拉圭的阿蒂加斯站和韩国的世宗王站。长城站设施是所有驻站中最为完备的，包括生活楼、科研楼、气象楼、文体楼、发电楼，以及综合库和食品库等。回想起 1984 年 12 月 31 日，中华人民共和国国旗第一次插上南极大陆，谢晓尧就感到振奋和自豪，更体会到作为科学家肩负的使命和承担的责任。

谢晓尧深知，这次南极之行是"十二五"期间的一次重要考察活动，这将是我国极地考察史上的又一个里程碑。他在接受媒体记者采访时就提到，贵州地处我国西南山区，面临着高寒和干旱的双重考验。自己将在科考过程中，针对高寒地区植物的耐寒性和抗旱性，以及植物光和适应多样性，进行资源调查与大数据采集。这对于贵州耐寒植物和抗旱植物的培育，促进相关学科的科研工作都具有积极的意义。

南极，除了"诗与远方"，更多的是极地恶劣环境的考验。一年之中，没有春夏秋冬，只有寒、暖两季。谢晓尧来的时间正是暖季，24 小时白昼，全天候光照。对于过惯了"日出而作，日落而息"的规律生活的人来说，是难以想象的。队员们每天出门前的必修课，就是抹防晒霜、穿防寒服和戴墨镜帽子，以抵抗臭氧空洞下强烈的紫外线对人体的危害。

到南极之前就有人断定，以谢晓尧的年龄，要和年轻人一样在极地跑，不出两天就得趴下。可事实是，整个科考过程中，谢晓尧不仅从未请过假、掉过队，相反每天还要多干一项繁重的工作，那就是写科考日志，发邮件回国。对此，大家钦佩不已，也让曾经调侃过他的人深感意外。

谢晓尧参与的第一次考察是 2013 年 12 月 18 日，地点为南极特别保护区的阿德雷岛，俗称企鹅岛。此行两项任务：一是进行企鹅现状调查；二是安装大气检测设备。同行的有 5 名科考队员，由生物学家北京师范大学张正旺教授带队。

谢晓尧在当天的日志中作了详细的记录："上午 10 点，进入企鹅岛后，大家开始分头统计企鹅孵化巢穴的数量。乔治王岛海域通常是上午退潮后，企鹅岛裸露出一条陆路与菲尔德斯半岛相连，下午 4 点涨潮后淹没陆路变成阿德雷孤岛。所以，科考小组必须在上午 10 点后才可能步入企鹅岛，下午 4 点前通过陆路撤回半岛，否则，只能在极寒的夜晚与企鹅相伴了。"

按照谢晓尧的描述，面积在一平方千米左右的企鹅岛，形状像一个酒瓶，瓶口枕着长城湾，瓶底紧依马克斯维尔湾。岛的中心是一个约百米高的山丘，坡度平缓，是企鹅繁衍的理想之地。其时，正在筑巢的成年企鹅就有近两万只之多。它们分别为三种类型：一是帽带企鹅，因颌下有一条黑色细条纹，类似帽带而得名。二是金图企鹅，头顶有一团白毛，嘴壳呈红色。三是阿德利企鹅，除了肚子是白的，其他全黑。它的名字来自当年一位到南极探险的法国船长夫人。企鹅生存的主要食物是磷虾，产生的粪便呈白色和红褐色。企鹅的粪便是天然的掩饰物。在雪地上白色的粪便很好地保护了企鹅不受天敌侵扰；而红褐色的粪便则让企鹅居住的地方看起来像红褐色的岩石。但企鹅的粪便极其难闻，常常散发着刺鼻的臭虾味。

刚上岛时，大家兴奋不已，拍照、计数、测海拔、测经纬度，不停地记录。可

5个小时下来，企鹅也看腻了，加之从头到脚全副武装，背着沉重的行头，在没过膝盖的积雪中行走，十分疲惫。若稍一歇息，寒冷刺骨的海风就会乘虚而入。

还剩一个小时就要涨潮了，对于筋疲力尽的谢晓尧来说，返程是更大的考验。若不能赶在陆路被淹没之前返回驻地，后果不堪设想。面对落单的恐惧，此刻唯一能做的，就是拼命地追赶着。可见，在南极开展野外考察，是一件极辛苦的差事。

南极的暖季是每年的12月至次年2月，那是企鹅繁衍后代的季节。这个时间，成群结队的"帽带、金图、阿德利"们，纷纷回到阿德雷岛，筑巢繁殖。这是一个充满艰辛，而又险象环生的过程，先是衔石垒巢，然后求偶配对，最后成婚产卵。企鹅卵一般为两枚，雌雄轮流孵化和觅食。这一过程中难免遭遇天敌，如果"夫妻"一方觅食时被虎鲸或海豹吃掉，另一方必然会离开巢穴，暴露在外的孵化卵或幼崽就有可能被天敌吃掉。这就是企鹅孵化成功率只有40%左右的缘故。

在谢晓尧看来，除了天敌和自然因素，人类的活动也会影响到企鹅的生存质量。比如地球的拥挤，大气的污染，环境的恶化等。南极正在经历一个从破坏到保护的过程，科学家们的科考活动，就是以保护好南极固有的荒野、美学、环境和科学研究价值为最终目的。

一切按计划有序推进，在为期50天的时间内，谢晓尧直接或间接地参与了多个项目的科考活动。比如"极地地区环境研究"；"南极长城站三频信标——GPS电离层联合监测及电磁环境监测研究"；到菲尔德斯半岛西海岸开展生物多样性调查和海狮海豹生存统计；在长城站周边陆地和岛屿上采集地衣标本；到菲尔德斯半岛的西海岸风暴湾采集苔藓和水样过滤获取硅藻；在南极长城站附近地区观察鸟类生存状况；前往"科林斯冰盖"采集多年未融化的坚冰样本等等。

其间，还采集了约130份藻类样品、70份苔藓样品、50份地衣样品以及两千克冰冻新鲜苔藓。贵州和南极的气候条件有一些相似之处，如干旱、低温。如果研究出南极的苔藓、地衣等植物在极寒冷、极干旱条件下能够存活生长的原因，从样本中找到一些具有抗冻，抗寒作用的基因，就有可能对贵州的植物进行选育、改良、改造，使这些植物更好适应贵州的干旱、凝冻天气。谢晓尧还参与了"南极近海海洋环境监测系统回收维护"打捞工作的整个过程。可以说那些日子，既辛苦劳累，又乐在其中。

2014年2月6日，当谢晓尧和队友们搭乘的飞机降落在祖国首都北京时，他的50天的南极长城站科考之旅完成。作为一名资深科学家，一位高级领导干部，一个教育工作者，谢晓尧的研究是扎实的，姿态是低调的，视野是宽广的。他以足够的毅力完成了50天的南极科考，在极短的时间内，在同样疲劳的情况下，独立完成了30多篇科考文章，写下专集《记忆南极》，拍摄了近万张极具科研价值的图片。他的科考日志，还通过《贵阳晚报》专栏每天与贵州的读者分享，许多青少年读者，还与报社互动，发表读后感。

与此同时，《贵州日报》《贵阳晚报》《中国政协》，贵州电视台，以及《多彩贵州网》《贵阳新闻网》《网易新闻》《新浪博客》等媒体相继报道。当那一组组图文并茂的稿件，见诸全国各类报刊和各大网站时，不同年龄层次的网友和科迷们的激情，就会一次又一次地被点燃。

南极归来，刚好赶上全国政协十二届二次会议召开。作为委员的谢晓尧，还把在南极发现的参政议政热点带到会上。他说，随着近年来南极旅游在全球旅游市场的悄然兴起，前往南极的旅游者大幅增加，给南极带来了噪声、垃圾和踩踏污染。"以长城站为例，20年前，一年仅接待过十几人，而2013年一年接待了2000多人。"他还指出："南极大陆生态系统十分脆弱，一些苔藓要经过许多年才能生长起来，但游客一脚踏上去，就把它毁灭性地破坏了。"他建言，中国亟须加强对南极旅游的规范管理，在南极环境保护方面促进国际合作。让更多游客了解南极的重要性，保护好南极的荒野性。

此外，谢晓尧还建议南极科考站以风能代替柴油，减少燃烧柴油排放的大量二氧化硫和二氧化氮。南极风大，最低也不低于5级，高的达10级，使用风能的潜力大。他还就此算了一笔账："我们的长城站，只要128千瓦的发电机就可以供全站使用，用4台20~30千瓦的小型风力发电机就可以支撑下来。这样一来，把柴油机作为备用，以风能为主。不仅减少柴油对南极的污染，同时发挥中国是负责任大国的作用。"谢晓尧的这些建议还得到中国网、中国新闻网、新华网、《中国海洋报》《大公网》等网媒、纸媒的热切关注。

回到贵阳之后一段时间里，由于科普的需要，谢晓尧又多次举行"南极归来"报告会。记得有一次报告会是在贵州科技大讲堂举行，整个会场被挤得满满当当，其中有一半是青少年学生和武警战士，还有一半是父母带着孩子来的。这让谢晓尧十分兴奋，那场报告会他一口气讲了三个多小时。在报告会结束前，他还寄语小朋友：长大后要想去南极，第一要有强健的身体；第二要有丰富的知识；第三有扎实的外语。

那天，谢晓尧从讲台上下来，就有一群孩子和他们的父母等在那里，为他送上鲜花，还争相跟他合影。

擦亮"天之眼"

"感官安宁，万籁无声，美丽的宇宙太空以它的神秘和绚丽，召唤我们踏过平庸，进入它无垠的广袤。"这是"天眼之父"南仁东 2016 年 6 月为 FAST 主体竣工时所做的诗意表达。

FAST 即 Five-hundred-meter Aperture Spherical radio Telescope 的缩写，中文名为"500 米口径球面射电望远镜"，被天文学界称之为"中国天眼"。它由我国天文学家南仁东 1994 年提出构想，中国科学院国家天文台主导建设，于 2016 年 9 月 25 日落成启用，历时 22 年。是具有我国自主知识产权、世界最大单口径、最灵敏的射电望远镜。它的综合性能是阿雷西博（世界著名射电望远镜）的 10 倍，因位于贵州省黔南州平塘县境内，又称"平塘天眼"。

那时，谢晓尧就敏锐地觉察到，"天眼"落户贵州，将对贵州科学技术发展带来重大影响。他在思考，面对得天独厚的机遇，贵州的科技界应该做些什么？贵州的科技工作者应该做些什么？作为一直坚守在科研一线的科学家，谢晓尧深知，FAST 作为世界最大的单口径望远镜，将会在未来的 20~30 年内，保持世界一流地位。它的科学价值就在于：它有能力将中性氢观测延伸至宇宙边缘，重现宇宙早期图像；它能用一年时间发现数千颗脉冲星，建立脉冲星计时阵，参与未来脉冲星自主导航和引力波探测；它能够主导国际甚长基线干涉测量网，获得天体的超精细结构；它还能进行高分辨率微波巡视，检测微弱空间信号，将深空通讯能力延伸至太阳系外缘行星，将卫星数据接收能力提高 100 倍。

谢晓尧明白，要在这么前沿的科研领域发挥作用谈何容易。所以在"天眼"还处在建设阶段，他就开始了"科"海探骊，进行深入调研。平塘建造巨型"锅盖"的那个叫作"大窝凼"的地方，谢晓尧不知跑了多回，也不知多少次与中科院国家天文台的专家们交流探讨。功夫不负有心人，在一段时间的绞尽脑汁之后，谢晓尧终于茅塞顿开，找到了服务 FAST 的最佳立足点。

谢晓尧曾形象地说，如果把 FAST 叫作国家的"顶天"，那么贵州的大数据就叫作"立地"。"顶天"与"立地"是"天眼"探秘浩瀚宇宙不可或缺的两大因素。

FAST 探测深空的意义，就在于寻找地外文明，了解其他星球上是否有智慧生命的存在，以及发现脉冲星等等。

随着未来科学发展的步伐不断加快，需要走到火星，或者走出太阳系，甚至走出银河系，地球上的 GPS 早已鞭长莫及，失去作用。这个时候，找到的脉冲星构建的时钟矩阵便可用来定位和导航，而且确定的脉冲星越多，宇宙之行的方向感就越明确。

谢晓尧认为，人类要走向外太空，寻找脉冲星是绕不开的一步。而确定脉冲星之前，FAST 接收到的脉冲星信号所呈现出来的波峰线状，在外行人看来就如同一团乱麻，五颜六色，斑斑点点，变化莫测。它必须经过复杂的流程与精密计算，来完成这些海量的、纷繁的脉冲星信号的数据处理。不言而喻，这是一个十分细密、庞杂，且耗时的环节。而这正是谢晓尧想要拿下的"环节"。他的底气何来？那就是：第一，他有长期从事数字智能化信息系统研究的深厚积累；第二，他有一个堪当重任的科研团队；第三，他的背后有贵州省政府和贵州师范大学的鼎力支持。

FAST 启用的时间是 2016 年 9 月，而早在两年前的 2014 年 9 月，贵州师范大学就与中国科学院国家天文台共同签署了"FAST 早期科学数据中心"合作共建框架协议，并在贵州师大宝山校区田家炳教育书院三楼会议室举行了"中科院国家天文台——贵州师范大学天文研究与教育中心"揭牌仪式。仪式上，中科院国家天文台台长严俊，还对谢晓尧和他的团队所表现出的执行力，给予了充分的赞赏和肯定。

的确，在这份协议形成之前，谢晓尧做了大量的准备工作。要建一个科技含量极高的研究中心谈何容易，场地、设备、人才，一切从零起步。可这时候的谢晓尧，又要上课带研究生，又不能丢下其他科研项目，而且还在省政协副主席任上，工作千头万绪。那段时间，谢晓尧既当"教练员"，又当"运动员"。没有购买设备的经费就找省有关部门协调解决，没有科研场地就找学校想办法，紧紧依靠老搭档刘志杰（现为云上贵州大数据集团副总经理）和现有的科研团队。就这样，谢晓尧脚不沾地，左冲右突，直到完成数据中心的全部组建工作。

当中心一俟成立，谢晓尧和他的团队便迅速开展了多项研究课题。首先是 FAST 海量数据异地传输、存储和数据共享，实现数据的有序分发和调度。其次是综合运用现代信息技术、信号处理、工程数学、计算数学理论方法，开展人工智能、机器学习在 FAST 天文信号识别与搜寻方面的算法研究。三是开发基于 CPU、GPU 技术的加速计算软件平台和工具，构建网络化筛选器，实现脉冲星网络化、分布式处理和候选体智能化筛选，加速奇异脉冲星搜寻与发现。这些研究在2015年底，就初见成效。

尽管那时整体锅盖安装尚未竣工，但FAST馈源舱已经开始工作，它不断地接收到遥远太空的电磁脉冲信号，通过无线传输，源源不断地存储到早期数据中心，由他们进行数据处理。而FAST发现第一颗脉冲星的数据依据，就是来自位于贵州师大田家炳教育书院三楼的"FAST早期科学数据中心"。

说起来，数据处理的过程，是极其辛苦的，科研人员通常是24小时轮班值守在计算机旁，必须全神贯注，心无旁骛。科研数据中心的人才大都是谢晓尧的科研团队，多年来，这个团队人才济济。他们运用计算机科学、数学、自动化控制、网络与通信等诸多学科的理论和研究方法，开展了计算机理论、工程计算与应用、网络计算和人机交互与数字媒体集成等高新技术的研究，以及服务"天眼"的数据处理研究。2015年以来，由FAST早期科学数据中心处理找到的脉冲星就多达60多颗。

回首中心组建之初，谢晓尧就对他团队的科研人员们说："我们的工作就是要把中国天眼擦得亮亮的，让它看得更远，看得更准。"的确，这个团队之所以朝气蓬勃，充满生机，除谢晓尧的标杆和表率作用外，还有他给予下属们足够的关心与关爱。他与团队成员，不是单纯的主管与部属关系，还有很重要的一层，这个团队成员大多是谢晓尧的学生，那是一种充满信赖的师生关系。

谢晓尧基金

谢晓尧是一位成功的科学家，又是一位出色的教育工作者，科研攻关与教书育人是他人生追求的两条线。几十年来，这两条线相互支撑，彼此交融，不可分割。

如果说当年谢晓尧进入高校有一定的偶然性，那他成为科学家就是从教之后的一种必然。科研与教育从来是高校撇不开的两大职能，教学促进科研，科研推动教学。高校承担的使命是"人才培养、科学研究和社会服务"，这恰恰与谢晓尧的事业轨迹不谋而合，他因从教而走上科研之路，反过来又将科研所获服务于教育。

成功后的谢晓尧用得最多的一个词叫作"饮水思源"。他说，自己从小饮的是学校教育之"水"，长大后思的是国家培养之"源"。饮水思源，就是要懂得感恩，懂得回报。正是在这样的思维引领下，才有了之后"谢晓尧基金"的问世。

那是 2012 年，谢晓尧凭借重大的学术贡献和丰硕的科研成果，一举收获了贵州省科学技术最高奖。省政府为其颁发奖金 50 万元，随后所在的贵州师大配套奖励 50 万元。面对沉甸甸的百万元大奖，谢晓尧首先想到的竟然是如何用这笔钱来回报社会。

也许，因为他是一名老师，也许因为他是一位科学家，他十分清楚优秀人才的重要性。国家富强，民族复兴，社会发展，若没有堪当重任的人才，一切都是空话。他想，若是将这笔款项捐给学校，作为研究生科学研究与技术创新的奖励基金，那就会对人才的脱颖而出起到很好的激励作用。

谢晓尧是这样想的，也是这样做的。学校对此不仅给予了高度的认同，还加注 100 万元，于 2013 年 4 月，建立了以谢晓尧名字命名的"谢晓尧基金"。没想到这项用作优秀研究生奖励的基金一经建立，便很快引起了社会各界的广泛关注。电视、报纸、网站，争相报道，读者、观众、网友频繁热议。在各路媒体宣传的影响下，2015 年 11 月，"香港计佑铭博士贵州教育基金"又捐资 100 万，为"谢晓尧基金"增添了新的活力。

可见，这种方式不仅为社会有识之士搭建了一个捐资教育的爱心平台，也为获奖研究生将来"饮水思源、回报社会、捐资教育"预留一片回馈的园地。谢晓尧捐资教育的善举，赢得了校园内外的一片赞誉。但谢晓尧显得很平静，他认为，捐资助学是当老师的本分，只要有能力，别人也会这样做。

"谢晓尧基金"自建立以来，已累计有 34 名优秀研究生获得过该项奖励。2018 年，贵州师大还拿出 3 万元"基金利息"，作为扶贫资金，帮助石阡县长官村改善柑橘种苗。

谢晓尧从教近四十年了，一茬又一茬的学生从身边走过，堪称桃李满天下。他始终站在教学一线，在本专业带出了 50 余名硕士研究生和七名博士研究生，为贵州的教育、科技界和 IT 领域培养了一大批骨干人才。前不久，他带的三名来自泰国、巴基斯坦的国际留学生（硕士研究生）也顺利获得学位毕业。每逢学生毕业季，看到自己的弟子高高兴兴走向社会，谢晓尧那种发自内心的自豪感就会油然而生。

所谓"爱人者，人恒爱之"。谢晓尧从教以来，一直保持着对教育事业足够的敬畏。而这种敬畏的落脚点，就体现在他对学生的教育与关爱上。《学记》有云："亲其师，信其道；尊其师，奉其教；敬其师，效其行。"这句古训，揭示了良好师生关系对学生的影响。很多时候，学生会因为喜欢一位老师而爱上一门功课。但良好师生关系的前提，是先要有好老师。

谢晓尧无疑就是这样一位好老师。

仅举二例：曾有一位2005级研究生，名叫王军亮，来自陕西农村。在校的前期，心理压力大，每天都很紧张，情绪十分低落。有一天，王军亮拿了一张退学申请书找到导师谢晓尧，要求他签字，说是退学后去深圳打工。这让谢晓尧十分担忧，也很着急。他知道，以王军亮的家庭条件，培养一个研究生不容易。便以自己亲身经历过的坎坷往事，跟他讲故事，还真诚地开导他。谢晓尧说："你父母都是农民，你知道培养一个研究生有多难吗？你眼前的一点困难，比起你父母对你的付出来说又算得了什么！"见王军亮还想坚持，便严肃地说："你若做到这样两点，我就签字。第一，把你的父母请来；第二，你先看一看正在播出的电视剧《士兵突击》，再问问自己，什么叫作'不抛弃、不放弃'。"两天后，王军亮找到谢晓尧，表示不再提退学了。谢晓尧又不失时机地讲了许多鼓励的话，渐渐地王军亮变得自信起来，在学习上更加刻苦。待学习期满，不仅顺利毕业拿到硕士学位，还被上海一家大型外企高薪聘用。此后逢年过节，王军亮都要给他的恩师谢晓尧发来祝福短信。

这件事让谢晓尧体会到，关键时候老师的鞭策与鼓励，对学生的影响是难以估量的。谢晓尧曾经最喜欢读的一本书是俞敏洪的《在痛苦的世界中尽力而为》，他常以此来教育他的学生，任何时候都要站在人生新的制高点上，品味磨难，增强信心。

另一个例子是2011年，当时有十来个学生报考谢晓尧的博士，有一名叫张正东的安徽考生，因高位截瘫，是坐着轮椅进复试考场的，在考生中显得很特别。那次考试只有两个录取名额，竞争非常激烈。考前，张正东就找到谢晓尧："谢教授，我是抱着做您学生的愿望而来的，您会不会嫌弃我是……"谢晓尧马上打断他的话："你放心复试，只要成绩优异，我绝不会因为你是残疾人就放弃了。"

复试结果，张正东总分第一，谢晓尧毫不犹豫地录取了他。读博期间，张正东还多次得到过导师谢晓尧父亲般的关爱。

那是2012年寒假，张正东准备回家过年，买了晚上的火车票。想到张正东的特殊情况，谢晓尧很不放心，便亲自送他到火车站，还为他背行李，搀扶他一步一步来到候车室。为了争取一个进站的"绿色通道"，谢晓尧还跑前跑后找车站工作人员协调。一直把张正东送到车厢，安顿好后才离开。而这个时候的谢晓尧，不单是老师、校长，还是省政协副主席。可是有谁会注意到这位学者模样的人是一位在职的高级干部呢！

火车启动后，张正东要做的第一件事，就是给他的导师发短信。称："这是一生中最让我感动的情景。"

当然，张正东也没有让他的导师失望。他不仅勤奋刻苦，学业完成顺利，其博士论文还在中科院 JCR 分区二区 SCI 期刊《Nucleic Acids Research》（生物信息学领域顶级期刊）上发表。毕业后，张正东很快被贵阳学院以高层次人才引进，还一次性发给税后安家费 45 万元，另补贴 15 万元的科研启动经费。

张正东曾感慨地说："能够成为谢晓尧老师的学生，三生有幸，倍感骄傲。"而谢晓尧也十分赞赏张正东的才华，还常以他为榜样，教育和启发后来的研究生们。

相同的赞语还有很多，比如他的学生、高级工程师于徐红说："谢老师干工作很拼，经常加班到很晚，记得 2008 年平安夜还在红枫湖大桥上搞检测。"实验室申铁博士也很有感慨，说："谢老师当了省领导，可上课从不耽误。"实验室副主任陈彦说："见谢老师工作忙，我们劝他就别开课了，可他说'哪有当老师的不上课！'他是二级教授了，还英语单词卡片不离手。"接着说，"他有着强烈的学术敏感性，但凡国际上出现了新的技术信息，他都会在第一时间进行研究。"他的学生吴招娣说："谢老师上课很认真，一直坚持板书，说 PPT 印象不深，影响效果。"等等。

在带研究生过程中，为了给学生营造更加开放多样的教学环境和机会，谢晓尧总在不断地探索和创新。2011 年 7 至 8 月，他率团赴台湾多所高校洽谈合作事宜。在台期间，先后访问了中国科技大学（台湾）、玄奘大学、朝阳科技大学等 10 所高校。就师生互访、交流学习等方面进行探讨，并与台湾朝阳科技大学、玄奘大学、昆山科技大学、中国科技大学，以及和春技术学院等 5 所高校达成了合作意向，签订了学生互派交流协议。从 2012 年起每年选送贵州师范大学优秀全日制本科生（大二、大三学生）赴台湾，进行一学期或一学年的研修学习。截至目前，已选送过上千名学生赴台深造。

2013 年 1 月，结束研修回来的 2010 级机电专业的学生陈龙飞，在跟他的老师谢晓尧汇报学习情况时说，非常感谢老师为自己创造赴台学习的机会。陈龙飞因为表现突出，成绩优秀，还得到了和春技术学院机电专业主任的赏识，决定让陈龙飞跟着自己学习研发机器人项目。果然，交流学习结束后，那位主任就安排陈龙飞到他在大陆的公司上班。

谢晓尧培养的 7 名博士，除张正东外，其他几位也十分出色。比如刘嵩博士，毕业后留在贵州省信息与计算科学重点实验室，现为贵州师大副教授。2012年3月，贵州省文物局正式启动海龙屯申报世界文化遗产程序，刘嵩以贵州省信息与计算科学重点实验室科技工作者身份，在遗址数字化保护、数字化形变检测方面参与了相关考古工作，为海龙屯遗址申请世界遗产提供技术支持。再比如博士徐扬，2003年硕博连读，毕业后很快成为信息安全研究领域的骨干，现已是贵州师大教授。

世间没有无缘无故的爱。人们从"谢晓尧基金"的善举，可以看到谢晓尧"为人师者，即为人父"式的中华民族传统美德。

试想，谢晓尧身为教师，长期以潜心教学，科研为本。而且为官清廉，慎独自律。所获奖金对他来说，堪称是一笔难得的财富。可谢晓尧却分文不取，全额捐出，这是何等的爱心与境界！

议政好声音

如果把教学、科研作为谢晓尧孜孜不倦为之付出的一条主线，那他所从事的其他工作也许就是主干的分支了。的确，谢晓尧担任过很多职务，从教授到副校长，从致公党贵州省委主委到贵州省政协副主席、全国政协委员，甚至还担任过打邦河省级河长职务。不管是在哪个位置上，他"严谨、求实、认真"的科学家基因一直在发挥着作用。

谢晓尧在担任贵州省政协副主席、致公党贵州省委主委等政治职务后，深感使命光荣，责任重大。过去一直在科技教育战线，一下子担任政协、党派职务，面对的是岗位与心态的角色转换。对此，谢晓尧本着"学习、学习、再学习"的态度，让自己迅速从外行变内行。他不断地提醒自己：从政与科研，虽然形式不同，但严谨认真的态度是一样的。所以，在其位就要谋其政，要么不做，要做就要认真做好。

谢晓尧任省政协副主席期间，分管港澳台侨委工作。港澳委员流动性大，不可能像内地委员一样有很多时间参加政协活动。为了有效地调动港澳委员们参政议政的积极性，谢晓尧做到了三点：一是"走出去"，到港澳委员驻地了解他们工作和生活情况，帮助他们解决实际困难。二是"请回来"，利用贵州重大活动的机会，把他们请回来，开展视察考察活动。三是通报情况。定期通报贵州的经济建设和社会发展情况及其他有关信息动态，使他们充分了解党委和政府在各个时期的中心工作，做到心中有数，知情出力，建言献策。

所以，每年重大节日，谢晓尧都不忘给港澳委员和海内外朋友发去贺卡、电函、电邮、短信，保持亲密联系。每当谢晓尧率团赴香港、澳门考察，都要与驻港澳中联办、特区政府有关部门、港澳委员、贵州乡亲、有关爱国社团及企业沟通联系。贵州省政协20多名港澳委员中非黔籍居多，他们对贵州情况缺乏全面了解，议政参与度不高。为此，谢晓尧还带领他们实地走访了黔东南州多个市县，让他们感受贵州的发展变化，开阔视野，增进交流。

2011年4月，谢晓尧陪同贵州省政协主要领导对香港、澳门进行访问。访问期间，拜会了全国政协副主席何厚铧，澳门特首崔世安，会见了香港澳门知名企业家，拜访了香港澳门贵州联谊会，看望了港澳委员，与他们广泛接触，亲切交流，详细介绍了近年来贵州经济社会发展情况。并为5月份在香港举行的"香港贵州商品展"和"贵州香港投资贸易活动周"两项活动，争取到香港特区政府和港澳各界人士的支持。驻港澳省政协委员和联谊会的乡友们也积极响应号召，热情参与到商贸活动中来，还集资30多万元，作为随团访问的黔东南歌舞团在香港的演出活动经费。而歌舞团以"苗乡侗寨、天歌神韵"为主题的演出，也取得圆满成功，香港近两千名热情观众盛赞贵州民族歌舞既有原生态的古朴瑰丽，又有现代化的精彩华美。

2013年1月，谢晓尧作为全国政协委员参加了全国政协第十二届一次会议，他呼吁的"深化改革如何不失时机""防治大气污染，应大力推进完善相关立法工作。""进一步推进农村环境连片整治工作""如何发展贵州的高等教育"等热点问题，先后被《人民日报》、人民网、新华网、《人民政协报》《检察日报》发表。

谢晓尧深知，民主党派的作用就是"参政议政，民主监督，协调关系，自我教育"。所以，每个时期都认真领会中共中央和中共贵州省委的重要会议、文件、讲话精神，并结合贵州省经济社会发展的主基调、主战略，将个人学习心得以及相关搜集数据做成图文并茂的PPT讲稿，在贵州致公党员中进行专题讲座辅导。既生动，又具视觉美。这样的辅导课，党员爱听。所以，每次上完课，大家就围着谢晓尧，要拷他的PPT，说他收集的资料又新颖，又有针对性，太难得了。

这样的课，谢晓尧不仅仅在致公党内讲，就连贵州省政府、贵州省政协、中共贵州省委统战部、贵州省社会主义学院和各高校等单位也邀请他为干部学员们作专题辅导。

作为致公党主委，谢晓尧团结班子成员，共同抓好参政议政工作。围绕中共贵州省委、省政府的中心工作和贵州经济社会发展的主基调，以及老百姓关心的热点、难点问题进行调研，不失时机地提出一条条强省富民的良策。曾先后向贵州省政协会议提交大会发言10余篇，提交党派团体提案80余份。其中一些提案还被评为"年度优秀提案"。

与此同时，还向中共贵州省委报送二十四篇调研报告。其中10份还被中共省委统战部评为优秀调研报告。向致公党中央、贵州省政协、中共省委统战部报送社情民意信息208条，51条信息被采用。同时，向致公党中央报送的社情民意信息《尽快开展苗医医师执业资格考试试点工作，推动我国苗族医药持续科学健康发展的建议》等3条社情民意信息被全国政协采用；向致公党中央报送的《关于进一步巩固和提升"锰三角"地区锰污染整治成果的建议》等两条社情民意信息被中共中央统战部采用。

谢晓尧积极参与到省政协及专委会组织的视察、调研等各项活动，领导完成了港澳台侨与外事委员会的《贵州入境旅游现状调研报告》《港澳台侨及海外人士、团体对毕节试验区20年发展的支援情况》等多个调研报告。其中《贵州入境旅游现状和几点建议》《贵州省招商引资项目落地建设情况调研报告》两个调研报告成为2008年度和2012年度省政协常委会的建议案。这些都是贴近民生，反映民情的议政好声音。

谢晓尧还当过打邦河流域省级河长。河长制最初产生于浙江省长兴县，2016年12月，中国中共中央办公厅、国务院办公厅印发了《关于全面推行河长制的意见》，全面推行河长制，为维护河湖健康生命、实现河湖功能永续利用提供了制度保障。谢晓尧在任河长期间，经常下到打帮河沿岸，开展实地巡河调研，详细了解了打邦河流域的水质及河道管理情况，发现问题及时处理。

作为省政协副主席，谢晓尧每次下到县乡调研，都要深入村镇，看看农贸市场，了解社情民意。有时赶不上饭他就自掏腰包，请随行工作人员吃饭，从不让部下买单。在调研途中，有一项功课是必不可少的，那就是翻阅随身携带的英语卡片。他还常说，人活到老就要学到老。年轻时，为了理想而学；中年时，为了充实而学；到了老年，学习便成了一种更高境界的自我修为。他的一位名叫赵蕾的部下这样评价他："谢主席很有人格魅力，从他当致公党副主委起，我在他身边工作差不多十年了，他的那种拼搏精神和创新理念丝毫不亚于年轻干部，在他身上我学到了很多正能量的东西。"

其实，对于谢晓尧来说，他的学习不单纯是自我修为的需要。因为，他的科学研究从未中断，他的科研团队还需要他的指导，他还要不断地接纳新的信息。所以，他常常是白天在省政协履职，晚上又回到了他位于贵州师大的课堂和实验室，有时还要辅导他的研究生。由此可见，时间在谢晓尧那里是分秒必争的。

IT情未了

时下流行这样一句话："要么读书，要么旅行，身体和灵魂总有一个在路上。"意思是，你即便暂时去不了远方，但也不能停止放逐灵魂和脚步的努力。这句话原本是针对旅游而言，却被人们无限地引申了。若是用在谢晓尧身上，也许是一个很好的诠释。

回首谢晓尧的人生，何曾有一天停下过前行的脚步呢！有人称他是"贵州IT界的开拓者"。所谓开拓者，就是发现未知，或是在未知的土地上播种绿荫的人。谢晓尧无愧于这样的称呼。正如他的前辈科学家傅家祥先生所言："谢晓尧是一个不知疲倦的人，任何时候都要做到最好。"

2018年，谢晓尧从省政协、致公党担任的职务上退下来，继续当他的副校长。尽管此前他的科研活动一直没有停止，但毕竟主要精力放在省政协工作上。现在不同了，他又可以全身心地投身到他的实验室了。

谢晓尧现在的办公室就在实验室旁边，既不宽敞，更谈不上奢华，老式的柜子、老式的沙发、老式的办公桌，一应的设备皆显老旧。要不是那架立在沙发与办公桌之间的天文望远镜，很难将它和它的主人联系在一起。可谢晓尧回答的是："这里紧挨实验室，方便。"

当省政协宣布不再提名谢晓尧担任副主席后，手续还没办谢晓尧就主动搬离了办公室，说不能占用政协资源，还把绝大部分书籍捐给了师大图书馆。

一个干实事的人是从来不屑于形式的，谢晓尧要的是时间。他跟他的团队成员说，宇宙是个大家庭，还有很多未解之谜等待破题。不论是大到大射电望远镜FAST传回来的天文数据，还是小到一片小小茶叶里的基因图谱，背后都蕴含着数以万计的数据。我们的工作就是要从大量的、杂乱无章的、难以理解的数据中抽取出相对有价值、有意义的数据来，让它们服务于社会生产，贯穿于社会生活的各个领域。

事实上，在这个领域，谢晓尧已经取得了令人瞩目的成就，细数下来是这样的——

自二十世纪八十年代初开始，谢晓尧主要参与研究开发的"都匀电厂锅炉闭环控制系统"，获1983年贵州省科技进步二等奖。主要参与研究开发的"FG-Ⅱ邮政包裹自动分拣系统"，获1983年贵州省科技进步三等奖。主持研究开发的"异种微机远程通信研究"，获得1989年贵州省科技进步四等奖。主持研究开发的"贵州省招生办高考招生自动化系统"，获1993年贵州省科技进步三等奖。主要参与研究开发的"贵阳城市煤气SCADA系统"，获1998年贵州省科技进步二等奖。主持研究开发的"数字智能化综合业务信息系统DIISIS"，获2001年贵州省科技进步二等奖。主持研究开发的"基于信息安全的网络考试平台"，获2003年贵州省科技进步三等奖，该成果销售了近6万套系统光盘。主持研究开发的"大学基础课网络考试系统"，获2004年贵州省教学成果特等奖。主持的国家863重大专项课题"基于Linux的网络多媒体教学资源建设关键技术与应用研究"，通过科技部专家组验收和鉴定，并获2005贵州省科技进步二等奖。主持研究开发的"贵州师范大学下一代互联网示范工程（CNGI）驻地网研究、建设与开发应用"，获2007年贵州省科技进步三等奖。主持研究开发的"基于异种传感信息融合技术的清黄高速公路红枫湖大桥健康监测系统研究与应用示范"，获2009年贵州省科技进步一等奖。主持研究开发的"海量点云数据采集、处理、数值分析及逆向建模成套信息技术的应用研究"，获2010年贵州省科技进步三等奖；主持的国家863重大专项课题"基础教育科学计算服务社区工具箱开发和应用"，于2011年5月已通过科技部专家组的验收，并已进入实际应用阶段。

总体累计：谢晓尧获贵州省科技进步一等奖1项；二等奖4项；三等奖5项；轻工部科技进步奖1项；贵州省教学成果特等奖1项。此外，他还撰写了9部专著教材，发表高质量的学术论文114篇。由于他的突出贡献，先后被授予"全国归侨侨眷先进个人""贵州省先进工作者""贵州省产学研联合先进个人""贵州省留学回国人员先进个人""贵州省十五期间信息化先进个人""贵州高校感动校园十大人物"等荣誉称号。

谢晓尧主要科学技术成就和贡献：一是创新建立和发展了贵州信息化带动工业化的计算机控制理论和技术体系，创造了较大的经济效益和社会效益。二是率先建立和发展了贵州国际互联网和网络技术，大大缩小了西部数字鸿沟，促进了贵州经济与社会发展，培养和造就了一支研究与开发信息技术产业化的创新团队。三是所带领的科研团队和实验室已成为国家批准的喀斯特地区关键信息技术应用国家地方联合工程实验室（全省信息类唯一一个国家级的工程实验室）、贵州省科技厅批准的贵州省信息与计算科学重点实验室和人才创新团队、贵州省发改委批准的贵州省智能计算与控制技术工程实验室、贵州省委组织部批准的人才培育基地，是贵州省IT界一支重要的科研团队和产、学、研重要基地。

申请、获得专利多项：已授权发明专利1项；实质审查发明专利6项；实用新型专利1项；软件著作权2项；软件产品登记9项。

承担国家和省级重点课题有：1. 国家科技支撑计划项目"基于U－系列标准的电子政务应用解决方案"；2. 省科技厅重点项目"基于数字图形介质理论的高速公路及高边坡稳定状态快速评价技术研究及应用"；3. 贵州经信委重点项目"贵州全省古茶树基因组测序与分析及大数据平台构建"；4. 贵州大数据局重点项目"FAST早期科学数据中心天文海量数据处理及大数据平台建设"；5. 借助政协每年召开的斗茶大会的契机，利用最新的生物基因技术、物联网技术、大数据技术等建设贵州茶云平台；6. "南极乔治王岛地区植物光和适应多样性资源调查及大数据采集"系列研究。

谢晓尧能够将大把的时间，大把的精力用在科教事业，除了他所处的这个伟大的时代，还在于他有一个温馨和谐的家庭，一位理解他、支持他的好妻子。谢晓尧的妻子瞿丽雅，是环境监测研究方面的专家。与谢晓尧初相识时，是一位跟她名字一样美丽的浙江姑娘。她的父亲抗战时期来到贵州，在贵阳医学院工作，曾是著名的外科医生，有"贵州外科一把刀"美誉。瞿丽雅曾就读吉林大学化学系分析专业，毕业后一直在贵州环保系统工作，曾任贵州省环境保护局副局长、贵州省环境科学研究设计院副院长。相同科技情结让两个志向高远的青年走到了一起。他们1983年相识，1984年结婚，1985年就有了儿子谢雅典。谢雅典现为北大全职博士后，曾留学加拿大魁北克大学。谢晓尧的儿媳孙媛媛也是中国农业大学的博士，现贵州师范大学任教。所以，说谢晓尧家庭是一个学者之家亦不为过。有这样家庭做后盾，谢晓尧就可以全身心地投入到科研和教学工作中。

当然，谢晓尧有时候也觉得对不起妻儿，感觉对家庭付出太少。特别对他父母怀着深深的愧疚，他的母亲、父亲分别于2011年、2012年相继去世，父亲生命垂危时谢晓尧还在外地出差，直到临终前才赶到医院见父亲最后一面。

因为与共和国的命运紧密相连，谢晓尧同许多"50后"一样，有着鲜明的时代性格特征，那就是：正直上进，乐于奉献，充满激情。他刚刚走上科研之路时是这样，到今天硕果累累依然是这样。他还是一位富有浪漫情怀的学者，在繁忙的工作之余，也会用微信和朋友、和他的学生聊聊天，探讨学术与生活方面的问题。每逢周六上午，他都要挤出安排时间坚持乒乓球锻炼。他的乒乓球技术一直没有荒废，在2009年"移动杯"乒乓球邀请赛省级干部比赛中，还取得过第一名的好成绩。另外，每年致公党贵州省委举办的春节联欢会上，他都要亲自上场献唱。他还弹得一手钢琴，偶有闲暇，也会弹奏几首动听的曲子。

大家都知道，谢晓尧是贵州IT界的领军人物，但对他良好的文学素养也许了解不多。其实，他有很深厚的国学功底，他的学术文章也是文采飞扬。比如他在报纸上发表过的《陪同袁隆平院士在贵州的日子》《新疆感悟》，以及《黑龙江与图们江的故事》等等，都写得十分精彩。尤其是他的《记忆南极》更是语言生动，文笔简练，将50天的南极科考生活写得既荡气回肠，又富诗情画意。

"长风破浪会有时，直挂云帆济沧海。"曾经有记者这样问谢晓尧："您心中的中国梦是什么？"谢晓尧的回答是："我是一名老师，我希望每一个年轻人都能接受高等教育；我又是一名科技工作者，我希望中国的IT能够一直走在世界的前沿。这两个'希望'就是我的中国梦。"

油香南中国，惠及千万家

——记贵州油菜育种专家侯国佐

◆ 裴晓红

侯国佐 （1941.7.24—）出生于贵州遵义。油菜育种专家。

1964年毕业于贵州农学院，从事棉花研究工作，1978年起转向油菜研究。侯国佐先后担任杂交油菜研究室主任、副所长、所长、所党委副书记、贵州油研种业公司董事长等职务。2002年获贵州首届最高科学技术奖。2006年获第三届中国西部开发突出贡献奖。2007年，获贵州省首届荣誉核心专家。

侯国佐在农业科研战线上奋斗了52年，先后主持国家863、国家攻关、国家支撑计划项目13项，贵州省攻关、贵州省科技基金、省长基金等研究项目14项，农业厅科研项目6项，建立了国家油菜品种改良贵州分中心，贵州省油菜工程技术研究中心，国家油菜原原种基地，启动西部开发科技行动计划项目。在农业研究尤其在杂交油菜研究领域成绩卓著，育成的多个杂交油菜品种推广到整个长江流域，为贵州乃至中国油菜产业的发展做出了突出的贡献。

童年——开启思考模式

1941 年 7 月 24 日，贵州省遵义市新舟镇龙井村，流动私塾老师侯正富的家中，诞生了第四个孩子侯国佐。

侯国佐和父亲的感情很深。从小时候起，侯国佐就常常跟在父亲身后，看着父亲给村里的其他乡亲子弟上课，有了些读书的向往。

侯国佐的父亲侯正富是一个为人善良、乐于助人的私塾先生，出生于 1884 年的他，在当地有着不低的文化功底，从二十世纪三十年代起就在新舟附近的乡镇村寨设立私塾教书，教书不错、人缘也好，乡里乡亲都愿意把子女送到侯正富办的私塾上学。靠着还算不错的私塾收入，侯正富养活着侯氏一大家人。到侯国佐出生时，家中已积攒了 10 多亩田地，除自己耕种外，还以小土地出租的方式提供给周边农户耕种，家中养的耕牛也一并租给农户种田。

侯国佐的母亲张培德出生于 1905 年，是侯正富的续弦，她为侯家传下了 6 个子女。侯国富的前两位妻子都因病早亡，与张培德年龄差异虽达 21 岁，也许是前两个妻子因病去世带来的打击，侯正富夫妻二人一生相敬如宾，给 6 个子女做出了榜样。

侯国佐上面有一个哥两个姐，下面有两个妹。

早生 8 年的大哥侯国远性格与侯国佐不太一样。小时候，父亲常常把他们两兄弟召集在一起，出一些智力题来测试他们。

侯国佐还清楚记得，在他四、五岁时，父亲就出些动脑筋的心算题考他们兄弟俩，如什么"木桶一边进水一边放水，放满需要多少时间""甲往前以某速度先走若干时间后，乙再出发以多少速度来追赶，什么时间乙可以追上甲"之类的题目，由于他喜欢思考，往往都是在琢磨中很快就想出答案而得到父亲的奖励，而大哥不太愿意思考，讲不出答案，结果常常受罚。

也就是这个时候起，侯国佐逐渐养成动脑钻研的习惯，碰到问题想思路，不解决不放手，想不出来睡不着觉，干事认理不服输的韧劲，传承了父亲勤学好问、专研、坚韧和奋进的性格。这种性格，一直影响着他的一生。

除了父亲以外，母亲、大姐、二姐和两个妹妹也给了他很多的帮助。

大姐侯国蓉长侯国佐 12 岁，1949 年结婚后就和大姐夫薛安徽在遵义市生活。大姐夫原来是民国政府时期遵义邮政局的老职员，中华人民共和国成立后继续在邮政部门工作，对侯国佐很关心。长侯国佐 10 岁的二姐侯国兰和大姐一样，除了做家务，就是纺棉花织布，到街上卖钱来补贴家用。三妹侯国屏小他 3 岁，幼年时跟着父亲读过《女儿经》等诗书。小他 8 岁的四妹侯国玉，只有初小文化。

在侯国佐读中学到大学期间，父母年老不能劳动，大姐、二姐陆续成家在外，两个妹妹就是家中的主要劳动力，在家务农、供养父母的职责就落在她们肩上。

到了 1947 年，侯国佐满了 6 岁，父亲便让他和其他小孩一起，在私塾读书。这个时候的他，有了父亲的呵护，开始在学习"四书五经"中逐渐长大。

随着中华人民共和国成立，全省农村私塾教育方式逐渐取消。

1951 年，父亲也就终止了私塾的教书生涯。已经上了 4 年私塾的侯国佐回到了龙井村家中，10 岁大小的他跟着父母，在家打猪草、放牛，和其他农村小孩一样做起了农活。回忆这段历史，连他自己当时都认为，有了一些识文断字的能力后，安心做好农活生存不成问题，而继续读书等等一类的事已经和他无关了。

少年——失学边缘徘徊挣扎铸就坚毅品质

到了 1953 年 3 月，辍学在家种地、割草、放牛的时间已经过去了两年多，侯国佐长成半大小伙。在当时土改工作队同志耐心启发和反复动员下，父亲侯正富和母亲张培德也觉得侯国佐是一个读书的好苗子，家中老少商量，考虑让他到国家公办学校去接受一下正规教育。

于是，父亲侯正富找到离家最近的新舟小学的领导和老师，希望学校能够接收侯国佐入学，得到学校同意后，侯国佐进行了入学测试。

测试成绩让大家刮目相看，侯国佐的文化程度至少是应该读小学三年级的水平，于是，快满 12 岁的他背上书包，跨进离家两公里远的新舟小学，先插班读三年级。

很快，半期考试的成绩下来，学校领导和班主任老师觉得，小学三年级还是不能满足他的学习需求，又将他跳级升入四年级。

就这样，侯国佐在新舟小学读书两年多。

1955 年夏天，他完成了小学六年级的课程学习。

因插班前只跟着父亲读过私塾，没有真正学过数学（算术），侯国佐加倍努力，刻苦钻研数学。他为了搞懂弄通数学（算术）内容，除了上课认真听讲，还在课余时间反复向老师讨教。数学老师夏都陵十分喜爱这个勤奋好学的弟子，专门推荐《百题难解》给侯国佐，作为提高数学成绩的课外读物，小学班主任娄安海同时邀请他在学校宿舍同吃同住、亲自辅导。在夏都陵、娄安海等老师的精心辅导下，从不熟悉到十分喜爱，数学成了侯国佐以后学习和工作中的优势学科。

1955 年秋，侯国佐考入绥阳中学初中部学习。

1951 年土改时，侯国佐家成分划为小土地出租，1955 年底，当地土改成分复查又评为地主。由于父亲长期是教书先生，土改工作队单独将他划为自由职业者；而母亲守着家中的 10 多亩出租田地，靠收取土地租金养活全家，土改时的成分划为地主。由此，包括侯国佐在内的家庭成员出身成分都定为地主，这一出身成分影响了侯国佐的整个青少年时代。

刚进入初中一年级时，侯国佐申请到了一个学年的助学金。1956 年秋季上初二时，受出身成分的影响，助学金申请被学校取消。初中二年级时，没有助学金的侯国佐陷入经济困境。当时父亲 72 岁、母亲 51 岁，在农村的父母亲无力提供他继续上学的每月 6 元的生活费和每学年的书本费、学杂费，没有上过几天初二的课，侯国佐便又一次辍学回到家中。

听到侯国佐辍学回家，大姐、大姐夫一家及时出手相帮。当时，大姐家已经有了三个小孩，家境不是太好，在邮政局工作的大姐夫薛安徽 30 多元的月工资也只够全家生活。但为了让侯国佐继续读书，薛安徽出面打电话、写信，再三给绥阳中学领导请求，并承诺由他家来帮衬每月 4 元的生活费，才让侯国佐失学一个多月后又继续上学。

只是，每月 6 元的伙食费还有缺口。侯国佐知道求学的艰辛，从恢复初中学生身份开始，便启动了疯狂的勤工俭学模式。

星期天和课余之间，他到学校附近寻找建设工地，帮人挑砖、挑河沙、搬石头，靠着每天赚取的几角钱来补贴伙食费。

然而，并不是何时都有工可做，有时实在交不起伙食费，侯国佐只好回家，找父母要一些米、菜，回到学校央求食堂后勤老师关照，好让他下课后借用学校食堂煤灶，自己用茶缸在煤灶孔中煨饭吃。

在学校，侯国佐始终保持爱学习的习惯，绥阳中学的老师们都很喜欢这个守纪律、爱钻研的好学生。教侯国佐的数学老师朱复会是一个老牌的大学生，对侯国佐关爱有加，看到他生活困难，多次从自己不多的工资中资助伙食费和生活费，让他免于受到可能失学的影响。

生活的艰辛并没有影响侯国佐的学习，凭借强大的心算能力和逻辑思维，他出色地履行着数学科代表的职责，在代数、几何、三角函数等数学课程上持续领跑，保持着优异的成绩。

就这样，在绥阳中学较为正规的学习中，侯国佐的三年初中阶段一天天过去了。

1958年夏天，侯国佐面临着初中毕业后是报考职业学校早点工作还是读普通高中继续求学的选择。出于经济困窘的考虑，他毅然选择了报考职业学校。但同新舟小学一样，刚办第二年高中的绥阳中学也舍不得放弃这个读书的好苗子，不同意他报考职校，在各种劝说和规定要求下，终于让侯国佐回心转意，继续攻读本校的高中。

但是这其中也有插曲，回想起来真是悬乎。受想早点就业工作选择读职业学校的思维影响，侯国佐对高中入学考试没有真正重视，考卷发下来不到30分钟，他便快速地将卷子做完就交了，让监考老师止不住扼腕叹息。不过，也许是上天觉得不能放弃这么好的学习苗子；也许是他学习成绩一贯不错；也许他自己简单做过的考题都达到了当时的高中录取分数线，在不支持、不同意他报考职业学校的诸多老师关心帮助下，侯国佐自然顺利地升入了本校高中。

1960年春天，侯国佐又一次面临求学的选择。

当年，贵州参加高考的学生不多，满足不了贵州省招生数量的需要，也许是希望有更多的当地考生考进高校，有更多的本土人才回报和服务家乡，贵州省招生政策确定除向四川等省市区招收生源外，决定从当时的高中二年级学生中提前毕业一批学生参加高考。

1957年，绥阳中学新办高中，到1960年才有第一批高中毕业生。绥阳中学也考虑让学校高中二年级优秀学生提前一年参加高考，成绩优异的侯国佐便在重点动员之列。经过一番反复动员、反复劝说，侯国佐终于动了心，成为绥阳中学高二班动员提前毕业高考的四个学生之一。

有了优异的成绩和较为充分的准备做垫底，尽管只是绥阳中学高二年级的学生，经过几个月的冲刺努力，侯国佐在1960年的高考中顺利考上了当时高考第二个层次农医类的贵州农学院，为绥阳中学争了光，也为自己找到了今后的工作饭碗。

回忆自己的童年，年近八十的侯国佐时常怀念父母的养育之恩。

在他的《妈妈手中的桐油灯》中，他深情地写道：

还是刚能记事时

一次又一次，从梦中惊醒

妈妈一手提着桐油灯

检查棉被是否盖上儿的身

上学了，假期回到妈妈身边

妈妈手中的桐油灯换成煤油灯

我也还会从梦中惊醒

仍是妈妈检查棉被是否盖上的身影

工作了，回到妈妈身边

家中煤油灯换成了电灯

而睡梦中醒来仍会见妈妈手中的煤油灯

怕的是，开电灯把儿惊醒

84年，四十多岁的我回到妈妈身边

妈妈已年近八十，走路气喘、寸步难行

半夜了，还未入睡又听到妈妈的脚步声

还是手拿那煤油灯

我强忍着泪水赶忙闭上眼睛

……

妈妈早就走了

三十多年过去，儿已是妈妈的年龄

梦中还经常有妈妈手中的桐油灯

……

儿在妈心中还是永远没长大的孩子

哦！多好啊！有妈在，我还年轻！

侯国佐日记中写道："我父亲在 57 岁才有我，懂得父亲付出的时候他早已走了！内疚的心也越来越浓。听我二姐说父亲最喜欢过端午吃粽子。如今端午之际，更加深了对养育了我又没有得到儿子我尽孝的父亲的怀念"。

在《父亲啊，等我来天堂和您相见》一文中，侯国佐思念父亲侯正富，向父亲述说着：

1973 年

年三十

九十岁已生重病的父亲

坐在家门前

望着儿子回家的路

期盼儿子突然出现

望啊……望啊！望眼欲穿

桌子上已摆好二姐家的年夜饭

"他不会回来了"

二姐告诉我：

这是父亲最后一声长叹！

过年不久

父亲他走了，带着遗憾

迟到的儿子来到父亲的坟前

父亲在里面

儿子在外边

……

这是怎样的相见？！

记得那是儿子三到四岁童年

已是六十岁的父亲

常常将儿子叫到他的身边

出问题，找答案
遇到难题就想啊！想啊
有时会彻夜难眠
对问题的不舍追求
这是父亲留给我的宝贵历练

六岁的我
跟随教私塾的父亲
在农家土屋的私塾学校
一年一年辗转
读孔孟诗书
还学珠算
是慈祥的父亲
又有严厉的教鞭
和父亲众多的学生一样
学到了文化知识
受到了儒家思想熏陶和锤炼

1970 年春节
乐坏了的父母
杀猪宰羊
迎接已工作的儿子带着妻儿回家转
拉着小孙儿的手
把他珍藏的好东西喂到孙儿的嘴边
……
祖孙三代的天伦之乐啊
刻在父亲幸福的脸上
更藏在他的心田

往事云烟

一晃几十年

一年又一年

带着儿孙来到父亲坟前

仍是那样

父亲在里面

我们在外边

······

不觉儿子已过了"古稀"之年

更加理解父亲盼儿子的双眼

内疚的心啊

一年胜一年

等我到天堂那一天

再和父亲相见

青年——生活磨难锻造一身本领

1960年秋季，侯国佐来到贵阳，开始苦心攻读。

同样，为解决因"出身成分"连锁带来的"囊中羞涩"的问题，他又一次开启了勤工俭学模式。

在当时花溪的贵州农学院周边，课余和假日，人们时常会看到一个穿着整洁旧衣裳、个儿不高的青年小伙，要么帮人挑砖、挑河沙、搬石头，要么拿起从遵义老家带来的特色镰刀，割猪草、牛草卖给养猪场、养牛场。

1960年入学时，侯国佐在贵州农学院报考并攻读的是土壤农业化学专业。1962年秋季，国家政策调整，学校进行了学科合并调整，土壤农业化学、植物生理等等专业被取消，他又一次面临选择。

"是果树园艺还是农学植保？经过再三思虑，农学植保范围大，又是从事作物育种为主，今后的工作可能要符合自己的想法一些……"

过了50多年后，侯国佐这样自嘲地说。

不过，专业学科的调整并没有影响到侯国佐的学习。

大学期间的侯国佐，依然保持爱钻研勤劳动的好本色。刚入学时，穿戴极简、生活节俭、寡言少语，靠勤工俭学维持求学的侯国佐，大多数时间都待在学院的图书馆中。似乎并不是同学眼中的好同学、"好谈伴"，不太爱和同学打交道的他，总显得有些"另类"。

然而，长期保持的优异成绩和坦然的生活态度，乐于助人的他，却以自己的方式让大家改变了印象。

在贵州农学院攻读大学的四年期间，陪伴侯国佐的除了土壤农业化学和农学两个专业100多个同班同学外，还有几十门功课的学习任务。对于一些同学来说，这些学习任务也许就是难题、难关和难事，但对于侯国佐来说，解决这些难题并不是什么难事。碰到班上同学向他请教疑难问题时，他会耐心地讲解阐述，这类似于大学专业老师们的课堂现场讲解答疑，使得他在大学期间荣获"侯教授"的雅称。

1960年至1964年，在贵州农学院，侯国佐度过了自己的大学四年的"学霸"生涯。

从土壤农业化学专业到农学植保专业，在贵州农学院开设的30多门课程，除了《科学社会主义》一门课是4分外，其他各科都是5分，这是当时的满分。

大学三年级，侯国佐开始专业课学习并做实习准备。根据教学计划和学生实际，经学院和系同意，以洪锡坤老师为组长的《作物栽培》教研组提出并制订了毕业实习方案：让大学生们提前自主开展课题研究，撰写研究论文，参加论文答辩，合格以上的可代替《作物栽培》的毕业考试。

成绩突出的侯国佐又一次独领风骚，在他所在的班里，学校教研组批准他一个人破格一次性通过《作物栽培》的毕业考试。

"你真的不愧为侯教授。"多年以后的同学聚会上，带着昔日同学时看着他搞论文研究的一丝丝回忆，看到他参加工作后取得的成就，同班同学还这样和他打趣说道。

"从你发表的论文和专著，知道你这几十年搞研究工作的辛苦与努力。"曾经上下铺的同学，曾任毕节人大工委主任的吴学江在2018年的同学会上，看到侯国佐发表的两本专著和近百篇论文后说。

侯国佐以《玉米生长发育规律的研究》为题，设计了课题研究计划和实施方案，报批并获准提前两年开展玉米生长发育试验。第一年在位于贵定县的黔南州农业科学研究所进行，第二年，试验在贵州农学院农场开展。

在两年的玉米试验地里和实验室开展试验实习期间，侯国佐观察、调查、记载玉米整个生长期的生长发育情况，在图书馆查阅到大量资料，同时得到专业任课老师贺绳武的指导，同学罗祥辉等还协助室内室外调查和田间取样考查。

6月份，在毕业之前侯国佐完成了田间和室内的试验工作；7月份，他的玉米生长发育规律研究课题顺利完成，同时以85分的好成绩通过了毕业论文答辩并获得好评，这也为他今后开展的棉花科研、油菜科研打下了厚实的基础。

从贵州农学院毕业之前，学校老师看到他成绩不错，曾动员他报考研究生。在家庭困难急需工作支撑和继续求学之间，侯国佐又一次面临选择。

大学老师的反复动员让他有些动心，后来因身体检查出有色盲不能报考他向往的相关专业，加之渴望尽快参加工作，他最终放弃了当年的研究生入学考试。

科研骨干——组建农科人家

1964年8月，按照当时大学生要参加生产实习再分配的政策规定，侯国佐和他的50多位同学一起，来到了当时的贵州省农业科学研究所（现为贵州省农业科学院），在后坝、新烂泥、大寨的试验地中，割草整地、积肥施肥、播种打药，参加了半年的劳动生产实习。

1963年至1966年，在全国开展了以"清工分，清账目，清仓库和清财物"为主要内容的农村"四清"运动，后来延伸到"清思想，清政治，清组织和清经济"，期间，数百万干部下乡下厂参与其中。

1965年3月，省农科所抽调机关和研究室人员，在省农科所党委书记阴明村的带领下，组团参加赴安顺市镇宁县"四清"工作队，同时也从在省农科所参加劳动生产实习的学生中抽调部分参与，侯国佐也在其中。

"四清"工作队进村入寨，广泛开展社会主义教育运动。按照当时要求，农村扩大自留地是走资本主义道路的表现，要予以纠正，"四清"工作的重要内容之一就是纠正群众扩大自留地的行为。

到镇宁后，侯国佐先被分配到该县丁旗镇，后来又和其他4名同志组成工作小组再次分配到关寨村。其中，他承担烂坝组的纠正扩大自留地任务，并负责统计和协助其他组的工作队员的工作。

山区农户的生产方式十分落后，生活十分艰苦，与"苗红根正"的苗族、布依族群众同吃同住，这是对工作队员的基本要求。侯国佐单独住在烂坝组当时最穷的农户家中，通过实地调查和谈心谈话，他对当地的民情民意有了基本了解。对照私人自留地生长很好的庄稼和收回到集体土地上后管理不到位的庄稼，除了依靠新品种的推广和新技术的应用来提高农业效益，对从体制和机制运行上如何提高贫困山区农民的生产生活水平有了更多的思考，这也是他第一次从政策层面上的理性思考。

1965年10月，根据侯国佐的表现，组织上正式安排他到贵州省棉花科学研究所（简称棉科所），开始了长达半个多世纪的农业科研工作。

那年侯国佐到所时正值冬季，没有安排什么棉花方面的研究工作，当时所里在职的干部因探亲和其他原因请假，侯国佐先后接替他们的工作，担任了几个月的司务长、出纳等。也正是这一年，侯国佐认识了一生的挚爱，结发妻子肖思平。肖思平先侯国佐几个月进入棉科所工作，两人第一次工作交流，这个原籍山东、贵州思南出生的姑娘，自身所带的那股沂蒙山区的豪爽与乌江儿女的独立爽朗的气质吸引了侯国佐。侯国佐那坚毅又带着文人儒雅的气场也吸引着肖思平，两人就像磁体的两极，互相牵扯着靠近。

两人感情迅速升温应该就是在1966年。

1966年3月，在所安排下，由所科技人员林隆福总负责，侯国佐与所内科技人员何瑞云去了当时仁怀县茅台镇旁边的罗村，这里与四川古蔺隔河相望，土壤条件相对较好，有赤水河边低海拔地区热量丰富的优势，还有种植棉花的基础，棉花所就选择这里开展棉花大面积丰产试验，重点推广自育棉花新品种"黔棉一号""黔棉二号"。侯国佐负责罗村街上生产队的80多亩棉花试验，实施棉麦两熟的间套作，在2行小麦中间预留的空行套种1行棉花。侯国佐运用所学的农学理论，指导并向生产队群众传授棉花科学种植管理知识，与大家同吃同住同劳动，一起推进丰产试验。

经过侯国佐等科研工作者和棉农的共同努力，罗村等地的棉花丰产试验取得成功。1967年收获时，当地的皮棉亩产量从不到30公斤大面积提高到50多公斤，高产田块亩产达100公斤以上，大家看到了农业科技在棉花生产中的显著作用，看到了侯国佐的努力和付出，群众对侯国佐的称呼也从"小侯"逐渐演变成了"侯老师"。

罗村当时的生活条件很差，肖思平知道后，从精神与生活上时时关心侯国佐在罗村乡下的驻点生活，在两年多的共事中，两人了解加深，双方差不多的出身成分背景，让他们惺惺相惜；相知而相识，没有更多的诗情画意、花前月下，真实而努力的工作生活，让他们自然而然坠入爱河。

1968 年新年，侯国佐与肖思平履行完法定的结婚手续，在单位提供的一个 12 平方米的旧木屋中，双方将各自的被子合拢在一起，放在由单位安排的木匠师傅打的一张福利双人木床上，再加上两人新买的一个 25 元楠木箱子，这个旧木屋经过简单的打理后就变成了他们简洁而幸福的新房。

元旦晚上，在这个新房中，仅用一些花生、葵花、水果糖招待了前来祝福的同事朋友，几张时价 0.13 元的墙画代表了所里同事们的真情的祝福和见证，极简仪式后，侯国佐与肖思平走进了婚姻殿堂。

婚后的侯国佐、肖思平夫妇并没有沉浸在你侬我侬的生活中，他们的时间和精力更多投入在工作中，相依相托、共同进步。

参加工作后的肖思平最初主要从事田间辅助工作，在自我提升文化程度后，转任教师。1980 年担任省棉花所（油科所）子弟学校校长，后来又在所办公室工作。2000 年，按当时省农业厅实行的提前退休政策，肖思平办理了退休手续，退出了工作岗位。

作为老伴，退休后的肖思平无微不至地照顾着侯国佐的生活，同时还陪他一起早出晚归，在田间地头为油菜科研友情资助、无偿出力并东奔西走。

他们养育的三个子女，长子侯丰在贵州铜仁幼儿高等师范专科学校从事教育工作；受家庭熏陶，次子侯剑和女儿侯燕子承父业，继续在贵州省农科院从事农业科研，并成为单位的科研骨干。

"黔棉三号"——初显作物育种家风采

1967 年 11 月至 1969 年，侯国佐从仁怀县的罗村回到棉科所后，下田劳动是首要工作任务。正值"文化大革命"时期，根据上级安排，科技人员要具体分到生产队，与田间工人和农民同耕田、同锄地等等，当时有"问题"的干部还要下放到农村。这个时期，棉科所的科研工作也不太多，主要是棉花品种引进和适应性栽培试验，任务也不是太重。单位领导看到侯国佐工作勤奋、年轻有活力，有意给他多压点担子，想培养一下这个年轻人。于是，除在生产队劳动外，棉科所里有时请家属做临工需要开工分票，其他同志接到有事外出工作学习时等临时性工作任务时，所领导就安排由他来承担。单位提供的多方面锻炼机会和工作经历，让侯国佐愿意做事、能做成事，也让侯国佐成了科研、行政和后勤的多面手，为今后走上领导岗位奠定了技能基础。

1970年9月起，连接湖南、贵州两省的国家重点工程"湘黔铁路"恢复施工，根据国务院、中央军委《关于湘黔、枝柳铁路建设会议纪要》，铁道部和湘黔两省组织"湘黔铁路大会战"，从各县市各单位抽调80多万群众，以县为单位组建民兵团、以当时的区为单位组建民兵营参加大会战。

棉科所作为思南县塘头区的单位，抽调了三人参加思南团塘头营的大会战，当时的这个营包括6个连1000余人。又是一番新的工作经历，从1970年12月到1972年初，侯国佐从棉花科研中被抽调出来参加塘头营，住在营部，负责具体炸药、雷管、锄头、铁钎、扁担等施工物资的领用、分发、采购和管理等工作。

1972年，参加湘黔铁路大会战的侯国佐重新回到棉科所。综合考察侯国佐的工作和学习情况，所领导和同事们都觉得他是个搞育种科研的好苗子，于是所里研究决定让他跟着当时的棉花科研负责人雷俊德老师从事棉花科研育种，就这样，在雷俊德老师的带领下，侯国佐正式介入棉科所的科研工作。

当时，棉科所根据棉麦两熟制要求，成立了小麦科研组；根据单位田土较多适宜种水稻的实际，组建了人数较多的水稻生产组。受社会大环境的影响，大家对棉花科研的兴趣逐渐减淡，所里也不太重视。当时，除时任副所长的杨石泉从事棉花资源研究外，只有少数几个人在做棉花栽培研究。1973年，雷俊德老师因病去世后，棉科所就只有侯国佐一个人单独承担棉花育种任务。

干一行，就要爱一行。就这样，勤于思索、独自进行棉花育种研究的侯国佐，面对棉花产业在贵州的发展困境，心中谋划着贵州棉花育种科研的前景，调整着自己的科研工作思路。

理论来源于实践，又指导实践工作。回忆大学中学习的农学理论知识，结合当时贵州棉花科研生产实际，侯国佐将学校所学的系统选育理论变成实践方法：从单株变异选择开始，通过室内考察淘汰，再进株行试验，从中优中选优，逐级提升，历经株行、预备试验、比较试验、区域试验、多点试验等系统选择，进行棉花育种。

没有课题项目，没有经费支持，甚至没有更多的人员关心，他几乎是独立支撑着自己的科研理念，并沉浸在年复一年育种进展的自我快乐中。

功夫不负有心人。1978年，他成功选育出"黔棉三号"棉花新品种，比对照种"黔棉二号"增产10.5%；同时开展的棉花高产生育规律及其栽培技术研究，皮棉单产达到128公斤每亩。另外，他还探索化学除草技术应用，减少劳动力投入。

单位和职工对他的成绩给予了高度认可，尽管他从事棉花科研的时间晚，但工作态度好，成果突出，在1979年按40%比例上调工资评选工作中，侯国佐顺利入围。

1980年，黔棉三号通过省级审定。

棉花转油菜——艰难启动杂交油菜育种研究

现隶属于贵州省农业科学院管理的贵州省油菜研究所，前身是贵州省棉花科学研究所，从1936年起，先后在贵阳长坡岭、施秉县农场建址开展棉花研究。在抗日战争期间和解放战争前后，贵州棉花科技人员以贵州当地土纺土织为对象，研究提高棉花产量的技术措施，同时引进推广应用棉花新品种，为贵州经济发展做出了贡献。1954年，因棉花科研生产需要，研究所迁到铜仁市思南县的塘头镇，并以原国民政府抗战期间临时建设的机场土地作为棉花科研试验地。

贵州种植棉花适宜区域少，加上成本高、比较优势弱等原因，在二十世纪的六七十年代，贵州棉花生产日渐衰落，棉花种植面积急剧萎缩，已进行了近40年的棉花科研面临无服务对象的窘境。

处于交通不便的思南塘头，科研该怎么办，出路在哪里，是结合贵州麦棉两熟制转向小麦栽培育种研究，还是结合所内的生产需要开展水稻引种育种栽培研究，包括侯国佐在内的科技人员都在寻找为贵州农业生产服务的研究方向。所领导班子更为着急，一方面向上级主管部门汇报请求调整，另一方面又向省内外的行业专家学者求教发展思路，同时组织职工反复讨论，终于形成较为统一的意见：油菜是贵州冬季农业的主要粮油作物，且当时省内还没有油菜的专业研究机构，尽快从棉花转向油菜研究，是全所良好的发展契机。

1978年起，棉科所开始调整人员岗位，启动油菜资源收集引进和育种试验，分配三人从事油菜研究工作。其中有2人从事常规油菜育种，侯国佐一人承担杂交油菜育种的工作。

1980 年，经省编委批准，贵州省棉花科学研究所更名为贵州省油料科学研究所（简称油科所），主要从事油菜科研推广工作，大部分研究人员开始从事油菜方面的研究。

回想当时的科研方向调整，侯国佐感触很多。

首先是没有油菜方面的专业经验、知识，更没有油菜品种资源，科研基础薄弱，缺少相关油菜专业研究的人才基础，研究技术不足，对油菜研究全是一张白纸，二是科研条件简陋，除与普通农家几乎无异的镰刀、锄头等农用工具外，称量计数的设备极少，更不要说专业的科研条件设备了。

1982 年，在省科委组织召开的"六五"攻关项目研讨会上，涉及承担油菜攻关任务时，有人认为油科所刚成立，科研基础条件太差，人员少，不具备承担油菜攻关工作能力，不宜开展油菜品种选育，更不宜开展油菜基础研究。最终，在时任所长杨石泉的争取下，由省农业厅牵头，油科所只承担了低芥酸油菜大面积栽培及推广任务。

缺少育种科研支撑、只有栽培技术推广的油菜项目安排，在油科所传达相关会议内容时，杨石泉所长介绍了他在会上的力争以及在会上"油科所是有人才的"表态，侯国佐与求生存谋发展的油科所其他科技人员一样，深深地受到了刺激，心灵阵痛，自尊心受到了严重打击。

但这也让侯国佐"不服输"的性格得以体现。

"别人能办到的事，我们也能办到；在杂交油菜育种研究领域，在农业研究及开发领域，油科所也要与同行一样，用自己的成果为科技兴农、科技兴黔和农业现代化发展做贡献。"

就这样，顶着无经验、无品种资源、无经费等无数的困难，侯国佐和同事们起步了油菜育种科研。

多方支持——贵州杂交油菜育种从无到有

杂交育种首要条件就是要育种基础材料。改所开始，在侯国佐带领下，油科所组建多人多次的考察组，从单位所在的塘头小镇出发，多次到武汉、长沙，到成都、重庆，到贵阳、遵义，到全国各地，他们跑遍了全国主要的有关研究单位，拜老师、交朋友、学经验、找材料，边学习、边实践、边研究。终于，他们的诚心得到回报，从国内油菜知名专家学者处得到了耐心的经验传授，从国内同行单位中获得了大量赠予的资源材料。

类型丰富的油菜资源材料是油菜杂交育种的基础，在同行间互助协同促进了资源材料的规模化收集。

在位于武汉的华中农业大学和中国农科院油料所油菜前辈与同行请教时，侯国佐得到了大力的支持和无私的帮助。

当时，中国油菜研究创始人与奠基人、华中农业大学刘后利教授已年近70岁，依然在田间从事科研育种试验。对侯国佐等油菜研究新入门者的登门拜访、多方求教，平易敬人的刘后利老先生从油菜研究的理论指导到油菜育种材料的分享，不厌其烦、耐心讲解、倾力传授，让侯国佐获得了刘老课题组油菜杂交育种的自交不亲和系及黄籽双低育种材料。

作为国家油菜"八五""九五"项目攻关主持人，中国农科院油料所刘澄清研究员十分关注贵州油菜杂交育种，将自己育成的"中双四号"品种及"942"等优质育种材料等无偿给予侯国佐，并吸纳侯国佐课题组进入国家油菜攻关。

从"六五""七五"起，通过省级攻关项目实施，侯国佐育种团队与贵州省农科院油料研究所、贵州农学院等相关油菜科研团队开展合作协作。

在陕西省农科院杂交油菜育种中心、湖南省农科院油菜研究所、四川省农科院作物研究所和遵义市农科所等省内外油菜科研单位油菜同行的支持帮助，侯国佐团队先后引进了"陕2A"、"湘矮A"、自交不亲和系、显性核不育以及近百个其他常规或优质材料。

逐渐丰富的育种材料资源库建立，快速推进了油菜杂交育种的平台建设和水平提升。

有了育种基础材料，还需要必要的科研经费支撑，对于1978年开始油菜科研的油科所和侯国佐团队来说中，缺少科研经费支持是当时的又一项重大难题。千方百计筹集科研经费，有效节俭地使用经费，成了当时的工作重点与要求。

"简陋不怕，先干再说，要让别人知道我们在做油菜科研，而且还可以有效果。"

面对资金的极度匮乏，凭着对油菜杂交育种科研工作的执着和热忱，顾不上大篷车式、大通铺式的出差环境，也顾不上改善毫无生活规律和缺少生活保障的驻点条件，侯国佐与团队成员想得最多的还是如何在油菜杂交育种科研上取得突破。

逐渐地，他们的努力与成果得到了省农业厅、省科技厅等有关部门和领导的认可，科研经费上得到了支持。

第一笔经费支持来源于贵州省"六五"攻关项目。

当时，分配给油科所的项目任务是低芥酸油菜配套高产栽培技术研究，所里接到任务后，将具体项目研究分配给侯国佐主持。侯国佐紧紧抓住了这个机遇，将低芥酸油菜配套高产栽培技术研究项目和杂交油菜育种同时进行，在圆满完成栽培研究方面任务的同时，启动并推进了杂交油菜创新选育工作。

1985年以后，主要农作物的杂交遗传育种工作逐渐成了农业科研的重头戏。作为油科所的上级主管部门，省农业厅对下属的各个研究所匹配了相应的科研育种经费，杂交油菜育种得到了项目与经费的持续支持。自此，贵州杂交油菜科研逐渐进入全省农业科技攻关项目、国家攻关项目、863项目等省和国家级平台。

经费使用也有一些曲折。

1989年，侯国佐带领的杂交油菜课题组筛选出了两个三系配套的杂交油菜组合材料，与对照组合相比增产幅度大，综合品质较好。为了尽快将成果应用于生产，在未完全掌控该杂交组合不育系制种生产技术的前提下，安排制种200余亩，生产的杂交种准备第2年做生产示范。结果，其中一个组合制种中开花期不育系产生大量花粉，自交结实，导致该试制杂交组合种子全部报废，直接经济损失高达6万余元。

这对当时的油研所和课题组来说中，既是晴天霹雳式的技术打击，也是单位和项目组无力承担的巨额损失。

无奈之下，油科所迅速将情况向省农业厅等有关部门报告。在时任省农业厅副厅长周朝久关心下，通过各种渠道给他们补助了6万元经费，终于解决了当时最大的科研发展拦路虎，才有了今天"油研"系列杂交油菜品种从无到有、从省内示范发展到整个长江流域推广的巨大成就。

贵州油菜科研产业发展历程中，得到了从中央到地方各级各部门的大力支持。

在贵州省委、省政府主要领导的亲自关怀下，油科所的科研条件迅速得到改善，科研基地建设得以加强，并于2001年启动了所本部往省城贵阳的搬迁建设。

2002年11月23日上午，时任中央政治局常委、国务院副总理的温家宝在钱运录、石秀诗等时任贵州省委、省政府主要领导陪同下，来到思南县塘头镇，参观油科所实验室和科研生产基地，现场调研油菜产业发展现状，看望慰问侯国佐等油科所干部职工。

期间，温家宝听取了侯国佐汇报贵州油菜科研进展和油菜产业发展动态，并亲切地询问侯国佐的个人和家庭情况。当听到侯国佐是 1941 年出生时，温家宝说，你比还我大一年，是哥；在看到侯国佐获得国家先进工作者的照片时，问是谁给你授的奖；温家宝对陪同考察的农业部和贵州省委、省政府领导提出要求，要更多关心支持和帮助农业科技人员，创造条件推进科研成果服务生产。

偶然与必然——不育材料发现与创新突破

科学成就有时见于偶然，而起于必然。

侯国佐认为："农业科学的对象是自然，自然科学靠的是勤于实践，勤于观察，才能将田间作物所表现的丰富而又多变的信息转化成科学工作者头脑中的抽象概念，并经不断地思考、分析和判断，从而总结提高成理性的东西，形成新的思路和方法，再回到实践中去检验，在此实践、认识、再实践的往返循环中不断提高。"

从 1964 年进入农业科学研究殿堂开始，几十年如一日，勤勤恳恳、踏踏实实、始终如一专注农业科学研究，这个理念伴随着侯国佐走过了 55 个春秋的农业科研道路，历经了 40 多年的油菜科研生产风雨。

在油菜雄蕊败育不育株 117A 的发现上，侯国佐用生动的事例对科学发现的偶然性、必然性再次作了注解。

回想起来，那是 1983 年春天油菜花期的一个早晨，已经是侯国佐转向油菜杂交育种科研的第 5 个年头。

思南塘头与往年一样，漫山遍野的油菜花一片金黄，煞是好看，深入于原为旧飞机场的科研试验地油科所中，侯国佐心中却有着与以往不一样的情绪波动。

大早起来，侯国佐随便吃了点东西，又开始跑到油菜试验地中"观苗看花"，来回"巡视"。

专注"痴迷看花""观花巡视"成了他最近最主要的工作。

"再看仔细些，再多看几眼，也许可能今天就会有新材料发现。"

尽管已经是无数次的期盼与失望交织，看花了眼、挑昏了头，"要坚持！"侯国佐还是不停地自言自语给自己提劲加油。

一行行一株株陆续盛开的"黄花花"，在外人看来似乎全都一样的，可在他的眼中不停地转化为或可育或不育、性状差异明显的鲜活个体，一定要找出具有特殊能力的"将军"出来。

当时的杂交油菜育种遇到了瓶颈，不育材料存在着不育性不稳定、恢复源窄等缺点，制种成本高，生产效益低，行业内对继续开展杂交油菜科研育种出现了不同看法。

根据作物杂交育种理论，如果有遗传性能稳定的不育系植株，就有可能在此基础上培育出优良的杂交品种。

在油菜育种家的眼中，雄蕊败育的油菜花好认，而找到遗传性能稳定的不育系株就十分困难，雄蕊败育材料实际上大多并无价值。

一定要找到杂交油菜育种科研突破的不育株，侯国佐给自己定下目标。

淹没于大片油菜育种材料地来回"巡查"，走着看着，侯国佐眼前一亮：这株雄蕊败育的不育株，花开得非常特别，好像有戏！

他内心又激动又欣喜，但又没底。因为之前，他也发现了一些新的不育株材料，经多次杂交试验结果都不理想，换句话说，价值不高。

这一株变异油菜的不育性能究竟如何呢？

"尽管一时还说不出是什么原因导致这株油菜变异，但杂交育种工作者对于不育材料上的职业的敏感，要求我必须把它保持下来。"

直到今天，侯国佐都还记得当时的想法。

有了想法就好办。侯国佐将四个不同材料的油菜花粉，在这株变异油菜上分枝授粉，套袋隔离，不让其他材料的花粉再进入。

从发现不育株到进行授粉，直到籽粒成熟，接下来的一个多月时间中，侯国佐一天几次查看这些"宝贝"的动态，生怕发生什么意外。

在接下来的试验中，这四个杂交材料后代都变成了正常植株，由不育恢复了可育状态。

这株不育的变异油菜植株能保持下来吗？有价值吗？

侯国佐反复思索并不停地追问自己。

"科学试验中总是失败远远多于成功，下一步怎么办？我感到有些茫然。"

在侯国佐的回忆中，这是杂交油菜科研育种的重要转折点。

"即使以后失败，也得按科学规律办事。如果是油菜遗传变异，那么它将会在后期世代中分离表现出来的。"

科学研究就是在不断探索中前进，只有坚持才会有取得胜利的可能。

他继续坚持，对变异株第二代一株株套袋，仍旧是悉心呵护照料。

到了变异株第三代，在这四个试验材料的油菜花里出现了不育株。

这下，侯国佐信心倍增。

随着科研经验不断积累，侯国佐对杂交育种理论和技术的掌握更加娴熟。

他在其群体内将可育株的花粉指定授给其中的不育株，如此进行多对的成对测交，再次套袋隔离精心照料，让其结实。第四代四个测交的油菜材料中，分别出现了一半不育株和一半全可育株。

"其中，1/2不育的植株最好，可制种。"侯国佐高兴地与团队成员分享研究成果。

再次经过测交、分离和保持，到第五代，用"两系配套"的方式，侯国佐终于选育出稳定出现一半不育系的油菜育种材料，并基本弄清了它的遗传规律，他将这个材料命名为"117A"。

按照同行专家共同意见，侯国佐培育出的新不育材料"117A"与以往发现的不育材料相比，具有"不育性彻底""隐性不育"和"不育材料的不育基因易转育"的三大显著优点。

用更通俗的表述，"不育性彻底"就可以不受环境影响，避免出现其他质不育材料在摄氏15度气温下就自产花粉结实而不能杂交的现象；"隐性不育"表现为其不育性受两对具有相同作用的重叠隐性基因控制，恢复源广，所有油菜品种与其杂交后种植的植株都恢复可育，避免其他不育材料与所有油菜品种杂交后只有少数品种材料恢复可育的现象；而"不育基因易转育"，就可以育成更多新的不育系。

其中"不育性彻底"，不仅是个效益问题，还牵涉到群众利益和社会稳定。以前，由于制种材料不育性的不彻底，国内很多杂交种制种的成本高、质量差，造成个别制种基地农户损失，上访不断。

隐性核不育材料发现、材料育成及其隐性核不育规律研究，侯国佐在杂交油菜优质育种上的材料创新与理论创新，丰富了油菜杂优育种基因库和杂优育种理论，为杂交油菜优质育种开辟了新途径。

以"不育性彻底"为其特点的"117A"的诞生，以及侯国佐在国内首先揭示隐性核不育规律论文的发表，使地处偏僻的贵州省油料科学研究所在全国同行中名声大振。

侯国佐的杂交油菜育种科研自此正式腾飞。

油研系列杂交油菜品种——硕果累累

二十世纪七十年代末八十年代初，以"低硫甙、低芥酸"为标志性的主要研究内容，各地油菜科研单位在"双低"油菜的优质育种和高产杂交育种方面各自为战，还未形成有机整合态势。此时的国内大多数油菜育种单位已经逐渐将优质育种作为了主攻目标，但尚未与杂交育种相结合；而少部分从事油菜杂交育种的科研单位选用的杂交育种材料方法还在积极探索中，没有将优质材料作为必选，考虑的主要研究目标是高产。

油菜育种研究起步较晚的侯国佐及其团队，更多考虑如何在高产与优质两方面取得突破，经过多方请教与探索，他们选择了优质育种与杂交育种整合作为后发赶超的切入口，在优质高产上下功夫，终于取得了突破性的进展。利用油菜新不育材料"117A"的低芥酸含量特点，将优质双低品种材料作为恢复、保持或转育材料，结合油菜夏繁一年两代加快育种进度，创新不育系育种转育新技术，快速推进杂交油菜育种，不断培育出高产优质的油菜新品种。

1993年10月通过贵州省品种审定的"油研5号"，成为在贵州省育成的第一个低芥酸杂交油菜品种。1995年7月经贵州省品种审定的"油研7号"，成为全国首批四个双低杂交品种之一。

随后，由侯国佐领衔的贵州优质高产杂交油菜育种如虎添翼，新品种新组合不断推出，优质高效作用不断显现，农民增收效益不断涌现。

期间，侯国佐主持育成了25个杂交油菜新品种新组合，审定推广范围涵盖长江流域12个省市，杂交油菜成为贵州省在主要农作物育成品种方面唯一能在长江中下游推广的作物，其中14个品种通过长江中、下游片区及各省的18次审定。

侯国佐主持选育的杂交油菜兼顾了品质、产量与地域需求，在国内油菜育种平台上的表现突出。按审定类型分，36次通过国家和各省级审定（部分品种同时通过国家级和省级审定），其中国家级审定12个，贵州省审定品种12个，四川、湖南、江西、安徽、浙江、江苏等省审定品种11个；按不育性来源分，25个品种中为"117A"核不育两系类型23个，自交不亲和类型1个，核三系隐性不育类型1个；按品质类型分，双低杂交油菜23个，低芥酸品种1个，双高品种1个；以油分蛋白含量分，高油分高蛋白含量品种 14 个，一般含量品种 11 个。

　　作为油菜育种家的侯国佐，先后主持选育出大批优质高产的油菜新品种新组合，"油研 7 号""油研 10 号""农华油 101"和"油研 998"作为不同时期不同类型典型代表，他尤为钟爱。

　　"油研 7 号"双低杂交油菜品种继 1995 年 7 月通过贵州省品种审定委员会审定后，先后通过四川、江西、安徽审定，2002 年通过全国首批审定。先后被列为国家"九五"重点科技推广成果，99 国际农博会名牌产品，获得国家新品种一等后补助和"九五"期间新品种重大后补助，是"九五"期间两个新品种重大后补助之一。1994 年秋，"油研 7 号"开始在贵州全省大面积示范，1997 年开始推广应用到整个长江流域，至 2008 年秋，相继在长江流域 9 个省及相邻的河南、广西、陕西省的汉中地区累计推广 4497 万亩。

　　2003 年通过贵州省审定的"油研 10 号"，也是首个通过长江流域三个片区同时审定的高油分高蛋白的双低杂交油菜品种，2003 年获中国国际高新技术博览后稷特别奖并荣登榜首，2005 年至 2011 年列为长江上游以及贵州、重庆两地区的区试对照种，2006 年 3 月被农业部列为全国油菜引导型品种。2003 年秋，"油研 10 号"开始在贵州和长江流域各省示范种植，至 2015 年秋，在长江全流域累计推广面积达 2500 余万亩。

　　"农华油 101"作为高产高油分高蛋白双低杂交油菜品种，1998 年通过长江下游区国家级审定，2010 年又通过长江中游区国家级审定。在长江流域 2008—2013 年所有参试品种区试中，绝对产量和产油量在产量中均列第一名。2008 年秋开始在长江下游示范种植 4 万余亩，至 2015 年，已在长江中下游地区推广 500 余万亩。

　　为适应油菜轻简化机械化栽培要求，退休以后的侯国佐继续围绕早熟、抗病、抗倒、高产、优质的油菜育种目标进行科研，并选育出了核不育三系早熟轻型机械化栽培双低杂交油菜品种"油研 998"，按照国家农作物品种认定的新要求，2018 年经过品种性状观察登记后认定。

油菜品种应用规模化产业化——开发转化

面对科研创新与成果转化脱节的大环境，再加上无平原支撑、土地破碎、可耕地面积少等因素限制了贵州油菜成果大面积转化实际的应用，无法开展油菜成果的有效转化，无法提升可持续发展的油菜科研动力，也就实现不了他通过科技力量提升杂交油菜产业综合效益，让百姓增收致富的梦想。

油菜是中国的主要粮油作物之一，信奉色香味俱全的中国各类菜谱菜系离不开食用菜油，日常"煎炒烹煮"的大众民众生活中更离不开香喷喷的油菜籽油。怎么才能让优质高产的"双低油菜"进入平常百姓家，让自己团队的具有明显开发价值的杂交油菜新品种在生产中推广应用，实现科技成果转化，既能发挥科技为农业生产服务的目的，又能从开发创收中获得合理收益，解决科研后劲不足、积极性不高的问题，侯国佐思索着。

感知过求学生活艰辛历练的侯国佐，对成果开发转化情有独钟。无论是理论支撑，还是实践证明，无一不在提醒他：瞄准市场，走集科研、开发、推广、生产、销售于一体的产业化发展之路。从新品种生产试验示范开始，开拓种子市场，成果转化行动启动。

其实，侯国佐主持的课题组很早就开始在成果推广应用方面开始探索。尽管在当时的相当一段时间内，这种成果转化方式和效果还不被普遍认可，也还不成大气候。

早在1985年前后，受国内外优质农产品生产消费的影响，与全国其他省区类似，贵州省的科研单位和生产部门对低芥酸油菜品种很感兴趣，但田间生产量和市场供应量均明显不够，甚至满足不了科研需要，更不要说生产要求了。

侯国佐与团队牢牢抓住了这一难得机遇。

当时，在转型油菜育种科研和四处求教拜师的过程中，他们组队到了长江中游的武汉，得到了中国农业科学院油料研究所老师的指导和支持，引进试种了一大批不同类型的油菜品种。其中，中国农科院油料所杂交育成的低芥酸油菜品种"81008"，经多年多点试验，多数地区产量接近或超过当地甘蓝型高芥酸油菜品种，很受国内科研单位和市场欢迎。油科所 1981 年引种后，进行了 2 ~ 3 年的观察和比较，表现也十分突出。

得到单位领导认可同意后，侯国佐马上组织课题组人员开展"81008"品种繁殖和推广示范。1985 年夏天，他们在试验基地中收获了"81008"种子 1000 多公斤，除少量留种外，其余全部供应给生产单位和企业，获得了 3000 元效益，在所领导及职工的称赞中，他们看到了希望和可能。

二十世纪八十年代中后期，随着杂交油菜育种研究快速发展，侯国佐的课题组逐渐积累了育种技术和新品种资源，培育并开发了一批拥有自主知识产权的杂交油菜新品种，生产上开展的试验示范也取得了成功。

为了将这些新品种在省内外更大的范围进行生产应用转化，侯国佐一鼓作气，带领油科所杂交油菜团队成员来到了面向省内外的油菜主产区。与 10 年前到各地拜师求教不同，现在他们是用自己研制培育的杂交油菜新品种来进行区域试验与生产示范，与别人合作，底气足，但仍然坚持着来自贵州高原山区的谦虚与谨慎态度。

为开展杂交油菜新品种的种子市场调查与培育，逐步扩大贵州油科所自育油菜新品种的种植和推广，侯国佐他们广泛深入长江中下游油菜主产区的县乡，将育成的杂交油菜新品种的种子无偿提供给县乡农业部门进行试验示范，并择优推广。

就这样，随着一两年后的试验示范成功，侯国佐他们培育的杂交油菜品种高产优质的名声慢慢积累起来。

"贵州有个油科所，油科所有个侯国佐，侯国佐有些好品种。"这种影响在国内油菜研究行业逐渐递升。

1989 年，时任油科所主管业务的副所长侯国佐，在单位党委、行政和上级主管部门大力支持下，借国家科研体制改革、鼓励科研人员及其科研成果走向社会的东风，牵头起草并推出了集科研开发和示范推广于一体的科技工作承包责任制。在相关文件的规定中，明确科研成果转化收入的 40％ 作为个人奖励。

最初几年，由于缺乏市场营销与生产管理经验，缺少经营管理人才团队，没有营销网络渠道，只有他们手中的杂交油菜种子，油科所的科技成果转化要面向市场只能蹒跚学步。以课题组和个别科技人员为单元开展的科技工作承包，通过成果转化的个人收益少得可怜，但这个规定中关键的"转化"二字，却实实在在地使全所科研人员看见了前所未见的希望，在随后以科技成果转化应用为主要内容的科技开发工作中，以此为跳板，整个油科所逐渐走进了一片崭新的天地。

"从 1989 年起，我们开始了杂交油菜的规模化制种。"侯国佐回忆油科所油菜产业化、制种工作起步时的艰难。

缺少科研项目经费，田间调查取样、实验室分析化验、研究室考种记载，土地开厢起垄、油菜播种匀苗收晒保管、施肥打药灌溉肥水管理，科技人员大多身兼数职。

没有专门的制种工作经费，你来我往，侯国佐他们下乡就吃住在制种点的辅导员家中，辅导员到所里开会，没花研究室和所里的钱，就在家中招待。

为了缩短油菜育种制种周期，根据油菜生长和贵州自然生态条件，侯国佐他们选择贵州高海拔的毕节市威宁县作为油科所杂交油菜亲本夏繁点。当时，贵州山区的交通极为不便，二十世纪七八十年代，从思南县塘头镇的油科所到省城贵阳出差，坐客车要三天，自己开车要连续开上 15 个小时以上才到。下乡到制种地方路况更差，有时在车上还要带上锄头锤子边开车边修路，才能开到目的地。从威宁的夏繁制种点到油科所，在路上的来回车程需要 40 个小时左右，去地里收油菜连杆装车要花 10 多个小时。收种和制种环环紧扣，没有多余的时间休息。对于侯国佐他们来说，60 个小时的往返就只能睡 8 个小时的觉了。

条件艰苦，更加激发贵州油科人的干劲。

在上级部门和单位支持下，时任油科所副所长的侯国佐选择了远离思南县塘头镇的油研所本部，率领团队成员来到相对交通不便的瓮溪镇三星村，观察自然隔离条件，调研土壤水质，安排部署了 280 亩的杂交油菜制种点。

"这些制种点是他亲自选的。"参与制种的同事戴传学说，"他常常一天走五六十里山路，亲自查土壤、看油菜，和大家同吃同住在农家。晚上，别人休息了，他不是忙着找乡镇领导做制种的组织协调工作，就是找村组的农技人员了解情况，帮助农户制种。"

在制种基地，为克服制种生产的生疏，提高制种质量和产量，他们进行各项制种技术的研究，边试验、边制种，尝试杂交油菜新品种的制种产业化开发。

1993 年，侯国佐任贵州省油料科学研究所所长。审视了 1989 年以来的科研开发与成果转化经验成果。他与班子成员商量，决定加大开发转化力度，实施面向市场加快制种产业化步伐措施。

品种推广规模不断扩大，种子生产任务逐年成倍增加。

1995 年，全所产业化收入跨过百万元大关。2000 年，种子生产 3 万余亩，涉及思南县七个乡（镇），制种专业队伍 90 余人，生产种子 150 多万公斤，实际销售种子120余万公斤，有力地解决了多年来油菜种子供应不足的困境。当年实现利润1400多万元，全所人均创收7万元，人均创产值80万元，这是一个令全国同行刮目相看的数据。

1996到1999年期间，贵州省科技厅在全省组织了四个"百万亩"工程项目，其中省农推总站和油科所共同主持的"贵州省百万亩油菜优质高产综合配套技术的研究与应用"项目在全省13个县市展开，主推油科所自主选育的双低杂交育成新品种"油研7号"。

这个项目要求年限为3年，实施面积300万亩，实施区域要求比同区域"八五"期间增产10%以上。项目由省农业厅主管领导挂帅，13个县的县主管领导和农推站参加，侯国佐作为项目第一主持人，对技术总负责。整个项目实施期间，他秉承工作职责，坚守目标任务，带领技术团队走遍了13个县的所有油菜主产区乡镇，圆满完成了项目任务。

1999年6月至8月，省有关部门组织专家对项目执行情况进行验收，对照项目计划，成绩喜人。

项目实施的3年期间，总实施面积381万亩，平均亩增产25.8公斤，为农民增收1.02万元；3年累计推广"油研7号"等优质油菜品种353万亩，占实施面积的92.7%；研究并组装的配套高产技术在大面积上实施，有243亩达250公斤以上，最高亩产267.8公斤；验收亩产150公斤以上的面积占验收总面积的65.7%；项目实施后发表论文30余篇；项目申报科技成果获贵州省2000年科技进步二等奖。

更重要的是，通过油菜百万亩项目实施，全省以"油研7号"为主的优质双低杂交油菜品种及配套高产技术在生产上得到广泛推广与应用，并延伸到长江中下游油菜主产区。

此时的侯国佐，眼光已不局限于贵州了，他在寻求更大的发展。

"我们既要积极开拓省内市场，更不能放松更大的省外市场。"在油科所、在课题组，侯国佐反复向大家灌输这个"理念"。

1996年起，利用参加国家"八五"和"九五"攻关和全国油菜会议期间认识的同行朋友，侯国佐积极扩大"交际圈""朋友圈"，多次带队前往江苏、安徽、湖南、湖北、四川、江西和浙江等省。在他的示范带动和倡导下，油科所各位党政领导积极参与到省内省外成果转化的跑面工作中，所内新组建的开发部门和科技开发人员又走出了贵州，重点在长江流域各省市进行"油研"系列油菜新品种的试验与示范。

从 1985 年到 1999 年，"油研"系列杂交油菜推广一路高歌，发展迅猛。受亲本数量、基地建设和人力资源等限制，尽管侯国佐他们"开足马力"组织生产，但每年生产的种子还是满足不了长江流域油菜生产的需求，当时在江苏、安徽等地油菜种子销售企业中，告急、断货等现象频频发生。

1997 年以前，油研种子经营活动直接是在油研所内运行。1998 年至 2000 年，所内成立贵州省优质油菜育种研究中心，经营活动在中心研究实体内运行，随着国家对种子管理的规范，在省、厅领导和有关人员的帮助和支持下，侯国佐及所内相关人员多次往返北京、贵阳，经过中心及财务等相关人员的努力，终于在 2001 年 7 月在农业部注册成立贵州省油研种业有限责任公司，注册资金 3000 万元。

这是在农业部第一批注册的 7 家种业公司之一，经上级管理部门审批同意，侯国佐在其中担任董事长职务。

从 1989 年开始，油科所的杂交油菜制种生产，从无到有，从小到大，制种质量不断提升，制种技术不断完善，至 2002 年已制种 10 万余亩，生产油菜杂交种子 600 余万公斤，单位创利润 5000 多万元，为油科所搬迁贵阳奠定了经济基础。同时，使思南、石阡两县参与制种的农户增收 5000 多万元。

2002 年 11 月以后，侯国佐从油科所所长和贵州省油研种业有限责任公司董事长的职位上先后退下来，除了继续主持国家"863"油菜攻关相关项目外，仍关心贵州杂交油菜的开发利用。

据不完全统计，至 2015 年，以长江流域推广应用为主，侯国佐主持选育的杂交油菜品种累计推广 11500 万亩左右。其中，至 2008 年"油研 7 号"累计推广 4497 万亩；至 2015 年"油研 9 号"累计推广 2208 万亩；至 2018 年"油研 10 号"累计推广 2100 万亩，并且 2008—2013 年期间审定推广的十个国审品种累计推广超过 2000 万亩；另外，"油研"系列的 3、5、8、11、1220 号等省级审定品种，在各省推广了 600~700 万亩。

始终如一——坚持就是胜利

从不甘于油菜科研育种受阻影响，坚持独立自主的科研攻关、开发新品种、创新育种理论，到"117A"材料的发现和材料的广泛使用，到"油研"系列品种几乎覆盖长江中下游地区的油菜种植，到从名不见经传的黔中山区油菜研究到获得贵州省首届最高科学奖、全国科技进步二等奖，这其中既是贵州油菜科技工作者的共同努力，也体现了领军人物侯国佐"喜欢思考不迷信、勇于探索不服输"的性格。

1978年，侯国佐从棉花研究转为研究杂交油菜时，因杂交油菜育种研究困难大、不易出成果出效益，省内同行不是已转向，就是准备转向中，而他执着、坚持、潜心探索，终于以偶然发现的"117A"材料，奠定贵州杂交油菜科研育种基础。

从38岁转行从事杂交油菜科研起，三十余春秋，侯国佐的时间除了下田观察试验，就是资料堆中奋笔、实验室中探讨。围着油菜转、不见家人影，成了侯国佐的家常便饭。

侯国佐的业余爱好不多，除了象棋外，也不参与麻将扑克之类的棋牌游戏，他认为那些活动费时且易与人产生争执矛盾。

学生时代和参加工作初期，侯国佐在课余、工余时间都喜欢下下象棋，而且水平也还不错，在单位和塘头周边也结交了很多棋友。从事杂交油菜育种科研前，碰到休息日和节假日，棋友们大多要邀约在一起，捉对厮杀几番。

从20世纪80年代开始承担杂交油菜育种任务后，下象棋从常态变成了奢望。

"杂交油菜育种任务重，在还没有理清思路时，天天都在考虑该怎么办，如果还是下象棋，就无法集中精力来考虑杂交油菜的材料创新，考虑油菜科研成果如何在生产中应用。"要自愿放弃象棋爱好，在安慰自己的思考中，侯国佐对自己提出要求。

"工作太忙了，改天，改天再较量。"侯国佐对昔日象棋老友的约棋邀请，无数次婉言拒绝。只是拒绝的时间长了，棋友们逐渐就淡忘了他。

"退休以后，再找人下下象棋。"他自嘲地说。

对于侯国佐的日常生活，有主流媒体这样报道：

"二十多年了，他没有睡过一天早觉，习惯躺在床上左思右想，猛然间茅塞顿开，便掀被下床扭亮台灯写个不停，还常把老伴当成大秘书从梦中叫醒，帮他到所里摆弄微机或者搞复印。有时，他还会急不可待地拿着手电，只身跑到黑漆漆的地里田间查看植株。老伴呢，已习惯了不睡安稳觉；所里门岗，也对他家时常半夜里灯亮灯灭、甚至通宵不灭见怪不惊了。"

"家务事他从来不管，我不做饭他就没得吃。"老伴肖思平带着微笑的责备中，透出几十年相濡以沫的深情，"他对工作很投入，不是在田里，就是在书房。出差回来，行李往地上一放，就下地去了，挂在心上的是油菜。"

从谈恋爱起，侯国佐就把家中的财政管理交给妻子，临到退休时，侯国佐还不知道怎样用银行卡取钱。

2003年春天的一天清晨，侯国佐和老伴带着所里的几个年轻科技人员来到山上制种基地，一株株挑选性状好的油菜材料套袋，不知不觉12个小时过去，顶着星星才下山。清晨五点左右，他感到下腹部剧痛难忍，家人才手忙脚乱地把他送到镇上医院做急诊处理。

"可能是昨天太累了。油菜地全在山坡上，山路很不好走，有的地方要他上去了拖我、我上去了拖他，他和年轻人一样趴下攀上，要不然不会这样痛。"老伴肖思平红着眼圈说。

"昨天跑了几十里山路，是有些累，但是不断有收获。"他还在坚持，"搞科研要执着，要有事业追求感。否则，何以谈报国。"

与侯国佐共事多年的油科所党委原书记李正强说："由于受季节的制约，农业科研出成果的周期很长，很可能要十年八年，而且还不一定有成果，一个人要是耐不住寂寞就完了。侯老师40年如一日在这小镇坚持下来，如果没有坚定的信念，那是不可能的。"

"坚持不懈地去追求，就会有发现。"

这就是侯国佐作为一名科学工作者朴素的信念，也就是这个信念，支撑着他眼见别人难耐清贫跳槽寻富心不慌，支撑着他默默地在这山区小镇艰苦探索，支撑着他在那凹凸不平的山路上一步一步地履行自己科技报国的宏图大志。

实践锤炼——传帮带打造优秀团队

侯国佐用自己的方法培养着人才。他认为：只有在实践中锻炼，才能在实践中成长为真正有用的人才。

油科所的杂交油菜研究开始于1978年，但一直到1984年都还只有侯国佐1人。1984年，张瑞茂从铜仁农校毕业增加到侯国佐课题组参加杂交油菜育种，随后，在1986年、1989年和1990年，王华、赵继献、杜才富和唐胜利等相继加入，1996年油菜杂优课题组成员发展到17人。1997年以后，油科所成立优质杂交油菜产业研究中心，分设了研究室、制种科、推广科，并逐步形成遗传育种、品质分析、配套制种和栽培技术研究、制种生产、示范推广的完整研发体系。1998年贵州省油菜工程技术研究中心成立和2002年国家油菜品种改良中心贵州分中心成立以后，整个油菜研究的人员和设备都得到很大的加强。

1996年以前，杂交油菜团队组建并开展育种研究初期，为更好地了解油菜生产情况，通过科学研究解决实际问题，当时的课题组成员从研究到生产和推广应用一起抓，既搞育种科研，又抓生产示范推广，侯国佐通过现场指导和手把手传授，进入团队的成员很快就掌握了基本的科研育种方法，并在实践中成为侯国佐的助手。另外，发挥科技传导力作用，对油菜制种基地的农民辅导员进行长年培训，他们已经成为油菜制种中的主力。

面对这样一支不断壮大的队伍，面对着杂交油菜科研开发有风险、有责任、有担当的实际，侯国佐采用以师带徒的方式传授科研方法，注重以身示范，对团队成员的强调和要求就是"在实践中摸索，在实践中学习，在实践中锻炼"。担任所长后，他更加注重营造人才成长的环境，组织集体攻关，采取激励机制，给肯学肯钻的人更多更好的培养机会，让肯干、干得成事的人脱颖而出，按照科研不停步、转化出成果、开发出效益的要求，以风险意识和高度责任打造了集研究开发的优秀团队，培育了育种科研、市场开发和种子生产的骨干。

杜才富、张瑞茂、赵继献等一个个曾跟随侯国佐从事科研育种和种业开发的助手们，通过长期锻炼，他们或为研究员、副研究员、高级农艺师，或为管理岗位领导，成了善研究、会经营、懂管理的复合型人才，都在各自的岗位上发挥重要作用。

荣誉——贵州农科人的骄傲

侯国佐是贵州农业科研典范，是贵州农科人的榜样和骄傲。

他创建油菜双隐形核不育理论及体系，主持育成品种的相应制种开发研究，完成了双隐性核不育制种技术体系并获国家专利；首次提出并建立了油菜高油分高蛋白杂优育种理论及技术体系。

他主持育成优质双低杂交油菜新品种 25 个，其中国家级审定品种 12 个，品种审定区域涵盖整个长江流域 12 个省市，累计推广面积超亿亩，创社会经济效益超百亿元。

他组织实施贵州省百万亩油菜优质高产工程项目，1997 至 1999 年期间项目实施 381 万亩，平均亩增产 25.8 公斤。

他将研究与成果转化相结合，走育、繁、推、销一体化之路，从 1989 年起开始进行杂交油菜制种开发，与制种区农民形成利益共同体，增加农民收入。成果转化增强了自身持续发展实力，实现了科研立所、改革强所、开发富所的良性发展道路。

他于 2001 年起创建了在全国首批注册了 3000 万元的以种子生产经营为主的贵州油研种业公司，油科所通过自育品种制种开发创收上亿元。

他加强人才团队建设，用传帮带方式打造优秀团队。从 1978 年只有他一人从事杂交油菜研究，到离开领导岗位时，全所以油菜杂优研究生产经营一条龙形成全产业的团队，开展集团作战。

他独著或作为第一作者发表研究论文 90 余篇，其内容除油菜育种外，还涉及油菜遗传规律、栽培生理、杂交油菜制种栽培配套体系技术、种子产业化等方面的内容；作为独著或主编出版专著 3 部：编著了 42 万字的《油菜隐性核不育研究与利用》、主编 88 万字的《贵州油菜》、主编 65 万字的《油菜遗传育种研究与利用文集》。

他多次获科技成果奖。从 1987 年至 2016 年作为成果主持人和第一完成人，先后获国家科学技术进步二等奖 1 项，贵州省科学技术进步一等奖 1 项，二等奖 6 项，三等奖 1 项，四等奖 2 项，省农业厅科技成果奖 2 项，多次获国家科学技术项目重大补助，优秀项目奖，后稷名牌产品称号奖。经批准获授权专利 4 项，新品种保护

10 项。

侯国佐还同时被授予省、部、国家多项荣誉：

1992 年，国务院津贴，贵州省"五一劳动奖章"；

1994 年，国家有突出贡献中青年专家，贵州省科技兴农奖；

1995 年，全国先进工作者，贵州省先进工作者；

1997 年，贵州省科技兴农奖；

1998 年，农业部中华农业科教奖；

2000 年，全国先进工作者，科技部全国科技扶贫先进个人；

2001 年，全国农业先进工作者，贵州省农业先进工作者特等奖；

2002 年，贵州首届最高科学技术奖；

2006 年，西部开发突出贡献奖；

2007 年，贵州省首届荣誉核心专家；

2008 年，改革开放三十年获全国三十年 30 人农村人物 60 人提名，贵州三十年 30 人入选人物；

2010 年，全国优秀科技工作者。

黎明的阳光

——记著名航空发动机专家王新民

◆ 孔海蓉

王新民 （1925.11.14— ）出生于江苏苏州，著名航空发动机专家。

1944年，进入上海圣约翰大学。1945年，在上海加入共产党。1947年，任地下党专科学校区委领导之一。1954年，调沈阳111厂任冶金科长，后任410厂总冶金师。1966年，被组织选派赴贵州平坝主持筹建黎阳厂，任黎阳厂厂长。先后当选为航空部、航空航天部科技委委员、贵州省政协委员、贵州省自动学会副理事长，研究员级高级工程师。曾获国家科技进步一等奖、歼八飞机设计定型二等功、科研生产一体化的科技开发管理获国家级二等企业管理现代化创新成果奖，并获航空部劳动模范称号、突出贡献专家称号，被党中央、国务院、中央军委授予抗日战争70周年纪念章、建国70周年纪念章，享受国务院特殊津贴。

王新民在我国航空工业的初创期，担任总冶金师12年，为企业制订了整个锻、铸造、热处理及表面处理工艺文件、技术条件及说明鉴定书，同时建起了中心试验室，对全厂所有零部件检测手段及进厂原材料包括油料的鉴定。从铝、铜到高强度结构钢到高温钢，从螺钉螺帽到传动轴、涡轮盘到叶片，推动全国所有发动机企业在材料国产化，立足于国内打下了基础，打开了大门。

"把自己的终生献给航空事业，是我们永不动摇的精神支柱。"

——王新民

94 岁的王新民穿着厚厚的睡衣，安静地倚在姗姗来迟的 2019 年春天，回眸自己在如歌岁月中一路选择一路坚持的生命的印记。这位从沈阳来到贵州已经 54 个年头的上海人，乳名王积镛，后因隐蔽战线的需要，按照组织要求更名为王夷白、王新民，此时面对来访者，他翻阅着几本有关航空发动机和相关回忆的书籍，打开了话匣，与大家分享着一个个娓娓道来的故事，一段段精彩非凡的回忆。

拨开黎明前的黑暗

出世之路

1925 年 11 月 14 日，一阵清脆的婴儿啼哭似一抹曙光划破黎明前的黑暗，引来冉冉升起的朝霞。这段人世间最美妙的乐曲宣告苏州恒孚银楼掌柜王鸿生第三个儿子王积镛降临人间！"唉，孩子来得真不是时候啊。自从五卅血案爆发，到处都是示威游行，罢工、罢课、罢市，而第三次直奉战争，又用上了坦克、重炮、重机枪、地雷这些新式武器，所造成的死伤惨烈啊。如今，社会混乱，经济萧条，老百姓连饭都吃不饱，哪有闲钱来买黄金饰品呀，生意是越来越难做了。"王鸿生在兴奋之余却多了些许惆怅。任凭他起比鸡早，睡比狗晚，干比驴多，依旧无法挽留恒孚银楼的坍塌。

"阿哥，我的恒孚银楼倒闭了。实在没有办法，我们只能到上海投奔您了。"王鸿生小心翼翼地说着，"阿哥，我们不会拖累您太久的。我会尽快找到工作，积镛的妈妈也会出去帮人浆洗衣服的。"哥哥拍着王鸿生的肩膀，宽慰着他，"没关系的，都是一家人。天干饿不死手艺人。我晓得你冶炼黄金的技术还是不错的，上海对金银手饰的需求要比苏州大很多，特别是租界，有很多外国的富裕人家。你可以去银楼看看，应该有适合你的工作。"

后来王鸿生在上海租界如鱼得水，硬是把灰蒙蒙的天空熬成了阳光明媚的气象，全家人终于是苦尽甘来了。

但好景不长。1931年发生了震惊中外的九一八事变。针对东北各地的中国军队继续执行蒋介石的不抵抗主义，中国共产党提出了抗日救国的号召，激励全国军民特别是爱国青年抗战情绪，许多青年在广为流传的"松花江上""毕业歌"等抗战歌曲中奔赴抗战前线，激励抗战斗志。

1937年上海沦陷了，积极参加抗日救亡运动的王积镛被父亲从上海南方中学转到徐汇中学（教会学校）再转到苏州草桥中学。

但抗日的劲头却始终没有改变。

"我们上海作为亚洲第一大城市、远东金融中心，为什么几乎是外国人的租界，什么英租界、法租界和日租界？""在我们自己的土地上，为什么这些租界里所有的司法、立法、经济、教育、文化都属于外国的权利？""所有的洋货都可以通过上海进入内地，海关的收入那么丰厚，而国内的民族工业却被打压得抬不起头来？""那些为洋人服务的买办阶层，都发了洋财，而码头工人、搬运工人、拉洋车的车夫，还有纱厂的女工却仍然贫困潦倒？""为什么每个码头都有霸头，在码头干活的工人还必须交份子钱，不然干完活还得挨打？""为什么两极分化越来越严重了？""凭什么日本人能够在我们的国土上横行霸道？""国民政府的'曲线救国'政策，为什么不但没能救国，反而伪军、汉奸越来越多？""中国共产党在敌后建立的抗战根据地真的是我们的希望吗？""苏北那儿现在的情况怎么样？"考入上海工专后，王积镛常和积极分子们一起议论着许多疑问，探讨着当下时局。而由于叛徒的出卖，与王积镛走得很近的几位同学被捕了。为避免麻烦，王积镛决定退学。

王积镛渐渐明白了，上海滩繁华的背后，隐藏着帝国主义压榨整个中国的实质与不公平、不公正的制度。面对这样的境地，许多年轻人满怀工业救国、科学救国、教育救国、实业救国、武装革命等抱负，寻求救国之路，以一己之力报效祖国。王积镛也不例外，他期望能够农业救国，让更多的人能够吃饱饭。

向往光明

1944年，王积镛如愿考入圣约翰大学。圣约翰大学是中国一所现代高等教会学府，是当时上海乃至全中国最优秀的大学之一。他觉得，这个美国人办的教会学校，有个比较开明的小环境，有改变旧世界的社会基础和出发点。

唱着校歌"我们应该做寻求光明的人,我们是东方之子,是清早的儿女,我们要攀登高峰,我们要做寻求真理的人,智慧的书永远不要关起来,要翻到新的一页。""毕业之后我们要满怀雄心壮志,同罪恶,同迷信,同人类的敌人去战斗,为祖国服务是我们的使命。"走进学校的王积镛加入了"庄稼"团契组织。"庄稼"和"蚂蚁"分别是上海圣约翰大学农学院的男生、女生团契组织。许多爱国进步人士以这些宗教为掩护,在敌占区合法地开展活动。

可以说,从1940年3月开始,汪精卫伪国民政府在南京正式成立,汪精卫任"行政院长"兼"国府主席",其投靠日本的丑恶嘴脸大大刺激了民众寻找抗日救国的中流砥柱。而重庆以蒋介石为首的国民政府,又竭力打击进步力量,压制民主,民族工业举步维艰,正面战场接连失败,也促使大批爱国青年对国民政府丧失了信心。此时的沦陷区,很多青年学子从《外国记者西北印象记》《西行漫记》等书中了解了那个充满着自由、平等、民主等宽松氛围的延安。

"积镛,你看过斯诺的《西行漫记》吗?""看过了。我觉得斯诺先生为我们展示的一个个自信、活泼、意气风发、朝气蓬勃、头脑清晰、意志坚强的年轻战士,完全不同于鲁迅先生笔下麻木、怯懦、愚昧、让人悲哀愤怒的国民。他让我们看到了另一片天地,点燃了我们的希望,非常振奋。还有,尼古拉·奥斯特洛夫斯基在《钢铁是怎样炼成的》里塑造的保尔·柯察金,对人生有着坚定的信念,具有顽强的拼搏精神和勇于奉献、坚韧不拔的崇高人格。"这些进步书籍中充满正能量的形象,让王积镛内心热血沸腾,他似乎感受到一股动力推动着他们这些年轻人勇往直前。在以后的日子里,不管王积镛走到哪儿,这个动力都如影随形。

望着"光与真理""学而不思则罔,思而不学则殆"的校训,面对国民政府的腐败,王积镛思索着,抗日战争的烽火中,或许只有共产党才能与老百姓一条心,才能率领广大民众赶走日军,才能解救困苦的中国。他与许多在敌占区寻求光明、寻求中共的年轻人一样,默默地为革命事业做了大量的工作。

1945年5月,通过中共党组织的考验,王积镛由梁于藩、王子诚介绍,加入了中国共产党。

小试牛刀

"朕深鉴于世界大势及帝国之现状,欲采取非常之措施,以收拾时局,兹告尔等臣民，朕已饬令帝国政府通告美英中苏四国愿接受其联合公告。"1945年8月15日，日本天皇裕仁以广播《停战诏书》的形式，正式宣布日本无条件投降。"日本人投降啦，我们胜利了！"校园顿时沸腾了，王积镛奔向学校操场和自发跑来的同学们相互拥抱，彼此的泪水印满了各自的脸庞和衣衫。虽然，从垂头丧气的日军脚步中，从伪政权的瑟缩畏惧中，王积镛已经感到了日军的下场，但这一天的来临，仍然让他激动不已。他和同学们摆出V字形胜利手势，走上街头游行，庆祝这一历史性的伟大胜利。

1946年6月16日，圣约翰大学借助"远东第一大剧场"天蟾剧场舞台，与国民党三青团共同举行庆祝尊师助学运动。按照上级要求，王积镛组织了全市各大、中学校代表坐满会场。正当代表们情绪激动、歌声此起彼伏之时，王积镛挥动手势，请大家安静，"同学们，我告诉大家一个令人振奋的消息，今天，我们非常有幸地请来了郭沫若先生为我们演讲。"在全场热烈的掌声中，郭沫若走上了舞台，"同学们，我们刚刚赶走了日本鬼子，我们需要的是祖国独立、社会和平、人民民主，我们要让老百姓过上安稳的日子。可是，国共刚刚签订的《双十协定》还没热乎，就被蒋介石撕毁了，他要挑起内战，全面进攻解放区。美帝国主义也在支持蒋介石，把飞机舰船和二战时剩下的物资送给国军，他们就想让我们陷入战争的混乱之中，大家答不答应？""不答应，坚决不答应！我们要和平，我们要自由！让战争滚出中国！""说得好！"郭沫若又激情澎湃地分析了国际国内形势，大大鼓舞了学生。学生们顺理成章地进行了游行活动。三青团的组织者没想到是这样的结果，只得吃了个哑巴亏。

过了几天，也就是6月23日，王积镛接到党组织指令，参与组织上海各界人士5万余人去上海火车北站为马叙伦、闫宝航等著名人士带队赴南京呼吁和平的上海人民请愿团送行。之后，送行队伍上街游行。队伍经过八仙桥青年会，从高楼上砸下的盆碗，伤害了游行群众；游行至霞飞路（现在的淮海路），二楼屋顶又有瓦片扔下。这些特务的行迹激怒了王积镛，他和几个纠察队员冲上二楼，抓住了还没来得及逃跑的特务。愤怒的群众冲上前猛打特务。无法稳定群众情绪的王积镛担心特务被群众打伤、打死，影响游行的政治影响力，只得把特务推上一辆卡车。游行队伍按照预定计划进入复兴公园。王积镛把三个特务交给警察后，宣布游行队伍在公园内就地解散。

上海人民请愿团却没那么幸运，他们在赴南京的途中被国民党组织的还乡团不断骚扰，车抵南京下关车站时，更是遭到国民党特务的殴打，马叙伦等多名代表身受重伤。国民党制造的这起"下关惨案"激起了强烈的民愤，中共代表周恩来、董必武等深夜赶往医院慰问，全国各地声援代表，谴责当局暴行。王积镛感到，阵线已经越来越分明，形势越来越严峻。

组织运动

1947 年初，中共党组织派人约王积镛谈话，"根据斗争的需要，希望你从三个方面选择今后的工作重点，一是进入联合国当打字员做文秘工作，二是进入公交系统当售票员，三是进入吴淞商船学校（上海海事大学及大连海事大学的前身）学习，你看有困难吗？""没问题，我服从组织安排。"收到三个地方的录取通知书后，党组织决定让王积镛改名"王夷白"，进入吴淞商船学校学习。好在上海圣约翰大学的前三年是基础课，这为王夷白的专业转向提供了便利条件。按照党组织要求，王夷白担任了专科区委委员。王夷白和同样由外校调去的汪浩一起，从组建学生会、膳食委员会开始，为学生尽心服务，取得学生信任，树立学生会威望，团结了一大批原本就对国民政府的腐败失望、反对内战的学生，并在吴淞商船学校建立了第一个党支部，同时，王夷白还负责上海工专、同济高职及国立高机等 5 个支部的联系及领导工作。

此时，蒋介石在其发动的内战中军事上暂处优势，决心消灭共产党。中共中央根据形势发展，决定揭露蒋介石的险恶用心，打中他的要害部位。恼羞成怒的蒋介石便在全国兴师动众，打压进步人士。

上海国立大学学生联合会决定在国民党"国民参政会"开幕之日的 5 月 20 日，派代表团赴南京参加宁、沪、苏、杭学生联合请愿。按照上级的要求，王夷白担任上海代表团的临时党组书记，与南京各大院校共同行动，领导整个请愿运动。

"同学们，国难当头，国民政府却置广大青年学生的呼声于不顾，采取各种镇压学生运动的手段，还紧急颁布了《勘乱时期维持社会秩序临时办法》，为反击他们这种不公正的做法，我们是不是应该进行'反饥饿、反内战、反迫害'大游行队伍？""对，我们要游行，我们向饥饿宣战！向制造饥饿的人宣战！"5 月 20 日，王夷白率领的上海代表团走在游行队伍的最前列。学生们与警察交涉未果，便冲破了警察拦起的人墙。然而，行至珠江路，游行队伍刚过一半，就遭到了袭击。原来，国民党早有准备。他们设置了几道防线，依次是亮出马刀的马队、架上机关枪的摩托车队，前面的游行队伍冲了过去，然而，国民党的军警借助消防车上的高压水枪拦腰打散了游行队伍，一些军警还挥动着铁棒冲进游行队伍打压学生，100余名学生受伤。在这样一个敌强我弱的情况下，面对国民党的实枪荷弹，如何保护手无寸铁的学生，如何减少牺牲，王夷白已经没有太多的思考时间，必须当机立断。他灵机一动，指挥上海代表团席地而坐，后面跟着冲出来的各校游行队伍也效仿着坐在地上。黑压压一大片学生挥舞着手中"内战不停，饥饿不止"的标语及横幅，筑成了一道不可逾越的屏障，口号声、歌声此起彼伏，军警的马队、摩托车队只能停在游行队伍面前，在外围守住学生。从上午九时到下午四时，王夷白带领的学生游行队伍与军警一直就这么对峙着。王夷白和组织者们趁机召开现场记者会，"记者朋友们，大家看看，我们现在形成了多么明显的两个方阵，一面是提着马刀、机关枪的军警，另一面是手无寸铁的学生。国民党要发动内战，而我们的学生、我们的大众渴望和平……"有学生站出来发表即兴演说，揭露蒋介石打内战的阴谋和军警的暴行，要求严惩凶手。这段时间里，被打散的学生陆续回到了游行队伍之中，一些原本没参加活动的学生也进入到游行队伍的行列，市民们也积极支援学生，为他们送上吃喝用品。学生们情绪高涨，军警们却逐渐失去了往日的威风，面对记者的镜头，他们或用手挡住，或扭头而去。此时，南京发生的惨案也迅速传到了外界，甚至引发了国际影响。国民政府希望尽快结束这场对他们不利的局面，主动提出就地解散。为防止队伍分散后遭受敌人的毒手，王夷白们据理力争，警方被迫同意游行队伍整队回校，但沿途不准喊口号。然而，当队伍经过参政会大门时，看到站在门前的参政会代表，学生们再也无法控制自己的情绪，大家振臂一挥，高呼出全国人民的心声："反饥饿！反内战！反迫害！"

这场"五二〇运动"是在国民党统治区吹响的反内战号角。毛泽东发表文章称之为第二战线，即"广大的正义的学生运动和蒋介石政府之间的尖锐斗争"，对它的意义和形成做出了高度评价和英明论断；美国驻华大使司徒雷登在给美国国务卿的报告中提到，"学生示威游行主要是由于不能使人满意的生活状况和日益加深的失望情况"；蒋介石在败退台湾后反省，认为，在大陆失败的原因之一是蒋管区的群众运动，包括这场反饥饿、反内战的游行。而"五二〇运动"也让处于风口浪尖上的王夷白接受了考验，为他在以后残酷的斗争或复杂的工作中，如何把握稍纵即逝的机遇、在千钧一发之时控制形势，如何把握斗争火候、保全自身实力提供了实战经验。

转入地下

"王夷白，电话！"刚返回家，隔壁邻居就敲开了王夷白住处的大门。电话中传来上级"情况紧急，赶快离开上海"的命令。王夷白放下电话匆忙走出弄堂口，一看街上已经宵禁，根本无法出去，只得退回到弄堂尽头翻墙而过。墙的那头是天主教堂及修道院。还好，晚上的教堂空无一人，王夷白独自躲在教堂。熬到黎明，王夷白便换上一身褐色麻布短衫，化装成当铺的伙计离开了教堂。

按照党组织撤退、隐蔽一批骨干的要求，王夷白跳上了回苏州老家的火车。避过了风头，王夷白又返回上海，以中学教师的身份作为掩护，继续做好原先那5个支部的工作。

1947年11月，党组织通知他离开上海，前往苏北解放区。

到达接头地点，王夷白习惯地环顾四周，只见晨曦正悄悄地拉开墨蓝色天幕，浓浓的雾气中，渐渐露出笑脸的太阳若隐若现。"同志们，我们得抓紧时间越过国民党的封锁线。我们5个人分成三批，王夷白和小李走在前面，我走中间，你们2个跟上。注意，我们3批人一定要拉开距离，只要能看得见就行，遇见情况互相照应。"负责带领王夷白一行4人前往苏北的交通员操着浓浓的苏北口音为大家布置好转移的方式。王夷白俩人刚穿过一座民房，两个带枪的便衣突然闪出，他们连忙站住假装小便，王夷白稍微提高点音量，"小李，陈眼镜说你有点二，你懂不懂'二'是啥意思？"他们把自己的境遇传给了后面的同志。"你们两个，坐下！"便衣吼到。王夷白与小李假装害怕地坐在地上，双手却向后撑着，偷偷地摸着地上的石头，准备当武器用。"你们去哪儿，要坐车吗？"一辆独轮车停在了他们前面。"哦，我们要去前面的村子，走累了，你带我们去吧，钱好说。"王夷白望了望木讷呆滞的两个便衣，拉上小李，一左一右跳上了独轮车。

伴着独轮车吱呀吱呀的声音，太阳从东方缓缓升起，唤醒了沉睡的大地。"快看，交通员他们到村口接你们了。""呵呵，我说呢，你这个独轮车把我们从黑暗拉回了光明，那两个便衣看到你这个独轮车，也只好睁只眼，闭只眼啰。""可不是吗，我们这儿呀，是犬牙交错、来回拉锯的游击区，那两个便衣明白，如果动武，他们是不会有好果子吃的。"一路无语的3人，此时却成了话篓子。

几经辗转，王夷白由启东到盐城，进入射阳县合德镇上海队工作。

苏北学习

合德镇是抗战时期中共着力经营的根据地，新四军曾在这里向日伪军发起进攻，并取得胜利。抗战胜利后，中共接收了日伪占据的苏北大多数县镇。合德镇作为盐城巩固的大后方，成为楔入国民政府统治中心区的前沿根据地。华中工委在这里一面组织训练干部，领导土改，指挥武装斗争，一面加强生产，促进海上贸易，推动经济发展。天时地利人和，终使当时的合德镇成为华中根据地政治、经济和军事中心。在这种情形下，上海党组织委托华中党校具体办理上海队这个临时组织，方便接收大批从上海撤退到苏北根据地的党的地下工作者来苏北学习、工作。这些地下工作者有着不同的任务，或许还会奉命再回上海工作。为保护上海的地下党组织，进入苏北根据地的同志需要更改姓名，王夷白的新名字即是"王新民"，并一直沿用至今。

王新民与小组其他成员住在一户农民家里。农户只有两间房，借给王新民他们一间外屋。王新民小组成员们因陋就简，将几块木板拼凑成单人床留给小组里的郭扬（原名郭莲芬）和另一位女同志，男同志晚上全部在旁边打地铺睡觉，白天则卷起地铺，布置成学习讨论的场所。

学习的形式多种多样，王新民就是在跨组交流时见到的吴英，"你是吴英？""记性不错啊，我们可是在天蟾舞台打过交道的噢。"原来吴英是为配合党组织的工作而打入敌人阵营的同志，难怪与国民党三青团的斗争进行得那么顺利。

转战江淮

转眼到了 1948 年底，徐蚌会战打响了。形势的发展，需要上海队横跨苏北平原，直奔淮海战场。上级要求"这支没有武装的队伍不是为了参加淮海战役，而是要参与已经解放了的城市管理。"而正当王新民他们抵达刚解放的淮安时，国民党的散兵游勇和当地土匪勾结，专门袭击这支文职队伍。形势顿时变得异常紧张，队伍转入战时体制，组织站岗放哨，与国民党的残兵败将周旋、战斗。

"安徽省委向中央打报告，要求留下一批文职管理人员参加城市建设，中央同意在上海队里从学生、工人和教职工中抽调 150 人支援安徽省，由上海圣约翰大学江佩恒同志负责，吴淞商船学校的王新民同志辅助；其余大部分由饶漱石同志带领，下江南接收那里已经解放的城市。"接到命令，王新民他们立即向安徽省灵璧县出发。这个出产灵璧石的县城在徐州的南边，地处黄河、淮河二水之间，山势蜿蜒，其处于江苏、安徽两省的边界地段还隔着洪泽湖。"新民，我们没有船，只能绕着洪泽湖北边走。这样就是时间要长点，你看怎么样？""我没意见，佩恒，就按你说的行动吧。"这条路真可以用"荒无人烟"来形容，常常是走一天也看不到当地的人影，工作队人员只能相互插科打诨，倒也不觉寂寞。到了泗洪县，放眼望去，赶年集的男男女女，购置着各种食品、杂货、香烛、鞭炮，给孩子们买新衣服。眼看工作队已经没有什么值钱的东西了，更不说现钱，王新民只得卖掉两只空油桶，换些小咸鱼，让大家过个有鱼味的春节。这边正唱着歌要着把戏乐呵着，那边却收到了上级的电报，"灵璧已解放，工作队立即赶往蚌埠。"当天，国民党军队弃守蚌埠，解放军没放一枪一炮就解放了蚌埠。工作队第二天一赶到蚌埠就全部加入解放军的行列，进入军管会工作。

王新民负责接收江淮轮船公司，他的办公室就靠着淮河的老船塘边上，位于城市边缘。

淮河是一条重要的交通枢纽，货船从淮河过洪泽湖、运河经长江抵达上海，老船塘是货船靠岸补给的码头。放眼望过，宽敞清澈的河面上不时可见带桅杆的帆船。断桥附近一些小船撒网逮鱼，河滩边，大人、孩子脚手并用地捉鱼捞虾抓蚌壳。建立于1911年的淮河大桥，本是津浦铁路必经之地，可惜被国民党从蚌埠撤退时炸了，解放军便在淮河上搭起了一座浮桥，为渡江战役做准备。这座浮桥成了国民党的一块心病。

这天，王新民推开窗户，只见室外阳光明媚，"又是一个艳阳天啊"，随手把平常戴的那顶帽子放在桌上，赶往市中会场开会。突然空袭警报拉响，国民党的飞机又来炸浮桥了！国民党飞机投弹没有炸中浮桥，却把老船塘炸了，许多船民连人带船被炸飞，屋顶上、树枝上挂满的残肢断脚在凄风中摇来晃去。空袭过后，参加会议的人纷纷赶赴现场抢救伤员。天渐渐黑了，伤员们也通过车辆、担架被送往医院。望着一片狼藉的大地，身心疲惫的王新民叹了口气，靠在路边稍做休息，忽然一阵轻微的哀求声传来，寻声而去，只见一人躺在地上，肚皮被炸裂了，他用自己的手按住已流淌在外的肠子，王新民见状急忙喊了一个车夫，想方设法与车夫一起把伤员抬上人力车，送往医院。当满身血污的王新民在黑暗中拖着灌了铅似的双脚刚踏进办公室，就传来一阵惊呼声，"王新民还活着！""太好了，他还活着。"他定眼一看，炸弹的冲击波已把办公室的门窗炸飞了，可谓四壁徒空，"你吓死我们了，你平时戴的那顶帽子也飞到马路上了。没见着你人，还以为你光荣了呢。""新民可是还有好多事要干呢，不能让他那么早就去见马克思。所以啊，老天爷知道蒋某人今天要来轰炸，就派他外出开会啰。""这下好了，有惊无险，平安无事！""赶紧把上报的烈士名单中把王新民的名字撤下。"

国民党和共产党对人民的态度，让许多人认清了形势，他们从疑惑、观望逐渐转变成支持、拥护。军管会趁热打铁，为当地青年讲解社会发展史、推翻三座大山的意义、建设新民主主义社会及解放全中国的意义等等，感召之下，大批青年投入到新开发地区的工作之中，革命队伍如滚雪球般的不断壮大，为迎接全中国的解放打下了扎实的基础。

而此时，经历了抗日战争、解放战争洗礼的王新民，逐渐成长为一名坚定的革命战士。

邂逅爱情

与王新民一起来到蚌埠的郭扬成为接收市第一中学的军管会成员，她和同事们开始着手招生、聘请教员和授课工作。

"听说了吗？郭扬亲自走上讲台，为学生讲课。她的课上得可真是没说的，生动有趣、有条不紊，学生们都被镇住了，那些不敢报名的女孩都冲着她去上学了。"军管会传开的这个消息，让原本就对郭扬心生好感的王新民坐不住了，他径直找到了郭扬，"听说，你们当时招生时，只有男生没有女生报名？""是啊，国民党宣传共产党就是'共产共妻'，吓得那些女孩子都不敢上学。后来我们几个女生主动找她们聊天，她们的父母看到我们军管会的姑娘都是单身，还亲自讲课，就让女孩子们报名读书了。""你可真是厉害啊。""这算什么呀，'五二〇运动'我都参加过的。""你也参加过'五二〇运动'？"郭扬歪着头，绘声绘色地说着："嗯，那年我正在上海暨南大学化学系读书。5月26日深夜，军警突然包围了暨大，拿着名单抓人。我当时虽然还不是党员，但却是学生会的负责人之一，所以就被关押在上海蓬莱公安局。国民党为了敲山震虎，警告学校的积极分子，就立即把我们被抓的消息在文汇报上刊登出来。他们没想到，这次抓捕行动社会反响很大，所有大学都有被抓的学生，已经震惊了社会各界，消息的刊出实际上更加激励了要求进步的积极分子，起到了相反的效果！在社会各界的声援下，国民政府不得不把我们放回学校。但学校迫于压力就直接把我们开除了。结果还是党组织帮助我找到了一份在夜校教书的工作，才解决了我的生活问题。因为我要求进步，第二年，党组织就批准我入党，并把我转移到苏北根据地。""那你是怎么到苏北的？""我们5人在交通员的带领下从扬州这条线进入解放区的。说来很戏剧，我们走的这条路线风险很多，军区派来武装保护我们的一队战士遭遇了敌军，和他们打了一仗。我们只好退回原地。在扬州住店时，我和另一女同志以姊妹相称，另3人化装成一对夫妻和一个侄儿。查房时我用家乡话说是到淮安看叔父，顺利应对。但分开询问那对假夫妻时，女的却不能回答公公的名字，幸亏假扮侄儿的那位机警，说那对假夫妻在外刚结婚，准备回老家认公婆，所以还不知道公婆的姓名。这样，才把风险化解了。""你真勇敢！""你不知道吧，我可是我们家乡第一个下河游泳的女孩。"王新民默默地看着这位比自己小1岁的女孩，眼前浮现出那些让他心动的景象，一股说不上的冲动让他有些不自在了；望着王新民那张棱角分明的英俊的脸盘，想起他的精明，他的勇敢，郭扬忽然感到自己的内心有了一些颤动。

1950年，经组织特批，不到25岁的青年团团市委副书记王新民与时任团市委（新民主主义青年团）学生部长郭扬结为夫妻。在以后携手走过几十年风雨人生路的王新民和郭扬，他们始终不离不弃地相守着爱的诺言，用一世情，与对方执手相看，经历命运的潮涨潮落，从青丝满头，到皓首皤皤……

推开黎明的窗口

初涉航空

1953年7月27日，朝鲜停战协定在板门店签订。国家随即展开了大规模的生产建设，在苏联援建的156项重点建设项目中，就包括飞机及航空发动机。

1954年初，王新民坐上了由安徽开往沈阳的专列，去111厂参加修建航空发动机的工作。111厂的前身是张作霖1920年建立的东三省航空处，后又作为日本满洲飞机株式会社生产军用飞机的场所。1951年重新整治建厂，代号111厂，担负着修理抗美援朝战争航空发动机的重任。111厂的办公大楼就是那座被美国人炸掉三分之一的原本由日本人修建的 U 字型办公楼。

一走进工厂大门，作为 111 厂冶金科长的王新民就被"车间就是战场，就是前线"的标语吸引了。他快步走入车间、科室，听取来自全国各地的科技人员、一线工人用两湖、两广、四川、江浙、东北等地的口音介绍情况。王新民一边听一边感叹，国家对这个新中国航空工业的摇篮，爱护有加，在极度困难的情况下，不仅数次拨款添购设备，还从各地抽派、调集地市级以上干部和技术人员，包括省厅级领导、公安局局长、科研单位技术骨干和应届大学毕业生等到 111 厂工作，完成科研、生产、修复工作。但困难极大，没有产品标准，没有检测手段，没有文件，没有技术鉴定，没有试验室，严重缺乏原材料。怎么办，有条件要上，没有条件创造条件也要上，以前从来没干过的活儿，只能自己摸索学着干。

王新民了解到，张作霖原来的厂房规模很大，但里面的设备都被苏联当作战利品拆走。旧厂大部分都推倒重建，只利用了部分旧厂房，在苏联专家的指导下，对停战后返厂修理的大量米格–15 飞机进行分解机体、更换零件、拆装试车，直至合格出厂。

王新民刚把工作理出点头绪，制定了规划，中央又部署了建设 410 厂（即黎明厂）的任务。这是国家"一五"时期建立的第一家航空发动机制造企业。111 厂必须拿出半副身家，舍取半壁江山，把 60% 的人员和设备送给 410 这个新厂。

推动国产

抗战前国民政府从意大利引进了约 300 架双翼螺旋桨飞机，在淞沪会战中，不愿当亡国奴的中国空军勇士们与日军在空中展开肉搏，旗开得胜。在黄浦江上炸伤了日本出云号军舰，使之失去战斗力，显示出英雄本能，但 300 架飞机也基本上在战斗中损失殆尽。中华人民共和国成立后，可以说，是从一张白纸开始建立航空事业的。所以 410 厂建厂时，上至厂长、总工程师下到工程技术人员对航空工程领域基本陌生，即使是组建新中国第一个喷气发动机设计室、被誉为中国航空发动机之父的吴大观，学的也只是螺旋桨发动机，它和喷气发动机完全是两码事。在这种情况下，王新民被任命为 410 厂总冶金师。

这时候的王新民可以说，干起工作来已经熟能生巧，但此时的 410 厂却是在零基础的航空工业上起步，面临的难题实在太多，首先是原材料的严重匮乏，这让巧妇难为无米之炊。

王新民亲自拜访了中国科学院金属研究所高温合金研究组的负责人师昌绪教授，"师教授，按照中央原材料国产化的要求，我们410厂生产的发动机，需要大量符合设计要求的材料，而目前国内钢产量很低，品种不齐，连不锈钢都没有，从橡胶、塑料到有色金属、黑色金属，从高强度结构钢到高温钢都是一片空白，我们希望能得到你们中科院金属研究所和航空部621所的帮助，考察国内特钢厂，促使原材料供应单位为航空发动机研制符合设计要求的国产化材料。"身板结实的师昌绪，操着一口河北普通话，让王新民放心："研究所已经下达了任务，我会全力以赴地和你们一起完成这项工作。"

王新民思考着，国产原材料必须实行标准化，才能确保产品质量。当时没有国标，在师昌绪教授等专家的指导下，借助三个不同专业的苏联专家带来的大量技术资料，按照苏联技术文件生产出合格零件；同时组织人员为企业制订锻造、铸造、热处理及表面处理的工艺文件、技术条件及说明鉴定书，为全国所有发动机企业材料国产化打好了基础。

当然，所有的事情都不会一帆风顺。每一次失败，对于王新民来说，就像是在心窝里扎钉子，疼得喘不过气。但让他的心更痛的是那个按相似准则比例缩小研制的某型号发动机，成功首飞后，已在北京接受了领导的检阅，可是却在飞回沈阳的途中，由于涡轮叶片断裂只得迫降于锦州。"我想不通，为什么不把这架飞机拉回来让我们亲眼看看问题到底是出现在哪儿，是什么原因造成的？我们完全可以对故障进行评估、研究，材料不行换材料，工艺不行改工艺；完全可以在原有基础上继续改进。这样对锻炼我们自己的队伍大有好处，也能促进我们自己的航空发动机的设制和生产越来越成熟。为什么仅仅只想依靠苏联老大哥，而看不起我们自己的技术队伍？要知道太靠近大树的小树是不可能长成参天大树的！不要总是紧盯别人的花，觉得别人家的永远都是好的，要相信花是有自己的花期的，不要让花还没来得及开，就亲手铲除。这样无情地抛弃一棵幼苗，真是让人无法理解！"

攻破难关

无法理解，也得把牙咬碎了往肚里咽！王新民和大家一起铆足了劲，从橡胶、塑料、无缝钢材、结构钢、不锈钢、高温钢的锻造开始，尝试表面处理和机械加工。

他把 2 个锻造车间，4 个铸造车间和一个热处理中心及一个表面处理中心、一个中心试验室管理得井井有条，完善零部件检测手段，对进厂原材料仔细鉴定，对生产出来的产品严格把关。

"都半夜 12 点了，休息吧，明天还要早起上班呢。"妻子的提醒，让每晚闭门消化的王新民倍感温馨，"你先睡吧。资料太少了，我要把这几个问题记下，明天好去请教苏联专家。""新民啊，现在那么多白专帽子满天飞，你可要小心一点啊，别让人家抓住了把柄。""放心吧，郭扬，我会注意的。你看，我是利用晚上的时间在家里学习的。虽说我已经把农业救国的理想转到了航空报国的实践中，而且读大学时也把理论基础打好了，但你是知道的，现在航空工业刚刚起步，好多都是一片空白，有那么多问题需要我们去解决，光有基础理论还不行，不多学一点，多了解点情况，怎么行呢？""我知道，可是你天天这样熬，身体会吃不消的。"郭扬担心王新民极度透支的身体，会忽然支撑不住躁动的精神。但每次，王新民却说同样的一句话："好的，马上就好。"

记不清经历过多少次失败，然而失败之后收获的却是最精彩的成功。王新民感到自己是在踌躇之时撞见了雨后彩虹，兴奋的他健步如飞地跨入 204 宿舍区 55 栋——这个由苏联人设计建造的洋房，还没到家门口，就迫不及待地大声喊到："郭扬，郭扬，快做几个好菜，晚上有朋友要来。""什么事那么高兴啊？"郭扬从 1956 带着孩子来到沈阳，还没见过王新民像今天这样激动。王新民一把抓住郭扬的双肩，俯下身子，头顶着她的头，用柔和的目光迎着她，"你知道吗？我们成功了！我们攻破一个个难题，实现了自己的目标。现在从螺钉螺帽到传动轴、涡轮盘，再到叶片，材料已经全盘国产化了，我们的材料再也不会被人牵制；我参与的 7 个型号的发动机研发，四个测绘仿制都进入了批量生产；我们 410 厂现在成为了全国最大的航空发动机厂；我们终于可以在原来的白纸上涂上明亮的色彩，画上完美的图案。"郭扬被王新民的情绪感染了，幸福的泪水淌满了两颊，她不想擦去，就想这样湿漉漉地黏在丈夫的怀里。她见证着王新民在成功和失败的交错中，在经验与教训的总结中，随着祖国航空发动机事业的发展壮大不断成长起来了。

王新民在 410 厂的 12 年是他人生中从事航空事业的一个大跨度的飞跃。

走进三线

20 世纪 60 年代，新中国处在各种强大外来势力的包围之下。以毛泽东为代表的中央领导集体面对错综复杂的国际、国内环境，提出了三线建设这个重大战略决策，让新中国有安全的战略后方，即使在核战争情况下也打不烂、炸不垮，并在客观上造就了新中国第一次西部大开发。"备战备荒为人民""好人好马上三线""建设世界兵工厂""让毛主席吃好饭、睡好觉"的口号在中国大地响起。一时间，能够参加三线建设让人无上光荣。

1966 年，培养了一大批军工人才、储备技术和人力资源的航空企业 410 厂按照中央的部署，在贵州省平坝县包建黎阳机械厂，即 460 厂，隶属 011 基地。

"今天领导找我谈话了，我要去贵州，下星期就出发。""那我和孩子们呢？"面对妻子和孩子，王新民内心有着说不出的愧疚，"在动员去三线时已经讲清楚，在工厂没有建成时，只能单身，不能带家属，因为还有许多困难，最重要的是孩子没有地方上学。""没关系，你去吧，国家的利益高于一切，维护国家安全也是我们的责任。"郭扬明白，自己不可能阻止爱人的脚步，特别是在这个大事件中。何况王新民就是那么一个人，不管自己有多大的困难，只要党和国家需要，他都会克服，这次他也一定会去贵州。

沈阳的 3 月，大地已经复苏，穿行于桃花雪中，感悟到新一轮生命的庄严。王新民与蒋绍南、孔繁政、包维勤等一行 5 人踏上了南行的列车，思绪追逐着飞驰的车轮奔涌而出。"新民，您在想什么呢？"蒋绍南望着朝窗外沉思的王新民说到。"唉，绍南啊，您看，三年困难时期的阴影还没有散尽，周边局势又异常动荡，台湾企图反攻大陆，印度挑衅中国领土，苏联重兵进驻中蒙边界，'北部湾事件'又把战火燃烧到了中国边界。你说，这个多事之秋，我们的三线建设，我们的军工建设是多重要啊！""是啊，你这位黎明厂的总冶金师，要去主持筹建黎阳厂，担任黎阳厂厂长啰，担子不轻啊。""您这位书记的担子不是一样重嘛！""听说你写一了首诗，读来听听。""嗨，那只是自己的一点感想而已，献丑了：

> 十二年风雨共舟，今日里离别在即；
>
> 为祖国添砖加瓦，为建设展翅高飞。
>
> 红旗飘飘风雷动，天降大任东风烈；

恨美帝到处猖獗，建革命基地紧急。

雷锋王杰焦裕禄，主席思想学真切；

立大志吃下军品，望内地红旗林立；

一杆红旗两地插，革命路上共努力。"

"说得好啊，'一杆红旗两地插，革命路上共努力。'真是鼓舞人心的好诗啊。"

奔赴贵州

长途跋涉的火车喘着粗气停靠在贵阳站，办事处的同志早已等候在月台上，"辛苦了，你们先去八角岩招待所休整一天，明天正好有个便车去平坝县，厂址就在平坝县南部的深山沟里。"

从贵阳出发的这天正好是 3 月 8 日。没有女同胞的车辆却铆足了劲在蜿蜒的山路上盘旋，时而跑上山巅企图将朵朵云彩捧入车窗；时而奔驰在尘土飞扬的干路、泥浆四溅的湿路、路窄坡陡的弯道上欢唱摇摆、升降起落。没见过这阵势的东北来客，无法控制地在车内弹跳起舞，上下牙也不自觉地磕碰着，想说句话，喉咙里滚出的却是不知何意的颤音，只得让嘴巴转入"暂停模式"，双眼委屈地开启"闭眼定神法"，让脚趾与袜子紧紧相扣，用双手使劲拉拽扶手……

车辆终于停在了离目的地还有十几里地的路旁。5 人赶紧下车，半天的颠簸车程真是坐够了，扛上行李继续前行。虽然仍是泥泞不堪的山路，但不会那么颠簸，一切可以随自己的意愿想走就抬脚，想休息就歇脚。

"这些人是干什么的？来我们寨子做啥？""会不会像抗战时为修滇缅公路，美国的十轮卡车那样，在我们寨子的打谷场停一下，然后像风一样飘走了？"在村民们疑惑中，饥肠辘辘、满头大汗的 5 人终于走进了坐落在平坝县白云区大寨村的生产队长赵桂珍的家。这个四间一底的房子，算是村子里比较好的房屋了。赵队长接过王新民与蒋绍南的行李，几个跨步就到了阁楼——储藏粮食的阁楼，"你们两位领导就住在这儿。别看这种楼板是竹竿编的，结实着呢，不用那么小心。不过乡下条件差，下雨天会有雨水从缝隙里滴进来，注意不要打湿了被窝。"

晚上，王新民躺在床上，笑嘻嘻地指了指天花板，对着蒋绍南说道："蒋书记，看到天上的星星了吗？没想到我们的建厂指挥部在万星宾馆。""还乐呢，今天天好，倒是能见到漏进的星光，要是下雨，看你乐得出来不？唉，现在几点了，楼下还在吵什么？""我也听不懂，好像是对社员评工分。隔音效果太差了。"

在以后的很长一段时间里，他们几乎都是在清晨被村民煮猪食的浓烟呛醒后，开始在上无片瓦、下无寸土的地方招兵买马，筹建工厂。

建厂设想

按照三线厂需"散山洞"的建厂要求，黎阳机械厂选择"菜花洞"作为厂区。菜花洞就在王新民他们第一个宿营地附近，地名源于当地村民在山洞前面的那片空地上种植了许多菜花。

王新民知道，在贵州山区建厂和在东北平原建厂是两码事，东北平原开阔平坦，怎么合理就怎么布置，但贵州山多平地少，必须依照山川地貌来实施。然而，承担工厂基本建设的航空部第四设计院为贯彻上级散山洞的原则，要求采取镶、埋、贴及羊拉屎的方式建设世界兵工厂。所谓镶即在山头中镶进一个车间；埋即是把车间埋到地下；贴即贴近山体建车间，让车间从外形上看是山的一部分；而羊拉屎，即车间要分散而成，好似羊是一边走一边拉屎，东一堆西一堆的。但最让王新民头痛的是，设计单位指出，从空中俯瞰，公路是飞机最好的导航指示器，公路的尽头必然是个大企业，因此公路必须埋入水底，这样空中只能看到一条河。可是，这怎么能够有利于将来组织生产呢？如果遇到天旱没水，职工怎么能够划船上班？如果遇到暴雨，职工的安全如何保障？住在一个临时工棚里基建设计方与厂方天天辩论，王新民更是坐不住了，"我在沈阳410厂工作了12年，当时建厂时苏联援助的整套图纸我记忆犹新，我提出自己的意见。"经过与设计单位反复讨论、比较，总算为建厂初期争取到一个相对有利的局面，为日后批量生产提供了合理的构建与便利。

为尽快投入生产，在修公路、建厂房之前，必须了解当地水源，做好测量工作；依照所需设备机动部位标准，进行厂房基本设计；依照山形，对产品工艺流程、生产规模、工序工时、配套产品、特殊设备、人员比例等方面确定设备所需的厂房面积。还需要进行例行实验，从环境、温度、震动、离心力、运输等方面保障设施运行到位；从量具的修复、校准、精密测量和理化试验、表面处理、热加工处理、塑压、铸造、总装要求等方面考虑产品生产合理性；同时还得走村串户，与当地农户同吃同住同劳动，做好四清工作。这就免不了天天几身臭汗，贴在身上的衣服又湿又黏，而整个平坝县却只有两个澡盆，需要洗澡的人员必须事先通知，否则澡堂没有热水可以提供。虽然 1961 年 3 月 22 日，中央工作会议通过了人民公社的宪法《农村人民公社工作条例（草案）》（即《农业六十条》），在"大跃进"、总路线、人民公社三面红旗中，农村人民公社实行三级所有、队为基础的制度，但在偏远的贵州农村，由于环境恶劣，交通不便，当地村民的生活条件仍然贫穷落后。当地村民甚至没见过皮鞋，没见过汽车，看见运材料的汽车进入工地，发出啧啧的赞叹，以为汽车是头力大无比的"牛"。有位老奶奶觉得这"牛"拉了那么多东西进来，一定累坏了，赶紧捧草喂"牛"。

救护群众

在天无三日晴、地无三里平、人无三分银的贵州安顺的山沟里，从厂领导，到中层干部，再到一般群众，大家或搞设计、挖土方、搬砖瓦、铺管道、拉电缆、平场地、安设备，或走村串户，与村民们一起干农活，到村民家中了解情况，为日后工作铺垫。

一天半夜，一只大狗突然领衔呼叫，引来了全寨大小各一的狗狗呼应。在狗吠此起彼伏之中，伴随卫生科长老隋急促的脚步声，一阵猛烈的拍门声把王新民惊醒，"王厂长，不好了，寨子里有一名产妇难产，已经 6、7 个小时了，孩子生不下来，有生命危险。老乡一直拖着，实在没有办法了，才来找我们。可是，我们什么条件也没有啊。""人命关天，必须尽快送进大医院！你和我一起去找司机送他！""可我们不知道司机住在哪个老乡家呀？""那我们就一家一家的找，一定要找到。"在那个漆黑的夜晚，借助手电筒微弱的灯光，王新民他们跌跌撞撞地走在崎岖不平的山路上，顾不上凶猛狂吠的看家狗，挨家挨户地找了一家又一家，终于找到了司机小吕。拉了一天基建器材的小吕二话不说，把产妇抬上汽车，向贵阳方向驶去。王新民这才松了一口气，向着渐渐发白的东方，祈祷着母子平安。

建房修路

建厂初期并没有正规的办公室，从厂领导，到各科室负责人，再到一般群众，都分散在各个岗位。为赶时间、抢进度，早日投入生产，王新民带领着大伙儿住在临时办公室，白天奋斗车间科室，晚上夜战建筑工地，遇到问题一起解决。无论是雪花飞舞的寒冬腊月，还是骄阳似火的炎炎夏日，工地上人山人海，大伙儿一面用歌声鼓舞士气，一面赤脚踩在水塘里、土坑上，挥动着双臂帮着施工单位一起修涵洞、平路基、拌砂浆、建宿舍。"嘀嘀嘀"的汽笛声伴着大伙儿的互助声，"卡车来了，卡车来了！""慢点，下雨天路滑，别摔了！""你才卸完水泥，休息一下吧。""没事，还是赶紧把这一车皮卸完入库吧。"可这天，装着炸药的几辆卡车来的却不是时候。工地上空荡荡的，人们都赶场去了。而炸药和雷管因性能的特殊性，必须立刻卸下放入远离工地的山洞库房里。王新民只得请机关人员都放下手中的工作，扛上50公斤的炸药箱，晃晃悠悠地爬上山洞。为了抢时间，十几个人来来回回转了一趟又一趟，全然不顾磨肿的肩头和磨破的衣服，好不容易卸完入库，却觉得自己散了架，坐在地上站不起来了。天公又在傍晚下起了瓢泼大雨，听着哗哗的雨声，无法联系到押车员的王新民如坐针毡，他担心路上还行进着的那些装载着水泥的十几辆卡车上没有遮盖的水泥还能不能用？晚上九点终于等到了雨中闪着光亮的车队。第一辆车刚停下，大伙儿不由分说地投入了战斗，他们顾不上白天搬运炸药已消耗的大量体力，咬着牙，手抱肩扛50～100公斤的水泥，脚踏泥泞的洼地前行。深夜2点，全部水泥入库了。但此时发现，破裂的水泥钻出纸袋与雨水混合，黏在衣服、盔甲、头发上，已经发干、发硬，看似一个个刺猬，非常滑稽，而衣服也结块无法脱下，只能扯下。王新民们累得根本就不想洗漱，直接倒床而睡。

醒后，王新民得知损失了1/3的水泥，顿感心痛，又无可奈何。更让他没想到的是贵州的雨，一下起来就没完没了，雨水不仅顺着石缝钻进房间，还浸泡了绿油油的秧苗，更是变戏法似的将驻地与工地之间的涓涓小溪变成汹涌的大河。这让王新民心焦不已。他不知道即将要建的厂房是否会被淹没？会不会每当暴雨过后这里就会成为汪洋大海？而当地有关菜花洞及附近的水文资料又不全面，无法提供相关数

王新民与村民建房修路中

据。王新民在大家的支持下，组织以基建人员为主的调研组前往周边地区实地考察。经过 5 个多小时的艰难行进，终于发现了好几个落水洞，水由此进入地下溶洞。由此一块石头终于落地了，因为，菜花洞是有条件盖厂房和车间的。

就这样，王新民带领大家，白天上班、晚上夜战，靠着"一不怕苦，二不怕死"的精神，咬牙坚持，在崇山峻岭中挖出了一条条道路，修建了一排排厂房、立起了一幢幢宿舍，实现了"三通一平"，让石头缝里结出产品之花，用汗水描绘三线底色。

在那段物资贫乏的艰苦岁月之中，支持王新民他们一路前行的动力是信仰和信念！

厂民关系

菜花洞旁是一个少数民族村寨。他们的文化、理念、风俗习惯等与汉族差别很大，加上大多数村民汉语发音不标准，与他们交流会非常困难，许多矛盾一触即发。

"王厂长，不好了，建筑队和老乡打起来了！"保卫科科长着急地向王新民报告。建厂房盖宿舍请的是建筑队来具体实施的，得此消息，正在帮职工理发的王新民停住了手中的推子，"怎么回事？慢慢说。""老乡去工地偷材料，与建筑工人发生了冲突，他们打起来了，有个老乡的手被打断了。得到消息的寨子里的老乡们把猪杀了，举行了仪式，然后，拿着镐棒、火炬，头上缠着红布从寨子冲出来准备围攻建筑工地。"闻过此话，王新民脱下围布，丢在桌上，"我得看看。"保卫科长一把拉住他，"您可不能去啊，会被他们打死的。"王新民着急地说："我不去不行啊，城门失火，殃及池鱼，建筑队和当地村民搞不好关系，如果出了人命，以后我们这个厂还如何在这儿生存下去啊。"王新民带着保卫科长赶到时，村民们已经快到建筑工地了，那边建筑队得到消息也居高临下，围起了砖头石块，时刻准备搏击。王新民一面让保卫科长骑着摩托去县里找武装部，一面快步上前，试图挡住前行的村民，并不停地规劝村民，"老乡，我们有事好商量，可不能发生冲突啊。"村民们根本听不进去，不停地涌向前，王新民只得边劝边退。眼看双方的恶战一触即发，危急时刻公安部门及时赶到，村民们这才返回村寨。王新民想想都后怕，结下的仇是永远解不开的，如果村民吃了亏，后果将不堪设想。他赶紧让厂里为受伤的村民医治。

劳累了一天，晚上基本上是头一沾床就睡着了。这天，王新民在得知一名职工留在沈阳的亲人生活有些困难，便给职工家属送去了粮票，回到宿舍天色已晚，可不知怎么他却有点心神不定，总也进不了梦乡。果然，外面似乎在吵闹，由远而近，慢慢地到了窗外，"别打了，求求你们别打了……"王新民推门一看，几个人围打村民。"住手，这又怎么了。""王厂长，我们职工宿舍经常丢东西。您看，今天又有3个村民爬进我们宿舍的窗子偷东西，太可恶。我们听到动静起来后，有2个逃跑了，只有这个被我们抓住。得好好教训教训他们。"这个村民一看到王新民，立马抱住他的腿，"救命啊，王厂长。"王新民看到满身血迹的村民，对工人们说，"不能再打了，交给我吧，我来处理。"王新民背上已被打的在地上爬不起来的村民，走到了派出所，"孟所长，您今晚辛苦一下，赶紧送这个老乡去医院，想办法把他的伤治好，然后安排他吃饭，送回寨子。

这些事件一传十，十传百，村民对厂里的态度改变了。"王厂长，出去啊。"王新民疑惑地望着村民，"请问，您是？""我是这儿的村民。你们为偷东西的人治伤的事我们寨子都传遍了，大家都说，你们黎阳厂的领导够意思，够朋友，他们偷了东西，没有受到处罚，还想办法给他们治伤。"看到工厂与农村的关系扭转变好了，王新民非常地欣慰，是啊，工厂终于可以在菜花洞扎下根了。

王新民以诗为证：

> 黔路曲曲山重重，队伍走进散山洞。
>
> 若问来客因何故？笑指银燕蓝天中。

遭遇造反

"我们是460厂星火造反团，你们这些反动派，借口是保密单位，把串联的红卫兵拒之于门外，用意何在？今天，我们得到了安顺军分区军代表的支持，要对你们这些臭老九进行改造。"外面的红卫兵来串联，王新民他们借口保密单位将其拒之门外。但1966年下半年，造反派成立革委会，强夺了党委和行政大权，成立革委会。王新民被扣上"死不改悔的走资派、反动学术权威、叛徒"三顶大帽子，与厂里所有的从沈阳调来被同样扣上帽子的领导、技术骨干一起被关进了学习班，并扣发工资，从事体力劳动。如此一来，建厂工作全面停止。

"我虽然在劳动改造，但我还是一位共产党员，你们无权剥夺我交纳党费的权力。"在近四年的牛棚生活中，王新民只领到15元的生活费。但他在遭受批斗之余，依然按时取出1.3元缴纳党费。

乌云遮不住太阳。1970年，党中央下发命令，由南京军区空军部队、国防科工委、上海空军政治学校等组建一支军管组进驻工厂，替代了安顺军分区所派出的军代表，形势发生了根本性的变化。在重新审查王新民所谓的历史问题，找到了王新民不是秘密投降的有力的证明后，军管组解除了王新民的劳动，让他出来重新工作。受挫之后没有放弃自己，熬过难挨日子的王新民们逐渐恢复自由，勇敢地重返社会，工厂又开始进入到"抓革命、促生产"阶段，恢复了建厂及发动机的研制工作。获得解放的王新民收到了补发的3000元工资，便立即拿出1000元交纳党费。

仍然是"先生产后生活"的口号，但建厂的同时，也要保障职工人有所食、幼有所育、学有所教、病有所医、老有所养。慢慢地，一个集家属区、集体宿舍和托儿所、幼儿园、学校、粮店、商店、菜场、食堂、医院、浴室、邮局、招待所、派出所、车队的小社会在一无所有的山沟里诞生了，电影院、图书室、足球场、篮球场、俱乐部、五七工厂等随后也陆续建立起来。远离城市的工厂甚至能把当地市面上没有的、来自全国各地的新鲜蔬菜、水果和冷冻的海鱼及生活用品拉回来，供应给职工，解决职工的生活问题。职工们在这个温馨的大家庭里举行着丰富多彩的文化活动，文艺表演活动和体育赛事活动，深山之中的工厂俱乐部还上演着一幕幕跑片的电影，职工们欣赏着当时尚未普及的电视。

仿制成功

设计所造反派为达到与工厂平起平坐的目的，提出了设计部门要独立的口号，这让王新民陷入了沉思。黎阳机械厂的组建方案中包含了设计部门，这其实是有利于产品的改进与发展的。而造反派们想脱离黎阳机械厂，归属北京第六研究院，但当时的第六研究院也处于造反纷争的时候，自身难保，不可能让黎阳机械厂的设计部门并入。最终，造反派把原属黎阳机械厂的设计部门改名为011基地设计所。其实，许多设计人员都明白，工厂与设计部门的分离对事业发展没有任何好处，他们自成体系，成败不在一个核算单位算账，责任不清，只开花不结果，图纸进了档案馆束之高阁。设计图纸倘若不能变成产品，它的利用价值就等于是废纸一张。而企业要发展就必须创新，必须有创新机制。总装（包括核心零部件的制造）和设计的有机结合，是利益共同体，有共同的目标，是创新的重要机制。但目前，厂所分离已成为定局，无法改变。想到这儿，王新民叹了一口气，不能就这样了结，必须让设计与生产无缝对接，必须让设计在企业现场获得灵感，从实践中获得创新启示，让企业尽快跟上设计步伐，达到设计要求。他推门而出，走进设计所，找到了积极支持黎阳机械厂改进产品性能的温俊峰、李赖晓、陈汉雄、沈鹗等工程技术人员，商议以厂所结合的方式，一方面让设计直接为产品生产服务，另一方面及时找出产品可能出现的设计问题，使设计更加合理、更加完善。这一建议得到了大家的赞同，为黎阳厂今后的发展铺平了道路。

按照工作安排，黎阳机械厂先从发动机的仿制做起，进而再逐步进行改型、研制。王新民着手组织科研组，带领大家一起攻克难题。

如果说，1969 年，通过边建设、边试制，作为三线生产厂家的黎阳机械厂将部分零件和前方厂 410 厂所生产的零件混合组装试车成功，让人欣慰；那么，1970 年 5 月，振动古老群山的轰鸣声，向外传递了黎阳机械厂在贵州省安顺市平坝县菜花洞独立仿制生产的第一台歼 7 涡喷发动机总装试车成功的消息，更是宣告了落后的贵州有了自己的先进的航空发动机企业。

毫不动摇

林彪的"四大金刚"之一、时任空军司令的吴法宪，在一次检阅部队时，一边吃西瓜一边说："歼 6 打遍天下。"这句话成了吴法宪的最高指示。不少单位闻风而动，把原来已经研制成功的歼 7 的飞机打入冷宫，倒回去重新研制、生产歼六，浪费了大量的资金和大量的时间。黎阳厂是生产歼 7 发动机的，王新民不甘心就这样倒退，坚持不改。为了求得实证，王新民便前往南京找空军司令员，希望将歼 7 和歼 6 在空中实际较量一下。征得司令员同意后，比较的结果歼 7 优于歼 6。这就更加增加了王新民的信心。他回到厂里后告诉大家，我们黎阳厂不改了，继续生产歼 7 发动机。

针对歼 7 虽然具有中、高空优势，但低空性能却与歼 6 差不多的情形，王新民组织专项攻关小组，针对歼 7 发动机在试制中出现的问题进行整改，使得歼 7 发动机的各项性能更加稳定，可靠性得到进一步提高，歼 7 的长处逐渐凸显，空军非常满意，陆续用先进的歼 7 更换歼 6，发动机任务随之增加，进入小批量生产。

作为航空发动机重头企业的黎阳厂不甘落后，就这样一步一个脚印，开辟了一片属于自己的天空。

拥抱黎明的阳光

战略转移

时间像长了脚似的，滴答滴答地走过一程又一程。转眼进入20世纪80年代。三线建设形成的将近两千个大中型企业，经过多年的技术积累和不断磨砺，为原本工业基础十分薄弱的西部地区进行了有力的输血，很多企业成长为行业内的翘楚。可以说，三线建设是新中国诞生后第一次"西部大开发"，它从客观上促进了西部地区经济的发展，初步改变了东西部经济发展极不平衡的格局，而其所形成的巨型堡垒，成为国家可靠的战略后方。但就在三线建设似乎尘埃落定之时，那些原本认定随时可能与我们交战的敌人，却终究成为堂吉诃德眼中的风车。根据国际形势，邓小平同志预言50年内不会有世界大战，国家迅速调整了战略，各项工作转向为以经济建设为中心，实行对外开放。国家要发展沿海经济，就只能大幅度减少对军工企业的投资，这就让那些刚刚褪去建设热潮的、处于崇山峻岭之中的三线军工企业，面临生产任务锐减、产品生产单一的困境，当年的荣光不复存在，"天时不再、地利成害、人和无奈"终究使人心涣散，一落千丈，直跌谷底。

作为黎阳厂厂长的王新民心急如焚，他知道，党中央国务院明确提出"调整改造、发挥作用"的"八字方针"，但地处偏远山区的"三线"工厂，没有指令性的军品任务，要自行搞民品，找市场，谈何容易！回顾以往，国民经济到了崩溃的边缘，而当时国家根据形势需要，对三线建设的投资规模约占据了国民经济GDP的一半。改革开放后，党中央为了改善人民群众的生活，把"文革"中荒芜的国民经济搞上去，这本来无可非议，但如此一来，原来的三线建设中近80％的企业将关停并转，航空部也不例外。部党组开会讨论把航空部所属企业分成三类，名曰"缩短战线"。第三类属于下放地方的企业，包括黎阳厂在内的011基地属于第三类，拟定下放，由贵州地方管理。部里和地方商谈时，地方政府领导向航空部提出要求拨款几十亿才能接收。唉，别人家的孩子已经太多了，你再把自己的孩子送给别人，别人也很困难，当然要提条件啰。航空部本身也不富裕，如何能拿出这么大数额的经费呢，只能忍痛让黎阳厂自生自灭了，简单地说就是能活就活下去，活不下去也没有人来救你。眼看着曾被视为"国之重器"的"三线"军工企业，忽然间失去了往日的辉煌和荣耀，这其间的巨大落差真是让人难以承受。而航空发动机的重复建设，造成了僧多粥少的情景，且许多单位已经遭遇发展瓶颈，甚至陷入生存困境。王新民联想到，"六一"节那天，作为厂长的他到子校和少年儿童一起参加活动，看到那些天真活泼的小朋友们，自己真是感慨万分，黎阳不像那些由国家负责的大型国企，有生产计划，他们有饭吃，不着急。可是黎阳如果破产了，厂子没了，这些无忧无虑的孩子们怎么办，他们的出路在哪里？他们的父母，那些厂里的员工呢？眼瞅山外翻天覆地的变化，活力四射的沿海吸引着世人的眼球，山里却因交通闭塞，无法与外界竞争，山里山外的差距越拉越大，当初大伙儿为大家，舍小家，满怀激情支援三线建设，他们献了青春献子孙，可是现在关系到他们的生存问题，不能不考虑啊。在这片土地上，总不能放弃梦想和希望吧；总不能因为破产了，把这些员工推向社会吧！其实对王新民个人而言，出路很多，但他总觉得，有这么一个企业在这儿，有这么多员工在这儿，他就有责任和厂领导班子成员一起，率领那些守候着曾经高大巍峨的工厂、与时光一同渐渐老去的三线人共同奋斗。

王新民决定召开动员会。他说："如果我们的眼睛只盯着上面，只想着等靠要，等的时间可能就把黄花菜等凉了，可能会得软骨病。你只想靠在大树上，那么大树倒了你也就倒下了。目前，国家只能保一小部分重点国企，绝大多数和我们一样的三线企业不得不自生自灭。我们黎阳已经无处可靠，谁也不会可怜你，这就是我们的命！面临这样的局面，我们黎阳人不应该抱怨，因为这不是某一个人的问题，抱怨只能涣散斗志，而不能解决任何问题；黎阳人也不应该气馁，试想，如果吃饭要从插秧开始，用钢材要从开矿开始，那我们就只能是被饿死或被逼死。我们没有生产计划，只能靠自己去寻找市场，寻找生机和出路，要有所为，有所不为。现在这种情况，或许是我们的机遇，或许是上天留给黎阳的一条自我奋斗、起死回生的一线希望。我们要做的是以置之死地而后生的决心、敢为人先的勇气，实现自我突破。大家知道，其实早在 1970 年，我们就开始着手对原型机的空停和八大故障进行了改进，我们的发动机已经有了质的飞跃，具有了市场优势，所以我们并不愁产品没有销路，不但国内空军看好，而且还可以打开国际市场。我们只有更新管理理念给与模式、更新产品技术与营销方式，找准市场与消费者的痛点，以快速度、低价格、多纬度的姿态走在时代潮流的前面，才能赢得激烈的市场竞争。今后，无论我们的路程怎么走，都不能忘记自己的使命，自己的根本。我们的使命就是要筑牢国防基石，筑牢国家安全基石！我们要挺直脊梁，甘于奉献，为国家争光，为自己争气！只要我们的心向着阳光奔跑，就不会害怕黑暗。我相信，通过全体技术人员、工人的努力，我们黎阳的明天一定会更美好！"

组建公司

王新民考虑到，航空发动机的研制发展投资大、周期长、风险高，一个厂不可能完成所有任务，需要专业化工厂和科研单位联合起来共同完成。他设想将生产发动机为中心的总装厂，加上那些生产钣金件、叶片等配套产品的专业厂，再加上设计所、库房，共同成立黎阳发动机公司，以加强精密铸造，立足涡喷，打开眼界，向涡扇领域进军，增强产品的竞争性，促进飞机生产得到更好的发展，实现企业扭亏为盈，不断壮大。

然而，组建公司谈何容易！工厂的好些机器已经停转，好些人才已经流失，好些路灯已经不亮，好些野草已经丛生，好些人心已经涣散。要组建公司，失败了怎么办，你王新民能负得了责吗？能赔得起吗？你何必拿自己的政治生命去赌呢？王新民需要冷静冷静。他独自沿着家属区背后的那条山路走去，路上没有一盏灯，月光之下，这条小径亦然变成一条白色的带子，放肆的蛙鸣声、蟋蟀声暗示着茅草丛、水田里、树林中藏着的千百只旺盛的小生命。是啊，阳光、空气对每一个生命都是公平的。遭遇曲折、历经苦难，在所难免，"不经一番寒彻骨，怎得梅花扑鼻香！"想到这，王新民告诫自己：我认定了，我问心无愧。这不是为我自己，我没有任何私利可图，为了4000多职工的利益，我得赌一把，我得为4000多人找条出路，让大家都能过上好日子。现在不是说改革开放吗？那就得试，邓小平同志说要摸着石头过河嘛，又没有什么红头文件说成立公司不行。如果失败了，我该承担什么责任就承担什么责任，就算是牺牲我个人，那也值得。或许我还能为军工企业发展闯出一条路子呢！

在大家的支持下，王新民组织召开了党委扩大会议，统一思想——现在各厂仅是专业化配套厂，而没有总装专业化生产的零部体就没有销路，也就是没有饭吃。成立黎阳发动机公司，并不是要公司领导要当甩手掌柜，让各厂、所、库多一个婆婆，而是要把总装设计反核心技术作为自己的任务，组建成公司的原5个单位都是为生产航空发动机独立建制的法人单位，公司只是统一调配航空发动机的开发研制和生产经营，而其他方面法人是有充分的权力进行管理，甚至可以独闯市场。我们只有让厂所拧成一股绳，成为利益共同体，大家同心同德，才能共同把发动机以最快的速度、最好的质量、最少的投入搞上去，各单位才有前途，公司才能发展，大家才有饭吃，才能过上好日子。

在王新民的坚持和多方协调、呼吁下，1981 年，航空部吕东部长同意了他的意见，批准成立黎阳公司，最终 011 基地同意了改制方案，黎阳发动机公司（简称黎阳公司）正式挂牌成立了。

在时代转折的岔道上，王新民带领黎阳人上演着奋斗者的传奇故事。

技术革新

技术创新之路一直是身为黎阳厂厂长王新民所定的发展方向。因为他明白，航空发动机是飞机的心脏，是飞机的动力，它是一项集各种尖端科技的复合体，需要流体力学、结构强度学、高温材料学等综合技术。早在 70 年代，他就着手组建了科研组，进行技术攻关，改进发动机功能。当时科研组遇到的最大问题就是空停和八大故障，特别是说飞机在空中飞行时发动机突然不工作了，飞机迅速下降，如果在这个过程中不能重新启动发动机，就会造成飞机坠毁的事故。410 厂也遇到过类似这样的故障。这是苏联原型机的一个致命弱点，虽然苏联通报原型机一次翻修寿命从 200 小时降为 100 小时，到了 410 厂又降为 50 小时，但空军仍然无法使用。

1975 年，王新民了解到，在荣科教授的推动下，金属所、黎明厂、沈阳发动机厂组成的科研、设计、生产一体化，经过 1 年多的努力，大幅度提高了涡喷原型发动机的性能。王新民便向航空部提出希望将叶片生产转移到 011 基地，这一建议得到批准后，王新民亲自登门邀请已从牛棚中解放出来、曾经帮助 410 厂实现航空发动机原材料国产化的师昌绪院士来贵州，帮助进行叶片联合攻关。

"师昌绪院士，您好！一别二十年了，您还没怎么变。"王新民紧紧握住师院士的双手。

"老了，您看，我现在都成光头啰。"

"哪里，哪里。不是说聪明绝顶嘛。您是越来越厉害了。这不，我们还得请您这位留美回国的专家帮我们把脉整治呢。"

"为了我国的航空事业，我义不容辞啊。"

师昌绪院士作为北方人，他不习惯南方，特别是贵州的酸辣饮食。为了保证师昌绪院士率领的攻关团队成员的生活质量，让他们能够尽快进入工作状况，王新民可谓绞尽脑汁。

"新民啊，您又买了那么多菜啊。您看，一到周日，您就骑车到集镇赶集，回来也不歇歇，又下厨做菜，炖肉熬汤。今天又亲自宰杀这只大鹅犒劳我们。您这么一位大厂长，在这既当出纳又当会计，既当采购员又当炊事员。我们怎么好意思啊。"

"师院士啊，可不敢让您这结实的身板在贵州被耽误啰。说实在的，贵州条件艰苦，你们住的是简易房，平时和我们一起吃发霉的大米加白菜汤，一心一意地带领这些专家、技术人员帮我们黎阳厂的航空发动机上一个新台阶，我也只有在星期天才能做这些后勤保障服务工作，略表心意！"

"那恭敬不如从命，呵呵。"

多年来，师昌绪带领团队经常深扎在科室、车间，亲自解决黎阳厂突破高温精铸叶片生产的难题。他告诫技术人员和工人们，发动机上所有的零部件，包括小小螺钉螺冒，如果出了问题，都可能造成机毁人亡的飞行事故。所以航空发动机必须做到质量第一，这是对所有从事航空发动机事业的工作人员提出的必须具备的基本要求。

推动整机发展的关键之处，是高温涡轮部件，特别是涡轮叶片。涡轮叶片必须在一千多度的高温、一万多转的情况下仍然能可靠的工作，这是当今世界航空发动机性能的增长点。众所周知，所有钢材在 900 多度可锻打，比如打成各种农具，但当温度达到 1500 度时，所有钢材都会变成液态，成为钢水。那么，如何让航空发动机的涡轮叶片在 1000 多度还能正常工作呢？涡轮叶片的成分 80％ 是镍，还有其他各种元素。王新民亲自加入到师昌绪院士的科研团队之中，与大家一起反复试验，在原有材料的基础上提高铝钛比例，达到 5％，而且使用精密铸造空心冷却的涡轮叶片，这样，它的工作温度可以达到 1070 度。

为进一步提高航空发动机的性能，师昌绪院士和团队科研人员乘胜追击，面对 9 个孔冷却精铸涡轮叶片合格率太低，只有 2.9％ 的状况，师昌绪院士率领的科研团队从源头上，比如母合金性、涂料、压模的清洁、判断标准、技术条件及验收标准等方面入手，改进精密铸造工艺，加强冷却系统性能。当然，黎阳人后来又将其从九小孔发展成三大孔，进一步提高了涡轮叶片的承温能力，大大提高了产品合格率。经过几十万件，甚至几千万件的试验结果，没有发生过一次故障。由此，中国成为除美国之外第二个掌握此项技术的国家，实现了航空发动机历史上的一个重大突破，为黎阳公司新机发展打下了坚实的基础。

王新民万分感慨，饮水不忘掘井人，正是师昌绪院士所率领的团队们的努力，黎阳才有了今日辉煌！"谢谢您，师院士。您改进了高温涡轮的工作条件，将空心精铸涡轮叶片改进为三大孔陶瓷型芯，把发动机工作时间从 50 小时延长到 100 小时、200 小时乃至 300 小时，空军部队非常满意。"

"应该的。王厂长，您特意向航空部长莫文祥报告，请求为精铸叶片修建带有空调的厂房，并亲自跑批文，跑款项，确定设计方案，最后建成的这个近 1 万米、工艺齐全、带有空调、号称亚洲第一的精铸车间，可是为这项工作出了大力的呀。"

这可是句大大的实话，这个具有一流工作环境的高性能精铸车间让黎阳公司在精密铸造行业站稳了脚跟，为以后不断更新设备、承担更高更精尖的任务立下了汗马功劳。

可以说，黎阳公司在改进改型中抓住了高温轮叶片的发展这根牛鼻子，显示出强盛的生命力，这一点上，师昌绪先生功不可没。

王新民明白，仅仅这样是不够的，还得锤炼自己的队伍。他依靠厂所联合，将科技与生产结合起来，极力支持温俊峰提出的要重视在原型机上不断想方设法改进改型的思路，组织本公司的科技人员、一线工人攻克难关。

"王总，中锥齿轮故障是原型机带来的第九大故障，它造成的飞行事故，苏联也没有找到真正的原因，仅采取加厚的办法，是不行的。我认为，必须查找到中锥齿轮撕裂的真正原因，才能对症下药，解决问题。"温俊峰步入王新民办公室，把自己的想法一股脑提出。王新民示意他坐下，转身倒了杯水递给他，温和地说："俊峰，我完全同意你的想法。你不要有顾虑，大胆地去研发，一次不行就二次，二次不行就三次，总之，不要怕失败，一直要找到故障原因，找出解决的办法。我做你的坚强后盾，我承担所有责任。"得到领导的同意，温俊峰开始马不停蹄地找到相关高校、科研单位，与有关人员共同分析、研究，终于发现中锥齿轮故障是由于共振而造成的，可以在几秒钟的时间把飞机整个拉散。他们通过多次试验，最后将直齿改成弧齿，很好地解决了这一问题，促使空军部队全面恢复战斗值勤。

但前行之路不会一帆风顺。原先航空部确定沈阳发动机厂、研究所才是歼击机发动机科研生产中心，一切决策向中心倾斜。黎阳在中心之外，其改进发展均在无国家立项、无国家投资、无主管部门组织协调的情况下进行的。现在虽然取得了一定的成绩，但或许为平衡各单位的利益，航空部决定黎阳公司每年生产量不能超过200 台，超过部分就必须让给沈阳某厂生产，同时黎阳厂还要将图纸、资料交给这个厂。

面对这种不公平，黎阳人铆足了劲，要让自己变得更加强壮。王新民提出，再穷不能穷技术中心，砸锅卖铁也要搞研发。他认为，"沿用别人的技术，不改进、不创新，违反了事物不断发展进步的规律。""企业必须有自己的核心技术，任何产品的创新和改进都必须在生产实践中产生。"

王新民在会上提出的"引进消化吸收再创新"方针和"厂所结合、科技先行、使用发展、渐进改型"的技术创新道路，很快让黎阳公司显示出强盛人生命力，黎阳公司站起来了！

试飞成功

王新民欣慰地看到，黎阳公司并没有只搞所谓的新机，哪怕是拼拼凑凑、改头换面，目的不是能够一举成名，让自己的脸上无限荣光，而是实行渐改方针，促使发动机在改进改型和新机型研制方面都取得了重大的突破。所有的努力没有白费，所有的汗水没有白流。如今涡喷 7 发动机成系列发展，所改进的几个型号，让市场需求量大幅度增长，达到了年产 208 台的历史记录，经济效益的突显，使黎阳公司一跃成航空部的创利大户，成为航空发动机行业主力机型配套的重要企业。同时，职工的福利也越来越好，留住了一大批技术人员和一线工人。面对发展前景越来越好的公司，王新民给自己拟定的工作任务却越来越多，带领着大伙不断改进、研新产品。自 1979 年以来，黎阳前后推出多个型号及批号，平均两年出台一个改进发型的发动机，并投入使用。改进后的发动机完全依靠我国自行的新材料、新部件、新结构，超越了原型机的总体性能，目前已经形成了使用发展、推陈出新、绵延不断的态势。黎阳人把航空发动机的研发之路戏称为：嘴里吃着一个，手里拿着一个，眼睛看着一个，心里想着一个。

在吕东部长主持的测绘涡喷 -13 型部党组扩大会议上，各司局长均认为，涡喷 -13 测绘仿制应该给某厂，认为此厂在大城市里，在技术力量和交通便利上占据了非常有益的条件。王新民不得不站出来，他诚恳地希望上级多关注一下处在上升期的地处穷山沟的三线企业黎阳公司。因为黎阳公司在没有得到国家经费支持、项目支持的条件下，以市场为先导，创新发展，用合作共赢的理念联手专业化工厂和科研单位，充分发挥人的主观能动性，近几年已经取得了有目共睹的成绩。最终，他舌战群英，争取到了三分之一的测绘权，后来其中一厂退出，剩下的另一厂想吃独食。王新民回厂后，面对全厂干部作动员，全厂上下齐心协力，绝不服输。

机会总是眷顾敢闯敢拼有想法的人。当某厂又与某研究所在航空工业部的支持下，拟设计一个和"涡喷-13"相似的发动机——14号孝门，准备给歼侦8配套用，但最终由于没有办法解决高低转子的匹配问题，搞了几年都没有成功，无法上天。而此时，黎阳公司改进的"涡喷-13"型发动机，好评如潮，部队决定歼侦8选用黎阳公司的产品。

涡喷-13F型成功后，黎阳针对歼8II型飞机动力装置又研制了涡喷-13AII型发动机，大胆采用铸钛机匣，以减轻机体重量。1984年6月，已在112厂首飞成功，而且，飞机经过2000多次的飞行测试，都安全起落。但歼8II型即将在沈阳首飞之际，却备受争议。许多专家不同意装有钛合金的发动机参加首飞，一些人甚至想把铸钛机匣从飞机上卸下来。如果首飞不成，将直接影响歼8II型飞机的定型，黎阳也就成了罪魁祸首。

评审会前，王新民和温俊峰开始分头行动，向有关领导汇报，与评委沟通；评审会上，他们以自己的生命担保发动机首飞一定会成功，大多数评委都同意涡喷-13AII参加歼8II首飞。松了口气的王新民躺在床上却思绪飞驰，无法入睡，是啊，万一出现了突发事件，失败了怎么办呢？他索性将刻入脑海中的所有细节过滤了一遍，反复琢磨，确认无误后，换了下姿势想着赶紧睡吧，可不一会儿又想起另一个问题，马上又侧身。就这样，在辗转反侧、翻来覆去、似醒非醒之中，天空渐渐有了亮色。王新民揉揉惺忪的睡眼，伸了个懒腰，然后一个鱼跃，翻身起床洗漱，不经意间的一个抬头却望见了两鬓的白发。哦哟，一夜之间黑发变银丝，犹如传说中的伍子胥过昭关，只不过伍子胥是为了保命，而自己是为了航空事业的发展；伍子胥最终顺利逃亡，那是否意味着今天的试飞一定成功？想到这，王新民果断地用双手掬把冷水扑在脸上，再用毛巾拍打几下，精神抖擞地步入试飞场地。

天渐渐亮了，缓缓升起的太阳照在青灰色的天空上，见不到一丝云彩，望着远处灰白色的天地线，王新民兴奋了，这可真是适合飞行的好天气！跑道上，歼8II飞行员启动引擎，2台涡喷-13AII发动机的加力打开，阳光下闪烁的两侧机翼，迎着风欢快的旋转着，随着一阵震动大地，拨动心灵的轰鸣声，越来越快的速度推动着飞机离开了地面，呼啸的冲上云霄，然后，飞机又放下起落架，缓缓地沿着跑道着陆，阻力伞一下打开，飞机开始减速，待伞脱落不久，飞机稳稳地站住了。成功了，成功了，首飞成功了！面对这么个激动的场面，王新民却坐在椅子上无力站起来，好像所有的力气已经耗尽。不知过了多久，他才似乎缓过神，才发现双手一直攥得紧紧的，手心里全是汗水。

1985 年，132 厂研制歼 7E，需要新的动力。在选用发动机时，航空工业部要求 410 厂、420 厂、黎阳公司各提供一台改进型发动机进行试飞比较、竞争，由部里聘请专家评审组进行审定。

经过空中验证后，专家们一致决定采用黎阳公司生产的涡喷 -13F 发动机。专家组评审意见全文如下：从目前可提供的发动机中，选用黎阳公司改型设计的涡喷 -13F 发动机对歼 7E 飞机是比较合适的，发动机性能数据的比较和试飞结果说明，涡喷 -13F 型发动机具有综合优势，其构思合理，各方面技术指际有一定改善并留有余地。

看到这个评审结果，王新民释然了，黎阳终于登堂入室，这可是对黎阳人的最大鼓舞，是对黎阳人辛勤劳动最大的肯定，也是对自己坚持不倒退去生产歼 6 而生产歼 7 的肯定，这里有着太多的是非曲直判断，它检验着对事业的忠诚，包含着一个工程技术人员相信科学、反对迷信的职责本分。

突出重围

王新民当年组建黎阳公司的理念就是要依靠发动机改进改型，体现黎阳人意志，走一条正确的技术发展途径，形成"量力而行，有所作为，循序渐进，改进产品"的口号。

这天，他特意提前 10 分钟来到会议室，和一些科技人员交流，道出了自己的观点，"大部分发动机是从仿制开始的，即使是有独立设计全新一代发动机的发达国家，亦受益于长期奉行的不断改进的政策，这种渐进原则在西方称为小步哲学。"会上，他强调，"在渐进认识、吸收、消化的基础上融入自己的创新，从量变到质变，使用发展同样可以上一个台阶。渐进思想与方法对发动机的改进针对性强，研制进度快，成功把握大，改进改型是条符合我国国情、符合目前航空工业技术水平的正确途径，符合企业在经济上所能承担与支撑的能力，可以保证研制的成功率。"希望大家，"不论是改进改型，还是研制全新的发动机，都要首先要脚踏实地的吃透技术，然后才能创新研制。"针对过去存在的厂所分离、各行其道、好大喜功、盲目投入、急于求成的做法，他要求以实事求是的态度加以改正。

虽说军工产品有特殊性，但它同样是商品，是商品就会有竞争，部队同样希望以较少的经费得到较好的装备。王新民明确告诉大家，我们黎阳人不能"等、靠、要"，我们要在夹缝中生存，就必须引进竞争机制，自我奋斗！

其实从建厂验收开始，黎阳厂几乎没有得到国家技术改造的经费投入，也没有更新设备的资金，更没有安排项目及型号任务。王新民发动公司所属三厂一所一库为改进产品作贡献，集资支持研制，成功通过验收，获取了大量的订单，当军工企业进一步缩减时，黎阳公司的保军项目在"十五"规划中被列为重点投资改造单位，获得国家 5 亿多的资金投入，职工福利越来越好。这也印证了王新民所说的"有所为有所不为""有为才有位""我们完全可以站在巨人的肩膀上看得更远，走得更顺！"正是如此，当航空部长莫文祥率领司局职能单位来贵州精减机构时，各厂意见一致，表示不能撤销发动机公司，否则无法完成任务。

王新民主动出击，率领黎阳人研制、改进 WP13 系列，研制成功后投入批量生产，该型机在 1990 年还荣获国家科技进步一等奖，为黎阳公司产品发展打下了厚实的基础。黎阳公司在空军部队渐渐有了信誉，也有了市场，企业的经营管理活起来了。

跨出国门

1981 年，得知已经争取到了向埃及出口飞机配套改进的涡喷 -7B 发动机的任务，王新民打心眼里感谢上级对三线企业的信任。然而外贸任务时间短、要求高，王新民开心之余，想到了首先必须解决经费来源问题。他立马通过发动机局副局长任家耕找到了中航技总经理魏祖贻，请求给予研制出口发动机的资金支持。对照外贸机一次性翻修寿命需要延长一倍达到 200 小时、减轻加力部分重量 30 公斤（以减轻飞机头部配重，避免其他事故，如火焰筒加强圈脱落）的要求，王新民又一次失眠了。这虽然是在原型机上改进，但终究有全新的部件，如加力筒体就是全新的结构，预计需要几千万的费用，而且还要在两年的时间完成，实属不易。但好不容易快要进嘴的肥肉岂能让它滑落！所以困难再大，也要咬牙挺住，绝不能放弃。不信邪的王新民向刚成立、底子薄的中航技借来了 200 万元借款，与中航技共担风险，并说好只要质量过得硬，外贸部门可以包销。王新民觉得，虽然所借的经费与实际所需相差甚远，但还是能够解决一些实际问题，况且产品外销后可给予补偿，这又是一个产销结合和工贸结合的模式，完全可以做好，为今后提供实战经验。他抽调出较强的科研人员攻克难关，遭受了数次挫折后，在排除长试过程中火焰筒主段裂纹、加力输油总管严重堵塞和试飞中加力稳定器及其拉杆被烧坏等重大故障，终于使发动机性能符合战术技术要求，如期保质保量完成了任务，以最小的投资取得了最大的产值，第一次敲开国际军贸市场的大门，也受到了空军的重视，黎阳的脚跟由此站稳了。

上世纪 80 年代，美埃进行了多场联合军事演习，歼 -7B 飞机比美制 F-14 飞机略高一筹，与美制 F-16C、法制幻影 -2000 低空格斗不相上下。埃及空军基地副总工程师安维尔·格布里对涡喷 -7B 型发动机给予了很高的评价，认为，总的来说，与苏联 B11F2C 相比较，该机的性能好得多。

改进的涡喷 -7B 发动机正在试鉴定时，中航技又和约旦王国部队总司令部鉴定了包括出口协议涡喷 -7B（M）的协议。其中有 2 项重要的内容，即要求发动机采用煤油启动和发动机减轻重量。王新民干脆把家安在了办公室，和设计人员一起扎在实验室，为减少每一克重量煞费苦心，最后重新设计改进了 122 个零组件，采取了 7 项着重措施，共着重 17.7 公斤，超过了原定的 13 公斤，进入批生产后出口约旦。

由于使用性能良好，质量可靠，受到了国外用户的好评，先后远销美国、埃及、约旦、巴基斯坦、津巴布韦等国近千台发动机，并帮助埃及、约旦、巴基斯坦等国建立发动机修理厂，创汇上亿元，既为国家增收创汇，又给企业增加了效益和活力。

1985 年以后，国内也开始用涡喷 -7B 系列配备部队。空军副司令员林虎这样评价：没有黎阳的改进型发动机，空军真成了空的了。

现在，作为生产厂家的黎阳公司，不仅要为贵州提供服务，同时还要为四川、辽宁的飞机厂提供服务，并完成出口订单。

回望过去，上世纪 90 年代，一些原本作为行业中的姣姣者，却在这波改革的大潮中连连失利，国家也曾下拨 10 亿多元人民币，仍不能挽回局面，最后债台高筑，宣布破产。而王新民率领黎阳人依靠自己的能力，在众多关停并转企业的夹缝中脱颖而出。这夹缝的时间宽度也就是两年，这两年，黎阳人排除了故障，打开了出口渠道，研制了"涡喷 -13"，他们靠自力更生、实事求是、勇于创新的精神，让黎阳屹立于贵州的穷山沟里。

战略设想

　　王新民望着满天的星空，想着那些被星光点缀的夜空里，藏着多少人的梦想啊！我的梦想实现了吗？自 1981 成立公司至 1984 年离开公司担任局机关科技委主任，共改进了 13 个型号，黎阳公司 4000 多名职工创造了 2～3 亿的生产价值，实现利润 2000～3000 万，这证明了围绕市场，找准方向，挖掘人才潜力，以产品为龙头，实现企业集团研制、开发产品的思路是正确的，确立的指导方向也是从需要出发、从实践出发、从可能及实验出发的，这就保证了整体结构的完整性和可靠性。然而，现有的机型 5 年以后会在国内市场上出现竞争后劲不足的弱点，加上这几年主要技术力量集中在二机定型，没有集中更多的力量去开发重大预研项目，而国家又不可能花大量的资金对地处边缘的三线企业进行技术改造和发展投资，今后，应该进一步加强竞争意识，依托市场，在军品及民用航空产品的竞争中取得优势；加强横向联系，寻找合作伙伴，取百家之长，发挥各家优势，形成新的企业集团；继续贯彻"渐进法"，重点突破压气机的改进，并涉足涡轮风扇发动机，提高工艺技术水平，适度进行技术改造和引进新技术，跟踪技术进度和发展，这样才能让黎阳的天空更加广阔。

　　联想到过去中国飞机都为进口，很难进行补充，而抗战时期的淞沪会战，随着 300 架双翼螺旋桨飞机的战损，中国基本上失去了空中战斗力，日本空军即入无人之境，对我国领空肆意狂轰滥炸。为航空救国，国民政府向全国发行"航空彩票"，通过债券集资购买飞机和兴办航空工业。但中国历史上第一个航空发动机制造厂的筹建工作却异常艰难。由于日军空袭，筹备处 3 次被炸，只好放弃在昆明建厂的计划。又经过 4 个多月考察，最后确定把航空发动机制造厂建在贵州省西北的大定（今大方县）羊场坝的乌鸦洞。远道归国的知识分子将先进的航空技术带回了国内，伴随而来的还有排除层层险阻运进乌鸦洞的一台台美国精密机器。由于国内原料匮乏，滇缅公路又遭敌封锁等因素，直到 1945 年春才完成了第一具 G105 发动机的试制，但尚未及运用于国产战机日本即已投降。虽然首个航空发动机制造厂对战局无所裨益，没能达到原先设厂的目的，然而在当时整体工业条件不足的情况下，一群心系国家前途的一流的航空工业人才，不计个人的待遇、名位、研究环境，在物质条件极度匮乏、环境万般艰困的情况下，立足于几乎与世隔绝的荒山野岭之中，从无到有创立了一座远超当时中国科技水平的现代化工厂，打开出如此辉煌的局面。1949年，中国人民解放军接管了大定航发厂。3年后，大定航发厂从羊场坝迁往四川省成都市，成为人民解放军军工企业的一部分。多年后，即上世纪60年代，又有一批航空人从南京金城机械厂来到了羊场坝，在国民党时期曾建过的乌鸦洞和几栋旧木房的基础上包建金江机械厂。他们与黎阳人一样，为了国家的利益、人民的安危，满怀热血的响应毛主席"备战备荒为人民、建设贵州大三线"的号召，毅然从祖国各地奔向穷山僻壤。他们从踏上远征的第一步起，就明白注定会吃苦受累，但他们同样忍受住寒风刺骨的冬天，经受住蚊虫叮咬的夏天，排除前行中的层层险阻，在洞内、在山上耸立起一栋栋厂房、宿舍，希望能够早一点把航空发动机生产出来，让毛主席放心，让全国人民过上安定和平的幸福生活。这不是简单地建设一座单纯的工厂，更是在彰显中华民族的精神力量。然而，20世纪80年代，金江厂搬走了，他们和大多数深居于大山之中的三线企业一样，在转向市场经济时，因三线企业的分散性和隐蔽性，加上交通、信息的闭塞，让他们遭遇了前所未有的巨大困难与困惑，在市场经济中近乎完全失去了竞争力，似乎企业搬迁势在必行。而黎阳人却以自身的顽强与优势，审时度势、扬长避短，闯出了自己的一片天地，在全国国有企业效益不好时，黎阳上交利润、税收及管理费一分钱也不少。这让王新民感到无比的骄傲。更让他欣慰的是，在改革的大潮中，黎阳不但没有消亡，反而华丽转身，活出了精彩！用朱镕基总理视察黎阳后给予的评价来说：黎阳是山沟里飞出的金凤凰！

宝刀不老

生活是一首歌，她有激昂，也有舒缓。王新民的生活可以说处处充满着阳光。无师自通的他常常在家中画画，爱人郭扬在世时则为他的画上吟诗题字。在他的画笔下，江南的乌篷船，线条精细，色彩细腻，人物栩栩如生。他87岁创作的城市街景一图，用淡雅的色彩渲染雨中漫步街头的过客、高楼与倒影，显得清新脱俗。豁达的他还早早地安排了身后事，在遗体器官捐献表上，他签下了自己的名字，希望"把有用的器官捐给需要的人"，"如果我的眼角膜捐献了，我的眼睛还在看世界……"

光阴白驹过隙，从20世纪50年代到现在，半个多世纪过去了，王新民参加的两次建厂工作，第一次正值我国航空发动机初创时期，从一无所有开始，一步一个脚印，黎明厂成为新中国第一个航空发动机厂；第二次又在天无三日晴、地无三尺平、人无三分银的极端贫困环境中，带领黎阳人经过 40 多年的持续不断的拼搏，建立了较为完整的航空发动机设计、制造、管理和质量体系，使黎阳成长为主力机型配套的重要企业，并一度成为行业内生产总量最多、研发成功率最高，出口产品最多的企业，支撑了空军、海军航空装备动力的半壁江山，出现了国家投入少、产出效益高的"黎阳现象"，奏响了中国航空发动机发展史壮丽的乐章。

忆往昔，峥嵘岁月稠。每每回首那段跌宕起伏犹如过山车的历史，想起建厂的艰辛，想起一起创业、共渡难关的那些老同志，60 岁离开黎阳、68 岁离开工作岗位的王新民的心情总是难以平静。许多老领导、老同事、老朋友都不在人世了，已步入鲐背之年的王新民深深地怀念他们，正是他们的支持与鼓励，他们的付出与操劳，黎阳才开发的产品成为吃饭的当家菜，至少累计生产了 6000 多台发动机，成为二代机的主力机种，甚至到 2020 年还有任务，让黎阳这个险些埋没在大山深处的弃子变成了今天的天之骄子。

航空报国，建立强大的空军的理想，终将成就了航空发动机专家王新民。自知命苦、不甘落后的王新民成就了黎阳辉煌的今天。

如今，黎阳成为王新民的家，成为王新民生命中的一分子，他把满腔的爱献给了黎阳，他常常会颠簸几十公里回"家"看看，为黎阳出谋划策，用团结协作，无私奉献，以国为重的三线精神，激励黎阳人奔赴灿烂的明天，他期待他们那代人栽下的幼苗，能够长成参天大树！

大地诗行

——记著名蔬菜专家李桂莲

◆ 陆青剑

李桂莲（1942.11.24—）出生于贵州安顺。著名蔬菜专家。

1964年毕业于贵州农学院园艺系果蔬专业。1984年，担任贵州省农业科学院综合所所长、助理研究员。1987，担任贵州省农业科学院党委委员、副院长。2004年7月，担任贵州省农业科学院名誉院长、研究员。2009年获贵州省最高科技奖，贵州省核心专家，贵州省特等劳模，全国星火科技先进工作者，全国先进工作者，国家有突出贡献科技人员。中共第十三次、第十四次、第十五次、第十六次、第十七次全国代表大会代表。

刘桂莲致力蔬菜科研工作50余年，其主持的冬春早熟果菜、夏秋、秋冬等错季无公害蔬菜的研究、示范、推广，累计辐射推广6000多万亩，产值约3000亿元，为贵州蔬菜产业发展、农民脱贫、增收、农业增效做出重大贡献。

那是抗战背景之下的一个平常的秋天，一个婴儿在贵州省安顺市诞生。一个人的出生地，就是故乡，所以，这个叫"李桂莲"的婴儿的乡愁，从此烙上安顺的印痕。

那一天，是 1942 年 11 月 24 日。

此时，距抗战胜利还有三年时间。

一个与生俱来就与战争底色相伴的生命，从此在贵州高原上艰难而又快乐地成长，从此在贵州高原用激情在大地上写下绿色葳蕤的诗行。

喜欢果树的漂亮女孩

抗战时期的安顺市其实并不繁华。那时李桂莲家的附近，植物繁茂，而众多植物中，最引李桂莲注意的，是那些结出许多果实的果树。春天里白的、红的、粉的、紫的，满树缤纷；夏天里紫红色的李子、黄澄澄的梨子和秋天里金灿灿的橘子、柿子，令人馋涎欲滴。在姹紫嫣红和果香飘溢的季节，李桂莲和小伙伴们最爱做的事情，就是看那繁花满树，看那果实低垂，果香飘逸的果树。食物缺乏的年代，一个水果，无异于就是一顿美餐。李桂莲得出一个结论：有果树的地方，是最令人心旷神怡的地方。

抗战时期的贵州是一个大后方，即便日军的飞机曾在贵阳投下炸弹，与东部战区相比，贵州的宁静度要高得多。李桂莲的父亲时任陕西省某部队被服厂厂长，抗战爆发后，随工厂搬迁来到安顺。

大环境的紧张和生活的窘迫，没有使父亲放弃对 3 个孩子的教育支持，他认为，条件再困难，也要让孩子读书，因为，孩子是未来，是希望。这一理念，使得李桂莲和二弟、三妹的成长，有了一种向上的定力。

安师附小、安顺一中，12 年的学生生活，那蓝蓝的天空，稻香遍地的坝子，池塘边的蛙鸣，房前屋后的果树的诱惑，编织成一幅童年的图画，闪映在李桂莲的记忆里。

读到初二、初三的时候，李桂莲对植物尤其是果树的热爱，愈发炽烈。从初二开始，学校开设生物课程，"米丘林学说"这个全新的概念，一下子闯入李桂莲的视野。遥远的米丘林与现实中的鱼虫草木，两者没有陌生的区隔，因此米丘林很容易在一个孩子的心里种下绿色的种子。

米丘林是苏联植物遗传育种学家和农学家，苏联科学院荣誉会员，他于1875年开始自己的园艺学研究。他先在北方种植葡萄、杏和其他南方水果的杂交作物，他的实践方法被广泛使用。苏联后来开始培育米丘林的苹果、梨、浆果等农产品。一生中，米丘林不停地培育水果新品种。由于培育超过了300种新品种，他获得了列宁勋章。经过60年的连续研究，育成了300多个果树和浆果植物新品种。他从有机体与其生活条件相统一的原理出发，提出关于遗传性、定向培育、远缘杂交、无性杂交、气候驯化改变植物遗传性的原则和方法，发展成为米丘林学说。他的学说的内容主要包括三个方面：人工杂交的理论和方法；有机体定向培育的理论和方法；人工选择的理论和方法。这一学说，在世界生物学史上产生重要影响。

如果说房前屋后的果树给予人的是一种自然亲和、舒心坦畅的话，那么，米丘林学说就是一道科学的光亮，强烈地照映在李桂莲的心中。大自然那些生机勃勃的生物，构成了人与自然和谐相处的平衡世界。这个世界多么美妙啊！这道光亮点燃了李桂莲的生命激情，1960年高中毕业，她选择报考贵州农学院植保园艺系果蔬专业。

当时的大学分为几个类别，一是工科，二是文科，三是师范和农科。大多数同学往往选择工科和文科，师范和农科退而次之，大家认为，师范和农科学校不被人看好，仿佛属于三流。因为当年父亲的历史问题，李桂莲一家的成分被列为"黑五类"。"黑五类"家庭在各个方面都低人一等，子女在升学、招考、招工乃至婚姻方面，都显得非常被动。在当时，"黑五类"家庭的子女是不能报考工科和文科学校的，在这一大背景下，李桂莲锁定的目标只有师范和农学，而那些成绩很好的同学，因为家庭成分这道关过不去，连师范和农学都不能报考，都被挡在了大学门外，所幸，李桂莲在这道关上勉强过去了。

李桂莲本来就喜欢与农学相关的东西，比如那些果树、稻子、玉米，还有那些花草，比如米丘林学说。所以在选择学校时，农学院首先进入她的视野。当别人觉得报考农科学校是一个很无奈的举动之时，李桂莲却自得其乐。心中的热爱，打消了那个大家都认可的不喜欢。因此，李桂莲觉得自己是幸福的，没有怨天尤人。当现实无法改变时，用心中的热爱去面对，也许，这才是正确的行进姿态。

李桂莲报考的是贵州农学院。

其实，李桂莲选择贵州农学院，还有一个重要的原因。她的成绩很好，班主任毛仲玉建议她可报考南京农业大学、浙江农业大学、北京农业大学，这几所大学都是全国著名的农科院校，认为各方面都优秀的她，考上这些院校的任何一所，都没问题。李桂莲欢天喜地，觉得这个世界虽然有时让人沮丧，但毕竟向她敞开了温暖的怀抱。

可是，这几所院校都在东部或北方，距离贵州最近的南京也是那么的遥远，而曾经因摔倒导致骨折的父亲，身体每况愈下，作为老大的她，不忍心长时间离开父亲，父亲需要母亲的照顾，也需要她的照顾。贵阳距安顺很近，周末她甚至可以坐火车回家，这样可以随时照看父亲。"就选在贵阳读！"她咬着嘴唇，一字一句地对班主任毛仲玉说。毛仲玉感到惊讶，当他了解到李桂莲的家庭情况后，也不再说什么，只在心里为李桂莲感到惋惜。是啊，命运就是一本书，每一页都不一样，谁知道哪一页更精彩、更好看呢？

贵州农学院在风景如画的贵阳花溪。李桂莲踏入校门的那一刻，她知道，人生的轨迹，将从此改写。她不再去想，如果去北方读书会是个什么样子，也不去奢望遥远的地方会向她展开一个什么样的天地。"只要是大学，只要是农学，在贵阳，也一样！关键是，这里距家很近！"她对自己说。

大学4年，转眼而过。实习的时候，李桂莲被分配到广西，她选择的项目是地萝卜栽培。"地萝卜"是个形象的俗称，其实它的学名叫豆薯，别名沙葛、凉薯、地瓜，据传哥伦布当年发现新大陆后，由西班牙人传入菲律宾，之后再传到世界各地。中国的南部、墨西哥、中北美洲栽培较多，块根肥大，肉洁白、脆嫩多汁，富含糖分和蛋白质，还含丰富的维生素C，可生食，也可熟食，既是水果又是蔬菜。李桂莲在广西一待就是一个季节，从播种到收获，她记录下地萝卜的整个生长过程。这是她如此近距离地观察一种植物的生命成长状态，如此真切地见证一种与人们生活紧密相关的植物的生命展开。

李桂莲把她的所见和亲历，全部写进实习报告里：地萝卜喜温暖、阳光充足的环境，性喜高温、不耐寒。生长适温20~30℃，肉质根膨大期适温20~25℃，开花结籽要求高温，种子需7~8个月才能成熟。根系发达，具有抗逆性强、耐旱、耐涝、耐瘠等特点，对土壤要求不严，以表土深厚、高燥具有中等肥力的沙壤土为宜。黏土则块根发育不良，外皮粗糙，纤维多。块根生长需适当的氮肥和较多的磷钾肥，过多氮肥常引起蔓叶徒长，肉质根不易肥大。种子坚硬，干籽播种发芽慢而不整齐，生产上多采用催芽播种。催芽前应精选种子，选老熟、饱满而新鲜的作种。催芽时先浸种10~12小时，吸水膨胀后放在25~28℃的温箱中催芽，每天取出漂洗1次，经 4~5 天选已萌芽的种子播种，分 2~3 次播完……

土壤——气候——播种——病虫害防治——田间管理，农作物生长所需的要素，皆与泥巴有关。李桂莲没想到，当时的实习，其实已为今后的多种蔬菜研究、选育、栽培和推广埋下了伏笔，只是，当时她并没意识到。是的，谁能想到眼下正在做的事情，与今后的发展有些怎样的内在联系呢？

大学 4 年，李桂莲的各方面都表现得十分突出，她是班上的团支部宣教委员。毕业后，几乎毫无悬念地，李桂莲被分配到贵州省农科所园艺组（省农科院园艺所前身）。当时，贵州的社会经济各方面人才紧缺，作为贵州省唯一的省级农业科研单位，贵州省农科所每年都要从全国许多高校吸纳优秀的毕业生。但李桂莲并不为此兴高采烈，因为，她具体的研究对象，是天天出现在餐桌上的蔬菜。蔬菜，太日常了啊！这与她小时候对果树的那种感觉，似乎有点距离。北京农业大学果树专业毕业的范恩普（后来成为她的丈夫）劝她说："研究蔬菜，跟研究果树一样重要，现在少人研究，说不定今后你在这方面有所表现呢。"范恩普和李桂莲所在的园艺组，当时分成几个研究领域，范恩普研究的是果树，跟专业对路；李桂莲研究的是蔬菜，也不脱离园艺专业的范畴。范恩普说得没错，如果在蔬菜方面做出一些成绩，不仅接地气，而且前景不可限量。

但还没开始蔬菜研究，"四清"运动来了，李桂莲被抽调到贵阳市花溪区小碧公社参与运动。这是 1964 年的秋天，实际上距离大学毕业没多久。这一下去，几乎是一年的时间。对于刚刚踏上研究之路的年轻科技人员来说，一年的时间，365 天，实在是太可惜了。人的一生中，能有多少个 365 天呢？但当时的形势就是那样，谁也无法逃避，也无可逃避。

李桂莲虽说不怎么喜欢蔬菜研究，但既然已明确自己要从事这项研究工作，那就得认真对待。果树研究和蔬菜研究，有许多相通的地方，按照米丘林学说，果树与蔬菜其实就是一家，差异无几，都是从泥土里生长出来的，都与人们的生活息息相关，就是说，都是民生所需。范恩普点出的那句话，无疑像一盏灯，照亮了她的心田。所以，在搞"四清"运动的同时，她悄悄地开始着手蔬菜研究和选育的准备工作。她希望运动尽快结束，以便她好潜心展开研究，尽管她还不知道这项研究到底有多大的前景。

好不容易熬到运动偃旗息鼓。1965 年秋天，李桂莲褪去"四清"运动工作队队员的"马甲"，还原到科研人员的纯粹身份。她，又回到了位于花溪区金竹公社烂泥沟的农科所，她知道，这里，才是她施展抱负的天地，尽管很难预料，但未来可期。

这一年，贵州省农科所升格为农科院，其所属部门更名为"所"，李桂莲所在的园艺组自然成了园艺所。

十年时间有多长？

既然要搞蔬菜研究，培养出更好更优的蔬菜，种子选育应当放在第一位。还在"四清"运动工作队的时候，李桂莲就协调好与农科所比邻的金竹公社的田土，运动一结束，她立马开始样板田的试验。

农学跟其他学科不一样，它与土壤、时令、气候密切相关。比如先前在广西实习栽培的地萝卜，从下种到收获，一定在特定的时间段完成整个流程。现在，她要研究的不是地萝卜，而是人们餐桌上的日常蔬菜，比如白菜、萝卜、辣椒、番茄等。

李桂莲选择番茄作为选育对象。

南美洲的安第斯山地带是番茄的故乡。在秘鲁、厄瓜多尔、玻利维亚等地，至今仍有大面积野生种的分布。它大体上又分为普通番茄和秘鲁番茄两个复合体种群。普通番茄群中包括：普通番茄、细叶番茄、奇士曼尼番茄、小花番茄和奇美留斯凯番茄、多毛番茄；秘鲁番茄群中包括智利番茄和秘鲁番茄。栽培番茄的祖先是樱桃番茄，墨西哥较早驯化栽培，1523 年，番茄由墨西哥传到西班牙、葡萄牙，1550 年前后传到意大利，1575 年相继传到英国和中欧各国，当时作为观赏植物。十八世纪中叶始作食用栽培。1768 年米勒首次做出植物学描述，进行分类和定名。十七世纪传入菲律宾，后传到其他亚洲国家。

中国栽培的番茄从欧洲或东南亚传入。清代汪灏在《广群芳谱》的果谱附录中有"番柿"："一名六月柿，茎似蒿，高四五尺，叶似艾，花似榴，一枝结五实或三四实。……草本也，来自西番，故名。"由于番茄果实有特殊味道，当时仅作观赏栽培。一直到二十世纪初，城市郊区才开始栽培食用。中国栽培番茄起步于五十年代初，短短 10 多年时间，番茄就成为城乡居民的主要果菜之一。到了六十年代中期，中国的许多农业科研机构仍孜孜以求，试图在种子选育方面所突破。李桂莲选择番茄，在当时来说算是一个热门。

番茄品种是指在一定的生态和经济条件下，经自然或人工选择形成的具有新颖性、特异性、一致性和稳定性的番茄群体。番茄品种一般具有相对的遗传稳定性和生物学及经济学上的一致性，并可以通过种子繁殖或扦插等保持其恒久性。而优质的品种，是生产者获得良好收益的重要基础。贵州要想在使番茄形成产业化，实现品种、生产配套技术等方面的全生产环节技术服务，必须在品种选育上迈上新的台阶。选育上不去，产业就无法形成；产业无法形成，城市里居民餐桌上的蔬菜就很单调。当时的贵阳市区只有百万人口，虽说不像北京上海那样体量庞大，但对于农产品的需求，也是相当惊人的。

经过协商，金竹公社提供土地，李桂莲负责指导生产。李桂莲的打算是，先进行一年的样板田试验，在番茄品种的选育过程中，首先根据育种目标选育稳定的自交系，再进行杂交组配，然后以当地主栽品种做对照，进行品种比较试验，选择一个或多个性状明显优越于对照的组合，进行区域试验及生产试验。而这一系列的操作，需要较长的时间。贵州高原属亚热带湿润季风气候，没有一年两熟乃至三熟的气候条件，因此，对于农作物来说，一个季节等同于一年。

开垅，播种，管理……李桂莲开始了她一生中的第一次蔬菜种子选育研究。事实上对于专业人员来说，这项研究工作到底有多大的成功概率，没人能说得准。科学研究就是这样，你无法预测研究的结果，你只能按照你的预设去探索和演进。今年不成功，明年继续；后年不行，大后年再来，如此下去，一直到"云开日出见青天"为止。所以说，时间，就是科研的生命。

这样的意识越强烈，现实似乎就喜欢捉弄执着的人。金竹公社的那块样板田还没什么成果，1966年夏天掀起的"文化大革命"运动铺天盖地，远离市区的贵州省农科院，无一例外地受到冲击，各种各样的造反"活动"此起彼伏，所有的科研戛然而止，一切，就像变魔术似的显得极为荒唐和虚幻。望着那块样板田，倍受打击的李桂莲只好望土兴叹："四清"刚走，"文革"又来，这个科研，怎么进行下去呢？

整个农科院的科研活动，忽然沉寂下来。忙碌于田间地头的身影，被"革命洪流"所替代。

包括李桂莲在内的许多科技人员，陷入一片迷茫之中。

如火如荼地折腾了几年，"文革"的热潮渐渐退去，人们意识到，原先的行进轨迹，仍需延续，发展，才是硬道理。1972年，逐渐恢复元气的贵州省农科院恢复科研业务，一些工作重新启动。当时农科院组建一个 7 人工作队，到六枝特区蹲点，目的是指导当地的农产品尤其是蔬菜的生产。这项工作虽然在某种意义上附着有一定的政治色彩，但毕竟是沉到生产队基层，所做的工作与农业生产有关。李桂莲感到十分幸运，作为一名工作队员，所要做的事情毕竟在专业范围内。科研人员不做与专业相关的事，这跟隔空喊话有什么区别？

六枝特区是贵州重要的煤炭生产基地，数万人聚集的工矿区和生活区，因为建设需要短时间内发展成为一个十多万人的城镇，每天需要大量的农产品供应。随着人员的不断增多，农产品尤其是蔬菜的供应矛盾日益突显。而当地的农业管理部门和生产队，面对农产品供应出现的问题，显得十分焦虑。贵州省农科院应当地政府请求，派出工作组深入到六枝特区生产队一线，目的就是解决农产品产量如何提高的问题，特别是天天消耗的蔬菜。

7 个人，虽是不同的专业，但此行的首要任务是主攻蔬菜产量的提高。大家分散住在社员家里，真正的是与群众同吃、同住、同劳动。贵州地区的蔬菜，常见的品种无非就是白菜、萝卜、南瓜、苦瓜、丝瓜、冬瓜、四季豆、豇豆、茄子、番茄、辣椒等十几种，要一年四季保证都有时鲜蔬菜供应，就必须在土地利用、时令掌握、产量提高等方面做文章。而要做出成效，必须有科技做引领，否则按照传统的做法，最后仍在问题旋涡里打转。要想让科技为传统种植方式插上翅膀，就得依靠专业的科技人员。

其实到了这个时候，李桂莲对蔬菜的研究兴趣已很淡薄，一个重要原因，在于几年前她做的样板田受到政治运动的冲击，那时她真正感受到了什么叫透心凉。但现在深入到六枝特区帮助当地解决蔬菜产量的提高问题，就身不由己了。

在六枝，李桂莲和她的同事们一待就是 3 年多，手把手地指导社员规模化种植蔬菜，从蔬菜种类品种选择到播种期，育苗方式、定植期、田间管理到采收及周年均衡供应，使社员基本掌握了整套科学种植蔬菜的方法。人们看到，蔬菜亩产量在逐年提高，工矿区和生活区的蔬菜供应问题得到很大的缓解。

从 1964 年走出校门到此时，已有整整 10 年时间。如果说要有什么成就的话，那就是她成了家。把这个"成就"放到人生事业的高度上去审视，这个"成就"显然不值一提。一些专业上的事情，事实上她都还没搞清楚。10 年啊，难道成家立业就足够了吗？

李桂莲很不甘心！

在六枝特区所做的事情，严格地说，不算是做课题研究。

她需要一个契机，或者说需要一个空间来验证自己的潜力。

这个契机，终于来了。

在热风吹拂的地方

这是 1977 年的 9 月，李桂莲接到任务，要到广东海南岛去搞番茄加代育种。等了 10 年，李桂莲才算等来真正意义的科研项目。有什么能比这事更让人感到高兴呢？

因为气候原因，贵阳的果蔬类蔬菜都是一年一季，对于研究对象是番茄、辣椒、茄子等果菜的科研人员来说，这个时间实在是漫长了点。但在地处热带地区的海南岛，就不存在这个问题，一年两熟到三熟的生长周期，让许多农科研究人员都奔往这里。海南岛，成为许多农作物加代育种研究的天堂。

在贵阳，果菜类蔬菜播种一般是 3 月份，6 月至 8 月收获。一年种一季，就是说，在贵阳地区育种，培育一个品种起码是七八年的时间。海南岛属热带气候，为加代育种创造了良好的条件。3~8 月在贵阳种一季，9 月至次年 2 月到海南岛种一季，这样，果菜类新品种八年才能出选育成果的时间，就压缩到了 4 年。

对海南的认识，除了《红色娘子军》《椰林曲》《南海潮》《海霞》《南岛风云》《西沙儿女》等这些电影之外，李桂莲只知道这个地处北纬 18° 的地方，阳光充足，雨水充沛，生物繁茂，非常适合开展农学尤其是农作物栽培和选育方面的研究。

此次李桂莲作为组长，带领一个 8 人小组，与海南三亚驻地部队的一个农场展开合作。由农场提供 3 亩的土地，租给贵州省农科院的科研小组。

科研小组的目的很明确：番茄加代育种。4 年时间，是应该可以选育出适合在贵州推广种植的番茄品种的。李桂莲想起当初搞的那个样板田，本来一切在按部就班推进，没想到一场"运动"让这个项目掉链子了。现在，她要从头开始，番茄，广大群众喜爱的蔬菜，这次，应该不会再遭遇什么不测了吧！

跟着李桂莲到三亚的队员，来自安顺地区平坝县、黔南州都匀市、贵阳市花溪区，他们有的是县区的农推站科技人员，有的是生产队里有一定文化的农民骨干，只有她一个是专业的科研人员。这些人的任务，就是帮助她在三亚建立番茄加代选育基地，并繁殖良种在贵州省内推广。

整个冬天，李桂莲带着她的队员驻扎在部队农场。其实海南没有冬天，只有旱季和雨季，冬天是针对贵州而言的。

红水河谷的温热效应

李桂莲在三亚的试验十分顺利，没有过多业务上的困惑。在开展选育试验的同时，李桂莲就想，海南确实有着别的地方无法比拟的气候优势，但海南加代育种成本高，交通又不便。如果能在贵州找到加代的地方，那就太理想了。李桂莲想到了热量条件最好的罗甸县。

1979 年 2 月，李桂莲回到贵州，大年一过，她就到罗甸县考察。

罗甸县地处云贵高原南缘向桂西北山区与丘陵过渡的斜坡地带，县境形成一个巨大的撮箕口地形，而这个撮箕口，口子朝南敞开。这意味着，从南部吹来的暖风，会时常光顾这片地域，因此形成了独特的南亚热带季风气候，春早、夏长、秋迟、冬短，日照时间长达 1350 至 1520 小时，年平均温度达 19.6℃，极端最高气温 40.6℃，极端最低气温零下 3.5℃，年均降雨量为 1335 毫米，无霜期长达 335 天左右，是贵州有名的"天然温室"。即便在冬天，罗甸人衬衫套秋衣的风景，一点也不奇葩。

李桂莲为罗甸显示出来的气候优势感到非常兴奋。是的，这里可以做果菜类蔬菜的加代选育试验，甚至可以打破时令种植错季果菜类蔬菜，让蔬菜的成熟期往前移。回到园艺所，她把这个想法告诉丈夫范恩普。范恩普鼓励她：这个想法比较超前，正因为超前，做起来可能会更能出成果，放开手脚去做吧。

时间，不能等，耽搁的 10 年已无法挽回。李桂莲怀着一种强烈的紧迫感，在海南的项目仍继续的同时，于 1979 年 9 月再次到罗甸。这次去罗甸的目的很明确，就是跟当地的生产大队对接，希望能拿到一点土地，作为她在贵州开展番茄加代育种课题研究的基地。

没有同伴，李桂莲只身一人。这意味着，她所要面临的困难，只有她一个人能解决。关键是，她要到罗甸开展的这项研究，省农科院园艺所当初并没将其列入课题范围。就是说，她的行为是个人化的，包括经费在内的所有成本，都要靠她自己去解决。有那么一刻，她想，这样做，值得吗？但紧迫感已不让她对自己的选择再怀疑。丈夫范恩普非常支持她的想法，"去吧！我经常出差，没人照看女儿，实在不行，就把女儿送河北唐山老家跟奶奶在一起。"

李桂莲望着丈夫和孩子，背过身去，任眼泪大颗大颗地往下掉。家和事业，孰重孰轻？是理想向现实缴械，还是现实向理想妥协？这个问题从来就没有标准答案，也不可能有标准答案。从1964年大学毕业至今，15年过去，她觉得自己一事无成。在她热爱的专业领域，她从没显山露水。如果错过了这个黄金年龄——如果三十几岁还算是黄金年龄的话，那她真的一点机会也没有了。

她不甘心！就是自己承担一切，也要把番茄加代选育这个课题做好，这样人生才不会有遗憾。

罗甸县城的另一边是一片田坝。如果要做课题，这片田坝比较合适，因为距离县城近，方便管理。她找到位于城关公社沙井大队的党支部书记王汉祖，跟他说了自己的想法。

王汉祖觉得很惊奇，难道种番茄还有这么多名堂？这么多年来，番茄在自家的自留地里，虽说是人工种植，但更多的是任其自由生长，樱桃那么大的番茄，会变得更大吗？如果变大，有多大？如果真正的变大了，整个大队都种的话，结果会是一个什么样子？满腹疑问的王汉祖见李桂莲那双真诚、渴望的眼睛，有些心动：好，就拨出四分田土给这个执着的农技人员做试验吧，反正，4分田土也收获不了多少作物。

李桂莲高兴坏了。要知道，大队能拨出一点土地来给她这个普普通通的科技人员做试验，实在难得。她用坦诚和执着，村支书用对科技的好奇和支持，拉开了当代贵州蔬菜科技种植史的序幕。

王汉祖好事做到底，他派人负责这4分田土的耕犁耙土，开厢起垄。接下来，就是李桂莲的事了。李桂莲选择自己选育的优良番茄品种"希望一号"种子下土，期望这片小小的土里，长出一片灿烂的希望来。

美丽的"希望一号"

　　从 10 月播种到第二年的 6 月中旬收果结束，李桂莲一头扎在沙井大队。而 6 月下旬至 9 月，她又要忙农科院研究所试验地的工作。贵阳—罗甸，她两头跑。在中国南亚热带地区第一次做试验，她不敢有半点马虎。从播种到田间管理，从病虫害防治到收获，每个环节，她无一遗漏。看着幼小的番茄苗冒出泥土茁壮成长、开花、结果，她喜笑颜开。看来，她选择罗甸做试验一点没错，这里的气候适合种植"希望一号"番茄新品种，长势一天一个样。春节后番茄开始开花、挂果，在她和社员精心管理下，番茄长势很好，5 月初开始收果，6 月中旬收获完毕。试验地果实累累，最大的番茄 1 个有 1 斤，4 分地收了 5600 斤，折合亩产 1.4 万斤，上市期比贵阳地区的露地栽培早一个半月，冬春错季栽培成功！

　　王汉祖和社员们惊讶不已：原来番茄可以长成这个样子，产量真高啊！李桂莲对王汉祖和社员们说，冬春错季栽培，这就是科技，只有科技，才能改变原先的低产做法。她同时也感谢王汉祖和社员们，她不在罗甸的时候，是他们帮她管理那 4 分面积的试验田。

　　试验成功，让沙井的群众看到了希望，李桂莲也十分兴奋：罗甸的"天然温室"效应，果然名不虚传。既然番茄露地冬春错季栽培成功，其他的茄果类、瓜类、豆类、喜温蔬菜也应该也不成问题，在罗甸大面积进行推广，将会成为一种现实。

　　生产队的社员拎着装满番茄的篮子到集市上卖，刚好县政府分管农业的朱副县长到集市买菜，看见这么好的番茄，大为惊讶！一打听，才得知是省农科院女科技人员试验的产品。正好，当晚李桂莲也带着一包番茄上门找朱副县长汇报工作。

　　随后，罗甸县召开"三干"会议，受朱副县长邀请参会的李桂莲在会上介绍了试验的情况，分析了罗甸的气候优势及发展冬春错季果菜的生产前景。她说，平时农民在房前屋后或自留地里种植的番茄，采用的是半栽培技术，结出来的果实小，产量低，而种"希望一号"番茄的话，产量就会大大提高，一亩能收 1.4 万斤，大家想一下，这是一个什么样的景象。番茄冬春错季栽培成功，其他的茄果类、瓜类、豆类、喜温蔬菜错季栽培也可以成功，罗甸有希望建成贵阳市春淡蔬菜基地，因为罗甸有"天然温室"的气候优势……

一番实实在在的话,使参会的干部们深受鼓舞。"科技是个宝,用好不得了!""按照李老师这样做的话,不出几年,罗甸就会变成蔬菜大基地。""请李老师来罗甸担任科技顾问吧!""希望罗甸多来李桂莲这样的农技人员……"

　　"希望一号"番茄在罗甸的出现,给罗甸人带来的不仅仅是好奇和惊讶,加强科技为农业生产服务的呼声也开始变大,"既要以粮食为纲,也要兼顾餐桌上的花样",显然,人们的思维被狠狠地搅动了。这样的情形,给李桂莲极大的信心。但她同时也知道,在罗甸这样贫穷落后的少数民族地区,利用科技手段发展蔬菜生产,难度也非常大。

　　李桂莲发现,"希望一号"番茄露地栽培的成熟期,要比贵阳露地栽培番茄提前一个多月的时间。而在四五月,正是贵州蔬菜淡季,喜凉的叶菜、根菜正在腾置土地,而正季喜温的茄果类、瓜类、蔬菜还未上市;城市里的各大蔬菜公司,要从广西广东大量调货,成本相当高,且蔬菜运到贵阳时已不再新鲜。如果在罗甸能建立冬春错季早果菜基地,那么,就可以弥补这个空当。单是贵阳的市场,需求量就很大,更不用说其他城市的市场。

　　贵阳市3月、4月、5月蔬菜淡季的"空白"状态,让政府揪心,让城市居民操心。政府揪心的是供应量的局促,全国也不光贵阳市是这个样子;老百姓操心的是挖空心思解决此期间餐桌上的菜肴问题。根据"希望一号"番茄的试验结果,把罗甸建成贵阳的春淡季蔬菜供应基地,不是没有可能。罗甸应当充分发挥"天然温室"的优势,为政府和老百姓服务。

　　这是多大的民生问题啊,解决好它,许多问题就迎刃而解了。这,跟打一场旷世之仗有什么区别?

　　罗甸县政府的领导听了李桂莲的思路,坚定地说:"我们殷切希望你帮助罗甸建早熟错季蔬菜基地!以往我们只注意以粮食生产为主,忽略了蔬菜种植,其实,蔬菜与粮食一样,也是很重要的。"

　　1980年显然是个不寻常的年份。这一年,中国许多地方拉开包产到户的帷幕,计划经济面临着变身的种种可能,人们已嗅到了一种来自农村的特殊气息。

　　其时,为了寻找到一条淡季期间城市蔬菜供应的有效途径,贵阳市与贵州省农科院园艺所合作,在贵阳市花溪区的中曹司一带搞大棚种植,希望让喜温蔬菜的成熟期提前。大棚种植蔬菜在全国来说是一个新生事物,很多地方极力推崇这一办法,尤其是北方,觉得源于日本的大棚种植法简直就是一个福音。

李桂莲觉得，在冬春光照充足、日照时数较长的地方，采用大棚栽培技术解决果菜类蔬菜提早或延晚是可行的，但贵州是全国典型的寡日照地区，特别在冬、春季，阴天多，晴天少，光照强度较弱，日照时数也较短。塑料大棚是靠太阳光照射后升温，贵州冬季、春季阴雨天，大棚内温度比露地高不了多少，所以种植效果远不如北方，且大棚成本高，农民难以大面积推广。而罗甸南亚热带气候形成的"天然温室"，露地栽培都比贵阳大棚栽培早上市，成本要低得多，且不影响下一季农作物——水稻的种植。

罗甸县对建设贵阳市春淡季蔬菜供应基地的积极性很高。1980年秋收前的一天，县农业局局长胡忠乾喊上在县防疫站当副站长的爱人，到沙井大队找李桂莲，正式向李桂莲发出邀请。听说李桂莲回贵阳了，他和爱人接着乘坐班车赶往贵阳。在贵阳花溪的中曹司下车时，已是晚上9点过钟。他们一边问路一边走，最后找到位于烂泥沟省农科院宿舍李桂莲的家。胡忠乾此行是受县政府委托，与李桂莲商议帮助罗甸建5000亩冬春错季果菜蔬菜基地事宜。罗甸，向李桂莲发出官方邀请。

第二天，李桂莲带胡忠乾到所长的办公室。当时农科院园艺所从事蔬菜研究的只有9人，6人进行蔬菜育种工作，有3人在所长的指导下在花溪中曹司蹲点，进行大棚蔬菜栽培技术研究及示范、推广工作，希望通过这个途径解决贵阳春淡季蔬菜供应的紧张状况。胡忠乾讲明来意后，所长说："罗甸计划1984年建成5000亩冬春错季果菜蔬菜基地，这个任务非常艰巨，但园艺所抽不出力量帮助你们。"

胡局长一再恳请，希望派李桂莲到罗甸帮助他们实现这个目标。最后所长勉强表示同意，但他说："李桂莲去也行，但她原来在所里承担的育种项目不能停；罗甸基地建设，所里面也不可能上报项目。"

不能上报项目，作为一个科研人员，这意味着什么？意味着你做的事情得不到承认。

想不到事情是这个样子！

李桂莲的心里翻江倒海。去不去罗甸？如果去，等于是在中国建立第一个南亚热带露地冬春错季果菜类蔬菜基地，对于搞科研的人来说，这是一个多么好的机会。当时云南元谋县同步正开始建的中国热带地区（1月平均温度比罗甸高6℃）第一个露地冬春错季果菜类蔬菜基地，蔬菜上市时段，在12月下旬至次年3月，而罗甸蔬菜上市时段是在4月至6月中旬，蔬菜上市时段不同，在品种、播种期、移栽期、育苗方式、病虫害发生规律等方面，与元谋迥异。

5000 亩，多么诱惑人的数字！尽管书本上没有参考，实践中没有借鉴，而且自己又是一个只有初级职称的科技人员，从实践经验到理论水平，有很大的限制，她觉得这个数字产生的巨大磁场让人欲罢不能。原先 4 分土地的试验，可以撬动这"5000 亩"这块"巨石"吗？

历来，罗甸农民没有规模种菜的习惯，一季水稻收割完，就等下一年的季节，菜肴是盐巴拌辣椒、干炒黄豆，有的地方还保留着刀耕火种的生产方式，人无厕所畜无圈，普遍放敞牛、敞马，农民穷得响叮当。贫穷，导致农民科学文化水平低，文盲率高，接受先进的科学知识难度非常大。就算蔬菜种出来了，八十年代初流通领域还未开放，蔬菜卖不出去怎么办？基地搞成功则罢，失败了可了不得。当地缺乏蔬菜专业技术人员，自己只身一人，工作量可想而知。加上所里原来进行的番茄育种工作不能丢，贵阳罗甸两头忙，身体能否吃得消？还有，做这件事，所里不报项目，从科研的角度来看名不正言不顺。而女儿又还小，丈夫是副所长，果树研究任务也很重，出差又多，无法照顾孩子，送到奶奶处吧，奶奶不识字，孩子学习要受影响……

怎么办？李桂莲矛盾极了。

李桂莲转而又想，自己是国家培育的大学生，又从事蔬菜专业的研究工作，贵阳乃至全省蔬菜淡季吃菜这么难，自己有责任为改变这种状况贡献力量。她坚信，利用罗甸"天然温室"优势发展错季早果菜的方向是正确的。罗甸是一片难得的热土，如果利用罗甸热量资源，发展冬春果菜基地成功，既可解决城市居民、工矿区工人群众淡季吃菜难题，又能为罗甸农民脱贫增收开辟一条新路子，岂不是两全其美的好事？

"到底要不要去"的声音在李桂莲的心里反复回响，让她一时无法拿定主意。丈夫范恩普鼓励她："没事，大胆去做吧！"眼神中充满了鼓励。

李桂莲最终决定，到罗甸帮助建基地，不管所里报不报项目！为了集中精力大干一场，李桂莲和范恩普把 8 岁的女儿送到河北唐山读书，托奶奶照看。

如果说那 4 分地试验田只是一个投石问路的话，那么，接下来要进行的 5000 亩基地建设，涉及的问题接踵而来，因为报不了项目，李桂莲做的这个努力就没有经费支撑，罗甸是少、边、穷的国家级极贫县，财政十分困难，挤不出多少钱来建基地，要搞，首先得设法找项目，没有项目支撑，举步维艰。

无论如何，不能让一切付诸东流，不能让罗甸人望穿秋水，不能让自己好不容易坚定下来的信心受到重创。李桂莲的思绪围绕"项目"这两个字反复回旋。突然她眼前一亮：找省农业厅区划办！

省区划办主任温凯庭，原先是省农业厅副厅长，还兼任省农科所所长。温凯庭听了李桂莲的具体想法，当即表态："一定支持你的这个创新之举！这么有利于民生的好事，当然要坚决支持！你尽快帮助罗甸县制定规划，报省区划办立项，这样项目就来了。"

省区划办负责全省农业区划工作。位于红水河河谷的罗甸、望谟、册亨等县以及北盘江河谷地带，冬春温暖，都有"天然温室"的优势，均可规划为露地冬春错季果菜基地。显然，温凯庭也看到了这个优势的巨大潜力。

李桂莲兴奋不已。她看到了一片曙光，看到了希望。第二天，她乘坐班车直奔罗甸，把省区划办的意见向县政府领导做了详细汇报。朱副县长很高兴，用坚毅的目光看着李桂莲："现在刚开始包产到户，农民对新事物的认识还有一个过程，困难一定不少。政府全力支持配合你，我们先在城关区做试验、示范，再进行大面积推广。"

李桂莲的想法是，建设基地，任务紧迫，如果一个区一个区地搞，时间就会拖得很长，最好城关、沫阳、边阳、罗悃、八茂等几个区同时开展试验、示范，蔬菜种类也需要扩展，番茄、辣椒、茄子、四季豆、南瓜、黄瓜等也需要同时试验，这样可在短时间内达到效率的最大化。

很快，罗甸县关于建立冬春错季果菜生产基地的规划报到省区划办，省区划办批复了这个规划，并将此纳入全省农业区划总规。根据规划，到1984年，基地面积将达5000亩。

5000亩！这个数据像一股巨大的冲击波，在红水河谷，在贵州大地震荡开来。而此时的贵州，还没有真正意义的春淡季蔬菜基地。

1982年，中科院生物学部常委、中科院院士、植物研究所所长侯学煜到贵州考察，李桂莲遇见他，并向他详细汇报了罗甸的情况。

侯学煜被李桂莲抓铁留痕的精神深深感动，他激动地说："在贫穷、边远、落后的少数民族地区，白手起家，要在几年内规划建成5000亩中国南亚热带第一个错季果菜类蔬菜基地，好家伙，这真是一个了不起的、富有创新意义的举动！'天然温室'的优势如果得到充分利用，科技就能真正实现服务于民。既然贵州有这么多河谷低温地带适合冬春露地果菜早熟栽培，贵州可以大面积推广，做大做强，甚至，可以推广到全国同类地区……"

一番话，让李桂莲吃了一颗定心丸，中科院院士都这么赞扬了，说明她的选择和做法是正确的。她知道，她开辟的罗甸这片沃土，是中国南亚热带地区冬春露地错季果菜种植的首个基地。就是说，至今中国还没有哪个地区在这个纬度实行错季果菜种植。侯院士跟她开玩笑："你就是一匹杀出重围的黑马，只有唯一，没有之一。"

在侯院士的呼吁下，贵州省农科院园艺所终于向省科委上报了罗甸项目，省科委对此给予大力支持。接着，国家科委也立了项，省农业厅、省扶贫办、省计委等单位也给予大力支持。

罗甸基地生产的蔬菜，供应市场主要在贵阳市。李桂莲又找到时任贵阳市市长李万禄，希望得到支持。李市长当即决定，将罗甸县列为贵阳市二线蔬菜基地。李桂莲突然发现，罗甸基地项目的启动，让她几乎成了半个公共关系专家。

头顶烈日，必受其炎；脚踏祥云，必担其险。李桂莲看见，一幅壮丽的画卷，正在她眼前徐徐展开。

罗甸基地发展多重奏

罗甸蔬菜产业的发展步履，见证着李桂莲的呕心沥血。由单一的试验到大面积的推广种植，罗甸的露地冬春错季蔬菜栽培基地建设，一开始就呈现出斑斓的色彩，李桂莲称之为"四部曲"，即露地错季栽培、地膜覆盖栽培、改良地膜覆盖栽培和地膜加小拱棚栽培。

如果说"希望一号"番茄是露地冬春错季栽培技术的先声，那么，接下来的辣椒、茄子、黄瓜、南瓜、苦瓜、丝瓜、瓠瓜、冬瓜、豇豆、四季豆、嫩黄豆、蚕豆、鲜食糯玉米等蔬菜试验示范，则是大规模走向市场的新面孔。5月初，14种果菜陆续上市，6月中旬收获完毕，然后水稻栽种季节来临。蔬菜上市期，比贵阳正季露地栽培的同类蔬菜要提早上市一个半月，比贵阳大棚种植的同类蔬菜提前一个星期。这种天衣无缝的时令衔接，其实是基于对时间的科学安排的。

果菜提早上市期，才能显示出先入为主的经济效益优势。这是李桂莲进行各种果菜类蔬菜地膜覆盖栽培技术试验的初衷。而使用地膜覆盖栽培技术，能保温、保水、保肥，提高农作物产量10%~18%，成熟期提早7~10天。对依靠生鲜作支撑的农贸市场来说，时间，就是最大的效益。

冬春季低温期间采用地膜覆盖，白天受阳光辐射后，0~10厘米深的土层内可提高温度1~6℃，最高可达8℃。地膜覆盖后能显著减少土壤水分蒸发，并能较长时期保持湿润，有利于根系生长，在较干旱情况下，1~25厘米深的土层中，土壤含水量一般比露地高50%以上。地膜覆盖还能减少土中因雨水或灌溉水冲刷而造成的肥料流失。基于这些因素，地膜覆盖栽培技术可以提高农作物产量，而且提早成熟期。这项在国际上处于先进水平的技术，六十年代很快成为日本、法国、意大利、美国等发达国家在农作物栽培上所推崇的"香饽饽"。

我国1978年从日本引进该技术进行试验，1979年在华北、东北、西北及长江流域一些地区进行试验、示范、推广。李桂莲获知这个信息后，于1980年在罗甸开始进行试验。地膜覆盖栽培效应因作物种类、覆盖时期、覆盖方式、气候条件、地膜种类不同而不同，就是说，这项栽培技术需要因地制宜，在贵州低热河谷地带是否适合推广，有待实践来验证。

要在贫困落后的地区大规模地进行具有国际先进水平的技术试验，李桂莲知道，难度很大。原先她做的4分地的试验，从某种角度看，其实没多大的风险。而要大面积的试验，就涉及无数农户。大多数农户是布依族，且文化水平不高，相当部分是文盲，对科技的理解和接受，停留在想象当中。果然，序幕已拉开，许多农民就不愿意配合，他们想不通："地膜把黄泥巴捂住，蔬菜能长得出来吗？能长得好吗？鬼扯！"

李桂莲信念坚定，四处出击，寻找能理解她、配合她开展试验的那个人。这个人必须有一定的文化程度，并且有一定的影响力，其肇始意义将具有示范、引领的作用。

城关镇白龙大队会计黄世雄进入李桂莲的视野。李桂莲想，黄世雄是高中生，对新事物应该比较容易接受，还是大队的干部。她和他谈了自己的想法。

黄世雄觉得这项技术简直不可思议，虽然李桂莲已做成4分地的试验，但那并不能说明什么。李桂莲反复做他的工作，并承诺："成功了，成果都归你；失败了，我用工资赔你。就只搞两分地。"

黄世雄觉得这个承诺很划算，勉强答应下来。

这两分地，直接关系到地膜覆盖栽培技术以后能否在全县推广，一旦失败，东山再起已基本不可能。

李桂莲在两分试验地播种，盖上地膜，许多农民都来围观，像看西洋把戏一样，既疑惑又好奇："黄泥巴穿衣服，这样种庄稼自古都没见过，能成才怪呢？"黄世雄的一个堂哥给他打赌："你这两分地的黄瓜如果能成功，旁边我那一亩地的黄瓜都归你。"

这第一步棋，一定要走好。李桂莲不敢大意。白天，她从县农业局往返步行一个半小时赶到试验地，从开箱、打窝、放底肥、播种、盖地膜、掏苗出膜、搭架、追肥、淋水、病虫害防治等每个环节，都带着黄世雄一起干。在两个人的精心管理下，种植试验终于成功，黄瓜长势喜人，果实结得又多又大，比旁边不盖地膜的黄瓜，一眼看去就增产不少，并且提早 10 天成熟。

这下黄世雄笑了，寨子的群众服了。黄世雄的堂哥不好意思，对他说："你给李老师说一下，我也要搞地膜覆盖种植，以后搞蔬菜培训，一定通知我参加。"当然，他没兑现当初跟黄世雄提的那个荒唐承诺。

农技骨干与科技二传手

农技骨干与科技二传手试验虽然初步成功，但要实现早果菜大面积种植，建成一定规模的基地，仅靠一个人的力量是远远不够的。当时罗甸县没有蔬菜专业技术人员，从事水稻、果树栽培的几个只有中专学历的技术人员，自身的工作都忙不过来，县农业局只好派一名小姑娘陪李桂莲下乡开展工作。

其时，改革开放的大船正在启航，各地表现出来的技术力量薄弱的矛盾非常突出，尤其在县里，技术人员严重缺乏，已成为一个棘手的问题。1981 年，中国女排勇夺世界冠军，全国掀起了学习女排精神的热潮。李桂莲忽然联想到，女排有"二传手"，科技推广上，也可以培养"科技二传手"啊！

这个想法冒出来，李桂莲激动不已。她向县政府建议：在全县适宜发展早果菜的 6 个区，各选择一名有一定文化、吃苦耐劳、相信科技，而在当地又有一定威望的布依族农民，聘请他（她）们作为农民技术员，实行半脱产工作制度，发放一定的补贴，把他们培养成为"科技二传手"，这可以解决眼下的不少困难。

这一建议得到积极采纳。很快，6 个区推荐了 6 名农民技术员。按照李桂莲的想法，这 6 名技术员不论是县还是区或是村级举办的培训班，一定要参加，他们一边种试验、示范地，一边接受她手把手地田间现场教学和技术指导，使其较快地全面掌握多种蔬菜栽培技术。然后，又通过他们对本区的农民进行培训和指导。

为什么要强调这6名技术员是布依族？因为罗甸县绝大部分是布依族群众，从语言、感情上，布依族技术员更能推动工作的开展。

有的布依族妇女、老人听不懂汉话，他们用布依语言直接与之沟通。

这一招果然立见效果，6个区的布依族群众在6名技术员的指导和示范下，很快掌握新品种、新技术的运用，推广步伐大大加快。这6名"科技二传手"在当地均有一定的威望，在推动农技上很有号召力，后来他们均成为县、区级蔬菜科技推广的中坚力量。

沬阳区罗沟村的农民妇女胡天英，娘家在紫云县，有初中文化的她曾当过民办教师，是两个孩子的母亲，丈夫在县城电力部门上班。在罗沟村，像她这样拥有"高学历"的布依族妇女甚为稀罕，她被聘为沬阳区农民技术员，第一年种了6分地面积的番茄，在李桂莲的悉心指导下，产量达8400斤，收入6720元。她平生第一次数着这么多钱，而且是6分田里"生"出来的钱，乐得心中开了花。

在掌握了番茄错季早熟栽培技术后，李桂莲又指导胡天英种了两亩多的黄瓜试验地，既获得了远超于传统种法的收入，又掌握了黄瓜栽培技术。胡天英一方面种好自家的试验、示范地，向群众做好展示，一方面走村串寨辅导全区上千户农民种植黄瓜、番茄等蔬菜4000余亩，成为农户脱贫增收的引路人。

贫困逼迫一些群众走上歪路。有一户贫困家庭，男人爱赌博，两口子为此经常吵架打架，闹到要离婚的地步。胡天英上门热心帮助，耐心调解，并教会他们种菜技术，从此，这个家庭旧貌换新颜，一家人通过科学种菜过上了好日子，男人也改掉了赌博恶习。

因为热爱农技，乐于助人，有组织能力，胡天英被选为罗沟村支部书记、省人大代表，并当选为全国劳模及全国民族团结先进个人。她和李桂莲一道赴京参加全国民族团结先进集体、先进个人表彰大会，受到中央领导的接见。

李桂莲在重点培养6名农民技术员的同时，又培养了一大批农民技术骨干，通过传、帮、带，让他们先脱贫致富，然后鼓动他们充分发挥骨干带动作用，推动错季蔬菜种植技术走向千家万户。

李桂莲和县农业局商量，把培训班办到区里、村里、农户的堂屋里，并在试验田现场现身说法，手把手地教。这样很接地气的方法，让参加培训的农民更多了，上到 70 岁老人，下至十几岁的孩子，连不识字的妇女也来抢培训资料，说领回去给孩子看。那几年，李桂莲每年要办县、区、村培训 5 次以上。一股学科学用科学的热潮在罗甸大地掀起。

1983 年，为加强技术力量，罗甸县农业局派了李琴芬、魏祥云两位农技人员参与蔬菜基地项目的实施。李、魏虽只有中专学历，但喜欢动脑筋，积极肯干，李桂莲悉心地对他们进行传、帮、带，从理论到实践，系统地传授多种蔬菜冬春错季栽培技术，使之很快成为李桂莲的得力助手。后来，李、魏二人分别担任罗甸蔬菜办主任、副主任，都破格晋升为高级农艺师，成为黔南州地管专家。如今，李琴芬是黔南州农业农村工作局副局长、黔南州果蔬中心主任，魏祥云是罗甸县农业农村工作局常务副局长。罗甸县乃至黔南州的蔬菜产业发展能够打开崭新的局面，与他们的辛勤付出密不可分。

改良地膜覆盖栽培技术

黄瓜地膜栽培技术获得成功后，李桂莲又开始在科技"二传手"的地里进行番茄、辣椒、茄子、南瓜、四季豆等 14 种蔬菜的地膜覆盖栽培试验、示范。跟任何科学研究一样，地膜栽培技术的示范和推广并非一帆风顺。有的农户因技术没有掌握好或管理跟不上，温度高时未将幼苗掏出地膜，造成幼苗大量死亡，有的农户一着急，把地里的地膜全部撕破，结果未达到预期效果。经过李桂莲和农民技术员的巡回指导，多次的田间、室内培训，最后十四种蔬菜地膜栽培终于获得成功，产品于 4 月下旬开始上市。

1984 年，罗甸全县的蔬菜地膜覆盖栽培面积达 4500 多亩，占全县蔬菜种植面积的 88%。农业部总农艺师瞿宁康到罗甸考察时，看着雪片一般的连片地膜，感慨地说："北京郊区都没有这样大规模的运用，而在边远、贫穷、落后的山区，却搞得这样好，太不容易了！"

日本是地膜覆盖栽培技术的原创国，他们的技术是开箱、挖窝、施肥，直播作物播种后盖土，窝面离地面较浅，只有两厘米左右，然后盖地膜。幼苗出土后，很快顶破地膜，然后破膜，幼苗掏出来，再将地膜口用泥土封住。而育苗移栽的作物，是先盖地膜，然后对着窝在地膜上打洞栽苗。

通过试验，李桂莲觉得这个技术不够成熟，于是大胆改良，把窝打深，使窝面距地面保持11厘米左右的距离，直播的作物，出苗后要在地膜内生长一段时间才顶膜，再划口掏苗出地膜。而育苗移栽的作物，是先栽苗，再覆盖地膜，当幼苗快顶到地膜时，再划口掏苗出地膜，用泥土将窝填平，最后封口。经过改良后，作物成熟期在原地膜栽培基础上提早7~8天，这样，14种蔬菜可以提早到4月中旬上市了。

李桂莲由此研究、总结、撰写的《果菜改良地膜覆盖栽培技术》论文，1983年在《贵州农业科学》发表后，被国外权威期刊摘登。人们看见，一个由新技术带来的农业革命，悄悄地奏响序曲。

但李桂莲不满足于此。为了将果菜的上市期进一步提早，她又创新研究成功"地膜加小拱棚栽培技术"，这项技术又简称双膜栽培技术。简单地说，就是将蔬菜幼苗从覆盖地膜破口掏出来后，再在箱面上用竹片搭两尺高的小拱棚。拱棚上覆盖一层农膜或地膜（俗称天膜），当蔬菜长高到快要顶天膜时，取掉竹片及上面覆盖的农膜或地膜收回，待下年再用。此后的管理，跟地膜栽培相同。采用这一技术，果菜上市期提早了20天左右，这样一来，罗甸果菜类蔬菜3月底就开始上市，比当初的5月初提早上市约40天，而比贵阳等地正季栽培的果菜足足提早70多天，拉长了淡季蔬菜供应期，经济效益大大提高。

地膜加小拱棚栽培技术所具的明显优势，洗亮了人们的眼球，业界对此高度肯定，原贵州省科委、国家科委将这一技术列为重大"星火计划"推广项目，荣获全国"星火计划"成果博览会金奖。受贵州省科委的委托，该成果由贵州省科技情报研究所录制成科技电视片，先后在中央电视台及全国20多个省级电视台播出，使得这一技术迅速在全国推广。为此，该片还荣获原国家科委颁发的全国科技电视专题片一等奖，李桂莲因此被评为全国"星火科技"先进工作者。

多方协力，众志成城。到1993年，罗甸县建成冬春错季果菜基地约10万亩，年产值达3.6亿元，产品除本县自销外，还销往省内各地及重庆、四川、湖南、湖北、广西等城市，一定程度缓解了4~5月城市春淡季蔬菜供应紧张的状况。蔬菜成为罗甸县的支柱产业，使全县1.4万农户约7万人脱贫、增收，并带动了罗甸第三产业发展。罗甸因此被评为全国菜篮子先进县，被农业部列为全国冬春错季果菜定点批发市场。

1984年，罗甸错季果菜建成基地5500亩，超过原规划的五百亩，覆盖6个区，生产 14 种蔬菜 40 多个品种约 3300 万斤。李桂莲研究总结出南亚热带地区果菜类蔬菜冬春露地错季栽培技术，之后逐步形成了整套冬春早果菜技术体系，被评为国家级新技术，并应邀参加由国家科委委托中国科技信息杂志社与中国科技进出口公司组织在新加坡举办的中国新技术、新产品展览。

通过 5 年的试验、示范、推广及基地建设，改变了罗甸及贵州南亚热带低海拔地区传统的"一年一季水稻"的传统耕作模式。变为水旱轮作——"冬春错季早果菜—水稻"一年两季的新模式，大大提高了土地生产率和产品商品率，开创了贫困地区因地制宜发展特色产业的新路子，有效缓解了贵州乃至周边地区蔬菜春淡季供应紧张的状况。

省科委相关领导曾对李桂莲说："你好好总结提炼一下，把罗甸等县冬春果菜基地建设、地膜覆盖栽培、改良地膜覆盖栽培、地膜加小拱棚栽培合起来，可以申报贵州省科技进步一等奖。"李桂莲考虑到一等奖只能报 9 个人，而罗甸等县一批农技人员要申报职称，都需要成果奖，为了调动更多农技人员的积极性，最后她将上述内容分别申报获得三个科技进步奖和一个星火二等奖，22 人因此受益。虽然那个阶段她没获得省级重大成果，但她认为，培养人才更重要，为此她从来没后悔过。"人的一生，追求的应当是为社会、为国家创造效益"，这是她实现个人价值的目标，也是她的人生理念。

那些酸甜苦辣的日子

从 1980 年至 1984 年，李桂莲在罗甸蹲点 5 年期间，当年 10 月播种到第二年 6 月蔬菜收获结束，她都待在罗甸。回来之后，继续开展农科院园艺所的育种课题。一年到头，她都在为项目和课题奔波，节假日休息成了一种奢望。

4 月至 6 月，罗甸的气候就相当炎热，最热的时候气温达 30 多度，与海南的三亚相比，有过之而无不及。这对在凉爽的贵阳生活惯了的李桂莲来说，显得很不适应。刚开始的两年，她经常感冒，半夜又热得睡不着觉，第二天整个人昏昏沉沉的。种菜农户分布在全县 6 个区几十个村寨，她起早贪黑，走乡串寨，跋山涉水，从区里到村里，经常一天步行七八公里路，远的十四五公里。白天忙碌一天后，晚上还要整理资料，写材料，写论文，或给省内外的同行回信，或给上门求教的农民群众解答问题，一天到晚忙得团团转。

当时交通极不方便，罗甸县城到外县的客车班次很少，没有到区里的直达班车。从县到区还好办，哪怕是站，也还可以搭上车。但从村里或区里返回县城，经常赶不上过路的客车，只好搭大货车、拖拉机返回县城。

吃饭是个大问题。八十年代初，罗甸县城只有两家餐馆，生意不景气，关门早。每个区里只有一家小餐馆，而且只卖馒头，晚了连馒头都没有，遇到这种情况，李桂莲只好吃饼干和零食。善良好客的村民们时常邀请李桂莲到家里吃饭，说要杀鸡杀鸭款待她，但这样村民们就得提前收工。李桂莲担心影响生产，同时也不愿意麻烦老乡，就谢绝了他们的好意，尽量赶回区里随便吃一点东西。区里的住宿条件很差，一个区只有一家小旅店，很少有人住，到处是臭虫、蚊子，睡觉时臭虫爬进来，咬得她一身小包，成天痒得心慌。

在县城里，她在县委食堂搭伙，回来晚了食堂关门，她就在住的地方煮面条吃。有时太累，连面条都不想煮，随便吃点零食又打发一顿。常年这样没有规律的生活，导致她得了胆囊炎和胃病。后来胆囊切除成了"无胆英雄"，但胃病折腾了她几十年。

没有农村生活经历的李桂莲，此时已把自己看作是村民的一员了，所以对牛叫马嘶、鸡飞狗跳的景致不仅不觉得陌生，反而觉得有几分亲近感。但有一次李桂莲到寨子指导村民种植蔬菜，被一条突然窜出来的狗咬了小腿。当时她被吓得大声呼叫，村民闻声才赶紧跑过来把狗赶走。好在是冬天穿得多，小腿只被咬出几个血印。从那以后，走村串寨时她都要带起一根木棒。几十年过去，对那场遭遇仍心有余悸。

李桂莲一家3口人，分住3个地方。爱人在农科院，出差多，家里的门常常锁起；女儿在唐山，跟奶奶一起生活；而她一年中大半时间在罗甸。女儿在唐山虽有奶奶照顾，但奶奶不识字，管不了她的学习，以致后来考不上大学，只上了个自费大专。女儿曾抱怨过，为什么父母都不管她。长大后，她才渐渐理解母亲的苦衷。

作为一个妻子，一个母亲，照顾不了家庭，李桂莲常常感到内疚，觉得对不起丈夫和女儿。她告慰自己，为了农民群众脱贫、增收，为了群众淡季能吃上蔬菜，小家庭生活受些影响，是值得的。有人劝她："你在罗甸这几年，付出太多，还是回贵阳吧！"李桂莲笑笑说："罗甸是片难得的热土，那里需要我啊！广大布依族群众的期盼，那是一种怎样的热望啊！"

罗甸基地建设初期，因为生产规模较小，那些蔬菜县内消化不完，而拉出去量又不大，现状十分尴尬。果菜类蔬菜是分批采收上市的，当时到处仍是计划经济，罗甸的蔬菜就主要靠城市的蔬菜公司来购买，大车来了不够拉，小车来了又拉不完，产品销不出去。农户见状，第二年就不想种了，觉得销路没解决好，生产没盼头。这可愁坏了李桂莲，她火急火燎地找到贵阳市蔬菜公司协调，最后贵阳市蔬菜公司答应用中型汽车运菜，滞销的问题就这样解决了。

李桂莲对罗甸各区的耕地分布、土壤特性、气候差异、科技二传手、科技骨干、示范户乃至风土民情，皆了如指掌，她与村民的感情与日俱增。1987 年她出差黔西县遭遇车祸住院时，罗甸的 4 个农民丢下手里的活路，带鸡带蛋带药酒赶到贵阳，看望他们敬爱的李老师，"罗甸在等着你呢，你要尽快好起来哈！"

夏秋错季种植技术的诱惑

1985 年李桂莲回到农科院，工作重心有所转移，女儿也从唐山回到贵阳读中学。人走情未了，李桂莲对罗甸的蔬菜基地发展仍深深牵挂着，她经常抽时间到罗甸，指导由她培养起来的李琴芬、魏祥云等农技人员开展工作，助推基地朝更大规模的方向发展，不断提升蔬菜产品质量。

1986 年，李桂莲被提拔为贵州省农科院综合研究所所长，第二年担任农科院副院长。尽管官职加身，但她始终没有放松心中那份蔬菜情结。她发现，贵州虽为高原地区，但立体气候明显，有几十个县的低海拔地区，非常适合种植冬春露地错季果菜。在抓好副院长分管工作的同时，她带领园艺所蔬菜科研团队，应 20 多个县的邀请，前往各地帮助制订长期规划、年度计划、实施方案，开展培训和技术指导，先后帮助 20 多个县建起冬春错季早熟、次早熟果菜基地，如关岭、望谟、册亨、安龙、榕江、镇宁、紫云、水城等。

关岭县有着鲜明的立体气候优势，打帮河流域低热河谷地带的断桥、八德、关脚等地区的农民，因种植错季早果菜迅速脱贫，部分已迈入小康。关岭的断桥蔬菜市场，也被农业部定为冬春错季果菜批发市场，罗甸被打造成为早熟果菜"明星"的同时，关岭也逐渐成为早熟果菜的"二号主演"。

贵州周边省份及我国东南沿海、港澳及内陆许多地区，东南亚及南亚等国家的大多数地区，皆为夏秋季高温区，8 月下旬至 11 月上旬喜温的果菜类蔬菜和 6 月至 10 月的喜凉蔬菜缺口很大，市场供应紧张。针对这一问题，经过深入走访和调查研究，李桂莲于 1996 年提出，利用贵州东部—中部—西部海拔 1000~2300 米，夏秋季节较凉爽，具有"天然空调"的气候优势，大力发展夏秋错季无公害蔬菜的科学思路。两年后，这一思路在大方、七星关、龙里等县（区）进行试验、示范，大获成功。

李桂莲主持的贵州省科技厅重大专项及科技部西部科技重大专项"贵州夏秋错季无公害蔬菜栽培研究、示范、推广"，其项目团队对基地布局、目标市场，不同种类夏秋错季蔬菜适宜区域、品种选择、茬口安排、种植方式、种植密度、科学施肥、病虫害防治技术，以及作物品种搭配、周年高效栽培模式、超高产综合配套技术等进行深入研究。经过 10 年的艰苦努力和积极探索，成功创建了苗岭大地、乌蒙山区及大娄山区夏秋错季蔬菜基地，有效推进山区农业结构调整，推进优势特色产业健康发展，逐步创立贫困山区夏秋错季无公害蔬菜产业发展新模式。2008 年，贵州夏秋错季无公害蔬菜基地栽培面积达 110 万亩，年总产量达 330 万吨，年总产值 26 亿元，经济效益和社会效益巨大，农民增收显著。

通过对夏秋错季无公害蔬菜的系统研究和探索，李桂莲明确提出了贵州省夏秋错季蔬菜的适宜区域和产业带建设的意见；筛选出适宜夏秋种植品种 240 余个，总结提出了 80 多个适宜不同类区域的高效种植模式；制定了 19 个夏秋错季蔬菜生产技术规程，7 个型质量标准，并经省质量技术监督局审定发布在全省实施；建立了10 种蔬菜夏秋错季无公害生产技术专家系统；出版《贵州夏秋错季无公害蔬菜栽培技术》专著 1 部；成功开展白菜、甘蓝、莴笋、萝卜 4 种蔬菜夏秋错季超高产栽培示范，这些蔬菜分别获得亩产 11094 公斤、9461 公斤、6365 公斤和 8868 公斤的产量，创造了全国同类夏秋错季蔬菜单产的最高水平；初步摸清了甘蓝霜霉病、法国细刀豆豆荚螟等 7 个主栽夏秋错季蔬菜的 4 种虫害，6 种病害的田间消长规律，并对每种病虫防治筛选出高效低毒残留农药 2~3 个，提出的化学农药防治时间和防治方法，已广泛运用于大面积生产。

这些研究成果，丰富了蔬菜栽培的理论，扩展了蔬菜的技术领域，创立贵州夏秋错季无公害蔬菜高效栽培的标准化、规范化产业技术体系。2006 年，经中国农科院及贵州大学等专家鉴定，认为该成果前瞻性强，组织实施严密，措施有力，工作难度大，技术先进，集成度高，创新点多，推广应用前景广阔，项目实施取得了巨大经济、社会效益，成果总体达到国内同类研究领先水平，荣获省科技进步二等奖 1 项，省科技成果转化一等奖 1 项，中国"神农科技"三等奖 1 项。

2018 年，贵州省夏秋错季无公害蔬菜年种植面积达 600 余万亩，6 月至 10 月，贵州的蔬菜销往全省及重庆、武汉、长沙、两广等及港澳地区，成为蔬菜产业发展的一大盛景，贵州因此被农业部列为全国夏秋错季蔬菜种植优势区和重点区。其时，全国进入这个盘子的有 8 个省份，贵州省榜上有名，证明贵州农业科学研究实力达到了相当水平。

新世纪之初，龙滩电站建成后，罗甸县境内许多低海拔的田土被水淹没，原有冬春错季果菜基地的面积大幅减少，其他一些低海拔的县份也因城镇化建设、交通建设、移民搬迁等占用了大量田土，冬春果菜基地面积也减少了许多。

李桂莲想，如何在减少后的耕地上提高单产？她发现，低海拔区域推广的"冬春早果菜—水稻"种植模式，在水稻收获后到早果菜栽种之前，稻田有 3 个月的闲置期，这期间这些地区气温仍然比较高。她在想，是否可以再生产一季果菜？

这一创新思路，催动了"冬春错季果菜—水稻—秋冬错季果菜一年三熟高效栽培技术研究及应用"项目的横空出世。在省长基金、省科技厅攻关项目、省农科院重大专项资金资助下，从 2004 年开始，这一项目在罗甸、望谟、三都县实施，到 2011 年 12 月底，累计 3 县示范推广一年三熟高效种植模式 9.28 万亩，新增总产量 15416 万公斤，新增总产值约 3 亿元，新增纯收益约 1.9 亿元，项目区共涉及农户约 15400 户，户均新增纯收入约 12300 元。四季豆、南瓜、瓠瓜、黄瓜等这些散发着泥土芳香的秋冬果菜，于 10 月底至 12 月中旬在果菜淡季上市，除供应本省外，还销往重庆、四川、湖南、湖北等省市。成功的实践，使得"冬春错季早果菜—水稻"一年两季模式，跃升为"冬春错季早果菜—水稻—秋冬错季果菜"一年三季高效种植模式。秋冬错季果菜不仅丰富了贵州及周边省市秋冬季市场的蔬菜花色品种，而且进一步提高了土地利用率，增加农民收入。该项成果 2012 年获省科技进步二等奖。

脚步，永不歇息

李桂莲的科研步伐始终处于迈进的状态。她主持的世界银行资助项目"贵州蔬菜产业发展研究"，通过对省内外蔬菜产业发展情况调查研究，对贵州蔬菜的优势和机遇、蔬菜产业发展的制约因素存在主要问题等方面，在全面、深度分析的基础上，提出了贵州蔬菜产业发展的目标；对全省蔬菜基地布局、批发市场布局、加工、储藏、运输业发展布局做出科学安排，提出具有针对性、创新性、指导性的贵州蔬菜产业发展思路及对策，得到省委、省政府主要领导批示，并为省有关职能部门采纳并付诸实施，对推动贵州农业结构调整产生了重要作用。这个项目，其实也是"贵州特色产业开发与脱贫研究"重要内容。

作为全国贫困度很深的省份，蔬菜产业在脱贫攻坚战发挥的重要作用显而易见。2005年，该项目获"贵州省哲学社会科学一等奖"。

李桂莲先后主持"八五""九五""十五"等贵州省蔬菜育种重大攻关项目，带领项目组同志共同选育出一批高产、优质，适宜错季蔬菜配套栽培的新品种。其中白菜新品种：黔白1号、2号、3号、4号；茄子新品种：黔茄1号、2号、3号；甘蓝新品种：黔甘1号、2号、3号；辣椒新品种：黔椒1号、黔椒3号等12个蔬菜优良品种通过省品种审定委员会审定，在省内适宜地区推广。2008年，李桂莲在带队对我省蔬菜低温冻害情况进行详细调研时，在威宁县发现了珍贵耐寒特耐抽薹白菜地方品种资源"黄秧白"，为开展白菜特耐抽薹品种选育工作提供了珍奇的地方品种资源材料。

种子是作物栽培能否取得最大效益的基础。李桂莲和她的项目团队在品种资源创新的基础上，选育出特耐抽薹白菜系列新品种"黔白5号""黔白8号""黔白9号"和"黔白10号"，通过贵州省品种委员会审定，在全省进行大面积推广，很好地解决了早春大白菜先期抽薹的难题。2017年，经中国农科院及贵州大学、贵州省农委专家鉴定，总体为国内领先水平，其4个品种耐抽薹性超过韩国、日本品种，达国际先进水平。到2019年6月，在贵州、重庆、湖北等省累计推广约120万亩，产生巨大的经济效益和社会效益。

从"八五"至"十五"，李桂莲带领的团队自育品种累计示范推广约50万亩，总产值约10亿元。他们将自育的优良品种提供给贵州省园艺研究所及贵州省农科院山茂园艺工程技术中心进行开发转化，走育、繁、推、销一体化的道路，实现蔬菜良种产业化，为研究所的发展做出了积极贡献。茄子、辣椒、大白菜、甘蓝、青菜新品种选育，共荣获省科技进步三等奖5项。

由于受气候、栽培技术水平等因素的影响，尤其是受低温、倒春寒影响以及品种限制，贵州及长江流域长期形成3~5月喜温茄果类、瓜类、豆类果菜类蔬菜及喜凉叶菜、根菜、花菜等蔬菜淡季。这是一个潜在的研究领域，也就是说，这是一个巨大的潜在市场。李桂莲的目光又锁住了这易被人忽略的痛点。

在研究、示范、推广冬春错季果菜类缓解春淡季的基础上，李桂莲又创新提出和发展春夏错季喜凉叶菜、根菜、花菜类蔬菜思路。她和她的团队一起，承担贵州省科技厅重大科技项目（2015年至2019年），在我省罗甸、平塘、都匀、清镇、绥阳、大方、威宁、锦屏等县市进行试验、示范，到2019年6月，这一项目正迅速向全省推广。春夏错季喜凉蔬菜的出现，丰富了贵州及周边省份春夏淡季市场喜凉蔬菜的花色品种，在价格上更具优势，最终受益的是农民。

针对贵州海拔落差大、立体气候明显、人均耕地较少的特点，李桂莲又在琢磨如何在有限耕地上提高产量、增加收入的问题。2012年，她率先提出"蔬菜万亩田科技示范工程"和"321蔬菜高效示范工程"项目，随后得到贵州省科技厅的两个重大专项以及国家重大"星火计划"项目的支持。她和项目团队一起，综合集成运用冬春、夏秋、秋冬、春夏等各种错季蔬菜栽培技术，通过科学安排茬口，采取不同蔬菜种类和品种的合理搭配，增加复种指数、间套作等措施，研究总结出100多套适合不同生态类型地区推广的高效种植模式，获6项国家发明专利，发布4项省级标准，实现了蔬菜项目区亩产值达3万元、2万元、1万元的产业升级。

2017年项目结题时，李桂莲和她的项目团队，又在罗甸、三都、清镇、大方、纳雍、绥阳等6个核心示范县（市）和威宁县、黔南州以及重庆、湖北等辐射区，建成蔬菜高产高效示范基地10个，累计示范推广面积53.7万亩，总产量41.5亿公斤，总产值64亿元。这一成果，2018年被列入"省政府蔬菜产业脱贫攻坚三年行动方案"的核心内容，并获贵州省财政厅、贵州省农委的资助，从2018年至2020年在16个县（市、区）实施。其中深度贫困县3个，一般贫困县5个。而李桂莲作为该项目技术总负责和贵州蔬菜产业首席顾问，着力推动这一项目的具体实施。该成果2019年获贵州省科技进步二等奖。

一个人，如果他（她）始终专注于一件事认准了方向，并长期坚持做下去，那么时间就如同白驹过隙；一个人，如果她（他）东一榔头西一棒子的构架所谓的美丽蓝图，荣誉必然与之擦肩而过。一生中，李桂莲就只做蔬菜错季栽培技术研究、示范、推广及蔬菜新品种选育这件事，而且，到了晚年，她的目光仍然投向贵州的大山深处。

2018年8月23日，在罗甸县举行的《贵州蔬菜产业科技扶贫"321"模式示范推广》项目培训会现场，李桂莲的声音一如既往那么洪亮、清丽："高效栽培新模式新技术，能实现一年'三季四收'，一亩田可种出4亩的效益，让大家都能'点菜成金'。"

　　李桂莲与省农科院园艺所的专家，针对辣椒、茄子、南瓜、四季豆等果菜类蔬菜优良品种，选择适宜新的播种期、定植期、育苗方式、田间肥水管理、病虫害综合防治等方面的内容，对参加培训的人员进行具体生动的指导。县、乡、镇农技人员及坪寨、兴隆、罗化、祥脚等村的蔬菜种植户、大户、农民专业合作社、企业负责人等80多人，成为罗甸蔬菜栽培技术培训的第 N 个梯队。

　　一直视李桂莲为"菜神"的龙坪镇坪寨村村民刘仁礼，从头听到尾，对李桂莲和专家的培训录了音。虽然错季果菜在罗甸县推广快40年了，但作为新生代的他，还是决定用两亩田来种秋冬四季豆，下年春季用茄子套种春白菜，"罗甸是错季果菜种植的老根据地，父辈种菜发了家，我们这辈也要靠科学种菜致富。"刘仁礼说。

　　在人们的心中，"李桂莲"这个名字与蔬菜错季栽培这个词汇有着血缘般的逻辑关系，因此，不管她出现在哪里，总会吸引着人们。而这种吸引，最后都会变成实际行动——种植冬春、夏秋、秋冬、春夏错季蔬菜，种植蔬菜优良新品种，让收入渠道更多，致富路子更广。

　　四十年来，李桂莲的足迹遍布贵州60多个县（市、区），她和项目团队一起，培训了3万多人（次）农业技术骨干、乡土人才和科技二传手，培训农民40余万人（次）。无论是到各地培训还是现场指导，她都乐此不疲，毫无保留地将自己的研究成果通俗易懂地传授给农民兄弟姐妹。

　　对付出之后的回报，李桂莲持着一颗坦然的心。鉴于她对罗甸蔬菜产业的贡献，八十年代初，罗甸政府奖励她5000元奖金，但她却捐给了当地"希望工程"，用以帮助少数民族女童上学。九十年代初，因对关岭、紫云县蔬菜基地建设做出贡献，安顺地委、行署奖给她2万元科技贡献奖，她将这笔钱捐给她的母校——安顺八小；

1987年7月，李桂莲得到邓小平同志接见。

2009 年获得贵州省科技最高奖，她将省政府奖励的 50 万元及农科院奖励的 10 万元共 60 万元，其中 30 万元作为新项目的前期研究经费，19 万元分配给团队成员，11 万元捐给贵州农科院作为"党员关怀帮扶基金"，而她一分钱也没要。她说："工作是大家做的，我获得的丰硕精神财富，一辈子也享受不完。"

李桂莲对专业的热爱胜过一切。1993 年，省委决定任命李桂莲担任贵州省农科院院长，李桂莲得知消息后，找到省委主要领导，要求不担任院长。她说："我还是担任副院长，这样可以抽出较多的精力和时间，把所掌握的农业科技知识，为山区农民脱贫致富服务，这样，我心里才踏实，更满足。"省委最后确定她为正厅级的副院长。

"勤奋耕耘，贡献突出。"这 8 个字，构成了李桂莲在贵州蔬菜产业和农村经济发展中所产生的巨大作用的关键词。据不完全统计，在她的推动下，1980 年至 2018 年，贵州全省累计示范推广冬春、夏秋、秋冬、春夏错季蔬菜种植面积 6000 多万亩，总产值约 3000 亿元，取得巨大的经济效益和社会效益。产品除满足贵州需求外，还远销 10 多个省（市、区）和港澳及东南亚，使大批农民脱贫、增收、致富。

李桂莲突出的表现，引起高层的关注。1987 年 7 月，党中央邀请全国 14 名为四化建设做出突出贡献的中青年科技专家，带家属到北戴河度假半个月，李桂莲作为唯一的女性，得到了邓小平同志的接见。2009 年，她荣获贵州省最高科学奖。

面对荣誉，在众多光环面前，李桂莲不居功自傲，而是表现得十分坦然。她始终认为，荣誉是一种鼓励和鞭策，更是一份责任，而荣誉，应归于团队。

如今，李桂莲还参加省级 4 个科技项目的实施，仍然战斗在科研第一线。她希望在自己的有生之年，再培养一些蔬菜科研推广人才和科技"二传手"，为贵州蔬菜产业发展、乡村振兴、农民脱贫增收致富奔小康，再献一份余热。

在贵阳市科学路省科技厅宿舍的一套房子里，77 岁的李桂莲远眺窗外。丈夫范恩普因病 2013 年去世，女儿远嫁马来西亚，房子里显得异常安静，李桂莲每天进出房间，脑子里始终被"蔬菜"这个概念纠缠着，让她不得歇息。从不喜欢蔬菜研究到贵州错季蔬菜栽培的创始人、著名蔬菜专家，李桂莲以大地为纸，用传奇般的经历，书写了一行行不同凡响的人生诗句。夜深人静，诗句成为她的伴侣，成为回荡在贵州大地上的清音……

遨游微生物发酵大世界

——记中国酿酒大师季克良

◆ 唐　明　唐流德

季克良 （1939.4.24—）出生于江苏南通。著名"酿酒大师"，被誉为当代"酒神"和"茅台教父"。

1964年，毕业于无锡轻工业学院食品工程系发酵专业，同年到贵州茅台酒厂工作，第四届（1984年）、第五届（1988年）全国评酒委员。2003年，当选为全国标准样品技术委员会酒类标准样品分技术委员会主任委员，2006年，被国家轻工业部门评为首届"中国酿酒大师"。2014年，被评为中国酒业协会首席评酒师。2019年，荣获70年70企70人"中国杰出贡献企业家"称号。

季克良为贵州省首批省管专家，首批核心专家，国务院首批特殊津贴、首批国家级有突出贡献的中青年专家。先后任贵州茅台酒厂生产技术科副科长，技术副厂长、厂长（县级）、总工程师（正厂级）、厂长（副厅级、厅级）、法人代表，茅台集团董事长、党委书记、总经理、总工程师，贵州茅台酒股份公司董事长、董事和茅台集团名誉董事长、技术总顾问、贵州省人民政府酒业高级顾问等职务。获全国五一劳动奖章、全国劳动模范，党的十五大、十六大、十八大代表，第十一届全国人大代表。发表《白酒的杂味》《高粱啤酒的糊精》《茅台酒与健康》等学术论文30多篇。2015年被国际食品安全协会授予"食品安全终身成就奖"。

贵州茅台酒厂从 1951 年组建到 1963 年，生产的贵州茅台酒，曾两次获得"全国名酒"称号。但是，其生产过程和操作技能，依旧停留在"一个酒师一个样"为主的传统范式上。不仅产量提高缓慢，质量有时也不稳定。对此，国务院总理周恩来明确指示轻工业部要分配大学生进厂，增加科技力量，总结提高茅台酒质量。1964 年到 1966 年，轻工业部组织全国范围内的知名制酒专家、学者到茅台酒厂"试点"，总结茅台酒生产工艺。"试点"委员会科研小组吸收了 1964 年 9 月从无锡轻工业学院分配到茅台酒厂的两位发酵工程专业的毕业生：季克良、徐英。由此，季克良开始了他在微生物发酵大世界里遨游的非凡人生，成为中国及全球蒸馏酒业界的一代酿酒大师。

做烤酒梦的少年

1939 年农历三月初五，在中国长江下游流域的江苏省南通县张芝山的一个小村，一个会烤酒的村民顾锡爵的家中，添了一个小男丁。

这一年三月初五，也是阳历 4 月 24 日，在中国长江上游流域的重庆出版的《新华日报》上，刊登了一则茅台酒的广告。

顾锡爵当然不知道儿子出生的同一天，还会有这则广告。

顾家这个小男孩在不满 3 岁时，"过继"给了季家。小孩的养母是顾锡爵的妹妹，养父是小孩的姑父。小孩的生父生母与养父养母家相隔七里路。"过继"后，季家给小孩取了大名：季克良。

养父、养母对季克良非常好，像对待亲生儿子一样的无微不至。六七岁时，养父领他到当地的小庙小学堂拜了先生，开始了读书生涯。小学三年级时，他升到张芝山小学读书。张芝山小学是当地的一所完小，各方面条件都比较好，离生父家也近了许多。他常常在放学以后，先到生父家玩一阵子，再回养父家做作业。

季克良的生父顾锡爵，是当地乡村里有名的烤酒师傅，常常帮工，给有钱的人家烤酒，在乡村里颇受尊敬。于是，季克良在放学以后，经常跟着去看生父给人家烤酒。乡村里简易的家庭酒坊，带给季克良的神秘感则很浓厚：粮食和水，怎么一进烤酒坊就变成了酒呢？想多了，梦也多了。他年少的梦里，很少有鲜花、风雨、雷霆、闪电等事物，多的则是关于酒的内容：拌料、蒸料、酒桶，大人喝酒、小孩看酒……

在小学五年级毕业的时候，季克良无意中听到养父对生父说："如果他考不起中学，就拿锄头把种地；如果他考上了，我把土地卖了也要供他上中学。"听着、记着、想着养父朴实而很具分量的话，他告别了小学生活，考入南通市第二初级中学。三年过后的1956年夏天，季克良又考进了江苏省南通中学高中部。"由于家里很穷，自己一直靠助学金读书，因此，特别努力。"几十年来，季克良始终没有忘记那段岁月。

苦读发酵工程专业

1959年夏天，季克良高中毕业了。报考无锡轻工业学院食品工程系发酵专业，并被录取。对此，季克良是这样说的："我看到这个专业里有抗生素，有遗传工程等课程，我非常喜欢这些知识门类，于是就选择了它。"

这一年的金秋时节，季克良从长江北岸的南通乘船、车来到长江南岸的无锡，跨进了国家轻工业部直属大学无锡轻工业学院的大门，成了发酵专业的一名大学生。

他很快适应了大学的学习生活，整个心思都在学习上。于是，在老师和同学们好感和信任之下，他成了班上的班主席，且一当就是五年。"大学五年，季克良是苦过来的，非常不平凡。"他的同班女同学，后来成为他妻子的徐英女士，在许多场合如此评说。

心灵深处的苦。他们季家有一户邻居，主人到上海去了，托人看房子。一天早晨，养父路过邻居家时，发现其门窗大开，显然是被偷了。他本分的养父，便去告诉那个受托人。不料，那个受托人一口咬定是他养父偷的，并告到了当地的政府。他的养父就这样被定为"坏分子"（1978年后平反）。他把这个情况向当时的高中老师做了汇报。老师告诉他："你父亲的问题，是生活问题，不影响你的前途。"

能不影响吗？季克良在心灵深处无数次地叩问自己。他读大学后，对当时的多种社会现象有了较多的了解。"坏分子"可是被管制的对象啊！这顶帽子是好戴不好摘的。

喜欢读书的季克良，从两个文豪的话中，得到了启迪。一个是英国人费南西斯·培根的那句"知识就是力量"的口号，以及他在整个现代实验科学上首创的"归纳法"。知识从哪里来？对于一名青年学生来说，知识更多的只能是来自于书本。季克良就更加主动地钻书堆、啃书本，除了读一些文史哲方面的图书之外，更多的是读与专业课有关的课外读物。他一边读着，一边记笔记，一边归纳着各种学术观点。另一个对他影响极大的文豪是鲁迅先生。以《狂人日记》和《阿Q正传》等作品成为中国新文化运动基石的鲁迅，有一句话成了支撑季克良人生之路上苦苦求索的名言："我觉得坦途在前，人又何必因了一点小障碍而不走路呢。"

生活上清苦。"他在无锡读书，家里却没有经济条件供给，很艰苦。"几十年后，当徐英谈到季克良时，对同窗五年的男友戴着贫困的枷锁读书的情形，如此叙述着。

1960年初春时节，季克良亲生父母的家，被火烧了，全部财产，除抢出一条被子外，全部化为灰烬。与季克良同母不同父的一个哥哥，正值壮劳力时，生病而逝。季克良的养母得了胆囊炎，连开两刀，欠了一大笔债。与季克良同母不同父的姐姐的丈夫，原在上海工作，此时被疏散下放回农村，失去了薪水。

这些"厄运"，断了季克良的"财路"，每个月只能靠13元的助学金来维持学习与生活。从无锡到南通，只要1元5角钱的车费。然而，他竟然有两三个假期腾挪不出车费回南通去看望父母亲人。南通张芝山的亲人，也拿不出车费到无锡来看他，甚至连写信给他的邮费也都没有了。季克良还记得费南西斯·培根的另一句话："幸运所生的德行是节制，厄运所生的德行是坚韧。"

1961年暑假前，季克良给张芝山老家亲人写信说，自己暑假不回家乡了，留在学校一边复习功课，一边打小工挣点书本费。在信的末尾还附了这样一句：如果家里不同意他假期留校，就给他写回信，如果同意，就不用回信了。他为的是给家里节约几分邮票钱。直到放假，他没有收到家里的回信，便到学院的后勤部门做小工，干一些挖土方之类的工作，每天小工费1.2元。这个假期，他白天做小工，晚上仍坚持读书，记笔记。一个多月下来，他挣了45元钱。

1961年底、1962年初的寒假期，季克良没有回南通，继续留校打小工。

1962年夏天的暑假期，季克良仍然没有回南通，又一次留校打小工。他的情形，深深地感动了管理人员。他们破例给季克良的小工费升至每天1.5元人民币。

就这样，连着3个假期，季克良没有回南通家乡。

贫困的家庭条件给季克良带来的困扰是难以言说的，特别是面对急需添置工具书或购买必备资料的时候。假期打小工挣的钱早已计算进他的基本生活费用中。开学后，又不可能再去打小工。他非常体谅自己的父母亲。父母亲那过早衰老的面容，常常刺激着他年轻的心。

一次，季克良按老师的要求，购买了两种必须具备的学习资料后囊中已净，实在无法维持基本的生活了。他想起了自己的亲戚中有一个当船长的姨父。他知道船长工资高，于是便破例给姨父写了一封求援信：借10元钱，5斤粮票。他在信中表明，工作后一定如数还给姨父。信寄出后，他就巴望着姨父的回信。然而，他失望了。面对他这个穷学生，姨父没有回信。后来，还是小学的一个同学，借给了他5元钱，3斤粮票，渡过了那次难关。"这件事，给我留下了心灵的创伤。从那以后，我再也没见过这位姨父。当然，船长也没有再同我的家人来往了。"每当季克良说起这件事时，脸上总有一丝无奈的忧郁。

学习上苦读。他没有被贫困的生活击垮，也没有丝毫松懈求学的情形。他决心以优异的学习成绩，来告慰受创伤的心灵，洗刷那令人悲愤的痕迹。

他更加发奋了。他对学习更加钻研了。

于是，在后面的几个学期中，老师常常用季克良的考试卷子来为标准答卷，让其他同学参考，修改自己的答案。尤其是上专业课的教授，把他作为重点学生培养。致使有一些同学对季克良既羡慕，又嫉妒。特别是在快毕业的时候，同年级的大多数人被安排搞毕业设计，只有少数人被指定写毕业论文，季克良就是这少数人中的一名。被指定写毕业论文的同学，每两人写一个题目，由一个导师指导。季克良又再次成为重点学生。不仅被指定独自搞一个题目，而且是由两个导师辅导他一个学生。他的未婚妻徐英同学都嫉妒了，说像季克良这样得到学院领导和专业导师厚爱的学生，在无锡轻工业学院的编年史上，还没出现过。那么，结果呢？季克良的毕业论文《酒精酵母生化缺陷性的选择》，得了满分。在中国最高轻工专业学府的发酵工程专业里，是怎样的一个水平高度和严谨的逻辑架构啊，他的这篇毕业论文居然能得满分。面对满分的毕业论文，季克良也感受到了一种欣慰的回报。个中滋味，也只有他自己才能透彻地明白。五年寒窗，五年艰难，五年发奋，五年追求，终于凝结在这篇毕业论文中。他记得，当他伸出双手，将毕业论文呈交给导师的一瞬间，心里异常沉重，手臂竟不能抬起来。五年啊！这可是1825个日日夜夜……

茅台园的第一位发酵专业大学生

1964年9月23日。

下午四点过钟。

贵州省仁怀县茅台镇。

贵州茅台酒厂人事科办公室。人事科的工作人员在接过季克良的报到证后立即说道："季克良同志，你是到我们茅台酒厂的第一位发酵专业大学毕业生，今后要同工人群众打成一片，知识分子劳动化嘛！"季克良对人事科工作人员说："徐英也是分配到厂里来的，她是我的同班同学，我们一起来参加茅台酒厂的建设。"季克良让徐英赶快把报到证交给人事科的工作人员。

人事科的工作人员接过徐英的报到证后，看了看说道："女大学生，更了不起。但是，也要先过劳动关。"

报到后，他们被安排住进了厂招待所的两间房间。招待所是那种常见的砖木结构的房子，有些拥挤。刚放下行李，已是下午五点半钟了。服务员通知他们去食堂进晚餐。

晚饭后，季克良和徐英清理了一下行李、书籍，苦笑着谈论了一下近些天来的所见所闻和旅程，感觉到了在异地他乡日子的沉重。八点过钟，徐英就回房睡觉去了。季克良洗了脸脚后，没有上床睡觉。他静下心来，仔细回想起毕业分配直到茅台酒厂报到这段时间的事情，思想深处不禁涌起阵阵潮水、浪涛。

据说在毕业分配方案中：季克良在指导教师的建议下分到上海某个研究所、徐英分到浙江杭州某个单位。

结果呢？出现了变化。与他们同班的一个女同学，谈的对象是1963年无锡轻工业学院毕业的"调干生"，在轻工业部机关工作。学院根据他的要求，把他的女朋友分到了上海。

季克良呢？据说则重新分配到四川制糖发酵研究所。学院为了照顾季克良，把他的同学徐英也重新分配到他所去的同一个研究所。

分配方案还未公布，事情再次发生了变化。

也就是本文开头所叙述的，轻工业部考虑到茅台酒厂没有发酵工程专业的大学生，就向无锡轻工业学院提出了求援。学院得知这个特殊情况时，1964年毕业的学生已经分配定案了。

怎么办？只好又调整方案了。

因为，四川与贵州相邻。于是，季克良和徐英便被重新分配到贵州茅台酒厂了。

他们服从了国家的需要和分配。到上海买了火车票，乘坐列车前往大西南。沿途经过上海、浙江、江西、湖南、广西，三天三夜后到达贵州省会贵阳。他们到贵州省人事厅、轻工业厅办理完相关手续后，又坐一天的公共客车到达遵义。遵义到茅台镇的公共客车三天一班，他们在遵义停留了两天后，才到达茅台酒厂报到，成了茅台园的新员工。

列车进入湖南衡阳以后，季克良抬眼所见，几乎都是山区。贵阳到遵义，遵义到茅台镇，绵延不绝的大山。真让他开了眼界。

想完了也困了，他倒床睡了下去。

"有小偷！"徐英的尖叫声，惊动了季克良和住招待所的人们。季克良冲出房门，看见了一个男人的背影。这个小偷，是在人不经意的时候潜入徐英的房间的。待徐英睡着后，他先把电灯泡取下，移开徐英的眼镜和鞋子，打开了放在床脚的拉链提包，开始翻选物品。这时，刚好徐英翻身，当作床板用的竹片篾片弹性高低不平，刚好有一处压在了小偷头上。小偷以为恶行败露，东西也不拿了，站起身就夺门而跑。这一跑，惊醒了徐英。

季克良没有了睡意，陪着徐英一直坐到天亮……

这一天，他永远都记得：1964年9月23日。

白酒业界的第一篇勾酒论文

贵州茅台酒的生产周期是每年的重阳下沙，次年出酒，然后陈酿，勾兑，再包装出厂。陈酿至少要三年时间。

故而，轻工业部为落实周总理的指示精神在茅台酒厂搞试点工作，计划从1964年到1966年，搞两个生产周期。

试点由"试点委员会"领导，设有办公室。

主　任：苏相信（贵州省轻工业厅厅长）

副主任：杜子端（轻工业部食品局局长）

柴希修（茅台酒厂党委书记）

委　员：方心芳（中国科学院微生物研究所副所长）

秦含章（轻工业部科学研究院发酵研究所所长）

朱宝镛（无锡轻工业学院副院长）

金培松（北京轻工业学院教授）

何惊心（贵州省科委主任）

毛家庭（贵州省经委副主任）

秦天真（贵州工学院院长）

王铸清（中国科学院贵州化学研究所所长）

秦　京（贵州农学院副教授）

肖　明（新华社贵州分社社长）

李舜卿（中共遵义地委工交部部长）

法元伟（贵州省轻工科研所副所长）

李福林（贵州省仁怀县县长）

刘同清（贵州省茅台酒厂厂长）

郑义兴（贵州省茅台酒厂副厂长、著名老酒师）

邹国启（贵州茅台酒厂工人）

试点委员会下设办公室。

主　任：刘同清

副主任：金根荣

周恒刚（轻工业部食品局工程师）

姜定国（辽宁省轻工业厅工程师）

胡国焕（贵州省轻工业厅工程师）

郑光先（茅台酒厂副厂长）

秘　书：杨仁勉（茅台酒厂工程师）

曹述舜（贵州省轻工业厅食品工业处技术员）

参加试点的科研人员，共 23 名，来自多个单位。

康锡斌（黑龙江省轻工业厅科研所）

郑宝林（辽宁省阜新酒厂）

周绍春（辽宁省亲民酒厂）

朱有舫（哈尔滨市轻工业局）

王国顺（河北省涿县酒厂）

刘丽华（辽宁省锦州酒厂）

陈学志（辽宁省新民酒厂）

钟国辉（天津市酿酒厂）

李宗民（辽宁省锦州酒厂）

贾翘彦（遵义市董酒厂）

刘洪晃（辽宁省轻工业厅科研所）

王乔英（遵义市酒精厂）

丁祥庆（贵州省轻工业厅）

尹梅英（贵州省轻工业厅）

杨庚生（贵州省轻工业厅）

张志清（贵州省轻工业厅）

季克良（贵州茅台酒厂）

汪　华（贵州茅台酒厂）

徐　英（贵州茅台酒厂）

蔡雨色（贵州茅台酒厂）

兰桂生（贵州茅台酒厂）

林宝才（贵州茅台酒厂）

冯守莲（贵州茅台酒厂）

其中，其他酒厂和科研单位有 16 名，贵州茅台酒厂有 7 名，季克良和徐英，就是其中两名。

1964 年 10 月的一天（重阳节前），季克良、徐英接到了参加试点的通知。这天傍晚，季克良和徐英到赤水河边杨柳湾一带散步。进厂不到一个月，就能参加两个生产周期的试点，他们都觉得十分幸运。季克良心里想，从国家总理到厂部领导，都如此重视这个"试点"，说明茅台酒太神秘了，太玄之又玄。于是，他对徐英说："对于茅台酒的神秘，我们可能花十年的时间，才有可能取得发言权。"徐英赞同地点了头。

（一）跟班作业

贵州茅台酒酿酒过程的第一步是投料，也称"下沙"。下沙之前，季克良来到了设在杨柳湾的一车间一班。投料，就是将高粱破碎后，经润粮，配料加母糟，蒸粮。原料分两次投入，下沙是第一次，投入原料的一半。经蒸粮后，将原料摊凉。第二次投剩下的另一半原料，他们称"造沙"，与下沙发酵过的酒糟混合混蒸。季克良作为试点科研人员，是来跟班作业的。

投料之前，要对高粱进行品种、质量检测。质量分为感官要求和理化指标。然后是检测方法。经过几道关口，高粱才能入库。

投料时，大多为整粒高粱，占一定比例，少量为破碎后的高粱，又占一定比例。破碎高粱不是细末，而是呈粒状型。一位老师傅告诉季克良"粗点比细点好"。

润粮，是用接近沸腾温度的水，边倒水边翻粮，且要勤翻造透，用水量要恰到好处，不能让发粮水流失。润粮时间非常关键，强调连续和固定长短。老师傅们告诉作为技术员的季克良：润粮过程中，操作者的感官占有非常重要的作用。怎样才能使高粱发透？怎样才能使粮、水均匀？怎样才能做到长时间润而不产生霉味、馊味？这一切，都没有书本知识可以指导，唯有老师傅的经验传授。季克良由此明白了茅台酒厂实行师徒制的必要性和师徒关系对于稳定、保证工序质量的重要作用。仅投料这一工序环节，使季克良感到，在大学课堂里学到的那么多公式、定理、分析方法，与生产实际中的情形，的确存在较大差异，理论要联系实际，实践要上升到理论，都是不容易的，要解开茅台酒的神秘之处，必须下定决心，跟班作业，从头学起，从头做起。

他的跟班作业，就是以一般生产工人的一员，安排工作、劳动与生活。他要在劳动中亲手掌握茅台酒的传统工艺。他听老师傅们说，茅台酒厂是谢绝参观生产过程的，原因在于"保密"。他的生物钟，开始伴随着茅台酒工艺流程而跳动。

润粮过后，就是蒸粮了。茅台酒生产中的蒸粮环节，具有特殊的意义。季克良从老师傅口中，知道了"润粮要匀透，蒸粮要过心"的顺口语。过心，讲究功夫。

于是，季克良知道并实际操作了蒸粮工艺。下沙时，生粮占100%；造沙时，生粮、熟粮各占50%。下沙时的蒸粮，讲究的是生沙与母糟的拌匀标准程度；造沙时的蒸粮，考察的是熟沙与生沙的拌匀合理性。这里的母糟，是酒师指挥他和别的工人从早已准备好的前一个生产周期中搬来的酒醅。老师傅告诉季克良，蒸粮要特别注意把握两点：一是蒸汽气压的合理控制；二是蒸粮时时间的恰当掌握。

蒸粮之后，季克良又开始学习、操作摊凉工序了。摊凉时，他根据老酒师的要求，注意厚薄均匀，散热均匀，勤翻多造。凉水加在摊凉前的手推车里的醅子上或未摊开的醅子上。

在摊凉过程中，季克良还知晓了"尾酒"的工艺知识。因造沙时加入了50%已发酵过的下沙酒醅，蒸粮时能取出一部分酒。这时的酒浓度低，叫作尾酒。还有摘酒以后流出来的酒也叫"尾酒"。尾酒一般做养糟之用，亦可去串蒸在下沙、造沙时，在加曲药之前，洒尾酒与酒醅拌匀后再加曲药。季克良从酒师的口中和实际操作中，即明白了洒尾酒的作用：一是尾酒中的酒精与酒醅中的酸在窖内能起酯化作用，所含的有机酸和香味物质，有益于酒质量的提高；二是尾酒中的水分可以对酒醅起调节作用，不用再在酒醅中加水；三是适当的酸度有利于淀粉糊化。茅台酒生产过程中的这一特殊工序的工艺知识，让他这个跟班作业的技术员兴趣倍增。

茅台酒生产过程中，在摊凉时加曲药的工序和工艺，也让季克良感受到其神秘的韵味。

对于一般意义上的制曲与用曲，季克良是知晓的。但是茅台酒的曲药，既作曲以糖化与发酵，又作酿酒百分之五十二原料用，使他倍感神秘。仁怀县一带每年端午前后，收割新麦，茅台酒厂收购入库，制成麦粉，用于制曲用。茅台酒厂内部，称作"三伏天"踩曲。通过曲块成型、入库、堆曲、翻曲等工序，曲坯进入发酵后，才能出库进入曲库贮存半年之后才可取用。整个过程全部是在五六十度的高温中进行和完成，称为高温制曲。季克良对茅台酒生产中，原料量与用曲量一对一的比例关系，以及曲与糟的混合均匀，加曲温度与收糟温度系数，进行一系列的感官感受与记录分析。

紧接着，季克良在跟班作业中，看到和体验了茅台酒生产中堆积发酵工序的特点。他和一班的工人们一道将加曲后的酒醅在生产场地上堆积成一个圆堆。把一个窖池的酒醅依次全堆上，待堆子升温达到工艺要求时，堆积就算完成，又将酒醅入窖池发酵。在整个堆积过程中，他们在酒师指挥下，不用栏糟物件，完全凭人力将圆堆堆成。他发现，整道工序中，没有使用抱斗、吊桶之类的器件，一个大大的圆堆，看不见腰线，闻不到酸、馊、霉味，只有一股浓浓的香甜味和一丝淡淡的酵香扑鼻而来。老酒师告诉他，堆积时，对温度的把握是工艺技术的关键。

季克良对入窖发酵工序工艺的实地学习掌握，也颇费了一番功夫。入窖时，对其酸度、糖分、水分、淀粉都讲究一定的比例关系。对这些数字的掌握，并不难。

难的是对发酵情况的鉴别，对水分情况的分析和下尾酒的用量，只能任人工经验判断，灵活程度高，随机性强。

入窖完成后，他跟工人们一道封窖。新老窖泥的混用比例搭配，窖泥的细末程度，封窖的厚度，以及谷壳在封窖后的作用。他都实实在在地体验后，心里充满了新鲜和厚实的感觉。

作为发酵专业的科班毕业生，季克良知道入窖后封闭的一个月，是微生物发酵世界的秘密。酵母和细菌，是窖池发酵的主宰。开窖时，他看到酒醅的颜色与入窖前明显地起了变化，味儿也浓郁多了。他跟工人们一道，分层出醅，又分层堆醅，检查地锅盘肠，观察水位，察看气压，清蒸谷壳，着手上甑工序。工序的特点是连接式的，上甑的人与掏醅的人连贯配合，圆甑快，看不到死角。甑里的酒醅，在他们的摆弄下，呈现着疏、松、轻、匀之状，舒缓静谧。

酒流出来了，接酒工序也就开始了。酒师告诉季克良接酒讲究的是对型和质的区别，对浓和淡的观察，对温度的掌控。茅台酒生产过程共有七轮次取酒，每个轮次的工序大致相同，细微之处，分寸把握上略有差异。他在一班，跟班作业，与工艺流程同行，连续进行两个试点周期。品尝了自己酿造出的茅台酒。

茅台酒生产出来后，按工序还必须经过三年贮存陈酿后，才能进行勾兑及包装出厂。

随着试点工作的全面展开，季克良和徐英，参加了一个科研小组，跟着茅台酒厂生产副厂长李兴发，开始学习、品尝、研究茅台酒的贮存与勾酒的科学规律。

季克良在杨柳湾一班跟班作业过程中的认真精神，引起了著名老酒师、技术副厂长郑义兴的注意。郑义兴是贵州茅台酒厂历史上的传统工艺一代宗师，曾被选为贵州省第二届、第三届政协委员，全国人大第二届、第三届代表。茅台酒试点开始后，他以技术副厂长、老酒师的身份，被确定为试点委员会委员。郑义兴先后几次把季克良叫到他的办公室长谈。他告诉季克良，茅台酒的工艺，是一代又一代的酒师传下来的，神秘性特别强，只有在生产过程中才能一点一滴悟出来。因为茅台酒的工艺书本里没有，谁要坐在办公室、蹲在机关上，想学到茅台酒的工艺，根本没有半点可能。季克良也多次到郑义兴办公室，向老酒师汇报在跟班作业中碰到的一些不能解释的情形，真诚地向老酒师请教。郑义兴对季克良请教的问题，总是毫无保留地给予了"知其所以然"的回答。郑义兴还特别亲切地对季克良说，技术上工艺上的事，可以多问问李兴发酒师。郑义兴说这些话时，眼神里充满了庄重和厚望。

（二）学习、总结勾酒工艺

参加"试点"后，季克良了解到：一直以来，茅台酒厂出厂成品酒的勾兑方法，采用大酒坛勾小酒坛，酒龄长的酒勾酒龄短的酒，整个过程全凭勾兑师的师承经验与自我感觉；各个勾兑师勾兑的成品酒之间，同一个勾兑师勾兑的不同批次的成品酒之间，存在着差异，存在着不尽一致的情形；由此，带来的突出问题是出厂成品酒的质量不能稳定地保持一致。尽管厂里召集勾兑师们多次开会研究，但始终没有能够解决这个问题。

季克良、徐英参加科研组的一项任务，就是研究茅台酒在贮存过程中酒质的变化和勾酒的基本规律。在勾酒实践中，他们首先从明确稳定的勾兑人员着手，探索茅台酒品质风格。他们从酒库收集到两百多种不同轮次，不同酒龄，不同味觉的样品酒进行了数千次的品尝，进行了标准酒样的分析，不同酒龄酒样的分析，勾酒典型酒样的分析及其成品酒构成后的变化测定。

1965 年底，在四川省泸州市召开的"全国第二届名白酒技术协作会议"上，贵州茅台酒厂的代表宣读了季克良写的《我们是如何勾酒的》论文。这篇论文的内容，就是对李兴发带领科研组进行茅台酒勾兑活动进行研究的过程和取得的成果做出的理论总结和抽象。

季克良论文的原稿是写在一份那种浅黄色的红方格稿纸上，总共 14 页，每页 342 个字（19×18），全文约 4700 字。季克良的字迹正规而清秀，力度均匀。

文章对茅台酒在"试点"以前的勾兑结论是："显然这样勾酒是不科学的。"对这个结论，文章有三点分析："一、茅台酒系采用多次发酵，各轮次之间没有很明显的区别，其一轮酒它含有其他各轮酒的类型，因此说将各轮酒加以混合是不容易达到取长补短的目的，而应该是分出类型，将各种类型的酒混合起来进行勾兑要合理得多，方便得多。二、在小型勾兑时，虽经品尝，然后再按比例进行勾兑，但由于在小型勾兑时没有加强记录，故是随便倒，结果是大型勾兑的酒比小型勾兑的酒差得远，又加上过去品尝也不准，如勾兑三四百斤酒，少加或多加某罐酒三四十斤，也品不出酒的变化；三、用的是小型容器勾兑，每次只勾兑三百至四百斤，同时原先又未建立标准酒样，因此酒质不稳定，特别是同一批酒中，酒质多种多样，顾客意见较大，影响了茅台酒的声誉。"

季克良的论文接着写道："怎么能够使茅台酒的质量稳定呢？在勾酒上我们能

不能改变无目的地碰运气到有目的地碰运气？能不能摸出规律呢？""我们组织了领导、技术干部、老工人的三结合队伍，对库存酒进行了彻底清查，延续时间约一年，在检查中，根据大家提出来的意见，认为正品酒中有好多类型的酒，然后根据回忆、根据群众的喜爱，感到其中有三种类型比较典型：一种是有比较浓的醇甜，吃起来可口，香味较次；另一种是吃了闻了均具有发酵酱油那种味道；还有一种常产于窖底，香味最好，最受群众欢迎。我们分别用比较形象的名字管他们叫醇甜型、酱香型、窖底型。"就在这段文字的旁边，季克良写有一个注释："次序应该把酱香摆在前，突出主体香型。"显然，这个至关紧要的注释，是给领导的建议。

当然，季克良在这篇论文中，还写有一句至关紧要的话："在试点中，建立了以工人出身的副厂长李兴发同志为首的勾酒小组。"

勾酒小组在确立了三种典型体酒之后，又按多种比例，采用任意、循环、淘汰等方法，进行了数百次勾兑实践，终于摸索出了茅台酒的勾兑规律：酱香突出，幽雅细腻，酒体醇厚丰满，回味悠长，空杯留香持久，风格独特，酒质完善的贵州茅台酒。李兴发根据茅台酒酱香突出的特点，将其命名为酱香型酒。李兴发的这一发现，使其成了继郑义兴之后贵州茅台酒历史上的一代宗师。

李兴发1952年进入茅台酒厂，师从郑义兴老酒师，订立了师徒合同书。李兴发没有让郑义兴失望，很快学会了茅台酒生产过程中的十八般武艺，于1956年就当上了副厂长。在学习、实践勾酒过程中，季克良跟着李兴发一道，严肃认真地对待勾兑的任一环节。李兴发看在眼里，喜在心头。他告诉季克良，茅台酒酱香的'色素'很重要。

郑义兴、李兴发两代宗师的言传身教，给了季克良学习研究总结茅台酒传统工艺，科学阐释茅台酒的神秘现象，提供了技术参照的源头与理性思维的养分。

季克良论文的重点，在于后半部分：我们现在是怎样勾酒的。文章写道：

一、大练品酒基本功，全部产酒按三种典型体入库。

二、定期组织三结合检查队伍逐坛进行品尝检查，贴标加评，加封陈酿。

三、设立专业的勾兑师队伍。

四、碰味。文章在介绍了怎样做小型勾兑时的原始记录，大型勾兑时，严格照比例进行勾兑的经验后，特意写了这样一段："有目的碰味。当我们勾兑到离标准酒不远时或者说离标准酒只差某一方面时，我们就有目的地行勾兑。如：感到香味较差，喷香少时，就适当地加一点窖底型酒进去；感到酒中有点微涩时，就加点酸度较大的酒进去；感到酒中缺酸甜时，就加醇一点的酒进去；感到新勾酒后味较短不太醇和时，就加一点贮存时间较长的酒进去。"

五、品尝。文章介绍说，对于勾兑组新勾出的茅台酒，要经过厂里评酒委员会品尝，听取部分老工人的意见，确定无误后，才准许包装出厂。

六、理化指标分析。

季克良的论文，用理论与实际相结合统一的特点，以茅台酒的勾兑工作为例，阐述了勾酒工艺的科学实验方法。

这篇论文，迅速传播到全国知名白酒厂家。为区分五大香型的白酒，掀起了"精心勾兑"热潮，提供了科学的借鉴作用。

十年后的"发言权"

国家轻工业部组织的茅台酒两个"试点"周期结束了。

李兴发科研组总结出了茅台酒酱香的主体香型。

季克良《我们是如何勾酒的》的论文，成为白酒业界的佳话。

通过"试点"，基本上找到了茅台酒过去质量不稳定的原因。

当然，在发酵工程专业毕业的高才生季克良看来，茅台酒的真正神秘之处，还没有揭示出来。他暗下决心，要在未来的日子里，继续悉心观察，探索、研究茅台酒生产过程及工艺现象，科学阐释茅台酒的"神秘"所在。

"下放劳动"

1966 年开始的"文化大革命"运动，也冲击到了茅台园。作为知识分子的季克良被下放到车间劳动。这一下放，就搞了三年多时间。他在制酒车间下过沙，背过糟，拌过曲，下过窖，取过酒；在制曲车间踩过曲，搬运过曲块，在酒库车间移动过酒坛，巡查过库房，检验过贮存陈酿中酒质变化特点，勾兑品评过茅台酒的极细微的构成成分带来的味觉差异。他是一个有心人。下放劳动的一千多个日日夜夜，让他积累了丰富宝贵的实践经验。开展了对茅台酒工艺形成的一系列观察和研究活动。

对水的观察。季克良明白，酒的主要载体是水，水质之于酿酒，犹如血液之于生命，水就是酒中的血液。茅台酒厂位于赤水河流域的茅台镇，厂房、车间距赤水河水面 30 米左右。早年酿造茅台酒所用的水，取之于杨柳湾的井水。随着茅台酒厂生产规模的扩大，一口井的水显然不能满足生产的需要，只得另找水源。人们很自然地想到了赤水河。井水与河水，谁的水质更佳呢？"试点"期间，也曾引起过不少的争议。虽然多数人认为河水比井水更宜于酿造，但却没有深究其"所以然"。季克良要研究茅台酒的神秘现象，当然要把水的问题弄清楚。赤水河的水，每年夏季因雨多山洪不断，流经之处沿途多有红沙坡而呈现一定量的红色，故而称之为赤水。除夏季之外，春、秋、冬三季，河水无色透明，无臭、微甜爽口，溶解物少，煮沸后少沉淀，利于酿造业用水。季克良还发现，赤水河的水较之茅台镇周围的其他水源来说，具有酸碱度适中（pH 值 7~8），硬度合理（8~10）的特点，十分利于微生物生长和发酵过程。他明白了，赤水河流经茅台镇一段的水，有别于其他地方的水质，具有唯一性。

对土的观察。为了掌握茅台园及其周边的土质的第一手资料，他像侦察兵观察地形地貌一样，对茅台园的土质情况进行了细心的观察和分析。茅台园及其附近一带，方圆十多平方公里内，土质均为红砂泥。这种土质，钙质含量高，有助于微生物的繁殖和生长。季克良明白，微生物的繁殖生长过程，是一种生命现象，它对于酿造业来说，如同画龙点睛般的重要。他用脚步，不断地把茅台园丈量。他用目光，不断地把红砂泥透视。对土的观察与思考，让他同茅台园的心贴得更紧密了，产生了某种"水土相服"的感觉。

对山的观察。季克良从小在水乡长大，所见过的山，只是一些丘陵。来到贵州，来到茅台，他才看到了真正意义上的山。站在茅台园里，他看见赤水河对岸的山，连绵不断。他回望身后的马鞍山脉，望不到边际。高高的山岭，一个接着一个。弯弯的山梁，一道接着一道。陡峭的山坡，一壁接着一壁。他在故乡，见过大海。大海那奔放的性格，陶冶过他心里的世界。尤其是在月光下，夜色里，大海那宁静的万般柔情，孕育过他对自然的浓浓情思。当他站在黔北高原上，满目"苍山如海"，体味着深山的神韵，他不由地想到，茅台酒不正是黔北大山孕育的"飞天"精灵吗！

对雨的观察。季克良所学的专业知识告诉他，相对的湿度，是酿造业所依赖的条件之一。酿造的过程，很大程度上是微生物发酵的过程。他认为微生物发酵之于酿造，就像北斗之于夜空，就像红花之于绿叶，就像朝阳之于清晨，夕阳之于傍晚一样，是一种生命形态中的基因所在。酿造过程中微生物的繁殖与生长离不开相对湿度的某种需求值。茅台酒的酿造过程，除了独特的配方之外，微生物的繁殖与生长，具有独特的发酵因素。为此，茅台镇一带的雨量及其湿度，成了季克良观察的重点对象。茅台园，是黔北一带的低海拔地区，低于 409 米，年均降雨量在 1100 毫米左右。特殊的气压、风速、日照率等客观条件，形成了其相对湿度每年在 60% 至 90% 之间的范围内变化。通过观察，寻访，分析，研究，季克良发现，茅台酒的神秘，其实是人们对酿造它的客观条件未能做出科学的揭示和分析所致。

观察与思考，需要意志、毅力、忘我和锲而不舍。季克良日记本的扉页上，他心灵的门窗里，是卡尔·马克思那段关于在科学的道路上，只有立志攀登的人，才可能到达光辉的顶点的话。

从进厂开始，季克良的技术员编制，就定在厂化验室。化验室是茅台酒厂当时的生产科研机构。员工们往往把化验室称作科研室。试点期间，他便是通过化验这个程序，去观察茅台酒传统工艺的微观世界的。下放车间劳动过程中，他仍然经常到化验室做一些必要的实验。茅台园的化验，就是用物理的或化学的方法检验茅台酒的性质与成分。他的心里，装着两条线。一条线是对茅台酒传统工艺的观察、学习、实践。另一条线是对茅台酒生产过程进行理化指标分析，观察、分析微生物在茅台酒发酵过程中复杂的情形。在他的心中，两条线经常交替、融合。两条线的综合观察与思考，锻炼了季克良评介茅台酒独特的思维及方法，为他后来揭示出茅台园的千古奇观——微生物发酵大世界的构成与特殊，从理论上弄清了茅台酒传统工艺的实质和要点，继承发展传统工艺，提高对茅台酒质量的稳定和控制，从必然王国走向自由王国，奠定了坚实的基础。

化验室的条件是简易的、简陋的。因为"试点"，这个化验室迎来了中国科学院微生物研究所、轻工业部科学研究院发酵研究所、无锡轻工业学院、北京轻工业学院、中国科学院化学研究所的知名专家和学者。季克良从他们指导的实验中，既学到了化验与分析的实验方法，养成了有的放矢的实验针对性，又学到了一丝不苟、坚忍不拔的科学研究的攻关精神。

化验观察工作是艰苦的。有时为了一个数据的获得，季克良需要几十次，上百次，甚至数百次的反复实验。观察中的那份投入，那份忘我，那份甘苦，令局外人难以想象。因为化验观察需要高度的细致。茅台酒生产过程中的任何一个物理化学指标的提出，都必须从实验观察中反复比较，多次重复，才可能得到。面对着那些密密麻麻的生产台账式的原始记录，每次实验后的理化数据的分析语言的选择，各次观察中的术语表达，考验着他的思维水平和能力。他在化验室里的那份专注，那份庄重，那份神聚，像雕像一样铭刻在化验室的其他员工的眼中。在化验观察实践中，季克良感到了神圣和奇异。他认为，千百年来茅台酒形成的传统工艺，其精华之所在，人们仅凭肉眼，仅凭感觉，是不可能揭秘的，只有在显微镜下，在生化王国的空间里，才能观察到发酵过程中的微生物家族的繁殖与代谢，找到神秘现象中的细小生命的运动规律和特点。经过几年的"下放"作业和化验实验，他发现，茅台酒的独特工艺，涵盖的领域和方面，非常广阔，仅有化验这样的技术手段，还不能看到它的全部，要彻底揭秘茅台酒人工与天然合一的工艺要冲，绝非理化分析就能实现。他隐隐约约地感觉到，要想科学地揭开茅台酒工艺的神秘，还必须有更高形式的观察，更深层面的分析，更多实践的总结，更大范围的综合。当然，老成、稳重的心理素质提醒他不要着急。不急于说话，不急于表态，不急于肯定与否定，不急于提出个人的新鲜见解。他从人类科学技术史提供的成功范式中明白，在科学实验的过程中，结论都是有条件的，真理都是具体基础之上抽象而来。在科研项目的入口处，首先要解决的是科学的观测角度与个性独具的解释方法。他清醒地明白，面对茅台酒的神秘，自己还不具备说话的主观和客观条件，只有多参加生产实践，科学实验，多观察茅台园的一切。

于是，科学家、工程技术专家和老酒师们眼中看到的季克良，就是一个勤奋好学，不多言语，默默求索的小伙子，一个善于观察理会问题又不夸夸其谈的小伙子，一个具有研究潜力，能成大器的小伙子。

季克良"下放劳动"的几年中，待的时间最长的是在一车间五班。幸运的是，他同李兴发副厂长一道，边劳动，边实验。

在五班，他又"跟班作业"了几个生产周期。与试点之时相比，他已经从一个"门外汉"成长为知之不少的工程技术骨干了。他已初步懂得茅台酒生产工艺的几个关键环节。他在有的放矢地观察、记录、比较、实验。白天，他和徐英各自观察与实践，晚上，已经组成家庭的夫妻二人交谈着各自的理解与看法。他在茅台酒生产第一线，观察着发酵天地中微生物家族中的情形。"高温堆积"，他亲自把关，细致又细致，从每个细节处查看温度变化引起的反应。"高温入池"，他专注又专注，对每一个工序都解剖出了工艺行进图，对每个细微之处都观察，观察，再观察。"轻水分入池"，他比较了又比较，分析了又分析，台账记得周到详尽。"窖底发酵"，他一次又一次地，反反复复地观察与比较，摸根求底。"试点"之时，他是"奉命投入"。"下放劳动"期间，他是"主动有心"了。他知道了茅台酒独特传统工艺的价值。他也感受到掌握传统工艺的艰难困苦。他更坚信通过自己锲而不舍的追求，一定会感动上苍，施舍出智慧之果。

于是，他提出了茅台酒堆积发酵"老点好"的新观点。在轻工业部组织专家进行的两期试点中，对堆积发酵提出的结论是"嫩点好"。当时，他就对"嫩点好"的论点有些质疑，但他提不出自己的观点来。经过在五班"下放劳动"，经过多个生产周期的实践、探索，观察和分析，他才发现和提出了堆积发酵"老点好"的工艺特点。"老点好"的观点，受到了老酒师们和酿酒专家的一致认可，纳入了茅台酒的生产操作规程。

杨柳湾的"微生物学"，这是一车间的工人师傅们的形象说法。说的是季克良在下放劳动期间，和一车间生产班组的工人们交上朋友，结合生产生活实际普及微生物学知识的故事。他在一车间，发现生产工人们对发酵过程中微生物的存在与作用知之不多，执行工序时对工艺要求的理解具有很大的盲目性，没有走出"一个酒师一个样"的历史局限与遗憾。他便利用下放技术员和车间干部的身份，给工人们讲起了微生物学。微生物学，是研究微生物的形态结构，分类，生命活动及其周围环境的相互作用规律和特征的科学。在学校里，要对具有中等学历的学生才开微生物学的课程。

在杨柳湾一车间，季克良管不了那么多了。他不可能等到工人们都具备了中等学历，才告诉他们微生物世界的生命及繁殖现象。根据生产所需，他结合生产现场的情形，给工人们讲茅台酒生产发酵过程中微生物的特点。他的初衷是让工人们能做到对生产工艺心中有数，自觉地按工艺要求酿造茅台酒，他如是讲道：

"微生物界中有一类形体微小，结构简单，广泛分布于土壤、空气、水域、人体和动植物体内的，独立或寄生生活的生物，如细菌、酵母、霉菌等，它们不易被人的肉眼辨别和认识，必须借助于光学显微镜等仪器进行观察，才能识得其本来形态及活动特点。""微生物在茅台园里，随处都是。我们每天打交道最多的，就是这个微生物的神奇大家族。你们家里煮甜酒、泡酸菜、做豆豉，都是在和微生物打交道。你们食用的酱油、醋，吃的馒头、包子，喝的酒，品尝的味道，就是享用微生物的利用成果。""我们酿造茅台酒的过程，就是在同微生物打交道。各种不同的酒，有各种不同的味道。这里面的原因，就在于各种酒生产过程中，处于不同的微生物群，山川地理条件，水质不同的特点及其不同的生产工艺。在同一个地方，对环境的认识不同，采用的工艺也就不同，造出的酒，自然也就不同。所以，对微生物的认识，对发酵过程中微生物的作用，我们应当重视它，研究它，顺其自然地利用它，为提高茅台酒的质量服务。"

在一车间，季克良面对的工人，大多是从仁怀及邻近县招来的，他们几乎都没有走出过大山，没有学过微生物学知识，平时亲自经历过的事，也不会从微生物学的知识的角度去分析、解释。季克良给他们讲微生物学知识时，尽可能结合实际，通俗易懂。比如，他在讲高温堆积发酵过程，是这样启迪他的工友们的兴趣的："你们家里做豆豉，为什么要用竹篮装着呢？为什么不平铺板面呢？为什么要放在保温的地方呢？这是为了发酵的需要。摊平了，保不住温度；太凉了，不利于霉菌、酵母繁殖。煮甜酒，也是这个道理。放水多了，糟太少；放水少了，米团不容易湿润。发甜酒的一个发字，就是我们烤酒中的发酵的意思。为什么有的人家的甜酒做得香味浓醇？有的人家的甜酒却做成酸不溜秋的。为什么茅台镇的酱油比中枢镇的好？为什么中枢镇的醋比茅台镇的好？这就有一个比例和掌握火候的问题，有一个环境对气温的影响问题。要理解发酵过程中微生物的情形，就必须对高温堆积发酵从进入流程，进行细致的多方面的观察，找出本质性的规律来。理解了这些，对茅台酒工艺的掌握，也就好把握了。一个是集中整体发酵，另一个是发酵过程中温度的高低，时间的长短，再一个是发酵时水分的比例，只要把握住这几个关键环节，就能理解微生物的利用问题了。""我们学习一些微生物学的知识，在于知道茅台镇杨柳湾一带微生物的多样性和其大概的规律，探讨微生物对我们生存的关系和应用于酿造茅台酒的可能的途径。""三千三百年前，我国有卷书叫《书经》，其中就有'若作酒醴，尔维曲蘖'的话。那时的醴，就是今天的甜酒。意思是说酿造酒的话，需要用酒曲和谷芽。这是关于酒的酿造要运用微生物发酵的早期记载。""利用豆类在霉菌作用下制酱，在我们中国，已有二千六百年的历史。茅台酒厂的老师傅中，有人读过《论语》这本书，书中记载了孔子没有酱不食东西的故事，叫作'不得其酱不食'。可见，我国劳动人民从远古的时候，就能利用微生物酿制酒、酱、醋等食品了。茅台地区在汉朝时酿造的'枸酱'酒，也是利用的微生物发酵的作用。"

为了提高工友们对微生物知识的学习兴趣，季克良结合农家肥讲开了微生物学知识："你们老家的牛圈里，要不断地放进草料，让牛一层一层地踩，加上牛尿，牛屎，还要泼些水分进去，天长日久，牛圈里的草料就变了形状，变了颜色，气味也大变了。这是什么原因，就是微生物发酵。这样的牛粪撒到水田里种水稻，比把青草料直接泡进田里，肥力要强得多。古书上称为'熟粪'，它比生粪效果好。""你们家乡的苞谷地里，为什么套种黄豆、绿豆、巴山豆等豆类作物？高粱地里为什么要套种红苕呢？套种、间种、换种的庄稼的收成为什么比单种的收成要好得多呢？这也是利用和控制微生物的效果。"

"茅台酒的酿制工艺中，许多要求，都是运用了微生物发酵的作用。比如高温堆积发酵，大家在实践中运用了微生物发酵原理。过去，大家对此不甚明了，是因为没有掌握微生物学的知识。企业为什么千方百计调动大家的积极性，就是通过你们掌握好工艺条件来调动微生物的积极作用。其实说穿了，大家也就明白。明白了道理，干起活来，就会自觉地按照操作规程办，继承它，发展它。"季克良把普及微生物学知识的真正用意，清楚地告诉了工友们。

九条经验

1974 年，季克良技术员提交出一份材料。这是他在那种 20×20=400 的红方格稿纸上用钢笔写出的材料。共有 14 页半，外加一张约 200 字图表。整整六千字。

材料的标题，叫《提高茅台酒质量的点滴经验》。这份被誉为研究茅台酒生产工艺顶尖成果的材料，共有九个问题，故而在茅台园里被叫作《九条经验》。季克良 1964 年大学毕业来到茅台园，1974 年提出《九条经验》，整整花了十年时间。

那个时期，正处于大力批判唯生产力论的尘嚣之中。季克良居然拿出《九条经验》，意在何为？

"克良这个人，很内向，诚恳，怎么想就怎么做，很少考虑事情之外的东西，没有心计。"这是与他朝夕相处的徐英对他的个性评介。

季克良提出的第一条经验是：严格控制入窖水分。"水分的多少，直接影响糖化、发酵。由于茅台酒生产是一季生产集中投料，所以下糙沙水分的多少（发凉水、凉水、蒸煮时间）直接影响到各轮次的下窖水分，因此控制入窖水分必须从下糙沙开始。""水分多了，糊化、糖化容易，头几轮产量高，但存在以下几个问题：1. 水分多了，微生物生长繁殖旺盛，升温快，残糖多，容易造成杂菌污染，产酸多，影响产量，影响质量；2. 水分多了，酒醅黏度大，势必增加辅料用量，合理的配料比被破坏，也会影响产酒的数量质量；3. 水分多了，每蒸一斤酒的酒醅需要减少，如果酒醅中的香味是一定的，水分重的糟子产的酒一般味寡淡；4. 水分多了，增加用曲量，增加工作量，造成浪费。"

那么，水分少就好吗？

不是的。季克良分析道：

"水分太少：会影响糊化、糖化、发酵；微生物生长繁殖困难，影响茅台酒的产量和质量。"

于是。季克良提出了"低发粮水（××%）、高温水发粮（××℃）、延长发粮时间（×× 小时）、勤翻糟（保证水不流失）"的重要经验。（因涉及科技情报机密，对具体数字作了隐略）。

季克良提出的第二条经验是：严格控制入窖温度。

"由于茅台酒曲经过长时间高温培养，微生物数量极少，为了满足入窖后能进行正常发酵的需要，先辈们采用了'堆积发酵'这个独特的工艺，既从空气、凉堂、工用具网罗大量微生物，又利用暴露在空气中的特殊条件，大量培育微生物，同时给窖内发酵带来大量香味的前驱条件。""堆积发酵的温度是微生物生长繁殖情况的一个标志。堆积温度升得快，说明微生物生长繁殖快，反之亦相反；堆积温度高，说明了微生物生长繁殖得多，反之亦相反。堆积温度不均匀，如有包心，腰线情况，就说明微生物繁殖不均匀，有的地方不好。""堆积温度高了，虽然表明堆子微生物繁殖的多，但由于温度高部分微生物会早衰，酶会失去活性。同时，温度高了，水分会大量挥发，影响入窖水分。堆积温度太低，微生物生长繁殖数量少，不能满足入窖后的正常发酵需要。由此看来，堆积发酵的温度不宜太高当然也不能太低。"季克良强调的是一个合理控制的"度"。参加轻工业部组织的试点，毕竟只有两期，还不足以准确把握其根本点。他又经过多年的实践、总结、研究，提出他的见解："堆积温度高了，微生物生长繁殖多，部分早衰，但其尸体为酒醅带来了一定数量的营养如氨基酸，维生素等，并且，在高粱中，蛋白质含量高，较高的堆积发酵温度，比较低的堆积发酵温度更有利于蛋白质和淀粉的分解，使酒的质量看好，而温度低了微生物少了带来的营养物也少。所以，堆积温度偏高一点酒的质量要好一些。在这个论点提出的后面，季克良以一车间四班、五班两个班 1972、1973、1974 年度三个生产周期的数据分别予以佐证。轻工业部试点认为堆积发酵嫩点（41℃~44℃）好。季克良早就提出要"老点好"，但老到什么程度？还须实践经验支撑。如今，1974 年他终于得出精准结论："老点（46℃~50℃）好"。

在这条经验的末尾，他还如是写道："堆积温度也不是千篇一律要高，而要根据实际情况。后几轮酒，由于酒糟营养物减少，气温逐渐升高，空气凉堂细菌数量日趋优势，这时如仍然坚持较高的入窖温度，势必造成细菌污染，使微生物种类之间平衡失调，影响产、质量，会使酒带苦涩早显枯糟味。"因此，他提出要各生产班的酒师们："十分重视下窖温度，要亲自掌握恰到好处时才下令入窖。要人将就堆子，不能让堆子将就人。"

《九条经验》的后七条，依次为：

"延长窖底发酵期"；

"分层出糟取酒"；

"窖中封泥"；

"熟糠配料"；

"量质接酒"；

"细致操作"；

"提高曲子质量"。

每条经验，都有分析和归纳，操作性强。

《九条经验》提出后，被纳入了茅台酒操作规程。《九条经验》的提出，奠定了季克良在茅台园内的群众基础和权威基础。于是，1975年5月，他被任命为贵州茅台酒厂生产技术科副科长。

十条措施

1979年11月，季克良提出了《提高酱香酒质量的十条措施》，这是他继《九条经验》后，交给茅台园的又一份厚礼。

《十条措施》是写在"贵州茅台酒厂"的红线横行式的公文笺上的。

一、曲子要黄曲多点好。金黄曲产的酒，酱香突出，产量也多。茅台酒的余香，空杯留香和金黄曲的香很接近，可见黄曲为酒带来了香气成分，带来了香气前驱物质，还带来了有益的菌种。因此，一定要把曲踩好。

二、粮食要按二八、三七成磨。要产好的酱香酒，要多产酱香酒，一定要按规定磨粮食。磨得太细，是只追求产量，不求质量的表现。一定要按二八、三七成比例磨粮。

三、水分要低点好。要酒的质量好，水分一定要低点。低水分产的酒，质量好，酱香味长。水分重产的酒，易冲甑，味寡淡，经不起长期贮存。发粮水分要严格控制在百分之 × × 以内。

四、蒸粮时间要稍长。粮食要粗，水分要低，还要发匀蒸透，使堆积发酵，入窖发酵正常进行，就要适当延长蒸粮时间。蒸粮时，蒸汽不宜开得太大。时间应控制在 × 小时左右，气压应在 × 公斤左右。

五、收糟温度要低些。收糟温度过高，酒易酸；收糟温度过低，发酵不正常，要控制在 ××℃左右。起堆时温度可稍高，越往上收糟，温度要慢慢减少，成宝塔式。这样可避免包心和腰线。

六、堆积发酵要老些。堆积发酵温度低，酒产量会高些，甜些，但香芳味短，堆积发酵温度高些，酒产量稍低些，但香好，味长。（适温是 ××℃上下）

七、窖要管好点。窖一定要管好，否则不仅得不到酱香酒，还要得次品。窖不能烧裂，也不准生水流到糟子里去。使窖面的一两甑多产酱香酒。

八、酒要接好。酒接得好坏，关系到是否前功尽弃的大问题。酒接得好，同样的酒糟可得香型酒；相反，可能得次品。要酒接得好，既要根据酒度，又要十分注意口味。

九、分型出醅，分型上甑，分型入库。分型出醅、上甑、入库，要增加很多工作量，需要练一些基本功，但是，只要能坚持，就能收到吹糠见米般的效果。

十、用尾子酒泡曲子、香糟后，再适当将尾子酒洒入窖内。操作时，还可加入少量黄泥和窖底水。这样可多得酱香酒。

十条措施，就是要坚持"'抓质量，促产量'的方针，精工细作，实现优质高产低消耗，努力完成生产任务。"

把茅台酒的质量放在首位，是季克良学习、总结、研究和规范生产工艺的出发点和落脚点。为此，他不懈地追求着。

规范茅台酒的工艺标准

技术副厂长

1981 年 6 月，上级决定，刚刚被套改为工程师的季克良，由茅台酒厂生产技术科副科长，升任副厂长，分管技术、科研工作。从 1964 年大学毕业分配到厂工作至此，他当了 17 年的技术员，才成为工程师。这份经历的背后，承载着一个时代的烙印。

他明白，技术副厂长的工作，必须致力于使茅台酒的生产工艺，更加科学和完善，推进全厂科技水平的提高。他的工作方法是："从群众中来，到群众中去；从科学实验中来，到生产实践中去；集中起来，推广开去；普及之中，向纵深探索。"

他亲自起草了：

《茅台酒操作注意事项》；

《勾酒操作要点》；

《管窖操作要点》；

《制酒各工序质量标准》；

《制曲各工序质量标准》；

《贵州茅台酒企业标准》。

为了彻底摆脱"一个酒师一个样"的作业状况，他着手推行现代标准化管理和方法，亲自提出问题，指导起草《茅台酒生产操作作业书》，并运用技术副厂长的权力，指令全厂统一规范操作。

厂 长

1983 年 11 月，季克良被上级任命为贵州茅台酒厂厂长。宣布他当厂长的前一天，他才成为一名中共正式党员，显然也就没有党内职务。

他明白，厂长的主要任务是提高企业管理水平。于是他领导全厂：

制订岗位责任制 225 个，总计达 3322 条；

制订各项规章 64 个；

建立质量指标 9 个。

他更明白，茅台酒厂的企业管理，最根本的是质量管理，厂长的第一位工作，就是要不断推进茅台酒的质量管理。

在厂长任上的一个月内，他牵头成立了质量管理小组。成员有老酒师李兴发副厂长，老酒师许德明质检科长等。茅台酒的质量管理，要靠制度，才能长久。于是，他亲自起草了：

《制曲质量检验制度》；

《包装质量检验制度》；

《质量管理制度》；

《技术管理制度》。

他在厂长任上第一次全厂职工大会上的讲话中，着重强调："一要端正思想，牢固树立质量第一的观念。产品质量是工厂的生命，茅台酒质量更是我厂的生命，切不可有半点疏忽。今年如此，明年如此，可以说十年二十年甚至一百年以后仍然如此，不能受任何影响。一定要在保证质量的前提下多产茅台酒，一定要在提高质量上下功夫来提高经济效益。要正确总结正反两方面的教训，一定要继承和发扬传统工艺，而不能只为了眼前的利益随意改变工艺条件。要坚决刹住不顾质量的不良倾向。茅台酒生产特殊而科学，在没有新的认识以前，绝不应该随便改变工艺……"

这段话，是笔者从季克良亲笔写的讲话稿原件复印摘录的。

1983年年底，他就当年的糙沙工作讲了一次"通盘协作，搞好糙沙"的话。讲话稿是他亲笔写的，只有提纲，没有展开。

"动力车间要保质、保量按时保证水、电、汽的供应工作；制曲车间也要保质保量及时地做好原料、曲药的供应工作；后勤部门要做好原材料、工用具的供应工作；基建部门要做好房屋的修缮工作；生产业务部门要做好技术指导，技术监督工作和半成品、微生物的分析和分离工作，及时发现问题，及时用科学分析数据、指导生产，还要及时做好生产调度工作，确保糙沙工作正常进行；各个食堂要根据糙沙工作时间长、任务重、消耗能量大的特点，尽量做到饭菜多样化，使工人能吃饱，能吃好，能吃热，能随到随吃。为了保证糙沙工作的正常进行，必须强化信息反馈工作。以后，凡是遇到生产上的问题，班组能解决的就不到车间，车间能解决的就不到厂部，班组不能解决的找车间，车间不能解决的找业务科室，业务科室不能解决的找分管副厂长，分管副厂长解决不了的找厂长商量解决。生产上存在的问题，都必须及时作出答复，提出处理意见。"

季克良在1983年底至1984年底的生产周期中，下过一道"死命令"：堆积发酵温度，必须达到46℃以上，控制在50℃以下，任何自行其是，都必须杜绝。他运用厂长的权力，强制予以推行。结果如何呢？轻工业部组织试点的温度是41℃至44℃时，茅台酒的主体香型酱香体仅占4%~6%。1984年，酱香体提高到13%，效果十分明显。

1984年，贵州茅台酒获国家最高质量管理奖（金质奖），国务院副总理姚依林亲自向茅台酒厂的代表季克良颁奖。对此，中国科学院学部委员、著名微生物研究专家方心芳赋诗赞誉。

两度闯过"全国白酒评委"的考试关

1983 年底，国家轻工业部、商业部、中国食品协会等部门发出通知，将于 1984 年 4 月 20 日在江苏省的淮安联合主持第四届"全国评酒委员"入选考试。名额为 30 人。

不知何故，贵州茅台酒厂没有及时收到通知。

1984 年 4 月 13 日，季克良到贵阳出差期间，才接到通知。前两届"全国评酒委员"，都是由有关部门指定。第三届是在指定部门考评挑选。第四届开始改为全国公开考试、聘任。

只有七天时间了。茅台酒厂参不参加角逐？厂领导层展开了讨论。不参加，很自然地有充足的理由：接到通知太晚了；况且，从茅台镇到淮安，何其遥远！参加，如考上，对茅台酒的影响自然重要。讨论的结果是参加。

那，派谁去？谁又敢于去考呢？

经过反复衡量，决定派季克良去参加考试。理由主要有二：一是科班出身，理

正在品酒的季克良

论知识丰富；二是酿酒多年，便于分辨。季克良的弱项也很明显：毕竟45岁了，记忆力与品尝灵敏度比年轻人要差得多。

问题在于季克良敢不敢于去闯关"赶考。"

这天，季克良同徐英下班之后，又到赤水河边散步了。晚霞从马鞍山顶折射下来，河面上涌出道道金波。与马鞍山隔山相对的是朱砂堡。从河岸沿边看峰顶，都是暗红色的砂土。金色的晚霞与暗红色的山坡的倒影，在河面上不时显现出玫瑰色的神奇景观。

"这玫瑰色的水波真有意思！"徐英对季克良说。

"嗯！是很美。昆明市有一种酒，还叫玫瑰露酒哩！"季克良回应着妻子的话头。

"拿定主意了吗？到底去不去？要去，就得抱抱佛脚了，多少也得准备一下！"徐英关切地问道。

季克良好一会儿没有回话。怎么回呢？作为20年前无锡轻工业学院毕业的高才生，如今的茅台酒厂的厂长，这身份，也是一种压力啊。但是，自己在发酵专业上学了5年，实际操作和研究了20年，理所应当向着"全国评酒委员"冲刺。于是，他平静地对徐英说："到科研所，帮我做一次茅台酒与郎酒的化验分析"。徐英明白，他这是为了更牢固地把握酱香型酒体风格的关键参数之故。徐英当时是茅台酒厂科研室主任，对酒体的理化指标，分析得更细、更缜密。她不仅帮助季克良进行酒体理化指标的分析，还找来各种香气的香皂，帮助季克良进行香型鉴别。

4月16日，厂部安排了两位工程师，陪着季克良从茅台镇出发，坐了8个小时的汽车到达贵阳。4月17日，季克良一行3人，从贵阳乘飞机到达上海。当晚，他们乘火车到达南京。4月18日，他关在南京双门楼饭店的客房里，没有出门。4月19日，季克良将两位助手留在南京，自己只身随行来到了淮安。4月20日，角逐第四届"全国评酒委员"的考试，如期举行。

第一道试题的要求是从排开的五种香气中既测基本功又测试重复性。季克良经过分析，很快完成了三种。有一种香型使他迟疑了，久久没有下笔。这是一种什么香型呢？考场上所有考生对此似乎都在思索。他终于想起曾经闻过的一种香皂的玫瑰香味……

他冷静下来，再一次对试题作了分析，才认真地写下了"玫瑰香"这三个字。

4月22日，考官公布答案。季克良知道自己成功了。因为他的题解与标准答案相差无几。

这次考试，理论考分占 20 分，季克良得 16 分，是第一名。综合考分，季克良以第 12 名的成绩，成为全国 30 位评酒委员中的一名。

4 月 23 日，季克良知道了结果。

淮安考试，不少名酒厂厂长，总工程师，纷纷落马。落马人群中，有好几位是季克良当年的同学。他们为季克良轻取功名热情祝贺。季克良没有过多的高兴。他觉得，考试有一定的偶然性，没有什么可以值得骄傲的。路还在延伸，自己还得继续探索。这次考试，使他看到了理性指导的意义，规范使他明白了一般常理的重要性。他还想到，要使茅台酒为众多的品家赏识，仅仅靠神秘现象，是不够的，必须从根本上揭示出茅台酒的科学内涵，阐释其科学价值。

1988 年 12 月，第五届全国评酒委员的考试在湖南省长沙市举行。名额为 40 名。49 岁的季克良，当时任贵州茅台酒厂的总工程师，又一次参加了角逐。参加这次考试的，有 170 人左右。他取得了第八名的好成绩，成为第五届"全国评酒委员"。

连续26年的茅台园首任总工程师

1985 年 2 月，贵州省轻纺工业厅发出文件，调整贵州茅台酒厂的领导班子。季克良由厂长改任正厂级总工程师。

在贵州茅台酒厂的历史上，还没有人担任过总工程师，季克良是第一位，而且还是正厂级。

中华人民共和国成立后，在三家著名烤坊的基础上，组建了贵州茅台酒厂。几十年中，国家多次对茅台酒厂进行扩大再生产的投入，包括资金、设备和厂房，人力、物力和技术。就管理层而言，出现了某种短缺人才。厂长、副厂长一批又一批，书记、副书记一轮又一轮，唯独没有总工程师。

这次人事调整，在茅台园内，引起了不少的议论。

季克良是怎么看待的呢？他觉得，当总工程师，悉心于技术与科研，更适合于自己。在实际生活中，不是厂党委成员的厂长，工作起来有诸多的不便。他愉快地告别了厂长交椅，走上总工程师的岗位。

完成"大容器贮酒试验"

"大容器贮酒试验"（酱香型酒），是国家轻工业部于二十世纪八十年代初下达的重点科研项目。项目开始时，负责人是茅台酒厂的副总工程师杨仁勉。1982年8月，杨仁勉调走后，季克良着手组织领导工作。

这项试验，目的是解决贮酒工序过程中的渗漏情形。茅台酒从投料到酒入库的制酒阶段，需要一年时间。而贮存，也就是陈酿期，最少则需三年时间。贮酒，在茅台酒的整个生产周期中，起着非常重要的作用。季克良认为，贮酒关系到两个重要问题：一是对茅台酒的质量产生重要影响；二是对酒的成本构成，产生价值影响。

贮酒的容器问题，一直令茅台园里的人们头疼。1959年以前，核定的贮酒损耗为年1.5%。损耗占成本构成的8%左右。而实际损耗，则大大超过这个控制指标。1959年，上级主管部门重新核定的贮存损耗指标为年3%。损耗占了成本构成的18%左右。1960年至1971年，茅台酒厂使用当地生产的酒坛装酒，年损耗控制在3%以内。1972年至1978年，随着茅台酒产量的提高，当地生产的酒坛已不能满足需要。主管部门决定，从江苏省的宜兴购买了1800个酒坛。这批酒坛投入使用后，渗漏则上升到年5%左右。有的甚至达到年9%。在这种情况下，主管部门又决定，改用四川省的荣昌酒坛。之后，渗漏重回3%以内。

库存渗漏损耗的严重现象，牵动着众多领导、专家和员工们的心。这个情形，对季克良的刺激很大。怎样才能减少渗漏？他和徐英，很多次设想过、谈论过。"只能朝科学技术方面下功夫"。他们双双参加了"大容器贮酒试验"（酱香型酒）项目科研组。季克良从项目提出，方案研究，组织实施，进行鉴定，始终参与并组织实施。在试验过程中，他选择了不同材料做试验，同时从不同产地的陶坛贮酒容器中选择最佳者进行对照，感官品尝，物理分析，气相色谱分析，金属元素检测。经过三年时间的大量试验后，他认为1Cr18Ni9Ti和0Cr18Ni9Ti为材料的不锈钢大容器贮酒，具有占地面积少、漏酒率低，质量基本能达到陶坛的标准，因此，可以在酱香型酒厂因地制宜地推广。茅台酒厂采用不锈钢大容器贮酒后，酒耗率下降到年0.5%以下。

试验成功后，季克良与徐英着手研究报告的起草。研究报告由轻工业部发酵研究所审查并获通过。1985年12月，轻工业部组织部级鉴定会，认为"试验报告资料齐全，数据可靠……"，获得通过。党和国家领导人王震同志接见了季克良、徐英等工程技术人员。季克良知道，王震将军对茅台酒情有独钟，在1975年就做出"茅台酒是国酒"的指示。

研制低度贵州茅台酒

在沿海和海外的饮酒顾客中，有一批饮低度酒习惯的顾客。他们希望能饮到低度贵州茅台酒。

1. 39%（V/V）贵州茅台酒

1984年，轻工业部正式下达了低度贵州茅台酒的研究制造项目任务书。此时，季克良担任厂长，参与了这个科研项目的实施计划和试制方案的制订工作。

1985年2月，季克良由厂长改任正厂级总工程师后，他就成为茅台酒厂这个项目的负责人，全力投入研制工作。

季克良认为，这个科研项目的实施，有两大环节：一是设计方案；二是组织实施。设计环节主要解决技术路线方案，试验过程设想，工艺条件的标准等。实施环节主要解决对试制产品的不断评估、鉴定、修改技术差数、调整工艺系数等。他参与了这个项目的所有技术路线、试验方案、工艺条件的制订和修改工作。他在组织试制的过程中，亲自对产品进行不断的品尝、鉴定，不断修正方案和修正工艺条件。投入中试后，在生产过程中，尤其是关键时刻，他根据原料、辅料的不同情况，及时修正工艺条件，确保产品质量。

1986年8月5日，贵州省标准计量局发布了由季克良起草的39%（V/V）贵州茅台酒企业标准。在这个标准的"技术要求"部分，提出了三个指标：感观指标，理化指标，卫生指标。其操作程序是：取酒、蒸馏、降度、勾兑。其工艺流程有两种路径。一种是：轮次酒→除杂→加水降度40°→勾兑→冷冻→吸附→过滤→（形成）基础低度酒→（与勾兑用低度酒）勾兑→低度酒→贮藏6个月以上→成品低度酒。另一种是：出厂茅台酒→降度成40°→冷冻→吸附→过滤→勾兑用低度酒→（与基础低度酒）勾兑→低度酒→贮藏6个月以上→成品低度酒。在两种路径的试验中，季克良又分别对各工序制定了操作要点。试验过程中，他在办公室、科研所和家里的书房中，与同事们讨论，与妻子徐英的商量，几乎都离不开39%（V/V）贵州茅台酒的相关话题。

于是，他又一次获得了成功。1986年8月，39%（V/V）贵州茅台酒通过省级鉴定。1986年9月，39%（V/V）贵州茅台酒在北京通过国家级鉴定。

在轻工业部组织的鉴定会上，高级工程师、全国著名白酒专家秦含章教授，高级工程师、全国评酒专家组组长周恒刚，高级工程师辛海庭，白酒行业协会会长苗志岚等中国一流白酒专家、学者，对39%（V/V）贵州茅台酒的鉴定意见共四条：

一是39%（V/V）贵州茅台酒的研制成功，符合国家提出的"优质、低度、多品种的发展方向和节约粮食的要求，有益于消费者的健康"；

二是39%（V/V）贵州茅台酒，具有国际金奖、国家金奖——贵州茅台酒的典型风格，加水加冰不浑浊，风格不变，在国内优质低度白酒的质量上取得了新的突破，开创了白酒加水加冰中为洋用的新途径；

三是39%（V/V）贵州茅台酒的技术资料完整，准确，符合国家食品卫生标准和企业标准的规定；

四是研制39%（V/V）贵州茅台酒采用的除杂、低温、少剂量淀粉和活性炭吸附剂联用，分轮分质分别除浊、综合勾兑的工艺路线是先进的、合理的。

39%（V/V）贵州茅台酒的研制成功，为茅台园增添了新的高贵品种，结束了单一品种的漫长历史。

1988年7月，季克良被评为高级工程师。

2. 43%（V/V）贵州茅台酒

1990年夏天，季克良参加国家组织的贸易促销团访问韩国。回到茅台园后，他提出面对韩国市场，研制"43%（V/V）贵州茅台酒"的设想。经过多方论证，他的设想和研制方案，进入了实施阶段。在他领导和组织下，该研制项目的实施计划、试制方案、技术路线、工艺条件的论证如期进行并获得通过。他认为，不能把39%（V/V）贵州茅台酒的技术参数与理化指标照搬到43%（V/V）贵州茅台酒的研制上来。他带领科研团队，在研制实践中，一个数据一个数据试验，一步一步地照科研规律办事。

1991年1月21日，韩国进和酒类株式会社代表理事林镐承先生一行，在中国国际商会、中国国际贸易促进会、中国经济技术合作咨询公司、深圳对外贸易集团粮油进出口公司的代表的陪同下，到茅台园来谈生意。

季克良向客人介绍了茅台酒厂的历史和概况后，特别介绍了正在研制43%（V/V）贵州茅台酒的情况。林镐承当即提出在韩国包销的承诺。他还认为："贵州茅台酒的产品质量，无疑是第一流的。但是，包装质量还有待进一步提高。要使包装质量也成为世界一流。"

经过季克良和科研团队的努力，43%（V/V）贵州茅台酒的研制工作，取得实质性的进步。1991 年 11 月 16 日，43%（V/V）贵州茅台酒的省级鉴定会，在茅台园举行。

鉴定会主任委员由国家评酒专家组副组长、江苏省食品工业公司总工程师、高级工程师沈怡方出任。参加鉴定会的专家还有：中国白酒协会副秘书长、高级工程师刘景炎；国家评酒委员、辽宁省食品工业研究所高级工程师刘洪晃；国家评酒委员、四川省全兴酒厂总工程师胡森；国家评酒委员、贵阳市轻工业局高级工程师傅若娟；国家评酒委员、四川省泸州老窖酒厂总工程师、高级工程师赖高淮；国家评酒委员、四川省剑南春酒厂厂长、高级工程师徐占成；国家评酒委员、河南省宋河酒厂副厂长、高级工程师孙前聚；国家轻工业部食品工业司处长王廷才工程师；贵州省食品工业公司经理、高级工程师范德全等。七名国家评酒委员为主组成的高规格省级鉴定会，听取了茅台酒厂关于 43%（V/V）贵州茅台酒的《技术工作总结》《试制工作总结》《检测分析总结》报告，到现场品尝了 43%（V/V）贵州茅台酒后，一致认为：

"43%（V/V）贵州茅台酒，保持了贵州茅台酒的风格和特点，不仅加冰加水不浑浊，而且酒质更佳，适应国家市场低度化、高档次的需求，产品理化指标达到标准要求，同意投入批量生产，并通过省级鉴定。"

43%（V/V）贵州茅台酒第一次批量生产，安排了 40 吨生产计划。

3. 33%（V/V）贵州茅台酒

1996 年秋，北京市糖业烟酒公司向茅台酒厂提出销售 35 度以下贵州茅台酒的要求。

茅台酒厂立即成立了由季克良挂帅的科技攻关小组，研制 33%（V/V）贵州茅台酒。

同研制 39%（V/V）、43%（V/V）贵州茅台酒一样，难点依然是除浊、除杂工艺的设计、勾兑技术的运用、基础酒的选择和配置比例等问题。在季克良的指导和带领下，经过几个月的大量实验，于当年 12 月份生产出第一批样酒。

1997 年 8 月 7 日，33%（V/V）贵州茅台酒通过省级鉴定：

"33%（V/V）贵州茅台酒酱香浓郁，幽雅细腻，协调丰满，不仅保持了 53%（V/V）贵州茅台酒的风格，而且适应了白酒低度化的市场需求。"

33%（V/V）贵州茅台酒第一次批量生产，安排了 40 吨生产计划。

从此，贵州茅台酒家族，共有了 53%（V/V）、39%（V/V）、43%（V/V）、

33%（V/V）四个成员。其中，53%VOL、43%VOL、39%VOL贵州茅台酒，在美国1994年11月举行的纪念巴拿马万国博览会80周年国际名酒评比会上，均获得特别奖第一名。

研究出"二次取酒量少"的解决方法

在茅台园内，有一个长期困扰全厂员工的重大问题，就是：第二次取酒量偏少。贵州茅台酒的工艺是七次取酒，其余六次取酒都比较平稳，唯独二次取酒很不理想。对此，老酒师们想尽了一切办法，甚至连烧香拜佛的事情都做了。"上帝"也没有解决这个大难题。

这是为何呢？季克良从1964年进厂到1989年，整整25年时间，从技术员干到了厂长、总工程师、高级工程师，也没有找出破解难题的钥匙。真够费解的！

为了解决这个难题，厂部把生产科室、车间领导、工程技术人员、老酒师、老工人代表，集中起来开"诸葛亮会"，分析出了第二次取酒量少的20多种可能因素，并采取了相应的50多条措施。结果怎么样呢？问题依然没有得到根本解决。

1989年冬季的一天，季克良像平常一样，很早就去转车间了。听到一个工人反映，说某个班组二次取酒中做得慢，拖了车间的后腿，老挨批评，但烤的酒产量则比别的班组多。他随即到这个车间和班组了解情况。原来，这个车间的其他班组的二次取酒工作都做完了，唯独这个班组的二次取酒工作还要再做两天，但所取酒的产量明显要比别的班组多得多。

这个偶然的情况，引发了季克良久久的沉思。难道玄机就在这个"慢"字上？其必然关系是什么呢？

贵州茅台酒产自茅台园这个特定的环境，问题的必然关系还得回到茅台园的气候、环境等客观条件中去寻找。因为二次取酒正值冬天，茅台园最冷的时节。因为天冷，空气中的微生物群数量要少一些，活跃程度也不够，导致在酒糟中的微生物之间的数量不平衡，微生物之间的接力赛没有做好，按其他轮次的取酒时限要求，显然不是实事求是的科学态度。只有按照自然规律，调整生产节奏，延长冬天微生物群的繁殖期与活跃态势，才可能找到解决难题之策。

他又开始了细微的观察。

他又着手研究茅台园一带冬天微生物的生产、繁殖、变化特点。

他着手从个别班组到车间、全厂的调查研究和实际操作。

经过四五个生产周期的摸索、研究，直到 1994 年度生产周期，他最终决定采取"以慢制少"的措施，解决二次取酒量少的问题。此时，他除总工程师外，还兼任了茅台酒厂的第一任副厅级厂长，在生产技术和科技方面，具有相当大的权力。这个措施看起来并不复杂：二次取酒期间，生产工人由一周工作六天，改为五天，每周只烤两个发酵窖。结果怎么样呢？这个措施让全厂二次取酒的产量提高了 7% 到 8%，质量也有明显提高。

季克良于 1991 年 2 月被任命为副厅级的贵州茅台酒厂厂长、党委副书记后，1996 年 3 月，又被任命为正厅级的厂长、党委副书记。1996 年 12 月，贵州茅台酒厂改制，成立中国贵州茅台酒厂（集团）有限责任公司，季克良任董事长、总经理，并于 1998 年 5 月加任党委书记。1999 年 12 月，季克良不再兼任茅台集团公司总经理，新兼任贵州茅台酒股份有限公司董事长。对于季克良来说，其他职务时有变动，只有总工程师一职，还没有变化过。

开发贵州茅台"陈年酒"，设置"年份酒"

二十世纪九十年代中期，茅台酒的市场销路日益见好。在发展步子加快的情形下，季克良以厂长和总工程师的权力身份，提出了"四服从"的原则：在质量和速度发生矛盾时速度必须服从质量；在效益和质量发生矛盾时效益必须服从质量；在质量和产量发生矛盾时，产量必须服从质量；当质量和工作量发生矛盾时，工作量必须服从质量。

在"以质量为中心"，"满足市场需求"的前提下。季克良组织总工程师办公室和厂科研所的科技人员，研究开发贵州茅台酒的陈年酒系列。前后共开发了 15 年、30 年、50 年、80 年"陈年茅台酒"投放市场。经过市场检验，陈年茅台酒在饮品业界，创造了非凡的美誉，丰富了贵州茅台酒独特的内涵和外延：15 年陈年茅台酒的优雅芬芳、微妙柔和的非凡气质，华丽呈现出东方佳酿的经典格调；30 年陈年茅台酒，完美结合了饱满的谷物与轮回的四季味道；50 年陈年茅台酒，沉淀了半个世纪的珍藏，是优质酱香型白酒焕发出迷人的魅力与价值，口感纯正，品尝体验神奇；80 年陈年茅台酒配以奢华的时光酿造，是珍稀佳酿极品，以尊贵的收藏价值而成为茅台酒王国中的佼佼者。季克良认为飞天茅台酒是国内外顾客记忆中的醇美味道，是茅台酒的主导产品，是酱香型白酒的经典代表，陈年茅台酒"青出于蓝而胜于蓝"，目的是为了满足市场细分的需要。因此，他亲自为陈年茅台酒代言广告：酿造高品位的生活!

2001 年 1 月,季克良采纳部分员工们的合理化建议,决定在出厂的茅台酒商标显著位置,标明出厂年份。当年为"2001"。由此,出厂茅台酒明显地带有年份的特征。季克良认为,出厂茅台酒经过一段时间的保存,酱香味道更醇和一些。给茅台酒设置年份,更能体现其客观价值,满足市场消费心理。年份酒年复一年地推行,如今已是"2019"了。

圆"万吨梦"

2003 年 12 月 12 日,茅台集团公司在北京人民大会堂举行贵州茅台酒上万吨暨公司获全国质量管理奖新闻发布会。后者是因为茅台酒股份有限公司于当年 11 月 21 日获"2003 年全国质量管理奖"。前者是因为圆了茅台酒厂一个做了 45 年的"万吨梦"。

1958 年,中共中央在四川省成都市召开了一次工作会议。成都会议期间,毛泽东主席遇到了时任贵州省委书记、省长周林(贵州省仁怀县人),当毛主席得知贵州茅台酒是用红军四渡赤水的赤水河水酿造时,高兴地说:"茅台酒何不搞它一万吨!当然要在保证质量的前提下。"贵州茅台酒上万吨,既是中华人民共和国开国领袖的希望和厚爱,也是茅台酒厂员工们的欢欣鼓舞的一个梦想。1951 年,国营贵州茅台酒厂组建时,年生产能力只有五六十吨。1958 年,贵州茅台酒的产量为 627 吨。要从几百吨搞到上万吨,圆梦之路何其遥远。1964 年,季克良分配到茅台酒厂当技术员时,贵州茅台酒的实际产量为 220 吨。

1972 年,周恩来总理几次谈到贵州茅台酒的万吨发展问题。贵州茅台酒厂相继勾兑了"尼克松访华专用酒""田中角荣访华专用酒""蓬皮杜访华专用酒"。信息传开,使茅台酒继 1955 年万隆会议上中国总理的招待用酒佳话之后,再次成为世界媒体的外交酒热词。1975 年 1 月,四届全国人大一次会议期间,李先念副总理、余秋里副总理几次提到茅台酒要发展及上万吨的规划问题。

四届人大一次会议闭幕后,时任贵州省委书记鲁瑞林在向全省传达会议精神时,同时传达了国务院领导同志关于茅台酒要尽快上万吨的重要指示。省委还对茅台酒上万吨的问题进行了专题研究,形成了茅台酒上万吨的初步意见,上报国家计委。2 月 17 日(正月初七),鲁瑞林率领省计委、省建委、省轻工厅及交通、设计、规划等部门及遵义地区、仁怀县的主要负责人,到茅台酒厂进行实地考察,现场办公,动员落实万吨规划方案。活动整整搞了一周时间。季克良作为工程技术人员，随刘同清厂长自始至终参加了这次现场考察和办公活动。从那以后，鲁瑞林的一句话常常在他心头回响萦绕："一万吨非搞上去不行，我们就是为解决这个问题来的。"

1978年，茅台酒产量突破1000吨。1984年，季克良当厂长期间，实现了填平补齐1200吨的产量。这一年9月，茅台酒厂扩建工程启动。1988年7月，季克良被评为高级工程师，并兼任常务副厂长。1991年，800吨扩建工程完工，实际产量达到2060吨。

1991年2月，茅台酒厂升格为副厅级单位，季克良成为茅台酒厂历史上首位副厅级厂长。在厂党委里，他任副书记。他的总工程师身份，更引人注目。1991年6月21日，时任贵州省委常委、常务副省长张树魁，把季克良约到办公室商谈茅台酒"八五""九五"的发展问题，并转达了国家财政部王丙乾部长对发展茅台酒事业的关心。6月28日，茅台酒厂领导班子讨论决定："八五"期间，扩建2000吨。贵州省人民政府于1991年10月19日召开常务会议，研究了茅台酒厂改扩建工程问题，决定"八五"增加2000吨，"九五"增加1000吨，世纪末形成年5000吨生产能力。为此，省政府成立了领导小组，分管副省长为组长，有关部门负责人为成员。季克良和厂党委书记邹开良也参加了领导小组。之后，这个领导小组共开过六次会议，研究2000吨/年改扩建的有关问题。在厂内，党委书记邹开良分工抓基建工作，为扩建工程指挥长，季克良分工抓生产和技术科研工作，为扩建工程副指挥长。"八五"期末，茅台酒厂2000吨/年改扩建工程顺利完工。1995年10月，一车间、二车间技改子项目被评为省"八五"优秀技改项目。该工程共有10个子项目，全部于1995年年底交付使用，新增生产能力2000吨/年。

该项目总投资为44634.86万元。

1996年4月12日，季克良和厂党委书记邹开良被省委任命为正厅级干部。

1997年1月28日，中国贵州茅台酒厂（集团）有限责任公司成立，季克良任董事长（法定代表人）、总经理、总工程师。

1998年2月9日，茅台集团公司首届董事会召开。5月25日，省委调整茅台集团领导班子，季克良任董事长、党委书记、总工程师。此时正值亚洲金融风暴时期，茅台园车水马龙的景象一下子变成"门可罗雀"。如何做好党务、生产、科研和销售工作，成为他日思夜想的头等大事。他带头转变观念，寻找新经销商，建立公司的营销队伍，发挥经营班子的功能和作用，终于完成了当年5000吨的生产任务。

1998 年 12 月 30 日，时任中共贵州省委副书记，代省长钱运录刚到贵州工作，就到茅台园考察。在考察过程中，他给茅台园的酿酒人说，茅台酒是一门深奥的技术，也是一门珍贵的艺术，这是别人没有的优势，优势产品要抓住不放，要年复一年地不断地抓到底。谈到茅台酒上万吨的发展规划时，他说股票上市是跳跃式发展的重要手段，要利用这种融资渠道。他要求茅台集团公司做好前期工作，报省政府研究批复。

1999 年 12 月 20 日，茅台酒厂发起成立了股份制企业，成立了"贵州茅台酒股份有限公司"，季克良兼任股份公司董事长、董事。

2001 年 7 月 31 日，"贵州茅台"股票在上海证券交易所成功发行，募集资金 20 亿元，为茅台酒的发展注入新的活力。

茅台酒产量由 1999 年的 5000 吨，到 2003 年生产到 10000 吨，每年均增 1000 吨。"万吨梦"的实现，除资金等物质条件之外，科学技术起到了"第一生产力"的作用。在这个发展过程中，季克良作为总工程师，率领茅台园的生产和科技人员，做出了巨大贡献。

确保关键设备的质量。如酒窖、甑子、冷却水缸、冷却器、行车等的质量。

按工艺设计路线的配套与按时交付使用。

抓制酒、制曲生产班长培训。

抓酒师、曲师的技术培训。

抓上甑工序人员培训。

抓新工人上岗培训。

对改扩建生产场地周围的微生物群进行系统分析。

加强检测工作，提高检测手段，为保证茅台酒质量把关。为此，季克良将他于 1978 年总结的"制曲是基础，制酒是根本，陈酿和勾兑是关键"的工艺特点，增加了"检测是卫士"的新内容。强调从原料进厂、生产工序流程到半成品、贮存、勾兑到成品出厂，严格检测把关。

发布《质量手册》。1992 年 12 月 31 日，季克良批准发布贵州茅台酒厂《质量手册》，从 1993 年 2 月 10 日开始实施。

1994 年 8 月 14 日，季克良批准发布贵州茅台酒厂《质量保证手册》。

1998 年 7 月，经国家经贸委等部门核定批准，中国贵州茅台酒厂（集团）有限责任公司设立国内唯一的白酒行业国家技术中心。技术中心整体覆盖原茅台酒厂科研所。9月28日，季克良任技术中心主任。技术中心有高级技术职称6人，中级技术职称11人。技术中心设置有"项目研究室""微生物研究室""色谱分析室""中试车间"和"新产品开发室"。技术中心为了适应市场和公司发展需要，制定了36个项目，其中中长期发展计划项目10个。技术中心装备了分析检测仪器、设备，着手用微机进行贵州茅台酒三种体鉴定、酒体微机勾兑和微机制曲工程等重大技术难题的研究，建成了"白酒酿造微生物资源菌种库"。

2001年，经省人事厅考评，季克良由高级工程师晋升为工程技术研究员。

圆了万吨梦后，为了实现新的万吨计划，季克良带领生产、科研团队，花了半年时间，落实了茅台酒新的生产场地。这片场地与老厂区场地相距不远，地色相同，同为赤水河东侧的位置，同是赤水河由北向南的走向，海拔高度接近，植被几乎完全相同，水质情况完全满足茅台酒生产需要，个别成分更优。扩展新生产场地的可行性报告，得到了有关专家、学者和领导的批准。2004年8月，已经65岁的季克良不再担任茅台集团党委书记，改为副书记，仍然担任董事长、总工程师、股份公司董事。他率领全公司员工，开始了第二个万吨计划的冲刺，其间的2006年，他被中国轻工总会授予首届"中国酿酒大师"。他没有停步，又提出了茅台酒四万吨的长远目标。时任贵州省省长的林树森给予充分肯定，并指示省、地、县相关部门大力支持，逐步推进。2011年，贵州茅台酒年产量突破了三万吨。

2011年11月，已经72岁的季克良退出茅台集团一线领导岗位，不再担任董事长、总工程师。总工程师一职，由他的"大弟子"，同为"中国酿酒大师"的吕云怀副总经理改任。与此同时，季克良被任命为茅台集团名誉董事长、董事、技术总顾问、贵州茅台酒股份有限公司董事。这一年，茅台酒主营业务收入、利润、税金、上缴税费名列国内白酒乃至整个饮料行业第一。营业收入超过法国科涅克地区白兰地酒厂的总和，上缴税金超过了英国苏格兰威士忌所有酒厂的总和。贵州茅台酒被誉为世界上最好的蒸馏酒。

2015年8月，76岁的季克良被任命为茅台集团名誉董事长、技术总顾问、贵州省酒业高级顾问。

两个"论点"，一个"预言"

两个论点

第一个论点："离开了茅台镇，就不能生产贵州茅台酒。"

1990 年元月 2 日，全国第七届运筹与健康老同志桥牌赛，在北京的人民大会堂举行。全国人大常委会委员长万里等老一辈革命家，以及许多老干部、老将军参加了赛事。茅台酒厂总工程师季克良，作为特邀厂家的代表，前往观摩。万里委员长亲切接见了季克良。其间，有老同志向季克良提出茅台酒产量太少了，地处太偏僻，能不能在交通方便些的地方，多建些厂子、多生产些茅台酒，满足社会和人们的需要这样的问题。

在人民大会堂这如此庄严的地方，面对这样极有影响的一群人士，季克良迟疑了一瞬间，才终于说出了在他心里放了很长时间，又不愿随便说出的科学结论：

"离开了茅台镇，就不能生产贵州茅台酒！"

此话一出，即刻语惊四座。人们顿时陷入了沉静。静得能听见手表走动的声音。

这个论点，是季克良不愿轻易说出口的话。因为他情感深处，怀有对一件往事的回忆。

周恩来总理最喜欢喝茅台酒，以茅台酒为国酒、外交酒、政治酒、将军酒。面对茅台酒长期产量太少的情形，于 1972 年前后多次指示要茅台酒年产万吨，满足人民需要。贵州省的有关部门为了增加茅台酒的产量，于 1975 年下了一纸公文，从茅台酒厂抽调领导、工程技术人员、酒师、班长、技术骨干，在遵义城北郊建了一个"贵州省茅台酒异地试验厂"。遵义城，也是产好酒的地方，中国八大名酒之一的董酒，就产自该城董公寺。几经试验，生产出"异地茅台"征求意见。其结果，"异地茅台"与真正的"贵州茅台酒"相差太大。于是，又于 1982 年，抽掉茅台酒厂技术副厂长、唯一的一名副总工程师、季克良 18 年的直接领导杨仁勉到"试验厂"，主持异地试验。试验项目被列为省"六五"攻关重点之一，给予空前重视。使用相同的原材料、相同的工艺技术，甚至还拉来了赤水河的水使用，可谓"完全照搬"。一直到 1985 年 10 月，试验经过 10 年九个生产周期，63 个轮次、3000 多次试验分析的生产研究，产品的酒质相当不错，但仍然不能与茅台酒匹敌，誉称为"基本具有茅台酒风格""接近市售茅台酒水平"。1985年12月，国家领导人方毅在中南海听取汇报后题词："酒中珍品"。于是，试制品被命名为"珍酒"，试验基地更名为"贵州珍酒厂"。

异地试验不能成功的真正原因在哪里？

季克良认为只有揭示出茅台酒生产工艺中真正的神秘因素所在。于是，从1985年开始，他花了相当一部分精力，反复研究茅台酒生产的全过程，多次走访还健在的老酒师，悉心体察各道工序细微的演变情形，终于从自己所学专业的角度，结合茅台酒生产过程工艺现象的融合处，找到了事物的真谛。这就是：发酵的原因！

有机物质的发酵腐败，均由不同的微生物所引起，酒变质是由于杂菌生长繁殖的结果。茅台酒的生产过程，正是利用微生物进行生长繁殖的发酵过程。

微生物，存在于特定的时空环境之中。微生物必需的营养素是从特定环境中摄取的。微生物在适宜的环境条件下，不断吸收营养物质，按照自己的方式进行新陈代谢活动。只有环境条件适宜，生长与繁殖始终是交替进行的，条件越适宜，繁殖率越高。环境因素对微生物繁殖的影响体现在氧气、温度、氢离子浓度、渗透压、光和射线、化学物品等。微生物从环境中摄取营养物质后，在细胞内进行着一系列的化学变化，转变为细胞质以维持其正常的生长繁殖。这就是它的代谢过程。这个过程有分解代谢与合成代谢两个方面。分解代谢以放出能量为主，合成代谢以消耗能量为主，二者密切相关，决定着生命的存在与发展。发酵作用，即为无氧的产能代谢。茅台镇一带环境中存在的微生物群，与遵义城北郊一带环境中的微生物群，显然不可能完全相同。所以，它必将导致：同样的物质原料，同样的工序，同样的人力资源与操作技艺，在茅台镇能酿造出贵州茅台酒，在遵义城北郊就酿造不出真正的贵州茅台酒。在异地造贵州茅台酒，只能是人们的一种美好的愿望。同样的原理，在茅台镇，也不可能酿造出真正的汾酒、西凤酒、董酒和泸洲老窖等中国名酒来。

这样一分析、归纳与综合，季克良的心里顿时升起了一盏科学之灯、智慧之灯。他才终于弄明白了许多人知其然而不知其所以然的贵州茅台酒工艺的神秘现象，果敢地说出了自己论点。

对贵州茅台酒与独特的微生物群的研究，轻工业部组织的试点，检测保存了70种微生物菌株。二十世纪八十年代，季克良带领科研团队，又在茅台园分离微生物菌种85种，并从中分离了产酱香较好的六株细菌和七株酵母菌。九十年代中期，他又带领技术中心微生物研究室的科研人员，进行"贵州茅台酒与地域微生物的关系"的研究，分离保藏了与贵州茅台酒生产工艺相关联的 278 种（株）微生物群。他一直进行着"茅台酒的微生物群体对茅台酒品质形成的关联关系"的研究。

2004 年，季克良对他的这个论点，再一次做了阐释："贵州茅台酒之所以只能在茅台镇生产，是由于当地的劳动人民根据当地的自然条件（包括水质、土壤、植物群、湿度、温度、风力、风向等）和酿酒的基本原理，经过反复实践、总结、设计出的顺应当地自然条件的产物。茅台酒的香味成分是由当地的微生物产生的。茅台镇环境里的微生物品种、数量及其之间的量比关系决定着贵州茅台酒的质量。所以，离开茅台镇，就不可能生产出和贵州茅台酒完全相同的酒。"

第二个论点："适量饮用茅台酒有益健康"。

1993 年 5 月 28 日，新华社发了一条消息《国酒茅台新发现，天天饮用不伤肝》。

按传统的医学理论，每天饮酒 80 克到 150 克，持续十年以上，可导致肝脏病变，脂肪肝、酒精性肝炎、肝纤维化和肝硬化，是其发展的四部曲。在贵州茅台酒厂，有一个特殊的人群，每天饮茅台酒均有 250 克以上，酒龄短的有十多年，长的有 30 多年，最长的有 40 多年。到 1993 年，这个特殊的人群无肝病，身体也很健康。这个情况，引起了贵州省遵义地区人民医院的重视。他们派出专家，对贵州茅台酒厂每天饮茅台酒 150 克以上，饮用茅台酒十年以上的 263 名职工进行全面的肝脏检查。除一位职工因患肝炎和在恢复期继续饮用茅台酒而引起肝病外，其余 262 名职工的肝脏一切正常。新华社的报道，引起了肝病专家、博士生导师、贵阳医学院程明亮教授的特别关注。他在《中华医学》杂志总编巴德年院士的鼓励、支持下，做了《贵州茅台酒对肝脏的作用及其影响》的课题研究。课题组在试验，分析的过程中，发现了贵州茅台酒竟含有超氧化物歧化酶（SOD）。SOD 是氧自由基专一清除剂，具有"一清四抗"的功能。即：清除体内多余的自由基；抗肿瘤，抗疲劳，抗病毒，抗衰老。课题组同时还发现了一个重大问题：就是茅台酒能诱导肝脏产生金属硫蛋白。金属硫蛋白对肝脏的星状细胞起了抑制作用，肝的星状细胞受到了严重的抑制后，就不分离胶离纤维，就不形成肝纤维化了。对比试验检测出：用了茅台酒的，比未用茅台酒的，金属硫蛋白高出 22 倍。

课题组的科学试验，和其他一些因长期适量饮用贵州茅台酒而减缓病情，甚至当某种药物治疗感冒病、胃病等众多客观事实，促使季克良研究"茅台酒与健康"的问题。

为什么长期适量饮用贵州茅台酒会有益于人的健康？季克良经过研究后认为：

一是茅台酒酿造工艺的特殊性，使其香气成分复杂（已分离出1200多种），产品风格使饮用时不燥辣，口感幽雅细腻，使饮用人心情舒畅；二是茅台酒40度以上高温接酒的工艺和三年以上的贮存，使容易挥发的有害物质如醛类及硫化物等先挥发出来，经勾兑出厂的成品茅台酒中，易挥发物质少，不易挥发物质多，饮用后对人体的刺激小，不上头、不辣喉、不烧心、不口干；三是茅台酒酸度标准为1.5~3.0克/升，比其他香型酒0.5~1.7克/升的规定高得多，而且茅台酒的酸中，以乙酸、乳酸和不饱和脂肪酸为主，对人体的健康有益；四是茅台酒特殊的生产工艺使其酚类化合物含量比其他香型的白酒要高出三到四倍，在预防心血管疾病方面与干红葡萄酒有相似的作用；五是茅台酒的53%（V/V）左右的酒精浓度，使水分子和酒精分子缔合得非常牢固，电导率随着贮存时间而有所增加，使游离的酒精分子越益减少，饮用时对人身体的刺激就越益减少，醇和回甜的口感有益于健康；六是茅台酒是天然发酵产品，不添加任何香气香味物质，精心勾兑使其香味成分乃相互间的配比科学合理，形成了独特风格；七是茅台酒中含SOD，能促进肝脏产生金属硫蛋白，根本原因是茅台镇一带的水质、土质、微生物群等客观条件与茅台酒的工艺技术特点自然融合发酵，产生了复杂的化合物质，可能对人体健康产生作用。

1999年，中共中央组织部组织国家级有突出贡献的中青年专家，到茅台酒厂考察。季克良向专家们介绍了适量饮用茅台酒能治病保肝的论点及若干例证情况。专家中有一位北京医科大学副校长、内科肝病和病毒分子学专家王宇博士评介说：季克良董事长、总工程师介绍茅台酒具有治病保肝功能的论点，是对医学界的挑战，但很有道理，人们所用的一些药品、保健品等相当一部分就是微生物发酵的产物。

季克良的这个论点传开后，引发了不少议论，甚至有人影射茅台酒。对此，季克良怎么看？他回应说："有些白酒辣喉，试试茅台酒辣不辣？有些酒喝了头痛，试试喝了茅台酒疼不疼？有些人喝了别的白酒肝区疼，试试喝了茅台酒疼不疼？有些白酒喝了口要干，试试喝了茅台酒口干不干？有些酒喝醉了第二天还不好受，试试喝茅台酒醉了第二天好受不好受？一比，什么都会清楚的。"

这两个论点，曾经给季克良带来过负面的影响。

由于他在微生物发酵领域的深入研究，以及对"贵州茅台酒"发展的巨大贡献，贵州省政府领导和有关部门两次鼓励、支持他申报"中国工程院院士"。他的确也申报了两次，但均未成功。据说，有的领导和专家希望他调整、改变他的这两个"论点"。但是，他没有接受。他认为："任何论点都是可以争论的。但是，对于自己不了解的问题，用惯常的思维随意否定，这是极不科学的。"要他违心地改变自己长期研究、分析、升华出的有实证的科学论点，他做不到，也不会去做。他坚定地认为：随着科学技术的进步和对茅台酒传统工艺研究的深入，他的这两个论点必将会被绝大多数人所认同。

对此，他是自信的。

酿酒大师的性格，也是执着的……

一个"预言"

他预言："贵州茅台有可能成为股市排头兵。"

2001年7月31日，"贵州茅台"上网发行，募集资金22亿元。新中国成立后，从1951年11月组建"贵州省专卖事业公司仁怀茅台酒厂"以来，国家对"贵州茅台酒厂"的投入，总共为1亿8000万元。募集资金中，用2亿元作国有股减持，也就是还清了国家的投资。

2001年8月27日，"贵州茅台"7150万股A股股票在沪市正式上市交易。发行价31.39元，开盘价达37.2元，涨幅达13.25%，总成交额达141034.20万元。

"贵州茅台"上市10多天后，美国"9·11"事件，给世界经济的冲击是巨大的，整个股市大盘持续低迷下挫。"贵州茅台"股票则保持稳定，上扬幅度不大。在这种情况下，贵州乃至全国，出现了一种"茅台上市生不逢时"的看法。对此，作为控股公司的茅台集团董事长，季克良的看法怎样呢？很多股民尤其是仁怀市的股民都想知道。

于是，2001年12月14日，《仁怀市报》头版上，刊发了季克良的一篇文章：《茅台上市，恰逢时机》。他在文章中说："茅台股票的发行价比较合理，二级市场的价格相对较低，也十分稳定，广大中小股民不必担心被套牢。"他还说道："上市后的贵州茅台酒股份有限公司决定在募资中主要投入于核心产业——茅台酒。"他甚至预言道："贵州茅台"完全有可能成为股市的排头兵。

股市波诡云谲、变数不定，季克良何以敢如此预言？要知道，这可是面对万千股民啊！他的预言，底气来自"贵州茅台"具有生产环境的天然垄断优势，其工艺、文化、品质又具有比较优势，加上良好的经营业绩、盈利能力和品牌能量。

1991年至2001年，再度出任厂长（董事长）后，他将其微生物发酵的科研成果，运用于生产和管理的规范化、标准化，企业已经淬火锻造，核心竞争力已举世公认。"贵州茅台"已经插上腾飞的翅膀。他在文章的最后一句话是："贵州茅台"给中国股市带来的会是更大的惊喜。

季克良的这些话，要是 18 年后，也就是 2019 年的夏天才来讲的话，似乎不会有什么味道。因为，2019 年 7 月，"贵州茅台"股票，有的交易日已经突破了1000 元大关。

"预言"变成了"神话"。

国家级非物质文化遗产项目传承人

2006 年，国务院公布了一批国家非物质文化遗产项目，其中有"茅台酒酿制技术"。季克良被认定为这个项目的代表性传承人。

如何才能把贵州茅台酒的酿制技术传承下去，发扬光大，生产更多更好的茅台酒，满足不断增长的茅台酒需求，成了季克良退休后经常思考的问题。

传统工艺是根。贵州茅台酒股份有限公司总经理助理、生产部主任向平认为，"季老爷子"始终如一地坚持系统、规范、理性总结茅台酒传统工艺，从原料进厂到出酒，不断完善工艺技术框架的标准结构。"只要他参加的生产会议，他都要反复强调要遵守传统工艺。"

坚守质量阵地。贵州茅台酒股份有限公司十一车间主任郑云祥说，"季总"主持、领导制定的多项工艺技术管理标准中，质量标准最严格。单位内曾有人提出搞承包，"季总"坚决不同意，说一定要坚持质量第一的办厂方针，要求用质量"指挥棒"，指挥生产检测工作各个环节。

坚持技术交流和创新。贵州茅台集团人力资源处处长徐强觉得，"季总"是技术权威，就是退居二线后，仍然主要考虑技术，到外地学习、交流技术，以求茅台酒传统工艺的创新。他认为"季总"的人生很精彩：他成就了茅台，茅台也成就了他。

培养勾兑年轻人。贵州茅台酒股份有限公司勾兑室主任、全国评酒委员钟琳说，"季总"经常到小勾兑室，指导年轻的勾兑师们调整基酒中酸度等成分的比例结构。他心里有数，但不先讲出来，而是鼓励年轻人探索总结，在实践中培养勾兑人才。她还说，"季总"告诉她，从评酒到勾兑是一个大转折，理化数据、检测分析要与传统经验融合，研究风味，才能准确指导大批量生产。钟琳表示，不学好传统经验，不勾兑好茅台酒，对不起"季总"。她向笔者展示季克良为勾兑车间的两次题词。第一次题的是：茅台酒勾兑是理论与实践的融合，是艺术与技术的结晶。第二次是为茅台酒四万吨大型勾兑投产成功所题：科学勾兑。

坚持微生物发酵的深入研究。在茅台集团技术中心七楼王和玉主任办公室的墙上，一直挂着季克良为他们题词：攻必求克，心坚石穿。王和玉介绍说，"季总"曾推动与国家航空航天、中国科学院等部门合作，把茅台酒的原料，高粱、小麦和酒曲，用神舟五号送上太空，进行空中育种试验，进行微生物香气物质研究。已初步分离出香味、香气1200多种，移交给了茅台集团技术中心微生物资源数字库。季克良告诉他香味、香气物质，是茅台酒微生物发酵领域最神奇的核心问题，要一代一代地攻克下去。

永葆茅台酒的核心竞争力。茅台集团党委宣传部部长李增驰告诉笔者，"季总"2018年9月办理了退休手续。10月重阳节下沙期间，省文化厅非物质文化遗产项目管理部门到茅台园检查工作，"季总"实地引导，耐心细致讲解茅台酒酿制工艺技术。一丝不苟的工作态度，一如既往。季克良认为，茅台酒传统工艺技术，是茅台酒真正的核心竞争力，必须要守望好，传承下去。李增驰认为，"季总"的金字招牌，也是茅台园的核心竞争力之一，他的神韵，他的品格，很难有人能复制。他代言的茅台酒广告，让人耳目一新，很多顾客都产生"要到茅台酒厂看一看"的神往之感。

诚待拜师学艺的新一代。2019年8月6日，茅台集团公司召开了整整一天的生产分析会。季克良到会就茅台酒传统工艺的科学性和精准把握作了讲话，引起参会人员的重视。会后，副总经理万波、总工程师王莉、总经理助理黄维、生产部主任谢珺、技术中心博士杨帆、战略部科长王志发等人，专门看望并向季克良表达尊师学艺的心愿。看到年轻一代的员工们对茅台酒酿制工艺的敬畏，他格外欣慰。

2019年4月24日，季克良在上海的儿子处，过了80周岁生日。2018年9月退休后，他常常奔走于在北京工作的女儿处、茅台和上海三地，享受着晚年生活。他的妻子徐英，已于2017年去世。他们1967年结婚，牵手了半个世纪。在徐英病重期间，季克良经常牵着她的手，在住地的小路上散步。两个白发老人牵手的照片，在网上传了个遍，受到无数的点赞。徐英也是一代女性酿酒大家，担任茅台酒厂科研所所长、厂副总工程师多年，一生献给了茅台酒的事业。

季克良是执着的，也是幸福的、有价值的。作为一代享誉世界的酿酒大师，季克良品酒主要贯用鼻子闻，一闻一个准。因此有人建议，为他的高鼻梁投保20个亿。

对此，他粲然地一笑。

为了那梦中的橄榄树

——记著名医学家官志忠

◆ 廖友农

官志忠 （1951.9—）出生于贵州毕节。著名医学家。

1974年，至贵州医科大学（原贵阳医学院）医疗系学习。1985年，获医学硕士学位。1991年，赴瑞典卡罗琳斯卡医科大学作访问学者。1994年以来，官志忠每年往返于瑞典、贵阳两地工作，搭起国际学术交流的桥梁。1997年，获卡罗琳斯卡医科大学博士学位。2006年，官志忠辞去了瑞典卡罗琳斯卡医科大学的工作，回到家乡、回到母校。2017年，获贵州省最高科学技术奖。

官志忠率领本土科研团队进入国际先进行列，为贵州省消除燃煤型氟中毒的危害做出突出贡献，对老年性痴呆的研究达到国际先进水平。作为首席博士生导师，参与创建和发展了贵州省唯一的医学博士培养点；创建贵州省地方病与少数民族疾病防治人才培养平台，培养博士后、博硕士研究生等高端人才一百多名。作为我省本土培养和成长的高级人才，所研究方向达到世界领先水平，获得国际同行的高度认可。创建了贵州省地方病与少数民族疾病防治人才的高水平培养基地，扩展了贵州医学界的国际合作能力，提升了贵州科研团队在国际上的学术影响。

引　子

初见官志忠，给人的印象是严谨持重，这是一位科学家应该具有的儒雅风范。挺拔的鼻梁上，架着一副玳瑁色的方框眼镜；双眼炯炯有神，闪着睿智的光芒。帅气的国字脸上嘴角微咧，充溢着淡淡的笑容。在不事张扬中让人感觉这是一个极有亲和力的人。

像老朋友一样，沏上浓浓的香茶，不无拘束地聊上了他童年的欢乐、求学的艰辛和异国他乡的难忘经历。当娓娓谈到他学成后为了报效魂牵梦萦的祖国，报效生育培养他的家乡贵州毕节，报效他功成名就的母校，毅然放弃瑞典优厚的科研和生活条件，离开远在瑞典悠然安身的亲人时，他的眼角，竟悄然浮动着晶莹的泪花。

与一位睿智平和的博士生导师、学养渊厚的教授、充满激情的科学技术专家交谈是愉悦的，它能在不知不觉中净化着我们的心灵。

望着年逾花甲鬓角微霜的官志忠，笔者心中对这位科学技术专家的敬意油然而生。

毕节：乡愁之地

1951 年的秋天似乎比以往来得早了一些。贵州黔西北高原特有的野韭菜花迎风怒放，漫山遍野都变成了一片紫色的海洋。毕节古城始于明代，筑于公元 1383 年，是黔川滇边区历史文化古镇，素称"乌蒙腹地、三省红都、文化名城"。旧时毕节城关镇最热闹的马路两边，木混结构的老房子鳞次栉比。基本上都是设计精巧、工艺精湛的明清建筑，多为平房或一层楼房，交错分布，飞角重檐相间，屋顶盖着黑瓦。还有一些比较宽敞的四合院，也坐落此间。这就是最有名的毕节县威宁路。威宁路其实并不长，"十二个狮子顺墙跑"说的就是威宁路了。威宁路的道路两旁，栽种着挺拔的冬青树，郁郁葱葱的，把毕节的老街道衬映得一片绿意盎然。

时值九月，秋风送爽。官志忠呱呱坠地，出生在毕节威宁路一座显眼的四合院里，他在家里弟妹间排行老大。官志忠从小就聪慧过人，性格又比较温和。从上小学一年级直到小学毕业，他都是弟妹们仰慕的大哥哥形象。这不但因为大哥哥无论什么时候，总是能护着他们，为父母分担着责任。还因为大哥哥的学习成绩特别优秀，无论在班级和年级，大哥哥的成绩从来都是名列前茅的。这让弟妹们感到很光彩，人前人后特别有面子。每当他们遇到什么困惑和难题，在大哥哥的那里，基本上都迎刃而解。

1964年盛夏，在毕节县第四小学就读的官志忠，期末毕业考试，又以全年级总分第一名的成绩，被评为全校优秀学生，获得奖励《向雷锋叔叔学习》书籍一本。回到家中的第一件事情，就是趴在床头认认真真地翻开了这本彩色的"奖品"……

毕节四小是二十世纪五六十年代毕节县的一所重点小学。官志忠就读该校时，学习成绩一直都在班上名列前茅。他对书法及绘画亦有浓厚的兴趣，主动负责设计和书写班上的墙报或黑板报，经常以"小画家"的身份自鸣得意。

官志忠从小就爱好体育，尤其喜好打篮球。说起来，他曾与毕节四小篮球校队小伙伴一起风云球场，获得1963年毕节县属小学篮球赛亚军。作为当年的校队主力队员，他还光荣地获得国家体委颁发的一枚金灿灿的"少年级运动员"徽章。

在无忧无虑的生活状态中，官志忠结束了童年时代的读书生涯，进入了懵懵懂懂的少年时期。

童年—毕节；毕节—童年。留给他的记忆几乎都是美好的，充满着人情味……

或许是因为年龄太小的缘故，如今好多事情官志忠都淡忘了。对当年的回忆，唯一留下深刻印象的，竟会是一本书，这本由李四光、华罗庚、茅以升等25位科学家共同编写的科普读物，书名叫《科学家谈21世纪》。

在这本科普读物中，关于人类上天、下海、入地的描述，让官志忠心驰神往。科学家，这个神圣的称谓，在官志忠幼小的心灵里，留下了永生难忘的印象。

连他自己也不曾料到，在他今后的职业生涯中，竟会与科学技术结下不解之缘。

也就在他小学毕业后不久，因随父母工作变动，他们全家一起来到了他人生中经历的第二座城市。

这个城市有一个好听的名字：金沙。

金沙：成长之地

金沙是一座美丽的河滨城市，原名打鼓新场。整个县城地处毕节地区东部乌蒙山脉和大娄山山脉交汇处，坐落在乌江流域和赤水流域之间。

金沙于 1941 年置县，以境内"金宝屯""沙溪坝"首字取名，取义于古人"披沙拣金"之语。进入县城，会让人觉得耳目一新。清幽幽的贯城河水绕着县城蜿蜒而过，旖旎动人。这条河水，名叫偏岩河，位于乌江的上游。

沙塘桥，是少年官志忠光顾得最多的地方之一。清清的河水，美化着这座城市，也给了少年官志忠无尽的乐趣。尤其炎热的夏季，简直就是他游泳嬉水的天堂。他最喜欢干的事情，就是"跳冰棍"。从沙塘桥的桥墩上笔直地跳到清凉的水中，那是低层次的花样，基本为同龄人所不齿。必须跳出新花样。"代表金沙县，跳个小飞燕"，官志忠一个潇洒的跳水动作，不知引来多少艳羡的目光。官志忠也由此练就了一身好水性。

1965 年春天，官志忠随父母举家搬迁到金沙县，他们新家位于金沙县城关镇的热闹地带，紧挨着一个不大的广场，其实就是当时的灯光球场。这对喜欢打篮球的官志忠来说，简直是天上掉馅饼一样，喜出望外。广场旁边有县文化馆、电影院和川剧团，是当时金沙老百姓文体活动的主要场地。

官志忠就读于金沙中学（现金沙县第一中学）。金沙中学在当地是知名度很高的学校。学校离他家也比较近，走 20 多分钟路就可以到学校上课。

现在的金沙县一中，已经是贵州省级示范性普通二类高中。在整个毕节市也是赫赫有名的重点中学。掐指算来，官志忠已经阔别母校整整半个世纪。其实他早就有重返母校的心愿。遗憾的是几次学校校友发起的同学会，他都因种种原因未能参加，让他心中多多少少有些歉意。

2019 年早春二月，迎着和煦的春风，官志忠终于来到了他心怀感恩的母校。不知怎的，他内心深处竟有些忐忑。

走进金沙县一中，迎面可以看见一座造型生动名为"青春飞扬"的立体雕塑。宽阔的校园大道两边的草地近两米高的太湖石上，镌刻着现任校长杨光进撰写的"立己达人"和"仰之弥高"的行书。校园的走廊墙面上，也悬挂着题为"香樟诗社"

师生们的诗词作品，整个校园充满着浓浓的人文情怀。

难能可贵的是，在校园的一侧，竟矗立着一座题为"忠魂"的金沙一中创始人林正良的半身塑像。基座是一米见方的黑色花岗岩石，基座两侧分别镌刻着林正良烈士生前在二十世纪四十年代写于国民党监狱里的珍贵诗稿。一首是《梦游母校》："百年大计树人师，道愧传薪雪洞时。一肩道义衣钵地，六载金针领悟迟。春水南明波荡漾，月光尼舍冷凄凄。梦里酣游兴未已，醒来依枕动愁思。"另一首是《狱中勉诸儿》："国仇家难恨重重，责在儿孙莫放松。学艺克家跨灶子，读书救国主人翁。歌成正气文相国，冰结坚甲史阁公。千古英雄承母教，圣贤事业盼追踪。"

两首诗词，一种情怀，那就是一个忠贞不渝的共产党人；一个立志把读书救国放在首位的教育界前辈对祖国的忠诚和对教书育人事业执着的钟爱！即便是现在读来，依然让人感到荡气回肠，气冲霄汉！

林正良是地道的贵州金沙人。1938年秋加入中国共产党。历任金沙县总支书记和四县中心县委负责人。他抱定教育为立国之基的宗旨，筹资创办了当时的玉屏职业中学（即现在的金沙一中）。因宣传抗日救亡林正良被捕入狱。1941年8月7日，被凶恶的国民党反动派秘密杀害于贵阳。牺牲时年仅32岁，令人扼腕长叹。

作为金沙一中的创始人，林正良烈士的英雄事迹，尤其是他身陷监狱，受尽酷刑，依然心怀天下，以诗歌为武器和国民党反动派进行顽强斗争的革命大无畏精神，鼓舞着一代又一代的年轻学子为报效祖国竭尽心力，修远求索。

的确，有着如此重视教育的殷殷校风滋养，金沙一中尊师育人的传承堪称源远流长，桃李芳菲。积淀丰富的红色文化元素在金沙一中得以发扬光大。

金沙县一中现任校长杨光进，是一位年近五十的中年男子，圆脸，戴一副咖啡色的窄框眼镜，接人待物温文尔雅。一见面，杨光进校长显得特别热情，他将官志忠的手紧紧地握住，由衷地说："欢迎官老到母校造访。"

杨校长是国家特级教育优秀教师，教授级教师。他很健谈，严谨中不乏幽默风趣。杨校长介绍说："教育是理想和实践的统一。""尽责守道，勤学笃行"是金沙一中近年来深化教学改革实践中富有创新意识的教育理念。他自己从2012年跨进金沙一中担任校长，迄今已经度过了七个春秋寒暑。

"金沙一中现在推行'三明德育'，即明自己，明他人，明环境。"杨校长言浅意深地解释道："教师要尽责而守师道，以己之明而使学生达明。学校培养什么样的学生，关键要看学校设置什么样的教学理念。我认为用理想培育一代人，不能光看成绩。还必须强调德育先行，注重实践。因为实践是生命自觉的具体体现，能够激发学生心灵中自由生命的活力，激活学生自觉发展的动力。理想和教育的统一，是教育传承与创新的灵魂所在。"

杨校长兴致勃勃，边走边谈，不知不觉来到了位于教学楼二楼的校史陈列室。

陈列室里琳琅满目，挂满了多年来证明金沙一中荣誉的奖牌和锦旗。这里是铸造金沙一中教育灵魂的精神家园。醒目的位置，悬挂着从金沙一中毕业的，中国人民解放军艺术学院院长、中国书法家协会副主席申万胜将军用雄健的行书所撰写的金沙一中校训："厚德、广智、健体、育美。"

这是金沙一中建校 70 多年来一直秉承的教育理念。

进门的左面，一壁粉红色的墙上，"云程头雁"四个仿宋体大字映入眼帘，照片和文字分列，悬挂着中华人民共和国成立后金沙一中历任校长的简历。何镜华、李敬文、孙华山、龚代明、卓毓湘、廖忠毅、陈培正、代玉金、王松、邱若桐、骆国江、万俊利、杨光进……

一排排平凡而耀眼的名字从眼前掠过。让人们从心底生出敬意。这是对文化的崇敬，对知识的崇敬，对继往开来教育工作者的崇敬。

官志忠的目光久久地停留在一帧头发花白的照片前，这是他在金沙一中读书时老校长李敬文的照片。李敬文身着白衬衣，挺拔的鼻梁上架着金丝眼镜，俨然一副学者的模样。

也许是年代过于久远，文字介绍仅寥寥数行："李敬文，1952 年担任金沙中学副校长；主持学校工作。1962 年兼任学校党支部书记。1978 年离任。"

李敬文已经泛黄的照片勾起了官志忠对中学往事的回忆。

"记得当时学校的规模不大，学校的教室倒是砖瓦房，但大教室只有两层高。只有老师们的小小的办公楼是三层。学校两栋教学楼孤零零地靠在一座废弃的炼铁厂旁边，四周都是属于玉屏公社农民的田坝；背后是山，山上好像也没有多少植被；可能是大炼钢铁的年代统统砍光了。学校旁边是一条终年流淌的小河，位于金沙县城贯城河的下游。

田坝中间有条泥巴路，那时候不管刮风下雨，我们每天都要从这条泥巴路走过……"

官志忠的嗓音显得稍微有些低沉："想起来，我们这一代人可以说是多灾多难。生在困难时期，吃不饱饭。长知识的时候，又偏偏遇到了'文化大革命'。我恰恰在 1964 年秋季进校读书，谁知学校的板凳还没有坐热，1966 年‘文化大革命’就开始了。那年，我还不到 15 岁。"官志忠接着说，"在学校读书的时候，李敬文就是我们的校长。印象中，他对学生很和蔼慈祥，经常是笑眯眯的。当时就觉得李校长的知识很渊博，古今中外，谈起来头头是道，是很有思想的教育家。李校长对金沙中学的管理和培养人才的方式，获得了学校师生的认可和学生的尊重，使金沙中学的教育质量在毕节地区属于上流水平。我们当时好多学生都特别喜欢上李校长的课……"

金沙一中短短三年的中学生涯，几乎没有在官志忠的学习生活中留下太多的印痕，便在动乱的年代匆匆结束了。

客观地说，从知识层面，官志忠和所有在"文化大革命"时期毕业的中学生一样，根本没有扎扎实实地学到多少应该掌握的数理化知识，许多知识点几乎一片空白。留给他们这一代中学生的，还有一个众所周知的称谓"老三届初中生"，这是专指从 1966 年至 1968 年毕业的初中生。

很不幸，官志忠就是这代人中 67 届的老初中生。

但幸运的是，金沙一中一贯秉承"厚德广智"的校训、"以德修身、体艺兼长"办学特色和"勤学笃行"的教学理念，像一颗幼小的种子，在官志忠的心灵深处悄然生根发芽，尽管当时他还没有完全意识到。

心中有道，脚下有路。从金沙一中走出去的官志忠，切身领悟了"勤学笃行"的重要性，尽管身处文化扭曲的特殊时代，他依然感受到了古希腊哲学家亚里士多德曾经说过的那种情形："教育的根是苦的，但其果实却是甜的。"

岩孔乡是官志忠终生难忘的地方。在这里，17 岁青春年少的他，度过了人生中最艰难坎坷的时光。

六十年代末期，中国革命历程中一段错位的历史，让他们这一代人成为无学可上，无书可读；仰望星空，虚度时光的牺牲品，它的名字叫"知青"，它的归宿地，就是"上山下乡"和"插队落户"，到农村这个广阔的天地，接受贫下中农的再教育。

1968 年的初冬，寒风习习。在"文化大革命"滚滚的洪流中，刚从金沙县一中初中毕业的他，懵懵懂懂地被革命的红色风暴，忽溜一下，刮到了还不算偏远的岩孔乡。按照当时的政策，具有本县籍户口的知青，可以分配到本县区域内参加农业生产劳动。与其他外地到金沙插队落户的知青相比，官志忠其实还算是幸运的。

官志忠与他的 4 位同学，三男二女，被分配到了岩孔乡龙洞湾生产队。

在那个特殊的年代，生产队实行的仍然是人民公社大集体的管理模式。所有的村民，每天都要出工干农活。一年四季，靠天吃饭。犁田打坝、栽秧打谷、出草施肥、兴修水利，有什么活就干什么活。

生产队长是个老实巴交的中年汉子，名叫袁小文。一见面，他粗咧咧地说，"你们城里的学生娃儿，也是文化人，就住在生产队的粮食烘房吧，反正闲着也是闲着"。队长还告诉他们，按照当时国家对知青生活待遇政策，他们知青每人每个月有30斤口粮，9块钱生活补贴，从第二年起自谋生路，粮食分配和现金收入靠"秋后算账"。

不管怎样，官志忠和他的同学们在岩孔乡龙洞湾总算有了属于他们共同的"新家"。新的集体生活突如其来地开始了。官志忠开始还有点新鲜感，甚至还有点自豪感，觉得自己终于成为生产队的一员，可以不依赖父母自食其力了。

每天早上九点半左右，生产队袁队长那沙哑的嗓子就开始在生产队的场坝上回荡："出工啦！出工啦！"听到队长的呼唤，官志忠他们这些新来的知青和村民们一样，开始懒懒散散地向场坝靠拢，向队长靠拢。然后听从队长的安排，集体干活路。

当时有点让官志忠他们这些男知青想不通的是，活路男知青一点也没有少干，但待遇却有差别。男村民干一天活路挣10个工分，而他们男知青，也和女村民一样，每天只挣7个工分。

看来在封闭的农村，男女还是不平等啊。

时光在每天的辛勤劳作和夜晚的苦闷中悄然度过。

说老实话，龙洞湾的风景还是不错的。背靠云遮雾绕的白云山，漫山都是郁郁葱葱的树木，山下还流淌着一汪清幽幽的龙洞井，这是全村生活饮用水的源泉。在当时，对还在为自己生计和前途命运担忧的官志忠，是无暇顾及这些的。

金黄的秋天开始飘着落叶，热闹的秋收终于平静了。生产队的集体粮食也躺进了大大小小的粮仓。接近初冬，是村民们分红的日子，"分红"包括粮食和现金，是来年过日子的依靠。

可怜的是，知青们辛辛苦苦一年干下来，出满勤的才分得27块钱现金。没错，不是一个月，是知青们一年的最后收入。分给他们每人全年的"口粮"不到300斤。主要是玉米，谷子占一小部分。

"分红"这一天，官志忠心里颇不平静。

坐在知青屋前的小木板凳上，望着白云山山坳里落日的美丽余晖，想着这点"分红"哪里能维持一个还在长身体的青年一年的生计啊！他开始思考自己今后的人生道路该怎么走？

看看自己而今眼目下的情况，除了出工劳作，就是要参加各式各样的革命运动和大批判，喊充满火药味的革命口号。当时，整个国家整个社会都充斥在一种动荡不安的氛围中……

曾经有好长一段时间的知青生涯，官志忠是在迷茫和彷徨中度过的。

后来，同一知青点的同学有的当兵了，有的读高中了，有的转点了，只剩官志忠一人还在坚持。生产队给官志忠另外安排了一家村民的住宅的小偏房，也是土坯房。官志忠躺在土坯房孤零零的木床上，心里感到拔凉拔凉的，他感觉不到生活的出路在哪里，甚至有点绝望。

屋漏偏逢连夜雨。有一天，队里派工让他帮助一家农户盖房子。在金沙农村，那时候贫穷的农民哪里住得起砖瓦房，盖房子都是打土坯，一层一层加高，作为房子的四面墙壁，屋顶架上大梁后，上面盖茅草。土房的修建是有村民们相互帮助完成的，称为"换工程"。

一个村民家修房子，邀请官志忠帮助修建，任务是挑黄泥供打土墙用。随着土墙的加高，要顺着简易木梯挑泥上墙。也许是官志忠的运气欠佳，已经帮忙打了一个多星期的土坯，眼看土坯墙已经垒到三米多高了，偏偏下起了小雨，使简易木梯相当滑。官志忠挑着约 150 斤的泥土一步一步艰难地踩着木梯往上走，走到约二米高的地方时，突然脚踩滑了，跌倒在木梯上。那 150 斤重的泥土挑子还重重地压在他的颈部，压得眼冒"金星"，呼吸困难，一下子喘不过气来、晕厥倒在泥堆里……

旁边的村民见状不好，赶紧将官志忠从泥堆中了拽了下来。

事后官志忠不无庆幸地想，如果泥土挑子在自己的颈部多压几分钟，那后果真是不堪设想啊。

人生往往具有两面性。经历过这次生与死的擦边较量，官志忠反而感到了前所未有的清醒。人们不是都在说，大难不死，必有后福吗。自己确实应该冷静地思考一下知青的出路，自己的出路究竟在哪里？

这时候，一个倔强的声音在官志忠的心底回荡，一浪高过一浪，"我想上学，我想上大学，我一定要上大学"。

从此，官志忠心里有了一个目标，这个目标就是要读书。

官志忠开始琢磨怎样找学习资料。他费尽心思，四处托人找来"文革"前老高中生的数理化、文史地课本，找来数理化青年自学丛书。每天干完繁杂的农活，官志忠艰涩地自学这些原来从没有学过的知识。他如同一只饥渴的小蜜蜂，在知识的海洋里拼命地吸取有用的营养。

后来，村子里的农民都回忆说，当时在整个寨子里，每天晚上，甚至半夜两三点钟，常常可以看到官志忠的土坯房里还亮着昏黄的灯光……

官志忠嗓音相当不错，堪比专业歌手。现在的朋友聚会，他偶尔会露一手。他最爱唱的是蒋大为的《敢问路在何方》，阎维文的《母亲》，刘和刚的《父亲》以及王佑贵的《我们这一辈》。每当歌声一起，官志忠高亢浑厚的嗓音往往受到大家的交口赞誉。官志忠充满感情地说，自己唱歌这一特长的发掘其实要感谢知青时代的声乐启蒙。

事情还得从头说起。

原来在金沙县黔剧团的一个姓国的专业男演员，二胡演奏和黔剧演唱都行。因为县剧团解散，有门路的寻了好去处。国演员因家庭成分底牌不亮，被疏散下放到了岩孔乡的龙洞湾生产队，接受贫下中农的再教育。

这位演员被安排在龙洞湾小学教书，大家也就称他为国老师。国老师为人很谦和，他给村里的孩子们上文化课，也教他们音乐课，识简谱。有空闲时还教当地村民排练他自编自导的黔剧。

官志忠在迷茫中终于找到了精神慰藉的出口。

工余时间，他成了国老师的忠实"粉丝"。

官志忠似乎从小就具有"艺术细胞"，他的性格一直是一个不肯服输的人，更何况，他天生有副好嗓子，过去没有尝试唱过。但在专业造诣颇深的国老师的悉心指导教诲下，他重新找回了自信。他巧妙利用空闲时间，开始学习声乐、学拉二胡、练习唱歌、学唱革命样板戏，劲头十足，不亦乐乎。

当时，举国上下正风靡革命样板戏。在祖国的万里河山，大街小巷，无处不回荡着《沙家浜》《红灯记》《智取威虎山》等八大样板戏的高亢唱腔。

在国老师的组织下，村民们开始排练京剧样板戏。村里排练起了京剧《智取威虎山》，官志忠参加其中的片段《深山问苦》，扮演英雄杨子荣的光辉形象。该折子戏被选送到县里和地区多次参加演出，获得了大家的好评。

随着学习的循序渐进，官志忠的知识储备量也在不断地充实，不断地增强。他已经自学完成所有高中一年级的数理化、文史地课本。

官志忠变了，变得更加充满自信了。细心的村民们不难发现，官志忠经常挑着水，哼着曲，走在白云山乡间的小路上……

俗话说，机会总是格外垂青有准备的人。

又是一年秋风劲。这是1970年的金秋。因国家经济发展计划，修建湘黔铁路全面动工，八方人马投入湘黔铁路大会战。金沙县开始组建湘黔铁路修建民工团，官志忠有幸被生产队推出参加修建湘黔铁路。

因为鼓舞修建湘黔铁路民工士气和斗志的需要，金沙县湘黔铁路修建民工团开始组建文艺宣传队，在民工中招收文艺人才。自然，官志忠作为推荐人选，经过业务测试，被选进了文艺宣传队。

县文艺宣传队以文艺宣传的形式，汇入了湘黔铁路会战的洪流之中。先后参加龙里、贵定、福泉为会战的建设者们送去欢乐和慰问。

在县文艺宣传队，官志忠参加唱歌、跳舞、演话剧等，同时还有机会提高二胡演奏水平，新学习了小提琴、中提琴、三弦、京胡等乐器，以文艺工作者的身份，到各地工地巡回演出，为铁路会战建设者们奉献着精神食粮。除了演出，他还利用自己的写字特长，为金沙县民工团报刊《铁建战士》（半月刊）用钢板刻写蜡纸，然后印刷成传单形式的报纸散发到各个工地，艰苦的日子也过地有滋有味。

更让他高兴的是，在待遇报酬上，他们县文艺宣传队的演员，除了一日三餐有白米饭吃，湘黔铁路会战指挥部发给他们每人每月36元钱的报酬。不过这笔钱有24元要交给官志忠原先所在的岩孔乡龙洞湾生产队，参与生产队的年终分红，另外12元，是发给自己的工资。这在当时，比起在生产队年分红27元来说，的确是很大的一笔收入。官志忠生平第一次领到了凭自己劳动挣来的工资。

激动之余，他觉得自己的付出太小了，而国家给他的待遇太高了。他决心尽自己最大的努力，刻苦学习和排练。拿出更好的剧本以更好的演出效果回报社会，回报那些在铁路会战中呕心沥血的建设者们。

由于各行各业建设的需要，从1972年起，国家调整就业计划，大范围的招工开始了。

正可谓柳暗花明，官志忠又一次遇到了人生中的最宝贵机遇。

金沙县工商局到湘黔铁路修建金沙民工团招录正式职工充实工商系统。

经过考试考核，官志忠顺利地被录用了，被分配到金沙县安底区工商所，成为有正式编制的国家机关工作人员，那是在1972年的年底。官志忠春风得意地踏进了他原以为要工作一辈子的安底乡工商所。

可是，世事难料。官志忠的人生轨迹，注定了他会像一只候鸟，飞来飞去。为了更高的理想目标，他会奋力飞向更远的地方，飞向更广阔的天地。

官志忠仅仅在安底乡留下了两年的生活印记，便匆匆地不舍地离开了。

但是，回望金沙，对于培养他，推荐他上大学的安底工商所，官志忠始终心怀感恩。他永远忘不了这块自己曾经洒下过心血和汗水的热土……

2019年早春二月，春寒料峭。在金沙县工商管理安底乡分局的办公室，官志忠重回安底乡，见到了他永生难忘，已经75岁高龄，依然精神矍铄的原工商所所长鲁永谦。陪同他前来的，除了采访他的专栏作家外，还有现任工商所的领导和同事们。就连在金沙县文化广电局当局长的高中华，也闻讯赶来。

老同事新朋友见面，自然格外亲切。大家围着铁炉子坐成一圈，喝着茶水，往事的回忆在氤氲的热气中散漫开来……

退休多年的老所长鲁永谦抽了一口烟，喷着浓浓的烟雾，眯着眼睛回忆说：

"官志忠当年是我亲自接到工商所的。那时他二十来岁的模样，青春焕发，充满朝气。更主要的是他文笔好，能写一手好字。当时所里的很多材料，都出自他的手笔。"

"当时安底、禹谟、沙土为金沙县东三区（七十年代国家还没有撤区并乡建镇的机构改革，统称为区），是全县经济比较富裕的地区，也是全县经济收入主要来源的地区。物资条件相对其他区要好，经济也繁荣一些。正因如此，区工商所的任务就特别艰巨。那是个物资供应特别贫乏的年代，很多老百姓生活的必需品统统被列为国家统购统销范围。买米凭购粮本、买馒头包子糕点凭粮票、买布凭布票、买肉凭肉票；买白糖凭票，买花生米凭票，买香烟凭票，买茶叶凭票，无论买什么，几乎没有不凭票的。虽说进入了七十年代初期，国家的经济形势有所好转，老百姓手头也多少有了几个活钱，想买一些农副产品，要通过地下的悄悄交易，也要冒风险。因为这种行为在当时被定性为'投机倒把'"。

鲁永谦老所长的话匣子打开了，呷了一口茶，激动中又满含着歉疚的情绪："当年工商所的主要工作，一是集市贸易监督管理，当时还没有农产品市场的提法，都统称为集市贸易。二是重点打击投机倒把行为。每逢到农村赶场天，是安底工商所工作人员最忙碌的时候。全所人员按照片区分配集市贸易监管任务，每天一大早就匆匆赶往各个场坝。要监管的工作现在看起来有点对不住老百姓，但当时的确是政治任务，形势所迫。

在喧闹的农贸物资点，工商所工作人员要监督农民把自己家养的母鸡包括鸡蛋，自己家种的茶叶，自己家生产的其他农副产品，统统都必须卖给国家的物资收购点，也就是供销社，不能私自买卖。私下买卖的价格肯定会高很多，但因为国家明文规定私自买卖属于投机倒把，许多胆子小的农民不敢去冒风险。忍痛卖给国家吧，价格差了很多，吃亏的最终还是老百姓。农民好不容易杀了年猪，自己舍不得吃，卖给国家收购点，税务所还要收杀猪费……"

当然，除了政策的硬性规定外，工商所给老百姓还是办了很多实事。只要不是国家明文规定的，安底工商所的同志们还是实事求是地站在农民的角度，想方设法地让老百姓多得一些实惠。农民要发展自己家的养殖，工商所帮助办有关手续。为了鼓励发展集体经济，他们还给村里发放了"集体工商企业营业证"……

当然，在国家大政策的樊笼中，这些小政策对促进农村经济起不了太大的作用。但至少在鲁永谦、官志忠以及工商所其他人的心里，多多少少有为老百姓做些实事的慰藉。

年轻的官志忠当时也在这支执法队伍中，风雨无阻地忠实地执行着代表国家职能的工商所职责。老所长鲁永谦的话语，又一次勾起了官志忠当年心中的隐痛。

其实在当年发生的这种种情形，官志忠清楚地知道国家实行这种政策实属无奈之举，权宜之计，是没有办法的办法。因为我们国家的国民经济还不发达，物质生活还十分贫乏。

他经常在心里在暗暗祈祷，希望我们的祖国快一点强大起来，富足起来，让老百姓真正过上幸福安康的好日子。

而科学技术的发展，教育的兴盛，才是国家发展的动力。读书、必须要读书。知识改变命运，无论对个人、对国家，都是如此。

官志忠对知识的渴求比以往任何时候都要强烈。

毗邻安底老街，在安底工商所背后僻静的小木屋的阁楼上，春去秋来，数不清多少个夜晚，官志忠都会伏在小方桌前，熬更守夜地做着高中数理化的习题。

官志忠在工商系统工作两年，在工作之余，高中数理化文史地教本、数理化青年自学丛书等等书籍，都被他翻阅得不成了模样。

他渴望有朝一日能掌握更多的知识和本领，能为祖国的经济建设发展尽一份绵薄之力，添一块砖，加一块瓦……

官志忠清楚地记得当初被推荐上大学前前后后的经历。

除了工作勤勤恳恳，政治素质好，官志忠当时在安底工商所还是小有名气的文艺骨干，小笔杆子，是区篮球代表队的主力队员。正因如此，听说有大学招生名额，单位组织也知道上大学是他多年的心愿，经慎重研究，决定推荐他上大学。

工商所鲁永谦当时风华正茂，刚入而立之年。他颇具文才，在湘黔铁路文艺演出中见识过官志忠的风采，也与官志忠共事了两年，对官志忠有深刻的了解。

鲁永谦参与了研究，他积极地向有关领导举荐了多才多艺、勤奋好学的官志忠，主动承担为官志忠写单位推荐函的任务。

这时候，已经是下午三点多钟了。还未等鲁永谦摊开纸张，官志忠便急不可耐地等候在办公室外。但当鲁永谦把写好的推荐函慎重地装进信封，交到他手里的时候，官志忠却久久地不敢伸出手去……

许久，官志忠才回过神来，接过盖着工商所大印的推荐函，飞快地跑出门外，将推荐信亲手交给区招生办工作人员手中。这时，官志忠才发现自己后背的白衬衣已经湿透了……

通过区招生领导小组慎重研究，官志忠幸运地被列为推荐上大学候选名单。

随后，省招办委派的招生老师与县招生办组织对全县各个单位推荐上大学的考生进行了文化考试。

没有任何悬念，官志忠笔试名列前茅，高分顺利通过了笔试这一关。接下来由省招办委派的招生老师统一对考生进行面试。说是面试，其实是大学招生老师对考生的目测和提问。

由于想上大学的愿望太强烈，官志忠不敢填报省外重点大学，微微颤颤地填报了贵州大学历史系，心想这个历史系这个志愿可能填报的考生不多，把握性大些。

幸运之神再一次降临。到毕节地区招生的老师中有一位来自贵阳医学院的张老师，贤淑端庄，气质优雅。她是金沙考区的主要面试老师之一。

张老师注意到了朝气蓬勃略显腼腆的官志忠，认真查阅了官志忠的笔试情况。和蔼地问过他的基本情况后便对他进行面试。面试结束后得知官志忠填报的志愿是贵州大学时，张老师便建议官志忠改报贵阳医学院。虽然当时是推荐上大学，由于贵州缺医少药的情况很严重，张老师特别希望招收学习质量高的考生学医，将来学成后有更多的医学人才去救死扶伤，挽救人的生命。

能上大学是官志忠当时的第一心愿，想到既然有招生老师建议和推荐，把握应该更大，便满口答应了。

这是官志忠迈向医学道路的第一个伯乐。

若干年后在贵阳医学院的校园相遇，张老师无意间问起官志忠是否后悔学医，已经在医学界崭露头角的官志忠满怀感激之情回答："我从没有感到后悔，特别感谢老师给我指明了一条最适合我的灿烂之路。"

负责招生的各所大学老师在圆满地完成了招生任务后，也纷纷离开了金沙县城。

官志忠的心里也好似风筝一样，随着招生老师的身影飘走了，空捞捞的。他的心像是十五只吊桶打水，七上八下。

在焦急的等待中，身着绿色邮局衣服的邮递员终于送来了他期盼已久的入学通知书。官志忠双手捧过土黄色的信封，微微颤颤地拆开，当看到"官志忠，恭喜你被贵阳医学院医学系录取"等字样时，官志忠才发觉自己的双手一直在颤抖……

官志忠上大学的喜讯顿时在安底工商所传开。无论是单位的领导或同事，甚至连平时很少打照面的朋友，纷纷赶到他的房间，为他送上祝贺之词。这已经是最好的礼物了。在那个物资匮乏的年代，连基本的生活副食品都很难保障，鸡蛋都被列为国家二类控制物资的年月，别说大吃一顿了，能吃饱白米饭就不错了。

单位能出个大学生是喜事。工商所的领导和同事，专门到平常很少踏足的照相馆，兴致勃勃地留下了一张和官志忠合影的集体照片。

人的一生当中会碰到许多机遇，有的机遇可能与你擦肩而过，有的机遇却可能足以改变你一生的命运。

官志忠迎来了他人生中又一次彻底改变前途和命运的重大转机。

夜已经深沉了。当人生的重大转折点降临，希望能够实现的时候，兴奋之余，官志忠呆呆地坐在小阁楼书桌前，目光透过窗棂，看到夏夜浩渺的星空中无数繁星在闪烁，泪水洒满了胸襟。他用消声器压住琴身，拉起了当时流行的小提琴独奏曲，《草原上的红卫兵见到了毛主席》。悠扬欢快的乐曲顿时在夜空中荡漾开来……

官志忠一夜无眠。

第二天早上，天刚麻麻亮。金沙县安底镇老街狭窄的马路旁边，伫立着一个中等身材，身着白衬衣，肩挎黄书包的年轻人，他就是官志忠。

他将搭乘早班客车前往省城贵阳医学院报到。

省城：天之骄子

　　贵州医科大学前身系贵阳医学院。老贵阳人习惯地称为贵医。1938年3月，为"缓抗战医疗之需，立西南医学之基础，救济流亡学生之学业"，首任院长、医学教育家、协和医学院热带病学专家李宗恩博士受当时国民政府的委托，带领一大批医学界精英云集贵阳，谋划组建一所新的医学高等院校。在家如悬磬的环境下，国立贵阳医学院应运而生，开创了贵州省高等医学教育之先河，是当时名震全国的九所国立医学院之一。

　　历经半个多世纪的风云变幻，贵阳医学院如今已经是全省唯一的医学博士授予单位。2015年正式更名为贵州医科大学。有南北两个校区。教学体系涵盖医学、理学、文学、工学、管理学和社会学六大学科门类。坐落在幽静绿荫丛中的贵阳医学院校园，是有着圣心仁者的莘莘学子向往之地。

　　1974年的秋天，校园教学楼前高大挺拔的法国梧桐树缀满了金黄色的树叶，一眼望去，充满了浓浓的秋意。

　　揣着红色的大学录取通知书，官志忠兴致勃勃地走进了贵阳医学院的校门。他年轻的目光，久久地停留在校大门的牌匾上。那是秉承建校36年的贵阳医学院的校训："诚于己，忠于群，敬往思来。"

　　官志忠默默地把校训记在了心里。以后的岁月可以证明，官志忠简直把校训融化进了骨髓里。

　　在贵阳医学院医疗系，官志忠开始了为期3年大学生课程的学习。这是在"文化大革命"后期所谓"工农兵大学生"特殊的学习经历，那时候，国家尚处在政治和经济的双重动乱之中，还没有恢复高等院校的高考制度和正规教学制度。

　　大学优越的学习氛围和环境，来自金沙县城的官志忠特别地珍惜。他知道这一切真正地来之不易。他抓紧所有能够应用的时间，如饥似渴地扑到了学习上。

　　熟悉他的同学都知道，无论严寒酷暑，无论春夏秋冬，除了上课时间外，在两个地方可以看到官志忠的身影：一个是在学院安静的图书馆，另一个地方则是学院喧腾的篮球场……

　　年轻人特有的旺盛精力和自己的文艺天赋同样不能埋没。学校组织的文艺会演，官志忠是积极的参与者。逢年过节，只要是学院或年级组织的文艺演出，同学们还时不时能听到官志忠那浑厚的男高音和悦耳的小提琴声响彻礼堂、教室……

当然，文艺表演一年就那么几次。更多的时候，官志忠则是安安静静地坐在学院图书馆的阅览桌前，桌面前摆着摊开的笔记本和一两块干硬的饼干，这种情形很平常，往往一坐就是一天。其实，从进入贵阳医学院开始，除了教室，官志忠整整在图书馆坐了三年的硬板凳……

其实，三年的大学生活，官志忠也没有过得那么刻板，相反是过得有声有色。除了学习外，他还是贵阳医学院学生篮球队的主力选手，也是小有名气的排球队的二传手。同学们球场上经常可以看到他矫健的英姿，许多大学的球场及省、市体育场馆都留下过他充满活力的身影。

一件偶然发生的事情，让官志忠更加领悟了生命诚可贵的真谛和救死扶伤的神圣。

那是毕业前夕学校安排到织金县医院开门办学的一个春夏之交的季节。

这天，已经在病房实习的官志忠他们的轮转休息日。从小喜欢游泳的官志忠和另一位同学在到织金县医院附近的小湖边散步。忽然，从湖中央传来"救命啊、救命啊"急促而尖锐地呼救声。

官志忠猛然醒悟，这是有人落水啦。他没有丝毫的犹豫，与同学三下五除二地脱掉身上的衣服裤子，一个鲤鱼打挺的姿势跃入水中。当他们把溺水者救上岸以后，发现这是一位不到 20 岁的年轻男子，经过压胸等常规处理，溺水者平安无事后，他们两人才悄悄地回到医院。没有想到的是，这个被救者的父亲是位癌症晚期病人，目前正在织金县医院住院治疗，生命垂危。

被救者及他的家属心怀感激，专门到织金县医院寻找救助者，费了半天劲，才找到当时还是织金医院实习的大学生官志忠及其同学，并送来了感谢信和锦旗，手里提着当时属于紧俏物品的白酒。得知官志忠等同学的救人事迹，贵阳医学院带队的一位麻醉科知名教授不无感慨地说："你们做了好事也不吭一声，害得病人家属在医院找了好半天。病人是癌症晚期，估计挺不了几天了，你们救的这是他的独子啊，大好事一件，功德无量啊！"

谢绝了被救溺水者及家属表示感谢的白酒等礼品，官志忠和他的同学推脱不下只好收下了锦旗。面对感谢信和锦旗，官志忠思绪万千，想了很多很多……

他想，如果溺水者没能及时地救上来，那两代人的家庭雪上加霜的后果简直不堪设想。人生没有如果，但官志忠深切地感受到了挽救生命给一个人、一个家庭带来的希望是永远无法用言语，用金钱，用一切的一切去替代的！

一种作为救死扶伤的职业医生的责任感和自豪感，从官志忠的心底油然而生。

官志忠这才发现自己当初选择了一个多么崇高的学习专业。这专业将意味着自己毕生从事的职业。他从此更加坚定了把毕生精力贡献给医学事业的决心。

1977 年，功夫不负有心人，官志忠以全年级毕业考试总分第一名的成绩从贵阳医学院医疗系毕业。当时，国家百废待兴。高考制度刚刚恢复，经济建设和各行各业急需人才。

年轻的官志忠风华正茂，顺理成为"文革"后贵阳医学院首批留校的佼佼者之一。作为优秀毕业生，官志忠被贵阳医学院在国内病理学领域大名鼎鼎的病理学家刘家骝教授亲自选中，分配到学院病理学教研室作教师工作。刘教授是官志忠人生旅途中的第二位伯乐。

官志忠所在的病理学教研室是"文革"结束后获批的首批硕士研究生招收点，刘家骝教授是教研室主任，也是贵阳医学院首批硕士生导师，于 1978 年招收了两名老大学生。对着自己亲自挑选的毕业留校生，刘教授对官志忠提出了要求，即等他将这首届两位研究生培养毕业后，让官志忠再报考他自己的硕士研究生。

官志忠顺利留校当上了贵阳医学院的大学老师。

进入到新的工作环境，官志忠简直感觉自己变了一个人，浑身上下有使不完的精力。为了把"文革"中失去的时间抢回来，除了日常的助教和科研工作，办公室和图书馆是官志忠埋头苦读的常居之地。连图书馆的同事也不无敬佩地开玩笑说："怎么又是你官老师，真把图书馆当自己家了！"

官志忠内心深处，当时还是想继续学习深造。他想完全凭自己的学习实力，继续攻读硕士研究生。但是在报考硕士研究生的问题上，仿佛命运一直在和官志忠玩捉迷藏的游戏。

毕业后留校的时间过得很快，在勤奋工作和如饥似渴地学习中，三年一晃就过去了。终于，刘家骝教授的首届研究生弟子毕业了。1981 年秋季考试，官志忠再次蟾宫折桂，政治和外语考试成绩高于当时教育部划定的硕士研究生录取分数线，专业和专业基础考试成绩也通过了贵阳医学院的录取分数线。

遗憾的是，当时整个贵阳医学院报考硕士研究生的考生中，除官志忠外，其他考生都没有上教育主管部门划定的硕士研究生录取分数线。

学校负责招生工作的领导找到官志忠，有些歉意地解释了上述情况，说学院不可能专门为他一个人设置病理学研究生课程，他这次研究生录取指标就算取消了，希望他来年再考。

善良的官志忠当时有些懵，唯有以苦笑来面对这次考取硕士研究生却不能被录取的残酷现实。学校单方面的限制条件，对年轻的官志忠来说，只能是尽人意，听天命。一直拖到了1982年，他才又再次考过硕士研究生录取分数线，真正成为刘家骝教授的弟子。

命运有时候往往是机缘巧合。连官志忠自己也不曾料到，正是在贵阳医学院病理实验室任教的机会，让他与贵州地氟病结下了终身的不解之缘。

贵医：科研情怀

三载苦读，一朝名就。1985年，官志忠终于戴上了心仪的硕士帽，获得贵阳医学院病理学专业硕士学位。他的毕业论文《慢性氟中毒大鼠及其所生仔鼠大脑DNA、RNA含量及形态学改变》，获得研究生专家答辩委员会的高度评价，发表在当时为数不多的国内顶级核心杂志《中华病理性杂志》上。

仿佛被幸运之神抛中了彩球。任谁也没有想到，时隔6年后，风华正茂名不见经传的官志忠，1991年竟被国家教委和国务院学位委员会授予"中国有突出贡献的中国硕士研究生"，并授予金质奖章。

在硕士研究生前面冠与堂堂皇皇的"中国"两字，其分量一下子变得沉甸甸的。

让我们掀开那段尘封历史的冰山一角。

1976年金秋十月，宣告了"文化大革命"的结束。1977年秋季，中央人民广播电台激情洋溢地广播了中央招生会议精神，决定恢复研究生培养制度。国家，把培养四化建设的高层次人才，纳入了正常的轨道。1978年5月5日，艳阳当空。在广袤的中华大地，6.3万有志青年在同一时间步入不同的考场。这是"文化大革命"后的首场硕士研究生招考，不知牵动了多少家庭关注的目光。

这一年，全国各高等院校共录取硕士研究生1.07万人，欢庆的锣鼓响彻大街小巷，这是对高考培养人才政策的回应。据国家教育部门的官方数据公布，全国1978年招收硕士研究生3.6万人；1979年2.9万人；1980年3万人。到1981年，全国也仅招收硕士研究生 3 万人。那时候，硕士研究生实在是凤毛麟角，是相当抢手的高层次人才。

难能可贵的是，官志忠竟然在全国数十万已经毕业的硕士研究生中又拔得头筹，被国家教委授予"中国突出贡献的硕士研究生"！

当时，无论是贵州教育界还是新闻界，大家都试图在寻访到底发生了什么？官志忠究竟做了什么值得讴歌的大事，才会享受如此的殊荣。

其实，医学院的许多同事和领导都清楚地知道，官志忠本硕求学经历，看似简单，但其中都蕴含着他对地氟病研究的因与果。官志忠的初衷其实很简单，就是想通过自己的科学研究让贵州百姓远离地氟病所带给他们的痛苦。而他毕业论文许多病例和观点，精妙地融入了他多年对地氟病研究的成果。

客观地说，被授予"中国有突出贡献的硕士研究生"，优秀毕业论文和实践研究成果的双重效应，才为他带来了如此的殊荣。获此殊荣的，当时全贵州省只有 5 人，其中官志忠是唯一在贵州本土培养毕业的硕士生。

"其实我最早接触到地方性氟中毒疾病就是在大学毕业留校任教的时候。"官志忠陷入了对往事的回忆之中。他说："那时贵州有两大地方性氟中毒（简称地氟病）和地方性甲状腺肿，都是当时严重危害贵州人群身体健康的疾病，也是我的导师刘家骝教授当时从事的主要科研项目之一。是刘家骝教授亲自将我带入地氟病研究领域。而我从事地氟病研究并初步取得科研成果，则是从我硕士研究生阶段确定的重要课题研究方向开始的……"

话语从年过花甲，迄今已经功成名就的博士生导师官志忠教授口中淡淡地道出，其中不乏感恩之心。其实，他本人也不曾料到，地氟病的科研始末，竟会延续了40 年的光阴岁月……

往事并不如烟，缘起 1978 年的秋天。受国家卫生部委托，贵阳医学院教授魏赞道主持氟中毒科研项目，开展对氟病成因、发病机制、疾病流行、防治技术等调查研究。官志忠幸运地成为该课题的主要研究成员之一。

二十世纪七十年代开始发现的燃煤污染型氟中毒是贵州特有的地方病，贵州病区有 1500 万人受到氟病的威胁，其中有三分之二的人患氟斑牙，约有 100 万余人患氟骨症。贵州因此成为地氟病危害最严重、防控任务最艰巨的省份。毕节和六盘水赫赫名列地氟病重灾区。

当时，无论是政府卫生部门，教育部门，还是相关医疗机构，都不遗余力地投入到了这场攻克严重危害人民群众健康的特殊战斗之中。

有幸成为这场特殊战斗中的一员，官志忠一马当先。为了能更准确的了解地氟病发病原因、临床表现、发病地区等数据，官志忠和他的科研团队的其他成员，开始了对贵州地氟病高发地区艰辛的调研走访和实地取样。科研调查的越来越深入，官志忠的眉头也越来越紧蹙，心情也越来越压抑。特别在毕节和六盘水调查研究时，官志忠发现当地居民普遍牙齿发黄发黑。问及原因，许多当地人不知所云。有吸烟的男子则半开玩笑地说"这大概是抽烟熏的吧"。其实，没有抽烟的女孩甚至小孩牙齿一样发黄发黑。随着调查取样和研究的深入，官志忠和他的研究团队终于得出了科学的结论，这就是燃煤型氟中毒造成的氟斑牙。

地氟病对于贵州百姓危害极大。在地氟病高发地区，同时也是贵州贫困地区和少数民族居住的边远山区，有很多孩子因身患地氟病已经造成了身体的畸形发育，而幼小的心灵也要受到病痛的折磨。凡此种种，让官志忠的心中颇为难受，他被病区人群的病痛程度和与之相伴的贫穷深深地震惊了。

全省的调查结果表明，贵州氟中毒范围涉及全省 37 个县（市、区）1500 万人，约占全国燃煤型氟中毒病区人口的一半。形成燃煤型氟中毒的主要原因，是当地居民普遍采用煤块取暖、烘烤粮食，而煤块是常用煤粉和上黄泥黏土搅拌而成的。毕节和六盘水地区，都是贵州的主要产煤区。山上农民开发的小煤窑也比比皆是。煤块和黄泥都含有大量的氟，氟在烘烤过程中被粮食吸附，居民长期慢性摄入过量氟后，不仅染上氟斑牙，还造成人体多器官、多系统的广泛性损伤。患上氟骨症。而对于医学常识的缺乏，当地人则认为是患了风湿病。"笑不露齿""有气无力"是对这两种典型病症的最好形容。

官志忠如数家珍地回忆着当初调研时的情形。他说："由于受农村经济条件差和生活方式的限制，在很多农村家庭习惯使用没有烟囱的敞炉灶，就地小煤窑取材。这些产煤地区的农户煮饭、煮猪食、取暖、烘烤粮食等，基本上都使用煤块和与黄黏土相伴的煤团（或称稀煤）作燃料。由于煤块和拌煤黏土中含氟量相当高，燃煤排放的氟使空气和食物发生严重的氟污染，人体长期摄入后便引发了慢性蓄积性氟中毒。而当地居民十分不习惯有排烟管的炉灶，认为火力小、不暖和。没有文化可怕，缺乏科学知识更可怕呀。"

对地方病氟中毒课题研究，条件十分辛苦。当时交通不便，有时从县城到乡下病区只能坐拖拉机，往返一次，路上就要耗掉大半天的时间。

官志忠和研究团队全身心地投入到燃煤型氟中毒流行病学、病理损害、发病机制和临床防治研究之中。从二十世纪七十年代末期开始，几十年的风风雨雨中，官志忠疲倦而倔强的身影，经常往返于毕节、六盘水和贵阳之间。特别是在 2000 年以前，大客车、卡车、甚至拖拉机，都是官志忠及其团队的常用交通工具，经常需要倒几次车才能最后抵达调查的区域范围。

苦吗？累吗？官志忠坦诚地说："当时人年轻，真没有觉得有多么苦和累。我急切想了解的，就是病人病情如何发生的演变过程以及重要的相关患病因素。我既然选择了医学科研这条路，就应该坚定不移地走下去。地方氟中毒病越是严重的地区就越有科研取样价值。这样的科研调查才会有成绩、有效果。"

正因如此，官志忠自然而然地成了贵州地氟病地区"路路通"。只要是去地氟病高发病区，到哪里去病区最重、走哪条路最快捷、坐什么车最方便，官志忠仿佛有一幅看不见的地图藏在心里，真正的了然于胸。

年复一年，风霜雨露。为了 1500 万人的安康，从 1978 年开始，官志忠心无旁骛地行走在地氟病科研攻克的小路上。掐指算来，已经默默地奔流了 40 个春秋寒暑。而官志忠，则沐着风雨，踽踽前行，无怨无悔。

官志忠天生一副男高音的好嗓子，充满磁性，充满活力。著名男高音歌唱家蒋大为的《敢问路在何方》，名噪一时，也是官志忠年轻时最喜欢唱的歌曲。以后的日子，每当他的课题遇到瓶颈的时候，他往往会无意识地轻声哼起蒋大为这首脍炙人口的歌曲——

"一番番春秋冬夏，一场场酸甜苦辣，敢问路在何方，路在脚下……"

是啊，翻山涉水两肩霜花，风云雷电任叱咤，一路豪歌向天涯！

这歌声，真实而形象地刻画了官志忠一步一个脚印在科研道路上艰苦跋涉的人生写照。

这正是他心目中为了 1500 万地氟病患者自己加给自己的嘱托，更是他不可磨灭的科研初心和矢志不移的拼搏精神！

"敢问路在何方，路在脚下！"官志忠为此而乐此不疲。

不知经过了多少个春秋寒暑，功夫不负有心人。从调查地氟病病因及流行程度到认识病理损害、从探讨发生机制到实施临床防控及药物治疗，官志忠的科研团队在地方性氟中毒的漫长研究中，搞清了流行病学及其相关因素、对机体不同器官的损害、主要发病机制、临床防治的可行性方向等。同时他和他的团队还研发了相关的药物，为大幅度地缓解患者的痛苦，为基本解决地氟病的扩散延伸难题找到了有效途径。

官志忠及其团队的研究成果，获得了国内外同领域专家的认可。创办 50 年的国际氟研究学会专业杂志 *Fluoride*（《氟化物》）主编 Brace Spittle 教授对官志忠多年的地氟病研究工作和获得的成果给予充分的肯定。Spittle 教授的书面评价指出：官志忠教授及其团队是首次提出了氧化应激和自由基在氟中毒发病机制中起重要作用的学说，该学说是对慢性氟中毒发病机制的合理解释，开创了重要的地方性氟中毒研究领域和增加了我们对氟中毒的认识。

正是官志忠在地方性氟中毒方面获得的成绩，引起了地氟病研究方向的国内外知名专家、贵阳医学院公共卫生专业的创建人魏赞道教授的高度关注。魏老师是贵州燃煤污染型地方性氟中毒的发现者，在国内外享有极高的威望，创立了中国氟研究学会并亲任会长。通过长期的观察，魏赞道教授在临近退休前，于 1995 年毅然将他创建的氟研究团队和未完成的重任统统交给了官志忠挂帅。官志忠记得很清楚，当时魏赞道教授用慈祥的目光注视着官志忠，而后，走近他的身边，没有说话，只是用力拍了拍官志忠的肩膀。魏赞道教授是官志忠医学研究道路上的难以忘怀的第三位伯乐。

时年，官志忠被选为中国氟砷研究专业委员会第一副主任委员、卫生部地方病专家咨询委员会专家。

官志忠的科研成果，给地病氟中毒患者带来了生命的希望。正是这种功德无量的研究，让仅仅还是讲师的官志忠 1990 年以前就作为第一获奖者获得贵州省科技进步二等奖 1 项、四等奖 2 项，还于 1991 年获得了"中国有突出贡献硕士研究生"的桂冠。

成功的喜悦开始充溢着年轻的硕士生的情怀。官志忠开始在医学界崭露头角，也开始收获各种预想不到的鲜花和掌声。但是，官志忠的内心却十分的平静。他知道，地氟病的研究与防治还在研究阶段。万里长征，自己不过开始了头几步，后面的路还很长很长……

正当官志忠铆足干劲准备做最后冲刺的关键时刻。官志忠接到了来自瑞典皇家卡罗琳斯卡医学院向他抛来了的绿色橄榄枝。

1991 年秋天，国家教育部将官志忠作为访问学者，派往瑞典卡罗琳斯卡医学院深造学习，第二年接着攻读医学博士学位。

瑞典：漂洋过海

瑞典的首都斯德哥尔摩分布在波罗地海岸边 14 座岛屿和半岛上。被称为欧洲北方的"威尼斯"。这座古老的北欧城市，老街区那金碧辉煌的宫殿，气势不凡的教堂和高耸入云的尖塔历历在目。既有古香古色的典雅风貌，又有现代化城市的繁华。而狭窄的大街小巷，则显现出中世纪的街区韵味。

卡罗琳斯卡医学院坐落在瑞典首都斯德哥尔摩一隅，地处波罗的海和梅拉伦湖的交汇处，始建于 1810 年。命名"卡罗琳"是为了纪念瑞典国王卡尔十二世的军队。卡罗琳斯卡是瑞典著名的医学院，也是世界顶尖医学院之一，在国际上所有的高等院校排名中，常常排在前 50 位，作为以医学为主流的高等院校能在国际名校如林的竞争中获得如此靠前的名次，实属不易。更为重要的是，学院拥有"医学诺贝尔奖评审委员会"而闻名于世。由该校的教授组成的评审委员会负责世界范围内的诺贝尔生理学和医学奖的评审和颁布。卡罗琳斯卡医学院的校徽图案，俨然是一条盘旋的柱子上的灵蛇。蛇在古希腊神话中象征着主宰着人类的健康。图案的寓意显而易见，希望每一位卡罗琳斯卡的学生或教员都以增益人类健康为毕生的奋斗目标。

作为一个潜心研究医学的访问学者，能够到这世界顶尖的最好的医学学府来深造，官志忠的内心颇不平静。他在心里给自己暗暗鼓劲，学成后，一定要将先进的医学理念带回贵州，培养贵州本土人才，服务贵州发展。

伫立在北欧秋季特有的凉风中，望着那静静地盘旋在柱子上蛇型校徽雕塑，年近不惑的官志忠，陷入了深深地思考。或许就在这庄严的一刻，更坚定了他以增益人类健康作为自己毕生追求的目标。

呼吸着波罗的海浓郁的海洋气息，官志忠感到由衷地幸福。不远万里来到异国他乡深造，竟然可以不为"五斗米"折腰。二十世纪九十年代初，官志忠在国内的讲师工资仅仅是 100 多元人民币，官志忠在瑞典留学得到国家教委每月资助 3500 元瑞典克朗（当时与人民币比值约为 1：1）；由于官志忠的研究工作得到了瑞典导师的欣赏，每月又资助 7000 元瑞典克朗。折算成人民币，为月薪 1 万多元。对来自贵州山区的穷学生，这无疑是一笔巨大的款项，官志忠不由感叹高福利国家的优越性。

更为幸运的是，他的导师竟然是以研究阿尔茨海默病而闻名世界医学界的大教授 Gustav Danller。Danller 教授除了是瑞典卡罗琳斯卡医学院的专职教授外，还是瑞典斯德哥尔摩大学的教授，两个高校都有他的研究团队，强盛时 Danller 教授的团队有 40 多人为他工作。官志忠的科研工作思路和研究能力得到了 Danller 教授的高度认可，访问学者的工作结束后，Danller 教授极力挽留官志忠，在瑞典在他的指导下继续攻读病理学博士学位。Danller 教授是官志忠人生旅途中的第四位伯乐。

回国多年后，官志忠到瑞典专程拜望已 80 高龄的导师，Danller 教授感慨地说："你是我培养出来的 40 多位博士生中最优秀的学生之一。"

初到瑞典，许多没有预料到的打击和困难接踵而来。首先是语言关，其次是生活习惯，然后是导师那近似刻薄的研究课题。官志忠终于领教了高福利背后高付出的滋味，领教了精英教育背后的辛劳。倡导自学，既是学院的教学方式，也是重点培养学生创新与开发的原动力。

在瑞典攻读博士生初期，官志忠曾想在瑞典卡罗琳斯卡医学院的实验室中，借助先进的实验仪器，把贵州地氟病研究继续深入做下去。令人遗憾的是，瑞典并没有从事这项研究的环境，因为北欧国家几乎没有发生过地氟病此种病例。无奈之下，官志忠只好暂时放弃了在异国他乡做地氟病病例实验的美梦。

官志忠开始脚踏实地跟随导师 Danller 教授做起了阿尔茨海默病（老年痴呆病）研究。

那时，中国医学研究不是很发达，尤其对阿尔茨海默症相关的研究，环境和条件根本就不具备。阿尔茨海默病，对官志忠来说，完全是一个全新的医学研究领域。

全新的医学研究领域背后，紧跟着是官志忠艰辛的努力。在往后的 4 年多时间里，数不清多少个不眠之夜，官志忠几乎每天都是在实验室的椅背上度过的。四季景物的变幻，在靠近北极的区域本来就不甚明显，而成天陷入科研之中的官志忠心里，却变得更加模糊了。但对阿尔茨海默病的研究成果，却越来越清晰了。功夫不负有心人，官志忠成功地实现了他科研事业的第二次转型。

开弓没有回头箭。对阿尔茨海默病的研究，官志忠也由最初的导师悉心指导到最后独立研究，屈指一算，这一做就做了 28 年的时间。更没有想到的是，最后自己也做成了国际知名的阿尔茨海默病研究的权威专家。当然，这是后话。

卡罗琳斯卡医学院校门后不远的那栋外形普通而极富内涵的红楼，是诺贝尔讲演厅，但凡有望获得生理学及医学诺贝尔奖的国际知名专家大都要来这里举办讲座或专题报告，以争取医学诺贝尔奖评委的注意。官志忠在瑞典留学期间，成了诺贝尔讲演厅的常客，他聆听国际医学巨匠们精彩绝伦的学术报告，不断地吸收世界医学前沿的精华，一步步地提升着自己医学研究的理论层次和高度。

官志忠在卡罗琳斯卡医学院做了一年的访问学者。因当时中国的留学生政策还没有放开，公派的访问学者期满后必须回国工作。他万万没有想到，1992 年，春天的故事来了。中国改革开放的总设计师邓小平对中国访问学者及海外留学生打开了绿灯，国家明确提出了"支持留学、鼓励回国、双向选择"的十二字留学政策，公派留学生允许继续攻读博士学位。

让大家所料不及的是，心系母校的官志忠竟然会"双向都选择"。报考瑞典卡罗琳斯卡医学院博士生顺利通过，利用攻读博士学位的假期他选择回贵阳医学院继续从事他未竟的医学科研事业，特别是地氟病研究。

这样的选择，完全出自官志忠的内心意愿！他拼的不仅是身体，还有一颗报效祖国的赤子之心。

这样的选择，无疑苦了官志忠自己。除了博士学业不能有丝毫的松懈，瑞典——贵阳，贵阳——瑞典的跨洋飞行，几乎成了他一年中三分之一时间的常态。贵阳医学院的同事开玩笑地说他是"拼命三郎"，瑞典的医学同行则称他为"哑铃式狂人"官志忠还自嘲是"海外空中飞人。"在高负荷的运转中，1997 年，官志忠在瑞典卡罗琳斯卡医学院成功地获得了博士学位。毕业后不久，官志忠选择进行博士后研究，继续深入研究阿尔茨海默病的发病机制和治疗方法。博士后不仅意味着官志忠在卡罗琳斯卡医学院能够相对独立地进行科研，工资报酬也比原来提高了几倍，支撑官志忠继续完成未竟的科研事业。

不知多少个白昼，多少个夜晚，在靠近北极的清凉之地，在斯德哥尔摩卡罗琳斯卡医学院南校园雄伟气派的科技楼中的实验室，都留下了官志忠疲惫而专注的身影。

他把家安在了这里。唯一的女儿也生长在这片异国热土。他在斯德哥尔摩的居室，典型的北欧风格，简约而不乏时尚。电脑桌是必不可少的，样式很普通，唯一惹眼的，是一盆和他在家乡时养的一样的绿植，长得郁郁葱葱，充满着亮丽的生机。

官志忠自始自终认为自己是贵州培养的本土学者。就像风筝一样，飞得再高，飞得再远，线头还在自己的家乡。早在瑞典做访问学者期间，官志忠就主动担任了中国驻瑞典大使馆的留瑞华人高级留学学者联系人的角色。其实在那个时候，他已经有心把中国在瑞典留学的高层次人才团结在一起，有朝一日学成报效祖国。

官志忠是卡罗琳斯卡医学院中国学者学生科技联谊会的召集人之一，经常组织学术报告，在华人留学人员中进行交流。他在瑞典的以蓝色调为主的北欧风格家里，经常是海外留学生聚会交流之处。特别是漂洋过海的贵州老乡，也把这里当作了学术交流的"小沙龙"。官志忠也常常参加我国驻瑞典大使馆教育处组织的各种文化交流活动，是中国驻瑞典大使馆最为信任的中国留学人员之一。

记得在 2002 年起，受中国驻瑞典大使馆的派遣，官志忠曾作为"瑞典高级华人学者回国服务团"团长，参与国家教育部的"春晖计划"行动，率团三次赴贵州和广西进行智力支援服务。他们的智力支边活动，获批教育部科研项目 10 余项，给贵州和广西高校培养了高级人才，提升了科研水平，也让远在大洋彼岸的瑞典中国留学生感到倍有光彩。就连官志忠瑞典的导师 Danller 教授也感到由衷的高兴，跷起大拇指，对他的得意门生官志忠另眼相看。作为国际盛名的科学家，导师的口头禅恰恰是："医学无国界，科学无国界。"

"哑铃"式的服务在贵阳医学院获得了回报。2003 年贵阳医学院获国务院学位委员会批准为博士学位授予单位，官志忠所在的病理学与病理生理学专业被授予贵阳医学院唯一的博士学位授予点。

这是贵阳医学院办学史上的一个里程碑，是该校医学高等教育的重大突破。15 年过去了，贵州医科大学已经为贵州省培养毕业了 130 多名博士生，迄今为止，仍然是贵州省唯一有医学博士学位授予权的单位。这一硕果的获得，作为重量级的高级人才、首席博导、博士点学科带头人的官志忠做出了重大贡献，官志忠个人学术成果的支撑及业内影响力对贵阳医学院申报并获得博士点起着举足轻重的作用。连国家教育部的高级官员也不无感慨地对贵阳医学院报送材料的学院领导说，批准你们贵阳医学院设立博士点，主要是看重官志忠在国内外同领域的声望和影响。

就连贵州医科大学的中年学术栋梁们也不无调侃地说："是官志忠教授当年瑞典贵州两头并进不懈的贡献，才让我们医学院成功获得博士点申报。也使我们后来的研究人员现在有幸成为博士生导师，其实我们享受了当年因官志忠而带来的成果。"

这些话语让官志忠感到欣慰，因为是科研的创新与发展有了更加年轻的科研队伍的支撑。科学的源泉是创新，而创新的力量则是靠着一代又一代的传承才能让世界充满活力，让社会能够不断在探索中进步。

在瑞典卡罗琳斯卡皇家医学院，官志忠由访问学者—博士—博士后—副教授—博士研究生导师；一步一个脚印，走得坚定而从容。特别是 2001 年初，通过国际专家评审，获批卡罗琳斯卡医学院副教授。那个年代在瑞典留学的外国人（特别是中国人）获得这一职称的难度实在太大了。当时整个卡罗琳斯卡医学院仅先后有 6 位中国学者获得此职称，他们都来自北京大学、军事医学科学院等国内发达地区一流高校和科研院所。而官志忠来自中国边远贫困地区贵州省的贵阳医学院，这在当时不但是中国留学生圈子，甚至在整个卡罗琳斯卡皇家医学院也传为佳话。

一番番春秋冬夏，一场场酸甜苦辣。其中的艰辛与困苦，恐怕只有亲身经历过如此磨难的人，才会有切肤的体会。

瑞典—贵阳：凤归来兮

贵州是官志忠出生和成长的地方，为家乡服务、在贵州干一番真正的事业一直是他的不泯初心。多年来，贵州省委组织部、贵阳医学院对高层次人才渴求的目光，也一直在关注着官志忠，并排除体制障碍为吸引官志忠回贵州工作积极创造条件。

2006 年的春天，培养官志忠的母校向他伸出回到贵阳医学院带领团队夺取更大科研突破的橄榄枝。官志忠几乎没有丝毫迟疑，毅然辞去了瑞典卡罗琳斯卡医科大学的所有工作和职务，毅然决然的回到家乡、回到母校的怀抱。

要知道，那时官志忠通过自己的拼搏，早已成为瑞典卡罗琳斯卡医学院的副教授、博士生导师、项目组负责人；生活、工作和科研条件都相当不错。更何况瑞典作为一个高福利国家，不论薪资还是研究环境都相当优越。就生活待遇而言，回国的年薪报酬与瑞典相比差了好几倍；就科研环境而言，从世界一流的瑞典皇家医学院回到了地处西部经济不发达的家乡院校，官志忠没有一丝后悔。更何况，在瑞典学习期间，官志忠就被瑞典多家医院聘请，国内多家一流高校和科研单位高薪聘请，但都被他毅然拒绝。

"做科研不是花架子，关键就是要学以致用，治病救人。这是我们医学工作者的天职。所谓医者仁心。就是把自己毕生的所学，毫无保留地发挥出来，这就是我的价值观！"

官志忠的话语不高，但掷地有声。

"回国后将更有助于我研究、解决地氟病以及其他科研项目的计划设想。个人物质条件不是我们科研工作者考虑的首要因素。首要因素是，贵阳医学院已经具备了基本的高水平科研条件，可以尽可能快地出科研成果。尤其是地氟病，贵州是地氟病的重灾区，只有贵州才是地氟病研究的最佳区域。"官志忠的回答出人意料却又在情理之中。

毅然从海外离职回到魂牵梦萦的母校，站在学校绿树成荫的办公楼旁边，官志忠惊奇地发现，贵州医科大学与瑞典卡罗琳斯卡医学院的校徽惊人的相似；同样的蛇旋权杖图案，不同的是贵州医科大学的蛇旋权杖图案下，多了两枚相交的绿色橄榄枝。橄榄枝，寄托着浓浓的思乡情结，象征着生命之树常青。

这也许是冥冥中的一种寓意，绿色的橄榄枝竟连接了官志忠心中的孜孜不倦追求的目标，圆了他的科技报国梦！

当年从瑞典回到母校，除了久别重逢的喜悦之外，其实当时官志忠的心里也是矛盾重重。因为不仅是官志忠，几乎所有的人都明白，贵阳医学院无论科研环境和研究水平都根本无法与瑞典顶尖级医学院相比。官志忠也清醒地知道，他回国后的科学研究将会面临许多意想不到的难题，将会有更多的关隘等待他去攻克……

学成归来的官志忠认准一条："贵州医学要起步，必须建强基础学科研究"。

靠着这条理念的支撑，官志忠与他的团队致力于贵阳医学院医学博士点申报工作。

为方便官志忠开展工作，参与学院重大事项的研究提供必要条件，回国当年底，组织上任命他为贵阳医学院党委委员，享受副厅级干部待遇。次年初，经贵州省政府批准，正式任命官志忠为贵阳医学院副院长。

在官志忠的推动下，贵州省医学分子生物学重点实验室（暨贵州医科大学分子生物学重点实验室）于 2000 年获省科技厅批准建立；2012 年获批"省部共建地方病与少数民族疾病教育部重点实验室"建设单位，2016 年验收通过；2010 年获批贵州省"留学报国服务基地"；2011 年获批贵州省"地方病人才培养基地"；2012 年获批贵州省首批院士工作站；2013 年作为主要参与者获批教育部"长江学者创新团队"；2014 年获批贵州省"2011 协同创新中心——贵州地方病及民族区域性疾病防控协同创新中心"；2016 年获批贵州省科技人才创新团队。

令许多医学同行眼花缭乱的科研项目和成果，犹如雨后春笋，在官志忠所带领科研团队中破土而出，一举冲天！

从事医学研究近40年，很多同行都好奇，官志忠的研究为什么总能创新？官志忠的回答只有简练的两个字："执着！"

不光是对科研事业的执着，更要对自己所选定目标的执着。

官志忠教授陷入了对往事的回忆之中。

他说："1991年的时候，单位公派留学的机会特别特别少。当听到教育部要派我到国际一流的瑞典卡罗琳斯卡医科大学做访问学者的时候，真的是激动得睡不着觉。当时做地氟病研究正处在瓶颈时期，一心想着去了瑞典之后如何能把地氟病的研究上升一个台阶。"

官志忠接着说："不过，去了之后才发现欧洲并没有地氟病情，病都没有，谈何研究？那段时间，说实话，心中还是有失落感。觉得自己白白丢掉了熟悉的科研项目，自己在国内定下的研究目标也无法继续，那时候心里特别着急。""其实在瑞典不仅是我，身边也有一些同学、同事也同样面临科研转型的问题。"

渐渐地，他发现身边很多同学、同事都因各种原因放弃了原有研究方向，转向新的研究课题。

官志忠极力使自己冷静下来，他考虑应该面对新的国度、全新的研究领域，应该因地制宜，重新调整自己的研究方向。更何况自己的导师在阿尔茨海默病方面的研究具有国际权威，自己决不能错过如此宝贵的学习和深造的机会！

也许旁人的眼中，官志忠这是要"重起炉灶另开张"，但官志忠却认为，科学研究，就是要实事求是。

话虽然这么说，其实官志忠心中依然藏着自己的"小九九"。

他觉得科学研究的技术和思路应该有相通性，自己在贵州对地氟病的研究，不是也借助了国外一些先进的研发机制和先进理念，才取得了初步的成效吗？官志忠不仅自我解压，还找到了科学研究相关性的实际应用。

科学思维的火花往往在矛盾的碰撞中得到新的结论。正是这次看似完全不相关的想法，反而意外地坚定了官志忠把研究阿尔兹海默病的思路用到地氟病上的新思路。也正是凭着这一份执着，才让官志忠在地氟病的研究上取得了骄人的成绩。

1995年，官志忠作为海外访问学者的特殊身份，经贵州省高级职称评审委员会评议和审批，破格晋升为教授。这一年，他刚过了不惑之年，正是搞科学研究黄金般时期。

然而，官志忠的内心，却感到有些惴惴不安。他始终觉得，那上千万的氟斑牙患者、上百万的氟骨症患者的沉重压力，到如今还没有释怀。

从二十世纪七十年代末到九十年代中期，不过是历史长河中短暂的瞬间。而对官志忠的人生阅历来说，则是他从青年开始步入了壮年，从青涩的本科生到已经学有所成的海外博士留学生。

如今有谁能相信，在40多年前，贵州竟会有1500万人群生活在地方病氟中毒病区，而他们之中1000万人患氟斑牙、100万人患氟骨症！这庞大的氟中毒人群，他们的生活境遇肯定是灰色的。而官志忠数十年如一日的坚守，就是为这众多的灰色人群重新赋予生命的亮色。

这真是一种令人佩服的坚韧不拔的科学探索精神。

哪怕在自己学业最艰难的读博期间，官志忠义照样义无反顾地开始了瑞典—中国的"两地科研"生涯。

正是靠着这种精神，官志忠教授通过数十年的实地考察、实地取样，重点攻关，始终坚持不懈。在官志忠的心中，作为地方病氟中毒的研究人员，要义不容辞地担起了基础研究和临床研究的重任。而他的撒手锏，就是贵州医科大学的地方病重点实验室的科研数据。

多少年了，地方病重点实验室里的科研数据，更新了一批又一批。实验小动物，也换了一拨又一拨。这看似枯燥的科研数据，其实关乎着活生生的1500万人的尊严和生命。经过官志忠和他的团队几十年如一日的探索和实践，贵州地方病氟中毒的发病机制和解决方案不断得以完善。在贵州省政府的支持下，在全省防治地氟病的工作者的共同努力下，贵州现已基本消除燃煤污染型氟中毒危害。

"我现在经常去毕节和六盘水出差。每每看到我曾经帮助过的患者现在健康地生活着，我感到由衷的欣慰。"官志忠不无深情地说。他已经在骨子里把老百姓的生存状态和身体状态，视为他科学研究的常态。

官志忠率领贵州本土基础与临床结合的科研团队，对燃煤污染型地方性氟中毒的流行病学、发病机制、临床防治等方面进行了大量的研究，最早提出并证实自由基损害是地氟病全身损伤的主要发病机制，提出并充分证实地氟病对机体的多靶点损害，发现燃煤型地氟病区人群基因易感性改变，建立了有效的适合地氟病应用的临床防治技术并推广应用，开发了治疗氟中毒的药物，首次建立系统地评价地氟病区综合治理后人群健康恢复氟医学评价指标，对阐明地氟病的发病机制和为消除燃煤污染型氟中毒的危害做出了突出贡献，其研究水平达到世界领先水平，获得国际同行专家的高度认可。

科学家品格的魅力由此展现。官志忠在国际氟研究界俨然成为领军人物。

如今，中国已成为世界上老年人口最多的国家，随着老龄化不断加重，阿尔茨海默病开始凸显。官志忠当初在瑞典的科研选择又一次为他带来了挑战，但同时也成就了官志忠。

两地科研，两地开花。官志忠在瑞典起步的科研成果，如今无论在中国乃至世界，都有着广阔的对象平台。他主持的另一个重大科研攻关课题，阿尔茨海默症的研究也开始取得了突破性的重大成果。这确实是值得大书特书的浓墨重彩。它明确了神经型尼古丁受体在阿尔茨海默病发病中的特异性改变，阐明了该病发病机制中脑组织和神经细胞胆碱能受体、细胞膜脂质结构、氧化应激水平及炎症反应之间的相互作用关系，研究了对阿尔茨海默病的药物干预作用。这一研究成果获得 2015 年贵州省科技进步一等奖。

官志忠的研究结果表明："人衰老后，人体自由基水平升高，附在细胞膜上的乙酰胆碱能受体也被破坏。而乙酰胆碱能受体与学习记忆能力和认知功能有很大关系，该受体被破坏减少后，接受知识和学习的能力随之下降，人的智力水平也会逐渐下降，记忆力不断减弱。"

官志忠步其导师的研究后尘，以其创新思维在新的领域异军突起。他提出的"乙酰胆碱能受体和记忆有很大关系"的研究成果，逐渐得到了国际医学界公认。

"抑制自由基、稳定细胞膜、提高乙酰胆碱能受体的表达。"这是官志忠对阿尔茨海默病进行创新性治疗的方法。官志忠侃侃而谈："找到了阿尔茨海默病发病机制，好比顺着藤摸到了瓜，目前我庞大的医学团队正开展相关的药物研发，并已经取得初步进展。"官志忠的目光里充满着自信。2018 年第 34 届国际氟研究学术大会在爽爽的林城贵阳主办。作为当时国际氟研究学会第一副会长的官志忠责无旁贷地担当主持。来自世界 11 个国家的医学泰斗和专家学者 130 多人出席了这次世界医学界氟研究的盛会。

此次由贵州高校举办的实质性的国际会议取得圆满成功，官志忠用流利的英语在大会上提出"自由茎对机体的损害是慢性氟中毒的重要分子发病机制"的研究观点和药物治疗研究成果，得到了国内外专家学者的高度认同，全场掌声雷动，一致认定其研究结果达到同领域国际先进水平。

官志忠也因在同领域的突出成就被推选为具有 50 多年历史的国际氟研究学会会长。

官志忠也愈加坚定自己的信念：致力于通过系统研究、临床实验与信息共享来全面提升人类的健康水平。以贵州需求为起点，迈向世界，推动科技进步，让贵州科学家在国际舞台有更多话语权。

这是官志忠的医学情怀，也是许许多多本土科研工作者的"贵州情结"。

一路走来，官志忠教授成果丰硕。截至目前，官志忠累计承担科研项目 90 余项，其中国家自然科学基金会项目 12 项，科技部支撑计划课题 1 项、科技部国际合作重大（点）项目 3 项、科技部 973 前期重大专项 1 项、科技部星火计划项目一项，教育部项目 3 项、贵州省重大项目 3 项。获科技进步奖 17 项，其中贵州省科技进步一等奖 1 项、二等奖 5 项，教育部自然科技奖 1 项，中华医学奖 1 项，均为第一获奖者。发表论文 550 余篇，其中 SCI 收录论文 120 余篇、总影响因子 350 余分、在 SCI 收录杂志上被他人引用 3000 余次，其中被"自然（Nature）""柳叶刀（Lancet）"等国际顶级杂志引用 68 次。

"官志忠教授是我省医学届德高望重的著名学者，在地氟病和阿尔茨海默病研究领域做出了杰出贡献。"原贵州医科大学校长，现为遵义医学院党委书记何志旭教授如是说。

不是官志忠独具慧眼，而是他站在了巨人的肩膀上，他的心中，始终回荡着提升人类健康水平的历史责任感。

在官志忠身上，真正体现了"大医精诚"的风范。

北京：如沐春风

在贵州医科大学官志忠办公室的显眼位置，挂着他在北京领奖时与时任国家副主席习近平亲切握手的照片。一位新华社记者拍摄后专门寄给他作为纪念的。

那是在 2009 年金秋。中组部、中宣部、人力资源和社会保障部、科技部联合授予来自科技、教育、文化、卫生等领域和生产第一线的 50 名"全国杰出专业技术人才"荣誉称号。官志忠荣幸地代表贵州省，名列全国 50 名杰出专业技术人才之一。并接到邀请函，于 2009 年 9 月 10 日赴京参加颁奖仪式。

9 月 10 日，肃穆庄严的北京人民大会堂，红旗招展，喜气洋洋。来自科技、教育、文化、卫生等领域和生产第一线的 50 名"全国杰出专业技术人才"静静地坐在安排好的座位上，等待党和国家领导人的亲切接见。也是巧合，官志忠坐在第二排，第一排就是党和国家领导人的座次。

上午 10 点许，身材魁梧的习近平副主席身穿藏蓝色的西装，系着一条浅灰色的条纹领带，迈着雄健的步子步入人民大会堂中央大厅，面带微笑，边走边挥手向与会代表示意问好。全场顿时全体起立，响起雷鸣般的掌声，久久不息。习近平走到第一排的座次前，停下脚步，转过身来开始与后排的全国杰出专业技术人才代表握手。他的身后，正好是官志忠。官志忠激动得微微弯下身子，伸出自己的右手，与习近平那温厚的手掌紧紧地握在一起……

官志忠沉浸在幸福的喜悦中，当时只觉得周围是一片照相机的咔嚓声。官志忠至今还清楚地记得全国第四届杰出专业技术人才表彰大会的主题要义："人才是兴国之本，富民之基，发展之源，要牢固树立人才是第一资源的理念。成才的关键要靠自己的勤奋努力和不懈追求，高素质人才是一个国家最为重要的资源……"那是习近平副主席用抑扬顿挫的声调在全国第四届杰出专业技术人才表彰大会上强调的。

人才是兴国之本，富民之基，发展之源。更重要的是习近平面向来自全国科技、教育、文化、卫生等领域和生产第一线的 50 名"全国杰出专业技术人才"，大声宣称，"成才的关键要靠自己的勤奋努力和不懈追求，高素质人才是一个国家最为重要的资源"，这简直说到了专业技术人才心坎上，大家从内心感到自豪，也为自己的努力成果感到由衷的欣慰。

2009 年，中华人民共和国 60 华诞前夕，党中央、国务院专门邀请海外人才和优秀留学回国人才参加国庆观礼的相关庆祝活动。官志忠也荣幸地接到了来自北京有关部委的通知，他作为海外人才和优秀留学人才代表，应邀参加国庆观礼活动。贵州省受到邀请的仅有 3 人。全国范围包括海外人才和优秀留学回国人才共 326 人，他们将与 13 亿同胞一起见证这具有特殊意义的中华人民共和国 60 周年庆典盛况。

官志忠即刻收拾行装，乘坐飞往北京的班机，按照要求的时间到达北京，入住国务院招待所。

2009 年 9 月 30 日，党和国家领导人胡锦涛、温家宝、习近平、李克强在北京人民大会堂亲切会见了海外人才回国观礼团和优秀留学回国人才代表团。

人民大会堂3楼金色大厅里，欢声笑语，气氛热烈。下午3时许，当时任中共中央总书记、国家主席胡锦涛，中共中央政治局常委、国务院总理温家宝，中共中央政治局常委、中央书记处书记、国家副主席习近平，中共中央政治局常委、国务院副总理李克强等党和国家领导人步入金色大厅，全场响起雷鸣般的掌声。胡锦涛等党和国家领导人同海外人才回国观礼团和优秀留学回国人才代表团成员亲切握手，对大家参加国庆观礼活动表示热烈地欢迎。向广大海外人才和留学回国人才，表示诚挚的问候和衷心的感谢！

在3楼金色大厅，中共中央总书记、国家主席胡锦涛发表了热情洋溢的讲话。他说："60年来祖国社会主义建设取得了辉煌成就，是全国各族人民团结奋斗党结果，也包含了广大海外人才和留学回国人才的贡献和功劳。中华人民共和国成立60年，我们国家取得了举世瞩目的伟大成就，但我们清醒地知道，我国仍是一个发展中国家，仍处于并将长期处于社会主义初级阶段。实现社会主义现代化，实现中华民族的伟大复兴，还有很长的路要走，还需要包括海外人才和优秀留学回国人才在内的中华儿女长期艰苦奋斗。希望广大海外人才胸怀祖国、心系桑梓，继续以各种方式为祖国服务；希望广大留学回国人才发扬光荣传统，开拓进取、扎实工作，努力创造出无愧于时代的辉煌业绩。"

坐在人民大会堂紫红色的靠椅上，官志忠亲耳聆听了中共中央总书记胡锦涛热情洋溢的讲话。尤其是听到"希望广大海外人才胸怀祖国，心系桑梓，为中华民族伟大复兴做出重要贡献，努力创造出无愧于时代的辉煌业绩"等话语时，他的心中充溢着如沐春风般的暖意。

10月1日的北京，繁花似锦。天安门广场中央五星红旗迎风飘扬。举国欢腾，普天同庆共和国60岁诞辰，同时举行国庆大阅兵。

鲜花铺满了东西长安街的道路两边，把长安街装扮得美丽动人。霓虹灯闪闪烁烁，亮着"1949—2009"的字样。天安门广场人声鼎沸，喜气洋洋。

官志忠身着铁灰色的西服，系着一条紫红的领带，精神饱满地与中国优秀留学人员代表们一起，登上了天安门城楼下的观礼台，站在铺满红地毯的观礼台的东侧，观看国庆60周年大阅兵。

在每一个国庆，都是国人感知自我归属，表达自我情怀的日子。在北京度过的60周年华诞庆典，官志忠觉得过得很特殊，很充实，特别值得纪念。

夜已经很深了，官志忠的心情还沉浸在回忆之中。他的脑海里，好像放电影似的掠过一幕幕场景——

观礼台看阅兵仪式、参加国庆晚会大联欢、参观中华人民共和国60周年成就展、近距离感受奥运场馆、观赏大型音乐舞蹈史诗《复兴之路》……紧凑有序的行程安排让自己和所有的代表们都感到精神振奋。分享盛世荣光，用毕生所学报效祖国，实现中华民族的伟大复兴，成为海外人才和优秀留学回国人才心中共同的信念。

作为"国家杰出专业技术人才"获得者及"优秀留学回国人才"分别两次受到习近平、胡锦涛、李克强、温家宝等中央领导的接见，官志忠的心情非常激动和喜悦。他在笔记本上写下了这样一段话："作为一名有着海外留学经历的医学科研人员，能够作为高级专业技术人才受到党和国家领导人的亲切会见，我从内心感受到党和国家对我们专业技术人才的关怀和真情。贵州省委、省政府和有关部门对我的大力支持和帮助，才能够让我这个县城走出来的苦孩子取得些许的成功，获得如此耀眼的光环和荣誉。我由衷地感谢党和组织，感谢母校对我的培养，感谢家乡父老对我的哺育之情，饮水思源，不忘报恩。"

在以后的人生中，官志忠已把国庆60周年前前后后的幸福经历，镌刻在内心深处，作为永远的珍藏。

贵阳：砥砺前行

早春的大学校园，樱花初绽，如云似锦。官志忠教授的办公室里摆放着常见的沙发和茶几，不同的是，茶几上多了几盆绿植，一盆是春兰，长得生意盎然，粉红的花瓣正吐着淡淡的幽香。另一盆是属于多肉植物的芦荟，郁郁葱葱。意想不到的是，右侧的墙上，挂着两幅官志忠写的书法作品。其中一幅隶书写得苍劲有力，内容是宋代大文豪苏轼的《题西林壁》："横看成岭侧成峰，远近高低各不同。不识庐山真面目，只缘身在此山中。"苏轼的这首诗脍炙人口，其实蕴涵着人生的哲理。官志忠书之，想必也是寄托着某种追求和情怀吧。

贵州医科大学建校60余年来，砥砺前行，获得了难以计数的丰厚的科研成果。其中最引为自豪的，莫过于荣获国家科学技术进步二等奖和贵州最高科学技术奖。

而曾任贵阳医学院副院长，现为贵州医科大学"地方病与少数民族疾病教育部重点实验室"主任、"贵州省医学分子生物学重点实验室"主任的官志忠，无疑为贵州医科大学带来了诸多殊荣。

荣誉和鲜花，似乎铺满了官志忠的身边，林林总总。国家杰出专业技术人才、国务院特殊津贴获得者、国务院学位委员会授予"中国有突出贡献博士硕士学位获得者"；贵州省首批二级教授，贵州医科大学博士生导师和博士后导师；贵州省首批核心专家、首批省管专家、省级教学名师、省级优秀博导；省级特色重点学科及医科博士点学术带头人；国家自然科学基金、国家留学基金、科技部重大专项等评审专家。官志忠是国际氟研究学会会长、国际氟化物杂志中国区主编、多个国内外杂志编委，20多个国际杂志特邀审稿专家。无数个首批；无数个第一，无数个编委和专家的桂冠，都纷纷涌向官志忠教授。

官志忠喜忧参半。在无数人羡慕的眼光中，他感到了更多的酸楚和无奈。他觉得当代著名女诗人冰心的诗句，颇符合他心中的感受——

成功的花，

人们只惊羡她现时的明艳。

然而当初她的芽儿，

浸透了奋斗的泪泉，

洒遍了牺牲的血雨

2012年，官志忠教授率先参与筹建的贵州省首批院士工作站获批投入使用。机缘巧合，正是该院士工作站的建立，他与钟南山院士在科研工作中结下了深厚的情谊，俩人经常在一起进行科研攻关的研讨，共同为该院士工作站的运行倾注了心血。

作为实验室的"掌舵人"，官志忠始终坚持探索一条创新之路。他将贵州省"2011协同创新中心——贵州地方病及民族区域性疾病防控协同创新中心"的科研与院士工作站的研究有机结合，互为补充。

贵州省医学分子生物学重点实验室，从2001年至今，官志忠教授已经连任四届，历时18年。让我们看看实验室走廊墙面张贴的历任领导概况。2001—2004年，主任：官志忠，副主任：单可人、张小蕾。2004—2008年，主任：官志忠，副主任：杨明、单可人。2008—2013年，主任：官志忠，副主任：单可人、杨明。2013年至今，主任：官志忠，副主任：禹文峰。

实验室广泛开展国际国内科研合作，与瑞典、加拿大、法国、美国、英国、日本等国际一流高校和科研单位的相关科研团队多次参与科研项目合作开发；与国内多个重点院校开展科研合作。呼吸疾病国家重点实验室主任钟南山院士担任贵州省医学分子生物学重点实验室名誉主任，亲自指导和参与了实验室重大项目的研究与开发。

贵州省医学分子生物学重点实验室而今已经成为贵州医科大学科学研究与高层次人才培养的摇篮。多年来，重点实验室承担了贵州医科大学博士生、硕士生和本科生三个层次分子生物学、生物化学、病理学等教学任务，先后培养出博士研究生20名，硕士研究生110名。可谓桃李芬芳、下自成蹊。2017年，官志忠领衔的重点实验室获贵州省研究生教学成果特等奖。

官志忠培养出来的第三批博士生肖雁，如今已经是贵州医科大学的硕士生导师、教授。拥有中国博士后科学基金专家、生化学与生物学学会会员、贵州省知识分子联谊会理事等多种头衔。她2005年获得生物化学与分子生物学专业硕士学位，因学业优秀，留在医科大学病理生物学实验室担任助理研究人员。2006年，报考官志忠教授的病理生物学专业的博士研究生并被录取。

肖雁教授不无感慨地说："成为官老师的博士研究生，简直是我一生的幸运。当时他还在瑞典，在国内外医学届同领域已经享有很高的声誉。我当时是用崇敬的眼光仰视官老师的。第一次见到官老师，是在学院的重点实验室里。那是一个秋天，他刚刚从瑞典转机回到贵阳。连时差都不倒，风尘仆仆地出现在实验室里。给我的第一印象很深刻：严谨、儒雅，敬业；风度翩翩，一副学者气派。

接触时间长了，才真正领教了什么才是官老师的严谨与敬业的风格。完全可以说，是尊敬的导师带领我进入了科学研究的殿堂。

一是官老师对学生平易近人，谆谆教导，诲人不倦。我的博士研究生课题开题报告，用邮件发给官老师，他反反复复修改了四遍。每遍都不厌其烦地指出问题和应注意的核心内容。我收到他的邮件，查看有邮件的时间，经常是瑞典时间半夜两三点钟。回国后官老师又亲自把我叫到他的办公室，在他的电脑上边给我讲解边修改，直至基本满意为止。

二是严谨的工作作风。官老师当时已经是我们医科大学的校领导了，承担着大量的行政科研工作，还要带博士、硕士生做课题。我先后跟官老师做过两个课题。他忙里偷闲，经常利用在飞机、火车上的短暂空闲时间给我们这些学生修改课题报告。他带的学生涉及不同的专业研究方向，官老师都尽量挤出时间定期给我们做现场课题指导。官老师的这种毫不利己的敬业精神，在医科大整个重点实验室有口皆碑。"

肖雁教授说："我印象最深最难的事情，就是第一次做大白鼠的动物模型。做动物模型解剖，需要给动物麻醉，上手术台。我第一次接触动物模型，手刚碰到大白鼠，就恐惧地惊叫一声，把动物模型随手扔出老远。官老师没有苛责，耐心地现场指导，手把手教我们如何适应动物实验的程序。实验后的动物模型经常要观察好几个月，甚至半年。要定时做相关研究数据记录，来不得半点虚假。其间要做一些贵州特色的中草药物处理，为以后的同类病理研究提供可靠的科学的数据支撑。

三是在我的科研课题文章方面，尤其是外文的书写和阅读，这么多年来都得益于官老师的帮助和提携。我的很多论文和课题报告，特别是外文部分，有很多都是官老师逐字逐句修改，在官老师帮助下完成的。官老师带的所有博士生、硕士生的论文和课题，经常被学生自己标明是第7稿或第8稿，不难想见官老师在我们背后所付出的艰辛和心血……"

肖雁教授的眼角有些湿润，她动情地说："人这一辈子，能碰到良师益友般好的导师，的确是可遇不可求。我后来的科研成果，包括获得国家自然科学基金的重大课题，完全得益于我读博士期间打下的坚实基础。甚至包括我2010年获得教授职称，也得益于博士期间的课题成果。从2010年到现在，我已经带了8批硕士研究生。我自己最大的收获，做人做事都必须严谨。这是从导师官老师那里学到的最宝贵的思维模式。做人，要诚恳，坦坦荡荡。做事，做实验，尤其是基础实验，更来不得半点虚假。每次的科研实验结果，都要认真论证是偶然因素，还是共性特征，一步一步进行核实论证。官老师这种严谨的思维模式，已经潜移默化地带入到了生活、工作中，影响了我甚至我的学生。这是官老师人格魅力的展现，也是一种科研精神的延续，引导学生渐入佳境。

在医学病理生物学的研究道路上，无论做人做事，官老师的的确确是我和我学生们的一面旗帜，一面光彩熠熠的旗帜。在官老师的旗帜的带动下，我自己的科研成果也日趋丰硕。方方面面，官老师都是我们尊敬的导师。同事和学生们都很喜欢他，我们很多同事私下称他为官伯伯……"

一位在国内外同领域声名显赫的博士生导师、博士后导师、二级教授、科学技术权威专家，居然私底下被他的同事和学生们称为"官伯伯"，官志忠的精神影响和人格魅力不言而喻。

正因如此，2018年7月12日，官志忠迎来了他人生中最辉煌的时刻，他站在了贵州省科学技术的最高领奖台上，荣获了"贵州省最高科学技术奖"。这个奖项，官志忠是贵州省 60 多年来，获得此殊荣的第 8 人。

庄严的贵州省政府大礼堂，灯火通明。当贵州省女省长谌贻琴宣布官志忠荣获 2017 年贵州省最高科学技术奖的时候，全场掌声雷动，大家不约而同把尊敬的目光投向这位从海外归来的贵州科学家。贵州省委书记孙志刚亲手把大红的荣誉证书递到官志忠手上的时刻，身穿白衬衣的官志忠平静的外表下，也略显有些激动。此时此刻，他内心除了感激，更加充满了感恩。党和人民如此关注自己，看重自己，自己的余生应该更加老骥伏枥，生命不息，科研不止。

这一年，官志忠恰逢 66 岁生日，应了俗话说的六六大顺。

贵州省最高科学技术奖申报项目的提要如下：

"官志忠率领本土科研团队进入国际先进行列，为贵州省消除燃煤型氟中毒的危害做出突出贡献，对老年性痴呆的研究达到国际先进水平。作为首席博士生导师，参与创建和发展了贵州省唯一的医学博士培养点；创建贵州省地方病与少数民族疾病防治人才培养平台，培养博士后、博士、硕士研究生等高端人才 100 多名。承担国家及省部级科研项目 90 余项，在国内外杂志发表论文 500 余篇，获科技进步奖 17 项，出版中英文专著及全国统编高校教材 10 部。作为我省本土培养和成长的高级人才，官志忠率领贵州研究团队冲出亚洲，所研究方向达到世界领先水平，获得国际同行的高度认可。创建了贵州省地方病与少数民族疾病防治人才的高水平培养基地，扩展了贵州医学界的国际合作能力，提升了贵州科研团队在国际上的学术影响……"

这些概括性的精练评价，不仅仅是对官志忠，更是对贵州本土科学家的最高赞赏，也是贵州本土科学家来之不易的荣誉。它代表着一种导向，一种精神追求，一种以科技创新为荣的价值体现！

获奖以后的官志忠似乎更忙碌了。他的背影微微有些前倾，这是他多年伏案和埋头搞实验留下了后遗症。他坚毅的步履快节奏地出现在更多场合——

作为省级特色重点学科及医科博士点学术带头人，医科大学的生物实验教学场地，几乎随时都可以看见他忙碌的身影；作为国家自然科学基金、国家留学基金、科技部、教育部等重大专项等评审专家，省部共建的地方病与少数民族疾病项目，他经常组织相关的科研攻关与论证；作为国际氟研究学会会长，国际氟化物杂志中国区主编，许多国际性氟研究以及阿尔茨海默病的专业研究论坛，也每每看到他精彩的发言，赢得国际医学同行的高度评价。在阿尔茨海默病研究领域，官志忠已经是国际知名的权威专家。

不经一番彻骨寒，哪得蜡梅绽清香。纵横亚欧几十年，官志忠已经迎来了他科研事业繁花似锦的春天。但岁月不饶人，为了让官志忠为国家培养科研团队和高层次人才，组织上已经将他的退休时间一延再延。如今他已经68岁了，还承担着国家科技部、教育部以及医科大学的诸多项目和课题，还继续带博士研究生；他一路风雨，一路艰辛，砥砺前行。

关于今后科研和生活的打算，官志忠说得很坦率："既然已经决定终身与医学科研为伍，将继续率领科研团队进行得氟病和阿尔茨海默病的深度研究，为国家培养更多的高层次医学人才，这是我的初心，也是我的使命，更是我义不容辞的责任！祖国培养我横跨亚欧淬炼医技；自己唯有报答之情。人退休，身心不退；生命不息，奋斗不止……"这是一个科学技术专家的肺腑之言，掷地有声！充满着执着的信念和对科研事业终生不悔的赤子情怀。

机遇总是垂青不断奋进的勇者，官志忠就是这样的勇者。敢于面对荆棘，也必将收获成功的喜悦。诚如伟大的导师马克思所言："在科学的上面是没有平坦的大道可走的，只有那崎岖小路攀登上不畏劳苦的人，才有希望到达光辉的顶点。"

大山，挡不住我们走向世界

——记计算机软件与理论专家李祥

◆ 周 静

李祥　（1942.10—）生于贵州安顺。计算机软件与理论专家。

1964年毕业于贵州大学数学系，1979—1980年在华中工学院数理逻辑研究班学习，1980年在贵州大学任教，1983年任澳大利亚蒙纳士大学数学系高级讲师，1984—1989年任贵州大学校长，1986年任贵州大学教授，1995年评为中国科学院软件所博士导师，现任贵州大学名誉校长，贵州省科协副主席，武汉大学软件工程国家重点实验室学术委员会委员，全国计算机理论专业委员会副主席，中国科学院软件所计算机科学开放实验室学术委员会委员、教授、博士生导师，欧洲理论计算机学会会员，美国、德国数学评论员。

李祥主要致力于计算机软件与理论的教学与科学研究，在递归论、计算复杂性理论、计算机算法与密码、计算机逻辑等方面在国内外著名学术刊物发表论文数十篇，著有专著《可计算性理论导引》一部，主编《操作系统》《计算机科学》等著作多部，是贵州大学"计算机软件与理论"专业硕士点的学术带头人。撰有论文《可计算性理论导引》《递归可表现拓扑空间中处处非递归可枚举集》。

1984 年，初春。

薄雾轻启，天色微明。惨淡的星光下，一个单薄瘦小的中年男子冒着清晨的潮露，从澳大利亚墨尔本世界百强名校蒙纳士大学出发，搭乘国际航班跨越太平洋、印度洋，行程 9 千多千米。两天后，李祥从北京转乘火车穿越广袤的华北、华中平原，最终抵达云贵高原。42 岁的年纪，却有着一颗 24 岁充满憧憬的中国心。

李祥，是贵州数理逻辑领域在二十世纪七十年代初就具有国际影响力的学者。当他出现在贵州大学花溪河畔的岸边时，他那清癯、睿智的面容与土布西服，随着微风飘拂的花香，很快进入省内学界的视野。

还都贵州

——在北半球，贵州省委常委会上，时任省委书记的朱厚泽主持，经与会常委、省委委员表决同意李祥任贵州大学校长。

——在南半球，李祥受聘于澳洲蒙纳士大学教授数学，正值聘期期满，准备续签之时，来自家乡贵州的一封电传让他决定改弦易辙，放弃舒适的西方生活工作环境，回到贵州大学这所自己青年时期曾就读 4 年数学专业并任职的学校，以校长身份，开始传道、授业、解惑的人生之旅。

1978 年 3 月第一次全国科技大会召开，那些曾在"文化大革命"期间被称为"臭老九"的科学家们陆续走向前台，贵州省委自此以后一直在寻找本土科学界人才……李祥，由于在国内外数理逻辑和密码学领域声望颇高，而成为省委重视、任用的不二人选。

成立于 1902 年的贵州大学，从清末、"民国"至中华人民共和国，随着中国、贵州的发展进程，从清朝的旧学，到"民国"时期公派留日归校的教师们提倡的新学，一路沿着"坚毅笃实"四字校训，不断革故鼎新。

李祥校长上任之初，除履行校长行政事务外，主要致力于计算机科学与理论的教学和科研。而研究之道，尤注重正确精密之方法（即科学方法），并取材于国内外顶尖数学家们关于可计算理论、密码学、网络安全等方面的成绩，此又成为贵州大学数学专业有别于其他高校数学专业的新趋向。

1986 年 1 月，在各方鼓噪和开始涌动的计算机热的前夕，贵州大学计算机系筹备工作正式启动。在此期间，李祥校长广招天下士子名流，亲身示范以确立贵州大学计算机专业设置先驱性地位。最终，1986年中旬，贵州大学计算机科学系成立。同期，在李祥校长的运筹帷幄之中，贵州大学获得了国内第一批数学数理逻辑硕士点；1999年，国务院学位委员会专家组一行到贵州大学进行考察评审，经过严格的考核后，以投票方式通过了贵州大学计算机博士点，从而填补了贵州无博士授予点的空白，而这份成果和李祥长期以来的辛勤耕耘是分不开的，李祥为贵州省计算机学科的建设和发展做出了重要贡献。

尽管李祥教授此时的学问日益进取，地位和名声在计算机学界和密码学界如日中天，但他毕竟是个心中有数之人，面对省委书记朱厚泽对他的抬举，也并未得意忘形，更没敢轻视一校之长的重任。他清醒并谦虚地说道："非一流管理之才干，在澳洲听闻任命我为一校之长，颇感意外。"

1986年3月16日，朱厚泽同志在他即将赴京任新职时到贵州大学考察，听取李祥校长的工作汇报。临走时，朱厚泽专程到李祥简陋的住处小坐，令李祥大感意外，又深受感动。他说："校长须总理学校大小事宜，我一介研究数学的教授何以受任，而且省委决定此事时，我还在国外。你们不担心此人不回来吗？"朱厚泽肯定地说："我相信中国的知识分子是有担当的！"

朱厚泽所信任之人李祥是贵州大学培养出来的本土计算机软件与理论领域的科学家，也是贵州计算机科学和密码学领域的先驱，对贵州大学有一种特别的感情，在他一生的事业中，除了贵州大学校长，还兼任全国计算机理论专业委员会副主席，贵州省管专家，中国科协委员，贵州省科协副主席，中国计算机学会理事，欧洲理论计算机学会会员，美国、德国数学评论员等职务。

李祥有学术心，也有学术事业心。他贵大毕业后留校教数学，在教学中仍然精进求索，在数理逻辑的世界里畅游。因为他发现每研究出一个数理逻辑规律就能够让人们看清事物的一个实质，帮助人们解决问题，这些数理逻辑的发现将改善我们的生活，推动社会的进步！

于是，他运用自己超强的数理逻辑识别能力和各种辅助工具以及艰苦卓绝的工作，发现了自然界及人类社会中数理逻辑的重要模式。他咬定青山不放松，由此将贵州大学数学专业不断延展，扩充了可计算理论、密码学、网络安全等学科、最终计算机科学专业从数学系脱胎而出。他以数学系为基础，对中国的密码学、网络安全事业作出了贡献。特别是贵州省计算机学科的建设和发展，可以说是到李祥这一代人手中才成为贵州科学领域的一个标杆。一批在这方面有贡献的贵州计算机科学学者、贵州大学计算机科学与技术学院院长许道云；贵州省公共大数据重点实验室常务副主任、贵州大学密码学与数据安全研究院院长彭长根等，大都受过他的培养。因而在这一领域，李祥是当之无愧的一等功臣。

李祥是贵州大学培养出来的，也是贵州土生土长的科学家，对贵州、对贵大有一种特别的感情，在他一生的事业中，可以说是守拙如初，固其根本，扬长避短的成功者。他不善言谈，在校长一职上仅仅一届4年即急流勇退，却长期耕耘在贵大数学、计算机科学两个专业领域。他讲随机性、复杂性和密码学，处处有新意、有创见，既深入浅出，又与实际紧密结合，使人茅塞顿开。听他的课，很佩服他理论与实践相结合的深厚功力。贵州省政协原副主席班程农称赞："李祥先生是一位数学天才，要不《中国大百科全书·数学卷》编撰工作怎么会找李祥来编撰。"李祥除了这篇百科全书数学卷的雄文之外，在他凝聚的有关可计算理论、密码学、网络安全等专业方面的著作中，他系统地研究了能行豪斯夫空间方面的递归论性质，提出了在克度、年、个、斤等空间中处处具有递归性质的概念；讨论了计算复杂性理论 BLUM 测度递归论性质，建立了 BLUM 机器类指标集概念，获得 BLUM 机器指标集为生产集的结果；讨论了能行禁集、程序指标集与能行单纯集的性质，提出了构造禁集的概念，并证明了"若 A 为构造禁集，则 A 不能是构造禁集以及构造禁集和能行禁集的彼此独立的结果"；讨论了近代密码学零知识证明中最重要的概念"不可区分性"，获得了不可区分性的关系，获得 Arthe-Merlin 类 MA 与类 Co-NP 的相对分开结果；讨论了通过程序设计系统下的 kolmogrov 随机性；提出了计算机病毒的一种新的计算机模型；在模型检验、网络通信、安全保密等方面开发了许多有应用价值的软件……这些开创性的建树，不在于件件掷地有声，而在于它们和《百科全书》一样，都是有创始性的大手笔与天才之作，唯有大手笔和真正的天才，才能把数理逻辑付诸计算机载体并带给人类生产生活的各个领域，并广泛应用、产生社会效益和经济效益。

初露锋芒

"人才 = 人品 + 勤奋 + 创新"是李祥少年时立下的人生信条。

"在数学上，我不是特别聪明的那类人，但我是特别爱好数学和特别勤奋并持之以恒的那类人，从初中起，我就将马克思的名言张贴在墙上随时鼓励自己：在科学的道路上没有平坦的大道，只有不畏艰险沿着陡峭山路向上攀登的人，才有希望达到光辉的顶点。这句名言至今仍深深铭刻在我心中。"这是李祥一生信守的真理。

1942 年 10 月，李祥出生在贵州安顺。李祥一笑起来，左边便会露出一颗可爱的小虎牙。虽然出身寒门，但他同样阳光，在家中，他可是会帮父母算账的小会计。李祥在安顺市水洞街的一个普通四合院里度过了他的青少年时代，父辈皆是小手工业者，中华人民共和国成立前酿酒卖酒，中华人民共和国成立后织布为生。父母皆不识字，育有子弟五人，李祥为老二。

李祥他们一家 7 口人，每年生活费就靠父母织布换来，生活过得紧巴巴的。从小，李祥就爱读书。最开始，他觉得除了读书，什么都不好玩，只有读书，他的心里才会踏实。在小学读书期间，他是班上听课、做作业最认真的学生，学习成绩一直名列前茅，非常讨老师们喜欢。渐渐的，觉得"读书好玩"的李祥开始有了理想：今后一定要考上大学，要当科学家。有了这个远大的目标，李祥读书的初衷由"好玩"变成了读书是一种责任，他知道，自己的理想，只有通过读书才能实现。

从小学毕业后，李祥进入百年名校安顺中学，开始了初高中生活。自从进入中学后，看到父母为了一家人，每天都"面朝黄土背朝天"的辛苦着，这触动了李祥的心。这个时候，学习之余，只要有时间，他就会帮助家里煮饭、扫地，还会为父母和弟弟洗衣服，他是想通过自己做一些力所能及的事，来减轻父母的负担。而且，每年放假后，他还会跟随父母织布、染布、晾晒、买卖，什么活他都干过。李祥回忆说，我们五个兄弟姊妹都很争气，老大老五同为男儿，云南大学毕业，老大毕业后即到二机部参与原子弹研究，1992 年去世；老五为贵州科学院副调研员；老三为女儿，北京师范大学毕业，后为中国金融学院教授；老四现在安顺，自学成材为高级工程师，五人均已退休。

当李祥降生到这个现实人间时，他的家庭和社会生活并没有对他呈现出玫瑰花朵一般的艳丽色彩。他甚至没有享受过多少童年的快乐。他过分敏感,过早地感觉到了社会那些不公的现象。他被造成了一个内向的人,内向的性格。他独独爱上了数学。平日里演算数学习题占去了他大部分的时间,但他总是乐于在课余时间帮助父母守店铺,养成计账的好习惯。

1955年,李祥从安顺第三小学(现名若飞小学)毕业,并以优异成绩考入安顺地区第一中学(现名安顺第一高级中学)。

中学时代,李祥就表现出超乎常人的计算天赋。在中学时,李祥即组织几个爱好数学的同学,成为课外研习小组,讨论一些难题,在安顺一中上高中时李祥即自学了当时应为大学课程的"解析几何"。

安顺一中图书馆老馆长姓卢,每周出一数学题张贴征解,给一些笔墨纸张为奖品,少年李祥常得之。老馆长因李祥都能解出数学题来,倒也喜欢他。老馆长经常说什么科学救国一类的话,李祥不相信科学能救国。但是救国却不可以没有科学,尤其不可以没有数学。即使是计算枯燥无味的代数方程式也能使他充满幸福,成为他唯一的乐趣。

20世纪50年代,中华人民共和国刚刚成立,全国上下都处于一穷二白的困难时刻,物质生活极其清苦,在李祥年幼的世界里,他还不知道什么是牺牲,什么是伟大,什么是爱国。但是,有一个热辣辣的东西,深深印刻在了李祥的脑海里,那就是老馆长的数学题单。这一张张数学题单,可以换来的不仅仅是笔墨纸张,更是李祥心中的阳光,让李祥在原有的基础上充分发挥出自身的潜力。

老馆长知识渊博,又诲人不倦。他常给同学们讲许多有趣的数学知识。不爱数学的同学都能被他吸引住,爱数学的同学就更不用说了。

正是老馆长的"赏识教育"和诲人不倦的涵养,引领李祥走好了人生的第一步路。许多年以后,李祥又回安顺一中去了。老馆长年事已高,他早该忘记李祥了。他怎能知道他被多么深刻地铭刻在学生李祥的记忆中。老师因为同学多,容易忘记,学生却常常记着自己青年时代的老师。尤其是老馆长善良的身影,一直深深地扎根在李祥心里。

1960年李祥以优异的成绩提前一年中学毕业考入贵州大学数学系数学专业,从此翱翔在数学这个充满了魅力的星空里。进入贵州大学的大门后,这个有着百年校史和浓厚学习氛围的校园深深吸引了他。在这里学习生活,李祥感到更加踏实。他预感到,自己的梦想,将从这里起航。大学期间,李祥凭借其勤奋与聪颖,每次考试均名列前茅。大学毕业后，1964年至1978年李祥先后在贞丰中学、宁谷中学任职数学老师。

青年的李祥生得单薄瘦削，身材矮小，经历了十余年在土厚水深的屯堡乡安顺文脉的熏染，具有过人的数理逻辑能力。既能伏身于学业，又能跳出三丈外，揣摩何谓学术领域。

其实让李祥和数学结缘的是一本书，就是美国学者S.C.Kleene所著的《元数学导论》。

那是1976年，李祥还在宁谷中学任教时，假期到母校贵州大学看望他的老师，在贵阳花溪书店折扣书摊上找到了唯一的一本关于数理逻辑学的俄文版书籍《元数学导论》。之后，他又在贵州大学中文系主任、毕业于燕京大学的高才生蒋希文处借到英文版的《元数学导论》，并用3年时间精读之。可以说，这本最有名、最严谨的经典书籍，就是李祥毕生关注于数理逻辑与密码安全的启蒙书。按李祥当年的做派不只是把"经典"读得烂熟于心，其中生长出来的科学巨人的力量更具有社会革命意义的构想——那就是"用手段超前精准的数学思维，赶超经典，并成为经典"。钻研之后，李祥在这本书中学到了很多关于数理逻辑学方面的知识，在当时中国的数理逻辑可以算一片空白的时期，李祥深知闭门造车，得不到好的研究成果。于是，在"文化大革命"期间，他通过书信交往了中国科学院研究员杨东屏、陶仁骥等国内数理逻辑领域的专家学者，于是李祥得以参加一些国内顶尖的数理逻辑领域会议。

李祥与计算机专业博士们在一起探讨交流

1964 年 8 月，大学毕业后的李祥分配到了贞丰中学教数学，以后调到了宁谷中学，还是教数学。在那些清苦的岁月里，《元数学导论》一直没有离开过他。李祥反复地阅读这本书，细细咀嚼、爱不释手。农村中学条件较差，生活艰难、信息闭塞，还不时的停电，然而坚守着这份清苦与宁静，李祥的思绪如电光飞驰，在奥妙的数学天空中获得了难以言说的快乐，而这份清苦中获得的快乐是一般人感受不到的。

从这个戴着神秘面纱的贵州高原，李祥一步步走向了国际，融入了可计算理论、密码学、网络安全等国际国内顶尖学术领域。之后的岁月里，李祥的工作地点不断变换，但不变的是对可计算理论、密码学、网络安全学孜孜不倦地探索和实践，并最终让贵州大学在这些领域声名鹊起，更为二十一世纪初叶贵州步入大数据高速发展时代奠定了应有的基础理论与实践基石。

关于李祥的第一篇论文发布，还有一段有趣的故事。1978 年春夏之交，全国数理逻辑领域在北京开了一个小范围的数理逻辑领域会议。这次会议是"文化大革命"之后，国内第一次顶尖数理逻辑学有关会议。当时有南京大学、北京大学，大概二十人左右参加，李祥受邀出席。他在会上做了一个报告，关于"计算复杂性理论的最基本概念——Blum 测度是否可接受机器类的指标集"的问题分析论证，中科院和南京大学的同行都很感兴趣，就专门请李祥到他们研究室，拿着他的发言稿，一句一句地询问，这样下来，就发现了一个问题——在空集的情况下，这一理论能否成立，没有说明。众人认为李祥的这一个能行计算复杂性的理论还有漏洞。"这个问题是在我早期研究的时候没有发现的。"李祥回忆说，"当他们说了之后，我自己算了一遍。确实，解决不了空集问题，这就让我当时陷入了困境。"

第二天，在从北京回贵阳的火车上，李祥就一直不停地在想怎么办，怎么才能解决空集呢？当时火车摇晃得非常厉害，突然一本书从头顶的行李架上重重地砸下来，正好砸到他的头上，他捡起来一看，正是罗杰斯的《递归论》。他就把这本书翻开来看，当然这本书他看过很多遍了，而这一次带着问题去看，他觉得这本书和平常阅读的时候不一样，从中得到了一点灵光。在火车上，他就根据这个灵光，又演算出了一个分步运算，把空集问题补全了，这就证明他研究出来的这个能行计算复杂性，是一个真定理。完善之后，历时一年多时间，李祥将选题撰写成论文《能行计算复杂性 Blum 测度的产生性》。

1979 年，作为一名中学数学教师的他在《中国计算机学报》上发表了第一篇论文《能行计算复杂性 Blum 测度的产生性》，是国内关于计算复杂性较早的研究成果，是对计算复杂性概念的一种定量刻画。为适应当代计算机学发展的需要，自二十世纪六十年代起发展出了一门被称为"能行计算复杂性理论"的学科。这一理论关系着计算的定量状况，它的主要课题是对计算的困难性进行测度。自 1967 年 Mr.Blum 的文章发表后，建立了测度复杂性的公理、纯递归理论的方法与技术，特别是递归定理与优先方法，在抽象复杂性理论的研究中起着日益重要的作用，同时建立在自然数的古典递归论除了向广义递归论和程序语言方面发展外，也在抽象复杂性方面获得了丰富的新内容。

正如 J.Hartmanis 所说的："我们相信，在现时，这一理论是计算理论的一个实质部分，在今后，它将会是与计算机科学的许多理论工作紧密结合而发展的重要理论。"李祥的论文就是从算子的角度处理了计算复杂性理论的最基本概念——Blum 测度，获得了"Blum 可接受机器类的指标集 M 是产生集"的结论。这在当时的中国科研学术界，引起了很大的争议。也正是这些争议，引发了世界对于李祥这个来自贵州落后小山村教师的关注。加拿大、美国、澳大利亚等，各国学术期刊上，皆报道了李祥当时的这篇论文。以当时来看，计算复杂性一直是西方各国研究的主要方向。而李祥的这一篇论文解决了西方各国苦思冥想很多年都无法解决的问题。

在 1979 年末至 1980 年初，李祥的这篇论文引起国际业界同人的关注和重视。美国计算机代表团来访问中国科学院。知道他的这篇论文之后，不相信会是一位远在中国西南边陲的中学数学老师之作，一些专家团还来贵州贵阳访问李祥，并将访问李祥的经过撰写成文章发表上美国相关期刊杂志上，这更加引起各国科学界的关注，各国科学家们很震惊，觉得不可思议：这样一个理论会是一个贵州山区中学教师发表出来的？

这一成果犹如报春花，墙内墙外同绽放。李祥先生以"能行计算复杂性 Blum 测度的产生性"为主题的研究工作还获得 1980 年贵州省科技进步二等奖。

1982 年，著名计算机专家、北京大学教授吴允曾先生代表中国计算机科学理论组执笔的《计算机科学理论发展概述》谈到国内工作时，点名提到李祥、洪加威："1967 年 Mr.Blum 提出了用来度量计算复杂性的 Blum 机器类，李祥于 1979 年进一步讨论了 Blum 机器类的某些性质，有助于加深对 Blum 测度的认识。"

一时之间，国内各大学计算机系更是纷纷加强能行计算复杂性方面的研究、教学，复旦大学、华南师范大学、西安电讯工程学院、北京工业大学等纷纷邀请李祥去讲学讲课，复旦大学将他的讲稿印成讲义教材，北京工业大学还专门办了一个全国性的讲习班邀他为主讲。这一时期也是国内计算理论得到较好发展的时期。

教学相长

机遇往往偏爱有准备的人。改革开放，为困于大山深处的李祥提供了施展数学天赋的机会和平台，1979年，他被派到华中工学院（现华中科技大学）数理逻辑研究班学习，迎来了人生和事业的晨曦。学成归来，1980至1987年，李祥在贵州大学数学系任教。

有了更好的学习研究环境，李祥在逻辑学领域显现出来的才华如繁花般迸发。李祥的工作进展得很顺利。1981年9月，李祥作为我国唯一的代表赴新加坡出席第一届亚洲逻辑讨论会并访问新加坡国立大学。这次访问对李祥的学术生涯带来了极大的影响，从此李祥的研究和国际学术界产生了联系，尤其是和新加坡国立大学理学院院长、逻辑学专家庄志达先生加强了交流沟通，并在以后形成了较长时间的合作。1987年，由李祥出面，邀请庄志达回访贵州大学，以后庄志达先生多次到中国开展学术活动。1983年3月，经国务院港澳办公室批准，李祥应聘赴澳大利亚蒙纳士大学数学系任客座高级讲师半年；1986年获李嘉诚研究基金资助，赴新加坡国立大学理学院做客座教授；1987年，应英国文化委员会邀请到英国访问；1988年获欧洲逻辑学会资助，赴意大利出席欧洲逻辑学研讨会；1989年至1990年，经国家教委公派，李祥作为高级访问学者赴澳大利亚堪培拉大学、卧龙岗大学任客座教授半年。李祥最初的几次国外学术交流活动都产生在20世纪80年代，那时也正是我国第一批出国潮的兴起，因此李祥每一次出去都有人担心他会一去不返，然而每一次学习结束后，李祥都是如期回国。因为对李祥而言，始终是心系祖国、魂系家园。正如他自己所说：故土情结，不见异思迁，一直伴随终生，无论当年在澳大利亚、新加坡、美国，还是回国后朋友劝说去中科院、北大等，都未能打动此心——咬定青山不放松。

1984至1989年，李祥任贵州大学校长，并曾兼计算机科学系主任、教师。他一直致力于数学与计算机科学教学和研究，获"30年教龄教师"荣誉证书。他把这份荣誉看得很重。

现贵州大学计算机科学与技术学院院长、数学家许道云说李祥是计算机科学系的创办者，也是他的恩师。他教学生有独到的方式——任务式、驱动式学习方法，而且非常严格；以学生为中心，提供给学生的信息量非常大，而且要求学生将主要精力用在自主创新上。学生也因之越学越主动，越有创造力、开发力和技术操作能力。

作为李祥的学生与下属，而且同为安顺一中毕业考取贵州大学数学专业的老乡。许道云深知李祥先生有学术心，也有学术事业心。

在李祥校长的主导下，二十世纪八九十年代，贵州大学计算机科学专业在全国计算机科学领域很有影响力，排名为第 15 名。1983 年，贵州大学获得了基础数学硕士点授予权。这是贵州大学最早获得硕士学位授予权的专业。

在计算复杂性理论研究的基础上，李祥开设了密码学的研究方向，并在国内产生了较大影响。在该硕士点的支撑下，贵州大学相继获得了计算机软件与理论专业二级学科硕士点、应用数学二级学科硕士点、计算机软件与理论专业二级学科博士点、数学一级学科硕士点、数学一级学科博士点。从此，密码学成了硕博点的主要支撑方向之一，并已形成了以知名专家领衔、教授和博士为学术骨干、中青年优秀人才为主体的学术梯队。

如今，密码学作为贵州大学数学与计算机交叉的重要研究方向，已形成了一些较为成熟的研究领域，取得了不少的研究成果。

回首 1990 年，在成都召开的全国数学年会上，李祥首讲《随机性、复杂性和密码学》。"满屋的听众中，大多数是穿军装的。"李祥回忆道，自此，学术界开始从事密码学研究。1992 年，李祥又在贵大计算机科学系的基础上，筹备建立了贵州大学计算机理论研究所，研究所成立后他出任所长至 2017 年退休。他的社会、政治领域的职务千变万化、名堂甚多，但研究所所长这个职务是他一直担任到底的。他以研究所为基础，对贵州计算机科学事业做出了很大贡献，贵州的计算机科学研究由此挤进了全国领先行列。

开疆拓土

计算机密码学，涉及计算机密码学中的基础理论和应用协议，包括密码学的基本概念、分组密码原理计算法、序列密码、公钥密码计算法、数字签名及认证、安全协议、公钥基本设施，还讲述了必备的数学知识等。

改革开放前，出于保密，国内大学是不能开设密码学课程的。

改革开放初期，由于商用密码和计算机网络的发展，计算机密码学的教学与研究得到了高度重视。1989 年至 1990 年李祥在澳大利亚任教期间得知：由于计算复杂理论是现代计算机密码的核心，李祥就下定决心要在贵州大学把计算机密码学搞起来。1990 年 3 月，李祥从澳大利亚回国，立即去北京出席了国际密码学会成立大会并被选为全国密码学会理事，会议结束李祥回到贵大，在计算机系首先为本科生开设了密码学课程，很受欢迎，后又成为硕士、博士的攻读方向。经过多年努力，贵州大学计算机密码专业终于成了贵州大学的一个强项。现在，贵州大学正以计算机软件、计算机密码、数学统计学、电子信息工程等为基础，建设大数据学科群！

2007 年 3 月，中国密码学会成立了。成立大会上，李祥当选为中国密码学会第一届理事会理事。

2013 年，贵州大学密码学与数据安全研究所成立，李祥担任学术顾问。李祥主持研究所的 25 年中，为中国计算机科学、密码学、信息安全学等培养了众多人才。在李祥教授的带领下，同乡、学生许道云、学友张明义、博士生彭长根等携手并行，开始了长达半个世纪的感人肺腑的管鲍之交。也正是得益于李祥的鼓励与帮助，三位学子各擅其长、各领风骚，共同参与成功申报贵州大学计算机软件与理论博士点，许道云成为贵州大学计算机科学与技术学院院长，教授，博士研究生指导教师；贵州省高技术产业发展咨询专家委员会专家；贵州省计算机领域专家组成员；国际期刊 journal of information and computing science 编委、中国编辑部主任；中国计算机学会"理论计算机学会"专业委员会委员。张明义成为贵州科学院应用数学室研究员、院学术委员会副主任；贵州大学计算机科学与信息学院兼职教授，博士生导师，计算机软件与理论博士点指导小组副组长。彭长根成为贵州省公共大数据重点实验室常务副主任、贵州省大数据产业发展应用研究院副院长、贵州大学密码学与数据安全研究所所长、贵州省"密码学与安全协议"创新团队带头人、中国密码学会常务理事、一级学术刊物《通信学报》副主编、贵州计算机学会秘书长。为此，彭长根这位优秀的侗家男子汉很是感激，并多次提及李祥教授的知遇之恩。

许多年以后，对于李祥的学问人品，彭长根仍不无感慨地说道："2004 年 9 月，我考入贵大计算机科学专业，成为李祥教授的博士生，经 4 年聆其谈述。李祥不但学问渊博，且深悉中外计算机科学、密码学领域之内幕……其历年在密码学信息安全领域，所受启迪、指教，更多不胜记之也。"纵观李祥职业生涯为人为学之品性，此说为其郁结于心灵之感慨，发自肺腑之颤音。

如今，李祥培养出来的后辈们，正沿着他开创的计算机研究领域继续前行——推动贵州大学公共大数据国家重点实验室的申报和建设工作。

数据为魂

看过李祥阅读过的英文版和俄文版《元数学导论》的彭长根说："文内满是红色、蓝色批注，议论独到，见解犀利深邃。"

那是初出茅庐的李祥在练内功。

1977年全国逻辑学会议在北京召开，李祥携带论文《能行计算复杂性Blum测度的产生性》参会。这篇论文在权威刊物《计算机学报》上发表后引起了极大反响，国外同行对这篇论文给予了很高的评价。其时，澳大利亚的一个专家组正在北京开会，看到了李祥的这篇论文，他们认为李祥的这篇论文已经达到了"欧美国家同行的水平"，同时很难相信"在中国的一个农村中学里竟然能够写出如此高水平的论文"。然而，令国内外的专家们更加难以想象的是这篇论文的一部分是在煤油灯下完成的。

1978年第一次全国科学大会召开，倏忽间，在贵州安顺、贵阳这两个山环水抱、云烟氤氲、灵气缭绕的祥瑞之地，流徙日久的青年李祥很快以"能行计算复杂性Blum测度的产生性"的研究成果在历史的几番动荡中终于站稳了脚跟，引起国内外学界关注，期间得以交结四方隽雅之士，识见大增。

1979年，他被派到华中工学院数理逻辑研究班学习，迎来了人生和事业的晨曦。学成归来，李祥在贵州大学任教至今。

现在，通过检索贵州大学校史馆所保存的原始档案，结合李祥的年谱简编，对他在贵大教学期间及留学澳洲时的成果加以分析、梳理，即可见到这位号称"百科全书数学卷"编审的才气。

1979年在《中国计算机学报》上发布了第一篇论文《能行计算复杂性BLUM测度的产生性》。

1984年，《中国大百科全书》数学卷编委。1994年，《中国计算机百科全书》

编委。

1984 年，招收我省第一个基础数学硕士研究生。

1985 年 6 月，省政府授予劳动模范称号。

1985 年，国家科委、人事部选为"有突出贡献中青年专家"。

1985 年 9 月，选为全国党员代表大会代表。

1985 年，获基础数学硕士授予权，建立我省第一个数学硕士点。

1985 年至 1996 年，省科协副主席。

1986 年至 1996 年中国科协全国委员。

1985 年至今，中国计算机学会理论理论计算机专业委员会副主任；《中国数学季刊》《数学研究与评论》编委；美国、德国《数学评论》评论员；欧洲理论计算机学会会员；美国符号逻辑学会会员。

1985 年至 1986 年，主编《计算机科学丛书》出版。专著《可计算性理论导论》出版。

1986 年，创立贵州大学计算机科学系。

1986 年至 1992 年，兼任贵州大学计算机科学系主任两年；任教于贵大计算机科学系 7 年。

1993 年其研究工作《逻辑与计算复杂性理论研究》获贵州省科技进步一等奖。

1989 年至今，任贵州大学名誉校长。

1992 年建立贵州大学计算机理论研究所，任所长。任教于该所至今。

1992 年至 1995 年，主持 "国家 85 密码发展基金"的课题研究。主编中央电视大学《操作系统》教材；主持"国家自然科学基金""国家 863 高科技基金"方面的课题研究。

1992 年至 1995 年《中国计算机学报》《计算机应用》编委。

1993 年，"逻辑与计算复杂性理论研究"获贵州省科技进步奖一等奖。

1994 年至今，评选为中国科学院软件研究所博导、该所计算机科学学术委员会委员。

1996 年至今，先后培养具计算机科学硕士生百余名，博士生数十名。

这其中还夹杂着一种更具社会革命意义的构想——那就是"用手段高强的学术文章，包括国际性的学术交流活动，促动贵州块数据与区域治理、多源数据融合与集成技术、公共大数据安全与隐私保护技术、面向行业的数据分析与应用技术等四个研究方向走在全国乃至世界前列"。

1983 年，应聘赴澳大利亚蒙纳士大学数学系任客座高级讲师半年，主要工作是研究数理学与教授数理学知识，李祥以全英文教学赢得澳洲师生的赞许。这短短的半年，让李祥接触到了互联网，一颗回贵大研究数据安全方面新知识的种子于心中萌发。

于是，经过半年的洋墨水浸润，1984 年底，李祥其实早已按捺不住想回到贵州大学，将互联网新知识付诸实践。虽然澳洲仍有可以留下来的理由，但是在贵州省委已明确认命他为贵州大学校长的推动下，李祥的选择变得愈加明确，回国，回到贵州大学。他深知自己肩上的担子不轻，而且作为一校之长，须总理校中大小事宜，非精明能干不能胜任。他所熟悉的数学系领域，知识体系更新、人才培养要晚于全国 5 至 10 年。还有诸多未知的难题。在李祥看来，自己要做的是努力把贵州大学的学术氛围提高，在原有数学专业的根基之上开拓创新，创立计算机科学系的蓝图已经在心中谋划描绘中。

在这个历久弥新的大梦诱导驱使下，李祥在传道、授业、解惑的同时，加紧安排部署教改工作，经过一年的筹备，1986 年 1 月 21 日，贵州大学计算机科学系筹建工作会如期召开。贵州大学于 1972 年创办计算机软件本科专业，1983 年开始招收计算机软件专业研究生，在此基础上，成立计算机科学系的前期工作已经酝酿成熟。校长李祥及相关同志参加并听取了汇报，会议决定成立贵州大学计算机系，正式启动设置计算机科学各类专业的程序。

同年 5 月计算机科学系正式成立。由于财力、人力、研究方向等诸方面的制约，最终决定计科系先设计算机科学与技术、计算机软件与理论两个专业，成为省级重点学科，也就是后来被升格为硕博学位授权点的学科，培养目标是"具有良好的科学素养，系统地掌握计算机科学与技术专业的基础理论、专业知识、专业技能与方法，具有较强的创新能力、工程实践能力的研究性人才"。学科范围包括高级语言程序设计、离散数学、数据结构、数字电子技术、计算机组成原理、接口技术及应用、操作系统、计算机网络、数据库原理、编译原理、软件工程、计算机系统结构等，同时吸收欧美、日本等国际学术前沿的优秀成果，建立计算机科学学术之魂——即创办者李祥所提出的"重视基础理论研究，注重理论与实践相结合。"其实质是从基础数学出发，研究在数学方向和计算机方向如何计算的具体方案。计算问题可分为两个方面：一是可判定问题；二是不可判定问题。两类分支可分类研究逻辑与计算复杂性的关系。在研究之道，尤注重正确精密之方法（即时人所谓科学方法），并取材于李祥、王翰虎、许道云等本土专家研究之成绩，革故鼎新，此又是该专业异于国内外之研究计算机科学者也。计算机科学系既开张，第一届招收学生 200 余人，仅设列数名讲师显然不足以应付。于是，聘任李祥、李坚石、王翰虎、许道云、张正平等为贵州大学计算机科学学科学术带头人。由于此五人的才华超群，成绩卓著，引起域内外学子的推崇与关注，报考该专业人才大增。专业也由 2 类增至 5 类。1992 年既开始实行统招之外，由学校自主招生的发展态势。

同年 6 月，刚成立的贵大计科系迎来在该校召开全国计算机科学讨论会的机会，来自全国各地近百位专家学者云集贵州大学参观学习。专家们参观了计科系后认为：计算机密码与信息安全技术、软件分析、人工智能、计算机网络及其应用技术、数据库技术、多媒体技术已经形成贵州大学计算机与技术学科的特色方向。其研究成果已达到国内先进水平，部分成果已达到国际先进水平。具有发展前景和优势的方向有：中文信息处理、计算机控制技术。

如今，计科系已经上升为计算机科学与技术学院，其研究领域广泛，经过 40 多年的建设和发展，学院已经形成了"理论计算机科学""密码学与信息安全""人工智能与模式识别""数据库与软件工程""多媒体技术""计算机测控与嵌入式软件""网络安全检测""应用系统软件与中文信息处理""大数据管理与应用""多源数据融合与集成技术""大数据安全与隐私保护""图形图像分析与处理""医学图像处理与精准诊断""云计算与移动互联网""企业信息系统及应用"等众多研究领域和方向。特别在可计算性理论与计算复杂性、密码学与信息安全、数据库技术、人工智能、嵌入式系统、医学图像处理、多源数据融合与集成技术等领域有较强的优势，已形成了自己的一些特色或优势，其部分理论研究成果已达到国际先进水平，部分应用研究成果已达到国内先进水平。通过 40 多年的建设与发展，理论研究成果在不断地提升学科在国内外的知名度，应用成果通过转化已为贵州省的经济建设做出了较大的贡献。

走向世界

"真不知那些神奇的数字、符号和不可捕捉的元素精灵，是怎样排列于、腾跃于、舞蹈于他那有限的脑细胞而构成无限深、无限美丽的数学星空！"谈及李祥，熟悉他的人总会如此惊叹。

在社会生活中，人们佩服政治家、军事家、文学艺术家那天才的头脑，实际上最值得探奇的应该是数学家变幻莫测的大脑。在数学的星空里，李祥幸福地翱翔着。李祥教授的主要研究方向为可计算理论、密码学、网络安全等。在李祥教授闪亮的人生中，有着走向世界数学与计算机舞台的辉煌。

李祥在逻辑学领域显现出来的才华如繁花般迸发。有了更好的学习研究环境，李祥的工作进展得很顺利。1981 年 9 月，李祥作为我国唯一的代表赴新加坡出席第一届亚洲逻辑讨论会并访问新加坡国立大学，这次访问对李祥的学术生涯带来了极大的影响，从此李祥的研究和国际学术界产生了联系，尤其是和新加坡国立大学理学院院长、逻辑学专家庄志达先生加强了交流沟通，并在以后形成了较长时间的合作。1987 年，由李祥出面，邀请庄志达回访贵州大学，以后庄志达先生多次到中国开展学术活动。

随着时间的推移与西部大开发的风潮汹涌奔流，在一串串耀眼火花的闪亮蹦动中，外界对即将换届的贵州大学校长之位众说纷纭。而李祥心中却明镜似的，他知道自己是时候卸任了。

1988 年底，李祥从贵大校长之职上卸任。同时，他接到澳大利亚国立堪培拉大学客座研究员、澳大利亚伍伦贡大学信息学院客座教授的聘请书。于是，1989年初，李祥再度离开祖国，踏上西学授教之旅。唱着明德至善，铭记博学笃行，这是贵州大学校歌中的两个关键词语。李祥心里明白，是贵大塑造了他，这里也是他永远为之奋斗的苑地。不论足迹天涯，仍旧是一颗感恩回馈之心。

天道酬勤。李祥教授先后在《中国科学》《科学通报》《数学学报》《计算机学报》等国内权威刊物及美、英、澳、荷等国家学术刊物发表学术论文近百篇。其中，在递归论、计算复杂性理论、计算机算法与密码、计算机逻辑等研究领域发表论文数十篇。1992 年，《逻辑与计算复杂性》获省科技进步一等奖。出版专著《可计算性理论导引》，获西南西北地区优秀科技成果二等奖。科研项目"能行计算复杂性 blum 测度的产生性""AI 的计算复杂度"等获贵州省科技进步二等奖。主编《操作系统》《计算机科学》等计算机教材 4 部。同时，李祥教授的一些学术成果已被写进国外专著，被国内外同行引用。他还培养了近百名硕士、博士研究生，为贵州大学计算机学科的建设和发展作出了重要贡献。

由于李祥教授的突出贡献，他曾被授予"贵州省劳动模范""有突出贡献的中青年专家"等称号，获得国务院特殊津贴。1987年与美国加州大学扎得教授共同任"模糊控制与知识工程国际学术讨论会"主席，2000年担任"未来软件国际讨论会中方主席"。

对于李祥来说，数学的星空是美丽的，又是孤独的。因为她美丽，所以孤独是值得的。当然，人品、勤奋与创新，是李祥数学星空中最耀眼、最美丽的元素。

近年来，他开始更加深入地兴学耕读，研究逻辑与计算复杂性的关系这一课题，除了那篇名满天下的开山论文外，他的论著等身，有专著《可计算性理论导引》一部，主编的《计算机科学丛书》《操作系统》《信息化与工业化》《计算机基础课程教材》，以及在国际国内学术期刊发表的近50篇中英文论文。这些文章的好，不在于篇篇掷地有声，而在于它们与中国计算机科学、密码学发展并行不悖的历史进程。

李祥说："忆昔日，战国楚人屈原大诗人《离骚》言：'路曼曼其修远兮，吾将上下而求索。'"从古希腊到今天，逻辑悖论一直给人们带来很大的乐趣。逻辑学并不像人们通常想象的那样枯燥无味，而是一个充满着许多重要的、生动有趣的问题的领域。对于这些悖论，一些伟大的哲学家和逻辑学家总是严肃认真地对待它们。实际上，在现代逻辑和集合论等领域的发展中，一些巨大的进展正是努力解决经典逻辑悖论的直接结果。真理光芒、初心力量，世界上只有尚未认识的事物，没有不可认识的事物。这正是李祥以及后辈们选择的奋斗与探索的思想动力所在。

时至今日，当李祥再次提及自己盛年时期的过往时，他说："我体内有深深的故土情结，从不见异思迁。这一点一直伴随终生。无论当年在澳大利亚、新加坡、美国，还是回国后朋友劝说去中科院、北大等地，都未能打动此心。一如老馆长留给李祥的人生信念一样——咬定青山不放松，淡泊名利，率真而善良。

《贵州科学家传记丛书第二卷》
后　记

　　在中华人民共和国 70 华诞之际，《贵州科学家传记》（第二卷）终于付梓印刷。这部 60 余万字的传记第二卷的问世，无疑具有深远的人文价值和现实意义。

　　为曾在贵州这块贫瘠但充满希望的热土上辛勤耕耘，付出艰辛和心血的贵州科学家立传，这是一项值得推崇但又卷帙浩繁的伟大工程，是我们的光荣与骄傲，更是义不容辞的神圣使命。

　　无论是丛书的第一卷还是第二卷，在编辑与采访过程中，我们每每会被科学家们对科学事业孜孜不倦的钻研探索精神所感动，为他们伟大的人格魅力所折服。许多撰稿作家满含深情地说："在撰写科学家们科研硕果以及对人类科学事业做出贡献的同时，更应该彰显他们在历史进程中的重要意义。或许，在人格魅力和道德品质方面，他们对人类精神文明的昭示性更大，更具有教育意义。"

　　的确如此，入传科学家们不平凡的人生经历、强烈的爱国主义精神、超凡的创造能力、坚定的信念以及纯洁的品质，是使他们矗立在天地之间的精神财富。因此，彰显入传科学家的科学精神和人格风采，是丛书编辑部始终不渝秉行的宗旨，并要求撰稿作家以饱满的革命热情，以严谨的创作态度，以人物传记的写作手法，尽可能地撷取入传科学家工作生活中的典型事件，力求展现科学家的独特人格魅力和孜孜求索的精神风貌。

　　在此，对丛书第二卷编撰出版给予大力支持的贵州省科学技术协会、贵州省委宣传部新闻出版处、贵州出版集团公司、贵州省作家协会、中科院贵阳地化所、中材院上海研究所、贵州农科院表示由衷的感谢！

　　对入传科学家及其亲属、同事和学生在接受作家采访、收集相关线索、入传文稿修订过程中的参与和给予的帮助表示由衷的敬意！

　　因入传科学家人数较多、学科纷繁，20 余位特约撰稿作家虽竭尽心力，但疏漏之处在所难免，写作表现方法也可能不尽如人意，请广大读者和各方专家不吝指正。

编　者

2019 年 11 月于贵阳